国家社会科学基金一般项目
密教思想史（07BZJ007）成果

国家社会科学基金重大项目
密教文献文物资料整理与研究（12&ZD129）成果

陀罗尼经典思想研究

吕建福 著

中国社会科学出版社

图书在版编目（CIP）数据

陀罗尼经典思想研究／吕建福著．—北京：中国社会科学出版社，2024.4
ISBN 978－7－5227－2799－8

Ⅰ.①陀…　Ⅱ.①吕…　Ⅲ.①密宗—研究　Ⅳ.①B946.6

中国国家版本馆 CIP 数据核字(2023)第 234716 号

出 版 人　赵剑英
责任编辑　孙　萍
责任校对　王佳玉
责任印制　王　超

出　　版　中国社会科学出版社
社　　址　北京鼓楼西大街甲 158 号
邮　　编　100720
网　　址　http://www.csspw.cn
发 行 部　010－84083685
门 市 部　010－84029450
经　　销　新华书店及其他书店

印　　刷　北京明恒达印务有限公司
装　　订　廊坊市广阳区广增装订厂
版　　次　2024 年 4 月第 1 版
印　　次　2024 年 4 月第 1 次印刷

开　　本　710×1000　1/16
印　　张　40.5
插　　页　2
字　　数　684 千字
定　　价　218.00 元

目　　录

导论　密教经典概论 …… (1)
　第一节　密教经典的类型 …… (1)
　　一　陀罗尼咒经及其类型 …… (1)
　　二　持明仪轨及其类型 …… (7)
　　三　真言经轨的理论意义 …… (15)
　　四　教王经及其类型 …… (16)
　第二节　密教经典的汇编及其地位 …… (23)
　　一　《持明咒藏》的编纂 …… (23)
　　二　密教经轨的性质及其地位 …… (27)

第一章　陀罗尼概论 …… (32)
　第一节　陀罗尼的概念 …… (32)
　　一　陀罗尼的语源 …… (32)
　　二　陀罗尼的同位语 …… (34)
　第二节　陀罗尼的起源 …… (40)
　　一　陀罗尼记忆术 …… (40)
　　二　早期佛教中的陀罗尼 …… (44)
　第三节　陀罗尼的定义 …… (47)
　　一　陀罗尼的定义 …… (47)
　　二　陀罗尼的种类 …… (51)
　　三　陀罗尼的体性 …… (57)
　　四　陀罗尼的行位 …… (60)

第二章　陀罗尼字门思想 …………………………………… (65)
第一节　陀罗尼字门总释 …………………………………… (65)
一　陀罗尼字门的名称 …………………………………… (65)
二　陀罗尼字门的观法 …………………………………… (67)
第二节　悉昙字门 …………………………………… (71)
一　佛传字门 …………………………………… (71)
二　《涅槃经》字门 …………………………………… (89)
三　《文殊问经》字门 …………………………………… (112)
第三节　陀罗尼经字门 …………………………………… (131)
一　《菩萨处胎经》字门 …………………………………… (131)
二　《微密持经》字门 …………………………………… (133)
三　《诸法行经》字门 …………………………………… (141)
四　《净印经》字门 …………………………………… (149)
五　《大哀经》字门 …………………………………… (153)
六　《般若经》字门 …………………………………… (162)
七　《华严经》字门 …………………………………… (207)
第四节　真言经字门 …………………………………… (262)
一　《不空罥索经》字门 …………………………………… (262)
二　《大日经》字门与《金刚顶经》字门 …………………………………… (268)

第三章　陀罗尼句门思想 …………………………………… (289)
第一节　陀罗尼句门及其形成 …………………………………… (289)
一　陀罗尼句门的概念 …………………………………… (289)
二　陀罗尼句门的起源与形成 …………………………………… (294)
三　陀罗尼句门的类型 …………………………………… (299)
第二节　陀罗尼金刚句 …………………………………… (302)
一　法身金刚句 …………………………………… (302)
二　不退转轮金刚句 …………………………………… (306)
三　净印金刚句 …………………………………… (311)
第三节　陀罗尼一法句 …………………………………… (314)
一　性空句 …………………………………… (314)
二　真实句 …………………………………… (316)
三　胜义句 …………………………………… (318)

四　善顺句 …………………………………………（320）
五　金刚句 …………………………………………（321）
六　般若句 …………………………………………（322）
七　菩提句 …………………………………………（330）
八　菩萨句 …………………………………………（334）
第四节　陀罗尼诸法句 ……………………………（343）
一　海印句 …………………………………………（343）
二　百八句 …………………………………………（347）
三　种子句 …………………………………………（354）
四　秘密句 …………………………………………（358）
五　橛句 ……………………………………………（359）
六　华严十法句 ……………………………………（361）

第四章　大乘经陀罗尼品思想 ……………………（363）
第一节　般若经类的陀罗尼品 ……………………（363）
一　般若经类的陀罗尼品 …………………………（363）
二　陀罗尼的地位和意义 …………………………（369）
三　实相陀罗尼 ……………………………………（371）
四　陀罗尼的咒术化 ………………………………（372）
五　般若经类的密教化 ……………………………（377）
第二节　华严经类的陀罗尼 ………………………（378）
一　十地陀罗尼 ……………………………………（378）
二　十法陀罗尼 ……………………………………（383）
三　普门陀罗尼 ……………………………………（388）
第三节　法华经类的陀罗尼品 ……………………（390）
一　《法华经》的陀罗尼品 …………………………（390）
二　陀罗尼的地位和意义 …………………………（398）
三　法华三陀罗尼 …………………………………（401）
四　陀罗尼与十地 …………………………………（406）
第四节　宝积经类的陀罗尼品 ……………………（410）
一　《阿阇世王经》的陀罗尼品 ……………………（410）
二　《海龙王经》的陀罗尼品 ………………………（419）
三　《密迹金刚力士经》的陀罗尼 …………………（424）

四　《菩萨见实经》的陀罗尼 …………………………………………（443）
五　《无边庄严经》的陀罗尼品 ……………………………………（445）
六　《出现光明经》的陀罗尼 ………………………………………（451）
第五节　大集经类的陀罗尼品 …………………………………………（456）
一　《陀罗尼自在王菩萨经》的陀罗尼 ……………………………（456）
二　《虚空藏菩萨经》的陀罗尼 ……………………………………（463）
三　《宝幢经》的陀罗尼品 …………………………………………（466）
四　《日藏经》的陀罗尼 ……………………………………………（479）
五　《金光明经》的陀罗尼品 ………………………………………（486）
第六节　唯识经论的陀罗尼 ……………………………………………（499）
一　任持诸法及不共陀罗尼 …………………………………………（499）
二　陀罗尼与十地修行 ………………………………………………（502）
三　陀罗尼与妙观察智 ………………………………………………（507）

第五章　陀罗尼契经思想 ………………………………………………（510）
第一节　小型陀罗尼契经 ………………………………………………（510）
一　《无量门微密持经》 ……………………………………………（510）
二　《无崖际总持法门经》 …………………………………………（531）
三　《金刚上味陀罗尼经》 …………………………………………（537）
第二节　大型陀罗尼契经 ………………………………………………（543）
一　《大法炬陀罗尼经》 ……………………………………………（543）
二　《大方等陀罗尼经》 ……………………………………………（554）
三　《大威德陀罗尼经》 ……………………………………………（564）

第六章　陀罗尼咒经思想 ………………………………………………（571）
第一节　陀罗尼咒经的类型 ……………………………………………（571）
一　章句型陀罗尼咒经 ………………………………………………（571）
二　咒术型陀罗尼咒经 ………………………………………………（584）
三　名号型陀罗尼咒经 ………………………………………………（588）
第二节　陀罗尼咒的类别与意义 ………………………………………（589）
一　陀罗尼咒的类别 …………………………………………………（589）
二　陀罗尼咒的意义 …………………………………………………（595）
第三节　陀罗尼咒的信仰 ………………………………………………（604）

导　论

密教经典概论

第一节　密教经典的类型

一　陀罗尼咒经及其类型

佛教经典形式多样，内容丰富。早期佛教有九分教、十二分教的说法，主要就其体裁而言。其中十二分教中的方广一般指大乘经典，所谓方广，就是方正广大，教义正等正觉称方正，篇幅体大量多称广大。[①] 可见大乘经典以篇幅大、内容多为特点，并不以体裁形式而论。但晚期佛教却有新的体裁出现，这就是密教的陀罗尼咒经和修持仪轨。陀罗尼咒经也称神咒经、明咒经，简称咒经；修持仪轨一般称仪轨，也称仪轨经。但陀罗尼咒经、修持仪轨被称"经"者，则是汉译的习惯用法，梵文并非如此。这就是说陀罗尼咒经和修持仪轨完全是后期佛教中新出现的两种经典形式，那么这两种经典形式如何形成？先后又如何演变？各有哪些具体的体裁呢？

咒经，广义上泛指陀罗尼经，狭义上则指陀罗尼咒经，故咒经的规范名称是陀罗尼经。而陀罗尼经分为两大类，一类为陀罗尼契经，一类为陀罗尼咒经。此处契经相对于咒经而称，即梵文 sūtra 的译称。sūtra 一般对译为"经"，只有强调其佛说经——四阿含经性质时才译作"契经"，以区别于戒律和对法以及一般意义上的佛经。但译称陀罗尼经，是汉文的经

---

① 《瑜伽师地论》解释说："云何方广？谓于是中广说一切诸菩萨道，为令修证阿耨多罗三藐三菩提、十力、无畏、无障智等一切功德，是名方广。"（卷 25）《大乘阿毗达磨杂集论·法品》说："方广者，文义广博，正菩萨藏摄。"（卷 11）《阿毗达磨顺正理论》说："言方广者，谓以正理广辩诸法，以一切法性相众多，非广言词不能辩故。亦名广破，由此广言能破极坚无智暗故。或名无比，由此广言理趣幽博，道余无比故。"（卷 44）《显扬圣教论·摄净义品》说："方广者，谓诸经中宣说，能证无上菩提诸菩萨，令彼证得十力、无障智等，是为方广。"（卷 6）

名译法，梵文经名中并没有 dhāraṇī-sūtra 这样的称谓，只有称某某名的 dhāraṇī。如《华积陀罗尼经》梵题 Ārya Puṣpakūṭa-nāma-dhāraṇī，《出生无边门陀罗尼经》梵题 Ārya Anantamukhasadhaka-nāma-dhāraṇī，《六门陀罗尼经》梵题 Ārya Saṇamukha-nāma-dhāraṇī。可见译称陀罗尼“经”者，只是表示此陀罗尼为一类经名，否则就与仅仅为陀罗尼章句或称陀罗尼咒者相混淆。另外，其中梵文的 ārya 汉文并没有译出，这是因为汉文的“经”本身就具有神圣的意思。梵文经名无“经”，汉译则题“陀罗尼经”，有助于对不同佛经形式的理解。但当陀罗尼经中出现咒经时，为了区别于一般陀罗尼经，并与之相对而言，从分类学上另称“陀罗尼契经”。这一称名出现于唐代菩提流志译《大宝积经》第二《无边庄严会》的《无上陀罗尼品》，有称“此陀罗尼契经之门”，说菩萨“于此契经陀罗尼门，演说诸法差别总持。”[①]《释摩诃衍论》及其唐代疏文中广泛运用此称，或意译总持契经、大总持契经。如说有十藏，其二“立二藏，总摄诸法，谓声闻藏及菩萨藏。总持契经中作如是说，法门虽无边，不出二种藏故。”[②]又如说有十五种契经，其二摄无量大乘契经，其三慧明陀罗尼契经，其六金刚陀罗尼契经，第十文殊师利圆满因海大总持契经。[③] 又有通契经文决疑门五种各说契经，其一文殊师利欢喜陀罗尼契经，其三大证得陀罗尼契经。[④] 另有清净心地无垢陀罗尼契经。[⑤] 此诸所谓陀罗尼契经并非相对于“咒经”而言，但其称名用于学术上的分类再恰当不过。

至于咒经，梵文中也分为两类，即神咒经和明咒经，神咒经的梵文是 dhāraṇī mantra，明咒经的梵文是 dhāraṇī-vidya，准确的对译应该是陀罗尼神咒经、陀罗尼明咒经，但梵文可以省略“经”，汉译可以省略“陀罗尼”，故通常简称“咒经”，实际上这是一种俗称，因为陀罗尼本身并没有咒语的含义。mantra 被认为原出梵天以及其他天神所说，故译神咒，但汉文所译神咒大多是佛说陀罗尼，并非天神之 mantra。实际上梵文中也很少有 dhāraṇī mantra 这样的用语。vidya 则是一般鬼神所说，起源于禁咒，

---

① （唐）菩提流志译《大宝积经》卷5，《中华大藏经》（以下略作《中华藏》）第8册，第429页中，中华书局1981年版（以下略）。

② （唐）佚名撰《释摩诃衍论》卷1，《中华藏》第50册，第195页上。

③ （唐）佚名撰《释摩诃衍论》卷7，《中华藏》第50册，第265页上、中。

④ （唐）佚名撰《释摩诃衍论》卷7，《中华藏》第50册，第269页上、中。

⑤ （唐）佚名撰《释摩诃衍论》卷6，《中华藏》第50册，第256页中。

又与表示知识、学科的“明”同为一词，故译称“明咒”，以区别于“陀罗尼咒”以及“神咒”。

陀罗尼经起源于大乘经，早期大乘经大多有“陀罗尼品”，“陀罗尼品”的独立发展，最终形成“陀罗尼经”。陀罗尼，梵文 dhāraṇī 的音译，意译“总持”，就是听闻后记住不忘的意思，不仅记住听闻的语言形式，明白其内容，而且还能掌握、领会其中的精神实质和表达意义。故最初作为一种记忆术的陀罗尼，在口耳相传经典的时代得到迅速发展，并在大乘中成为一种必备法门，称为陀罗尼法门。在大乘佛教中，陀罗尼法门与三摩地门、三解脱门、无碍辩才门同为菩萨具备的基本条件，其中宝积经类中陀罗尼与戒、定、慧三学并齐，称为菩萨四种璎珞庄严。陀罗尼法门中，由陀罗尼的语音形式而有陀罗尼字门，由陀罗尼的语词形式而有陀罗尼章句，由陀罗尼的教义内容而有陀罗尼句门。密教起源于大乘陀罗尼法门，在陀罗尼法门的基础上建立起来的密教称为陀罗尼密教，是密教的最早形态。所以陀罗尼密教继承了大乘陀罗尼法门的陀罗尼字门、陀罗尼章句、陀罗尼句门三种形态，也因此我们称陀罗尼密教为原始密教，其意是说陀罗尼密教为大乘和密乘共同所有。但陀罗尼密教的核心则是陀罗尼章句，陀罗尼经就是以一个或一组陀罗尼章句为中心组成的。

陀罗尼章句，梵文 dhāraṇī-pada，章句是 pada 的意译，音译钵陀、跛大，也意译作文句、句、语、言等，另译步子、足迹、处、位、宗、见等，是一个多义词，但在这里就语言文字而言，原指具有独立意义的词根、词干。不过词根、词干虽有意义，但无法表达一个完整的句意，只有在词根、词干后加上词法和语法后缀，才能完整地表达意图，所以称章句、文句。章者章法，此指语法，用语法连缀，词、词可成句；文者成文，用文法连缀，句、句可成文。陀罗尼章句就是一种格式化的语言文句。按古代梵文的语文分类法，章句是语文的四种品类之一，也就是构成语文的四个因素之一。梵语文一般区分为音声、语言、文字、章句四类，[①] 或作言语、名字、章句、音声，或作名字、章句、言语、风声。还有三种分类法，有的作语言、文字、章句，[②] 有的作名字、章句、言语之

① （唐）不空译《仁王护国般若波罗蜜多经・二谛品》，卷上，《中华藏》第65册，第975页下。

② （后秦）鸠摩罗什译《大智度论》卷79，《大正藏》，第25卷，第619页中；（隋）达磨笈多译《大方等大集经菩萨念佛三昧分・见无边佛广请问品》卷6，《中华藏》第11册，第340页中。

音，有的作文字、言说、章句，有的作名字、章句、语言。其中音声或风声就是语言文字的声音，语言用声音表现，文字也用声音诵读。语言或言语就是音素、音节，名字或文字就是词语、概念，章句就是语法和句子。按汉译词义，章者章法，就是语法规律和句子格式。句者语句，就是能够表达完整意义的句子，或一句，或数句。汉文中章与句连称者，正与梵文之钵陀义符合，文句以语法与句子格式构成。称陀罗尼章句者，也是因为陀罗尼被视为一种特定的体裁，尤其以陀罗尼的意思不可解释，其文其句有严密的格式，不可断章取义，所以不仅有陀罗尼章句之称，而且直称陀罗尼为章句。大乘经的陀罗尼品以及密教的陀罗尼经，大多以陀罗尼章句为中心内容，而汉译时往往译为咒、神咒，陀罗尼章句与陀罗尼、陀罗尼咒、咒、神咒均属同位语，有的陀罗尼咒经的名称也译为某某陀罗尼章句经。由此可见陀罗尼章句与密教的密切关系，陀罗尼经以陀罗尼章句为中心构成，后来的陀罗尼咒经即由陀罗尼章句经演变而来。

从陀罗尼章句到陀罗尼神咒的演变，此以形成时间最早、也是翻译次数最多、流传地区最广的陀罗尼经——《微密持经》为例来分析。该经最早译于3世纪前期的三国时代，其中吴国支谦译本题《无量门微密持经》，无量门，另有魏吴失译本作“无端底门”，唐智严译本、不空译本译“无边门”。西晋安法钦译本音译“阿难目佉”，刘宋求那跋陀罗译本音译“阿难陀目佉”，即梵文 ananta-mukha，均指陀罗尼法门的功德无量无边、无始无终。求那跋陀罗译本、元魏佛陀扇多译本音译“尼诃离陀”，即梵文 nirhāra，隋唐译本意译“出生”，藏译梵题 sādhaka，即出生义。微密即秘密、神秘、神妙、深奥，梵文 gūhya，这是密教最早以“秘密”自称，也是“密教”之称的来源。持即总持，陀罗尼的意译。持经，即总持经，音译陀罗尼经，这是后来所称陀罗尼经、咒经这种新体裁经名的缘由。而“微密持经”，可译为“神咒经”，微密即神秘、神妙，持即总持，音译陀罗尼，俗称咒语，故微密持即神秘之咒语，可简称神咒，被视为一种如同咒语的特定文句，可称“陀罗尼咒”，故秘密陀罗尼咒即陀罗尼神咒，功德直译本即译“陀罗尼咒神妙章句”。按神咒的吠陀梵文为 mantra，但陀罗尼与吠陀 mantra 无关，故称陀罗尼为神咒者，必定以陀罗尼作为神妙章句所具有的神秘意义有关，如此神咒之称来自其神妙章句、神秘之咒，而不是吠陀－婆罗门教的天神之咒 mantra。

该经名虽标新立异，但其内容则采用大乘经的形式，有“如是我闻”

的说法背景，说佛游维耶离国大树精舍，佛弟子大目揵连召集四十万比丘众，十菩萨召集一千八百亿十方一生补处菩萨众聚会。佛弟子舍利弗先说四清净、四愿悦、四持门，然后请佛说疾入无量门微密持之持要句及其念法句义。佛又说三种四法行、四功德，并说此持要句的渊源及其功德，即往昔无数劫前西方无量寿佛的往世转轮王光秉的太子无念德首，从宝首曜王如来闻持奉行此持要句以及获得功德的本生故事，最后佛说行持此法要，有雪山八大神及八天菩萨拥护。其中舍利弗所说的四持门，就是后来四种陀罗尼（忍陀罗尼、法陀罗尼、义陀罗尼、咒陀罗尼）的最早模式；三种四法行中第三种四法行的八字义，就是密教经典中最早出现的陀罗尼字门；念诵持要句而得到雪山八大神及八天诸菩萨护持则是密教与鬼神信仰结合的开端，也是密教神祇往往以八数组合的模本。而所谓持要句、极法之要，就是陀罗尼章句。

陀罗尼章句最早既称“持要句”“极法之要”，就表明陀罗尼章句不仅有意义，而且还是其“要句”，是其“法要”，也就是诸法的提要之句。此持要句，共有 13 种汉译本，2 种藏译本。现存 9 种汉译本中，支谦译本、东晋佛陀跋陀罗译本、刘宋求那跋陀罗译本均意译，其中支谦、佛陀跋陀罗按句译，支谦译 27 句，佛陀跋陀罗译 37 句。从 3 世纪前期的三国时支谦译本，至 5 世纪初期的东晋时佛陀跋陀罗译本，陀罗尼章句按句意译，说明陀罗尼作为“持要句”“诸法要”具有的稳定性质。而至 5 世纪的南北朝时，刘宋求那跋陀罗按词译为 48 名，并音译持句为陀邻尼，又称“现在佛所说如是神咒四十八名”，这是最早译陀罗尼为“神咒”者，而此神咒为现在佛所说，显然这是以佛说陀罗尼为神咒。稍后功德直译本题《无量门破魔陀罗尼经》，音译其中的陀罗尼，也按词译为 58 名，并称其“陀罗尼咒神妙章句”，也说明所谓陀罗尼、陀罗尼咒即是神妙之章句，而不是神之咒语。至 6 世纪，梁僧伽婆罗译本音译 47 句，称其陀罗尼咒、咒。元魏佛陀扇多译本也将陀罗尼按词音译为 48 名，其注文与求那跋陀罗意译完全一致，说明有人取求那跋陀罗译文作注。从此可以看出，陀罗尼章句被译为陀罗尼神咒、陀罗尼咒乃至直接称为神咒、咒，是在 5—6 世纪的东晋至南北朝前期完成的。而这一时期也正是西域咒术传入中国的历史阶段，东晋时帛尸梨蜜多罗翻译《大孔雀王神咒》

《孔雀王杂神咒》，史称他“善持咒术，所向皆验”。[①] 刘宋时求那跋陀罗译称陀罗尼为神咒，史亦载其“本婆罗门种，幼学五明诸论，天文、书算、医方、咒术靡不博贯”。来中国途中历经海难时，“乃密诵咒经，恳到礼忏”。[②] 可知当印度、西域的咒术流传中国之时，佛教的陀罗尼也被视为一种特定的神咒、咒语，这样便导致陀罗尼与神咒、禁咒的混淆，也造成佛教陀罗尼法门与外道以及民间咒术的结合，这就是南北朝以来流行中国的陀罗尼密教的基本形态。

从《微密持经》不同时代的不同译本变化可以看出，随着陀罗尼章句向陀罗尼神咒的变化，陀罗尼经分化为两种类型，一种仍按说理型的陀罗尼经原型发展为陀罗尼契经，一种以持诵陀罗尼神咒为中心发展为陀罗尼咒经。陀罗尼契经包罗法、义、持、忍四种陀罗尼为主的多种陀罗尼形式，其中除了陀罗尼章句外，还有陀罗尼字门、陀罗尼句门以及种种菩萨陀罗尼行。按篇幅分类有大、小两种类型，小型陀罗尼经除《微密持经》外，还有《无崖际总持经》《金刚上味陀罗尼经》等，大型陀罗尼经如《大法炬陀罗尼经》《大方等陀罗尼经》《大威德陀罗尼经》等。而陀罗尼咒经则成为密教经典的主体，具体可划分为三种类型：

其一章句型陀罗尼经，这是陀罗尼经的原型，也是主流类型。这类经虽称陀罗尼咒经，其实就是陀罗尼经的主体，狭义的陀罗尼经。其陀罗尼以“咒”相称者，仅仅就其形式而言，相对于契经的说理形式以及可以解读转释的陀罗尼字门、句门而言。所以陀罗尼章句经仍然保留着陀罗尼教义的一些内容。说陀罗尼咒语者也以佛说为主，菩萨以及佛弟子是主要的对话者，其功用则偏重于拥护佛法、僧侣安隐。这类陀罗尼咒经出现最早，流行时间也持久，直至晚期密教时仍有编纂，但魏晋南北朝时期最为盛行。这类咒经如《佛说吉祥咒经》《华积陀罗尼经》《六门陀罗尼经》等。

其二咒术型陀罗尼经，这是数量最多的一类陀罗尼咒经，带有浓厚的巫术性质，具有陀罗尼万能思想。这类咒经大量来自婆罗门神咒以及民间禁咒，附带有行咒法，陀罗尼在这里完全被咒术化。这类咒经中，《摩登

---

① （梁）僧祐撰《出三藏记集》卷 13，苏晋仁、萧錬子点校本，中华书局 1995 年版，第 522 页。

② （梁）僧祐撰《出三藏记集》卷 14，苏晋仁、萧錬子点校本，中华书局 1995 年版，第 547 页。

伽经》是密教咒术和占星术的鼻祖，由于该经的宣传，咒术堂而皇之地走入佛教，取得合法的地位，也影响了陀罗尼发展的方向。其中佛说六字神咒被另编为咒经流行开来，东晋时有失译《六字咒王经》《六字神咒王经》，梁代有失译《六字大陀罗尼咒经》，宋代施护译《圣六字增寿大明陀罗尼经》《佛说圣六字大明王陀罗尼经》，以及法天译《佛说大护明大陀罗尼经》等，都是由此改编而成的咒经。类似的经还有《佛说护诸比丘咒经》《持句神咒经》《佛说护诸童子陀罗尼咒经》《佛说檀特罗麻油述神咒经》《阿咤婆拘鬼神大将上佛陀罗尼》《集法悦舍苦陀罗尼经》等。其中《持句神咒经》为失译经，其异译有《陀邻尼钵经》《陀罗尼章句经》《东方最胜灯王陀罗尼句》，后来阇那崛多又译《东方最胜灯王如来经》，直至宋代尚有施护译为《圣最上灯明如来陀罗尼经》。

其三名号型陀罗尼经，名号型咒经中，有小型经典，也有大型经典。小型名号咒经如《八吉祥神咒经》《阿弥陀鼓音声王陀罗尼经》《孔雀咒王经》《请观世音菩萨消伏毒害陀罗尼咒经》《十二佛名神咒校量功德除障灭罪经》《一切如来名号陀罗尼经》《大吉祥天女十二名号经》等。大型名号咒经，如《大灌顶经》，旧本就长达十卷之多。

需要指出的是陀罗尼经的名称，即便后来出现不同性质的经典类型，这种名称还在继续沿用，所以不能仅仅按经名来确定该经的性质，尚需根据经典的实际内容来确认。按一般的规律，后世经名往往沿用传统名称，直到另一类性质的经名流行并取而代之。

二　持明仪轨及其类型

从上文可以看出，原始密教的经典形式是陀罗尼经（dharaṇī），分为陀罗尼契经和陀罗尼咒经。早期密教的经典形式是持明仪轨（kalpa），这是在陀罗尼咒经的基础上增加了以手印、供养、曼荼罗等密法内容构成，这就是密教特有的另一种经典形式——仪轨。由这类经典汇集而成的经典称为持明咒藏，就表明它是由总持（dharaṇī）与明咒（vidya）结合而成。总持是佛教的传统，明咒则是印度教的传统，源自印度土著民族的巫术文化。印度土著民族擅长咒术，达罗毗荼人的咒术被称为咒中之大咒。《瑜伽师地论》中以达罗弭荼明咒来说明菩萨具有的听辨力时，就说菩萨“闻非辨声者，于义难了种种音声，谓达罗弭荼种种明咒，风铃树响，鹦鹉、鸜鹆、百舌、鹂鹦、命命鸟等所出音声皆悉能闻。”① 窥基对此达罗弭荼明咒解释说：“《论》云达罗弭荼明咒者，谓僧伽罗国即师子国，有咒号达罗弭荼，即咒中之大咒，明有神验。”② 按达罗弭荼，或译达罗鼻荼、达里鼻荼、达罗比吒等，梵文 darviḍa 的音译，一般作达罗毗荼，印度土著民族，未被雅利安人同化者主要集中于南印度一带，有的跨海迁居锡兰岛。惠苑《新译华严经音义》解释达利鼻荼说：“其国在南印度境，此翻为销融，谓此国人生无妄语，出言成咒。若邻国侵迫，但共咒之，令其灭亡，如火销膏也。”③

其实师子国的僧伽罗人是雅利安人，在南迁过程中与达罗毗荼人文化融合，但其咒语源自本民族的神咒 mantra，与达罗毗荼人的明咒 vidya 有所不同。惠苑在《续华严经略疏刊定记》中进一步解释说：“梵本云达逻鼻荼曼达罗钵底鞞，言达罗鼻荼者，是南印度中边国名也，此云销融。曼达逻者，咒也。钵底鞞者，句也。谓其国人禀性纯质，凡所出言皆成神咒。若邻国侵害，不用兵杖，但以言破之，彼即丧灭，故曰销融咒句国也，或云唯童男、童女方得言成咒句。”④ 其中曼达逻，梵文 mantra 的音译，神咒之义。钵底鞞，梵文 padatva 的音译，语句之义。达逻鼻荼曼达罗钵底鞞，意译即销融神咒句。mantra 很早就出现在吠陀经典中，指称天神所说誓愿咒语，故汉文译为“神咒”，后来持明密教的 vidya 就译为“明咒”，这样两种来源的咒语就被区分开来。当然翻译大量的明咒，必然伴随着相关的宗教仪式，因为明咒只是咒术的核心部分，但不是其全部内容，明咒及其相关的宗教仪式才构成咒术的完整内容，于是随着明咒的传译，相关的诵法、坛法、像法、药法以及供养法、成就法也被吸收到密教中，或者说都被改造乃至创造为密教的仪轨，这就成为持明密教不同于陀罗尼密教的特点，持明密教的经典呈现出仪轨的形态。由此可见持明仪轨是在密教发展的第二个阶段出现的一类经

① （唐）玄奘译《瑜伽师地论·威力品》卷37，《中华藏》第27册，第712页中。辨，原作“辩”，形讹，此改。百舌、鹂鹦、命命鸟，原作“百舌鹂、黄命命鸟”，据《中华藏》校勘“黄”，资、碛、南、径、清改。

② （唐）窥基撰《瑜伽师地论略纂》卷11，《大正藏》第43卷，第139页上。

③ （唐）惠苑撰《新译大方广佛华严经音义》卷下，《一切经音义》卷23，《大正藏》第54卷，第451页中。

④ （唐）惠苑撰《续华严经略疏刊定记》卷4，《大藏新纂卍续藏》第3册，第655页中。

典，也就是持明密教的主要经典形式。持明，顾名思义，就是诵持明咒或修持明咒，明咒即民间流行的禁咒，也就是广泛存在于原始宗教中的咒术，印度及西域就有一类奉行咒术的职业宗教者，自称持明仙，密教就大量吸收这类原始宗教修行方法，将其融入陀罗尼密教中，于是密教就有了修持的仪轨。

仪轨就是用来修持密法的规则、仪式和方法。所谓密法，就是以消灾、增益、勾召、降伏以及敬爱为目的的修持规则及其方法，主要有以三密为内容的陀罗尼持诵法、结手印法、瑜伽观想法，以曼荼罗为内容的择地法、坛场法、造像法，以供养为内容的护摩法（火供法）、花香法、歌舞法、净水法、燃灯法，以悉地成就为内容的三种成就法，以乘空而进为最上成就，藏形隐迹为中成就，世间诸事为下成就，其中世间诸成就法有药物法、贤瓶法、雨宝法、光显法、伏藏法等。还有以师徒传授为内容的灌顶法、阿阇梨相法以及弟子法、事师法等。

仪轨是梵文 kalpa 的汉译，藏文对译 cho-ga。按汉译的仪轨，有广狭两种意义，广义上泛指佛教的行法仪轨，诸如仪式、规则、规范、程序、威仪、律仪等，可以看作威仪轨则的简称，其中律仪轨则也往往简称仪轨。狭义上仅指密教的修行轨则和方法，但密教的仪轨在汉文中是个通称，相对于陀罗尼经、咒经而称“仪轨经”，以表明经典的性质是修行的具体做法，而不是说理型的佛说陀罗尼经或佛说咒经。密教行法译为仪轨，始于唐代开元十三年（725）善无畏译《大日经供养法》，沙门宝月译语，一行笔受。该经供养法一开始即称：

> 稽首毗卢遮那佛！开敷净眼如青莲！
> 我依大日经王说，供养所资众仪轨。①

这是《供养法》作者在初品《真言行学处品》中所说，第三品《供养仪式品》说受持真言有内外仪轨之分，第四品《持诵法则品》说“或依彼说异仪轨，或以普通三密门”皆可成就，又说“设余经中所说仪轨”有所亏缺，也可用此法修持。其中仪轨也称“轨仪”，如品首即说：“四

① （唐）善无畏译《大毗卢遮那成佛神变加持经》卷7，《中华藏》第23册，第636页上。

种静虑之轨仪，能令内心生喜乐。”[①] 相应地，不可思议《大日经供养法次第疏》解释说，供养分理、事两种，其中理供养即运心供养，即内仪轨；事供养显外相，即外仪轨。至于所谓“众仪轨者，诸印、真言等也。”[②] 此可知供养仪轨分为内外两大类，但结印、诵咒等修行方法都属仪轨。僧一行《大日经疏》在正文解释中也使用“仪轨”，如第一《住心品》的解释中说，如真言行者已具足的坚固信力，“佛已略说如是心实相印，若行者与此相应，当知已具坚固信力。然此信力本从真言门供养仪轨行法，如说修行，得至净菩提心，故云供养行修行从是初发心也。”[③] 第二《具缘品》中也解释说：“今此大乘真言行所乘之道——法则仪轨，以汝是大乘器量故，堪能信受，我今当正说之也。”[④] 该疏的《义释》本同样将受持真言次第、成就法、供养法、承事法次第等均称为仪轨，并说该经与持明藏常途所说大同，[⑤] 也就是《大日经》与持明密教经典所说的一般仪轨相同。此诸可见，《大日经》及其《供养法》所说的供养仪式以及所有真言行法都称之为“仪轨”，与持明密教仪轨基本相同。

但善无畏主持翻译的持明密教经典中并未使用“仪轨”的概念，此前只有义净翻译的《佛说拔除罪障咒王经》中使用了这个概念，其中说曼殊室利菩萨白佛言：“此大法门甚深微妙，实为希有”，“彼于咒法所有威力神通变现，于诸国土随其方处，求者获益，功德成就。念诵仪轨、祭祠法式，皆不信受，亦不依行，谓非佛说而为谤毁，恶障缠心，即便命过，堕大地狱，受极苦恼，无有出期。”[⑥] 这是说只使用咒法，而不信受、不依行念诵仪轨、祭祠法式，还诽谤说这些不是佛说的，有如此心理障碍的人，不但咒法不灵验，而且死后堕大地狱，受极苦恼，永无出期。这就恰好表明了仪轨是根据佛说经文的内容及其精神所制定的修行规则和方法，本身当然不是佛说的，但确是遵从、落实、执行佛说教义的必要措

---

① （唐）善无畏译《大毗卢遮那成佛神变加持经》卷7，《中华藏》第23册，第642页中、第643页中、第645页上。

② （唐）不可思议撰《大毗卢遮那经供养次第法疏》卷上，《大正藏》第39卷，第790页下、第803页中。

③ （唐）一行撰《大毗卢遮那成佛经疏》卷1，《大正藏》第39卷，第592页中。

④ （唐）一行撰《大毗卢遮那成佛经疏》卷3，《大正藏》第39卷，第614页下。

⑤ （唐）一行撰《大日经义释》卷8，《新纂卍续藏》第23册，第397页中、下、第401页中。

⑥ （唐）义净译《佛说拔除罪障咒王经》，《中华藏》第24册，第80页上。

施，是修行的实现途径，二者并不矛盾，由此仪轨取得佛经中的合法地位，其概念也从律仪规范合理借用到密法仪轨。实际上密教仪轨从南朝梁代传译至唐，已有两个世纪，义净此译是对这一历史阶段的一个总结和概括。按《开元录》的著录，该经译于景龙四年（710）大荐福寺翻经院。该经虽非持明密教仪轨，但按此说有念诵仪轨、祭祠法式，则知该经自持明仪轨译出其中咒法。义净在印求法期间，屡入道场，修习密法，对密教仪轨自是熟知，其译著中多使用仪轨概念，以指戒律之仪轨，唯此经以此指称密教之仪轨，是其借用戒律用语为密教概念，诚属创发，为开元中密宗中人一行等承用，不空翻译密典，推而广之，成为密教行法的通称。

仪轨是密教修行规则和方法的通称，其他称谓是就某种密法及其特征而称，诸如道场法、灌顶法、念诵法、供养法、成就法、瑜伽法等，与仪轨之间有种属关系，都可称道场仪轨、灌顶仪轨、供养仪轨、成就仪轨、瑜伽仪轨，但这类分属仪轨也有一度作为通称使用的情况。

最早汉译的仪轨是南朝梁代失译的《牟梨曼陀罗咒经》，其名“咒经”者指其大类，“牟梨曼陀罗”者则为该经的本名，其中“牟梨”是梵文 mūla 的音译，意译根本。曼陀罗是梵文maṇḍala的音译，后世译曼荼罗，意译坛场、道场。牟梨曼陀罗，就是根本陀罗尼坛场经、根本陀罗尼道场经的意思，因经中说三种陀罗尼咒坛场，除牟梨曼荼罗外，还说于梨曼荼罗、乌波罗曼荼罗。于梨，当为梵文 phala 的音译，意译核心，经内译“心”。乌波罗，梵文 upara 的音译，意译下品、低位，相对于前者译“随心”，有时也译“小心”。心、随心也就陀罗尼咒而言，与根本陀罗尼咒组成上、中、下或大、中、小三品陀罗尼咒，该经就是这三品陀罗尼的仪轨，其中以根本陀罗尼代为仪轨名称。考诸译经史，道场经曾是仪轨的最早名称，唐代阿地瞿多翻译《陀罗尼集经》，其序说：“此经出《金刚大道场经》，《大明咒藏》分之少分也。”[①] 唐代经录中也说《陀罗尼集经》从《金刚大道场经》中撮要译出。《观自在菩萨如意轮念诵仪轨》等还说：“依《灌顶道场经》说修陀罗尼法门。”[②] 这就说明《牟梨曼陀罗咒经》《陀罗尼集经》等都出自《金刚大道场经》，《观自在菩萨如意轮念诵仪轨》等出自《灌顶道场经》，“道场经”是持明密教仪轨的早期名

① （唐）阿地瞿多译《陀罗尼集经》卷首，《中华藏》第20册，第1页中。

② （唐）不空译《观自在菩萨如意轮念诵仪轨》，《中华藏》第65册，第793页中。

称。道场是密教仪轨最显著的特征，无论诵咒结印，还是召请圣众、造像供养，都要设立坛场，在一个特定的结界道场行法，故早期持明密典以道场称其仪轨，凸显出与陀罗尼经的不同特征。

以上提及的《灌顶道场经》，以“灌顶”为经名主词，这类经名早在南北朝时期就有《灌顶章句七万二千神王卫护比丘咒经》等九卷，总名《大灌顶经》，简称《灌顶经》。至唐代还真有《大灌顶经》的记载，如菩提流志译《一字佛顶轮王经·大法坛品》说：“此坛广法，从初作日乃至竟日，种种仪则，修坛方法、阿阇梨法、教弟子法、入坛之法、灌顶之法，准诸《大灌顶经》，坛法用同。”[①] 不空译《金刚手光明灌顶经最胜立印圣无动尊大威怒王念诵仪轨法品》，按经题从《金刚手光明灌顶经》译出《不动尊念诵法》一品。可知《灌顶经》也是一类仪轨的总称，或者说从密教仪轨的灌顶法特征立经名。灌顶本为印度习俗，国王登基时举行的一种以大海水浇灌头顶的仪式，密教用来阿阇梨灌顶弟子以授法传承之位，亦象征佛、菩萨灌顶受法人以作护持。不空曾在上代宗的奏表中解释说：“毗卢遮那包括万界，密印真言吞纳众经。准其教，宜有顿有渐，渐谓声闻小乘登坛学处，顿谓菩萨大士灌顶法门，是诣极之夷途，为入佛之正位。顶谓头顶，表大行之尊高；灌谓灌持，明诸佛之护念，超升出离何莫由斯。”[②] 灌顶法有很多种，其中持明密教灌顶法如《蕤呬耶经》所说，凡入曼荼罗，必有四种灌顶，一者除难，二者成就，三者增益己身，四者得阿阇梨位。凡蒙灌顶，诸佛菩萨及与诸尊，并持真言行菩萨等皆悉证明，加被护念。[③] 瑜伽密教有金刚灌顶，《佛说秘密三昧大教王经》说：“所言金刚灌顶者，谓于一切曼拏罗中获得大乐甘露金刚水，灌注心顶故，说名为金刚灌顶。”[④]《大乐金刚不空三昧大教王经》说，阿阇梨以金刚灌顶法自受灌顶，观想求请金刚手菩萨金刚杵，金刚手菩萨即现本身亲授与之，是阿阇梨持此金刚杵求诸最上成就，于一

---

① （唐）菩提流志译《一字佛顶轮王经》卷4，《中华藏》第23册，第453页下。

② （唐）不空撰《请为国置灌顶道场表》，《代宗朝赠司空大辨正广智三藏和上表制集》卷1，《大正藏》第52卷，第830页上。

③ （唐）善无畏译《蕤呬耶经》卷3，《大正藏》第18卷，第772页上。

④ （宋）施护译《佛说秘密三昧大教王经》卷4，《中华藏》第67册，第842页上。

刹那中皆悉获得。①

念诵法，亦称念诵经、陀罗尼念诵法，顾名思义，就念诵陀罗尼而言，因而也是最早出现的修行方法。但陀罗尼密教中除了念诵陀罗尼之外，只有一些简略的结缕、数珠以及供养等法。到持明密教时，念诵中包含了结印法，这是因为最初编纂的《持明咒藏》主要是以咒印相配合来修持的，最早从中翻译出来的《牟梨曼陀罗咒经》的主要内容就是诵咒结印，配之于坛场及其供养法等。即便后来的真言密教、瑜伽密教增加了观想法，汉译"念诵"之"念"也具有观想、观念、念想的含义，观想种子字等，瑜伽密教称"三摩地念诵"，即心念诵，不但观念真言种子字，而且也观想本尊，由此念诵法的概念本身就有"三密"修法的意义，所以瑜伽密教往往将其仪轨译作"念诵法"。《金刚顶瑜伽中略出念诵经》就说："作四种念诵，作四种者所谓音声念诵，二金刚念诵合口动舌默诵是也，三三摩地念诵心念是也，四真实念诵如字义修行是也。由此四种念诵力故，能灭一切罪障苦厄，成就一切功德。"② 金刚智初译《金刚顶瑜伽中略出念诵经》，不空多译瑜伽诸部仪轨为念诵法、陀罗尼念诵法、念诵法门、念诵仪轨、念诵仪轨经等。

成就法，梵文 sādhana，音译悉地，藏译 sgrub-thabs，这是出现于持明密教晚期的一种特定密法，并不与一般作动词概念的成就等同，但其意义密切，因而成就法有时也作为一种通称，如说念诵成就法、供养成就法、护摩成就法、瑜伽成就法等。藏传佛教中成就法多归入注疏类，是密教注疏中数量较多的一类。最早汉译的成就法持明密典是《苏悉地经》，全称《苏悉地羯罗经》，其名《开元录》解释"唐言妙成就法"，③ 即以成就法命名的仪轨。但该经的藏译梵题 Susiddhikaramahātantrasādhanopāyikapaṭala，汉译可为《妙成就大教中成就法品》。妙是最高之义，佛教以成就菩提为最终目的，故苏悉地就是成就菩提义。《大日经疏》解释最上悉地时说："夫言成就悉地者，谓住菩提心也，此菩提心即是第十一地成就最正觉。如是悉地，诸地中最在其上故。"④ 又解释持明者时说："谓持诵人得妙成

① （宋）法贤译《佛说最上根本大乐金刚不空三昧大教王经》卷1，《大正藏》第64册，第951页下。

② （唐）金刚智译《金刚顶瑜伽中略出念诵经》卷4，《中华藏》第23册，第730页上。

③ （唐）智昇撰《开元释教录》卷9，《中华藏》第55册，第197页下。

④ （唐）一行撰《大毗卢遮那成佛经疏》卷39，《大正藏》第39卷，第738页上、中。

就悉地之果，即能遍游一切佛土，供养诸佛，成就众生也。”[①]《大日经供养法疏》也解释说：“悉地者成就，亦云成菩提。”[②] 按《苏悉地经》将悉地成就分为上、中、下三种，乘空而进为最上成就，藏形隐迹为中成就，世间诸事为下成就。其中更分别上、中、下成就，如持明仙乘空成就五通，以及得诸漏尽或辟支佛，或证菩萨位地，或知解一切事，或辩才多闻，或成就眼药、器物、珍宝，或得无尽伏藏等上等事，为上中上成就。[③] 善无畏译的另一部持明密典《苏婆呼童子请问经》，也是一部成就法仪轨，除前三品之外，都集中说成就法。其中说成就之法总共有八种，谓成真言法、成金水法、成长年法、出伏藏法、入修罗宫法、合成金法、土成金法、成无价宝法等。[④] 其他汉译经轨也多有成就品、悉地品，其中持明密教经轨《不空罥索神变真言经》有《罥索成就品》《世间成就品》《护摩成就品》《然顶香王成就品》《点药成就品》《护摩秘密成就品》《斫刍眼药成就品》《灌顶真言成就品》《清净莲华明王成就品》《功德成就品》，《不空罥索陀罗尼经》有《受持成就品》《见成就品》《见不空王成就品》《见如来成就品》，《一字佛顶轮王经》有《印成就品》《供养成就品》《世成就品》，《菩提场所说一字顶轮王经》有《末法成就品》《世成就品》，《大佛顶广聚陀罗尼经》有《辨七种佛顶持诵遍数成就品》，《五佛顶三昧陀罗尼经》有《修证悉地品》，《一字奇特佛顶经》有《最胜成就品》等。晚期密教中也有类似的成就法，如宋代法贤译的《佛说妙吉祥最胜根本大教经》第八《焰鬘得迦明王本法仪轨分》、第九《焰鬘得迦明王最上仪轨分》。其前法贤译的另一部仪轨《大方广菩萨藏文殊师利根本仪轨经》有《说一字大轮明王画像成就品》（kakṣara-cakravarti-karma vidhipaṭa-nirdeśa-paṭalavisaraḥ）。真言密教的《大日经》有《世间成就品》《悉地出现品》《成就悉地品》，瑜伽密教的《金刚峰楼阁一切瑜伽瑜祇经》有《金刚萨埵菩提心内作业灌顶悉地品》。后世汉译的瑜伽、大瑜伽类仪轨虽不设品目，但其中说的成就法也很多。

---

① （唐）一行撰《大毗卢遮那成佛经疏》卷12，《大正藏》第39卷，第707页下。

② （唐）不可思议撰《大毗卢遮那经供养次第法疏》卷上，《大正藏》第39卷，第791页下。

③ （唐）善无畏译《苏悉地羯罗经》卷中，《中华藏》第23册，第799页中。

④ （唐）善无畏译《苏婆呼童子请问经》卷下，《中华藏》第23册，第679页中。

三　真言经轨的理论意义

密教发展到持明密教晚期和真言密教时期，对于大量涌入佛教的持明仪轨进行彻底改造，使其进一步符合佛教的原则，就此也建立起密教的理论体系。这个过程就是在印度的佛教中心那烂陀寺和中国的佛教中心长安进行的，在那烂陀寺编纂《大日经》，在长安注释《大日经》。唐代温古总结以往的密教说："持明藏宗分条流，传译久矣。世之学者多存有相，罕契中道，其瑜伽行法隐而未明"，而"此《毗卢遮那经》乃密藏圆宗，深入实相，为众教之源尔。"① 此说以往的持明密教局限于咒印仪轨等表象，很少契合佛教的中道教义，而《大日经》会通内外，相性圆融，深入佛教原理，应该是密教各派学说的源泉。宋代赞宁从后来的密教情况出发也评论说：该经"上符佛意，下契根缘。利益要门，斯文为最。"② 这是说该经不仅完全符合佛教的教义，而且也适合密教修行者的根器和具体条件，是最能利益众生的重要法门。

《大日经》全称《大毗卢遮那成佛神变加持经》，略称《大毗卢遮那成佛经》《毗卢遮那成佛经》，编纂于6世纪末7世纪初。与以往的持明仪轨不同，该经设置专讲教义的《入真言门住心品》，其中译者将神咒mantra译为"真言"，并赋予佛教的内涵。一行《大日经疏》解释说："真言，梵曰漫怛椤（mantra），即是真语如语，不妄不异之音。龙树《释论》谓之秘密号，旧译云咒，非正翻也。"③ 此所谓真言为真语如语者，是说真言就是表达真如的言语，并不是虚妄异己的音声。不空《总释陀罗尼义赞》也解释真如说："真者真如相应，言者真诠义。"④ 此说真言就是对真如的正确诠释。真如是佛教表述真理的概念，表示真实的存在。这就赋予mantra以诠释佛教真理的内涵，完全改变了持明仪轨将佛、菩萨的本誓视为诸天神咒、鬼神明咒的情形。自此汉传密教自称真言乘、真言门、真言行菩萨，称其教法为真言密教、真言教法、真言教理等。

---

① （唐）温古撰《毗卢遮那成佛神变加持经义释序》，《新纂卍续藏》第23册，第265页上。

② （宋）赞宁撰《宋高僧传·善无畏传》卷2，范祥雍点校本，中华书局1987年版，第20页。

③ （唐）一行撰《大毗卢遮那成佛经疏》卷1，《大正藏》第39卷，第579页中。

④ （唐）不空撰《总释陀罗尼义赞》，《大正藏》第18卷，第898页上。

《大日经疏》概括真言密教的教义说：“此品统论经之大意，所谓众生自心即是一切智智，如实了知，名为一切智者。是故此教诸菩萨真语为门，自心发菩提，即心具万行，见心正等觉，证心大涅槃，发起心方便，严净心佛国。从因至果，皆以无所住而住其心，故曰入真言门住心品也。”又说：“入真言门略有三事，一者身密门，二者语密门，三者心密门。”“行者以此三方便，自净三业，即为如来三密之所加持，乃至能于此生满足地波罗蜜，不复经历劫数，备修诸对治行。”[①] “三密”是《大日经疏》总结以往密教实践的理论概括，陀罗尼密教以语密陀罗尼为主，持明密教增加身密手印，真言密教再增心密观想，如此密教之三密臻于完备，并赋予理论的内涵。三密分为真实的如来三密与方便的众生三密，二者契合相应，即可即身成佛。众生修持方便三密，即为如来三密加持，就是住心相应，故说众生自心即是一切智智，从因至果皆以无所住而住其心。这也就是为何后来的密教偏向心密瑜伽观想的思想根源，随后出现的密教派别自称瑜伽教法，瑜伽就是相应义，如来与众生相应，行者与本尊现证，“心心相印”，即为菩提成就。

《大日经》建立密教理论体系，将其概括为三句义，即菩提心为因，大悲为根本，方便为究竟。菩提心句是其本体论，大悲句是其修行论，方便句是其方法论。这就不仅建立了自心成就菩提的心性论依据，而且提升了密法的传统修法，赋予其理论意义。该经还建立新的密教信仰体系，确立大毗卢遮那佛为法身佛。其经疏则以法身佛与诸佛、菩萨、金刚明王构成三位一体的佛身论。疏对密教曼荼罗也作了理论阐释，以本经大悲胎藏生大曼荼罗王为例，且约胎藏、莲花、君臣为喻，建立三重曼荼罗说，对后世密教曼荼罗理论产生了重要影响。

四　教王经及其类型

密教的经典统称为经轨，表示有经也有仪轨，或者表示密教经典具有仪轨的形式，或是具有仪轨性质的经。经的梵文原文为 sūtra，仪轨的梵文原文为 kalpa，仪轨本是附属于经的修持法，也称念诵法以及随行法、观行法等，是将经的内容演绎成可操作的仪式行规。但实际编纂过程中往往将经与仪轨结合起来，以经的“如是我闻”开头，并有经序，正文却

---

① （唐）一行撰《大毗卢遮那成佛经疏》卷1，《大正藏》第39卷，第579页中、下。

用仪轨的形式，说持诵、结印、观想、曼荼罗、供养诸法，这样的经就被称为“怛特罗”，梵文作 tantra，密教也因此被西方人称作 Tantrism，即怛特罗教。后期密教经轨大都称作怛特罗 tantra，一般作怛特罗王 tantrarāja，或作大怛特罗王 mahātantrarāja，表示大经轨、经轨之王。梵文的 tantra，藏文译为 rgyud，梵文的 tantrarāja 译为 rgyud-kyi rgyal-po，梵文的 mahātantrarāja 就译为 rgyud-kyi rgyal-po chen-po。近代以来藏文的 rgyud，汉文又转译为“续”，称密教经典为“续部”，与显教经典称“经部” mdo 相对应。这个译法也很巧妙，音译“续”字的含义“连续”与其梵、藏文的原义——经、线及其连续、相续之义正相吻合。

从汉译经轨来看，中期密教也称为怛特罗，唐代不空译的瑜伽经轨原文多称怛特罗，不空译为教王经，或大教王经，宋译经轨就遵从不空的这个译法。不空以“教”对译 tantra，具有新意。因为 tantra 包含的意义，既不同于传统的契经 sūtra，也不同于持明密教的仪轨 kalpa，而是综合了这两种形式且具有自成体系的教法内容。同时也充分考虑到与传统佛教的一致性，附加“经”字，称“教王经”，表示仍属于“经”类，以保持其神圣性。但密教经轨被称为怛特罗，还在不空译经之前，开元前期汉译的《瞿醯经》就被异译为《瞿醯旦怛啰》，或作《瞿醯坛跢罗二合经》《玉呬耶怛跢罗经》《玉呬耶坛那经》，还原为梵文即 guhya-tantra，意译可为秘密旦怛啰、秘密教王经。该经藏译梵题 Sarvamaṇḍalasāmānyavidhīnām guhyatantra，藏译 Dkyi-ḥkhor thams-cad-kyi spyiḥi her-gagsaṅ-baḥi rgyud，梵藏文意译可为《一切曼荼罗总仪轨之秘密教王经》，显然汉译经名是其最后一句 guhya-tantra。这部经在僧一行生前（开元十五年，727）完成的《大日经疏》中多次引据，[①] 也见于中晚唐密宗著述，[②] 以及日本求法录。[③] 按该经与《苏悉地经》《苏婆呼经》同类，具有完备的密法体系，其性质属于持明密教经轨。三部持明仪轨的藏文及其梵题中也都有 tantra 字样，但均缺译者名，也不见于前弘期经录，应属后弘期翻译。而前弘期翻译的《大日经》，《旁唐目录》著录，略译 Rnam-par-snaṅ-mdsad mṅon-par byaṅ-chub-paḥi rgyud，即《毗卢遮那成佛续》，以“续”名经。但后弘期全译 Rnam-par-snaṅ-mdsad

① （唐）僧一行撰《大毗卢遮那成佛经疏》卷 4，《大正藏》第 39 卷，第 624 页上。

② 如《尊胜佛顶修瑜伽法轨仪》卷 2，《大正藏》第 19 卷，第 377 页下。

③ 如圆仁撰《入唐新求圣教目录》，《大正藏》第 55 卷，第 1081 页中。

chen-po mṅon-par byaṅ-chub-pa rnam-par-sprul-pa byin-gyisrlob-pa śin-tu rgyas-po mdo-sdeḥi dbaṅ-poḥi rgyal-po shes-bya-baḥi chos-kyi rnam-graṅs，梵题 Mahāvairocanābhisaṃbodhi vikurvitādhiṣṭhānavaipulya sūtrendrāja-nāma-dharmaparyāyal，藏、梵文一致，可译为《大毗卢遮那成佛神变加持方广经王法门》，其中并无怛特罗的经名，其类别属于大乘经，方广经是大乘经的体裁。由此可见密教经轨称怛特罗最早始于8世纪初期，瑜伽密教经轨之称怛特罗源自持明密教。

但怛特罗之称在密教中出现的时间，还可以追溯到原始密教——陀罗尼密教时期。有一部陀罗尼契经《方等陀罗尼经》，亦名《方等檀持陀罗尼经》，其中音译之“檀持”，一作袒持，持或作“特”。[①] 经中又有陀罗尼名摩诃檀持（特），《翻译名义集》的摩诃袒持，《大正藏》校勘文还原为 mahātaṃtra,[②] 其中檀持（特）、袒持的还原文 taṃtra 与旦怛啰的原文 tantra 仅一个音素不同，且ṃ、n 均为鼻音，实则辞书中并无 taṃtra 一词，ṃ 当为 n 的异写。此疑檀持、袒持即梵文 tantra 的音译，檀、袒，梵文 tan 的音译，持、特，梵文 tra 的音译。如是亦可见，“持”乃“特”的偏旁错误，误将“牛”字旁看作“扌”字旁，正确的音译应该是檀特、袒特。当然，也不排除梵文的二合音 tra 以当时的汉语音译为单音节的“持”的可能性。

摩诃袒特的含义，智顗《摩诃止观》解释说：“摩诃袒持陀罗尼，翻为大秘要，遮恶持善，秘要只是实相、中道、正空。”[③] 其中“大”为摩诃——mahā 的意译，“秘要”为袒特——tantra 的意译，遮恶持善为陀罗尼 dhāraṇī 之义。如此檀特——tantra 最初的意思就是秘要、秘密。其实智顗的解释来自本经，经中说有一魔王名袒荼罗，佛以诸佛秘法——摩诃袒持陀罗尼章句伏此波旬、增彼比丘善根。[④] 此魔王名袒荼罗，与 tantra 完全对音，应为“袒特”的异译。按《密迹金刚力士经》等，密迹金刚本为鬼神之王，亦即魔王夜叉，《大日经疏》解释说：“西方谓夜叉为秘密，以其身口意速疾隐秘，难可了知故。旧翻或云密迹，若浅略明义，秘密主

---

① （梁）僧祐撰《出三藏记集》卷2，苏晋仁等点校本，中华书局1995年版，第58页。

② （宋）宝云撰《翻译名义集》卷4，《大正藏》第54卷，第1112页中。

③ （隋）智顗撰《摩诃止观》卷2，《大正藏》第46卷，第13页中。

④ （北凉）法众译《大方等陀罗尼经》卷1，《中华藏》第22册，第339页中、下。

即是夜叉王也。”[①] 此知魔王袒荼罗之名即是秘密之义。秘密、密迹、秘要、秘法均同义，此以陀罗尼章句降伏魔王，故其陀罗尼称大秘法，以诸佛秘法降伏魔王秘密，虽同为一词 tantra，但译诸佛秘法为袒特，译魔王秘密为袒荼罗，即以其译名相区别。Tantra——旦怛啰或怛跢罗之有秘密的含义，也见于《翻译名义大集》，梵文 tantraṃ，藏文对译 sṅags-kyi rgyud，汉文对译密咒本续、秘密本续，[②] 说明 tantra 原有“秘密”之义，由此也可证摩诃檀特意译大秘要、摩诃檀特陀罗尼章句称为诸佛秘法、魔王密迹名袒荼罗，均以梵文 tantra 为词源。

按《方等檀持陀罗尼经》，或略题《檀持陀罗尼》，一般题《大方等陀罗尼经》，略题《方等陀罗尼经》，凡 4 卷，北凉高昌郡沙门法众译。《出三藏集记》著录，晋安帝时（379—418）高昌郡沙门释法众译出。《历代三宝记》据竺道祖《晋世杂录》，说晋安帝世高昌郡沙门释法众于张掖为河西王沮渠氏译。但法众、彦琮《众经目录》均载高昌郡译，《大周录》引《宝唱录》同作高昌郡译，《开元录》作永安年（401—411）中译。此可知以旦怛啰 tantra 作为陀罗尼的名称并具有秘密、秘法之义，见译于 5 世纪初，而其梵文经本则应早至 4 世纪。如是密教经轨之称旦怛啰 tantra，最早始自原始密教经典《方等檀持陀罗尼经》，起源于陀罗尼密教中的陀罗尼名称——摩诃袒特陀罗尼，亦即夜叉魔王袒荼罗之名，其原义为秘密，初译秘法，具有诸佛秘密法门的含义。

但 tantra——旦怛啰或怛跢罗作为密教经轨的名称，则迟至持明密教晚期，以 7 世纪初的《瞿醯旦怛啰经》为始。作为密教经轨的通称，则更至中期密教，尤以瑜伽密教经轨译称“教王经”为标志。然而此前的密教经典也有一个通称，这就是“陀罗尼经”。陀罗尼经是密教经典中出现最早、数量最多、流传最长、影响最大的一类经典，既是原始密教经典的通称，也是早期密教经典的通称。陀罗尼，梵文 dhāraṇī 的音译，意译总持，最早作为一种记忆术引入佛教，用来闻持佛说教法，闻持佛经是陀罗尼在原始佛教中的基本含义。部派佛教赋予陀罗尼以总持诸法的内涵，大乘佛教则赋予其持善遮恶的内涵，并以三昧、总持、等忍为菩萨特有的

---

① （唐）僧一行撰《大毗卢遮那成佛经疏》卷 1，《大正藏》第 39 卷，第 582 页上。

② ［日］榊亮三郎编《梵藏汉和四译对校翻译名义大集》（下）第 4235 条，《世界佛学名著译丛》第 13 册，华宇出版社 1989 年版，第 285 页。

功德，更以戒、定、慧、持为菩萨四学，使陀罗尼成为大乘一大法门，表现在经典形式上则大乘经典设置《陀罗尼品》。原始密教即以大乘陀罗尼法门为基础，以咒陀罗尼为中心编纂陀罗尼经而形成。最早编纂的陀罗尼经就是《无量门微密持经》，3 世纪初期的汉魏之际就译为汉文，后来历代都有传译，直至唐代，先后翻译达 12 次之多，成为中国译经史上译出次数最多的一部经，创汉文译经之最。有趣的是，该经的支谦译本经名以"秘密"定义陀罗尼。所谓"微密"，即是极其秘密之义，"持"即总持，如此该经的名义就是具有无量法门的秘密总持，或者说具有无量微妙秘密的陀罗尼法门。而该经还有另外一个名称《成道降魔得一切智》，后来就有译本作《无量门破魔陀罗尼经》，也就是陀罗尼之称秘密也与降魔、破魔有关，魔王称夜叉，意译密迹、秘密主，秘密陀罗尼为佛所说，以此降伏者也为魔王秘密主，此与诸佛秘法摩诃檀持陀罗尼降伏魔王袒荼罗何其相似！由此可见，无论陀罗尼还是旦怛啰，都以"秘密"定义、称名，其来也已久，其缘也至深。

如前所说，旦怛罗虽在汉译中出现较早，但至不空时才意译为"教王经"，由此唐宋译家沿用无替。只是汉译中它并没有像藏传佛教那样 tantra——"续"成为一种密教经典的通称，仅仅作为一类经轨的特称而已，宋朝经录通称密教经典为"秘密部"，而不是"教王部"。

晚期密教的教王经类，源自中期的瑜伽密教经轨，其代表经典《金刚顶瑜伽经》编纂于南印度，8 世纪 20 年代初由金刚智传到中国，也是由一行同时组织翻译为《金刚顶瑜伽略出念诵法》。《金刚顶瑜伽经》以"金刚顶"自称，金刚顶与莲花顶、佛顶相对而言，原出持明密教的佛顶部、莲花部、金刚部，三部密法之最高者即称佛顶、莲花顶、金刚顶，佛顶部神祇以佛顶轮王类为主，莲花部神祇以观世音类慈面菩萨为主，金刚部神祇则以金刚类悲面菩萨为主，所以尊崇《金刚顶瑜伽经》的密教自称金刚乘，称其曼荼罗为金刚界。而该派一反持明密教的事相修行的做法，侧重瑜伽中修行，凡诸圣众、供养乃至曼荼罗行法都在瑜伽观想中进行。如供养佛菩萨等圣众，观想曼荼罗中佛、菩萨、金刚以及外金刚部诸尊，观想以花海、香云来供养，故其教法称为瑜伽法，其经典称为瑜伽经。

瑜伽密教至 8 世纪中不空赴师子国、印度求法时，已有很大发展，其经典已编纂为系列丛书，至少有十八部经轨，称十八会《金刚顶瑜伽经》，不空回国后写了《金刚顶经瑜伽十八会指归》加以介绍，从中可以看出瑜伽密教后来的发展趋向。唐代以后印度密教进入晚期发展阶段，从教法上自称无上瑜伽密教，从教派上则自称无上金刚乘。其经轨同时向中国内地和西藏传译，从中也可以看出它从瑜伽密教如何演变而来。如金刚智最初翻译的《金刚顶瑜伽略出念诵经》，不空完整地翻译为《金刚顶一切如来真实摄大乘现证大教王经》，作为十八会《金刚顶瑜伽经》的初会，到宋代施护翻译为《佛说一切如来真实摄大乘现证三昧大教王经》，篇幅扩大到26品、30卷之多。

玄奘翻译的《大般若经》中有《理趣分》，该经是瑜伽密教的先驱经典，后来也逐渐改编为瑜伽密教经典，从玄奘汉译，经菩提流志再译《实相般若波罗蜜经》，至金刚智翻译时，其经名前冠于“金刚顶瑜伽”的字样，称《金刚顶瑜伽理趣般若经》。至不空翻译经文和释文时，原经名径改《大乐金刚不空真实三么耶经》（Prajñāpāramitā naya Śatapañcāśatikā or Adhyardha śatikā），另改编为具有14品之多的瑜伽密教经轨。而到宋代法贤翻译为《佛说最上根本大乐金刚不空三昧大教王经》，进一步扩编为7卷25品之多。

又按《十八会指归》介绍，第十五会《秘密集会瑜伽》、第十六会《无二平等瑜伽》，至宋代均由施护译出，前经译为《佛说一切如来金刚三业最上秘密大教王经》7卷18品，后经译为《佛说无二平等最上瑜伽大教王经》6卷21品。

宋代密教经轨的翻译比较简略，其种类、数量、篇幅也少，最晚编纂的密教经轨则没有传译，其经典概貌不甚明了。而藏传佛教大多都翻译成藏文，因而晚期密教主要保留在藏传密教中，藏传佛教高僧也对密教经轨作了分类和整理，其成果正好反映了晚期密教经典的基本面貌。

按《布顿佛教史》的藏文大藏经分类，晚期密教将密教经典大分为事、行、瑜伽、无上瑜伽四续部，其中事续即汉译的持明仪轨以及陀罗尼咒经，包括妙吉祥续、观世音续、金刚手续、不动金刚续、明母续之度母续、顶髻续、一切续、小陀罗尼等八类。此以密教神祇分类，除了小陀罗尼之外，与汉译持明仪轨大致相同，但具体经轨多有差别。汉译《陀罗尼集经》也按神祇分卷，分为佛部（说佛顶部及阿弥陀佛）、般若部（说般若佛母）、观世音部、诸菩萨部（说大势至、文殊、弥勒、地藏、普贤、虚空藏诸菩萨法）、金刚部（说金刚藏以及军荼利、乌枢沙摩明王及五药叉）、诸天部、龙神部、都会部，其中除诸天、龙神部之外，其分部与藏译相当。藏译妙吉祥续为汉译诸菩萨部中的文殊法，观世音续与汉译相同，金刚手续即金刚部之金刚藏，不动明王续与金刚部之军荼利、乌枢沙摩等明王法相当，但汉译中不动明王法晚至瑜伽密教才出现，与藏译同时。明母续及其度母续即般若部以及其他部母、明妃类，般若部即佛母部，般若菩萨全称般若波罗蜜多菩萨，其中波罗蜜意译即度母、救度母。顶髻续即汉译佛顶部，一切续即一切佛、一切菩萨、金刚、诸天等，汉译都会部，亦即普集会坛法。藏译将各种小陀罗尼归入事部，汉译则早在持明密教前流行，小陀罗尼即咒陀罗尼。

藏译的行续，包括《毗卢遮那成佛本续及后续》和《金刚手灌顶续》以及忿怒阎摩敌续，按汉译即真言密教经典，但汉译无《金刚手灌顶续》，忿怒阎摩敌续出现较晚。藏译的瑜伽续与汉译相同，但藏译的《净治恶趣续》等汉译无，不空汉译的《大乐理趣经》等则无藏译。

藏译的大瑜伽续，分方便续与智慧续，方便续包括《密集续》与《大威德续》，此两种汉译本均有。智慧续包括《喜金刚续》《胜乐续》《大手印明点续》，汉译只有《喜金刚续》，缺《胜乐续》和《大手印续》。藏译的方便智慧无二续，包括《妙吉祥真实名号续》和《时轮续》，汉译只有前者，缺《时轮续》。藏译密典一般分本续、后续和注释续，本续即经本，后续是经本的供养法、念诵法以及其他相关仪轨。藏译大瑜伽续和无二瑜伽续的注释以及修法较多，汉译则较少。

汉藏密教经典之间在历史上有过三次大规模的对勘和比较，第一次是元代的藏经目录对勘，其成果就是《至元法宝勘同总录》。第二次是在清代，其成果则是包罗汉、藏、梵、蒙、满五种文字的咒文对照的《大藏全咒》。第三次是在近代，日本东北帝国大学对德格版藏文大藏经目录与汉文大藏经对勘，藏、梵、汉三种文字经题对照。大谷大学则将北京版藏文大藏经目录与汉文大藏经对勘，除藏、梵、汉经题对照之外，另据梵、藏文重译和新译经题为汉文。至于汉藏文大藏经的具体经轨及其内容，尚未作系统的对照研究。

藏传密教对后期密教经典及其目录的分类整理，以及元明清以来汉藏密教经目的对勘，也有一些问题值得注意。其中如密教经典从原始密教的陀罗尼经演变到早期密教的持明仪轨，再到中期密教的真言密教和瑜伽密教的经轨，最后至晚期密教的大瑜伽续和无二瑜伽续，是按历史先后顺序依次出现的，但当后一类经轨编纂之时，前一类经轨仍在不停地编纂之中，只是已带有后一类经轨的时代特征。而经录家以其所处时代的流行情况将以往的经轨作整齐划一的分类和称名，往往模糊了不同性质经轨的一般特征。

第二节　密教经典的汇编及其地位

一　《持明咒藏》的编纂

佛教经典一般分为经、律、论三大类，其中经是佛说的法，律是佛制定的禁戒，论则是高僧、居士阐释经中教法的意义，通称三藏。即便佛教发展到大乘阶段，其经典也包罗到三藏之中。但后来出现了佛传、佛本生故事以及菩萨本事一类的经典，也归为一藏，称杂藏或菩萨藏。称杂藏是因其性质不属三藏类别，称菩萨藏是因早期佛教中菩萨是佛陀的专称，指释迦成佛之前乃至往世本生的修行阶段。再后来又出现了一类经典，就是密教的陀罗尼经以及持明仪轨，并不断积累，尤其陀罗尼咒经中增加持诵、结印、供养、像法、坛场等密法内容，甚至以密法为主编纂仪轨，最终汇集成《持明咒藏》，这样佛教经典就增加到五藏。

《持明咒藏》，简称《持明藏》《明咒藏》《大明咒藏》《大咒藏》《禁咒藏》《咒藏》，另称《陀罗尼藏》《陀罗尼咒藏》《大总持藏》《总持藏》以及《秘密藏》等。按持明咒藏，即梵文 vidyadhara-piṭakaṃ，其中 vidya 译为明、明咒、禁咒、神咒，dhara 译为总持，piṭaka 译为藏，全句的意思即是“总持明咒之藏”。如前所说，陀罗尼密教在流行过程中与明咒（vidya）相结合，形成以咒陀罗尼为中心内容的原始密典的基本形式。而这里将新出现的这类密典总称为《持明咒藏》，这就在名称上表明了它与陀罗尼密教的相承关系，同时也表明了它注重明咒的特点，因而后来的密教也自称为持明教、持明宗（vidya-dharanī-yana）。

《持明咒藏》的记载见于隋唐时期，但其形成的说法可追溯到部派时期，吉藏《三论玄义》说：“三百年中从正地部又出一部，名法护部。其本是目连弟子，得罗汉，恒随目连往色界中，有所说法皆能诵持。自撰为五藏，三藏如常，四咒藏，五菩萨藏。有信其所说者，故别成一部也。”①

① （隋）吉藏撰《三论玄义》卷 1，《大正藏》第 45 卷，第 9 页下。

此说目连弟子法护自撰五藏，包括咒藏及菩萨藏。但唐代道暹《涅槃经疏私记》则认为编纂五藏的是目连弟子法藏，或称法蜜，是他转从法护习师所说而撰集五藏。如说：“次第三百年从化地部流出一部，名法藏部，或名法蜜，经及真谛名法护部。此罗汉是目连弟子，目连灭，从法护习师所说以为五藏，一经藏，二律藏，三论，四咒藏，五菩萨藏。化地部中有同其所立五藏者，别为一部，名法护部。”① 玄奘记载了另一种五藏说，将咒藏的编纂归之于大众部。其《大唐西域记》记载摩揭陀国时说：“阿难证果，西行二十余里，有窣堵波，无忧王之所建也，大众部结集之处，诸学无学数百千人不预大迦叶结集之众，而来至此，更相谓曰：‘如来在世，同一师学，法王寂灭，简异我曹。欲报佛恩，当集法藏。’于是凡圣咸会，贤智毕萃，复集素呾缆藏、毗柰耶藏、阿毗达磨藏、杂集藏、禁咒藏，别为五藏。而此结集，凡圣同会，因而谓之大众部。”② 玄奘弟子窥基《大乘法苑义林章》还说：“犊子部中亦说四藏，一经，二律，三对法，四明咒，此藏之中集诸咒故”，“法藏部中说有五藏，即于此四加菩萨藏，明诸菩萨本所行事。”③ 这三种说法不论将五藏的编纂归之于一人还是一部，无论源自法护部、犊子部还是大众部，乃至于远溯至佛灭三百年时，都难为信史，只可视作记载时期《持明咒藏》的流行情况，最多也与所载这些部派及其流传地区有一定关系。如后来法密部及其所出化地部和大众部流行的地区，《大唐西域记》记载当时西北印的乌仗那国，“俗情谲诡，好学而不功，禁咒为艺业”，“崇重佛法，敬信大乘”，“昔僧徒一万八千，今渐减少，并学大乘，寂定为业，善诵其文，未究深义，戒行清洁，特闲禁咒。律仪传训，有五部焉：一法密部，二化地部，三饮光部，四说一切有部，五大众部。”④ 可见其地遵行法密部、大众部律仪，但敬信大乘，特闲禁咒，乃至以禁咒为艺业。说此地流行持明密教，流传《持明咒藏》，则属实情。直至后来的无上瑜伽密教时期，该地仍被视为密教的发源地。

---

① （唐）道暹撰《涅槃经疏私记》卷 8，《新纂卍续藏》第 37 册，第 282 页中。

② （唐）玄奘撰《大唐西域记》卷 9，季羡林等校注本，中华书局 2004 年版，下册，第 741 页。

③ （唐）窥基撰《大乘法苑义林章》卷 2，《大正藏》第 45 卷，第 271 页中。

④ （唐）玄奘撰《大唐西域记》卷 3，季羡林等校注本，中华书局 2004 年版，上册，第 270 页。

《持明咒藏》编纂的实际情况，义净《大唐西域求法高僧传》中有一段明确的记载。其《道琳传》说："夫明咒者，梵云毗睇陀罗必棏家，毗睇译为明咒，陀罗是持，必棏家是藏，应云《持明咒藏》。然相承云，此咒藏梵本有十万颂，唐译可三百卷，现今求觅，多失少全。而大圣没后，阿离野那伽曷树那，即龙树菩萨特精斯要。时彼弟子厥号难陀，聪明博识，渍意斯典，在西印度经十二年专心持咒，遂便感应。每至食时，食从空下。又诵咒求如意瓶，不久便获，乃于瓶中得经，欢喜不以咒结，其瓶遂去。于是，难陀法师恐明咒散失，遂便撮集，可十二千颂，成一家之言。每于一颂之内，离合咒印之文，虽复言同字同，实乃义别用别，自非口相传授，而实无解悟之因。后陈那论师见其制作巧殊人智，思极情端，抚经叹曰：'向使此贤致意因明者，我复何颜之有乎！'"[①] 这一记载除去神话渲染和附会成分之外，明确说出了《持明咒藏》形成的时间、地点、编纂者及其内容和组织形式。这是一条有关《持明咒藏》编纂的权威性记载，其真实性并无可疑。首先这条记载中的传闻来自密教本派，是由"情耽咒藏"、在南印"搜访玄谟"、在西印罗荼国"更立灵坛、重禀明咒"的道琳法师，传给亦在那烂陀寺"屡入坛场、希心此要"的义净。其次所说人物龙树、陈那等均为真实的历史人物，非同一般的神话故事，这也说明后世密教将其历史追溯至龙树，正是与其弟子难陀编纂《持明咒藏》有关。再次，有汉译史料可印证《持明咒藏》确曾存在过，《金刚大道场经》《陀罗尼集经》《不空罥索陀罗尼经》以及《尊那菩萨大明成就仪轨经》等都称出自该藏，甚至后来的瑜伽经轨以及大瑜伽部经轨也称出自持明藏。[②] 觉苑《大日经义释演密钞》中解释说："《持明藏》者，秘藏之都称也，谓此经大本有十万颂，正诠一切总持明咒，别为一藏，故曰《持明藏》也。"[③]

但《持明咒藏》的性质，与杂藏、菩萨藏相同，属于经藏，并非各自另立之三藏。《分别功德论》说："所谓杂藏者，非一人说，或佛所说，或弟子说，或诸天赞诵，或说宿缘三阿僧祇菩萨所生，文义非一，多于三

---

① （唐）义净撰《大唐西域求法高僧传》卷下，王邦维校注本，中华书局 1988 年版，第 133—134 页。

② 有关《持明咒藏》，参见拙著《中国密教史》，中国社会科学出版社 2011 年修订版，第 36 页。

③ （辽）觉苑撰《大日经义释演密钞》，《新纂卍续藏》第 23 册，第 528 页上。

藏，故曰杂藏也。佛在世时，阿阇世王问佛菩萨行事，如来具为说法，设王问佛：何谓为法？答：法即菩萨藏也。诸方等正经，皆是菩萨藏中事。先佛在时，已名大士藏。阿难所撰者，即今四藏是也，合而言之为五藏也。"①《五分律》说：四阿含之外，"自余杂说今集为一部，名为杂藏，合名为修多罗藏。"②《毗尼母经》说："若法句，若说义，若波罗延如来所说，从修妬路乃至优波提舍，如是诸经与杂藏相应者，总为杂藏，如是五种名为修妬路藏。"③ 修多罗、修妬路，均为契经 sūtra 的音译。持明咒藏也属于契经，只是"此藏之中集诸咒故"，诵咒结印，具足供养、坛像诸法，形成经轨形式。《四分律》之第四分《五百结集法》中借用阿难的话说："我亲从佛闻，忆持佛语，始从初篇乃至一切揵度、诸部毗尼、增一，都集为毗尼藏。"④"彼即集一切长经为《长阿含》，一切中经为《中阿含》，从一事至十事、从十事至十一事为《增一》，杂比丘比丘尼、优婆塞优婆私、诸天，杂帝释、杂魔、杂梵王，集为《杂阿含》。如是生经、本经、善因缘经、方等经、未曾有经、譬喻经、优婆提舍经、句义经、法句经、波罗延经、杂难经、圣偈经，如是集为《杂藏》。有难、无难系相应作处，集为《阿毗昙藏》，时即集为三藏。"⑤

后至 7、8 世纪，密教上升为印度佛教的主流，《持明咒藏》的地位也登峰造极，般若译《大乘理趣六波罗蜜多经》说法藏摄为五分：一素呾缆，二毗奈耶，三阿毗达磨，四般若波罗蜜多，五陀罗尼门。"此五种藏教化有情，随所应度而为说之。若彼有情乐处山林，常居闲寂修静虑者，而为彼说素呾缆藏。若彼有情乐习威仪，护持正法，一味和合，令得久住，而为彼说毗奈耶藏。若彼有情乐说正法，分别性相，循环研核，究竟甚深，而为彼说阿毗达磨藏。若彼有情乐习大乘真实智慧，离于我法、执著分别，而为彼说般若波罗蜜多藏。若彼有情不能受持契经、调伏、对法、般若，或复有情造诸恶业——四重、八重、五无间罪、谤方等经、一阐提等种种重罪——使得销灭，速疾解脱，顿悟涅槃，而为彼说诸陀罗尼藏。"但"此五法藏譬如乳、酪、生酥、熟酥及妙醍醐，契经如乳，调伏

① （东晋）失译《分别功德论》卷 1，《中华藏》第 50 册，第 24 页中。
② （刘宋）佛驮什译《五分律》卷 30，《中华藏》第 40 册，第 227 页中。
③ （后秦）失译《毗尼母经》卷 3，《中华藏》第 42 册，第 725 页中。
④ 转见《法苑珠林》卷 12，《中华藏》第 71 册，第 375 页下。
⑤ （后秦）佛陀耶舍译《四分律》卷 54，《中华藏》第 41 册，第 45 页中。

如酪，对法教者如彼生酥，大乘般若犹如熟酥，总持门者譬如醍醐。醍醐之味，乳、酪、酥中微妙第一，能除诸病，令诸有情身心安乐。总持门者，契经等中最为第一，能除重罪，令诸众生解脱生死，速证涅槃，安乐法身。”① 其中般若波罗蜜多藏指大乘般若经典，此诸可见《持明咒藏》对后世的影响。

二 密教经轨的性质及其地位

佛教大藏虽分四藏、五藏乃至八藏等，但经、律、论三藏为基本经典，杂藏、菩萨藏乃至咒藏不过是体裁不同罢了，并无性质的区别，故合入经藏。其中杂藏、菩萨藏说罗汉、菩萨因缘本事，与四阿含的形式并无不同。唯有咒藏，集诸陀罗尼咒印以及密法仪轨，与三藏决然有别，完全是另一种体裁，故唐人以经、律、论、咒为四藏。如神清《北山录》说，如来垂世立教，开之为四宗，即经、律、论、咒。② 栖复《法华经玄赞要集》也说，法藏部立五法藏，称其经、律、论、咒，五菩萨本事。③ 后来明人编辑《大明三藏法数》收录“四藏”，解释说：“四藏者，即经、律、论、咒也，以其各各含藏一切文理故，名藏也”。其中“经藏者，即如来所说一大藏大、小乘诸经也”。“律藏者，即如来所制大、小乘戒律也”。“论藏者，即如来所说阿毗昙等论及佛弟子所造诸论也。”而“咒藏者，即如来所说一切秘密四咒也，如诸陀罗尼及凡经中所有神咒是也，梵语陀罗尼，华言咒。”④ 但其中又分声闻四藏和菩萨四藏，咒藏则有声闻咒藏、菩萨咒藏，菩萨咒藏者如楞严咒、大悲咒等。清人续法注释《如意心陀罗尼经》，说该经于声闻菩萨藏中，菩萨藏摄，观自在说故。经、律、论、咒四藏中，显说法益，经藏摄。密演真言，咒藏摄。⑤ 这都表明咒藏之另立一藏，并与经、律、论并为四藏，是与其独特的形式有关。

而大藏以教派分别，则三藏遂有大乘、小乘之分，小乘诸部各有三藏，大乘也自立经律论三藏，尤其隋唐经录区分大小乘三藏，大乘录以般

---

① （唐）般若译《大乘理趣六波罗蜜多经》卷1，《中华藏》第66册，第385页中、下。

② （唐）神清撰《北山录》卷2，《大正藏》第52卷，第580页中。

③ （唐）栖复撰《法华经玄赞要集》卷5，《新纂卍续藏》第34册，第269页中。

④ （明）一如撰《大明三藏法数》卷9，《永乐北藏》第181册，第719页中—720页上。

⑤ （清）续法撰《观自在菩萨如意心陀罗尼经略疏》卷1，《新纂卍续藏》第23册，第783页下。

若、华严、涅槃、宝积、大集五部分别经藏，以中观、瑜伽诸论为论藏，而律藏则从经藏辑出有关菩萨戒律为之。如《长房录》著录大乘毗尼有译录《优婆塞戒经》《菩萨戒经》《佛藏经》《梵网经》等19部40卷，失译录12部14卷。[①] 唐《内典录》《开元录》等一如此例，分设大乘三藏录。《开元录》不仅分设大乘三藏录，且分大乘经藏为般若、华严、宝积、大集、涅槃五部以及五部外共六大类，论藏分释经论、集义论两类。并解释菩萨藏说："菩萨藏者，大乘所诠之教也，能说教主，则法身常在，无灭无生。所诠之理则方广真如，忘名离相。总乃三藏差异，别则一十二科。始乎发心，终于十地。三明八解之说，六度四摄之文，若是科条，名为此藏。始自汉明丁卯之岁，至我开元庚午之载。见流行者总六百八十六部，合二千七百四十五卷，二百五十八帙，结为大乘法藏。"[②]

但密教经典在传统的经录中并没有获得如同大乘三藏的地位，一向作为大乘经藏的一个部分。《开元录》归入大乘五大部外，《贞元新定录》另分一部分入般若类，如有关《仁王般若经》及其陀罗尼、念诵法、仪轨，和《修习般若波罗蜜菩萨观行念诵仪轨》《大曼荼罗十七尊释》《守护国界主陀罗尼经》等。金刚顶经类中有关文殊法的经轨入华严类，在五大部外也将密教经轨相对分立，以《都部陀罗尼目》为始，集中编排在一起。至宋代经录，大乘经藏中另立秘密部，很明确地将密教经典作为一个独立的类别，这是宋代经录的一个新突破，也是密教经典在中国经录中获得独立地位的一个标志。宋代经录还为新译的经典作内容提要，这是宋代经录的另一大特点，这也开创了撰著大藏提要的先例。另附上目录表文，虽嫌重复，却也保留了重要资料。

宋代经录著录密教经典，每一部经典下首先标明译者和类别，密教经典下标明"大乘经藏秘密部收"，其中经名中有"般若"字样的也加以区分，并在内容提要中加以说明。如《大中祥符录》著录《圣佛母小字般若波罗蜜多经》，标明三藏沙门天息灾译，大乘经藏秘密部收。并说"佛在王舍城鹫峰山为圣观自在菩萨说，此中所明以陀罗尼即般若波罗蜜多，由此出生诸佛菩萨及一切法，法从胜用故，称佛母，令受持者近招福乐，

① （隋）费长房撰《历代三宝纪》卷13，《中华藏》第54册，第334页下—335页上。

② （唐）智昇撰《开元释教录》卷11，《中华藏》第55卷，第221页下。

远趣佛乘。”①

著录《帝释般若波罗蜜多心经》一部一卷，标明大乘经藏秘密部收，并说“佛在王舍城鹫峰山说，此中所明佛为帝释说般若波罗蜜多甚深之义，非一非异，亦非断常去来等相，乃至五蕴、六度、十八空等亦非一异、断常等相。义括尘沙，性融真界，后说神咒。般若心明是无上明，摄诸胜用，然与诸法非即非离，混入诸法，妙真常门，总摄一切神通胜用”。著录《遍照般若波罗蜜多经》一部一卷，大乘经藏秘密部收。并说“佛在他化自在天宫为金刚手等说诸菩萨清净法门，又说秘密吽字义门摄一切法。又说二十五种秘密法门大明咒句，如是印咒破一切罪，作诸吉祥。又说得闻此经一四句偈，圣贤卫护，命终得生十方净土，乃至获诸胜妙功德。此之大旨者，广显菩萨清净法门，谓即微妙秘密吽字，此字乃入智用之门，警悟一切瑜伽行者，令得秘密相应故也。”②

宋代经录以密教经轨入大乘经藏，具有密教内容的戒律和论典也入大乘律藏和大乘论藏，但其介绍中凸显密教内容。如《诸教决定名义论》的内容提要说：“此中所明诸教根本从密字生，唵字清净出生妙慧，吽字为因宣说诸法，复说吽字法身，阿字报身，唵字化身，阿、恶二字安住空性。如是密字展转出生一切名义，斯皆诸教之要义。”其表文中也说：“其论也慈氏所造，开精要之义林，发悟群机，决择诸法。觉皇之意，示超证之灵规；字母所生，显圆修之景行。非夫至圣，莫究真宗，咸称最上之乘，悉演无为之理，庆兹奥典，萃于昌朝”云云。③

另有西方圣贤集，其中赞颂也视为密教内容，如其表文称“以梵夹编列经律论及密教、赞颂等次第翻译，”④ 其中如《一切如来说佛顶轮王一百八名赞》，介绍说：“此中赞佛为最上师，作世闲主，有大慈悲，具大名称，号大自在佛顶轮王等，视众生具无边智，然以佛有河沙胜德，不可称量，要略而言，总摄一百八名者矣。”介绍《圣多罗菩萨梵赞》说：“此中所明称赞圣多罗菩萨具胜功德行愿，无边神通广大，住持明藏曼拏罗中，处东北隅羯磨部，摄秘密智用三昧，出生神力无方，秘门深入，得

① （宋）赵安仁等编《大中祥符法宝录》卷3，《中华藏》第73册，第415页上。

② （宋）赵安仁等编《大中祥符法宝录》卷8，《中华藏》第73册，第446页上、中。

③ （宋）赵安仁等编《大中祥符法宝录》卷12，《中华藏》第73册，第472页下—473页中。

④ （宋）赵安仁等编《大中祥符法宝录》卷3，《中华藏》第73册，第416页中。

无相之悉地，证无字之总持者也。”① 介绍《圣金刚手菩萨一百八名梵赞》说：“以百八名为二十会，显金刚手功德胜能，总于五部为秘密主，以是梵言，赞彼功德，令诸众生赞诵获福。”② 释经论也入西方圣贤集，其中也有密教内容者，如《菩提心观释》，其表文说：“其释也唯菩萨集撰之义，炳若丹青，智起四心。秉摧邪之慧刃，名彰五日，立破有之智灯。从大总持门，入不思议境，以观发慧。综五部而摄心，得意忘言，体三轮而泯迹。仰斯真教，广利有情。”③

宋代经录以密教经典分立大乘秘密部，影响了后世的经典分类，使密教经典逐渐取得独立地位。其中元代广福大师管主八，刊刻未入藏之密教经轨，称其为“秘密经律论”。其补刻的《碛砂藏》《普宁藏》题记中明确记载，因缺少秘密经律论数百卷，发心刊刻大藏教典，其检校僧题名“检校秘密经律论”某地某僧等。④ 至于秘密经律论如何区分，并不清楚，但可见其中刊入《金刚顶发菩提心论》《大乘集菩萨学论》等论典以及八思巴所集一切有部律等，显然元人也以密教经典有其论藏以及律藏，自成经、律、论三藏体系。明代智旭《阅藏知津》，分大乘经藏为五部，即华严、方等、般若、法华、涅槃，其中方等部包括宝积、大集、密部三种，方等部第二之十注明“已下密部”。⑤ 此以密教经典包含在方等部，这是因为方等类经典多有密教内容，两者关系密切。

近代《大正藏》分大乘经藏为八部，除般若、法华、华严、宝积、涅槃、大集之外，另以原五部外经典为二，一经集部，二密教部，密教经典完全独立。吕澂编纂《新编汉文大藏经目录》，总和经典传统和历代经录，又回到最初的经、律、论、咒四藏说，大分经藏、律藏、论藏和密藏，最为简洁、合理，符合密教经轨的性质和特点。

密教经轨以其陀罗尼契经和咒经以及观行仪轨，在三藏之外另立一藏，可谓自成体系。但在历史上如同分立大乘三藏一样，也曾出现密教三

---

① （宋）赵安仁等编《大中祥符法宝录》卷17，《中华藏》第73册，第511页下—512页上。

② （宋）赵安仁等编《大中祥符法宝录》卷17，《中华藏》第73册，第512页上。

③ （宋）赵安仁等编《大中祥符法宝录》卷8，《中华藏》第73册，第452页中。

④ 参见拙著《中国密教史》第六章第一节三，中国社会科学出版社2011年修订版，第666页。

⑤ （明）智旭撰《阅藏知津》卷11，《大正藏》别卷，《昭和法宝总录》第3卷，第1086页上。

藏的说法，如《陀罗尼集经》有秘密三藏法门之称，[①] 唐人著述《慈氏菩萨略修瑜伽念诵法》，说善无畏于“大乘经论皆十万，弃舍多闻修妙藏，秘密三藏及总持，并解了义一万偈，明开七种诸圣教，五明轮悉无不通。”[②] 此诸“秘密三藏”，即是密教经、律、论。唐代也将《苏婆呼童子经》另称《苏婆呼律》，[③] 与隋唐诸经录从经藏另分大乘律的情况完全一样。智旭《阅藏知津》指出“大乘律法杂在方等诸经，不同声闻别部独行。今于经中取其扶律义居多者，或是全部，或一品一章，别标如左”云云。[④] 但密教也有其独特的戒律，所谓三昧耶戒、菩提心戒以及所谓秘密戒等，只是与大乘戒一样，并非严密意义上的传统戒律，故中后期的密教往往具受有部律，管主八刊刻秘密经律论，其中律藏刊刻的也是一切有部律。

---

① （唐）阿地瞿多译《陀罗尼集经》卷2，《中华藏》第20册，第34页上。

② （唐）佚名撰《慈氏菩萨略修瑜伽念诵法》卷2，《大正藏》第20卷，第600页上。

③ （唐）智昇撰《开元释教录》卷9、卷12，《中华藏》第55卷，第197页中、第255页下。

④ （明）智旭撰《阅藏知津》卷32，《大正藏》别卷，《昭和法宝总录》第3卷，第1200页上。

第一章

陀罗尼概论

第一节　陀罗尼的概念

一　陀罗尼的语源

早期密教经典包括两大类，一类是陀罗尼密教经咒，另一类是持明密教仪轨。从密教的形态上来说，陀罗尼密教称为原始密教，因为其形式单一，按后世的定义，密教主要由身、语、意三密构成，陀罗尼只是其中的语密而已。又因为陀罗尼不仅仅为密教内容，同时也为大乘显教必备内容，所谓菩萨四种璎珞庄严——戒、定、慧、持，前三者为佛教各派通用，而后一种则为菩萨乘所特有，可知陀罗尼为大乘和密乘兼而有之，为大乘和密乘所通用。密教是在大乘的基础上发展而来，陀罗尼也先在大乘中酝酿、发展起来，追溯陀罗尼经典的原始形态，也源自大乘经典。大乘经典广泛引用陀罗尼，由此许多大乘经专门设立《陀罗尼品》，这就是最早的陀罗尼经典形式。

陀罗尼，梵文 dhāraṇī 的音译，亦译陀邻尼、陀怜尼，意译总持、能持、闻持、能遮等。从词义学上考察，陀罗尼在梵文中有不同的用法，其含义也具有多重性。根据梵文辞书的归纳，[①] dhāraṇī，形容词，阴性。其阳性词作 dhāraṇa，名词，属格。该词大致有十层含义：一执持、把持，引申为受持、护持、支持、摄持、能持、总持、任持。二持有、拥有，引申为维持，持续。三保存、保管、储蓄，引申为包含。四记忆、记住、忆持，引申为控制精神、集中精神、屏息、抑制、出神、不动，进一步转引

① 参见林光明、林怡馨合编《梵汉大辞典》，嘉丰出版社 2005 年初版；平川彰编《佛教汉梵大辞典》，东京：灵友会 1997 年版。

作守意、摄念、禅定、三昧、三摩地等。五固定法则，六领会，七忍耐，八穿戴、穿着，九类似，十采取……的形式。dhāraṇā，还有辅佐、镇压之义。

其词干 dhara，形容词，在复合词中义为把持、维持、支持。与之相关的词 dhara，形容词，作为复合词，义为承担、支撑、把持，穿戴，保持、保存，支持、持续，观察，记忆，通晓，拥有。佛经中译作持，任持，任持者，受持，住持，执持，执，受，具，怀等。

词根 dhra，吠陀文献中义为“仅有”，雅语中义为“作为”。作具格、位格，当作“以”。作位格，义为把持，支撑，承担；穿戴。作与格，为搬运至……，使坚持。作与自言、受格，义为使固执于……，缠住……；保持，看守，支持；预定为，分配给……，宽恕；抑制，使抵抗，违背；保有；扣留；将……据为己有，拥有，容纳。作与格、属格，作延长。作不及物动词，其义为忍受，滞留，延续。作不定词，有起而行之义。经文翻译为受，受持，忆持，奉持，执；能任持，守护；能持不忘，忆持不忘，受持无有忘失。

密教中的陀罗尼，就其记忆不忘之义，汉语对译为总持、闻持。总持，即恒持不忘。闻持，即闻文持义。总持就能总而言，闻持就所闻而言，能所相对，总持、闻持，名异实同。总，即总是，表示持续，此即总合、总含、总括、总摄，总摄所闻经法。持，即执持，表示维持，此即记持、记忆经文，摄持教义。故称总持者，既能总摄听闻之经法，又能受持经法之义理。

竺法护译《阿差末菩萨经》说：“何谓总持？积累德本，思惟大业，八万四千诸品法藏执持诵念，思之怀之，不舍精进，是谓总持。又总持者，皆能启受诸法，所说声闻、缘觉、诸菩萨众、一切群黎文辞言说，所讲义理，悉能识念，是谓总持。”① 此说总持者，就是执持诵念八万四千法藏，悉能识念其中文辞言说及其所讲义理，这也是积累善业功德之本。窥基《观弥勒上生兜率天经赞》说：“梵云陀罗尼，此云总持，念、慧二能总含众德以为体性，识达简择，明记不忘，能以少略含多广故，名为总持。”② 所谓念、慧二能，念能即记念语言文字的能力，慧能即慧解经法

① （西晋）竺法护译《阿差末菩萨经》卷 7，《中华藏》第 11 册，第 537 页中。

② （唐）窥基撰《观弥勒上生兜率天经赞》，《大正藏》第 38 册，第 285 页下。

义理的能力。念能以少含多，以略含广，故能明记不忘。慧能以正确之慧解，拣择经法义理，智慧洞达，故说总持者总含众德以为体性，众德即是诸法功德。

按陀罗尼的对应词而言，总持的反义词是忘记。多闻与少闻相对，总持与多忘相对。如《众集经》所说七正法与七非法，七非法指无信、无惭、无愧、少闻、懈怠、多忘、无智，七正法则指有信、有惭、有愧、多闻、精进、总持、多智。[①] 其中“总持”相对于“多忘”，“多闻”相对于“少闻”。总持为“多忘”的反义词，“多闻”为“少闻”的反义词。所谓闻持，即是多闻而记持之。听闻且能记持不忘，即是多闻。如《十上经》所说：“多闻，闻便能持，未曾有忘。”[②] 又《阿毗达磨集异门足论》解释说：“多闻、闻持，闻积集者……忆持所闻言教纯熟，专意观察所闻言教，于诸法义见善通达，是名为闻。”[③] 这里“闻”既包含所闻言教的纯熟记忆，又包含言教义理的正见通达。故此总持一词总是与记忆和听闻联系在一起，如称总持强记、总持不失，博闻总持、多闻总持等。《众集经》所说五法中第四法，“自专其心，使不错乱，昔所讽诵忆持不忘。”[④] 吠陀－婆罗门教中，多闻总持也是婆罗门僧的基本条件，《杂阿含经》记载婆罗门僧须具足三明：“有多教学者，多闻能总持，父母真正净，颜容悉端严，如是等名为，三明婆罗门。”[⑤]

陀罗尼，藏文译为 gzuṅs，《翻译名义大集》中，dhāraṇī 的藏文对译词作 gzuṅs-sṅags，汉文意译总持、陀罗尼咒。

二　陀罗尼的同位语

1. 陀罗尼神咒、真言及密言

陀罗尼在佛教中有五种同位语，真言、密言、明咒、神咒以及章句，各自有其语源。冠名不空的《总释陀罗尼义赞》说：“陀罗尼者梵语，唐翻名为总持义，有四种持：法持、义持、三摩地持、文持。”又说陀罗尼亦云真言，亦云密言，亦云明（咒），亦各具四义。如是“陀罗尼、真

① （后秦）佛陀耶舍译《长阿含经》第 2 分，卷 8，《中华藏》第 31 册，第 98 页中。
② （后秦）佛陀耶舍译《长阿含经》第 2 分，卷 9，《中华藏》第 31 册，第 108 页中。
③ （唐）玄奘译《阿毗达磨集异门足论》卷 5，《中华藏》第 34 册，第 667 页上。
④ （后秦）佛陀耶舍译《长阿含经》第 2 分，卷 8，《中华藏》第 31 册，第 91 页上。
⑤ （后秦）失译《别译杂阿含经》第 95 经，卷 5，《中华藏》第 33 卷，第 315 页下。

言、密言、明义，依梵文，复于显教修多罗中称说，或于真言密教中说。如是四称，或有一字真言，乃至二字、三字，乃至百字、千字、万字，复过此数乃至无量无边，皆名陀罗尼、真言、密言、明。”① 此说显密经轨中所说的陀罗尼、真言、密言、明咒四种名称，依据梵文，都是同一个概念，同具四种含义。通观显密经轨，诚如不空所言，陀罗尼与真言、密言、明咒以及汉译经轨中的神咒，往往是同等概念，并没有根本差别。

但从汉译经轨使用这些概念的时间和类型来看，显教经典和密教经典完全使用“陀罗尼”的名称，持明密教经轨最初使用“明”咒，称其教法为“持明”，称其经典为“持明藏”“明咒藏”。晚期则开始使用“真言”之名，真言密教经轨完全使用“真言”之名，从此“真言”成为密教通用的概念。而瑜伽密教经轨开始使用密言、密语的译语，从此这一名称也流行开来，直到宋代翻译无上瑜伽经轨时仍在使用，只是无上瑜伽密教经轨多用大明、明咒的名称，明咒成为后期密教经轨倾向性的用法。可以看出陀罗尼与真言、密言、明咒的名称在使用上还是有所区别的，之所以翻译为不同的名称应该说有其语源上的不同。而汉译经轨中陀罗尼以及真言、密言、明咒又别称咒、神咒、密咒、咒语等，与中国传统的宗教概念及其术语相结合，其相应的梵文语源显得更为复杂。

汉译的真言、密言，都是梵文 mantra 意译，音译漫怛啰，或作曼怛啰、漫怛椤。最初仅指用于祈祷的赞歌，后来也包括祈祷的诗歌颂词以及祷词。《吠陀》中凡歌颂神明的祝祷赞词总称为 mantra②，祭祀的词诵总集称为 mantra 总集，则 mantra 是《吠陀》诗歌颂词的总称。因《吠陀》本集均用赞颂歌词的 mantra 形式，故吠陀被泛称 mantra 圣典，意为 mantra 是圣典词语。在此意义上 mantra 往往与 brāhmaṇa 相对应，前者表示圣典的，意指赞颂神明的诗歌。后者表示祭仪的，指祭祀仪式的说明。圣典赞歌 mantra 与祭仪说明 brāhmaṇa 共同构成完整的《吠陀》，梵文 mantra-brāhmaṇa 表示吠陀（veda），mantrabrāhmaṇa-vid 表示了解吠陀（的两方面）。最古老的三明论中，诵词、赞歌、祭词被称为 mantra 圣典。凡四吠

① （唐）不空撰《总释陀罗尼义赞》，《大正藏》第 18 卷，第 898 页。

② 徐梵澄《大林间奥义书引言》说：“初民有作，诗歌先于散文。祝，赞，歌，颂，娱神徼福之语，多有节奏或韵律。虽原义或失，而音闻易传，是皆谓之‘曼咀罗’（mantra），亦可曰‘咒’。”参见徐译《五十奥义书》，中国社会科学出版社 1995 年修订版，第 508 页。

陀中劝请的诵词、赞美的歌词、供养的祭词、祈祷的祷词，均可称 mantra，故吠陀本集就称为 mantra。梵文中狭义的吠陀指 mantra 本集，广义的吠陀则包括本集以及梵书、奥义书和经书等支分。由于吠陀具有圣典地位，其本集的诗歌祭词也被赋予圣神性，mantra 往往成为吠陀圣神的词句，凡吠陀诵词、歌词、祭词、祷词均称为 mantra，但就一般的词源学而言，诵词、赞歌、祭词、祷词各有所自。

佛教中作为陀罗尼同位语的 mantra，亦源于吠陀—婆罗门教用语，但赋予其佛教内涵，译称真言；赋予其神秘意义，译称密言。一行《大日经疏》解释说："真言，梵曰漫怛攞，即是真语、如语，不妄、不异之音。龙树《释论》谓之秘密号，旧译云咒，非正翻也。"[①] 此所谓真语、如语，即真如之语，也就是表示真理的语言，这是定义其内涵。不妄、不异之音，即真实之音，也就是正确无误的声音，这是说明其性质。《总释陀罗尼义赞》也解释说："真者真如相应，言者真诠义。"[②] 此说真言是真如的相应语，也就是用来表示真如的，是对真理的诠释。可见 mantra 译称真言，赋予其佛教新意，已有别于吠陀－婆罗门教的原意。作为陀罗尼的同位语，采用音译的方式，也与吠陀－婆罗门教的诗歌祝祷之词有了分别。

2. 陀罗尼明咒

明、明咒，是梵文 vidyā 的意译，音译吠地迦、尾你也$_{二合}$。vidyā 通常的意思为知识、学问、学术、学科，译为"明"以及明术、明处、明论等，是取汉文中明了、明白之意，当然也译为慧、解、识、术等。《大毗婆沙论》说：能达、能解、能了是明义，能于四谛真实通达说名为明。[③] 而 vidyā 的另一个意思是咒语以及咒术，为了加以区别，汉译时往往译作明咒，也译作大明，表示此处的 vidyā 指咒术。明咒原出婆罗门教，《瑜伽论记·菩提分品》说："婆罗门吠地迦咒者，此云明咒也。"[④] 佛教中也加以使用，如《大毗婆沙论》说其意义："能疗病咒，说名为'明'，谓世间人鬼魅所著，明咒能疗。如是圣道能疗众生诸烦恼病故，

① （唐）一行撰《大毗卢遮那成佛经疏》卷 1，《大正藏》第 39 卷，第 579 页中。

② （唐）不空撰《总释陀罗尼义赞》，《大正藏》第 18 卷，第 898 页上。

③ （唐）玄奘译《阿毗达磨大毗婆沙论》卷 25，《大正藏》第 27 卷，第 129 页下。

④ （唐）遁伦撰《瑜伽论记》卷 11，《大正藏》第 42 卷，第 518 页下。

说为‘明’。”[①] 明咒在古代印度也蔚然成为一大学科，北周初攘那跋陀罗译的《五明论》按婆罗门教划分为声论、医方论、工巧论、咒术论、符印论为五明论。[②]《仁王般若实相论》按佛教划分内论、外道论、药方论、工巧论、咒术论为五明论，并解释说：“咒术论者，显示巧便言辞，故言咒术。”[③] 明咒也往往指民间禁咒，有种种外道神仙咒术，如能知他人心的抑叉尼咒，能飞行变化的揵陀梨咒，能伏鬼怪的陀摩陀咒，能获取宝藏的罗多那咒等。达罗毗荼人的咒术也很发达，称达罗弭荼明咒。

在印度传统文化中，vidyā 与 mantra 往往有吠陀的和民间的，或圣神的和世俗的意味，称 mantra 意味着吠陀的圣神颂词赞歌，称 vidyā 则意味着驱使鬼神的民间咒术。咒术分为白咒和黑咒，具有招致善恶果报的不可思议功用，因而广为流行。尤其因 mantra 专指吠陀祝祷神咒，后来 vidyā 反倒成为咒术的通称，蔚然成为一大学科。这也影响到佛教，往往与 mantra 混淆，直到唐代阿地瞿多、菩提流志翻译持明密典时，译 mantra 为“真言”，以与 vidyā 相区别。故《大日经疏》说《释论》谓秘密号，旧译云咒，非正翻者，正是与 mantra 的圣神性相违背，也易与 vidyā 的咒术性相混淆。梵文的 vidyā 译为明咒，咒以“明”来限定，既与 mantra 译为真言、神咒相区别，又具有印度咒术的特点，成为西域咒语的特定称谓。但此明咒一经传入中国，便与秦汉以来盛行的禁咒巫术不期而遇，因两者性质相同，遂不谋而合流。不过明咒之译较晚，直到十六国时期才有，当初明咒仍译为咒。东汉时期翻译的佛经，翻译印度明咒以及西域咒术，也借用秦汉时期的咒术用语，多译为咒、咒力语、咒语、咒词以及咒愿等。

无论陀罗尼还是 mantra 真言、vidyā 明咒，因其神秘性及其格式的相似性，汉译时往往附加“咒”“神咒”“密咒”等字样，还直译为咒、神咒等，这样不仅模糊了这几种不同来源的词义的界限，也使它们与中国传统的咒语相混淆，当然同时也促使陀罗尼的概念向咒术性演变。

汉文的神咒出自秦汉方术，尤其是道教，最早见于《太平经》，“咒”

---

① （唐）玄奘译《阿毗达磨大毗婆沙论》卷 25，《大正藏》第 27 卷，第 129 页下。

② （隋）费长房撰《历代三宝纪》卷 11，《中华藏》第 54 册，第 298 页下。

③ （唐）显秀撰《仁王般若实相论》卷 2，中村不折氏藏敦煌本，《大正藏》第 85 卷，第 162 页下。

原文“祝”。其中解释说：“天上有常神圣，要语时下授人以言，用使神吏应气而往来也。人民得之，谓为神咒也。祝也祝百中百，祝十中十，祝是天上神本文传经辞也，其祝有可使神伭为除疾，皆聚十十中者，用之所向无不愈者也。”[①] 此说神咒来自天上神圣要语，用来差遣神吏，除去灾难疾病，与陀罗尼以及 mantra 及 vidyā 的原义及其作用基本相同，也基本具备了佛教神咒的内涵。

佛教中使用神咒的译语，最早也见载于随后的三国时期。支谦译《佛说八吉祥神咒经》，以佛所说八如来名号为八吉祥神咒。同译《佛说华积陀罗尼神咒经》，以佛说华积陀罗尼为神咒。另译《大明度经·持品》，以佛说明度之定为诸佛神咒，以般若波罗蜜为诸佛神咒，且为咒中之王，这都可见佛教之译陀罗尼、mantra 为神咒者，当借自道教。

而道教之用“神咒”，也可能受到西域神咒的影响。根据后世的传说，秦时甘宗出使西域，曾上奏外国方士能神咒者伏龙降雨。根据《抱朴子》记载，秦朝使者甘宗奏西域事，说外国方士能神咒者，吹气出龙，须臾降雨。[②] 甘宗传说的外国神咒，后来汉武帝开通西域，加之秦汉以来符咒方术盛行，尤其佛教传入之后，此诸神咒遂流行开来。清人吴玉搢《别雅》中说：“古诅呪但用‘祝’，本无‘呪’字，‘呪’从梵书出。”[③] 此所谓“呪从梵书出”者，是说“呪”字是用来传译梵文的神咒，也就是以“呪”对译 mantra。由此可见“神咒”是从秦汉时开始流传中国，尤其佛教盛行之后广泛流传开来。

尽管“呪”字晚出，“神咒”也自秦汉以来方始流行，但类似西域神咒的巫术却是中国上古就颇为盛行，而且先秦以来的祝科正与印度吠陀的明论相当，“祝辞”也相当于 mantra。按古代韵书《玉篇》《类篇》和《广韵》《集韵》等解释，“呪”，亦作“咒”，又同“诅”，与“祝”以及“詶”或“弼”同韵，职救切，从口、从言。而“呪”原作“祝”，“诅呪”本作“诅祝”。《说文解字》解释说：“祝，祭主赞词者，从示、从

① 王明编《太平经合校》上，卷 50，中华书局 2014 年版，第 187 页。《后汉书·襄楷传》注引文，“祝”作“咒”。

② （宋）李昉等撰《太平广记》卷 418，中华书局 1961 年版，第 3402 页。

③ （清）吴玉搢撰《别雅》卷 4，《四库全书》本。

人口，一曰从兑。《省易》曰：兑为口、为巫之六切。”① 此以祭主赞词为祝，与吠陀歌赞祭词为 mantra 何其相似！按周礼，祭祀之职，最高祭祀官称大祝，亦作太祝，其下别职有小祝、丧祝、甸祝、诅祝等。凡诸宗教祭祀活动均由大祝及其别职掌管，“祝”的含义很广，不唯祝辞一义，且祝并无贬义。周礼衰微后，祝的意义也大为变化，既如“诅祝”之意，本指祭祀职官及其职能盟诅。而至后世，这种诅祝职司及其盟辞一变而为具有贬义的诅咒殃咎。如《尚书》之周公所言“民否则厥心违怨，否则厥口诅祝”。孔颖达《疏》释：“诅祝，谓告神明令加殃咎也。以言告神，谓之祝。请神加殃，谓之诅。”② 秦汉时期，神仙方术泛滥，南越禁咒流行，谶纬符咒蔓延，巫蛊诅咒事件屡发，于是道教之符咒、西域之神咒兴起，佛教的陀罗尼神咒也便与中国的诅祝禁咒合流。

3. 陀罗尼章句

陀罗尼也称为“章句”，“说陀罗尼”称“说章句”。章句也与陀罗尼、神咒、秘密、大明、真言等复称，如作陀罗尼章句、总持章句、神咒章句、咒章句、章句咒、秘密章句、大明章句、真言章句等，还有的连称陀罗尼秘密章句、秘密总持章句、秘密大明章句、陀罗尼金刚章句等。陀罗尼经也往往译作句经、章句经，章句经往往是陀罗尼经的同义语。章句虽作为陀罗尼的同义语使用，但其词源与陀罗尼完全不同。

章句，梵文音译钵陀、跛大等，即 pada，意译章句、文句、句、言等，另译步、迹、处、位、宗、见等，③ 是一个多义词。④ 该词在梵文中有多重意思，除了步伐、足迹、记号和住所、位置、地位以及宗、见，还有原因、诱因等意思之外，在这里最一般的用法即是语言文字，将形式化了的语言文字称为语言章句、文字章句、品类章句等，这时章句如说语言

① （汉）许慎撰《说文解字》卷 1 上，王平、李建廷编著，上海书店 2016 年版，第 3 页。

② （唐）孔颖达撰《尚书注疏》卷 15，《十三经注疏》阮元校刻 二，中华书局 2009 年版，第 473 页。

③ 林光明、林怡磬编译《梵汉大辞典》下册，嘉丰出版社 2005 年初版，第 823 页。

④ 唐人不明多义词，往往将不同词义穿凿附会，如窥基《成唯识论述记》解释说：“钵陀是迹，如寻象迹，以觅象等，此名为句，理应名迹，义之迹故，寻此知义也。顺古所翻，称之为句。”卷 2，《大正藏》第 43 卷，第 289 页上。良贲《仁王护国般若波罗蜜多经疏》也解释说：“言章句者，梵云钵陀，正翻云迹，义翻为句。句者章也，诠义究竟，即如经云诸行无常等章句也。正云迹者，谓如象迹，象有四迹，寻迹得象。偈有四句，寻句得义。”卷 2，《大正藏》第 33 卷，第 459 页中。

文字，是一种泛称。但章句并不等于一般的语言文字，是语言文字的一种品类。按古代梵文的语文分类法，章句属语文的四种品类，也就是构成语文的四个因素之一。梵语文一般区分为音声、语言、文字、章句四类，[①]或作言语、名字、章句、音声，[②]或作名字、章句、言语、风声；[③]还有三种分类法，有的作语言、文字、章句，[④]有的作名字、章句、言语之音，有的作文字、言说、章句，[⑤]有的作名字、章句、语言三种。[⑥]其中音声或风声就是语言文字的声音，语言用声音表现，文字也用声音诵读。语言或言语就是音素、音节，名字或文字就是词语、概念，章句就是语法和句子。按汉译词义，章者章法，就是语法规律和句子格式。句者语句，就是能够表达完整意义的句子，或一句，或数句。汉文中章与句连称者，正与梵文之钵陀义符合，文句以语法与格式而成。称陀罗尼为章句者，也是因为陀罗尼被视为一种特定的体裁，尤其以陀罗尼的意思不可解释，其文其句有严密的格式，不可断章取义，所以不仅有陀罗尼章句之称，而且直称陀罗尼为章句。

第二节　陀罗尼的起源

一　陀罗尼记忆术

陀罗尼尽管有多重含义，但最早作为一个专门术语是用来表示记忆的。作为一个记忆术的名称，陀罗尼的原意为忆持不忘，具有记住不再遗忘的能力，由词根 dhṛ 的原意保持、受持、留住、护持等转化而来，这就

---

① （唐）不空译《仁王护国般若波罗蜜多经·二谛品》，卷 1，《大正藏》第 8 卷，第 839 页中。

② （元魏）菩提流支译《大萨遮尼乾子所说经·说法品》，卷 9，《大正藏》第 9 卷，第 360 页下。

③ （元魏）勒那摩提译《究竟一乘宝性论·校量信功德品》，卷 1，《大正藏》第 31 卷，第 821 页上。

④ （后秦）鸠摩罗什译《大智度论》卷 79，《大正藏》第 25 卷，第 619 页中；（隋）达摩笈多译《大方等大集经菩萨念佛三昧分·见无边佛广请问品》，卷 6，《大正藏》第 13 卷，第 853 页上。

⑤ （后秦）鸠摩罗什译《思益梵天所问经·解诸法品》，卷 2，《大正藏》第 15 卷，第 40 页下。

⑥ （隋）阇那崛多译《商主天子所问经》卷 1，《大正藏》第 15 卷，第 121 页下。

从词源学上表明陀罗尼最早是一个关于记忆方法的名称。公元前5世纪的古代印度并没有文字，所有的宗教经典及世俗文献全部依靠祭司的记忆口耳相传，即使后来创造了文字，也在很长一段时期仍然使用传统的记忆方法。在纪元前的古代印度十分重视记忆能力，各种记忆术很兴盛，只有依靠博闻强识的记忆能力，才能将宗教经典和世俗知识口耳相传下来。古印度最早出现口头传承的吠陀经典，及至后来形成的四部吠陀，仍然口耳相传，因此记持四部吠陀经典是对婆罗门阶层的基本要求，博闻总持者受到尊重。佛教的《阿含经》中也多次提到婆罗门博闻总持四吠陀，如《阿摄惒经》说，拘萨罗有梵志阿摄惒逻延多那摩纳（assalāyana māṇava）"博闻总持，诵过四典经，深达因、缘、正、文、戏五句说。"[①] 多闻能总持甚至是作为婆罗门的三大标志之一，《别译杂阿含经》中说："有多教学者，多闻能总持，父母真正净，颜容悉端严，如是等名为，三明婆罗门。"[②]

古代印度人创造了许多简便有效的记忆规律和方法，他们一方面往往把经典编成能押韵的偈颂体以及朗朗上口的散文体。另一方面在词句的技术性运用上下功夫，如用数十个至十几个或几十个乃至上百个音素、音节、词、词组，将长长的经典文句贯通起来，只要记住这些音节或词，就可以依法诵出全篇经文来，所以被用来记忆的各种一组组的音节和词句受到重视而广泛应用。古代印度的宗教文献，往往在长篇大论之间夹杂偈颂，偈颂或用来总结全文意思，如同中心思想。或用来记诵散文，作为记忆散文内容的一种程序。

陀罗尼最早作为一种记忆术，即是根据构成词语的音素及音节来记忆语音，赋予语音以特定意义来记忆语词，通过一组语音或语词来记忆一篇经文，通过语音或语词特定的含义来记住经文内容。但赋予语音以及语词以特定的宗教含义，就使陀罗尼作为记忆术的语言学功能逐渐退化，宗教学功能则逐渐增强，这样陀罗尼便成为具有特定语音、语词并具有特定含义的一种宗教语言形式。大乘经典长篇累牍，听闻记持极为不易，故一篇特定的经文就有一组特定的陀罗尼记忆程序，大乘契经大都有《陀罗尼

① （东晋）瞿昙僧伽提婆译《中阿含经·梵志品》，卷37，《大正藏》第1卷，第663页中、下。

② （后秦）失译《别译杂阿含经》卷5，《大正藏》第2卷，第407页下。

品》，即缘于此。当佛教走向神秘主义，当陀罗尼形成一种法门之时，闻持陀罗尼也便成为一种教条，语音与语义之间完全成为一种固化的对应关系。

陀罗尼作为一种记忆术，在古代印度普遍流行，但并没有因此成为一种专门的宗教学说。实际上陀罗尼作为一种宗教学说是在佛教流传过程中逐渐形成的，是伴随着佛教的发展而兴起。陀罗尼既然是一种记忆术，那么记忆是通过语言来实现的，而语言是人们表达思想感情最基本的方式。陀罗尼意译总持，总持者就语言形式而言，语言是人类表达思想情感的最主要的方式，如同器皿盛水而水不漏散，语言如同器皿，使思想之水持住不散，处于一种稳定状态，可量可称。鸠摩罗什曾解释说："陀罗尼，秦言能持，或言能遮，能持者集种种善法能持令不散不失，譬如完器盛水水不漏散。"[①] 如置换其中对陀罗尼赋予的善恶价值判断，则陀罗尼就是集诸思想情感能持令不散不失的语言。而当语言用文字来书写，并用文字来书写宗教经典时，作为记忆术的陀罗尼就成为语言文字的代名词。当然陀罗尼并非一般的语言文字，也非一般的语言文字学，而是利用语言文字的一种记忆程序，类似于语言应用学，可以看作佛教的语言应用学。

语言由一定的元音和辅音构成词语，并以一定的语法规则组成语句，表达特定的意义，因而构成语言的语音及其意义成为陀罗尼的核心内容。《大智度论》解释说："诸陀罗尼法皆从分别字、语生，四十二字是一切字根本，因字有语，因语有名，因名有义。菩萨若闻字，因字乃至能了其义。是字初阿后荼，中有四十，得是字陀罗尼。"[②] 此说陀罗尼法从分别字、语生者，说明陀罗尼是从梵文的字、语产生的。字是梵文的最小语言单位，即音素，包括辅音和元音。语是梵文的音节，也就是辅音与元音相拼成声之字。陀罗尼法最初所谓的字包括辅音、复辅音及其与元音阿 a 拼读的音节，后来也将其他元音纳入陀罗尼字系统，所以说陀罗尼从分别字、语生。

按梵文的传统语法，字或字母指三十四个或三十七个辅音，总称三十四或三十七字母、三十四或三十七体文。十二个元音则称音或声势，总称

---

① （后秦）鸠摩罗什译《大智度论》卷 5，《中华藏》第 25 册，第 195 页上。

② （后秦）鸠摩罗什译《大智度论》卷 48，《中华藏》第 25 册，第 408 页中。

六韵十二音。另有点画符号十一个，称为十一摩多。[①] 上文所说四十二字是一切字根本者，是说一切陀罗尼字均由“阿”至“荼”的四十二个基本字辗转相生，如同梵文以三十四字母为根本，以元音与之拼出一切字。所谓因字有语、因语有名、因名有义者，是就陀罗尼字门的产生过程而言，由音素之字构成音节之语，由音节之语构成词语之名，由词语之名构成意义完整之句。名即名言概念，其中已具备确定的佛法义理，故说因名有义。字、语、名、义的生成过程中，关键在于字，闻持陀罗尼字就能达到领会义理的目的。陀罗尼法中由辅音及复辅音及其与元音“阿”a组成的字，称为陀罗尼字或陀罗尼字母，陀罗尼字的体系称为陀罗尼字门。陀罗尼体系被称为字门、字母，其本身就表明了陀罗尼起源于梵文字母。但一经形成的陀罗尼字门或陀罗尼字母，就不同于梵文语音系统或字门系统，陀罗尼字母与梵文字母的根本不同之处，即在于陀罗尼字母被赋予特定的宗教含义，自成语义系统。而作为语言文字的梵文则其字母并无特定的含义，只有生成词语概念之后方有意义。如《大智度论·四摄品》就解释说：“善知字故，善知诸法名。善知诸法名故，善知诸法义。”[②]

陀罗尼起源于梵文，但又不同于梵文的语音系统，在其形成过程中与梵文的语言文字学分道扬镳，成为一种宗教的语言文字学，这与其创生的目的和所起的作用有关。陀罗尼在佛教中也最早作为一种记忆术来使用，佛教结集经典时也用来记诵。据《菩萨处胎经》传说，释尊曾说：“吾从无数阿僧祇劫，修总持法门不可沮坏，闻一得百，闻百得千，闻千得万，诸佛所说句义、字义，皆悉总持而不忘失，是谓菩萨摩诃萨成就总持法门。”[③] 总持法门能够闻一得百、闻百得千、闻千得万者，正是因为记忆一个字词作提示，就能诵出一百个字词。但早期的佛教经典整体数量虽多而单篇经文篇幅并不长，大乘佛教出现之后，其经典篇幅不断增加，往往连篇累牍，即便付诸文字，也难于背诵记忆，因此被称为方广大乘、方等大乘。所谓方广、方等者，除了表示其教义方正广大之外，也显示其经典

① （唐）智广撰《悉昙字记》，《中华藏》第54卷，第1186页中；（唐）慧琳撰《一切经音义》卷25，《中华藏》第27册，第923—925页。

② （后秦）鸠摩罗什译《大智度论》卷89，《中华藏》第26册，第545页下。

③ （后秦）竺佛念译《菩萨处胎经》卷2，《中华藏》第22册，第795页下。

数量多、篇幅长。这样不仅要求记诵经典文字，而且要求掌握经典义理，大乘时期出现的陀罗尼字门就是起到既能记诵经文又能领会义理的作用，甚至偏向易于掌握经典义理的方向发展。又大篇幅的经文往往长句散文与偈颂相结合，偈颂是用来总结散文内容的，实际上也起到了记忆和掌握经典思想的作用。《龙树菩萨传》记载：龙树尚在“乳哺之中，闻诸梵志诵四《韦陀》典各四万偈，偈有四［三］十二字，背诵其文而领其义。弱冠驰名，独步诸国世学，艺能天文地理，图纬秘谶及诸道术无不悉练。”① 背诵其文而领会其义，如同背诵陀罗尼字而领会其中义理有相同功效。当然陀罗尼的记忆采取类似偈颂以简取繁的方式，而且比之还要简之又简，将记忆内容分解到语音的最小单位和语言拼合的最基本规律。赋予语音单位以特定宗教含义是陀罗尼形成的基本方法，也是区别语言文字与陀罗尼的基本界限。语言文字是用来记录人的言语的工具，字词的内容与实际生活中约定俗成的含义有关。而陀罗尼则通过人为地赋予字词以宗教内涵，达到宣传其教义的目的，是一种有意作为。如果说陀罗尼最早作为记忆术而与语言文字学有关的话，到后来则因为便于掌握宗教教义而与语言文字学分道扬镳了。早期的陀罗尼既然与记忆术有关，不同的经文有不同的记忆程序，而陀罗尼的记忆功能逐渐退化之后，就成为一种固化的宗教语言形式，陀罗尼字门就是这种固化的宗教语言形式。按最早见于《普曜经》的四十一字母作为陀罗尼字门体系，也利用了梵文的语音体系，将宗教教义的宣扬与学习语言文字结合起来，所以陀罗尼字门与梵文的语音体系有着一种对应关系。

二 早期佛教中的陀罗尼

在早期佛教中，陀罗尼并无特别的宗教意义，汉文也从不音译。其基本含义就是意译字面所表达的闻持、总持，指听闻佛陀教法而记持不忘，或者说听闻佛陀教法而又能受持其义。

原始佛教时期，闻持的含义仅仅是听闻佛陀言语教诲而能记持不忘。闻者，即听闻之义，听闻以多为尚，故有多闻之称。持者，记持而已，记住佛陀的言教不再遗忘。最初注重佛陀言语教诲的语言形式，后来则强调

① （后秦）鸠摩罗什译《龙树菩萨传》别本，《中华藏》第 52 册，第 405 页。其中说偈颂四十二字，金藏作三十二字，按吠陀及梵文偈颂及梵字悉昙字母均三十二字。

多闻且能摄持其义，听闻其言语且不失其原义，尚称总持。按汉译用语，总者总合，合语言与语义两者，故称总持者总而持之，既听闻佛陀言教又能记持其义，《十上经》所谓“闻便能持，未曾有忘。”① 听闻记持的功能，早期佛教中称为念根，是信、精进、念、定、慧五根之一。《增一阿含经·结禁品》第八经说：“所谓念根者，所诵不忘，恒在心怀，总持不失，有为、无漏之法终不忘失，是谓名为念根。”②

佛陀的弟子阿难随侍佛陀左右，听闻佛陀言教最多，故以多闻总持而为人称道。如《杂阿含经》第234经所说：“唯有尊者阿难聪慧总持，而常给侍世尊左右。”③ 第649经也说：“如是佛智海，余人不能持，唯有阿难尊，一闻悉受持，终无忘失时，是故供养胜。”④《央掘魔罗经》也说：“尔时央掘魔罗以偈问言：‘如来称叹汝，多闻最第一，云何世多闻，多闻从何生？’尔时阿难以偈答言：‘诵习九部经，离悭为人说，从是获多闻，总持不思议。’”⑤ 阿难为何有总持之能，《贤愚经》还说一段往世因缘关系，说过去阿僧祇劫中定光佛为比丘，释迦牟尼佛为沙弥从学，教导甚严，诵经不足不得用食。阿难为长者供沙弥饮食，遂得专心勤加诵经，师徒皆大欢喜，以是行业故，今得总持，无有忘失。⑥

佛陀涅槃后，如何将佛法传承下去就成为一件大事，因而总持就显得十分重要。如《增一阿含经·序品》所说：“迦叶思惟正法本，云何流布久在世？最尊种种吐言教，总持怀抱不漏失，谁有此力集众法，在在处处因缘本。今此众中智慧士，阿难贤善无量闻。”⑦ 总持怀抱不漏失，就是对佛陀所说的教法既能背诵，又能正确表达。不漏失者，即所闻不遗忘，所说意义完整。该品又说：“佛法功德无量智，今尊迦叶能堪任，世雄以法付耆旧，大迦叶今为众人，如来在世请半坐，迦叶报言虽有是，年衰朽老多忘失，汝今总持智慧业，能使法本恒在世。”⑧ 还说：“如是《阿含》

---

① （后秦）佛陀耶舍译《长阿含经》第二分，卷9，《中华藏》第1册，第59页上。

② （东晋）瞿昙僧伽提婆译《增一阿含经》卷42，《中华藏》第32册，第493页中。

③ （刘宋）求那跋陀罗译《杂阿含经》卷9，《中华藏》第2册，第56页下。

④ （刘宋）求那跋陀罗译《杂阿含经》卷23，《中华藏》第2册，第168页中。

⑤ （刘宋）求那跋陀罗译《央掘魔罗经》卷2，《中华藏》第2册，第524页上。

⑥ （元魏）惠觉译《贤愚经》卷10，《中华藏》第4卷，第417页上。

⑦ （东晋）瞿昙僧伽提婆译《增一阿含经》卷1，《中华藏》第32册，第1页上。

⑧ （东晋）瞿昙僧伽提婆译《增一阿含经》卷1，《中华藏》第32册，第1页上、中。

增一法，三乘教化无差别；佛经微妙极甚深，能除结使如流河。然此增一最在上，能净三眼除三垢；其有专心持增一，便为总持如来藏。”①

部派佛教时期，总持的重心逐渐从听闻不忘转移到佛陀教法的传持，总持者往往就受持佛法的全体而言，不仅指佛陀所说的经文，而且指佛陀经中所说的教义，故总持者即是总持诸法，诸法包括四谛八正道的教法体系。《别译杂阿含经》第52经说：“能总持法者，是则名为僧。”②《杂阿含经》第927经也说：“优婆塞闻具足者，闻则能持，闻则积集。若佛所说初、中、后善，善义善味，纯一满净，梵行清白，悉能受持。”③《增一阿含经·六重品》第3经说：舍利弗曾问阿难云何当使师子园极为快乐，阿难回答说：“若有比丘多有所闻不忘，总持诸法义味，具足修行梵行。如此诸法皆悉具足，亦不漏脱，与四部之众而为说法，不失次第，亦不卒暴，无经有乱想，如是比丘在此牛师子园快乐。”④ 所谓总持诸法义味，即是诸法具足而不漏脱，总持的重心在于持法，持法不漏脱，强调的是佛陀教义的全体和完整性，掌握佛陀教法的体系。《苦乐品》说义、法、辞、应四辩，其中所谓法辩者，即是总持佛说十二部经及其诸法。说“彼云何名为法辩？十二部经如来所说，所谓契经、祇夜、本末、偈、因缘、授决、已说、造颂、生经、方等、合集、未曾有，及诸有为法、无为法，有漏法、无漏法，诸法之实不可沮坏，所可总持者，是谓名为法辩。”⑤ 这里总持之法中除了十二部经之外，也包括有为法与无为法、有漏法与无漏法。

《善法经》则说得更全面：“一心听经人复有二种，有闻持法，有闻不持法。若闻持法者胜，闻不持法者为不如也。谓闻持法人复有二种，有闻法观义，有闻法不观义。若闻法观义者胜，闻法不观义者为不如也。谓闻法观义人复有二种，有知法、知义，向法次法，随顺于法，如法行之。有不知法、不知义，不向法次法，不随顺法，不如法行。若知法、知义，向法次法，随顺于法，如法行者胜。不知法、不知义，不向法次法，不随

① （东晋）瞿昙僧伽提婆译《增一阿含经》卷1，《中华藏》第32册，第2页中。
② （后秦）失译《别译杂阿含经》卷4，《中华藏》第2册，第391页上。
③ （刘宋）求那跋陀罗译《杂阿含经》卷33，《中华藏》第2册，第688页下。
④ （东晋）瞿昙僧伽提婆译《增一阿含经》卷29，《中华藏》第2册，第710页下。
⑤ （东晋）瞿昙僧伽提婆译《增一阿含经》卷1，《中华藏》第32册，第226页下。

顺法，不如法行者为不如也。"① 此说闻持法不仅闻法观义，而且在理论上知法、知义，还要在实践上向法次法，随顺于法，如法而行。"知法者，谓正了知如来教法，谓契经、应诵、记说、伽他、自说、因缘、譬喻、本事、本生、方广、希法、论议，是名知法。知义者，谓正了知彼彼语义，谓如是如是语有如是如是义，是名知义。"② 则知法知义是就佛说法的全体而言，通指佛陀的教义体系。"向法次法，或言法次法向，谓无为灭谛为所向有为道谛，为能向道谛次灭故，名次法，依道谛而行，亦言如说修行。"③ 则向法次法是就归趣修道次第而言，通指佛的修道体系。《增一阿含经·放牛品》也说："提婆达兜博古明今，多所诵习，总持诸法，所闻不忘。"④

部派佛教中，据说有的派别纂集经藏中有明咒藏，如《大乘法苑义林章》说："复次犊子部中亦说四藏，一经，二律，三对法，四明咒，此藏之中集诸咒故。"⑤ 此说后出，应指密教兴盛时期的部派佛教情况。

第三节　陀罗尼的定义

一　陀罗尼的定义

陀罗尼在原始佛教时期只有闻持一义，到部派佛教时期已有了总持诸法的意思，而到大乘佛教时期，则赋予持善遮恶的意义，并概括为四种陀罗尼，由此成为大乘菩萨一大法门，也标志着陀罗尼思想的形成。

大乘佛教对陀罗尼的定义，以《大智度论》的解释最具代表性。其《序品》说："陀罗尼，秦言能持，或言能遮。能持者，集种种善法能持令不散不失，譬如完器盛水，水不漏散。能遮者，恶不善根心生，遮令不生；若欲作恶罪，持令不作，是名陀罗尼。是陀罗尼，或心相应，或心不相应；或有漏，或无漏；无色，不可见，无对，一持一入一阴摄，法持法

① （东晋）瞿昙僧伽提婆译《中阿含经·七法品》，卷1，《中华藏》第31册，第301页中。

② （唐）玄奘译《阿毗达磨集异门足论》卷17，《中华藏》第43册，第756页中。

③ （唐）慧琳撰《一切经音义》卷74，《中华藏》第58册，第949页上。

④ （东晋）瞿昙僧伽提婆译《增一阿含经》卷42，《中华藏》第32册，第545页中。

⑤ （唐）窥基撰《大乘法苑义林章》卷2，《大正藏》第45卷，第271页中。

入，行阴九智知，一识识，阿毗昙法陀罗尼义如是。”① 此说陀罗尼能持能遮，能持者集诸善法持令不散不失，能遮者遮令恶法不生不作，这就是陀罗尼为能持能遮、持善遮恶说的来源。

僧肇曾在《注维摩诘经》中概括说：“总持，谓持善不失，持恶不生，无所漏忘，谓之持。”② 智𫖮在《维摩经文疏》中概括说：“总持者，即是叹陀罗尼德，此言能持、能遮，持诸善法不令漏失，遮诸恶法不令得起，故名遮持。亦言总持，持一切善法不漏失也。”③《摩诃止观》中进一步概括说：“持诸善法如完器盛水，遮诸恶法如棘援防果。”④《观无量寿佛经疏》中也概括说：“陀罗尼者，一能持善，二能遮恶，是总持也。”⑤ 由此提炼为“持善遮恶”。⑥ 这就成为后世关于陀罗尼为持善遮恶的定义。宗密在《大圆觉经疏》中还说：“既言持善遮恶，即是万行之本。”⑦ 以陀罗尼“持善遮恶”为万行之本，是将陀罗尼的地位提高到很重要的地位。僧肇曾以质直无谄的直心为万行之本，说“直心者，谓内心真直，外无虚假，斯乃基万行之本，坦进道之场也。”⑧ 僧亮以戒为万行之本，⑨ 后来华严法藏、澄观以及法相太贤等以发菩提心为万行之本，⑩ 三论吉藏以实相般若为万行之本，⑪ 天台智𫖮则以诸法实相为万行之本，⑫ 都从不同角度来规定修行的出发点及其根本。

密教在此基础上做了进一步解释，善无畏说：“陀罗尼者，究竟至

① （后秦）鸠摩罗什译《大智度论》卷5，《中华藏》第25册，第195页上。

② （后秦）僧肇撰《注维摩诘经》卷1，《中华藏》第98册，第810页上。

③ （隋）智𫖮撰《维摩经文疏》卷4，《卍续藏》第18册，第484页上。

④ （隋）智𫖮撰《摩诃止观》卷7，《中华藏》第94册，第826页上

⑤ （隋）智𫖮撰《观无量寿佛经疏》，《中华藏》第96册，第703页中。

⑥ （隋）智𫖮撰《摩诃止观》卷7，《中华藏》第94册，第828页中。

⑦ （唐）宗密撰《圆觉经大疏》卷1，《卍续藏》第9册，第345页中。

⑧ （后秦）僧肇撰《注维摩诘经》卷4，《中华藏》第98册，第848页上。

⑨ （梁）僧亮等撰《大般涅槃经集解》卷8，《大正藏》第37卷，第411页中。

⑩ （唐）法藏撰《华严经探玄记》卷17，《大正藏》第35卷，第422页上。澄观《大方广佛华严经随疏演义钞》卷3，《大正藏》第36卷，第22页上；太贤：《梵网经古迹记》卷2，《大正藏》第40卷，第714页上。

⑪ （隋）吉藏撰《维摩经义疏》卷4，《大正藏》第38卷，第951页上。

⑫ （隋）智𫖮撰《释摩诃般若波罗蜜经觉意三昧》卷1，《大正藏》第46卷，第626页下；《法界次第初门》卷3，《大正藏》第46卷，第685页中。

极，同于诸佛，乘法悟入一切智海，是名真法戒也。”① 此说陀罗尼能乘法悟入一切智海，同于诸佛的至极地位。按一行《大日经疏》的解释，陀罗尼有地、持之义，“地也，以地能持一切物，故以为名也。”又“持也，持诸佛地，荷负众生，故以为地，亦令众生皆得此地名也。”② 由此可见，陀罗尼具有持诸佛地、负荷众生并使众生达到佛地的意思，所以善无畏所谓陀罗尼者究竟至极同于诸佛者，是陀罗尼持诸众生至极于佛地也。《总释陀罗尼义赞》中从总持诸法的角度解释说：“法持者，由得此持，摧灭一切杂染之法，证得清净法界等流教法。”③ 清净法界之等流教法，即是诸佛一切智海。智慧轮在《明佛法根本碑》中进一步解释说：“唐言总持者，持一切恶法不生，持一切善法不灭，摧却一切杂染之法，证得清净法界等流教法。”并说：“陀罗尼者，遍持三身大功德法佛之法性，法住法界，总持诸法也。”④ 这里智慧轮站在密教立场上，认为陀罗尼不仅持善遮恶，而且遍持法佛三身功德，将总持诸法解释为遍持法身功德，赋予陀罗尼以佛法根本的含义。这样陀罗尼的定义从原始佛教的闻持佛陀教法，发展到部派佛教的总持诸法，再演变为大乘佛教的持善遮恶，进一步发展到密教的遍持三身功德，大致反映了陀罗尼概念及其思想内涵发展演变的一条基本规律。

《大智度论》以及注疏家以能持能遮、持善遮恶来解释陀罗尼，远远超出早期佛教所说的范畴，是陀罗尼思想演变过程中的一次飞跃。从这一定义的性质来说，早期佛教从词义学来规定陀罗尼，而大乘佛教则从陀罗尼的作用来判释，赋予其道德属性。从这一定义的内涵来说，早期佛教的陀罗尼闻持不忘的对象是佛陀的言语教诲乃至所有教法，而大乘佛教的陀罗尼能持不失的对象则是善恶法界，是佛陀教法针对的法界，而非佛陀教法本身。又早期佛教最初注重听闻，是闻而持之，而大乘佛教之总持已失去听闻一层含义，有持而无闻。相应地，所持者，也非听闻之内容，“持”不再有“不忘”之义，而有了“不失”之义。不失者，持之不散失，也非闻之不遗忘。更有不同者，持又有“能遮”一义，能持能遮，

① （唐）景贤撰《无畏三藏禅要》，《大正藏》第18卷，第944页上。
② （唐）一行撰《大毗卢遮那成佛经疏》卷13，《大正藏》第39卷，第719页下。
③ （唐）佚名撰《总释陀罗尼义赞》，《大正藏》第18册，第898页上。
④ （唐）智慧轮撰《明佛法根本碑》，《大正藏》第46卷，第988页下。

正反相应，具双重作用，万无一失。既能持善法，又能遮恶法，故陀罗尼另译“遮持”，具遮、持两方面的含义。集善不失，遮恶不生，不生又是“持”产生的新作用，从“不忘”到“不失”，再到“不生”，其原义完全改变。陀罗尼之名，早期佛典意译，大乘佛典则多音译，汉译之不同也表明大乘的陀罗尼含义已超出早期佛教的规定，同时也赋予陀罗尼一种神秘性。

陀罗尼从闻持佛法到总持诸法，再到持善遮恶，其性质也发生了重大变化，作为一种思想体系至此才形成。按大乘佛教的说法，早期的声闻佛教并没有陀罗尼，陀罗尼只属于大乘菩萨法门。《大智度论》设问：“声闻法中何以无是陀罗尼名，但大乘中有?”答曰：“小法中无大，汝不应致问；大法中无小者则可问，如小家无金银，不应问也！复次，声闻不大，殷勤集诸功德，但以智慧求脱老病死苦，以是故声闻人不用陀罗尼持诸功德。譬如人渴，得一掬水则足，不须瓶器持水。若供大众人民，则须瓶瓮持水。菩萨为一切众生故，须陀罗尼持诸功德。复次，声闻法中多说诸法生灭无常相故。诸论议师言：‘诸法无常，若无常相则不须陀罗尼，何以故？诸法无常相则无所持。唯过去行业因缘不失，如未来果报虽无必生，过去行因缘亦如是。’摩诃衍法，生灭相不实，不生不灭相亦不实，诸观诸相皆灭是为实。若持过去法则无咎，以持过去善法、善根诸功德故，须陀罗尼。”[①] 这是说声闻法中没有陀罗尼是很正常的事，因为小中自然无大，如同小家中并无金银一样。而实际原因则是小乘只以智慧自求解脱，不用陀罗尼持诸功德以普度众生，而且其教义中也说生灭无常，自无须有常相可持。对《智论》的理由，慧远《大乘义章》中作了解释，说此“明大小、有无之义”，“通而论之，小乘亦得，如阿难等闻持第一。于中别分唯在大乘，小乘中无。何故如是？如龙树言，如小家无金，不足为问。声闻小人无大功德，何足可怪。又彼论言，声闻但求戒、定、慧等，出离生死，不求一切诸大功德，为是不修陀罗尼门。故彼论复言，声闻之人唯求自度，不欲持法授与众生，为是不修诸陀罗尼。又声闻人唯求早灭，不欲久留住持佛法，为是不修陀罗尼矣。问曰：若言小乘无者，经说阿难闻持第一，云何言无？释言：阿难于声闻中说有闻持，若望菩萨，少故名无。如河少水名为无水，如食少盐名为无盐。所得少故，名之为

① （后秦）鸠摩罗什译《大智度论》卷28，《中华藏》第25册，第579页下—580页上。

无，如小乘中说摩诃拘绨罗四无碍第一，如《涅槃经》说声闻人一向不得，此亦同彼。又阿难等虽现声闻，实是菩萨故有闻持。龙树言无，据实声闻，所以无过。”① 此说小乘不修陀罗尼者，有不求功德、不度众生、不欲久留持法三个理由。但对阿难闻持第一以及小乘虽有而还无的解释就很勉强，认为阿难虽现出声闻相，实则是闻持之菩萨，即便说小乘少有，也不至于称其为有。

二　陀罗尼的种类

1. 法陀罗尼

陀罗尼既然在大乘佛教中已经发生变化，其形式也从闻持一种发展到多种。《大智度论》说陀罗尼有多种，若广说有无量陀罗尼门，略说则有五百陀罗尼门，诸如寂灭陀罗尼、无边旋陀罗尼、随地观陀罗尼、威德陀罗尼、华严陀罗尼、音净陀罗尼、虚空藏陀罗尼、海藏陀罗尼、分别诸法地陀罗尼、明诸法义陀罗尼、字门陀罗尼，等等，而最主要的有闻持陀罗尼、分别知陀罗尼、入音声陀罗尼、无碍陀罗尼等。《华严经·入法界品》提到116种陀罗尼门，陀罗尼广说则八万四千陀罗尼门，百千万亿陀罗尼，无量无数恒河沙阿僧祇陀罗尼。

大乘佛教中形成陀罗尼法门，其数众多，种种不同。如《大智度论》说有五百陀罗尼门：“菩萨得是一切三世无碍明等诸三昧，于一一三昧中得无量阿僧祇陀罗尼，如是等和合名为五百陀罗尼门，是为菩萨善法功德藏，是名陀罗尼门。”② 陀罗尼的数量尽管很多，不同的经轨有不同的说法，但从类型上一般分为四大类。如《菩萨善戒经》明确说菩萨陀罗尼有四种，一者法陀罗尼，二者义陀罗尼，三者辞陀罗尼，四者忍陀罗尼。与之有密切关系的《菩萨地持经》《瑜伽师地论》亦说四种，一者法陀罗尼，二者义陀罗尼，三者咒（术）陀罗尼，四者得菩萨忍陀罗尼。《佛地经论》也说：“此陀罗尼略有四种，一法陀罗尼，二义陀罗尼，三咒陀罗尼，四能得菩萨忍陀罗尼。”③ 窥基《观弥勒上生兜率天经赞》说：“四

---

① （隋）慧远撰《大乘义章》卷11，《大正藏》第44卷，第686页上。

② （后秦）鸠摩罗什译《大智度论》卷28，《中华藏》第25册，第578页上、中。

③ （唐）玄奘译《佛地经论》卷5，《中华藏》第27册，第45页上。

总持：一法，二义，三能得菩萨无生法忍，四诸明咒。”[①] 同时在《理趣分述赞》中作法、义、明咒、能得菩萨忍。[②] 后来就简作法、义、咒、忍四种陀罗尼，如法藏《华严经探玄记》、昙旷《大乘入道次第开决》、栖复《法华经玄赞》等。《总释陀罗尼义赞》亦说有法持、义持、三摩地持、文持四种持，并说此四种持多依显教大乘教中所说。

按诸经论所说四种陀罗尼，法陀罗尼或法持，即闻持陀罗尼，以闻持诸法而称，其重心在闻持之法。《大乘义章》解释说："教法名法，于佛教法闻持不忘，名法陀罗尼。闻不忘故，经中亦名闻陀罗尼。"[③] 法陀罗尼是早期佛教以来的陀罗尼原义，以闻持佛所说法为中心，大乘佛教虽继承这一传统，但还是有一定差别。《菩萨善戒经》解释说："法陀罗尼者，菩萨心得忆念，以念力故得大智慧，大智力故，知诸法界，言辞字句坚心受持，经无量世无有忘失。"[④]《菩萨地持经》的解释与此基本一致，说："菩萨得如是忆念智慧力，于未曾所闻、未曾修习名句味身次第庄严，次第所应，无量章句经无量劫忆持不忘。"[⑤]《瑜伽师地论》也说："云何菩萨法陀罗尼？谓诸菩萨获得如是念慧力持，由此力持，闻未曾闻言，未温习、未善通利名句文身之所摄录，次第错综，次第结集无量经典，经无量时能持不忘，是名菩萨法陀罗尼。"[⑥] 显然唯识经论的这些解释与早期佛教的闻持陀罗尼并无根本不同，只是强调这种忆念力是一种念慧力，由此念慧力故总持诸法。

《大智度论》仍称闻持陀罗尼，说："如闻持陀罗尼，得是陀罗尼者，一切语言诸法耳所闻者皆不忘失，是名闻持陀邻尼。"[⑦] "菩萨以闻持陀罗尼力故能受，坚忆念陀罗尼力故不忘。"[⑧] 同时还说："阿鞞跋致菩萨摩诃萨闻佛说法，不疑、不悔，闻已受持，终不忘失。何以故？得陀罗尼故"，"菩萨得闻持等陀罗尼故，闻佛说诸经，不忘、不失，不疑、不

---

① （唐）窥基撰《观弥勒上生兜率天经赞》，《大正藏》第38卷，第286页上。

② （唐）窥基撰《大般若波罗蜜多经般若理趣分述赞》卷2，《大正藏》第33卷，第38页中。

③ （隋）慧远撰《大乘义章》卷11，《大正藏》第44卷，第685页上。

④ （刘宋）求那跋摩译《菩萨善戒经》卷7，《中华藏》第24册，第631页中。

⑤ （北凉）昙无谶译《菩萨地持经》卷8，《中华藏》第24册，第514页上。

⑥ （唐）玄奘译《瑜伽师地论》卷45，《中华藏》第27册，第798页下。

⑦ （后秦）鸠摩罗什译《大智度论》卷5，《中华藏》第25册，第195页中。

⑧ （后秦）鸠摩罗什译《大智度论》卷33，《中华藏》第25册，第656页中。

悔”，“所有言说众事，得陀罗尼菩萨皆不忘、不失，不疑、不悔”。[①] 不忘、不失是闻持陀罗尼的原义，而不疑、不悔则是大乘新有的含义。《智论》还认为得闻持法，或一心忆念得，或禅定中得，或神咒力得，或以先世行业而得。说：“若人欲得所闻皆持，应当一心忆念，令念增长。先当作意，于相似事系心令知所不见事，如周利槃陀迦系心拭革屣物中，令忆禅定除心垢法，如是名初学闻持陀怜尼。三闻能得，心根转利，再闻能得成者，一闻能得，得而不忘，是为闻持陀怜尼初方便。或时菩萨入禅定中，得不忘解脱。不忘解脱力故，一切语言说法乃至一句一字皆能不忘，是为第二方便。或时神咒力故，得闻持陀怜尼。或时先世行业因缘受生，所闻皆持不忘，如是等名闻持陀罗尼门。”[②]

《总释陀罗尼义赞》所谓法持者与此诸不同，说：“法持者，由得此持，摧灭一切杂染之法，证得清净法界等流教法。”[③] 显然非此诸法陀罗尼，实与忍陀罗尼一致，而其文持则与此诸法陀罗尼相当。如说：“文持者，由此受持陀罗尼，成就所闻，所谓一切契经，于一切如来、诸菩萨所闻百千无量修多罗，永不忘失。”

2. 义陀罗尼

义陀罗尼，与法陀罗尼相关，是对法义的受持不忘，也在早期佛教闻持的意思之内。如《菩萨善戒经》解释说：“义陀罗尼者，如法陀罗尼随顺解义，于无量世受持不忘。”《菩萨地持经》说：“云何义陀罗尼？如前所说，于此诸法无量义趣未曾读诵、未曾修习，经无量劫忆持不忘。”《瑜伽师地论》说：“云何菩萨义陀罗尼？谓如前说此差别者，即于彼法无量义趣心未温习，未善通利，经无量时能持不忘，是名菩萨义陀罗尼。”但《总释陀罗尼义赞》的解释略有不同，说：“义持者，由得此持，于一字义中悟百千无量修多罗行，演说逆顺自在。”显然也是就陀罗尼字门而言。《大智度论》所说的分别知陀罗尼，与义陀罗尼相当，按其名称，对闻持诸法之无量义趣分别知，即是随顺解义，但其内容的解释则与以上说法不同，分别所知的远远超出佛说法义理的范围。说：“复有分别知陀罗尼，得是陀罗尼者，诸众生诸法大小、好丑分别悉知，如偈说：诸

① （后秦）鸠摩罗什译《大智度论》卷 74，《中华藏》第 26 册，第 325 页上。
② （后秦）鸠摩罗什译《大智度论》卷 28，《中华藏》第 25 册，第 577—578 页上。
③ （唐）佚名撰《总释陀罗尼义赞》，《中华藏》第 18 册，第 898 页上。

象马金，木石诸衣，男女及水，种种不同。诸物名一，贵贱理殊，得此总持，悉能分别。”可知分别知的对象是广大法界，而非限于佛法义理。

3. 咒陀罗尼

咒陀罗尼，《菩萨善戒经》称辞陀罗尼，辞者，或译章句，此即咒术章句。解释说：“菩萨摩诃萨为破众生种种恶故，受持神咒，读诵通利，利益众生。为咒术故，受持五法，一者不食肉，二者不饮酒，三者不食五辛，四者不淫，五者不净之家不在中食。菩萨具足如是五法，能大利益无量众生，诸恶鬼神、诸毒、诸病无不能治”。诵神咒破诸众恶，还有受持五法，是说诵神咒者受持五法方起作用，以与一般咒术相区别。《菩萨地持经》作咒术陀罗尼，解释说：“云何咒术陀罗尼？菩萨得如是三昧力，以咒术章句为众除患，第一神验，种种灾患悉令消灭。”此将咒术章句视同三昧力，认为具有第一神验，能除种种灾患。对此《瑜伽师地论》解释得更为详细，说：“云何菩萨咒陁罗尼？谓诸菩萨获得如是等持自在，由此自在加被，能除有情灾患，诸咒章句令彼章句悉皆神验，第一神验无所唐捐，能除非一种种灾患，是名菩萨咒陁罗尼。”

《总释陀罗尼义赞》中第三种持为三摩地持，并非咒陀罗尼，而是另一种陀罗尼，也是陀罗尼原有的一种含义，大乘中亦流行，称三昧陀罗尼门。《大智度论》前说是陀罗尼或心相应，或心不相应。僧肇说持有两种，有心相应持，有心不相应持。其中所谓与心相应或心相应持，就是指三摩地持。《智论》说：“菩萨得是一切三世无碍明等诸三昧，于一一三昧中，得无量阿僧祇陀罗尼。如是等和合名为五百陀罗尼门，是为菩萨善法功德藏，如是名陀罗尼门。”[①] 当然这里将其列为四种陀罗尼之一，还因为中期密教注重瑜伽修习，其意则想表明瑜伽观想渊源于三摩地陀罗尼。

《大智度论》另有入音声陀罗尼，按其名仍与咒陀罗尼有关，音声、章句为咒陀罗尼表现的形式，但其解释则非咒陀罗尼应有之义。说：“复有入音声陀罗尼，菩萨得此陀罗尼者，闻一切语言音不喜不瞋，一切众生如恒河沙等劫，恶言骂詈，心不憎恨。”[②] 不过在另一处解释音声陀罗尼却是就音声语言而言，与咒陀罗尼有关。说：“菩萨闻一切音声语言，分

① （后秦）鸠摩罗什译《大智度论》卷28，《中华藏》第25册，第58页上、中。
② （后秦）鸠摩罗什译《大智度论》卷5，《中华藏》第25册，第195页中。

别本末，观其实相，知音声语言念念生灭；音声已灭，而众生忆念取相，念是已灭之语，作是念言：‘是人骂我而生瞋恚，称赞亦如是。’是菩萨能如是观众生，虽复百千劫骂詈，不生瞋心；若百千劫称赞亦不欢喜；知音声生灭如响相。又如鼓声无有作者，若无作者是无住处，毕竟空故，但诳愚夫之耳，是名入音声陀罗尼。”接着又解释字门陀罗尼说：“复次有陀罗尼，以是四十二字摄一切语言名字。何者是四十二字？阿、罗、波、遮、那等。‘阿提’，秦言初；‘阿耨波柰’，秦言不生。行陀罗尼，菩萨闻是阿字，实时入一切法初不生。如是等字字随所闻皆入一切诸法实相中，是名字入门陀罗尼。”[①] 音声陀罗尼、字门陀罗尼均与咒术章句相关，但大乘佛教中字门陀罗尼非常重要，有时所谓陀罗尼门者实指陀罗尼字门。

总之，咒陀罗尼是早期佛教的闻持法中所没有的，这是大乘佛教陀罗尼法门新的内容。

4. *忍陀罗尼*

忍陀罗尼是四种陀罗尼的归趣点，也是咒陀罗尼内涵的进一步阐释，表现大乘空观的根本思想。如《菩萨善戒经》解释说：“忍陁罗尼者，菩萨摩诃萨智慧力故，心乐寂静，不与人居，嘿然不语，独处无伴。于食知足，食一种食。坐禅思惟，夜不眠寐。时佛即以陀罗尼咒教之令诵：乙致　蜜致　輢致毗　羼提　般檀那　莎呵（iṭi miṭi kiṭibi kṣanti padhana svāhā）！菩萨尔时从佛受已，深心观察，知字无义，以无义故，无有义语；若无义语，辞亦无义，法亦无义。以无义故，一切诸法悉不可说。义者，一切诸法无义义也。以忍力故，了了能知四陀罗尼。以了知故，则得具足忍陀罗尼。以能具足忍陀罗尼故，不久得成阿耨多罗三藐三菩提。”[②]

对此《菩萨地持经》解释得更明了，说：“云何得菩萨忍陀罗尼？菩萨精勤修习，因起智慧，独一静处，燕默少言，亦不游行，知量而食，不杂种食，常一坐食，思惟禅定，少睡眠，多觉悟，于如来所说得菩萨忍咒术。所谓：伊致　密致　吉胝鼻　羼提跛大　叨波呵叨音稣急反。于此诸咒术章句义思量观察，如是咒术章句，如是正思惟，如此义尚不自闻，何有所得？如咒术章句义不可得，是则无义。如是诸义，所谓无义，是故亦无

① （后秦）鸠摩罗什译《大智度论》卷28，《中华藏》第25册，第578页上。

② （刘宋）求那跋摩译《菩萨善戒经》卷7，《中华藏》第24册，第631页中、下。

余义可求，如是名为善解咒术句义。善解咒术句义者，以如是义比知一切诸法义，皆悉善知，不从他闻。又知一切言说、一切法自性义不可得。以此等无言说自性义，则知一切诸法自性义，是名第一义最胜义，得最上欢喜，是菩萨得此陀罗尼咒术处，名得菩萨忍。得此忍者，不久当得净心增上，解行地忍，是名菩萨得菩萨忍陀罗尼。”① 此说无义为一切法自性义不可得，并以自性义不可得为第一义最胜义，显然忍陀罗尼表现大乘空观的中道义。

《瑜伽师地论》解释忍陀罗尼，以无义为成实，自性义为离言自性，则带有一些瑜伽行派的立场。如说：“云何菩萨能得菩萨忍陀罗尼？谓诸菩萨成就自然坚固因行，具足妙慧，独处空闲，寂无言说，曾无有物见路而行。知量而食，不杂秽食，一类而食。常极静虑，于夜分中少眠多寤。于佛所说得菩萨忍诸咒章句能谛思惟，其咒词曰：壹胝　蜜胝　吉胝毗羼底丁里反　钵陀腻　莎诃。即于如是咒章句义审谛思惟，筹量观察。彼于如是咒章句义如是正行，不从他闻，自然通达，了知如是诸咒章句都无有义，是圆成实，但唯无义。如实了知此章句义，所谓无义，是故过此不求余义，齐此名为妙善通达咒章句义。彼于如是咒章句义正通达已，即随此义不从他闻，自正通达一切法义。谓于此义如是通达，一切言说所说诸法自性之义皆不成实，唯有诸法离言自性，是自性义。彼于诸法此自性义正通达已，过此更无余义可求。由于此义善通达故，获得最胜广大欢喜。由是菩萨得陀罗尼，当言已得此陀罗尼章句所立菩萨胜忍。得此忍故，是诸菩萨不久当得净胜意乐已，依上品胜解行地胜忍而转，当知是名菩萨所有能得菩萨忍陀罗尼。”②

《大智度论》中并无忍陀罗尼，但另一处解释无碍陀罗尼，说：“前已说诸菩萨得陀罗尼，今何以复说得无碍陀罗尼？答曰：无碍陀罗尼最大故，如一切三昧中三昧王三昧最大，如人中之王，如诸解脱中无碍解脱大。如是一切诸陀罗尼中无碍陀罗尼大，以是故重说。复次，先说诸菩萨得陀罗尼，不知是何等陀罗尼？有小陀罗尼，如转轮圣王、仙人等所得闻持陀罗尼、分别众生陀罗尼、归命救护不舍陀罗尼，如是等小陀罗尼，余人亦有。是无碍陀罗尼，外道、声闻、辟支佛、新学菩萨皆悉不得，唯无

① （北凉）昙无谶译《菩萨地持经》卷8，《中华藏》第24册，第514页上。
② （唐）玄奘译《瑜伽师地论》卷45，《中华藏》第27册，第795页上、中。

量福德智慧大力诸菩萨独有是陀罗尼，以是故别说。复次，是菩萨辈自利已具足，但欲益彼，说法教化无尽，以无碍陀罗尼为根本。以是故，诸菩萨常行无碍陀罗尼。”① 如此诸陀罗尼为小陀罗尼，无碍陀罗尼则为大陀罗尼，是说法教化的根本，如同四陀罗尼中忍陀罗尼为根本。那么，无碍陀罗尼是否就是四陀罗尼中的忍陀罗尼呢？按《大智度论》又说：“佛法有二种：一秘密，二显示。显示中，佛、辟支佛、阿罗汉皆是福田，以其烦恼尽无余故。秘密中，说诸菩萨得无生法忍，烦恼已断，具六神通，利益众生。”② 则此中以菩萨得无生法忍为秘密根本，与前诸四陀罗尼中菩萨得忍陀罗尼为第一义最胜义相同，说明《智论》之无碍陀罗尼即是《地论》之忍陀罗尼。

三　陀罗尼的体性

陀罗尼的体性，《大智度论》或以念力论，或以定力论，并无明确的说法。《瑜伽师地论》就法陀罗尼论及诸菩萨以获得念慧力持而持之不忘。无著《对法论》说：“总持者，陀罗尼也，念慧为体，能以少功广含多义，能总任持，名为总持。”③《佛地经论》解释说：“陀罗尼者，增上念慧，能总任持无量佛法，令不忘失。于一法中持一切法，于一文中持一切文，于一义中持一切义，摄藏无量诸功德，故名无尽藏。”但“云何唯于一法等中普能任持一切法等？谓佛菩萨增上念慧不思议力，自心相分一法相中现一切法，文义亦尔，又能示现无量无尽功德法门。见分自体亦具无边胜功能故，任持一切令不忘失，如是念慧不思议力名陀罗尼。”④ 此以陀罗尼增上念慧力，相分、见分中均能摄藏功德，故以念慧为体。

唐代注疏家对《智论》和《瑜伽论》的观点进行了讨论，唐初海东憬兴《三弥勒经疏》介绍说：“辨体者昔来三解，有说以定为体，谓《智度论》云，定得智火，能持故。有说念为体，彼论云，念力故，持令不失。有说以慧为体，彼论云，若菩萨心中名般若，声闻心中名道品，不忘人心中名陀罗尼。今以念定慧为体，谓《瑜伽论》云，妙陀罗尼略有四

---

① （后秦）鸠摩罗什译《大智度论》卷5，《中华藏》第25册，第197页中、下。
② （后秦）鸠摩罗什译《大智度论》卷4，《中华藏》第25册，第173页上。
③ （唐）窥基撰《佛说无垢称经疏》卷1，《大正藏》第38卷，第1009页中。
④ （唐）玄奘译《佛地经论》卷5，《中华藏》第27册，第45页上。

种，一法二义三咒四忍。此中憬法师云，初三唯后智为体，后一正体，智为体。今云法义二以念慧为体，咒一种以自在定为体，谓定力令有神验故。忍一种以慧为体，谓无分别智能忍无生理故。”① 此说陀罗尼体性有定、念、慧三种说法，各家均以《智论》为据。按憬法师的观点，前三种以后一种为正体。作者则分别来看，法、义二种以念慧为体，咒一种以定为体，后一种以慧为体，因为忍持者无生法忍，是无分别智。但以智为体，为何《智论》说三昧共实相出生陀罗尼呢？作者认为以智为体，不妨借助定力成办。所以三家各以一种为体，却以另二种为方便之用。如以定为体者，即以念慧为方便。以念为体者，以定慧为方便。以慧为体者，以念定为方便。如说：“问：准《智度论》，既说定慧念三名陀罗尼，如何三家各谈一耶？答：彼文意者，定为体者，即念慧为方便也。念为体者，定慧为方便也。慧为体者，念定为方便也。问：若慧亦陀罗尼为体者，何故《智度论》云三昧共实相故能生陀罗尼？答：智未必能总持，总持依定而成办故，不违彼文也。”②

慧沼的观点与此不同，认为陀罗尼以念慧为体或以定以智为体，在于所说的体性不同，也就是从不同的角度来说体性的，或以因说体，或以果说体，或以记忆说体，或以拣择说体，各据一义，互不矛盾。他在《金光明最胜王经疏》中说：“问：准《瑜伽》说，四总持体非皆念慧，神咒总持即说是定，得忍总持说是妙慧，云何尔耶？答：体性不同，有依因出体，即说是定。有依能简择出体，即说是智。有依记忆出体，即说是念。有依果出体，即以所持之法名为总持。各据一义，皆悉不违。故《智度论》解总持云，以禅定得智慧火故。又云智慧在菩萨心中名般若，小乘人之心中名道品，不忘人心中名陀罗尼。故知《瑜伽》云咒总持说定，得忍总持云慧，各随义说。又咒持中云，得如是等持自在故，令神咒神验等者，据因而说，非是克体。故《大庄严论》云，得有三种，一报得，二习得，由现闻持力得故。三修得，由依定力得故。由此故知，云获得如是等持自在加被神咒皆悉神验者，由得定故，发胜念慧，能持诸咒，是约因出体。得忍总持者，忍是果，咒是忍因，由念慧力持此得忍咒故，名能得菩萨无生忍陀罗尼。所持之咒及能持体俱以念慧为体，或但能持以念慧

① ［海东］憬兴撰《三弥勒经疏》卷 1，《大正藏》第 38 卷，第 311 页中。

② ［新罗］憬兴撰《三弥勒经疏》卷 1，《大正藏》第 38 卷，第 311 页下。

为体，所持咒非如以总持持于文义，所持文义非念慧故。或咒是因，由此咒力能得四种总持，持彼四法令不忘失。又《瑜伽》说，得忍总持是妙慧者，亦从因说。云诸菩萨成就自体坚固，忍行具足妙慧，独处空闲，寂无言说，乃至云于佛所说得菩萨忍，诸咒章句能谛思惟，如是句义不从他闻，自在通达，了知如是诸咒章句都无有义等。言成就坚固忍行，行者是因，因即妙慧，得妙慧故，独处空闲，寂无言说等，是修行处及修行仪。于佛所说得菩萨忍、诸咒章句等，是得忍因所学之法，能思惟者是能修行，即因也。故《庄严论》云，由现闻持力得故，故知罗陀尼名非唯目于总持念慧，总持念慧因及所持法皆亦名总持故，定及咒皆名总持。又所持法、义是总，神咒与忍是别，以神咒及得忍咒亦俱有法义故。”①

唐代注疏家大都以念慧为陀罗尼体性，如窥基《般若理趣分述赞》就说：“陀罗尼者，此云总持，以念慧为性”，并说法陀罗尼“法谓能诠，于一名等中持诸名等故。”②《妙法莲华经玄赞》也说：“梵云陀罗尼，此云总持，念慧为体，以少、略、密、无义文字神力加持，威灵莫匹，摧邪殄恶，树正扬善，故名陀罗尼。”③ 但窥基此说就陀罗尼的闻持义而言，也就是说法以及义两种陀罗尼的体性，如《瑜伽师地论略纂》说：“法陀罗尼以法为境，即能诠名言，以念慧为体。义陀罗尼，其体同法，唯境界异。其异者何？谓所诠义为境，谓无量义意趣等即唯在意地。咒陀罗尼，以定为体，依定持咒，令不忘故，以咒为境也。能得忍陀罗尼者，以无分别智为忍体，即证真如。能得忍者即加行智，能有持咒功能，得证真如故。法师云，此以无分别智为体，若尔何故言能得忍？此于加行道中持思此咒故，速得真智，证于真如故，下文在胜解行位。”④ 此说法、义陀罗尼以念慧为体，咒陀罗尼以定为体，忍陀罗尼以无分别智为体，玄奘也以无分别智为忍体。

中晚唐时诸家也如此，以念慧为体。如良贲《仁王般若经疏》说：“梵云陀罗尼，此云总持，念慧为体。”⑤ 昙旷《大乘入道次第开决》说：

① （唐）慧沼撰《金光明最胜王经疏》卷5，《大正藏》第39卷，第297页上。

② （唐）窥基撰《大般若波罗蜜多经般若理趣分述赞》卷2，《大正藏》第33卷，第38页中。

③ （唐）窥基撰《妙法莲华经玄赞》卷10，《中华藏》第100册，第595页中。

④ （唐）窥基撰《瑜伽师地论略纂》卷12，《中华藏》第101册，第144页中。

⑤ （唐）良贲撰《仁王护国般若波罗蜜多经疏》卷3，《大正藏》第33卷，第503页下。

“由念慧力，未闻法义，闻之便记，长时不忘，故以念慧为法、义二陀罗尼也。谓由等持自在力故，加被诸咒所有章句，令成神验，除诸灾患，故以等持、等至为咒陀罗尼。由妙智力了智咒等皆无自性，达一切法离言法性，故以无相妙智为忍陀罗尼。”① 栖复《法华经玄赞要集》中多次说到陀罗尼体性，说：“闻持者，闻即能持，随陀罗尼以念慧为体，菩萨得此念慧，所闻之法持之不忘，名曰闻持。凡夫闻了施忘，闻不能持，菩萨得此陀罗尼，即总持也。”② 又解释说：“言念慧为体者，此说能持也，所持即是法、义、咒、忍。”③ 还说：“梵云陀罗尼，此云总持。总持有二，一摄二散。摄者持也，即此闻持也。闻于文义，任持不忘。所闻之法，一切能持，体即念慧。”④ 又说：“闻持等者，化度云：闻持者即是闻慧，闻于文义者即是思慧，任持不忘者即修慧。即所闻字之能持，即是所闻之法而能持，能持即是念慧也。路府云：应言闻之能持，体即念慧。理实思修，亦能总持。文略不说，由念明记，慧能简释，故能持法，以少摄多，以总含别，令不忘失。”⑤ 此知栖复以化度、路府二家为据，以能持而为念慧。敦煌本《维摩经疏》也说：“陀罗尼者是梵语，此翻总持，即是文、义二持。论其体性，惟念与智。记法不忘，是其念义。知法不失，是其智义。以不忘失，持法不改故，记为印，印犹定也。证法不失，欲令行人至不退故。”⑥

四　陀罗尼的行位

四种陀罗尼的修行，慧远《大乘义章》辨其修得说：“法陀罗尼得之云何？释有六种，一由先世业因缘得故，龙树言：有人先世业因缘故，受生不忘。先世何业得此闻持？或因愿力，或曾修习闻持之力，所以得之。二因现在神咒力得故，龙树言：或复有人因神咒力故得不忘。三因药力，有人服药便得不忘，如诸仙等。四因现在修习力得，如龙树说：先于一门所知法中一心忆念，令心增长，次复于余相似法中系心专念，复于一切所

① （唐）昙旷撰《大乘入道次第开决》卷1，《大正藏》第85册，第1209页下。
② （唐）栖复撰《法华经玄赞要集》卷4，《新纂卍续藏》第34册，第251页下。
③ （唐）栖复撰《法华经玄赞要集》卷35，《新纂卍续藏》第34册，第920页上。
④ （唐）栖复撰《法华经玄赞要集》卷24，《新纂卍续藏》第34册，第686页中。
⑤ （唐）栖复撰《法华经玄赞要集》卷9，《新纂卍续藏》第34册，第389页上。
⑥ （唐）佚名撰《维摩经疏》卷6，法藏敦煌本P. 2040，《大正藏》第85卷，第420页上。

闻事中专心忆念，皆使不忘，是为初学。初学成就，三闻能持。心根转利，二闻能持；究竟成时，一闻能持。成有优劣，下者于彼小法之中一闻能持，中者于彼次多法中一闻能持，上者能于广多法中一闻能持。五因禅定得，如龙树说：有人依禅得其不忘，解脱力故，能于一切言说之中乃至一句亦不忘失。六因实慧，深入法界陀罗尼门故能不忘，闻持如是。第二义持得亦有六，与闻持同，唯于义中修学为异。第三咒术得有三种，一以现在修习力故能为咒术，二依禅定能为咒术，三以实智深入法界咒术法门能为咒术。第四忍持得有二种，一由先世久习力得，谓诸菩萨久修力故生，便能于一切法中不取不舍。二由现在修习力得，修之云何？如《地持》说精勤不惰，托处寂静，身不游行，口默少言，不杂种食，常一坐食，少睡多觉，思量如来所说之法，知非有无，以其所知类通，诸法皆悉善解。”①

四种陀罗尼在菩萨修行中的地位，栖复《法华经玄赞要集》概括说：“陀罗尼三地成就，九地相续，佛位圆满。”② 慧沼《金光明最胜王经疏》具体说：“此四总持于何位得？答：准《瑜伽》云，得此忍故，是诸菩萨不久当得净胜意乐地，菩萨法陀罗尼、义陀罗尼若过第一无数大劫已，入净胜意乐地所得决定。已下虽得而不决定，如说法、义，咒陀罗尼当知亦尔。准此即是得忍总持在地前得，余入地得。据实而言，若约胜劣圆缺所得位不定尔。如《解深密经》等于第三地得闻持陀罗尼，亦云于第九地得四陀罗尼。若约初证理得，俱在初地。约修习得，俱通地前。约任运得，俱八地上。今《瑜伽》言忍地前得，余入地得，互影彰尔。”③ 此说《瑜伽》诸论者，按诸《地论》，法陀罗尼、义陀罗尼初劫时修得，咒陀罗尼、忍陀罗尼在清净地修得。《菩萨善戒经》说：“菩萨摩诃萨初阿僧祇劫修集行时，得是法、义二陀罗尼。因此法、义二陀罗尼修集三昧，因修三昧发誓愿故，复得辞、忍二陀罗尼。”④ 《菩萨地持经》具体地说：“彼法陀罗尼、义陀罗尼，菩萨是度初阿僧祇劫，入净心地所得，必定不动，最胜最妙。若中间所得，或因愿力，或禅定力，不定不任，亦不胜

---

① （隋）慧远撰《大乘义章》卷11，《大正藏》第44卷，第685页中。
② （唐）栖复撰《法华经玄赞要集》卷9，《新纂卍续藏》第34册，第389页上。
③ （唐）慧沼撰《金光明最胜王经疏》卷5，《大正藏》第39卷，第297页中。
④ （刘宋）求那跋摩译《菩萨善戒经》卷7，《中华藏》第24册，第631页下。

妙，如法、义陀罗尼，咒术陀罗尼亦如是。得菩萨忍陀罗尼，如前所说。”[①] 其中所谓净心地，就是菩萨修行的第三地。慧远《大乘义章》解释说：“言净心者，论自释言，从净心地至具行地，此出世间证心清净，故曰净心。”[②]《瑜伽师地论》说：“此中菩萨法陀罗尼、义陀罗尼，若过第一无数大劫，已入清净胜意乐地，所得决定，坚住广大。从此以下或以愿力，或依静虑，虽有获得而不决定，亦不坚住，亦不广大。如说法、义二陀罗尼，咒陀罗尼当知亦尔，能得菩萨忍陀罗尼，如前所释，即如是得。”[③] 此清净胜意乐地，亦即菩萨第三地净心地。遁伦《瑜伽论记》说：“昔名净心地，不顺梵本，故今正语名净增上意乐地。”[④] 其中净即清净，增上即胜，故称清净胜意乐地。窥基《瑜伽师地论略纂》解释：“净胜意乐者，即《摄论》云增上意乐地，今谓初地，初得无漏意乐，故名净。”[⑤]《瑜伽师地论》说：“若诸菩萨住胜解行地，名下品成熟。住净胜意乐地，名中品成熟。住堕决定到究竟地，名上品成熟。”[⑥] 又说：“若诸菩萨始入净胜意乐地时已得异熟，从此已上诸相随好展转获得殊胜清净。”[⑦]

第九地名善慧地，《摄大乘论释》解释说：“何故九地名为善慧？由此地中无碍解智，说名为慧，此慧妙善故，名善慧。”[⑧]《解深密经·地波罗蜜多品》说：“于第九地有二愚痴，一者于无量说法、无量法句文字、后后慧辩陀罗尼自在愚痴，二者辩才自在愚痴，及彼粗重为所对治。”[⑨]《圣者观世自在菩萨问品》说：“于九地中无量说法无量名句，上上乐说智慧陀罗尼无明，乐说辩才自在无明，迷没彼二，是故名障。”[⑩]《成唯识论》说：“彼障九地四无阂解，入九地时便能永断。由斯九地说断二愚及彼粗重，一于无量所说法、无量名句字、后后慧辩陀罗尼自在愚，于无量所说法陀罗尼自在者，谓义无阂解，即于所诠总持自在，于一义中现一切

① （北凉）昙无谶译《菩萨地持经》卷 8，《中华藏》第 24 册，第 514 页下。
② （隋）慧远撰《大乘义章》卷 12，《大正藏》第 44 卷，第 703 页上。
③ （唐）玄奘译《瑜伽师地论》卷 45，《中华藏》第 27 册，第 799 页中。
④ （唐）遁伦撰《瑜伽论记》卷 16，《大正藏》第 42 卷，第 671 页上。
⑤ （唐）窥基撰《瑜伽师地论略纂》卷 11，《大正藏》第 43 卷，第 140 页中。
⑥ （唐）玄奘译《瑜伽师地论》卷 37，《中华藏》第 27 册，第 718 页中。
⑦ （唐）玄奘译《瑜伽师地论》卷 49，《中华藏》第 30 册，第 841 页中。
⑧ （唐）玄奘译《摄大乘论释》卷 7，《大正藏》第 31 卷，第 359 页上。
⑨ （唐）玄奘译《解深密经》卷 4，《中华藏》第 17 册，第 505 页下。
⑩ （北魏）菩提流支译《深密解脱经》卷 4，《中华藏》第 17 册，第 461 页下。

义故。于无量名句字陀罗尼自在者，谓法无阂解，即于能诠总持自在，于一名句字中现一切名句字故。于后后慧辩陀罗尼自在者，谓词无阂解，即于言音展转训释，总持自在，于一音声中现一切音声故。”① 窥基《观弥勒上生兜率天经赞》说：“或八地任运得初二，九地得第三，十地得第四，或四总持，一法、二义、三能得菩萨无生法忍、四诸明咒，如次配之教法名有，所诠义名空，无生法忍名无碍性，得此忍已，于一切法无碍达故，诸咒名为大解脱。”②

圆测《解深密经疏》解释说：“其自分勤修圆满，谓第三地证得等持、等至及陀罗尼因缘力故，此分圆满。梁《论释》云，菩萨于二地未有胜能，未得四定、四空、三摩跋提及闻持陀罗尼具足念力。所以未得者，由三障故，一欲爱无明，二具足闻持陀罗尼无明，此二无明所感方便生死名粗重报。为灭三障故，修正勤。因修正勤，灭三障已，入第三地，得八种转胜清净及四定等，乃至通达法界胜义，由此分故，三地圆满。”③ 又说：“自地分勤修圆满，谓第九地得四无碍，故名证得，由是因缘，此分圆满。梁《摄论》云，菩萨于八地未有胜能，未得于正说中具足相，别异名言品类等自在，未得善巧说陀罗尼。所以未能者，由三障故，一无量正说说法，无量名句味难答，巧言自在陀罗尼无明。二依四无碍辨决疑生解无明，此二无明所感有，有生死名粗重报。为灭此三障故，修正勤。因修正勤，灭三障已，入第九地，得八种转胜清净及于正说法中得具足相自在等，乃至通达法界智自在依止义。由此分故，九地圆满。解云：若依梁论，二种无明障四无碍，谓初无明障三无碍，第二无明障四无碍者，此引《瑜伽》及此经文，真谛自安，梵本《摄论》都无此文。又所引文第三无明唯障辨才，故知依四无碍辨才者，译家谬也。”④ 此说梁论二种无明障四无碍，玄奘译《摄论释》第三地无明所知障所知法界之相由胜流义，对治迟钝性，此障于闻思修而有忘失。胜流义者谓大乘教，从此所流最为殊胜，若如是知得入三地。此地第九地无明所知障所知法界之相由智自在依止义，对治于饶益有情事不作行。智自在依止义者，谓此法界无碍

① （唐）玄奘译《成唯识论》卷9，《中华藏》第30册，第770页上、中。

② （唐）窥基撰《观弥勒上生兜率天经赞》卷1，《大正藏》第38卷，第286页上。

③ （唐）圆测撰《解深密经疏》卷8，《新纂卍续藏》第21册，第360页上。

④ （唐）圆测撰《解深密经疏》卷8，《新纂卍续藏》第21册，第361页下—362页上。

辩智自在所依，若如是知，得入九地。第十地无明所知障所知法界之相由业自在依止义、陀罗尼门三摩地门自在依止义，对治于诸法中未得自在。业自在等依止义者，谓此法界是身等业自在所依，及陀罗尼三摩地门自在所依，若如是知，得入十地。[①]

诸经论认为若诸菩萨具备四事四愿，方获四陀罗尼，缺一不可。如《善戒经》说：一者不贪五欲，二者于众生中无嫉妬心，三者能施，施已无悔，四者乐闻正法，受持读诵，书写解说菩萨法藏、菩萨摩夷。《地持经》作：一者不习爱欲，二者不嫉彼胜，三者一切所求等施无悔，四者乐法，深乐菩萨藏及摩得勒伽藏。《地论》此作：一者于诸欲中无所贪著，二者于他胜事不生妬忌，不嫉他荣，三者一切所求等施无悔，四者于正法中深生忻乐，忻乐法者，于菩萨藏及菩萨藏摩怛理迦深心爱乐。

① （唐）玄奘译《摄大乘论释》卷7，《大正藏》第31卷，第358页上。

第二章

陀罗尼字门思想

第一节　陀罗尼字门总释

一　陀罗尼字门的名称

大乘佛教四种陀罗尼中，以闻持陀罗尼为基础形成陀罗尼字门，并以之作为陀罗尼法门的代称。《显扬圣教论》说：“陀罗尼门者，谓诸菩萨无量陀罗尼门，广说如经。若欲略说陀罗尼相者，谓诸菩萨成就字类，通达于名句文身，如意自在。得如是种类念持之力，由念力故，随一字中而能显示，分别开演一切种染净之义，是故说名陀罗尼门。”[①] 此所谓陀罗尼门者分广狭两种意思，广义指无量陀罗尼门或一切陀罗尼门，亦即陀罗尼法门，狭义则指陀罗尼字门，所谓成就字类，通达名句文身而能如意自在者，即是陀罗尼字门。字类即诸陀罗尼字，名句文身，即名身、句身、文身，分别指概念、句子、文体，身者聚集义，将诸多音素集合在一起来表现。《大乘入楞伽经》解释说：“名身者，谓依事立名，名即是身，是名名身。句身者，谓能显义决定究竟，是名句身。文身者，谓由于此能成名句，是名文身。复次，大慧！句身者，谓句事究竟。名身者，谓诸字名各各差别，如从阿字乃至呵字。文身者，谓长短高下。复次，句身者，如足迹，如衢巷中人畜等迹。名谓非色四蕴，以名说故。文谓名之自相，由文显故。是名名、句、文身。”[②] 其中依事立名者，即名言概念，由五蕴中受、想、行、识四蕴构成，其中诸字各个不同。能显义决定究竟者，即由名言概念组成句子，才能表达确定的意思，如经过街衢的人畜留下显而

---

① （唐）玄奘译《显扬圣教论》卷3，无著撰，《中华藏》第28册，第442页中。

② （唐）实叉难陀译《大乘入楞伽经》卷3，《中华藏》第17册，第759页上。

易见的足迹。名之自相由文显者，即由名言概念及其组成的句子共同构成长短篇幅的文章。陀罗尼门就是通过字门来掌握名、句、文身，由字门进入诸法义理，如意自在，故说随一字而能显示分别开演一切种染净之义。

陀罗尼字门，佛教经典中多称文字陀罗尼、文字陀罗尼门，简称陀罗尼门、陀罗尼字，一般称字门，此亦可称字门陀罗尼。梵文作dhāraṇīmukha，西晋时无罗叉译《放光般若经》音译“陀邻尼目佉”，竺法护译《光赞般若经》意译“总持门”。“目佉”，梵文 mukha 的音译，对译“门”，原指出入息之口，有口门、口面、门户之义。在此指言语出入的口门，亦即入字的门户，引申为以字为门，入于教义，故称字门。《大方等大集经》说：“至心观察门句者，一切法中而作门户。”① 故字门就是进入一切法的门户。《大法炬陀罗尼经》称四十二字门为四十二出入息句②，故字门就是出入息的口门。此所谓“字”者，指梵语语音中的一个独立音素，或者为元音，或者为辅音，在文字中则为字母。但此诸语音或字母并不完全等同于梵文语音系统，是原始密教——陀罗尼法门的一个特定系统，故称陀罗尼字门。

陀罗尼字门也称陀罗尼字母，字母者，文字之根本，按佛教的说法，所有语言文字由此出生。如梵文之字母，澄观《华严经疏》所说：“言字母者，即迦、佉等三十四字，以前十二音入此三十四字，则一一字中成十二字，复有二合、三合乃至六合，展转相从，出一切字，故名为母。”③其中前十二音指元音，三十四字指辅音，辅音与不同的元音相拼，并辗转组合，才形成音节，也就产生出具有独立意义的字，所以称辅音为字母。窥基《瑜伽师地论略纂》说：“将前十四音，约后三十三字，出生一切。此等能生一切字故，一切诸义皆能摄故，故名为母。出生字本，含诸义故。”④ 此进一步说“字”不仅与“音”拼出文字，而且还能产生出文字的意义，所以就“字”就“义”都是出生之母。陀罗尼字也同样出生诸字，含摄诸义，故亦称字母。《大宝积经·无上陀罗尼品》说：“是中文字，阿字为初，荷字为后，犹如入胎、受胎、持胎以母为先，又如种子长

① （北凉）昙无谶译《大方等大集经》卷10，《中华藏》第10册，第117页下—118页中。

② （隋）阇那崛多译《大法炬陀罗尼经》卷18，《中华藏》第21册，第615页下。

③ （唐）澄观撰《大方广佛华严经疏》卷32，《中华藏》第85册，第853页下。

④ （唐）窥基撰《瑜伽师地论略纂》卷1，《中华藏》第101册，第12页中。

养以父为先，如蕴积集以生为先，次后建立余分差别，六处诸根次第成熟。如是字母为先，一切文字差别和合，如是字母为先，先发长养。所谓阿字为先，荷字为后，诸余文字在其中间，随彼相应和合而转，此即能入演说语言陀罗尼门。”① 此所谓阿字为初，荷字为后，诸余文字在其中间者，是指由四十二个陀罗尼字构成的字门系统，即通常所说的四十二字门。这也是陀罗尼字门不同于一般陀罗尼神咒只诵其音而不问其义的独特之处，从一个到几个乃至十几个、几十个陀罗尼字组成一个字母系统，每一个陀罗尼字有其特定的字义，还可以辗转相释，形成一个释义体系，用来表达某种思想。

陀罗尼字门还称字印，《大宝积经》中说：“云何法门？谓阿字印印一切法，无明所作行得圆满。阿字为首，无明止息，无所作故，诸菩萨摩诃萨应入无相印门。以⿰木哀阿可反字印印一切法，业异熟果，业所应作，业果和合，了知业果和合缘故，诸菩萨摩诃萨应入无业无果，无有和合无缘印门。以诸行印印一切法，于种种业，业所应作，起一切法智光明故，诸菩萨摩诃萨应入一切诸行善巧印门。以⿰扌哀那可反字印印一切法，以么字助施设名言与种种法而作相应。”② 等等。印，梵文 mudrā，封印、印玺、印章、印契等义，此以陀罗尼字为印，故称字印。字印亦称印句、门句，以陀罗尼通称句义之故。《海意菩萨所问净印法门经》说：“何者名为门句？所谓诸施设门，表示一切法分别义。”③ 说一切法分别义，是说门即是门类之义，分门别类地说一切法。

二　陀罗尼字门的观法

《放光般若经》说：“复有摩诃衍，所谓陁邻尼目佉是。何等为陁邻尼目佉？与字等，与言等，字所入门。”④《光赞般若经》此译：“菩萨摩诃萨摩诃衍者，谓总持门。彼何谓总持门？诸文字等所说平等，文字之门文字所入。”⑤《大般若经·初分辨大乘品》译：“菩萨摩诃萨大乘相者，谓诸文字陁罗尼门。”“云何文字陁罗尼门？”“字平等性、语平等性、言

① （唐）菩提流志译《大宝积经》卷 4，《中华藏》第 8 册，第 421 页下—422 页上。

② （唐）菩提流志译《大宝积经》卷 25，《中华藏》第 8 册，第 616 页上、中。

③ （宋）法护译《海意菩萨所问净印法门经》卷 12，《大正藏》第 13 卷，第 507 页上。

④ （西晋）无罗叉译《放光般若经》卷 4，《中华藏》第 7 册，第 50 页上。

⑤ （西晋）竺法护译《光赞般若经》卷 7，《中华藏》第 7 册，第 796 页中。

说理趣平等性入诸字门，是为文字陁罗尼门”。[①] 第二分《念住品》作：“菩萨摩诃萨大乘相者，谓陁罗尼门。何等陁罗尼门？谓字平等性、语平等性入诸字门。”[②] 对此《大智度论》解释说：“‘字等、语等’者，是陀罗尼于诸字平等，无有爱憎。又此诸字因缘未会时亦无，终归亦无，现在亦无，所有但住吾我心中，忆想分别，觉观心说；是散乱心说，不见实事，如风动水则无所见。‘等’者，与毕竟空、涅槃同等。菩萨以此陀罗尼，于一切诸法通达无碍，是名字等、语等。”[③] 此诸般若经论尽管从诸法性空义角度解释，但由此可知陀罗尼字门是被认为语言文字之所入门，是文字之门，入字门的目的在于知字门之实相，不仅知构成文字的形式字、语、义平等无别，而且知形成教法的诸字、诸义间亦平等无别。不仅从形式上由任一字入于字门，而且从内容上也由任一字义入于字门，字字相入、义义相通，一多含摄，由此即可通达诸法。

按《般若经》类的说法，陀罗尼字门中即便是有字与无字之间也不可著相，有字法与无字法平等无二，因字门自性毕竟空。《大般若经》第二分《众德相品》说：“善男子！汝应善学引发诸字陀罗尼门，谓应善学一字、二字乃至十字，如是乃至二十、三十，乃至若百、若千、若万，乃至无数，引发自在。又应善学一切语言皆入一字，或入二字乃至十字，如是乃至或入二十、或入三十，乃至若百、若千、若万，乃至无数，引发自在。又应善学于一字中摄一切字，一切字中摄于一字，引发自在。又应善学一字能摄四十二本母字，四十二本母字能摄一字。善现！是菩萨摩诃萨应如是善学四十二字入于一字，一字亦入四十二字，如是学已，于诸字中引发善巧，于引发字得善巧已，复于无字引发善巧。如诸如来应正等觉，于法善巧，于字善巧，以于诸法、诸字善巧，于无字中亦得善巧，由善巧故，能为有情说有字法、说无字法，为无字法说有字法。所以者何？离字、无字无异佛法，过一切字名真佛法。所以者何？以一切法、一切有情皆毕竟空、无际空故。”[④]《大智度论》从陀罗尼字的入门解释，说：“一

---

① （唐）玄奘译《大般若波罗蜜多经》卷53，《中华藏》第1册，第531页下。

② （唐）玄奘译《大般若波罗蜜多经》卷415，《中华藏》第5册，第143页上、中。同见第三分《现善品》卷490，《中华藏》第5册，第854页中。

③ （后秦）鸠摩罗什译《大智度论》卷48，《中华藏》第25册，第869页中。

④ （唐）玄奘译《大般若波罗蜜多经》卷470，《中华藏》第5册，第660页中、下。并见《初分诸功德相品》《第三分妙相品》。

字尽入诸字者，譬如两一合故为二，三一故为三，四一为四，如是乃至千万。又如‘阿’字为定，‘阿’变为‘罗’，亦变为‘波’，如是尽入四十二字。四十二字入一字者，四十二字尽有‘阿’分，‘阿’分还入‘阿’中。善知字故，善知诸法名；善知诸法名故，善知诸法义。无字即是诸法实相义，所以者何？诸法义中诸法无名字。”① 其中以四十二字门为例说明字门实相，所谓一字尽入诸字者，即是说梵文的每一个字都带有一个元音，辅音与元音“阿”相拼才能发声成音，组成音节为字。每个字都有特定的意义，特定的意义均有不可得的空相，因此由一个字变为另一个字时，其意义也可以辗转解释，最终归结到最初的意义，如同每一个字都有阿音而最终归入阿音一样。所以善于知字就能善于懂得由字构成的词语概念，善于知名词概念者就能善于懂得其中的内涵。

《般若经》所谓“此中引发自在者”，《华严经》称为旋转陀罗尼，密教称转字轮陀罗尼。转字轮陀罗尼，即是旋转自在，此字与彼字之间，一字与多字之间，一字与四十二字之间，一字与一切字之间，均可互相摄入，辗转相释，乃至有字法与无字法之间也自在无碍，毕竟自性空。如《大日经疏》所说：“以一字释一切字义，以一切字释一字义；以一字义成立一切字义，以一切字义成立一字义；以一字义破一切字义，以一切字义破一字义。如一字一切字者逆顺旋转，例此可知。”② 举例来说，如以一字释一切字，因种种因缘观阿字本不生义，即见迦字无所作义，乃至亦以种种因缘观本不生，即见释诃字无因义。反之，由观迦字无所作义乃至诃字无因义，亦能见阿字本不生义。又以一切字成立一字，如一切法本不生者，以无作故，如虚空无相故，无行故，无合故，乃至无因故。反之，一切法无作，以其本不生故，乃至一切法无因，也以其本不生故，是为一字成立一切字。再以一切字破一字者，如人主张诸法有本有生，则以若诸法离于造作而云有生者，其义不成立，是可破，乃至若诸法因不可得而云有生者，亦是可破。反之，如人主张有造作，以若诸法本不生义已成立而云有作，其义不成立，可破其言。乃至执有因者，亦以若诸法本不生义已成立而云有因，可破其言，是为一字破一切字。如此字义可逆顺旋转，所谓若法本来不生则无造作，若无造作则如虚空无相，若如虚空无相即无有

---

① （后秦）鸠摩罗什撰《大智度论》卷89，《中华藏》第26册，第545页中、下。

② （唐）一行撰《大毗卢遮那成佛经疏》卷7，《中华藏》第39卷，第656页上、中。

行，若无有行则无有合，若无有合则无迁变，乃至若无因者当知法本不生，是名为顺转。若法无因则谛不可得，若谛不可得则自性钝，若是自性钝者当知本性寂，若本寂者当知无相，乃至若本不生者当知无因，是名逆转。这种从阿字显示诸字门义称直门显示，从诸字门显示阿字义称异门显示。如从嚩字形显示不可得义，此嚩以证本不生也。嚩字形现即是下文言语道断之义也。此明何义？佛言阿字具有一切功德，或直从阿字门，以本不生而显说之。或从异门显之，即是嚩等诸字门也。其义虽异，门亦有殊，然所示我之自身本不生义无有异也。若法有一是生，即是可说之相，非言语道断之法。以嚩字言语断、心行灭故，入阿字门。以阿字故，即知此嚩不可说示也。[①] 所以说“从阿字旋转出生一切诸字，此字轮即遍一切真言名字之中，回转总持，无有边际，不可尽原，遍一切处，即是百千万亿旋陀罗尼也。”[②] 后来《法华经指掌疏》解释说：“旋陀罗尼者，因此知彼，因彼知此，彼此互相旋摄，名之为旋。总持此义故，名陀罗尼。然此但是单旋单摄，如两镜相对，若更能因一知多，多中举一亦然，一多互相旋摄，如帝网珠重重无尽，则为百千万亿旋陀罗尼。”[③]

陀罗尼字门并不具有语言学的意义，完全建立在宗教教义基础上，《般若经》类中的四十二字门即是按般若空义来建立的。但按《大智度论》的解释，赋予四十二字门的含义都有一定的语言学根据，或者说四十二字门是根据般若教义建立起来的，音由义出。如《般若经》说阿字门表示一切法初不生，《大智度论》解释说：“菩萨若一切语中闻阿字实时随义，所谓一切法从初来不生相。阿提，秦言初，阿耨波陀，秦言不生。”[④] 也就是说阿字之所以具有一切法初不生的意思，是因为阿字代表阿提阿耨波陀。又如经文说罗字门一切法离垢故，《大智度论》解释说：“若闻罗字，即随义知一切法离垢相。罗阇，秦言垢。”[⑤] 再如经说波字门一切法第一义故，论释“若闻波字，实时知一切法入第一义中。波罗木陀，秦言第一义。”[⑥] 还有一大部分字门，经文不给出特定的意义，《大智

① （唐）一行撰《大毗卢遮那成佛经疏》卷14，《大正藏》第39卷，第774页上。
② （唐）一行撰《大毗卢遮那成佛经疏》卷14，《大正藏》第39卷，第724页中。
③ （清）通理撰《法华经指掌疏》卷7，《新纂卍续藏》第33册，第692页中。
④ （后秦）鸠摩罗什译《大智度论》卷48，《中华藏》第25册，第869页中、下。
⑤ （后秦）鸠摩罗什译《大智度论》卷48，《中华藏》第25册，第869页下。
⑥ （后秦）鸠摩罗什译《大智度论》卷48，《中华藏》第25册，第869页下。

度论》也没有做出解释，如经文说“欺字门，入诸法欺字不可得故”。论释“若闻湿波字，即知一切法不可得，如湿波字不可得，湿簸字无义故不释”。为什么湿簸字无义呢？正是因为原为不表义的语音。而玄奘译本则作出解释：“入湿缚字门，悟一切法安隐性不可得故。”① 说明对基本语音赋予宗教含义，则是后来有意为之。对陀罗尼字门赋予宗教意义，《大宝积经·无上陀罗尼品》说：“陀罗尼者，即是随顺诸法秘密方便假名，即是随念遍持之业，即是说法语言之句。由智聚力，得入如是陀罗尼数。以善觉慧，应当受持无量无边菩提之力。”② 此说陀罗尼除了用于持诵的语言作用之外，首先还是随顺诸法秘密的方便假名，也就是说陀罗尼是表征诸法秘密的方便假名。

第二节　悉昙字门

一　佛传字门

陀罗尼字门有很多种类，《大日经疏》区分说：“《大品经》及《华严·入法界品》皆说四十二字门，《涅槃·文字品》《文殊所问经》《大集·陀罗尼自在王品》各释悉昙字母，与此经所说其义或同。”③ 此将陀罗尼字门分为四十二字门、悉昙字门、《大日经》字门三大类，这是按陀罗尼字门的字母排列顺序所作的分类。《大品般若经》以及《华严经》所说的四十二字门，是按陀罗尼字门特定的字母顺序排列，即以一个元音字母阿 a 与特定顺序的若干辅音字母前后构成。《涅槃经》《文殊问经》等所说的悉昙字母，则完全按梵文悉昙章的语音顺序排列。其中疏文所说的《大集经·陀罗尼自在王品》，从现存的版本来看，并非属于悉昙字门系统，而是一种混合类型，也就是与疏文解释的《大日经》属于同一种类型，这种类型融合了以上两种形式，元音只有阿字，与四十二字门相同，而辅音字母或按悉昙字母的语音顺序排列，或按陀罗尼字门特定顺序排列，且其中还多有复辅音，是一种混合类型。所有陀罗尼字门都不出此三大类，故此区分陀罗尼字门为悉昙字门、陀罗尼字门、真言字门，其中

① （唐）玄奘译《大般若波罗蜜多经》卷53，《中华藏》第1册，第532页上。
② （唐）菩提流志译《大宝积经》卷4，《中华藏》第8册，第421页中、上。
③ （唐）一行撰《大毗卢遮那成佛经疏》卷7，《大正藏》第39卷，第656页下。

“陀罗尼字门”就狭义而言，指具有特定顺序的字门，多在陀罗尼经典中所说。此处之所以不用四十二字门的称呼，是因为这种特定顺序的陀罗尼字门尚有五字门、八字门、十二字门、十六字门、二十六字门等多种，不惟四十二字数一种。称“真言字门”者，此种混合类型除《大集经》《大日经》之外，尚有《不空罥索神变真言经》以及《金刚顶经释字母品》，其元音均按语音顺序排列，辅音则采取特定顺序，其中《大日经》和《罥索经》都以“真言”称名，前者品名《入曼荼罗具缘真言品》，后者经名《真言经》。其实“真言”也是密教流派的称谓，这两部经均自称真言教。与之相类的《金刚顶经释字母品》也属于密教著述，其字母虽采用四十二字门，但其释义多参考《大日经》，音义混合。按字门形成的先后时间关系来说，悉昙字门类在前，《普曜经》最早记载悉昙字门，后来才出现般若字门，最后形成混合的真言字门。故此按悉昙字门、陀罗尼字门、真言字门来论述，每一类又大致按译经前后介绍。

陀罗尼字门既然由闻持陀罗尼演变而来，那么闻持陀罗尼是最早出现的陀罗尼，由此形成的陀罗尼字门也较早。有趣的是最早出现的陀罗尼字门就与佛教的创始人释迦牟尼学习语言文字的故事联系在一起，当然这个故事实际上出现在大乘佛教时期，而其内容反映的应该是部派佛教的陀罗尼字门。据《普曜经·现书品》等记载，最晚公元 4 世纪之前，世界上流行的语言文字达 64 种之多，统称六十四书，包括梵书一佉留书二佛迦罗书三安佉书四曼佉书五安求书六大秦书七护众书八取书九半书十久与书十一疾坚书十二陁比罗书十三夷狄塞书十四施与书十五康居书十六最上书十七陁罗书十八佉沙书十九秦书二十匈奴书二十一中间字书二十二维耆多书二十三富沙富书二十四天书二十五龙书鬼书二十六揵沓和书二十七真陀罗书二十八摩休勒书二十九阿须伦书三十迦留罗书三十一鹿轮书三十二言善书三十三天腹书三十四风书三十五降伏书三十六北方天下书三十七拘那尼天下书三十八东方天下书三十九举书四十下书四十一要书四十二坚固书四十三陁阿书四十四得画书四十五厌举书四十六无与书四十七转数书四十八转眼书四十九闭句书五十上书五十一次近书五十二乃至书五十三度亲书五十四中御书五十五悉灭音书五十六电世界书五十七驰父书五十八善寂地书五十九观空书六十一切药书六十一善受书六十二摄取书六十三皆响书六十四，这是最早记录世界各地书写文字种类最多的文献。

在六十四种文字中，后世可知的梵书、佉留书、秦书是古代亚洲最为流行的三种文字，《出三藏记集》对其特征以及起源记载说：“昔造书之主凡有三人，长名曰梵，其书右行。次曰佉楼，其书左行。少者苍颉，其书下行。梵及佉楼居于天竺，黄史苍颉在于中夏。梵、佉取法于净天，苍颉因华于鸟迹，文画诚异，传理则同矣。仰寻先觉所说，有六十四书，鹿轮转眼，笔制区分，龙鬼八部字体殊式，唯梵及佉楼为世胜文，故天竺诸国谓之天书。西方写经虽同祖梵文，然三十六国往往有异。”① 这里把梵文、佉楼文、汉文看作世界上最流行的三种文字，其中梵文和佉楼文通称天书，流行于印度和中亚一带的操印欧语系诸民族。

传说释迦牟尼七岁时学习的字书就是梵书及佉楼书，并能“一一分别诸字本末”，解晓其义理。② 所学书字之数有41字，包括1无、2欲、3究、4行、5不、6乱、7施、8缚、9烧、10信、11殊、12如、13寂、14没、15作、16智、17魔、18害、19逝、20止、21生、22意、23法、24叹、25难、26尽、27处、28慧、29是、30有、31弃、32已、33我、34垢、35数、36处、37若、38果、39除、40邪、41慧。③ 《普曜经》为西晋时竺法护翻译，对四十一字作了意译，无法确定其梵文原字。但所谓释迦牟尼学习书字的故事，其他经典中也多有记载，其中隋代阇那崛多译的《佛本行集经·习学技艺品》、唐代地婆诃罗译的《方广大庄严经·示书品》，与《普曜经·现书品》的故事内容大多一致，二者对书字作了音译，大致按梵文语音顺序排列，可见所谓释迦牟尼所学字书即是梵文字母，只是字数与《普曜经》有出入。

《佛本行集经》音译字书共38字，包括1阿、2伊、3优、4哩、5呜、6迦、7佉、8伽、9咺、10俄、11遮、12车、13阇、14社、15若、16吒、17咤、18荼、18嗏、20拏、21多、22他、23陀、24咃、25哪、26簸、27颇、28婆、29嘙、30摩、31耶、32啰、33逻、34婆、35嗜、36沙、37娑、38嗬。④ 其中包括5个短元音a、i、u、ṛ、o和33个辅音，即喉音、腭音、顶音、齿音、唇音各5个，半元音4个，咝音3个和气音1个。按梵文常用的字母，其中只省略了五组长元音和复合

① （梁）僧祐撰《出三藏记集》卷1，中华书局点校本，第12页。

② 所谓释迦牟尼学习书字的说法，当然是佛传类文献的一种虚构，实际上没有证据表明公元前6世纪至前5世纪的释迦牟尼时代已有书写文字，这种说法只能看作后世有了文字后产生的一种观念。

③ （西晋）竺法护译《普曜经》卷3，《中华藏》第15册，第385页上、中、下。

④ （隋）阇那崛多译《佛本行集经》卷11，《中华藏》第35册，第673页上—674页上。

元音。

《方广大庄严经》音译字书共46字，包括1阿、2长阿、3伊、4长伊、5乌上声、6乌、7翳、8爱、9乌、10懊、11唵、12阿、13迦上声、14佉、15伽上声、16伽、17哦、18者、19车上声、20社、21阇、22壤、23咤上声、24咤、25荼上声、26荼、27拏上声、28多上声、29他上声、30陀上声、31陀、32那上声、33波上声、34颇、35婆上声、36婆、37摩上声、38也、39罗、40罗上声、41婆上声、42舍、43沙上声、44娑、45呵、46差。① 其中增加了5个长元音，也增加了3个复合元音e、o、au和2个种子字oṃ、aḥ以及复合辅音kṣ，共有46个字，几乎包括了所有常用的梵文字母。

从《佛本行集经》到《方广大庄严经》，字数从38个增加到45个，再增加到50个，所增加的是元音字母，辅音只增加了1个复辅音，另外增加了2个种子字，如此三者的辅音并没有多少变化。《普曜经》的辅音也应该与此情况相当，说明所谓释尊当初学习的文字尽管经典中没有明确称为陀罗尼或陀罗尼字门，但对梵文字母赋予宗教内容来看，则完全相同于陀罗尼字门。后来出现的四十二字门就是这种形式，《涅槃经》等所说的五十字母就直接称为咒术言语，因此所谓释尊当初学字书故事中的字书可以看作最早用梵文语音构建的陀罗尼字门。

从字书的内容来看，《普曜经》所说的四十一字主要反映早期佛教的基本思想，集中反映四谛思想。如阿字，《普曜经》意译"无"，说"其言无者，宣于无常，菩萨苦、空、非我之音"。此说无有无常、苦、空、非我之义，即是四谛十六行相中的苦谛四相。《俱舍释论》说："具缘四谛为境有十六行，以四相观苦，谓无常、苦、空、无我。以四相观集，谓因集生缘。以四相观灭，谓灭静妙离。以四相观道，谓道如行出。"② 其内容《俱舍论》说有"谓苦圣谛有四相，一非常、二苦、三空、四非我。待缘故非常，逼迫性故苦，违我所见故空，违我见故非我"；有谓"非究竟故非常，如荷重担故苦，内离士夫故空，不自在故非我"；有谓"生灭故非常，违圣心故苦，于此无我故空，自非我故非我。"③ 后二译均以阿字为诸行无常，是其总相，四相亦作诸行无常、苦、空、无我。其中无常

① （唐）地婆诃罗译《方广大庄严经》卷4，《中华藏》第15册，第262页下—263页上。

② （陈）真谛译《阿毗达磨俱舍释论》卷16，《大正藏》第29卷，第271页中。

③ （唐）玄奘译《阿毗达磨俱舍论》卷26，《中华藏》第47册，第231页中。

相对于常而言，《大智度论》说：“有人说常法，或说神常，或说一切法常，但灭时隐藏微细，非是无也，若得因缘会还出，更无异法。为是人故，说一切有为法皆是作法，无有常定。譬如木人，种种机关木楔和合故能动作，无有实事，是名有为法。”① “无我”又是相对于“我”而言，第33字“我”释为“灭身垢爱欲”，爱欲有欲爱、色爱、无色爱三种，身垢爱欲于人身执著爱染，属色爱，是首先破除的对象。我亦作“吾我”，指众生执著自我，以我为实有，也是外道邪见之一，是佛教重点破除的对象。《大智度论》说：“或有众生著吾我故，于诸法中邪见生一异相。或言世间无因无缘，或堕邪因缘，为是众生故，说十二因缘。”② 又说：“诸漏尽阿罗汉、辟支佛、诸佛，是诸圣人破吾我相，灭一异相故，但观从因缘相续生诸欲。”③ 表现苦谛思想的，还有“言”字解释为“度众苦老病死”，众苦有三苦、五苦、八苦等，老病死苦是其一苦，说明人生现象的基本矛盾。第42字“邪”释为“邪疾患除忧恼”，邪疾之患的忧恼也属于病苦。

象征集谛思想的，如解释第2字“欲”为“出淫、怒、痴诸贪求音”。其中淫即淫欲、贪欲，怒即瞋怒、瞋恚，痴即愚痴，此三者称为三毒，被看作罪恶的根源，《杂阿含经》说：“贪欲瞋恚痴，世间之三毒。如此三毒恶，永除名佛宝。”④《别译杂阿含经》说：“云何名为与受不和合？所谓贪欲、瞋恚、愚痴，不与生老病死而共和合，忧悲苦恼，众苦聚集。”⑤《大智度论》解释说：“若说三毒，当知已说一切诸烦恼毒，十五种爱是贪欲毒，十五种瞋是瞋恚毒，十五种无明是愚痴毒，诸邪见、憍慢、疑属无明。”⑥ 又解释说：“有利益我者生贪欲，违逆我者而生瞋恚，此结使不从智生，从狂惑生故，是名为痴，三毒为一切烦恼之根本。”⑦ 与此相关，第16字“没”释为“消瞋厌诤讼”，瞋厌争讼是瞋毒，以不利于己而生瞋厌情绪，引起争讼。与此相关，第6字长乌“乱”释为

---

① （后秦）鸠摩罗什译《大智度论》卷36，《中华藏》第25册，第698页上。
② （后秦）鸠摩罗什译《大智度论》卷36，《中华藏》第25册，第698页上。
③ （后秦）鸠摩罗什译《大智度论》卷20，《中华藏》第25册，第458页中。
④ （刘宋）求那跋陀罗译《杂阿含经》卷9，《中华藏》第32册，第723页中。
⑤ （三秦）失译《别译杂阿含经》卷11，《大正藏》第2卷，第449页中。
⑥ （后秦）鸠摩罗什译《大智度论》卷18，《中华藏》第25册，第423页下。
⑦ （后秦）鸠摩罗什译《大智度论》卷31，《中华藏》第25册，第616页下。

“除浊源生死渊”，生死之浊源即愚痴，愚痴即是无明，三毒之首，一切烦恼的总根源。《大方广庄严经》作“诸世间一切众生智慧狭劣”，智慧狭劣就是无明。《俱舍论》说：“此中痴者，所谓愚痴，即是无明，无智无显。”① 无明是十二支之首，缘起的最终根源。《俱舍论》解释说：“于宿生中诸烦恼位至今果熟，总谓无明，彼与无明俱时行故，由无明力彼现行故。”② 这是说无明是烦恼现行的最初原因。第37字“数”释为“诸所数调无明”，此数当指名色等十二支，其中十一支最终归结于无明。《杂阿含经》有问：“云何数所数？云何数不隐？云何数中数？云何说言说？尔时世尊说偈答言：佛法难测量，二流不显现，若彼名及色，灭尽悉无余，是名数所数，彼数不隐藏，是彼数中数，是则说名数。”③ 名及色等灭尽无余，即“调”义，调者调御，调御无明即是驾驭无明，变无明为智慧。还有表现五蕴思想的，如第5字“不”释为“不随众离名色”，名色是五蕴的另一种称谓，因五蕴可分为色与受、想、行、识，后四蕴总称为“名”，五蕴是众生能够聚合的要素，离名色就是解脱五蕴的系缚。表现业报思想的，如第31字“是”释为“归善恶殃福”，即是善有福报、恶有罪殃，是非各有所归。第17字“作”释为“罪福报从行受”，作即造作，是“行”的内容，指过去诸业和推动诸业趋向果报的过程或力量，因而也称为业行，它是导致罪福果报的原因，故说罪福报从业受。第34字“已”释为“已所趣善恶业”，是说无论善业还是恶业，都按其业行，各有所趣，流转三界六道，以地狱、饿鬼、畜生、修罗为四恶趣，以人、天为二善趣。或以地狱、饿鬼、畜生为三恶道，修罗、人、天为三善趣。三界异名三有，第32字“有”释为“诸所行三有”，有因有果谓之有，三有者欲有、色有、无色有，是众生轮回生死的三界。

象征灭谛思想的，第15字“寂”释为“观寂然法淡泊”。寂然淡泊，指佛的涅槃境界，受报已尽，不再轮回，处于寂灭不动状态。《佛本行集经》解释迦字为“当受诸有业报所作”，《方广大庄严经》解释“入业果”，也是说不再受诸有业报。出过诸有业报，即是涅槃寂静境界。寂亦称“灭”，灭者即是灭尽业报无遗，第28字“尽”释为“于尽灭无所

---

① （唐）玄奘译《阿毗达磨俱舍论》卷4，《中华藏》第47册，第33页上。

② （唐）玄奘译《阿毗达磨俱舍论》卷9，《中华藏》第47册，第81页上。

③ （刘宋）求那跋陀罗译《杂阿含经》卷49，《中华藏》第33册，第233页上。

生”，业果尽灭，业力消失，无所攀缘，自无所生，无生即无灭，就是寂然淡泊状态，佛所达到的就是这种境界。第 3 字“究”释为“悉本末真净”。究，即究竟，指究竟净果，佛至究竟净果，因称佛身为真净身，四圣谛为真净觉，八正见为真净道。真净称悉本末者，指处中道均不落两边。《大毗婆沙论》说：“若此苦行不获利安，佛修何道得真清净？世尊告曰：我修戒定慧，处中真净道，得究竟净果，及无上菩提。”① 又说：“真净道者，谓一道谛，即正见等八支圣道。”② 真净觉者，《大毗婆沙论》解释说：“现佛出世略有二种，一者世俗，二者胜义。世俗者，谓舍离家法，趣于非家，剃除须发，被服袈裟，以正信心受持净戒。胜义者，谓于四圣谛得真净觉。”③ 其中净戒亦作真净戒，指净戒功德圆满。胜义也称胜义谛，与俗谛并称二谛，此于究竟净果，当观无坏、无生、无碍、无住，这也是早期大乘的般若思想。第 12 字“如”释为“于如来无所坏”，第 18 字“智”释为“一切智慧无坏”，第 28 字“慧”释为“智慧圣无罣碍”，第 40 字“果”释为“证诸果实无所住”，以及第 11 字“殊”释为“超越圣无上道”，都从不同角度阐释灭谛。

象征道谛思想的，如第 4 字“行”释为“无数劫奉修道”，行即行道，无数劫奉修行道，以消除累世罪业。第 26 字“叹”释为“随所愿开化”，即随所愿开化消业。所谓“开化常众难，一切诸尘劳。”④ 第 25 字“法”，“以法等御救济周旋往反”，以法救济流转轮回之苦。第 11 字“烧”释为“燋烧罪尘劳欲”，就是在行道中消除累世所积的尘劳罪业。第 9 字“缚”释为“解刑狱考治行”，就是化解刑狱考治的业行。至于如何行道，此陀罗尼字门中也举出种种行法，从心意上如第 21 字“逝”，“于正法无愦乱”。第 27 字“难”，“除八难罪殃”。《增一阿含经·八难品》以众生不闻不见佛有八难，一地狱中，二畜生中，三饿鬼中，四长寿天上，五生边地，六聋盲瘖哑，七心识邪见，八不值佛世，非梵行所修行。⑤ 如第 19 字“魔”，“降魔力及官属”。第 20 字“害”，“弃自大邪见”。第 29 字“处”，“消处所颠倒”。第 36 字“垢”，“诸嫉妬等善恶友

---

① （唐）玄奘译《阿毗达磨大毗婆沙论》卷 39，《中华藏》第 45 册，第 344 页中。
② （唐）玄奘译《阿毗达磨大毗婆沙论》卷 77，《中华藏》第 45 册，第 680 页下。
③ （唐）玄奘译《阿毗达磨大毗婆沙论》卷 66，《中华藏》第 45 册，第 584 页下。
④ （东晋）昙无兰译《新岁经》，《大正藏》第 1 卷，第 860 页中。
⑤ （东晋）瞿昙僧伽提婆译《增一阿含经》卷 36，《中华藏》第 32 册，第 421 页中。

称平等”。第38字“处”，“处不处有齐限”。第39字“若”，“若干想众乱放逸，寂希望”。第41字“除”，“不贪已除五盖”。盖即盖覆之义，有五盖就是盖覆于心性而不生善法者，一贪欲盖，二瞋恚盖，三睡眠盖，四掉悔盖，五疑法盖。第43字“慧”，“布施、戒、博闻之慧无望想”。从行为上如第7字“施”，“布施、戒、慧明正”。《正法念处经》说：“布施戒及智，勇猛实精进，能与此相应，是名胜种姓”；“若离施戒智，则无有种姓，若有施戒智，是种姓最胜”；“若修于正法，有施戒智慧，乃名为沙门，乃名婆罗门。”① 第12字“信”，“信、精进、定、智慧”，《俱舍论疏》说：“乐行布施、戒、忍、精进、禅定、智慧，得须陀洹果乃至佛果。”② 第22字“止”，“世俗力无畏”，第24字“意”，“意坚强，独步三界”。此为八清净心之一，《普曜经》说：“若有受此《普曜经》者，若至心听贯系意，得八清净心。何谓为八：一曰常行慈心，消除瞋恚。二曰常行愍哀，除众患害。三曰常行喜悦，除诸不乐。四曰常行于护，除诸结著。五曰修四禅行，在于欲界而得自在。六曰行四无色定而得由己。七曰得五神通，游诸佛土，除诸罣碍众盖之患。八曰逮得勇伏定意，独步三界。是为八。”③ 当然，独步三界者实为佛之相好之一，《梵摩渝经》说佛称：“吾自无数劫来，行四等心，布施、持戒、忍辱、精进、禅定、智慧，拯济众生犹自护身，断求念空，守无想定，心垢除尽无复微曀，习斯行来诸殃悉灭，万善积著，遂成佛身，相好光明，独步三界，永离五道之愚冥，获无上至尊之明，故号曰佛也。若有贪淫、恚怒、愚痴之毒，五阴、六衰之冥，丝发之大余在心者，佛道不成也。未有人物逮于今日众生所念，方来未然无数劫中，委曲深奥有所不知者，即非佛也。四无所畏、八声、十力、十八不共法、三十二相、八十种好，不足一事者亦非佛矣。吾今以具，无一不足，故号为佛。”④ 其中行四等心、六度等也是行道者的基本要求。

《佛本行集经》《方广大庄严经》及其梵本与《普曜经》虽同属佛传类文献，但它们的释义并非同一个系统。相比较而言，《方广大庄严经》与梵

---

① （元魏）瞿昙般若流支译《正法念处经》卷62，《大正藏》第17卷，第367页上。

② （唐）法宝撰《俱舍论疏》卷1，《大正藏》第41卷，第455页中。

③ （西晋）竺法护译《普曜经》卷8，《中华藏》第15册，第472页下。

④ （吴）支谦译《梵摩渝经》，《大正藏》第1卷，第885页中。

文本大致相同，但也有一些陀罗尼字的释义不同。如第 11 唵字义，《庄严经》释“唱唵字时，出一切物皆无我、我所声”，梵文本则释 aṃkāre amoghotpattiśabdaḥ，即唱唵字时，出生起不空声。第 12 阿 aḥ字义，《庄严经》释“一切法皆灭没”，梵文本则释 astaṃgamanaśabdo niścarati sma，即业行灭没。还有一些陀罗尼字的释义有一定差异。如第 17 字哦ṅa 字义，《庄严经》释“销灭众生十二支”，梵文本则释 aṅgaviśuddhiśabdaḥ即仅作支分清净，支分可以包罗十二支，也可以仅就其中一些支分而言。如第 29 他 tha 字义,《庄严经》释“势力无畏”，梵文本则释 thāmabalavegavaiśāradya，即势力迅疾纯净，迅疾纯净或光辉是否就含有无畏之意，并不能肯定。又如第 31 陁 dha 字义，《庄严经》释“希求七圣财”，梵文本则释 dhanamāryāṇāṃ saptavidhamiti，即断除七圣财，希求与断除含义正相反。第 44 娑 sa 字义，《庄严经》释“现证一切智”，梵文本释 sarvajñajñānābhisaṃbodhana，即现证一切智智等，一般而言，一切智智即是一切智，与一切种智有总别之分，但一切智尚有声闻缘觉之智，一切智智则为佛智，即一切智中之智，用语上还是有一定区别的。

《佛本行集经》与《方广大庄严经》的释义大多相同，在 38 个字母中，相同率占 60% 以上，但也有 16 个字母的释义不相同或者有差别，从释义的同异可以看出，《本行经》反映佛教早期的思想，《庄严经》则受到大乘思想影响。如第 30 多 ta 字义，《本行经》释“当向苦行”，是原始佛教的思想，《庄严经》释“一切法真如无别异”，则完全是大乘佛教思想。第 27 荼 ḍa 字义，《本行经》释“应当得彼四如意足即能飞行”，《庄严经》则释“断一切魔恼乱”，四如意足也称四神足，为早期佛教修行概念，即三十七科道品中次于四念处、四正勤之后所修的行品，即欲定足、精进定足、念定足、慧定足等四种静定。前四念处中修实智慧，四正勤中修正精进，精进智慧增多，定力小弱，如得四种之定以摄心，则定慧均等，所愿皆得，故名如意足，又名神足。断一切魔恼乱，亦非四神足意义上的禅定，是大乘佛教的说法方式。第 34 那 na 字义，《本行经》释“当须用彼食饮活命”，用意质朴，《庄严经》则释“遍知名色”，具有大乘理论高度。第 5 乌 u 字义，《本行经》释“心得寂定”，《庄严经》释“世间诸恼乱事”，两者不仅意义相反，且按同义来理解，心得寂定与断灭世间诸恼乱，也是从早期定学和后来的大乘两者角度说的。意义相反的释义，还有第 39 摩 ma 字义，《本行经》释“说诸生死一切恐怖最为可畏”，

《庄严经》则释“销灭一切憍慢”，骄慢或我慢（梵本）由胜而起，怖畏则由负心理而有，故骄慢与怖畏意义相反。第 24 若 ña 字义，《本行经》释“当令四众皆顺教行”，《庄严经》则释“觉悟一切众生”。四众顺教行显然是早期佛教朴质的说法，如其最终趋向可以是觉悟，但顺教行中并无觉悟之义，且觉悟一切众生是大乘思想。第 14 佉 kha 字义，《本行经》释“教拔一切烦恼根本”，《庄严经》则释“一切诸法如虚空”。两者不仅意思不同，且强调诸法的虚空性是大乘思想。第 43 婆 va 字义，《本行经》释“断一切身根本种子”，《庄严经》则释“最胜乘”，两者不仅无关联，且最胜乘也称大乘，如《不退转法轮经》所说：“发趣大乘，求大乘者成最胜乘，亦名清净第一之乘。”[①] 第 33 咃 dha 字义，《本行经》释“当有法声”，《庄严经》释“希求七圣财”，两者释义之间并无关联。第 7 哩 ṛ 字义，《本行经》释“诸六入道皆证知故”，《庄严经》则释“所希求诸过患事”，六入分内六入——六根与外六入——六境，与“诸过患事”也无直接关系。第 41 啰 ra 字义，《本行经》释“当有三宝”，《庄严经》则释“厌离生死欣第一义谛”，三宝与第一义谛并无关联。有些字门释义有一定关系，但其差别也很明显。如第 19 哦 ṅa 字义，《本行经》释“如来当得成佛道已，至余诸方恐怖众生施与无畏”，《庄严经》则释“销灭众生十二支”，与《本行经》的伽 ga 字义相同。第 21 车 cha 字义，《本行经》释“所有谄曲、邪惑、意迷皆悉除灭”，《庄严经》则释“永断贪欲”，也就是断灭的对象前者包括谄曲、邪惑、意迷诸方面，后者则确指为贪欲。第 25 吒 ṭa 字义，《本行经》释“其诸凡夫一切众生处处畏敬此言无常”，《庄严经》则释“永断一切道”，尽管此指阿罗汉成道时借助的“无常”等发语词，但前者将此泛化为一切众生处处敬畏之意。第 28 嗏 ḍha 字义，《本行经》释“诸行及十二缘生灭之法无常显现”，《庄严经》则释“一切境界皆是不净”，不净者，一般就戒行而言，与观念有关者，如《出曜经》说：“何者不净者？四颠倒是，无常谓有常是一颠倒，苦谓曰乐是二倒，不净谓净是三倒，无我谓我是四倒，与此四倒不相应者是谓为净。”[②] 按此四种颠倒为不净，无常谓常是其一不净。第 42 罗 la 字义，《本行经》释“断诸爱枝”，而《庄严经》则释“断一切生死枝”，爱支

① （北凉）失译《不退转法轮经》，《大正藏》第 9 卷，第 229 页上。

② （后秦）竺佛念译《出曜经》卷 6，《中华藏》第 50 册，第 642 页中。

与生死支，是十二因缘中不同的二支。

表 1　　佛传字门对照表

译本	1 𑖀 a	释义
《普曜经》	无	其言无者宣于无常，菩萨苦、空、非我之音
《佛本行集经》	阿	唱阿字时诸行无常，出如是声
《方广大庄严经》	阿	唱阿字时出一切诸行无常声
Lalita-vistara	a	akāraṃ parikīrtayanti sma tadā anityaḥ sarvasaṃskāraśabdo niścarati sma
译本	2 𑖁 ā	释义
《普曜经》	欲	其言欲者出淫、怒、痴诸贪求音
《佛本行集经》		
《方广大庄严经》	阿长	唱长阿字时出自利利他声
Lalita-vistara	ā	ākāre parikīrtyamāne ātmaparahitaśabdo niścarati sma
译本	3 𑖂 i	释义
《普曜经》	究	其言究者出悉本末真净之音
《佛本行集经》	伊	唱伊字时一切诸根门户闭塞，出如是声
《方广大庄严经》	伊	唱伊字时出诸根本广大声
Lalita-vistara	i	ikāre Indriyavaikalya śabdaḥ
译本	4 𑖃 ī	释义
《普曜经》	行	其言行者出无数劫奉修道音
《佛本行集经》		
《方广大庄严经》	伊	唱伊字时出一切世间众多病声
Lalita-vistara	ī	īkāre ītibahulaṃ jagaditi
译本	5 𑖄 u	释义
《普曜经》	不	其言不者出不随众、离名色之音
《佛本行集经》	优	唱优字时心得寂定，出如是声
《方广大庄严经》	乌	唱乌上声字时出世间诸恼乱事声
Lalita-vistara	u	ukāre upadravabahulaṃ jagaditi
译本	6 𑖅 ū	释义
《普曜经》	乱	其言乱者出除浊源生死渊音
《佛本行集经》		
《方广大庄严经》	乌	唱乌字时出诸世间一切众生智慧狭劣声
Lalita-vistara	ū	ūkāre ūnasattvaṃ jagaditi

续表

译本	7 𑖆 ṛ	释义
《普曜经》	施	其言施者，出布施、戒、慧明正音
《佛本行集经》	唖	唱唖字时诸六入道皆证知故，出如是声
《方广大庄严经》	翳	唱翳字时出所希求诸过患事声
Lalita-vistara		

译本	8 𑖇 ṝ	释义
《普曜经》		
《佛本行集经》		
《方广大庄严经》		
Lalita-vistara		

译本	9 𑖊 e	释义
《普曜经》	缚	其言缚者出解刑狱考治行音
《佛本行集经》		
《方广大庄严经》	爱	唱爱字时出胜威仪声
Lalita-vistara	e	ekāre eṣaṇāsamutthānadoṣaśabdaḥ

译本	10 𑖋 ai	释义
《普曜经》		
《佛本行集经》		
《方广大庄严经》		
Lalita-vistara	ai	aikāre airyāpathaḥ śreyāniti

译本	11 𑖌 o	释义
《普曜经》	烧	其言烧者出燋烧罪尘劳欲音
《佛本行集经》	呜	唱呜字时当得渡于大烦恼海，出如是声
《方广大庄严经》	乌	唱乌字时出死曝流到彼岸声
Lalita-vistara	o	okāre oghottaraśabdaḥ

译本	12 𑖍 au	释义
《普曜经》	信	其言信者出信、精进、定、智慧音
《佛本行集经》		
《方广大庄严经》	懊	唱懊字时出皆化生声
Lalita-vistara	au	aukāre aupapādukaśabdaḥ

续表

译本	13 𑖀𑖽 aṃ	释义
《普曜经》	殊	其言殊者出超越圣无上道音
《佛本行集经》		
《方广大庄严经》	唵	唱唵字时出一切物皆无我、我所声
Lalita-vistara	aṃ	aṃkāre amoghotpattiśabdaḥ
译本	14 𑖀𑖾 aḥ	释义
《普曜经》	如	其言如者出于如来无所坏音
《佛本行集经》		
《方广大庄严经》	阿	唱阿字时出一切法皆灭没声
Lalita-vistara	aḥ	aḥkāre astaṃgamanaśabdo niścarati sma
译本	15 𑖎 ka	释义
《普曜经》	寂	其言寂者出观寂然法淡泊音
《佛本行集经》	迦	唱迦字时当受诸有业报所作，出如是声
《方广大庄严经》	迦上声	唱迦上声字时出入业果声
Lalita-vistara	ka	kakāre karmavipākāvatāraśabdaḥ
译本	16 𑖏 kha	释义
《普曜经》	没	其言没者出消瞋厌净讼之音
《佛本行集经》	佉	唱佉字时教拔一切烦恼根本，出如是声
《方广大庄严经》	佉	唱佉字时出一切诸法如虚空声
Lalita-vistara	kha	khakāre khasamasarvadharmaśabdaḥ
译本	17 𑖐 ga	释义
《普曜经》	作	其言作者出罪福报从行受音
《佛本行集经》	伽	唱伽字时十二因缘甚深难越，出如是声
《方广大庄严经》	伽上声	唱伽上声字时出甚深法入缘起声
Lalita-vistara	ga	gakāre gambhīradharmapratītyasamutpādāvatāraśabdaḥ
译本	18 𑖑 gha	释义
《普曜经》	智	其言智者出一切智慧无坏音
《佛本行集经》	咺	唱咺字时诸无明盖覆翳甚厚，当净除灭，出如是声
《方广大庄严经》	伽	唱伽字时出除灭一切无明黑暗厚重瞖膜声
Lalita-vistara	gha	ghakāre ghanapaṭalāvidyāmohāndhakāravidhamanaśabdaḥ

续表

译本	19 ṅa	释义
《普曜经》	魔	其言魔者出降魔力及官属音
《佛本行集经》	俄	唱俄字时如来当得成佛道已，至余诸方恐怖众生施与无畏，出如是声
《方广大庄严经》	哦	唱哦字时出销灭众生十二支声
Lalita-vistara	ṅa	ṅakāre 'ṅgaviśuddhiśabdaḥ

译本	20 ca	释义
《普曜经》	害	其言害者出弃自大邪见之音
《佛本行集经》	遮	唱遮字时应当证知四真圣谛，出如是声
《方广大庄严经》	者	唱者字时出观四谛声
Lalita-vistara	ca	cakāre caturāryasatyaśabdaḥ

译本	21 cha	释义
《普曜经》	逝	其言逝者出于正法无愦乱音
《佛本行集经》	车	唱车字时今者应当所有谄曲邪惑意迷皆悉除灭，出如是声
《方广大庄严经》	车	唱车(上声)字时出永断贪欲声
Lalita-vistara	cha	chakāre chandarāgaprahāṇaśabdaḥ

译本	22 ja	释义
《普曜经》	止	其言止者出世俗力无畏之音
《佛本行集经》	阇	唱阇字时应当超越出生死海，出如是声
《方广大庄严经》	社	唱社字时出度一切生死彼岸声
Lalita-vistara	ja	jakāre jarāmaraṇasamatikramaṇaśabdaḥ

译本	23 jha	释义
《普曜经》	生	其言生者出度众苦老病死音
《佛本行集经》	社	唱社字时魔烦恼幢当碎破倒，出如是声
《方广大庄严经》	阇	唱阇字时出降一切魔军众声
Lalita-vistara	jha	jhakāre jhaṣadhvajabalanigrahaṇaśabdaḥ

译本	24 ña	释义
《普曜经》	意	其言意者出意坚强，独步三界音
《佛本行集经》	若	唱若字时当令四众皆顺教行，出如是声
《方广大庄严经》	壤	唱壤字时出觉悟一切众生声
Lalita-vistara	ña	ñakāre jñāpanaśabdaḥ

续表

译本	25 𑖘 ṭa	释义
《普曜经》	法	其言法者以法等御救济周旋往反之音
《佛本行集经》	吒	唱吒字时其诸凡夫一切众生处处畏敬此言无常，出如是声
《方广大庄严经》	吒	唱吒上声字时出永断一切道声
Lalita-vistara	ṭa	ṭakāre paṭopacchedanaśabdaḥ

译本	26 𑖙 ṭha	释义
《普曜经》	叹	其言叹者出随所愿开化诸音
《佛本行集经》	吒	唱吒字时应当忆念此之吒字 若根纯熟不闻诸法即得证知，出如是声
《方广大庄严经》	吒	唱吒字时出置答声
Lalita-vistara	ṭha	ṭhakāre ṭhapanīyapraśnaśabdaḥ

译本	27 𑖚 ḍa	释义
《普曜经》	难	其言难者出除八难罪殃之音
《佛本行集经》	茶	唱茶字时应当得彼四如意足即能飞行，出如是声
《方广大庄严经》	茶上声	唱茶上声字时出断一切魔恼乱声
Lalita-vistara	ḍa	ḍakāre ḍamaramāranigrahaṇaśabdaḥ

译本	28 𑖛 ḍha	释义
《普曜经》	尽	其言尽者出于尽灭无所生音
《佛本行集经》	嗏	唱嗏字时作合欢华如嗏言语，散唱诸行及十二缘生灭之法无常显现，出如是声
《方广大庄严经》	荼	唱荼字时出一切境界皆是不净声
Lalita-vistara	ḍha	ḍhakāre mīḍhaviṣayā iti

译本	29 𑖜 ṇa	释义
《普曜经》	处	其言处者出消处所颠倒之音
《佛本行集经》	拏	唱拏字时其得道人受利养时无一微尘等诸烦恼而不散灭，堪应他供，出如是声
《方广大庄严经》	拏上声	唱拏上声字时出永拔微细烦恼声
Lalita-vistara	ṇa	ṇakāre reṇukleśā iti

续表

译本	30 त ta	释义
《普曜经》	慧	其言慧者出智慧圣无罣碍音
《佛本行集经》	多	唱多字时当向苦行，出如是声
《方广大庄严经》	多上声	唱多上声字时出一切法真如无别异声
Lalita-vistara	ta	takāre tathatāsaṃbhedaśabdaḥ
译本	31 थ tha	释义
《普曜经》	是	其言是者出归善恶殃福之音
《佛本行集经》	他	唱他字时一切众生其心若斧，诸尘境界犹如竹木，当作是观，出如是声
《方广大庄严经》	他上声	唱他上声字时出势力无畏声
Lalita-vistara	tha	thakāre thāmabalavegavaiśāradyaśabdaḥ
译本	32 द da	释义
《普曜经》	有	其言有者出诸所行三有之音
《佛本行集经》	陀	唱陀字时当行布施行诸苦行即得和合，出如是声
《方广大庄严经》	陁上声	唱陁上声字时出施戒质直声
Lalita-vistara	da	dakāre dānadamasaṃyamasaurabhyaśabdaḥ
译本	33 ध dha	释义
《普曜经》	弃	其言弃者弃诸所趣吾我谄音
《佛本行集经》	咃	唱咃字时当有法声，出如是声
《方广大庄严经》	陁	唱陁字时出希求七圣财声
Lalita-vistara	dha	dhakāre dhanamāryāṇāṃ saptavidhamiti
译本	34 न na	释义
《普曜经》	已	其言已者出已所趣善恶业音
《佛本行集经》	哪	唱哪字时当须用彼食饮活命，出如是声
《方广大庄严经》	那上声	唱那上声字时出遍知名色声
Lalita-vistara	na	nakāre nāmarūpaparijñāśabdaḥ
译本	35 प pa	释义
《普曜经》	我	其言我者出灭身垢爱欲之音
《佛本行集经》	簸	唱簸字时真如实谛，出如是声
《方广大庄严经》	波上声	唱波上声字时出证第一义谛声
Lalita-vistara	pa	pakāre paramārthaśabdaḥ

续表

译本	36 𑖣 pha	释义
《普曜经》	垢	其言垢者出诸嫉妬等善恶友称平等音
《佛本行集经》	颇	唱颇字时当得成道证于妙果，出如是声
《方广大庄严经》	颇	唱颇字时出得果入现证声
Lalita-vistara	pha	phakāre phalaprāptisākṣātkriyāśabdaḥ

译本	37 𑖤 ba	释义
《普曜经》	数	其言数者出诸所数调无明音
《佛本行集经》	婆	唱婆字时解一切缚，出如是声
《方广大庄严经》	婆上声	唱婆上声字时出解脱一切系缚声
Lalita-vistara	ba	bakāre bandhanamokṣaśabdaḥ

译本	38 𑖥 bha	释义
《普曜经》	处	其言处者出处不处有齐限音
《佛本行集经》	嘙	唱嘙字时说世间后更不受有，出如是声
《方广大庄严经》	婆	唱婆字时出断一切有声
Lalita-vistara	bha	bhakāre bhavavibhavaśabdaḥ

译本	39 𑖦 ma	释义
《普曜经》	若	其言若者度若乾想众乱放逸寂希望音
《佛本行集经》	摩	唱摩字时说诸生死一切恐怖最为可畏，出如是声
《方广大庄严经》	摩上声	唱摩上声字时出销灭一切憍慢声
Lalita-vistara	ma	makāre madamānopaśamanaśabdaḥ

译本	40 𑖧 ya	释义
《普曜经》	果	其言果者证诸果实无所住音
《佛本行集经》	耶	唱耶字时开穿一切诸法之门为人演说，出如是声
《方广大庄严经》	也	唱也字时出通达一切法声
Lalita-vistara	ya	yakāre yathāvaddharmaprativedhaśabdaḥ

译本	41 𑖨 ra	释义
《普曜经》	除	其言除者出不贪己除五盖音
《佛本行集经》	啰	唱啰字时当有三宝，出如是声
《方广大庄严经》	罗	唱罗字时出厌离生死欣第一义谛声
Lalita-vistara	ra	rakāre ratyaratiparamārtharatiśabdaḥ

续表

译本	42 la	释义
《普曜经》	邪	其言邪者，出邪疾患除忧恼音
《佛本行集经》	逻	唱逻字时，断诸爱枝，出如是声
《方广大庄严经》	罗上声	唱罗上声字时，出断一切生死枝条声
Lalita-vistara	la	lakāre latāchedanaśabdaḥ

译本	43 va	释义
《普曜经》	慧	其言慧者出布施、戒、博闻之慧无望想音①
《佛本行集经》	婆	唱婆字时断一切身根本种子，出如是声
《方广大庄严经》	婆上声	唱婆上声字时出最胜乘声
Lalita-vistara	va	vakāre varayānaśabdaḥ

译本	44 śa	释义
《普曜经》		
《佛本行集经》	嗜	唱嗜字时得奢摩他毗婆舍那，出如是声
《方广大庄严经》	舍	唱舍字时出一切奢摩他毗钵舍那声
Lalita-vistara	śa	śakāre śamathavipaśyanāśabdaḥ

译本	45 ṣa	释义
《普曜经》		
《佛本行集经》	沙	唱沙字时当知六界，出如是声
《方广大庄严经》	沙上声	唱沙上声字时出制伏六处得六神通声
Lalita-vistara	ṣa	ṣakāre ṣaḍāyatananigrahaṇābhijñajñānāvāptiśabdaḥ

译本	46 sa	释义
《普曜经》		
《佛本行集经》	娑	唱娑字时当得诸智，出如是声
《方广大庄严经》	娑	唱娑字时出现证一切智声
Lalita-vistara	sa	sakāre sarvajñajñānābhisaṃbodhanaśabdaḥ

译本	47 ha	释义
《普曜经》		
《佛本行集经》	嗬	唱嗬字当打一切诸烦恼却，出如是声
《方广大庄严经》	呵	唱呵字时出永害一切业烦恼声
Lalita-vistara	ha	hakāre hatakleśavirāgaśabdaḥ

① （西晋）竺法护译《普曜经》卷3，《中华藏》第15册，第385页。

续表

译本	48 𑖎𑖿𑖬 kṣa	释义
《普曜经》		
《佛本行集经》		
《方广大庄严经》	差	唱差字时出诸文字不能诠表一切法声
Lalita-vistara	kṣa	kṣakāre parikīrtyamāne kṣaṇaparyantābhilāpyasarvadharma śabdo niścarati sma

译本	49 𑖄 ḷ	释义
《普曜经》		
《佛本行集经》		
《方广大庄严经》		
Lalita-vistara		

译本	50 𑖅 ḹ	释义
《普曜经》		
《佛本行集经》		
《方广大庄严经》		
Lalita-vistara		

二　《涅槃经》字门

涅槃字门是《大般涅槃经》所说的字门，故称《大般涅槃经》字门，简称《涅槃经》字母、《涅槃经》字门，再简称为涅槃字母、涅槃字门。涅槃字门属于悉昙字门体系，有时称大经字母。按字门数目，《涅槃经》共五十字，称五十字门。

悉昙字门是依据梵文的语音系统改编的陀罗尼字门，首见于《大涅槃经》，东晋时法显初译于该经的《文字品》，北凉时昙无谶再译于《如来性品》，刘宋初慧俨等据法显译改定昙无谶译本，是南本编在《文字品》。南朝梁时僧伽婆罗译《文殊师利问经》，其《字母品》亦以悉昙字母为陀罗尼字门。至唐不空将其另译为《文殊问经·字母品》，又译出《瑜伽金刚顶经释字母品》，均与《涅槃经》悉昙字母释义相当。《大日经疏》举例说：“《大品经》及《华严·入法界品》皆说四十二字门。《涅槃文字品》《文殊所问经》《大集·陀罗尼自在王品》各释悉昙字母，与此经所说其义或同”云云。[①] 但今本《大集经·陀罗尼自在王菩萨品》并无悉昙字母释义，故现有悉昙字门有法显译、昙无谶译及慧严编3本，《文殊问经》有僧伽婆罗译、不空译2本，加之不空译《金刚顶经释字母品》，悉昙字门共有三经六本。其中《涅槃经》初十音，中34字，后4字，共50字，故称五十字门。初十音与后四音是元音字母，初十音是a、i、u、ṛ四组单元音共8个字母和o组复合元音的2个字母，最后四音是lṛi、lṝi与ḷ、ḷh两组4个边元音，共14个元音。《涅槃经》三次提到14音，按通常的梵文14音中包括e组的二合元音e和三合元音ai，和l组复合元音ḷ和ḹ，但经中并没有出现e组和ḷ组4个辅音，却另有最后4音，说明经中所谓十四音包括lṛi、lṝi与ḷ、ḷh两组边元音。中34字是辅音字母，包括喉音、腭音、齿音、顶音、唇音各5个辅音共25个字母，加之半元音4个、咝音3个，以及气音h和复合辅音kṣa，另有鼻音aṃ和气音aḥ，共有50个字母。僧伽婆罗译《文殊师利问经字母品》和不空译《文殊问经字母品》，以及《金刚顶经释字母品》有e组复合元音e和ai，加之边音ḷ、ḹ，不包括ḷ、ḷh 2个元音，也是50个字母，字母数目与《涅槃经》相同，故通称五十字门。

《涅槃经》是继佛传字门之后又以悉昙字母为陀罗尼字门，其释义具有浓厚的密教思想，其目的是论证陀罗尼咒术为佛说，反对陀罗尼咒术为外道说的观点。认为一切语言文字以语音字母为根本，而字母包含佛教深意，由字母构成的陀罗尼神咒自然也具有佛教深意。如昙无谶译本说：“佛言：‘善男子，所有种种异论、咒术、言语文字皆是佛说，非外道说。’迦叶菩萨白佛言：‘世尊，云何如来说字根本？’佛言：‘善男子，说初半字以为根本，持诸记论、咒术、文章，诸阴实法，凡夫之人学是字本，然后能知是法非法。’”[②] 此文法显译本作：“佛复告迦叶：‘一切言说、咒术、记论，如来所说为一切本。’迦叶菩萨白佛言：‘世尊，其义云何？’佛告迦叶：‘初现半字为一切本，一切咒术、言语所持真实法聚，童蒙众生从此字本学通诸法，是法非法知其差别，是故如来化现字本，不为非法。’”[③] 此称一切咒术言语为真实法聚，即明陀罗尼字为真实法，凡

---

① （唐）一行撰《大毗卢遮那成佛经疏》卷7，《大正藏》第39卷，第656页下。

② （北凉）昙无谶译《大般涅槃经》卷8，《中华藏》第14册，第82页上、中。

③ （东晋）法显译《大般涅槃经》卷5，《中华藏》第15册，第70页中。

夫之人学通字本，才能知晓是法非法的差别。初现半字为一切本者，半字指音素，相对于满字而言，音素构成音节，一个音节方能成为一个能发声的音，故音节称满字。一切字本者，指元音，梵文辅音不发声，只有与元音拼读时辅音才能发音，故就辅音——字而言，元音是其字本，故称十四个元音为字本。但《涅槃经》由此发挥说："是十四音常为一切不尽之本。不尽有何义？不破坏义、不漏义、如来义，名不尽义。如来法身金刚不坏，故名不坏。如来无有九道诸漏，故名不漏。如来常住，故说不尽、无作之义。"① 此释字本为不尽、不坏、不漏之如来金刚之身，即是本经之涅槃义。如昙无谶译此作："有十四音名为字义，所言字者，名曰涅槃。常故不流，若不流者，则为无尽，夫无尽者即是如来金刚之身，是十四音名曰字本。"② 此以陀罗尼字为涅槃，以常、无尽义称为如来金刚之身，是将陀罗尼字门的地位提高到无以复加的地步。

涅槃字门的释义具有鲜明的涅槃佛性思想，而《文殊问经》的释义却与佛传字门的思想一致，《金刚顶经》的释义也与两者有所不同，故从释义上来说文殊字门属于佛传字门系统，金刚顶字门与之比较接近。涅槃字门由《涅槃经》所说，所以在释义中多处宣传《涅槃经》，如长伊字义，说"四自在则能摄护《大涅槃经》，亦能自在敷扬宣说。"如痾字义名胜乘义，是"此大乘典《大涅槃经》于诸经中最为殊胜"。又如郁字义"于诸经中最上、最胜，增长上上，谓《大涅槃》。"再如沙字义名具足义，"若能听是《大涅槃经》，则为已得闻持一切大乘经典，是故名沙。"该经以如来涅槃命名，故呵字义名心欢喜，"奇哉！世尊离一切行，怪哉！如来入般涅槃，是故名呵"。该经也以涅槃称其法门，故摩字义表示"诸菩萨严峻制度，所谓大乘大般涅槃，是故名摩。"涅槃法门的核心思想是佛性，故嗻字义"即是诸佛法性涅槃"。诸佛法性涅槃简称佛性，佛性又称如来藏，亦译如来秘藏，其中心思想是一切众生皆有如来藏，一切众生皆有佛性。故迦字义为藏者，"一切众生有如来藏"，"藏者即是如来秘藏，一切众生皆有佛性，是故名伽"。而嗏字名魔义者，以"无量诸魔不能毁坏如来秘藏"。佉字名非善友义，"非善友者名为杂秽，不信如来秘密之藏。"又优字义为人名无慧正念者，以其"诽谤如来微密秘藏，当

① （东晋）法显译《大般涅槃经》卷5，《中华藏》第15册，第70页中、下。
② （北凉）昙无谶译《大般涅槃经》卷8，《中华藏》第14册，第82页中。

知是人甚可怜愍，远离如来秘密之藏说无我法。”

涅槃字门的释义，诸译本之间尚有差异，且有多重释义。

第 1 如：噁 a 字义，晋译以为吉义，吉者又为三宝义。但南北本有多重义，其一不破坏义，梵文 anupaghāta 或 abādhatvā、avināśa，不破坏又释作三宝义，喻如金刚，是不破坏者以金刚为喻，故晋译之吉当指金刚喻；其二不流义，不流者即是如来，以如来九孔无所流故，如来亦无九孔，是故不流。又不流即常、无作，常、无作即是如来；其三功德义，以功德者即是三宝，是三宝有功德故。可见涅槃字门从噁的一义扩展出三义，从噁的否定性不破坏、不流动的引申义金刚、常、无作推导出如来与三宝，但噁有功德义并从此功德还推导出三宝，从词源上来说似无根据。这里不仅以金刚、常、无作作为如来的性质，而且也作为佛、法、僧三宝的性质，具有鲜明的个性思想。

第 2 阿 ā 字义，晋译作圣智、长养、语言依三义，南北本作阿阇梨、制度、依圣人、教诲四义。其中阿阇梨与圣智、圣人以及依圣人，从阿为词首的词中推导而来。阿阇梨，梵文 ā－cārya，意译规范师、亲教师、引导师、教授师以及师长、法师等，指引导弟子按规范行事作法的教师，泛指教师、师长。《四分律》中说：“阿阇梨者有五种阿阇梨，有出家阿阇梨、受戒阿阇梨、教授阿阇梨、受经阿阇梨、依止阿阇梨。出家阿阇梨者，所依得出家者是。受戒阿阇梨者，受戒时作羯磨者是。教授阿阇梨者，教授威仪者是。受经阿阇梨者，所从受经处读修妬路。”① 圣人，圣智（智者），梵文 ārya，音译阿梨耶、阿利耶。阿阇梨与圣人本非同一个词，也并无同一种意思，但两者之间有一定联系，阿阇梨并不一定是圣人，圣人却可以为阿阇梨。所以晋译取圣人义，说圣者是离世间数，清净少欲，能度一切三有之海的人。同时又将圣者解释为“正”，正者“能正法度，行处律仪及世间法度”，所指者就是阿阇梨。南北本以此另立一义，说“又复阿者名曰制度，修持净戒，随顺威仪”。与南北本取阿阇梨义，却也将阿阇梨解释为圣人，说“阿阇梨者义何谓耶？于世间中得名圣者。”而圣者的解释与晋译相同，说“圣名无著，少欲知足，亦名清净，能度众生于三有流生死大海，是名为圣。”这种不执着于世间，少欲知足的圣人，就是指出家修道以求解脱的人，称为梵行者，也称为净行

① （后秦）佛陀耶舍译《四分律》卷 39，《中华藏》第 40 册，第 781 页上。

者。本经也把大乘佛教的诸菩萨以及能持禁戒的学大乘者等称为圣人。从圣人之义，南北本又立依圣人一义，也就是依止圣人者。说“又复阿者名依圣人，应学威仪进止举动，供养恭敬，礼拜三尊，孝养父母。及学大乘善男女等具持禁戒，及诸菩萨摩诃萨等，是名圣人。”晋译之语言依，南北本作教诲义，说“又复阿者名曰教诲，如言汝来如是应作、如是莫作，若有能遮非威仪法，是名圣人，是故名阿。”后世总结此四种说法，认为由阿阇梨之义演绎而来，如觉苑《大日经义释演密钞》就说：“阿阇梨有四义，一者依教授义，令生善故，即亲教者。二者依制度义，阿毗昙也，显诸大乘戒威仪故。三者依圣人义，梵语阿哩也二合，此云远恶，义翻为圣人，总目十地诸圣人故。四者依教诲义，即教示诲导，止恶修善故。”①

第 3 伊 i 字义，晋译作此、此是此非，梵文 iti 即作此、此是义。字门中以“此”为此法，指佛法，以“此是”为分别义。如晋译说：“短伊者，此也，言此法者，是如来法。梵行离垢清净，犹如满月，显此法故，诸佛世尊而现此名。又复伊者，言此是义、此非义，此是魔说、此是佛说，依是分别故，名为此。”南北本的释义与此相同，如来法作佛法，梵行离垢清净作梵行广大、清净无垢，分别义另增“是应作、不作”。

第 4 伊长 ī 字义，释作自在义，自在又有三义，一自在天护持正法，二四护世摄持本经并令习学，三自在断除嫉妒邪见。其中晋译释自在与大自在义，说“长伊者名为自在，名大自在，自在梵王能于如来难得之教，以自在力护持正法，以是之故名为自在。”南北本以“佛法微妙，甚深难得”为本义，以自在、护法为喻义，说“如自在天、大梵天王法名自在，若能持者则名护法”。其第二义，晋译按自在的一般意义解释，说“于此自在，大乘方等《般泥洹经》自在摄持，令此教法自在炽然，令余众生自在受学此方等经。”南北本则以自在指护世四天，② 非前之自在天与大梵天王，是以此四护世为四自在，能自在摄护《大涅槃经》，亦能自在敷扬宣说。又能为众生自在说法，所谓修习大乘方等经典。其第三义，晋译

---

① （辽）觉苑撰《大日经义释演密钞》卷 6，《新纂卍续藏》第 23 册，第 592 页下。

② 护世四天，觉苑《大日经义释演密钞》解释说：“又自在者名为护世，即四天王也，以此四王能护世故。言四王者，东方名为持国，是乾闼婆主。南方名为增长，是鸠槃荼主。西方名为丑目，或名广目，是诸龙主。北方名为多闻，是药叉主。此四天王及诸眷属常护世间，皆能拥护如来之法，亦能为他敷扬宣说。”卷 6，《新纂卍续藏》第 23 册，第 593 页上。

说是“自在方等能除伊者嫉妬邪见，如治田苗去诸秽草。”南北本并以“断嫉妬，如除稗秽，皆悉能令变成吉祥”，变嫉妒为吉祥，是自在应有之义。

第 5 忧 u 字义，释作最上最胜，以此本经《大涅槃经》为最上最胜，增长上上，尤以此经所说佛性义最为殊胜。说“如来之性，声闻缘觉所未曾闻，如一切处北欝单越最为殊胜，菩萨若能听受是经，于一切众最上最胜，以是义故，是经得名最上最胜。”①

第 6 忧$_{\text{长}}$ ū 字义，释作牛乳喻，以此为诸味中最上来喻指佛性，诸味喻小乘及大乘诸说，最上喻指本经所说佛性。晋译说：“其乳香味是大乘经最为上味，广说如来真实之性，非法憍慢皆悉消灭。”凉译说：“牛乳诸味中上，如来之性亦复如是，于诸经中最尊最上。”又说远离如来藏而执著于无我法，晋译称此无异于断如来藏慧命根，是“大忧”，凉译称如此之人名无慧正念，与牛无别，甚可怜愍。主张无我法者，属早期佛教观点，时亦有大乘诸经所说。

第 7 哩ṛ字义，释作“是”义，“是”指佛法，即本经所说诸佛法性涅槃，晋译、凉译所说同义。

第 8 哩$_{\text{长}}$ ṝ字义，释如来义，如来即如来如去。晋译说“如来也，有来去义，以是故说如来如去”；凉译说“如来进止屈伸举动无不利益一切众生，是故名嘢。”

第 9 缺。

第 10 爱 ai 字义，诸译缺，唯《金刚顶释字母品》说一切法自在不可得。

第 11 乌 o 字义，释作“下”义，晋译“乌者下也，下贱烦恼悉除灭已，名为如来”。凉译直接译作烦恼，如来亦以烦恼漏尽故称。如说“乌者名烦恼义，烦恼者名曰诸漏，如来永断一切烦恼，是故名乌”。

第 12 炮 au 字义，释作大乘义，音译摩诃衍。作大乘义者，以为“于十四音是究竟义”，当指 au 音在十四音中排列最后，也属于三合元音。由此引申的意思是大乘经典于诸经论中最为究竟，所谓大乘经典者实际上指本经《大涅槃经》。

第 13 安 aṃ 字义，释能遮、能舍义，凉译说：“菴者能遮一切诸不净

① 北欝单越，四大部洲之一，《一切经音义》解释说：“北欝单越，此云胜所作，谓彼人所作皆无我所胜，余三洲也。”卷 25，《中华藏》第 57 册，第 918 页上。

物，于佛法中能舍一切金银宝物”。晋译则释遮义作一阐提，舍义作一切，说“安者一切也，如来教法离于一切钱财宝物。安者遮义，一阐提义”。

第 14 痾 aḥ字义，晋译释穷尽义，说“最后阿者尽也，一切契经，摩诃衍者最为穷尽。”此义与《大方广庄严经》和《文殊问经》的释义“一切法皆灭没声”“出没灭尽声”“是沉没”等来源相同，《金刚顶释字母品》所释的“一切法远离不可得”也与之接近。凉译作胜乘义，指本经于诸经中最为殊胜。说“阿者名胜乘义，何以故？此大乘典《大涅槃经》于诸经中最为殊胜”。此释与诸译有所不同。

第 15 迦 ka 字义，释作“子”义，由释尊之子引申而来。晋译“一切众生如一子想，于诸一切皆起悲心。”凉译并以释尊子罗睺罗赋予妙善上等义，说“于诸众生起大慈悲，生于子想，如罗睺罗作妙上善义。”

第 16 呿 kha 字义，晋译释“掘”义，说“发掘如来甚深法藏，智慧深入，无有坚固”。但凉译释“非善友”，说“非善友者名为杂秽，不信如来秘密之藏”。对如来法藏一深入发掘，一不信，释义相反。

第 17 伽 ga 字义，释作藏义，藏即如来藏，晋译说“一切众生有如来藏”。凉译如来藏或作如来秘藏、如来秘密之藏，说“一切众生皆有佛性”。一切众生有如来藏与一切众生有佛性，两种说法内涵相同，如来藏是佛性的隐覆状态，佛性是如来藏的本然状态，以众生本来蕴含如来法性而为无量烦恼所缠，故名如来藏，以如来法性即是众生本有自性清净心，自性清净心即是佛性。《涅槃经》中说“如来祕藏有佛性”，“如我性者即是如来祕密之藏”，“若能谛观察我性有佛性，当知如是人得入秘密藏。”“我身即有佛性种子”，“我性及佛性，无二无差别。”一切众生皆有佛性，乃至一阐提亦有佛性，并赋予佛性以常、乐、我、净之德，是《涅槃经》的思想特点。

第 18 伽$_{\text{重音}}$gha 字义，晋译释“吼”义，说“常师子吼，说如来常住”，凉译释“如来常音”，说“何等名为如来常音？所谓如来常住不变”，常狮子吼即如来常音，如来常住即是如来常住不变，如来常住是本经的思想特点。

第 19 俄ṅ字义，晋译释“脆”，说“一切诸行速起速灭”，凉译释“一切诸行破坏之相”，速起速灭即呈现破坏之相，意义相近。

第 20 遮 ca 字义，晋译释“行”，凉译释“修”，行、修意义相同，合称修行，但解释不同，晋译说“成就众生”，凉译说“调伏一切众生”，成就与调伏，其义相反，不过调伏众生者调伏众生之烦恼，烦恼息灭即是成就众生者，一从正向释，一从反向释，相辅相成。

第 21 车 cha 字义，晋译释“照耀”，却说“如来常住之性”；凉译释大盖，说“如来覆荫一切众生，喻如大盖”。覆荫与照耀，其义相反，但均属佛性之德。本经以世间房舍为喻，覆荫一切众生，使之普遍救度。照耀即是光明遍照，亦有普遍之义。

第 22 阇 ja 字义，晋译释“生”，是“生诸解脱，非如生死危脆之生”；凉译释“正解脱”，是“无有老相”之义，无有老相即是无生死之相，无生死相就是正解脱，此由无生死以生解脱为标志，两者会通。阇字义，与《文殊问经》及《金刚顶释字母品》释义相同，作“出度老死声”或“超老死声”以及“一切法生不可得”，意思相近。

第 23 阇重音 jha 字义，晋译释“烧”，说“一切烦恼烧令速灭故”。但凉译解释“烦恼繁茂，喻如稠林”，意思完全不同。

第 24 若 ña 字义，释作智慧，晋译“智也，知法真实”；凉译“喏者是智慧义，知真法性”。《金刚顶释字母品》的释义与此相关，说“穰上字门一切法智不可得故”。《涅槃经》往往以“真”称其终极概念，如真法性、真解脱、真我、真实、真智、真法、真性等，表示其新赋予的内涵，是本经的思想特点。

第 25 吒 ṭa 字义，晋译释“示”，表示如来“于阎浮提现不具足，而彼如来法身常住”；但凉译释“半身”，表示如来“于阎浮提示现半身而演说法，譬如半月”。

第 26 荼 ṭha 字义，晋译作“荼”，释“满足”，表示“平等满足”；凉译则作“侘者法身具足，喻如满月”。满足、具足同义，平等满足即是法身具足，满月喻指法身，半月喻指应身，与吒字义相对应。

第 27 荼 ḍa 字义，晋译“荼轻者仙不没”，意思模糊；凉译释“愚痴僧，不知常与无常，喻如小儿”。

第 28 荼重音 ḍha 字义，晋译释“不知惭耻”，是因“重恩不报”；凉译释“不知师恩”，喻如羝羊。两种意思相近。

第 29 挐 ṇ 字义，晋译释“不正”，如诸外道；凉译释“非是圣”，喻如外道。非圣者即是不正，如外道不正。

第 30 多 ta 字义，晋译释“遮”，说“遮一切有，令不相续”。遮，即遏止。一切有，即一切有为法，包括色法、心法、非色非心法。遏止一切有为法，令不相续，是诸法寂灭义。凉译释“微妙法”，说“如来于彼告诸比丘，宜离惊畏，当为汝等说微妙法”。此微妙法，指本经涅槃佛性说。

第 31 他 tha 字义，释无知、愚痴，晋译说无知如蚕虫作茧，凉译说愚痴“众生流转生死，缠裹如蚕、蜣螂”。其中喻以蜣螂者，如蜣螂转丸，亦喻愚痴众生轮回生死，轮转不已。

第 32 陀 da 字义，释大施，晋译说“于摩诃衍欢喜方便，是故说陀”；凉译“陀者名曰大施，所谓大乘”。大施，即大施主，指大乘以法广施众生，摩诃衍欢喜方便者，即说大乘乐于布施为方便。

第 33 陀$_{\text{重音}}$dha 字义，晋译释“持”，即“护持三宝，如须弥山不令沉没”；凉译释“称赞功德”，“所谓三宝如须弥山高峻广大，无有倾倒”。此称赞之功德指三宝之功德抑或使三宝不倾倒的功德，其义不如晋译明确、完整。

第 34 那 na 字义，晋译释“竖立三宝”，“如城门侧因陀罗幢”；凉译释“三宝安住”，说“无有倾动，喻如门阃”。因陀罗幢、门阃，均喻指坚固不动。因陀罗幢，因陀罗王之幢，或三十三天之同名，喻指三宝如竖立之因陀罗幢坚固不倾动，直立不屈，如《杂阿含经》举例说“坚固不倾动，如因陀罗幢”；“云何名为直？唯因陀罗幢。”① 《大般泥洹经》说解脱义：“湛然不动，其名动者如海涌波；真解脱者则不如是，如因陀罗幢，四方风吹不能动摇，其解脱者即是如来。”②

第 35 波 pa 字义，释“颠倒”，晋译“想三宝沉没而自迷乱”，凉译“若言三宝悉皆灭尽，当知是人为自疑惑”。

第 36 颇 pa 字义，晋译释“世界成败”，说“持戒成败，自己成败”；凉译释“世间灾”，说“若言世间灾起之时三宝亦尽，当知是人愚痴无智，违失圣旨”。按佛教的说法，世界成败、世间灾，是世间四劫成、住、坏、灭之一“坏”，以世间之坏而想三宝之尽灭，是由于自己愚痴无智，是自己持戒失败，失败在于自己。

第 37 婆 pha 字义，凉译释“十力”，晋译但释“力”，说“如诸如来无量神力，非但十力”。十力指如来有十种知之智力，据《俱舍论》《智

---

① （刘宋）求那跋陀罗译《杂阿含经》卷 44、卷 50，《中华藏》第 33 册，第 176 页上，第 254 页上。

② （东晋）法显译《大般泥洹经》卷 3，《大正藏》第 12 卷，第 874 页下。

度论》等，一知觉处非处智力，处者道理之义，知物之道理非道理之智力也；二知三世业报智力；三知诸禅解脱三昧智力；四知诸根胜劣智力；五知种种解智力，知一切众生种种知解之智力；六知种种界智力，于世间众生种种境界不同而如实普知之智力也；七知一切至所道智力，如五戒十善之行至人间天上八正道之无漏法至涅槃等，各知其行因所至也；八知天眼无碍智力；九知宿命无漏智力；十知永断习气智力。

第38婆$_{重音}$bha字义，晋译释“能担正法”，是为菩萨道。凉译释“重担”，说“滼者名为重担，堪任荷负无上正法，当知是人是大菩萨”。两者释义相同。

第39摩ma字义，晋译释“限”，说“入菩萨法，限自强其志，为众重担”。凉译“是诸菩萨严峻制度，所谓大乘大般涅槃”。菩萨限自强其志，即是菩萨严峻制度，皆以菩萨负担大乘之大般涅槃使命，两者释义相同。大般涅槃，《涅槃经》说：“大般涅槃者，名解脱处，随有调伏众生之处，如来于中而作示现，以是真实甚深义故，名大涅槃。”[①]《华严经》从菩萨知见解释说：“云何菩萨摩诃萨知见如来应供等正觉大般涅槃？此菩萨摩诃萨欲知见如来应供等正觉大般涅槃者，当如是知如如般涅槃，如来大般涅槃亦复如是，如实际、如法界、如虚空界、如实性、如离欲际、如无相际、如我性际、如一切法性际、如真实际般涅槃。如来大般涅槃亦复如是，何以故？涅槃非生灭法，若法不生，当知不灭，去无所至。”[②]灌顶《涅槃经玄义文句》则以因果圆满释佛性，说：“云所谓大乘大般涅槃者，大乘是圆因，涅槃是圆果，即一佛性因果也。”[③]

第40耶ya字义，晋译释“习行菩萨四种功德”，凉译“虵（蛇）者是诸菩萨在在处处为诸众生说大乘法”。习行菩萨四种功德，《大乘修行菩萨行门诸经要集》说：“修行菩萨有四种相应善行，何者为四？所谓一者精进修习六波罗蜜，二者以大悲心成熟众生，三者坚持功德成就圆满，四者无量劫时守护三界亦无疲倦，积集一切功德资粮。若修行菩萨能成如是四种功德，为决定菩萨行业。”[④]

---

① （北凉）昙无谶译《大般涅槃经》卷5，《中华藏》第14册，第47页上。

② （东晋）佛陀跋陀罗译《大方广佛华严经》卷36，《中华藏》第12册，第368页下。

③ （隋）灌顶撰《涅槃经玄义文句》卷2，《新纂卍续藏》第36册，第27页上。

④ （唐）智严译《大乘修行菩萨行门诸经要集》卷2，《大正藏》第17卷，第947页下—948页上。

第 41 啰 ra 字义，晋译释“罗者灭淫怒痴，入真实法”，凉译释“能坏贪欲瞋恚愚痴，说真实法”。淫、怒、痴即是贪欲、瞋恚、愚痴，是三毒的不同译法，灭三毒，方能入真实法。

第 42 罗 la 字义，释修习大乘义，晋译释“罗$_{轻音}$者不受声闻辟支佛乘，受学大乘”，凉译释“声闻乘动转不住，大乘安固，无有倾动，舍声闻乘，精勤修习无上大乘”。

第 43 和 va 字义，晋译释“一切世间咒术制作，菩萨悉说”，凉译释“如来世尊为诸众生雨大法雨，所谓世间咒术经书”。此一说世间咒术为菩萨说，一说世间咒术为佛说，但晋译另说一切言说、咒术、记论等，如来所说为一切本云云。

第 44 赊 śa 字义，晋译释“三种毒刺皆悉已拔”，凉译释“奢者远离三箭”。三毒亦名三箭。箭，梵文 śaraḥ，或由此字首而来。

第 45 沙 ṣa 字义，晋译释“满”，是谓“悉能闻受方等契经”；凉译释“具足”，是说“若能听是《大涅槃经》，则为已得闻持一切大乘经典”。两者释义相同，但后者强调本经。

第 46 娑 sa 字义，晋译释“竖立正法”，凉译释“为诸众生演说正法，令心欢喜。”释义相近。

第 47 呵 ha 字义，晋译释“惊声”，感叹“怪哉！诸行悉皆究竟；怪哉！如来而般泥洹，离诸喜乐；”凉译释“心欢喜”，感叹“奇哉！世尊离一切行；怪哉！如来入般涅槃。”

第 48 嗏 kṣa 字义，释“魔”，晋译说“罗$_{来雅反}$者魔也，天魔亿千无能破坏如来，正僧随顺世间而现有坏，又复随顺世间现为父母诸宗亲等”；凉译说“无量诸魔不能毁坏如来秘藏，是故名嗏。复次嗏者，乃至示现随顺世间有父母妻子”。此诸说随顺世间以及世间父母妻子等宗亲皆现为破坏如来藏之诸魔而不能破坏。

第 49 鲁 ḷṛi 字义，释佛。

第 50 流 ḷṝi 字义，释法。

第 51 卢ḷ 字义，释僧。

第 52 楼 ḷh 字义，释对法。晋译解释说：“厘厘楼楼，此四字者长养四义，佛及法、僧、示现有对。随顺世间，示现有对，如调达坏僧。僧实不坏，如来方便示现坏僧，化作是像，为结戒故。若知如来方便义者，不应恐怖，当知是名随顺世间，是故说此最后四字。”凉译解释说：“如是四字说有四义，谓佛、法、僧及以对法。言对法者，随顺世间，如调婆达示现坏僧，化作种种形貌色像，为制戒故。智者了达，不应于此而生畏怖，是名随顺世间之行。”此说“对法”，是指反对佛法者，具体指坏僧调达形象，认为调达也是如来方便化现，是为了随顺世间而便于制定戒律。

表 2　《涅槃经》字门对照表

译本	1 𑖀 a	释义
《大般泥洹经》	阿短	初短阿者吉义，吉者三宝义
北本《大般涅槃经》	噁	噁者不破坏故，不破坏者名曰三宝，喻如金刚。又复噁者名不流故，不流者即是如来，如来九孔无所流故，是故不流。又无九孔，是故不流。不流即常，常即如来，如来无作，是故不流。又复噁者名为功德，功德者即是三宝，是故名噁
南本《大般涅槃经》	恶	恶者不破坏故，不破坏者名曰三宝，喻如金刚。又复恶者不流故，不流者即是如来，如来九孔无所流故，是故不流，又无九孔，是故不流。不流即常，常即如来。如来无作，是故不流。又复恶者名为功德，功德者即是三宝，是故名恶
译本	2 𑖁 ā	释义
《大般泥洹经》	阿长	次长阿者现圣智义，其名圣者，离世间数，清净少欲，能度一切三有之海，故名为圣。圣者正也，能正法度，行处律仪及世间法度，是其义也。复次阿者有所长养，皆依于圣，一切真实正行之本，孝养二亲，皆依是知。晓了正法，住摩诃衍，善男子善女人、持戒比丘及菩萨如是所行，皆名依圣。又复阿者世界言语法之所依，如言善男子阿伽车，如言男子莫作阿那遮逻，是故阿者亦是世间言语所依
北本《大般涅槃经》	阿	阿者名阿阇梨，阿阇梨者义何谓耶？于世间中得名圣者。何谓为圣？圣名无著，少欲知足，亦名清净，能度众生于三有流生死大海，是名为圣。又复阿者名曰制度，修持净戒，随顺威仪。又复阿者名依圣人，应学威仪进止举动，供养恭敬，礼拜三尊，孝养父母，及学大乘善男女等具持禁戒及诸菩萨摩诃萨等，是名圣人。又复阿者名曰教诲，如言汝来如是应作、如是莫作，若有能遮非威仪法，是名圣人，是故名阿

续表

译本	2 𑖁 ā	释义
南本《大般涅槃经》	阿长	长阿者名阿阇梨，阿阇梨者义何谓耶？于世间中得名圣者。何谓为圣？圣名无著，少欲知足，亦名清净，能度众生于三有流生死大海，是名为圣。又复阿者名曰制度，修持净戒，随顺威仪。又复阿者名依圣人，应学威仪进止举动，供养恭敬，礼拜三尊，孝养父母，及学大乘善男女等具持禁戒，及诸菩萨摩诃萨等，是名圣人。又复阿者名曰教诲，如言汝等如是应作、如是莫作，若有能遮非威仪法，是名圣人，是故名阿
译本	3 𑖂 i	释义
《大般泥洹经》	伊短	短伊者此也，言此法者是如来法。梵行离垢清净，犹如满月，显此法故，诸佛世尊而现此名。又复伊者，言此是义、此非义，此是魔说、此是佛说，依是分别故，名为此
北本《大般涅槃经》	亿	亿者即是佛法，梵行广大，清净无垢，喻如满月。汝等如是应作不作，是义非义，此是佛说、此是魔说，是故名亿
南本《大般涅槃经》	伊短	短伊者即是佛法，梵行广大，清净无垢，譬如满月。汝等如是应作不作，是义非义，此是佛说、此是魔说，是故名伊
译本	4 𑖃 ī	释义
《大般泥洹经》	伊长	长伊者名为自在，名大自在，自在梵王能于如来难得之教，以自在力护持正法，以是之故名为自在。又复伊者，于此自在大乘方等《般泥洹经》自在摄持，令此教法自在炽然，令余众生自在受学此方等经。又复伊者，自在方等能除伊者嫉妬邪见，如治田苗去诸秽草，如是等比，是故如来说伊自在
北本《大般涅槃经》	伊	伊者佛法微妙，甚深难得，如自在天、大梵天王法名自在，若能持者则名护法。又自在者，名四护世，是四自在则能摄护《大涅槃经》，亦能自在敷扬宣说。又复伊者能为众生自在说法，复次伊者为自在故说何等是也？所谓修习方等经典。复次伊者为断嫉妬，如除稗秽，皆悉能令变成吉祥，是故名伊

续表

译本	4 𑖂 ī	释义
南本《大般涅槃经》	伊长	长伊者佛法微妙，甚深难得，如自在天、大梵天王法名自在。若能持者则名护法，又自在者名四护世，是四自在则能摄护《大涅槃经》，亦能自在敷扬宣说。又复伊者能为众生自在说法，复次伊者为自在故说何等是耶？所谓修习方等经典。复次伊者为断嫉妬，如除稗秽，皆悉能令变成吉祥，是故名伊
译本	5 𑖄 u	释义
《大般泥洹经》	忧短	短忧者上也，于此契经说最上义。其诸声闻及辟支佛所未曾闻，一句一字片言历耳，譬如诸方欝单越为福德之上。大乘方等亦复如是，一言历耳，当知是等人中之上为菩萨也，是故如来说此忧字
北本《大般涅槃经》	郁	郁者于诸经中最上最胜，增长上上，谓《大涅槃》。复次郁者如来之性，声闻缘觉所未曾闻，如一切处北欝单越最为殊胜，菩萨若能听受是经，于一切众最为殊胜，以是义故，是经得名最上最胜，是故名郁
南本《大般涅槃经》	忧短	短忧者于诸经中最上最胜，增长上上，谓《大涅槃》。复次忧者如来之性，声闻缘觉所未曾闻，如一切处北欝单越最为殊胜，菩萨若能听受是经，于一切众最上最胜，是故名忧
译本	6 𑖅 ū	释义
《大般泥洹经》	忧长	长忧者如香牛乳，其乳香味是大乘经最为上味，广说如来真实之性，非法憍慢皆悉消灭。又复忧者名为大忧，于如来藏慧命根断，著无我说，当知是等名为大忧，是故说忧
北本《大般涅槃经》	优	优者喻如牛乳，诸味中上，如来之性亦复如是，于诸经中最尊最上，若有诽谤，当知是人与牛无别。复次优者是人名为无慧正念，诽谤如来微密秘藏，当知是人甚可怜愍，远离如来秘密之藏说无我法，是故名优
南本《大般涅槃经》	忧长	长忧者譬如牛乳，诸味中上，如来之性亦复如是，于诸经中最尊最上。若有诽谤，当知是人与牛无别。复次忧者是人名为无慧正念，诽谤如来微密秘藏，当知是人甚可怜愍，远离如来秘密之藏说无我法，是故名忧

续表

译本	7 ऋ ṛ	释义
《大般泥洹经》	唖	唖者是也，言是佛法，如来泥洹亦说是法
北本 《大般涅槃经》	唖	唖者即是诸佛法性涅槃，是故名唖
南本 《大般涅槃经》	唖	唖者即是诸佛法性涅槃，是故名唖
译本	8 ॠ ṝ	释义
《大般泥洹经》	唖	唖者如来也，有来去义，以是故说如来如去
北本 《大般涅槃经》	啰	啰者谓如来义，复次啰者，如来进止屈伸举动无不利益一切众生，是故名啰
南本 《大般涅槃经》	野	野者谓如来义，复次野者如来进止屈申举动无不利益一切众生，是故名野
译本	9 ए e	释义
《大般泥洹经》		
北本 《大般涅槃经》		
南本 《大般涅槃经》		
译本	10 ऐ ai	释义
《大般泥洹经》	（缺）	
北本 《大般涅槃经》	（缺）	
南本 《大般涅槃经》		
《金刚顶释 字母品》	爱	爱$_{\text{引}}$字门一切法自在不可得故
译本	11 ओ o	释义
《大般泥洹经》	乌	乌者下也，下贱烦恼悉除灭已，名为如来，是故说乌
北本 《大般涅槃经》	乌	乌者名烦恼义，烦恼者名曰诸漏，如来永断一切烦恼，是故名乌

续表

译本	11 ओ o	释义
南本《大般涅槃经》	乌	乌者名烦恼义，烦恼者名曰诸漏，如来永断一切烦恼，是故名乌
《金刚顶释字母品》	污	污（邬）字门，一切法瀑流不可得故
译本	12 औ au	释义
《大般泥洹经》	炮	炮者是摩诃衍，于十四音炮为究竟，是故说名为摩诃衍。于一切论为究竟论，是故说炮
北本《大般涅槃经》	炮	炮者谓大乘义，于十四音是究竟义。大乘经典亦复如是，于诸经论最为究竟，是故名炮
南本《大般涅槃经》	炮	炮者谓大乘义，于十四音是究竟义。大乘经典亦复如是，于诸经论最为究竟，是故名炮
译本	13 अं aṃ	释义
《大般泥洹经》	安	安者一切也，如来教法离于一切钱财宝物。安者遮义，一阐提义
北本《大般涅槃经》	菴	菴者能遮一切诸不净物，于佛法中能舍一切金银宝物，是故名菴
南本《大般涅槃经》	菴	菴者能遮一切诸不净物，于佛法中能舍一切金银宝物，是故名菴
译本	14 अः aḥ	释义
《大般泥洹经》	阿	最后阿者尽也，一切契经，摩诃衍者最为穷尽
北本《大般涅槃经》	阿	阿者名胜乘义，何以故？此大乘典《大涅槃经》于诸经中最为殊胜，是故名阿
南本《大般涅槃经》	痾	痾者名胜乘义，何以故？此大乘典《大涅槃经》于诸经中最为殊胜，是故名痾
译本	15 क ka	释义
《大般泥洹经》	迦	迦者一切众生如一子想，于诸一切皆起悲心，是故说迦
北本《大般涅槃经》	迦	迦者于诸众生起大慈悲，生于子想，如罗睺罗作妙上善义，是故名迦
南本《大般涅槃经》	迦	迦者于诸众生起大慈悲，生于子想，如罗睺罗作妙善义，是故名迦

续表

译本	16 ख kha	释义
《大般泥洹经》	呿	呿者掘也，发掘如来甚深法藏，智慧深入，无有坚固，是故说呿
北本《大般涅槃经》	佉	佉者名非善友，非善友者名为杂秽，不信如来秘密之藏，是故名佉
南本《大般涅槃经》	呿	呿者名非善友，非善友者名为杂秽，不信如来秘密之藏，是故名呿
译本	17 ग ga	释义
《大般泥洹经》	伽	伽者藏也，一切众生有如来藏，是故说伽
北本《大般涅槃经》	伽	伽者名藏，藏者即是如来秘藏，一切众生皆有佛性，是故名伽
南本《大般涅槃经》	伽	伽者名藏，藏者即是如来秘藏，一切众生皆有佛性，是故名伽
译本	18 घ gha	释义
《大般泥洹经》	伽重音	重音伽者吼也，常师子吼，说如来常住
北本《大般涅槃经》	恒	恒者如来常音，何等名为如来常音？所谓如来常住不变，是故名恒
南本《大般涅槃经》	伽重音	重音伽者如来常音，何等名为如来常音？所谓如来常住不变，是故名伽
译本	19 ङ na	释义
《大般泥洹经》	俄	俄者脆也，一切诸行速起速灭，故说为俄
北本《大般涅槃经》	俄	俄者一切诸行破坏之相，是故名俄
南本《大般涅槃经》	俄	俄者一切诸行破坏之相，是故名俄
译本	20 च ca	释义
《大般泥洹经》	遮	遮者行也，成就众生故，名为遮
北本《大般涅槃经》	遮	遮者即是修义，调伏一切诸众生故，名为修义，是故名遮
南本《大般涅槃经》	遮	遮者即是修义，调伏一切诸众生故，名为修义，是故名遮

续表

译本	21 𑖔 cha	释义
《大般泥洹经》	车	车者照耀，如来常住之性，是故说车
北本《大般涅槃经》	车	车者如来覆荫一切众生，喻如大盖，是故名车
南本《大般涅槃经》	车	车者如来覆荫一切众生，譬如大盖，是故名车
译本	22 𑖕 ja	释义
《大般泥洹经》	阇	阇者生也，生诸解脱，非如生死危脆之生，是故说阇
北本《大般涅槃经》	阇	阇者是正解脱，无有老相，是故名阇
南本《大般涅槃经》	阇	阇者是正解脱，无有老相，是故名阇
译本	23 𑖖 jha	释义
《大般泥洹经》	阇$_{重音}$	重音阇者烧也，一切烦恼烧令速灭故，说为阇
北本《大般涅槃经》	膳	膳者烦恼繁茂，喻如稠林，是故名膳
南本《大般涅槃经》	阇$_{重音}$	重音阇者烦恼繁茂，譬如稠林，是故名阇
译本	24 𑖗 ña	释义
《大般泥洹经》	若	若者智也，知法真实，是故说若
北本《大般涅槃经》	喏	喏者是智慧义，知真法性，是故名喏
南本《大般涅槃经》	若	若者是智慧义，知真法性，是故名若
译本	25 𑖘 ṭa	释义
《大般泥洹经》	吒	吒者示也，于阎浮提现不具足，而彼如来法身常住，是故说吒
北本《大般涅槃经》	吒	吒者于阎浮提示现半身而演说法，喻如半月，是故名吒
南本《大般涅槃经》	吒	吒者于阎浮提示现半身而演说法，譬如半月，是故名吒

续表

译本	26 𑖙 ṭha	释义
《大般泥洹经》	茶	茶者示满足也，平等满足是故说茶
北本《大般涅槃经》	侘	侘者法身具足，喻如满月，是故名侘
南本《大般涅槃经》	侘	侘者法身具足，譬如满月，是故名侘
译本	27 𑖚 ḍa	释义
《大般泥洹经》	茶$_{\text{轻音}}$	茶$_{\text{轻}}$者仙不没，是故说茶
北本《大般涅槃经》	茶	茶者是愚痴僧，不知常与无常，喻如小儿，是故名茶
南本《大般涅槃经》	茶	茶者是愚痴僧，不知常与无常，譬如小儿，是故名茶
译本	28 𑖛 ḍha	释义
《大般泥洹经》	茶$_{\text{重音}}$	重音茶者不知惭耻，重恩不报，是故说茶
北本《大般涅槃经》	祖	祖者不知师恩，喻如羝羊，是故名祖
南本《大般涅槃经》	茶$_{\text{重音}}$	重音茶者不知师恩，譬如羝羊，是故名茶
译本	29 𑖜 ṇa	释义
《大般泥洹经》	拏	拏者不正也，如诸外道，是故说拏
北本《大般涅槃经》	拏	拏者非是圣义，喻如外道，是故名拏
南本《大般涅槃经》	拏	拏者非是圣义，譬如外道，是故名拏
译本	30 𑖝 ta	释义
《大般泥洹经》	多	多者遮一切有，令不相续，是故说多
北本《大般涅槃经》	多	多者如来于彼告诸比丘，宜离惊畏，当为汝等说微妙法，是故名多
南本《大般涅槃经》	多	多者如来于彼告诸比丘，宜离惊畏，当为汝等说微妙法，是故名多

续表

译本	31 𑖞 tha	释义
《大般泥洹经》	他	他者无知也，如蚕虫作茧，是故说他
北本《大般涅槃经》	他	他者名愚痴义，众生流转生死，缠裹如蚕蜣螂，是故名他
南本《大般涅槃经》	他	他者名愚痴义，众生流转生死，自缠如蚕，是故名他
译本	32 𑖟 da	释义
《大般泥洹经》	陁	陁者于摩诃衍欢喜方便，是故说陁
北本《大般涅槃经》	陁	陁者名曰大施，所谓大乘，是故名陁
南本《大般涅槃经》	陀	陀者名曰大施，所谓大乘，是故名陀
译本	33 𑖠 dha	释义
《大般泥洹经》	陁重音	重音陁者持也，护持三宝如须弥山不令沉没，是故说陁
北本《大般涅槃经》	弹	弹者称赞功德，所谓三宝如须弥山高峻广大，无有倾倒，是故名弹
南本《大般涅槃经》	陀重音	重音陀者称赞功德，所谓三宝如须弥山，高峻广大，无有倾倒，是故名陀
译本	34 𑖡 na	释义
《大般泥洹经》	那	那者如城门侧因陀罗幢，竖立三宝，是故说那
北本《大般涅槃经》	那	那者三宝安住，无有倾动，喻如门阃，是故名那
南本《大般涅槃经》	那	那者三宝安住，无有倾动，譬如门阃，是故名那
译本	35 𑖢 pa	释义
《大般泥洹经》	波	波者起颠倒想，三宝沉没而自迷乱，是故说波
北本《大般涅槃经》	波	波者名颠倒义，若言三宝悉皆灭尽，当知是人为自疑惑，是故名波
南本《大般涅槃经》	波	波者名颠倒义，若言三宝悉皆灭尽，当知是人为自疑惑，是故名波

续表

译本	36 𑖣 pha	释义
《大般泥洹经》	颇	颇者世界成败，持戒成败，自己成败，是故说颇
北本《大般涅槃经》	颇	颇者是世间灾，若言世间灾起之时三宝亦尽，当知是人愚痴无智，违失圣旨，是故名颇
南本《大般涅槃经》	颇	颇者是世间灾，若言世间灾起之时三宝亦尽，当知是人愚痴无智，违失圣旨，是故名颇

译本	37 𑖤 ba	释义
《大般泥洹经》	婆	婆者力也，如诸如来无量神力，非但十力，是故说婆
北本《大般涅槃经》	婆	婆者名佛十力，是故名婆
南本《大般涅槃经》	婆	婆者名佛十力，是故名婆

译本	38 𑖥 bha	释义
《大般泥洹经》	婆$_{\text{重音}}$	重音婆者能担正法，为菩萨道，是故说婆
北本《大般涅槃经》	滼	滼者名为重担，堪任荷负无上正法，当知是人是大菩萨，是故名滼
南本《大般涅槃经》	婆$_{\text{重音}}$	重音婆者名为重担，堪任荷负无上正法，当知是人是大菩萨，是故名婆

译本	39 𑖦 ma	释义
《大般泥洹经》	摩	摩者限也，入菩萨法，限自强其志，为众重担，是故说摩
北本《大般涅槃经》	摩	摩者是诸菩萨严峻制度，所谓大乘大般涅槃，是故名摩
南本《大般涅槃经》	摩	摩者是诸菩萨严峻制度，所谓大乘大般涅槃，是故名摩

译本	40 𑖧 ya	释义
《大般泥洹经》	耶	耶者习行菩萨四种功德，是故说耶
北本《大般涅槃经》	虵	虵者是诸菩萨在在处处为诸众生说大乘法，是故名虵
南本《大般涅槃经》	邪	邪者是诸菩萨在在处处，为诸众生说大乘法，是故名邪

续表

译本	41 𑖨 ra	释义
《大般泥洹经》	罗	罗者灭淫怒痴，入真实法，是故说罗
北本 《大般涅槃经》	啰	啰者能坏贪欲瞋恚愚痴，说真实法，是故名啰
南本 《大般涅槃经》	啰	啰者能坏贪欲、瞋恚、愚痴，说真实法，是故说啰

译本	42 𑖩 la	释义
《大般泥洹经》	罗$_{\text{轻音}}$	轻音罗者不受声闻辟支佛乘，受学大乘，是故说罗
北本 《大般涅槃经》	罗	罗者名声闻乘动转不住，大乘安固，无有倾动，舍声闻乘，精勤修习无上大乘，是故名罗
南本 《大般涅槃经》	罗$_{\text{轻}}$	轻音罗者名声闻乘动转不住，大乘安隐无有倾动，舍声闻乘，精勤修习无上大乘，是故名罗

译本	43 𑖪 va	释义
《大般泥洹经》	和	和者一切世间咒术制作，菩萨悉说，是故说和
北本 《大般涅槃经》	和	和者如来世尊为诸众生雨大法雨，所谓世间咒术经书，是故名和
南本 《大般涅槃经》	和	和者如来世尊为诸众生雨大法雨，所谓世间咒术经书，是故名和

译本	44 𑖫 sa	释义
《大般泥洹经》	赊	赊者三种毒刺皆悉已拔，是故说赊
北本 《大般涅槃经》	奢	奢者远离三箭，是故名奢
南本 《大般涅槃经》	赊	赊者远离三箭，是故名赊

译本	45 𑖬 ṣa	释义
《大般泥洹经》	沙	沙者满义，悉能闻受方等契经，是故说沙
北本 《大般涅槃经》	沙	沙者名具足义，若能听是《大涅槃经》，则为已得闻持一切大乘经典，是故名沙
南本 《大般涅槃经》	沙	沙者名具足义，若能听是《大涅槃经》，则为已得闻持一切大乘经典，是故名沙

续表

译本	46 𑖭 sa	释义
《大般泥洹经》	娑	娑者竖立正法，是故说娑
北本 《大般涅槃经》	娑	娑者为诸众生演说正法，令心欢喜，是故名娑
南本 《大般涅槃经》	娑	娑者为诸众生演说正法，令心欢喜，是故名娑

译本	47 𑖮 ha	释义
《大般泥洹经》	呵	呵者惊声也，怪哉！诸行悉皆究竟；怪哉！如来而般泥洹，离诸喜乐，是故说呵
北本 《大般涅槃经》	呵	呵者名心欢喜，奇哉！世尊离一切行；怪哉！如来入般涅槃，是故名呵
南本 《大般涅槃经》	呵	呵者名心欢喜，奇哉！世尊离一切行；怪哉！如来入般涅槃，是故名呵

译本	48 𑖎𑖿𑖬 kṣa	释义
《大般泥洹经》	罗来雅反	罗来雅反者魔也，天魔亿千无能破坏如来，正僧随顺世间而现有坏，又复随顺世间现为父母诸宗亲等，是故说罗来雅反
北本 《大般涅槃经》	嗏	嗏者名曰魔义，无量诸魔不能毁坏如来秘藏，是故名嗏。复次嗏者乃至示现随顺世间有父母妻子，是故名嗏
南本 《大般涅槃经》	罗	罗者名曰魔义，无量诸魔不能毁坏如来秘藏，是故名罗。复次罗者乃至示现随顺世间，有父母妻子，是故名罗

译本	49 𑖈 ḷ	释义
《大般泥洹经》	厘	厘厘楼楼，此四字者，长养四义，佛及法僧，示现有对，随顺世间，示现有对，如调达坏僧。僧实不坏，如来方便示现坏僧，化作是像，为结戒故。若知如来方便义者，不应恐怖，当知是名随顺世间，是故说此最后四字
北本 《大般涅槃经》	鲁	鲁流卢楼如是四字说有四义，谓佛法僧及以对法。言对法者随顺世间。如调婆达示现坏僧，化作种种形貌色像，为制戒故，智者了达，不应于此而生畏怖，是名随顺世间之行。以是故名鲁流卢楼
南本 《大般涅槃经》	鲁	鲁流卢楼如是四字说有四义，谓佛法僧及以对法

续表

译本	50 𑖉 ḹ	释义
《大般泥洹经》	厘	法
北本《大般涅槃经》	流	法
南本《大般涅槃经》	流	法
译本	51 𑖈 ḷ	释义
《大般泥洹经》	楼	僧
北本《大般涅槃经》	卢	僧
南本《大般涅槃经》	卢	僧
译本	52 𑖈 ḷh	释义
《大般泥洹经》	楼	示现有对，如调达坏僧，僧实不坏，如来方便示现坏僧，化作是像，为结戒故
北本《大般涅槃经》	楼	言对法者，随顺世间，如调婆达示现坏僧，化作种种形貌色像，为制戒故，智者了达，不应于此而生畏怖，是名随顺世间之行
南本《大般涅槃经》	楼	言对法者，随顺世间，如提婆达示现坏僧，化作种种形貌色像，为制戒故。智者了达，不应于此而生畏怖，是名随顺世间之行，以是故名鲁流卢楼

三　《文殊问经》字门

《文殊问经》字门，或称文殊字门，简称《问经》字门，即《文殊师利问经·字母品》所说悉昙字门。该经有两译，一梁僧伽婆罗初译，《长房录》著录二卷，天监十七年（512）敕僧伽婆罗于占云馆译，袁昙允笔受，光宅寺沙门法云详定。[①] 一唐不空再译，题《文殊问经字母品》，不空译经目录表题《文殊问字门品经》[②]，《贞元录》另题《文殊问字母

① （隋）费长房撰《历代三宝纪》卷11，《中华藏》第54册，第296页上。

② （唐）不空撰《三朝所翻经请入目录流行表》，《代宗朝赠司空大辨正广智三藏和上表制集》卷3，《大正藏》第52卷，第839页上。

品》。该经译于梁代，形成时间并不早，但其内容强调般若以及中道，经文采用九分教中祇夜（重颂）的一种形式，由一部部小经集合，属于早期般若类大乘经典。而其中一切品目的内容与部派佛教有关，如《分部品》说部派分裂的情况，说佛涅槃一百年后弟子分为根本二部，又从大众部分出七部，从老宿部分出十一部，共成二十部。该经《不可思议品》《涅槃品》等多说佛涅槃事，并多处讨论佛身和如来名义以及菩萨戒行等，也是部派佛教时期的一种特点。《嘱累品》最后说供养花咒，是一部早期的陀罗尼咒经。另外，该经《菩萨戒品》中也说一首噉肉咒。该经《字母品》的内容，有八字门和五十字门，其中八字门插在字母释义与释文之间，均反映出部派佛教时期的思想特点，少有般若以及后来的大乘思想影响。

该经往往以字门的形式对其重要概念以及阿罗汉和如来称号进行释义，可能是字门的一种早期形式。如《无我品》说："若无时则无数，以无数故，亦无有我。何以故？以可分故。阿者离我声，多者不破，么者灭憍慢，又阿者真实离我，真实离我故，两边说阿。是故，文殊师利！分别字故，定无有我。"① 无有我，即无我，梵文 ātmā，可分解为 ā、t、m、ā 四个字母，所以说无有我"可分"。其中初阿 ā 字有"离我"义，多 ta 字有"不破"义，么 ma 字有"灭骄慢"义，后阿 ā 字有"真实离我"义。分别字母来看，离我、不破、灭骄慢、真实离我，其中都无我义，故说分别字义，也定无有我。分析字母，赋予特定的意义，是建立陀罗尼字门的特有方式。此字门可称无我字门，或四字门。

《嘱累品》说阿罗汉与如来名号字义，如有问"阿罗汉、正遍知等有何义"？佛告文殊师利："阿罗汉多者，得正遍知，名阿罗汉多。"阿罗汉多，梵文 arhanta，分析为 a、r、ha、n、ta 五个字母，并解释说："阿 a 者何义？过凡夫地，名为阿义。罗 ra 者何义？从染得无染，名为罗义。呵 ha 者何义？以杀烦恼，得光明义。那 na 者何义？到于醍醐道，不为生死所缚义。多 ta 者何义？求觅真实义。"阿罗汉之名，分析后解释的结果，已与阿罗汉的本义有很大不同了，由此可见陀罗尼释义的结果并不是阿罗汉词义的分解或集合。阿罗汉的词义，如《善见律毗婆沙》分别解释说："阿罗者，是三界车辐。汉者，打坏三界车辐，所以如来打坏三界

① （梁）僧伽婆罗译《文殊师利问经》卷上，《大正藏》第 14 卷，第 494 页下。

车辐，故名阿罗汉也。又言阿罗者杀贼，所以如来杀烦恼贼，故名阿罗汉。又言阿罗者一切恶业，汉者远住。三界为车，无明爱缘行者为辐，老死者为辋，受生者为毂，诸烦恼者为轴。无始世界流转不住，佛于菩提树下，以戒为平地，以精进为脚足，至心为手，智慧为斧，斫断三界车辐；”“又罗汉名者是应供”，“受人天供养故，名为应供；”“又言阿罗汉者，罗汉者覆藏义，阿者无也，名无覆藏。何谓无覆藏？譬如世人作罪，恒自覆藏，如来于中永无故，名无覆藏。”① 这就是说阿罗汉有坏三界、杀烦恼、远离恶业以及应供、覆藏等义，这与阿罗汉字门所释的过凡夫地、从染得无染、杀烦恼得光明、到醍醐道不为生死所缚、求觅真实义等已有了很大差距，其中的每一个字还可以引申相关的意思。《大智度论》释阿罗汉杀贼、不生、应供三义，说：“云何名阿罗呵？阿罗，名贼，呵名杀，是名杀贼。如偈说：佛以忍为铠，精进为钢甲，持戒为大马，禅定为良弓，智慧为好箭，外破魔王军，内灭烦恼贼，是名阿罗呵。复次，阿名不，罗呵名生，是名不生。佛心种子，后世田中不生无明糠脱故。复次，阿罗呵名应受供养，佛诸结使除尽，得一切智慧故，应受一切天地众生供养，以是故佛名阿罗呵。”可见这些解释尽管详尽入微，也不过将一个词分析为有意义的音节来解释，并没有像字门一样将字词分析为最小的语音单位来赋予其意义。

佛的称号“正遍知”，音译三藐三佛陀，经中解释说“三藐三佛陀者何义？自觉觉彼、正遍见义。婆者何义？诸法平等如虚空义。摩者何义？能灭憍慢义。耶者何义？如法分别义。菴者何义？知后边身义。迦者何义？失业、非业义。娑者何义？知生死轮转边义。婆者何义？解脱、解脱系缚义。优者何义？能随问答义。陀者何义？得寂静义。他者何义？受持法性无体相义。”其中婆、摩、耶、菴、迦、娑、婆、优、陀、他，就是将梵文 samyak-saṃbuddha 分析为 sa、m、y、a、ka、saṃ、b、u、d、dha 十个字母，并赋予其特定的含义，婆 sa 释诸法平等如虚空义，摩 ma 释能灭憍慢义，耶 ya 释如法分别义，菴 a 释知后边身义，迦 ka 释失业非业义，娑 saṃ 释知生死轮转边义，婆 ba 释解脱及解脱系缚义，优 u 释能随问答义，陀 da 释寂静义，他 dha 释受持法性无体相义。同样，佛陀的字门释义与一般的解释不同，《善见律毗婆沙》说：“三藐三佛陀者，善知

① （南齐）僧伽跋陀罗译《善见律毗婆沙》卷4，《大正藏》第24卷，第695页中。

一切法故，名三藐三佛陀。言佛陀者，法应知而知，法应弃者而弃，应出者而出，是名佛陀。又言佛陀复有别义，何者？以慧眼若见苦谛、集谛、灭谛、道谛，次第明见，是佛陀也。”“如来一一善知一切，是名三藐三佛陀。知者三知，亦有八知。”《大智度论》亦说：“云何名三藐三佛陀？三藐名正，三名遍，佛名知，是名正遍知一切法。”此释正遍知义已与佛陀的字门释义诸法平等如虚空、能灭骄慢、如法分别、知后边身、失业非业、知生死轮转边、解脱及解脱系缚、能随问答、寂静、受持法性无体相等大有不同。另解释佛的另一功德称号“所作已办”，说“所作已办者，舍身肉手足事已毕竟，谓所作已办。”音译迦厘多耶，梵文 kṛtya，可分解为 k、ṛ、t、ya，但迦厘初合释，其次分别释，再次又分别释，似乎梵文原文为 kṛkṛkṛtya，其中迦厘 kṛ 释已舍不更舍义，迦 ka 释见诸法如观其掌义，厘ṛ释软直心相续，又 k 释断诸业行，ṛ释除三业性。多 ta 字释觉真义，耶 ya 字释灭没声如法成就义。

该经字门属于悉昙字母系统，共释 50 个梵字，其中边音ḷ、ḹ 置于最后，梁译释文中却在元音ṛ、ṝ与复合元音 o、au 之间，符合梵文字母按元音、辅音顺序排列方式。不空译本只有字门，译文略有不同。而僧伽婆罗译本不仅有字门，而且有进一步的释文，由此可见陀罗尼字门释义的完整义理。如：

初阿 a 字无常义，梁译进一步解释说：“无常声者，一切有为法无常。如眼入无常，耳、鼻、舌、身、意入亦无常；色入无常，声、香、味、触、法入亦无常。如眼界、色界、眼识界乃至意界、法界、意识界亦无常；色阴无常，乃至识阴亦如是，此谓无常声。”

第 2 长阿 ā 字义，梁译字门中释“离我”（唐译“远离我”），但释文中作“无我”，并解释说“无我声者，一切诸法无我。有说我人、作者使作者等或断或常，此谓我想我觉是外道语言。若过去已灭，若未来未至，若现在不停，十二入、十八界、五阴悉无有我，是长阿义。”

第 3 伊 i 字义，梁译释“出诸根声”，说“诸根声者，谓大声。如眼根名大声，耳根乃至意根名大声，此谓伊字，是名大声”。声表示字门发音，不构成意义，故诸根大，唐译“诸根广博”，但《佛本行集经》释作“一切诸根门户闭塞”，《方广大庄严经》释作“诸根本广大”。按诸根指诸根门户，应即眼、耳、鼻、舌、身、意六根。说六根广大者，如道坚《入大乘论》所说：“云何入摩诃衍行？答曰：菩萨当先具种性，随顺善行，所解广大：内心广大，界分广大，种性广大。性既具足，其心调柔，渐损烦恼，少贪瞋痴，好修诸善，精勤诵习。如是众生六根广大，能发大愿，欲求佛道，种性相貌如佛所说。”但大、广大、广博与门户之闭塞，其义相反。①

第 4 长伊 ī 字义，梁译释“疾疫”，释文作“多疾疫”，说“多疾疫声者，眼多疾疫，乃至意亦如是，众生身心种种病苦，此谓多疾疫声”。不空此译“世间灾害”，《庄严经》释“一切世间众多病”，世间灾害与六根疾疫乃至众生身心病苦之义，还是有一定差异。

第 5 忧 u 字义，梁译释“荒乱”，说“荒乱声者，国土不安，人民相逼，贼抄竞起，米谷不登，此谓荒乱声”。唐译“多种逼迫”，《庄严经》释“世间诸恼乱事”，释义相同。

第 6 长忧 ū 字义，梁译释“下众生”，说“下众生声者，下劣众生贫穷困苦，无善根，诸禽兽虫蚋等，此谓下众生声”。《庄严经》释“诸世间一切众生智慧狭劣”，与之相近，但唐译释“损减世间多有情”，反而有所差别。

第 7 厘 ṛ 字义，梁译释“直软相续”，说“直软相续声者，直者不谄，不谄者不曲，不曲者真实，真实者如说行，如说行者如佛语行，此谓为直。软者有六种，眼软乃至意软，此谓为软。相续者不离一切诸善法，是谓直软相续声”。直软是正直软善之意，《般若经·法性品》说：“是诸菩萨心性慈和，正直软善，无诸谄曲、嫉妬、垢秽，心常清净，离粗恶语，多行忍辱，亲狎有情。菩萨如是行深般若波罗蜜多，在处安乐。所以者何？具足正见及清净见、清净之行，所行境界与心相应。若心相违，恶不善法境界秽处，斯则不行。”② 故此唐译“直软相续有情”，是于有情直软相待，释义更为准确。

第 8 长厘 ṝ 字义，两译相同，均释“断染游戏”，梁译进而解释说：“断染游戏声者，断欲界染三十六使，思惟所断四使。断者除灭义，游戏者五欲众具，众生于此游戏，如是应断，此谓断染游戏声。”所谓五欲，指色、声、香、味、触五种能够引起贪欲心的诱因。所谓欲界染三十六使、思惟所断四使，指九十八使中的欲界系，另有三十一使色界系，三十

① （北凉）道泰译《入大乘论》卷上，《大正藏》第 32 卷，第 39 页下。

② （唐）玄奘译《大般若波罗蜜多经》卷 569，《中华藏》第 6 册，第 680 页中、下。

一使无色界系。欲界三十六使为贪、瞋、痴、慢、疑、身、边、邪、取、戒等十随眠，配于三界五部，即欲界见苦所断十种，见集及见灭所断七种（除身边戒），见道所断八种（除身边），并欲界修所断四种（贪瞋痴慢），合为三十六种。按《阿毗昙甘露味论》所说，九十八使有二种断，即见谛断与思惟断，包括二十八种见苦断、十九种见习断，十九种见尽断，二十二种见道断，十种思惟断。其中欲界系包括见苦断有十使见习断，七使见尽断，七使见道断，八使思惟断，余下四使，共为三十六使。其他除瞋恚余残结使，色界、无色界中各断三十一使，总成九十八使。[①]

第 9 梨ḷ 字义，梁译“相生法”，说“出相生法声者，一切诸法无我为相，念念生灭，寂静相。无我为相者，色阴无常乃至识亦如是，此谓无我为相。念念生灭者，一切诸行念念生，生者必灭，此谓一切诸法念念生灭。寂静者，空无处所，无色无体，与虚空等，此谓寂静相者。过去、未来、现在无常，此谓相生法声。”相生法，唐译“生法相”，即生法之实相，比梁译更符合语法习惯。

第 10 长梨ḹ字义，两译均释“三有染相”，梁译解释说：“出三有染相声者，相者五欲众具欲界相，色染色界相，无色染无色界相，此谓相。三有者，欲有、色有、无色有。云何欲有？地狱乃至他化自在天。云何色有？梵身乃至色究竟。云何无色有？空处乃至非想非非想处。染著三界九十八使，此谓出三有染相声。”其中三有亦即三界，包括欲界、色界、无色界三种存在形态。

第 11 医 e 字义，梁译释“所起过患”，说“所起过患声者，三求——欲求、有求、梵行求。欲求者，求色声香味触。云何色求？色有二种，一谓色，二谓形色。色有十二种，谓青、黄、赤、白、烟、云、尘、雾、光、影、明、暗。形色有八种，谓长、短、方、圆、高、下、平、不平，此谓欲色。云何欲声？声有七种，谓螺声、鼓声、小鼓声、大鼓声、歌声、男声、女声，此谓欲声。云何欲香？香有七种，根香、心香、皮香、糖香、叶香、花香、果香，或男香、女香，此谓欲香。云何欲味？味有七种，甜味、酢味、咸味、苦味、涩味、淡味、辛味，或男味或女味，此谓欲味。云何欲触？触有八种，冷、热、轻、重、涩、滑、饥、渴，或男触或女触，此谓欲触，此谓欲求。云何有求？欲有色有、无色有，此谓

① （魏）失译《阿毗昙甘露味论》卷上，《大正藏》第 28 卷，第 972 页上。

有求。云何梵行求？出家苦行，欲求天堂、欲求涅槃，此谓梵行求。求者何义？谓乐著义”。唐译“起所求”，指出所起的具体对象“求”；梁译则指明所起的性质为错误，所谓过患者，如其进一步解释：“云何所起过患声？众生诸有悉名过患，除天堂及涅槃，余处求一切有过患，此谓所起过患声。”

第12翳ai字义，梁译释“圣道胜”，说“圣道胜声者，谓八正道，正见乃至正定，无过患、无所著，故谓圣道，此谓圣道胜声”；但唐译“威仪胜”，《大日经义释演密钞》解释蔼有二义，其一“蔼者是威仪胜声，如来威仪进止无非利益一切众生，故曰蔼者是威仪胜声等。”①

第13乌o字义，两译均释“取”义，梁译说“取声者，执捉诸法，此谓取声”。取是十二支之一，执着义，指取着所对之境界，慧远《大乘义章》说：“取执境界，说以为取。”②《大般涅槃经义记》说：“从爱生取，当知是取即无明爱者，即前爱心取著境界，即名为取。体性不殊，是故此取即无明爱。从取生有、是有即是无明等者，即前取心起业名有，是故此有即无明等。”③

第14燠au字义，两译均释“化生”。梁译说：“化生声者，四阴受、想、行、识，此谓化生。复说胎生、卵生、湿生、化生。胎生四种，东弗于逮，南阎浮提，西拘耶尼，北欝单越。卵生一切众鸟。湿生蚊、虻、虱等。化生诸天也，此谓化生声。”此以四阴为化生者，如《般若灯论释》说：“云何为名色耶？名有二种，一谓自往诸趣，二谓为烦恼所使强令入诸趣中。复次名者，谓无色四阴，总名为名。云何为色？色者可变异故名色，谓四大及四尘等，非独识为名色缘，无明行等亦为彼缘。复次识缘名色者，识及无明等非是定与名色为缘，有处有化生者而亦与彼六入为缘。如无色界生者，此识但与名为缘。”④

第15菴aṃ字义，两译均释“无我所”，《庄严经》释“一切物皆无我、我所声”。梁译说“无我所声者，一切诸法非是我所，无我起故。无我所者，无我所慢，此谓无我所声。”无我所与无我相对而言，我所是我

① （辽）觉苑撰《大日经义释演密钞》卷6，《新纂卍续藏》第23册，第593页下。
② （隋）慧远撰《大乘义章》卷5，《大正藏》第44卷，第561页下。
③ （隋）慧远撰《大般涅槃经义记》卷9，《大正藏》第37卷，第865页上。
④ （唐）波罗颇蜜多罗译《般若灯论释》卷15，《大正藏》第130卷，第132页上。

的对象，此应包含无我与无我所。《中论·观法品》谓：“无我、无我所者，于第一义中亦不可得。无我、无我所者，能真见诸法。凡夫人以我、我所障慧眼故，不能见实。今圣人无我、我所故，诸烦恼亦灭。诸烦恼灭故，能见诸法实相，内外我、我所灭故，诸受亦灭。诸受灭故，无量后身皆亦灭，是名说无余涅槃。”①

第16恶 aḥ字义，梁译释“没灭尽”，唐译释“沉没”，《庄严经》亦作“一切法皆灭没”。没灭尽、灭没、沉没，均同义。梁译解释说“没灭尽声者，无明灭故行灭，乃至生灭故忧悲苦恼灭；没尽者，泥洹寂静不复更生，此谓没灭尽声。”

第17迦 ka 字义，梁译释“度业果报”，唐译“业异熟”，《本行经》亦释“当受诸有业报所作”，《庄严经》亦释“入业果”。梁译解释说：“度业果报声者，业者三业，谓身三、口四及意三。业果报者三业清净，此谓度业果报声。”异熟是果报的异译，梵文 Vipāka 旧译果报，新译异熟，所谓业果报者，即依据过去的善恶之业而得到的结果，异熟是说所得果异于因之性质而成熟，《成唯识论述记》说：“言异熟者，或异时而熟，或变易而熟，或异类而熟，或异熟因所招名异熟果。”②

第18佉 kha 字义，梁译释“虚空等一切诸法”，唐译作“一切法等虚空”，《庄严经》亦作“一切诸法如虚空”，三译同义。梁译解释说：“虚空等诸法声者，诸法与虚空等。云何与虚空等？一切法唯有名，唯有想，无有相，无分别，无体、不动不摇，不可思议、不起不灭，无所作、随无相，无所造、无相貌，无形色、无行处，等虚空、住平等，不老不死，无忧悲苦恼。色者虚空等，受想行识亦如是。过去已没，未来未至，现在不停，此谓虚空等诸法声。”

第19伽 ga 字义，梁译释“深法”，唐译释“甚深法”，《本行经》释“十二因缘甚深难越”，《庄严经》释“甚深法入缘起”。按梁译，释文，深法、甚深法即指十二因缘法，如说“深法声者，无明缘行，乃至生缘老死、忧悲苦恼。无明灭则行灭，乃至生灭忧悲苦恼灭。彼理真实，是名为深。深者，是十二因缘一切语言道断，无边、无处、无时节，断丈夫、断世性，入平等、破自他执，此谓深法声。”

---

① （后秦）鸠摩罗什译《中论》卷3，《中华藏》第28册，第877页中。

② （唐）窥基撰《成唯识论述记》卷2，《大正藏》第43卷，第300页上。

第 20 恒 gha 字义，梁译“除坚重无明痴暗冥”，唐译“摧稠密无明暗冥”，《本行经》释“诸无明盖覆翳甚厚当净除灭”，《庄严经》释“除灭一切无明黑暗厚重瞖膜”，诸译释义相同。梁译解释说“除坚重无明痴暗冥声者，坚者身见等五见，重者五阴，无明者不知前后际及有罪无罪，不识佛法僧，不知施戒天，不知阴界入，此谓无明。痴者忘失觉念，此谓痴。暗者入胎苦恼一切不净而生乐受，迷惑去来，此谓暗。冥者于三世无知，无方便，不明了，此谓冥。除者真实谛开示光明，除自果，除烦恼，除非烦恼，除余习，入平等不可思议为主，此谓除义，此谓除坚、重、无明、痴、暗、冥声。”其中五见即身见、边见、邪见、见取见、戒禁取见，其中一身见，即我见、我所见，不知我身为五蕴和合之假而认为实有我身（我见），又不知我身边之诸物无一定之所有主而认为实为我所有物（我所见）。二边见者，认为一旦有我身、起我见之后，其我或认为死后断绝，或认为死后亦常住不灭者。三邪见者，否定因果关系，以为并无招致结果之原因，亦无由原因而生之结果，故恶不足恐，善亦不足好。四见取见者，以劣知见为始，取其他种种劣事为最胜殊妙者。五戒禁取见者，以非理非过之戒禁为始，取其他种种之行法，以之为生天之因或涅槃之道者。

第 21 诶ṅa 字义，梁译释“预知行”，说：“豫知行声者，八种豫知行，谓正见乃至正定，此谓菩萨豫知行。除断五见谓正见，不思惟贪瞋痴谓正思惟，身意业清净此谓正业，口业清净此谓正语。欺诳、谄谀、诈现少欲、以利求利，五种贩卖：酤酒、卖肉、卖毒药、卖刀剑、卖女色，除此恶业，此谓正命。善身行、善意行谓正精进，念四念处此谓正念，以定心无染著寂静相、灭相、空相，此谓正定，此谓预知行声。”唐译“五趣清净”，五趣，即地狱、饿鬼、畜生、人、天五种生死轮回的众生，五趣清净，即是五趣众生不再受身轮回。此与梁译释义不同，亦与其他字门不同。

第 22 遮 ca 字译，均释“四圣谛”，《本行经》与《庄严经》释义亦同。梁译说：“四圣谛声者，谓苦、集、灭、道谛。云何苦谛？能断十使。云何集谛？能断七使。云何灭谛？能断七使。云何道谛？能断八使，四思惟断乃至断色无色结，此谓四圣谛声。”其中十使、七使、八使等，《众事分阿毗昙论》解释说：“问此欲界系三十六使，十见苦断，七见集断，七见灭断，八见道断，四修断。云何见苦断十使？答谓身见、边见、见苦断邪见、见取、戒取、疑、贪、恚、慢、无明。云何见集断七使？谓见集断邪见，见取、疑、贪、恚、慢、无明。云何见灭断七使？谓见灭断邪见，见取、疑、贪、恚、慢、无明。云何见道断八使？谓见道断邪见，见取，戒取，疑、贪、恚、慢、无明。云何修断四使？谓修断贪、恚、慢、无明。”①

第 23 车 cha 字义，梁译释“断欲染”，唐译释“不覆欲”，《庄严经》释“永断贪欲”，释义相同。梁译解释说：“断欲染声者，欲者染、乐、不厌，欲庄严，著姿态，思惟欲，思惟触，待习近。染者系缚，乐者乐彼六尘，不厌者专心著缘，无有异想。欲者欢喜，庄严者为染意，著者游戏，姿态者作种种容仪，思惟欲者著五欲，思惟触者欲相习近，待者以香花相引，习近者欲染心遂。断者悉除前不善法，此谓断欲染声。”

第 24 阇 ja 字义，梁译释“度老死”，唐译“超老死”，《本行经》释“应当超越出生死海”，《庄严经》释“度一切生死彼岸”，释义均相同。梁译解释说：“度老死声者，老者身体消减，柱杖羸步，诸根衰耗，此谓老。死者诸根败坏，何故名死？更觅受生处，彼行业熟，此谓为死。云何老死差别？诸根熟名老，诸根坏名死，先老后死，此谓老死。度此老死，此谓为度。度有何义？过度义，到彼岸、自在、不更生义，此谓度老死声。”

第 25 禅 jha 字义，梁译释“摄伏恶语言”，唐译“制伏恶语言”，释义相同。梁译解释说：“摄伏恶语言声者，摄伏者，摄伏语言、摄伏身体。云何摄伏语言？以同类语破异类语，以异类语破同类语；以真实语伏不真实语，以不真实语伏真实语；以非语言伏语言，以语言伏非语言；以第一义伏非第一义，以非第一义伏第一义；以决定语伏不决定语，以不决定语伏决定语；以一伏多，以多伏一；以无犯伏有犯，以有犯伏无犯；以现证伏不现证，以不现证伏现证；以失伏不失，以不失伏失；以种类不得伏种类，以非种类不得伏非种类。恶者，说不实、不谛、不分别。伏者，断义、遮义、除义，此谓摄伏恶语言声。”

第 26 若 ña 字义，梁译释“说安住”，梁译解释说：“说安住声者，说令分明开示，分别说不覆障道，随法说，此谓说。安住者置在一处，说泥洹、说出世间，述成所说，无相语言、无貌语言、无异语言、无作语

① （刘宋）求那跋陀罗译《众事分阿毗昙论》卷 3，《大正藏》第 26 卷，第 641 页上。

言、觉语言、空语言、寂静语言，此谓说安住声。”但唐译释“制伏他魔”，与此释义不同。按魔者，即魔障、魔事，指修行过程搅扰心念的思绪活动，所谓心中所起的烦恼怨魔。《维摩经略疏》：“菩萨观行成就故，能制伏魔怨。降魔是道场，初心菩萨能降四魔乃至八魔，见魔界如即佛界，如即真道场，能处魔界心不倾动。”① 按此则所谓安住者，应为不被魔怨所扰而心安住不动。他魔，与自魔相对而言，内心生起之烦恼称自魔，由外而入的烦恼称他魔。《摩诃止观》说：“治魔罗有三，一初觉呵，如守门人遮恶不进。如佛告比丘一切他物不受，不受之术能治一切自、他魔事。二若已受入，当从头至足一一谛观，求魔叵得，又求心叵得，魔从何来？欲恼何等？如恶人入舍，处处照检，不令得住。三观若不去，强心抵捍，以死为期，不共尔住。”② 又他魔也指外道邪见，如《大梵天王问佛决疑经》说：“何为魔事？有四种魔大障弘通，一者天魔作障魔，二者外魔，三者他魔，外道邪见魔，四者自魔。”③

第 27 多 ṭa 字义，梁译释“断结”，唐译释“断语”，《庄严经》释“永断一切道”。梁译说：“说断结声者，无明灭乃至老死灭，灭一切阴。灭者失没，断无有生，此谓灭。断者，断一切诸使，断烦恼根无有遗余，此谓断结声。”断语一般指断灭语言四过或四恶行，即妄语、两舌、恶口及绮语，或指断灭语言道，《大智度论》所谓“灭诸观戏论，断语言道，即是入法性相。”④ 断一切道者，无为阿罗汉果的一项内容，道即六道，指不再轮回六道。但此多字释义断结、断语、永断一切道，当统指阿罗汉“道因声起”典故。

第 28 他 ṭha 字义，诸译均释“置答”，即置而不答，以不答的方式作回答，是四种回答方式之一。梁译解释“置答声者，随问答、分别答、反问答、置答。云何随问答？如问即答。云何分别答？随彼所问，广为分别。云何反问答？若人有问，反问令答。云何置答？如问我断、我常，置而不答，以分别问问，随问答；以反质问问，分别答；以置答问问，反质答；以随问答问问，置答；此谓置答声。”《涅槃经》说：“如来世尊为众

---

① （隋）智𫖮撰《维摩经略疏》卷 6，《大正藏》第 38 卷，第 643 页中。
② （隋）智𫖮撰《摩诃止观》卷 8，《大正藏》第 46 卷，第 116 页上。
③ 佚名译《大梵天王问佛决疑经》，《新纂卍续藏》第 1 册，第 447 页中、下。
④ （后秦）鸠摩罗什译《大智度论》卷 63，《中华藏》第 26 册，第 178 页上。

生故，有四种答，一者定答，二者分别答，三者随问答，四者置答。”“若有说言断善根者定有佛性、定无佛性，是名置答。迦叶菩萨言：‘世尊，我闻不答乃名置答，如来今者何因缘答而名置答？’‘善男子，我亦不说，置而不答，乃说置答。善男子，如是置答复有二种，一者遮止，二者莫著，以是义故，得名置答。’”① 如《入楞伽经》说：“诸外道等执著可取能取，不知但是自心见法，为彼人故，我说言有四种问法，无记置答非我法中。大慧！诸佛如来应正遍知，为诸众生有四种说言，置答者，大慧！为待时故说如是法，为根未熟非为根熟，是故我说置答之义。”②

第29陁ḍa字义，梁译释“摄伏魔贼”，唐译释“摄伏魔诤”，《庄严经》释“断一切魔恼乱”，释义相同。梁译解释说：“摄伏魔贼声者，魔者四魔，色、受、想、行、识，此谓阴魔贼。从此有、度彼有、息一切事，此谓死魔贼。无明、爱、取，此谓烦恼魔贼。五欲众具为天魔体，此谓天魔贼，此谓摄伏魔贼声。”魔诤，亦指烦恼。《俱舍论颂疏记》解释说：“言烦恼名诤者，泛论其诤总有三种，一烦恼诤，二言诤，谓因言论以生诤故。三蕴诤，蕴、死二魔诤生死故，今此有诤是烦恼诤。”③

第30檀ḍha字义，梁译释“灭诸境界”，唐译释“灭秽境界”，《庄严经》释“一切境界皆是不净”。后两释与前释有一定差异，梁译解释说：“灭诸境界声者，灭色乃至灭触。境界者，色、声、香、味、触，此谓灭诸境界声。”但秽境界相对于净境界而言，《法苑珠林》说：“或于秽现净，如按地现净，譬同天宫其事如是。或于众生共相器世界间，种子所感，于中显现净、秽境界，随其六道各见不同，此皆由外名言熏习。因识种成就，感得器世界，影像相现。此影像是本识相分，由共相种子与影像相，彼现相识为因缘，即此共相。由内报增上缘力，感得如此苦乐不同。”④《大乘止观法门》说：“净熏心故，秽相随灭，此盖过去之业定能熏心起相，现世之功亦得熏心显妙用也。如此于大小便处假想熏心而改变之，其余一切净秽境界须如是假想熏心以改其旧相，故得现在除去憎爱，亦能远与五通为方便也。”⑤ 又《摄大乘讲疏》解释秽境界说：“《释论》

① （北凉）昙无谶译《大般涅槃经》卷35，《大正藏》第12卷，第571页上。

② （元魏）菩提流支译《入楞伽经》卷4，《大正藏》第16卷，第536页中。

③ （唐）遁麟撰《俱舍论颂疏记》卷1，《新纂卍续藏》第53册，第392页中。

④ （唐）道世撰《法苑珠林》卷15，《大正藏》第53卷，第398页上。

⑤ （陈）慧思撰《大乘止观法门》卷4，《大正藏》第46卷，第664页上。

曰：‘由他分别所持故者，由众多识变异作境界，自识虽不复变异作本境，他未得无分别智识，犹变异作此境界，为此人分别识所持故，犹有秽境界。’从语可解。”[①]《庄严经》释作一切境界皆不净，是就由识变现之一切境界的性质而言。

第 31 那ṇa 字义，均释“除诸烦恼”，梁译释“除诸烦恼声者，断灭烦恼。除烦恼者，染欲大毒，不净观为药。瞋恚大毒，慈悲为药。无明大毒，十二因缘观为其药，此谓除诸烦恼声”。此谓诸烦恼者，染欲、瞋恚、无明三毒而言，属于根本烦恼。但《庄严经》此字释作“永拔微细烦恼”，《佛本行集经》亦作类似解释，说“其得道人受利养时，无一微尘等诸烦恼而不散灭，堪应他供”。此说微细烦恼，按《大毗婆沙论》说微细烦恼是随眠相，根本烦恼也是随眠相。[②]《金色童子因缘经》也说：“决定不曾生起微细烦恼，若贪、若瞋、若痴、若害，及余别别心所随烦恼等，即法真实所言真实。”[③] 则此说与《文殊问经》释义相同。但就一般所说而言，随眠烦恼由根本烦恼而起，贪、瞋、痴、慢、疑、恶见等六大烦恼为一切诸烦恼生起之本，故名根本烦恼。如《大宝积经》说出家之人有四种微细烦恼，一者见他得利心生嫉妬，二者闻经禁戒而反毁犯，三者违反佛语覆藏不悔，四者自知犯戒受他信施；并说出家人具此烦恼，如负重担入于地狱。[④] 无惭，无愧、嫉妒、反悔等属于随眠烦恼。但大乘法相系以十地中第八不动地断微细烦恼，第十一如来地永断极细微烦恼，唯识系则以第四有微细烦恼现行障，随思惟起故，已远离随顺本所行事。

第 32 多 ta 字义，梁译释“如是无异不破”，说“无异不破声者，无异者，无破、无异、第一义、实谛、空、无相、无形、平等、不动、不可思议，此谓无异。不破者，无异形、平等、无相、不动、不破、不断，纯一、无过患、无心、无前后，此谓无异不破声”。但唐译释“真如无间断”，所谓真如无间断，即真如不间断善巧智，《大集大虚空藏菩萨所问经》说：“云何菩萨以如来印印于真如？不间断善巧智。善男子，如来印印者，不间断印，无生无转，无所取，无动、无所动，一切世间人天阿修

---

① （唐）佚名撰《摄大乘讲疏》卷 5，原大英博物馆藏敦煌本 S. 274，《大正藏》第 85 卷，第 988 页上。

② （唐）玄奘译《阿毗达磨大毗婆沙论》卷 34，《中华藏》第 45 册，第 300 页中、下。

③ （宋）惟净译《金色童子因缘经》卷 7，《大正藏》第 14 卷，第 878 页下。

④ （唐）菩提流志译《大宝积经》卷 88，《大正藏》第 11 卷，第 502 页下。

罗无所倾动。何以故？世间、人、天、阿修罗以彼印印如是如来印、究竟不生印、究竟空性印、究竟无相印、究竟无愿印、究竟无为印、究竟离欲印、究竟真如印、究竟实际印、究竟虚空印。善男子，譬如空中印无所现，如是如来印于五眼而不现于光明之相，以自相印而印之故，乃至如来于一切法施设言说，皆以如来印印之，是为施设。彼所有识及境界法皆是作法安立，而于彼法不作种种安立之相，以真如印印之，无有间断”；又说：“以真如印印之，无有间断。云何于真如间断？若分别诸法，见上、中、下，名为间断。若于诸法无所分别，名无间断。复次于多分别而生分别，于彼真如无能坏乱，譬如有情于空中行，而彼虚空无有破坏，如是一切有情于真如中行而彼真如无有断坏。菩萨如是由以智故，于色、于法以真如印印之，不于真如间断破坏，是为菩萨以如来印印于真如不间断善巧智。”① 按此真如不间断善巧智的解释，真如不间断与如是不异不破的释义基本相同。《庄严经》释“一切法真如无别异”，也与之相同。

第 33 他 tha 字义，梁译释“勇猛力速无畏”，唐译作“势力进无畏”，《庄严经》释“势力无畏”，《佛本行集经》释“一切众生其心若斧，诸尘境界犹如竹木，当作是观”。诸译释义基本相同。按梁译解释“勇猛力速无畏声者，勇猛者精进，力者十力，速者驶也，无畏者一切处不怖畏，此谓勇猛力速无畏声”。其中十力无畏是如来功德之一，但势力无畏不过喻指修行精进之力形成一种势不可当的力量。

第 34 陀 da 字义，梁译释“施寂静守护安隐”，唐译作“调伏律仪寂静安隐”，《庄严经》释“施戒质直”，《本行经》释作“当行布施行诸苦行即得和合”，释义有一定关联。梁译解释说：“施寂静、守护安隐声者，施者二种：内施、外施。云何内施？说真四谛。云何外施？施肌肉、皮血、国城、妻子、男女、财物、谷米等。寂静三种，谓身、口、意。云何身寂静？不作三过；口寂静者，无口四过；意寂静者，不贪、不瞋、不痴。守护者，守护六根。安隐者，同止、和合，不觅彼过，知足少欲，不求长短。不觅他过者，不相觅过，不以此语彼，此谓施寂静守护安隐声。”按此施即布施义，布施的对象是佛法与身物。寂静身口意，则与调伏律仪、施戒有一定关联，与行诸苦行也有一定关系。安隐与和合同义，人际关系质直，便于和合，也有一定关系。

---

① （唐）不空译《大集大虚空藏菩萨所问经》卷 3，《大正藏》第 13 卷，第 623 页下。

第35 檀 dha 字义，梁译释“圣七财”，唐译作“七圣财”，《庄严经》作“希求七圣财”。按梁译解释说：“七圣财声者，一信、二惭、三愧、四施、五戒、六闻、七慧，此谓七圣财声。”七圣财，亦作圣七财，简称七财，《长阿含经·十上经》谓七财：信财、戒财、惭财、愧财、闻财、施财、慧财为七财。[①]《般泥洹经》解释说：“比丘有七财，则法不衰，当善念行：一当有信，见正喜乐。二当有戒，慎护不犯。三当有惭，改过自悔。四当有愧，顺所言行。五当多闻，讽诵无厌。六当智慧，深行微妙。七当法施，勿望礼赂。如是七法，可得久住。”[②] 其中施财或作舍财，指舍离，慧财或作定财。

第36 那$_{轻}$ na 字义，梁译释“分别名色”，唐译及《庄严经》释“遍知名色”。梁译解释说：“分别名色声者，名者四阴，色者四大。分别者，分别名、色，此谓分别名色声。”四阴即受想行识，四大即地水火风。分别名色，是分别知名色。遍知有种种区分，《俱舍论》解释说：“遍知有二：一智遍知，二断遍知。智遍知者谓无漏智，断遍知者谓即诸断。”[③]《大乘阿毗达磨杂集论》则谓：“遍知者，谓如实知相差别，安立所缘境界。”[④] 按此，分别名色与遍知名色同义。

第37 波 pa 字义，梁译释“第一义”，唐译作“胜义”，《本行经》释作“真如实谛”，《庄严经》作“第一义谛”。按第一义谛及胜义谛，真如实谛即真谛，与第一义完全同义。梁译解释说“第一义声者，分别五阴，此谓第一义声”。但一般以第一义、胜义相对于俗义而言，至于其内涵并不仅仅分别五阴，这也许是最初的含义。

第38 颇 pha 字义，梁译释“作证得果”，唐译作“得果作证”，《本行经》释作“当得成道证于妙果”，《庄严经》释“得果入现证”，均释义相同。梁译解释说：“作证得果声者，果者四果，须陀洹乃至罗汉及缘觉果，得者入义也，证者现证也，作者造作也，此谓作证得果声。”得果、妙果及证得四果及缘觉果，四果即须陀洹果、斯陀含果、阿那含果、阿罗汉果。

---

① （后秦）佛陀耶舍译《长阿含经》卷9，《中华藏》第31册，第104页下。

② （东晋）失译《般泥洹经》卷上，《大正藏》第1卷，第176页下。

③ （唐）玄奘译《阿毗达磨俱舍论》卷21，《中华藏》第47册，第188页中。

④ （唐）玄奘译《大乘阿毗达磨杂集论》卷5，《大正藏》第31卷，第715页下。

第39婆ba字义，梁译释“解脱缚”，唐译作“解脱系缚”，《本行经》作“解一切缚”，《庄严经》作“解脱一切系缚”，诸译释义完全相同。梁译解释：“解脱缚声者，缚者三缚：贪、瞋、痴缚。解脱者离此三缚，此谓解脱缚声。”

第40梵bha字义，两种译本均释“出生三有”，《本行经》释作“世间后更不受有”，《庄严经》释作“断一切有”，诸译释义相同。梁译解释：“生三有声者，所谓生有、现有、后有，此谓出生三有声。”此是出生三有，非欲有、色有、无色有等三有流。《增一阿含经·放牛品》说：“所谓生者，等具出处，受诸有，得五阴，受诸入，是谓为生。”[①] 此谓受诸有、受诸入、得五阴而出生等具，是生有、现有、后有为生三有。

第41磨ma字义，梁译释“断憍慢”，唐译“息憍慢”，《庄严经》释“销灭一切憍慢”。梁译解释说：“断憍慢声者，憍者，色憍、盛壮憍、富憍、自在憍、姓憍、行善憍、寿命憍、聪明憍，此谓八憍。慢者，慢慢、大慢、增上慢、我慢、不如慢、胜慢、邪慢，此谓七慢。断者，断憍慢，此谓断憍慢声。”

第42耶ya字义，梁译字门释“如法分别”，但其释文并有两种释文，另一作“通达诸法”，与唐译所释“佛通达”、《庄严经》释“通达一切法”释义相同。说：“通达诸法声者，通达者，如境而知。诸法者，善、不善法，五欲众具谓不善法，除断五欲此谓善法，此谓通达诸法声。”但如法分别也有分别善、不善法之义。说“如法分别声者，如者等义，法者，善法、不善法。不善法者，不断五欲众具；善法者，断五欲众具。断者，破灭义，此谓如法分别声。”

第43啰la字义，梁译释“乐不乐第一义”，唐译作“乐不乐胜义”，《庄严经》释“厌离生死欣第一义谛”。梁译解释：“乐不乐第一义声者，乐者，五欲境界；不乐者，不著五欲；第一义者，空无相；此谓乐不乐第一义声。”此谓于五欲境界作空无相意。

第44逻ra字义，梁译释“断爱”，唐译作“断爱支”，《本行经》作“断诸爱枝”，三译释义相同，但《庄严经》释作“断一切生死枝条”。梁译解释：“断爱声者，爱者，色爱乃至触爱；断者，灭除；此谓断爱声。”此谓爱支包括色、香、味、触诸爱，非一切生死支。

---

① （东晋）瞿昙僧伽提婆译《增一阿含经》卷46，《中华藏》第32册，第531页中。

第 45 婆 va 字义，梁译释“胜乘”，唐译作“最上乘”，《庄严经》作“最胜乘”，释义均同。梁译解释：“胜乘声者，所谓三乘：佛乘、缘觉乘、声闻乘。般若波罗蜜十地，此谓佛乘。调伏自身，寂静自身，令自身入涅槃，此谓缘觉乘。软根众生、怖畏众生欲出生死，此谓声闻乘，此谓胜乘声。”

第 46 舍 śa 字义，梁译释“信、精进、念、定意、慧”五义，唐译作“信、进、念、定、慧”，《本行经》与《庄严经》仅有定、慧二义。梁译解释：“信、精进、念、定意、慧声者，随逐不异思惟观，此谓信；勇猛勤策，行事持事，此谓精进；专摄一心，此谓念；诸事不动，此谓定意；般若纯一平等，此谓慧；此谓信、精进、念、定意、慧声。”此五义，即三十七道品之五力，对治五障之势力。

第 47 屣 ṣa 字义，梁译释“摄伏六入不得不知六通”，唐译作“制伏六处得六神通智”，《庄严经》亦作“制伏六处得六神通”，诸译释义均同。梁译解释：“摄伏六入不得不知六通声者，六入者，眼入乃至意入；摄伏者，摄伏色乃至摄伏法；六通者，天眼、天耳、他心智、宿命智、身通、漏尽通。不知者无明，不得不知者，除彼无明。此谓摄伏六入，不得不知六通声。”

第 48 娑 sa 字义，梁译释“觉一切智”，唐译及《庄严经》均作“现证一切智”，《庄严经》梵文本作“现证一切智智”，一切智、一切智智，与分别智相对而言，有总相、别相的区别，有时一切智智是佛智的称谓。《本行经》作“当得诸智”。诸智即一切智、分别智、道种智等。梁译解释：“觉一切智声者，一切智者，一切世法皆悉知。世者，念念生灭。复次世者，诸阴界入。复次世者二种：一众生世、二者行世。众生世者，一切诸众生；行世者，众生住处，一切世界可知、悉知。智者二种：声闻智、一切智，此谓智觉者，觉自身、觉他身，此谓觉一切智声。”

第 49 诃 ha 字义，梁译释“正杀烦恼”，唐译释“害烦恼离欲”，《本行经》释作“当打一切诸烦恼却”，《庄严经》作“永害一切业烦恼”，诸译释义均同。梁译解释：“正杀烦恼声者，杀者除断义，烦恼者九十八使，欲界苦所断十使，习灭七使，道谛八使，思惟四使。色界苦所断九使，习灭六使，道七使，思惟三使，无色亦如是。正者，分明除断，无余垢，此谓正杀烦恼声。”

第 50 搜 kṣa 字义，梁译释“最后字过此诸法不可说”，唐译释“一切文字究竟无言说”，《庄严经》释作“诸文字不能诠表一切法”。梁译解释：“是最后字过此法不可说声者，若无有字，此谓涅槃；若有字者，则是生死。最后者，更无有字，唯除罗字。不可说者，不可得，不可分别，无色故，不可说。诸法者，谓阴、界、入三十七品，此谓最后字过此不可说声。”

表3　　《文殊问经》字门对照表

梵字	字母	梁译《文殊问经》	唐译《文殊问经》
1 𑖀 a	阿	说阿字是出无常声	称阿$_{上}$字时是无常声
2 𑖁 ā	阿$_{上}$	说长阿字是出离我声	称阿$_{引去}$字时是远离我声
3 𑖂 i	伊	说伊字出诸根声	称伊$_{上}$字时是诸根广博声
4 𑖃 ī	伊$_{上}$	说长伊字出疾疫声	称伊$_{引去}$字时是世间灾害声
5 𑖄 u	忧	说忧字出荒乱声	称坞$_{上}$字时是多种逼迫声
6 𑖅 ū	忧$_{长}$	说长忧字出下众生声	称污$_{引}$字时是损减世间多有情声
7 𑖆 ṛ	厘	说厘字出直软相续声	称侣字时是直软相续有情声
8 𑖇 ṝ	厘$_{长}$	说长厘字出断染游戏声	称侣$_{引去}$字时是断染游戏声
9 𑖈 ḷ	梨	说梨字出相生法声	称力字时是生法相声
10 𑖉 ḹ	梨$_{长}$	说长梨字出三有染相声	称嚧$_{引}$字时是三有染相声
11 𑖊 e	医	说医字出所起过患声	称曀字时是起所求声
12 𑖋 ai	翳	说翳字出圣道胜声	称爱字时是威仪胜声
13 𑖌 o	乌	说乌字出取声	称污字时是取声
14 𑖍 au	燠	说燠字出化生等声	称奥字时是化生之声
15 𑖀𑖽 aṃ	菴	说菴字出无我所声	称暗字时是无我所声
16 𑖀𑖾 aḥ	阿	说阿字出没灭尽声	称恶字时是沉没声
17 𑖎 ka	迦	说迦字出度业果报声	称迦$_{上}$字时是入业异熟声
18 𑖏 kha	佉	说佉字出虚空等一切诸法声	称佉$_{上}$字时是出一切法等虚空声
19 𑖐 ga	伽	说伽字出深法声	称诚$_{上}$字时，是甚深法声
20 𑖑 gha	恒	说恒字出除坚重无明痴暗冥声	称伽$_{去}$字时是摧稠密无明暗冥声
21 𑖒 ṅa	诚	说誐字出预知行声	称仰字时是五趣清净声
22 𑖓 ca	遮	说遮字出四圣谛声	称左字时是四圣谛声
23 𑖔 cha	车	说车字出断欲染声	称磋$_{上}$字时是不覆欲声
24 𑖕 ja	阇	说阇字出度老死声	称惹字时是超老死声

续表

梵字	字母	梁译《文殊问经》	唐译《文殊问经》
25 𑖖 jha	禅	说禅字出摄伏恶语言声	称鄼才舸反字是制伏恶语言声
26 𑖗 ña	若	说若字出说安住声	称娘上字时是制伏他魔声
27 𑖘 ṭa	多	说多字出断结声	称吒上字时是断语声
28 𑖙 ṭha	他	说他字出置答声	称咤上字时是出置答声
29 𑖚 ḍa	陁	说陁字出摄伏魔贼声	称拏上字时是出摄伏魔净声
30 𑖛 ḍha	檀	说檀字出灭诸境界声	称荼去字时是灭秽境界声
31 𑖜 ṇa	那	说那字出除诸烦恼声	称拏鼻声呼字时是除诸烦恼声
32 𑖝 ta	多	说轻多字出如是无异不破声	称多上字时是真如无间断声
33 𑖞 tha	他	说轻他字出勇猛力速无畏声	称佗上字时，是势力进无畏声
34 𑖟 da	陀	说轻陀字出施寂静守护安隐声	称娜字时是调伏律仪寂静安隐声
35 𑖠 dha	他	说轻檀轻字出圣七财声	称驮字时是七圣财声
36 𑖡 na	那	说轻那字出分别名色声	称曩字时是遍知名色声
37 𑖢 pa	波	说波字出第一义声	称跛字时是胜义声
38 𑖣 pha	颇	说颇字出作证得果声	称颇字时是得果作证声
39 𑖤 ba	婆	说婆字出解脱缚声	称么字时是解脱系缚声
40 𑖥 bha	梵	说梵字出生三有声	称婆字时是出生三有声
41 𑖦 ma	磨	说磨字出断憍慢声	称莽鼻声呼字时是息憍慢声
42 𑖧 ya	耶	说耶字出如法分别声	称野字时是佛通达声
43 𑖨 ra	啰	说啰字出乐不乐第一义声	称啰梨假反字时，是乐不乐胜义声
44 𑖩 la	逻	说逻字出断爱声	称砢字时是断爱支声
45 𑖪 va	婆	说婆字出胜乘声	称嚩无可反字时是最上乘声
46 𑖫sa	舍	说舍字出信精进念定意慧声	称舍字时是出信进念定慧声
47 𑖬 ṣa	屣	说屣字出摄伏六入不得不知六通声	称洒字时是制伏六处得六神通智声
48 𑖭 sa	娑	说娑字出觉一切智声	称娑上字时，是现证一切智声
49 𑖮 ha	诃	说诃字出正杀烦恼声	称贺字时是害烦恼离欲声
50 𑖎𑖿𑖬 kṣa	搽	说搽字出最后字过此诸法不可说声	称乞洒二合字时是一切文字究竟无言说声

第三节　陀罗尼经字门

一　《菩萨处胎经》字门

《菩萨处胎经》字门，简称《胎经》字门，亦即五字门，最早出现在部派律典《四分律》中，但其中并没有释义。陀罗尼字母有释义，才可称为字门。五字门释义首见于《菩萨处胎经》，故称其为《菩萨处胎经》字门，简称《处胎经》字门，再简称为胎经字门。

《菩萨处胎经》所说的陀罗尼字门——五字门的字母，就是《四分律》中记载的佛说阿、罗、波、遮、那五字。《四分律》中说：佛在旷野城时，有六群比丘与诸长者一起在讲堂诵经，因语声高大，如同婆罗门诵书声，扰乱坐禅者，遭到讥嫌，遂请佛评断，佛呵责六群比丘，并要求诸长者对初犯的未受戒者教习诵经法，使其知晓句义非句义、句味非句味、字义非字义，齐声同诵。其中说“字义者，二人共诵，不前不后阿、罗、波、遮、那。非字义者，如一人未称言阿也，第二人抄前言阿也。”[①] 所谓“不前不后阿、罗、波、遮、那”，是说二人共诵字义时，要求齐声念诵，不能一前一后。阿、罗、波、遮、那，就是“不前不后”一语的音译，即 arapacana，其中 a，否定词，表示无、非等。rapa，rap，rapati（与他言），说话、唠叨、低语之义；cana，表示加强、否定、疑问的接续词，有连……皆无、而且、甚至……、连……、尚且、一体等义。如此，这个词的意思就是说，与人共诵时，前后、高低之整齐，连他人的声音都无，如同一人说话一样，也就是众声齐整一体。所以日僧信行《翻梵语》解释《菩萨处胎经》所说此五字“译曰堪语。”[②] 解释《大智度论》所说五字“译曰堪误。”[③] 堪误，语义不通，“误”当为“语”之形讹。堪语，即胜任之语，意思是共诵齐声，能够达到要求。此说不前不后地齐声诵读，列举梵音，不过以示强调而已，未必有特别的意义。但《菩萨处胎经》的五字门，以波遮 paca 为一字，另以荼 ḍha 字为第五字，

① （后秦）佛陀耶舍译《四分律》卷 11，《中华藏》第 40 册，第 368 页中。

② 见《菩萨处胎经》卷 3，今大藏本作阿罗波遮荼。《翻梵语》，《大正藏》第 54 卷，第 989 页下。

③ 见《大智度论》卷 28，今大藏本作阿罗波遮那。《翻梵语》原作：“阿罗婆遮那，应云蓝婆遮那，亦云阿罗波遮披，译曰堪误。”《大正藏》第 54 卷，第 986 页上。

显然以四十二字门的最初一字和最后一字相同，其中当有缘故。但四十二字门以此五字置于字门之首，似表示诵习陀罗尼字门时，不前不后地齐声共诵，因而称为“一切字母之元首”。后来瑜伽密教取此五字门为文殊菩萨真言，称五字陀罗尼、五字真言以及五字心真言、五字心陀罗尼等，并说诵此五字真言如同诵天下藏经一遍。

另有《大法炬陀罗尼经》亦说五字门，但与此字门的字母不同，且只举出阿、啰、迦、遮四字，或以阿、迦、那、声、音为五字门，显然不属此五字门系列。《大日经疏》亦有五字门，作阿、嚩、啰、诃、佉，并有释义，[①] 亦不属此五字门系列。

尽管五字门早见于部派时期，但其释义至般若字门才出现，《菩萨处胎经》的翻译时间在稍晚一些的 4 世纪中期，以之作文殊菩萨真言的经轨则晚至 8 世纪初期。五字门的字义，与般若字门相近，其中阿字义，竺佛念译的《菩萨处胎经》只作“无”，是 a 音的否定义。金刚智译的《金刚顶经曼殊室利菩萨五字心陀罗尼品》以及不空译的《五字陀罗尼颂》《金刚顶超胜三界经说文殊五字真言胜相》等均作无生义，与般若字门相同。但不空另译的《金刚顶经瑜伽文殊师利菩萨法》等作“乐欲菩提”，其义有所不同。罗字义，《处胎经》作除垢，《五字心》等作清净无染，离尘垢，意思相同。《文殊法》则作染著不舍众生，意思正好相反。波字、遮字义，《处胎经》合为一字后作“果熟”，与诸经轨有所不同。文殊真言中，波字大多作无第一义谛、诸法平等义。《文殊法》只作第一义谛，并无否定词，与《大品般若》等相同。遮字，《五字心》等作诸法无有诸行义，《文殊法》作妙行义，意思相同。那字义，《处胎经》作非常，《五字心》作诸法无有性相，《文殊法》作无自性，意思相同。《处胎经》另以荼字为尽义，尽即是尽无。如说“荼者，尽无名尽，无名言有无有，言无亦无无。”[②] 文殊真言还赋予五字陀罗尼以总的意思，即“满一切诸

---

① （辽）觉苑撰《大日经义释演密钞》说：“《疏》‘由此五字门等’者，一本不生，即阿字也。二离言说，即嚩字也。三自性清净，即啰字也。四无因缘，即诃字也。五如虚空相，即佉字也。何以故？由此五字门长养不可得，谓此五字门即是地、水、火、风及虚空故，地能持种，水以润之，火以温之，风以鼓之，虚空不碍。从种滋长，乃至华果，名为长养。由本不生故，长养亦不可得也。”卷 6，《新纂卍续藏》第 23 卷，第 594 页下。

② （前秦）竺佛念译《菩萨从兜术天降神母胎说广普经》卷 2，《大正藏》第 12 卷，第 1022 页下—1023 页上。

愿”，也是其特别之处。

即便如此，《菩萨处胎经》的释义仍可看出属于较早的形态，如释阿字为“无”，完全是梵音的否定义，尚未赋予“无生”的大乘义理。释波、遮字为“果熟”，是早期佛学表示宿生业行的烦恼位为无明的重要概念，与大乘佛学在诸法平等意义上所说的第一义谛有明显的差别。释那字作“非常”，也是早期佛学的重要概念“无常”的别译。

另外，《菩萨处胎经》的陀罗尼字门虽只有五字，但结构完整，以“阿”为首，以“荼”为终，具备所谓“初阿后荼”的四十二字门结构。

又《菩萨处胎经》中佛说五字门，被认为是佛累劫修得的口神通，所谓言教往来终不中滞，有所言说，则言说有光，唇唇有光，齿齿有光，舌舌有光。修行神通，佛有神通，也是早期佛教的一个特点。佛说陀罗尼字门，一字具有千万义，取其一义即可度无量众生。如取阿字“无”义，度无量众生。取罗字无量义中无垢义，除无量众生之垢。波遮字“果熟”无量义中取一果熟义，使无量众生皆悉果熟。那字“非常”义有千万义，千万义中取一非常义，使无量众生悉解非常义。荼字“尽”义，“无尽义有千万义，千万义中取一无尽义，使无量众生得解于尽，是为荼尽义”。

表4　　五字门对照表

种子	梵字	菩萨处胎经	金刚顶曼殊室利五字心	金刚顶文殊师利菩萨经
阿	a	阿者无	阿者是无生义	阿字者乐欲菩提义
罗	ra	罗者除垢	啰者清净无染离尘垢义	啰字者染著不舍众生义
波	pa	波遮名果熟	跛者亦无第一义谛诸法平等	跛字者第一义谛义
遮	ca		者者诸法无有诸行	者字者妙行义
那	na	那者非常义	娜者诸法无有性相	曩字者无自性义
荼	ḍha	荼者尽无		

二　《微密持经》字门

《微密持经》字门，简称《持经》字门，亦即八字门，[1] 又称八品字，是陀罗尼经中最早出现的字门，因《无量门微密持经》首载，故简

① 另有八字种子门阿、阇、那、遮、婆、多、迦、摩登等，分别表示无生、第一义、名色、调伏、平等、不坏、灭苦业、断一切法等义。亦称八字种子句门、八法句门、八金刚句门，见于《集一切福德三昧经》。《集一切福德三昧经》卷2，《大正藏》第12卷，第996页中。

称“《微密持经》字门”，再简称《持经》字门。微密，即秘密；持，即总持；微密持，即秘密总持之义。持经，即总持经，音译陀罗尼经。故称其字门为“持经字门”，取义陀罗尼经，正符合该字门最早出现在陀罗尼经的情况。该经于2世纪后期就已传入中国，3世纪前期已有两种译本及支谦会译本，后来不断翻译，先后有15种译本，[①] 成为中国密教史上影响最大的陀罗尼经典，持经字门也因此广为流行。持经字门或八字门另见于僧伽婆罗译《文殊问经·字母品》、智严编译《大乘修行菩萨行门诸经要集》卷下（第四十二），不空还将八字门改编为仪轨，题《佛说出生无边门陀罗尼仪轨》，空海《求法录》著录。

《微密持经》的15种译本中，现存三国支谦译《无量门微密持经》、东晋佛陀跋陀罗译《出生无量门持经》、求那跋陀罗译《阿难陀目佉尼诃离陀经》、刘宋功德直译《无量门破魔陀罗尼经》、元魏佛陀扇多译《阿难陀目佉尼诃离陀邻尼经》、梁僧伽婆罗译《舍利弗陀罗尼经》、隋阇那崛多译《一向出生菩萨经》、唐智严译《出生无边门陀罗尼经》、不空译《出生无边门经》等9种，加之《文殊问经》，共存10种译本。其中不空译本存梵汉两种文字，另译《无边门陀罗尼仪轨》与本经译文相同，智严译《菩萨行门诸经要集》亦与本经译文相同。

八字门的诸译中，支谦译《无量门微密持经》意译八字为迹、敏、惟、弃、悲、调、灭、忍，称八字义，自可作释义解，但与诸译所释并不相应。诸译第一字 pa 多译“波”，[②] 或跛，僧伽婆罗译“婆”。第二字 la 多译“罗”或“椤”，有的译“逻”。第三字 va 多译“婆”，阇那崛多译“莽”，智严译“么”，不空译“嚩”。第四字 ja、第五字 ka 诸译有所不同，佛陀跋陀罗译、求那跋陀罗译、佛陀扇多译迦、阇，功德直译阇、迦，阇那崛多译、不空译惹、迦，《文殊问经》译阇、伽，僧伽婆罗译阇、舸，唯智严译舸、阇，即译 ja 为“舸”有误。第六字 dha 多译陀，或译他、驮。第七字śa 多译舍、赊，或译奢，僧伽婆罗译沙。第八字 kṣa 多译叉，或以讫洒，《文殊问经》译沙，但僧伽婆罗译“屣”。

八字门的释义，第一波字义，诸释一致，多以第一义为一切诸法无

---

① 拙著《中国密教史》第二章第一节二，原作16种译本，其中所谓佛陀扇多译本实为求那跋陀罗译本，中国社会科学出版社2011年修订本，第137页。

② 见功德直译本，唯金藏作“阿”，见《中华藏》校勘记，此改。

我，表现了早期佛教的思想。求那跋陀罗译、佛陀扇多译以第一义为一切所执著之法使入空义，早期佛教的空义主要就是无我。第一义或作胜义，意义相同，阇那崛多译作“真如”，显然受后来的大乘思想影响。

第二罗字义，诸释一致，以如来相好、非相好身入于法身义。佛身相好，有所谓三十二相、八十种好，但早期佛教中的佛身相好，多表现为挥发光明，如《中阿含经》所说“端正姝好，犹星中月，光耀炜晔，晃若金山，相好具足，威神巍巍，诸根寂定。”① 法身在早期佛教中也不过是指佛的教法而已，认为佛灭度后，以法为身，故称法身，与肉身相对而言。如《增一阿含经·序品》所说：“释师出世寿极短，肉体虽逝法身在”，“如来法身不败坏，永存于世不断绝。”② 后来才渐指法性，称法性身。如《杂阿含经》第604经所说“如来之体身，法身性清净。”③ 又第196经说瞿昙“已断一切烦恼结缚，四倒邪惑，皆悉灭尽，唯有坚固真法身在。”④ 佛陀跋陀罗译即释作“相好无相，如如来身入于法性”。智严译称法身为“无生法身”，说“以无生相而为色身，以无尽相而为色蕴入义，”以无生相、无尽相而为如来身，已有大乘法身思想的色彩。

第三婆字义，诸译解释有别，佛陀跋陀罗译“愚痴之法及智慧法随顺入义”，僧伽婆罗译“入二义，愚人法、智人法义”，智严译“智慧、愚痴法作同类入义”。此三译的解释基本相同，是说分别智、愚之不同，但释义不完全。阇那崛多译“凡夫法、贤圣法，一如无二入故”，不空译“愚夫法、圣人法随入无二无别”，僧伽婆罗译《文殊问经》作“愚人法、慧人法如法度，无愚、无慧义”。此三译解释相同，是说智、愚无二无别，但此释显然有了后来的般若意味，受到大乘思想影响。功德直译“婴儿法者决定趣入聪慧之义”。此译“婆者婴儿”，与诸译不同，但婴儿即婴童、愚童，喻懵懂不晓正法之人。以婴儿法决定趣入聪慧义，由愚入慧，亦与诸释义不同。唯求那跋陀罗译“若痴法、若黠法使入解慧法中”，释义最为准确，是说无论智愚，都可在解慧法中理解，也就是说在解慧法中论智愚，这种解释符合早期佛教的思想。所谓解慧法，是三学中

---

① （东晋）瞿昙僧伽提婆译《中阿含经·王相应品》卷12，《中华藏》第31册，第442页下。

② （东晋）瞿昙僧伽提婆译《增一阿含经》卷1，《中华藏》第32册，第1页中、下。

③ （刘宋）求那跋陀罗译《杂阿含经》卷23，《中华藏》第32册，第909页中。

④ （后秦）失译《别译杂阿含经》卷6，《中华藏》第33册，第383页上。

的慧学，早期佛教以守净戒、思惟定意、求解智慧为三学。如《般泥洹经》中佛告诸比丘：“当守净戒，思惟定意，求解智慧。守净戒者不随三态，惟定意者心不放散，已解慧者去离爱欲，行无罣碍。有戒定慧，德大丰誉，又离三垢，终得应真。欲以是身望得正度，当勤求解，令尽是生，入清净道。作如应行，乃自知灭，后不复受。”[①] 求解智慧即解慧，解慧者离爱欲，行无罣碍，称解慧行。求解智慧的具体内容，早期佛教中就是认识四谛法。愚痴、黠慧之别，也在于对三法印、四圣谛、因果报应等佛理的认识程度。《出曜经》即从辨别人之智愚解释解慧行，如说“众生造行，果报不同，或釁轻而药妙，或罪重而易疗，唯有觉者能消灭耳。”觉者就是解慧，故能消灭行业。于此“智人所习自审明矣，设有愆咎，即能诲过。犹马蹶踬，加之杖策，然后调伏。智人习行亦复如是，寻隙所生，自悔不及，是故说曰‘圣人知果报，智者悉分别’也。”但愚人习于惯常，“所行非义，口吐言教，终无善响，布毒于人以为快乐。其有众生玩习此者，便为长夜流转生死，受恼无量，神识倒错，心意烦热。所谓贤者，包识众事，万机不惑，为人师范，辩才无碍，以己明慧，演示众生，其闻音者斯蒙度脱，是故说曰‘非亲慎莫习，习当近于贤’也。”而“行人执意众业，备具贤圣八品、如来圣道，诸佛世尊常所修行，复以贤圣苦忍之法，尽诸有漏，成乎无漏，是故说曰‘比丘行于道，忍苦尽诸漏’也。”比丘行道的苦忍之法，就是“尽诸有漏，成乎无漏，”超诸智愚之人，没有业行烦恼，即是慧学的求解内容。又举例说“愚者处世虽受百年，与智者同俱，然意曚曚，不别真法，是以圣人以瓢为喻，终日酌物不知咸酢，喻彼愚者虽遇贤圣，意迷心惑，不达正教，寄生于世，无益于时。是故说曰‘愚者尽形寿，承事明智人，亦不知真法，如瓢斟酌食。’”[②] 不知真法，不达正教，就是愚人，不解智慧。反之，就是智人，可以求解智慧。婆字门的释义，即是说无论愚人还是智人，都可以趋向慧学，由愚而智，由智而慧，尽诸有漏，达到觉悟。

第四、第五字义，一论生死，一论业报。功德直译、僧伽婆罗译、阇那崛多译、不空译、《文殊问经》于第四字论生死，于第五字论业报。佛陀跋陀罗译、求那跋陀罗译、智严译于第五字论生死，于第四字论业报。

---

① （东晋）失译《般泥洹经》卷上，《中华藏》第 33 册，第 533 页中。

② （后秦）竺佛念译《出曜经·亲品》卷 22，《中华藏》第 50 册，第 826 页下。

论生死者，佛陀跋陀罗译“生缘老死，皆悉随入不生不灭。”就十二因缘而言，无明缘行，行缘识，识缘名色，名色缘六入，六入缘触，触缘受，受缘爱，爱缘取，取缘有，有缘生，生缘老死，于此因果关系得到解脱，就能不生不灭。求那跋陀罗译“知生老病死，即于是入无色中。”智严译“悟生老病死，不生不灭入义”。无色者即是不生不灭，以生老病死为色身，于此色身解脱，即无色身，无色身即无生，无生即无灭。其他诸译以生老病死、非生老病死为不生不灭，是从中道观而论，受大乘思想影响。

论业报者，佛陀跋陀罗译“业行果报及非业行报皆悉究竟，随顺入义，”诸译以之相同，是说知业行果报之理，随顺正法，达到究竟涅槃境界，不再有业报轮回。但求那跋陀罗译作“知诸殃罪所能，使入功德福中”，知诸业行而入功德福中，是说随顺善业福报，尚无断除业行至于究竟之义，与诸译的否定有所差异。

第六陀字义，诸译多以陀罗尼法为空，并说无相无愿，随入法界义。功德直译陀罗尼法空，僧伽婆罗译陀罗尼法度空，阇那崛多译陀罗尼法本空，智严译陀罗尼法体空，不空译陀罗尼法要空，《文殊问经》译总持诸法众语言空，无论是陀罗尼的法度、法本、法体，还是陀罗尼的法要、众语言，都是说明陀罗尼本身所具有的空义，是字门观受到大乘般若思想的影响。无相无愿，《文殊问经》作无相无作。无相、无愿以及无作，都是空义的进一步阐释，般若中称空、无相、无愿解脱门。《十地经论》说：“空、无相、无愿者，三障对治解脱门观故。何者三障？一分别，二相，三取，舍愿故。”[①]《大集大虚空藏菩萨所问经》说：“住空无相无愿者，示现生死或涅槃，无生无住无去来，故我问于清净智。”[②]《维摩诘经》说：“如空则无相，无相则无愿，无愿者不意、不心、不识、不行，其以一向行众解门者，是不二入。”[③]但法界句，佛陀跋陀罗译、求那跋陀罗译均无，智严译作“寂如涅槃，开解入义。”唯有求那跋陀罗译为“视诸地世间皆空，不惊怪，入无愿中，”将陀罗尼法另译地世间，当误取 dharaṇī-dhara 之支撑大地义，梵文 dharaṇī-bhūta 表示地、大地，当与陀罗尼法 dharaṇī-dharm 相混淆。作“地世间”者，以世间为“地”之同位语。

---

① （北魏）菩提流志译《十地经论》卷 3，《大正藏》第 26 卷，第 141 页下。

② （唐）不空译《大集大虚空藏菩萨所问经》卷 1，《大正藏》第 13 卷，第 616 页上。

③ （吴）支谦译《佛说维摩诘经》卷 2，《中华藏》第 15 册，第 892 页上。

其译另有“不惊怪”句，语义不通。

第七赊字义，诸译多作奢摩他、毗婆舍那如实观一切法，唯佛陀跋陀罗译“赊者一切诸持皆随顺入”，误译“持”者，与诸译不同。奢摩他，梵文 śamatha，毗婆舍那，梵文 vipaśyana，意译止观、定慧、寂照等，止为停止、止息，摄心住缘，止息妄念。观为观察、观见，观察种种，观见事理，抉择法相。如智严译“奢摩他，住寂定相。鞞钵舍那，正见诸法相”。僧伽婆罗译“赊摩他、毗婆舍那者，入如真实一切法义”，译《文殊问经》作“奢摩他、毗婆舍那，令如实观诸法义。”功德直译“舍摩他等入一切法”。四译释义相同。但阇那崛多译“舍者定慧、非定慧，一切法一如入故”，不空亦译“奢摩他、毗钵舍那，非奢摩他、毗钵舍那，一切法随入真如”。均增加了否定义。一如、真如、真实法，求那跋陀罗作清凉法，如说“舍，休息诸法，使入清凉法中。”清凉法，即清净法。

第八叉字义，诸译多作一切法空，如求那跋陀罗译“知一切法空”。而空的内涵是寂静涅槃，如阇那崛多译“乞洒$_{二合}$者空，一切法无尽，不可破坏，本来寂静，涅槃法入故”。智严译“诸法皆空，不生不灭，何以故？悟解诸法本来空寂，自性涅槃入义。”其他诸译虽不作空释，但均以空寂、寂静、涅槃为义，如不空译“乞洒$_{二合}$字者，一切法刹那无尽无坏无身，本寂故，随入一切法涅槃。”功德直译“诸法无住无尽，亦无破坏，又无前后，如是诸法趣入涅槃。”僧伽婆罗译“入一切诸法念念生灭，不尽不破，本来寂静故。”译《文殊问经》作“沙字一切诸法念念生灭，亦无生不灭，本来寂静，一切诸法悉入涅槃。”唯有佛陀跋陀罗译法不同，作“尽一切诸法悉入于如是”，“如是”可作如如、本来、空寂解，其义可通。

表 5　《微密持经》字门对照表

译本	pa	释义
支谦译	迹	
佛陀跋陀罗译	波	波者第一义，一切诸法无我悉来入门
求那跋陀罗译	波	波，以一切著法使入空法中
功德直译	波	波字是第一义，一切诸法入无我义
僧伽婆罗译	婆	婆字入一切诸法无我义

续表

译本	pa	释义
阇那崛多译	跛	跛者即是真如，一切法无我入故
智严译	跛	跛字是第一义，一切诸法无我入义
不空译	跛	跛字者胜义，随入一切法无我
文殊问经	跛	跛字第一义，一切诸法无我悉入此中
译本	la	释义
支谦译	敏	
佛陀跋陀罗译	罗	罗者相好无相，如如来身入于法性
求那跋陀罗译	罗	罗，如来若现相好、不现相好，以法身①入诸法中
功德直译	椤	椤者相好，此相好者入于如来法身之义
僧伽婆罗译	罗	罗字入相好、无相好法身义
阇那崛多译	逻	逻者相好、非相好，如来法身入故
智严译	椤	椤字入于如来无生法身，以非明照，集智资粮，无所入相，以无生相而为色身，以无尽相而为色蕴入义
不空译	椤	椤字者相随形好、无相随形好故，随入一切如来法身
文殊问经	罗	罗字以此相好、无相好，入如来法身义
译本	va	释义
支谦译	惟	
佛陀跋陀罗译	婆	婆者愚痴之法及智慧法，随顺入义
求那跋陀罗译	婆	婆，若痴法、若黠法使入解慧法中
功德直译	婆	婆者婴儿，婴儿法者决定趣入聪慧之义
僧伽婆罗译	娑	娑字入二义，愚人法、智人法义
阇那崛多译	莽	莽者凡夫法、贤圣法，一如无二入故
智严译	么	么字智慧、愚痴法作同类入义
不空译	嚩	嚩字者愚夫法、圣人法随入无二无别
文殊问经	婆	婆字愚人法、慧人法如法度，无愚、无慧义
译本	ja	释义
支谦译	弃	
佛陀跋陀罗译	迦	迦者业行果报及非业行报皆悉究竟，随顺入义
求那跋陀罗译	迦	迦，知诸殃罪所能，使入功德福中

① 法身，《金藏》作“身”，据《大正藏》《中华藏》校勘诸藏及文义改。

续表

译本	ja	释义
功德直译	阇	阇者生老病死之患，是生老等入无生灭
僧伽婆罗译	阇	阇字入生老病死、不生不老不病不死，不生不灭义
阇那崛多译	惹	惹者生老病死、非生老病死，无生无灭入故
智严译	舸	舸字分别业报，亦无业报入义
不空译	惹	惹字者生老死、非生老死，去不去，随入无生无灭
文殊问经	阇	阇字度生老病死，令入不生不老不病不死义
译本	ka	释义
支谦译	悲	
佛陀跋陀罗译	阇	阇者生缘老死皆悉随入不生不灭
求那跋陀罗译	阇	阇，知生老病死即于是入无色中
功德直译	迦	迦者作业，入无业报
僧伽婆罗译	舸	舸字入度业果报义
阇那崛多译	迦	迦者业报、非业报入故
智严译	阇	阇字悟生老病死，不生不灭入义
不空译	迦	迦字者业异熟，随入非业异熟
文殊问经	伽	伽字度业果报，令入无业果报义
译本	dha	释义
支谦译	调	
佛陀跋陀罗译	陀	陀者一切诸持悉随入空，无相无愿
求那跋陀罗译	陀	陀，视诸地世间皆空，不惊怪，入无愿中
功德直译	陀	陀者总持陀罗尼法空，无相愿，趣入法界
僧伽婆罗译	他	他字入持陀罗尼法度空，无相无作，法界义
阇那崛多译	陀	陀者陀罗尼法本空，无相无愿，法界入故
智严译	驮	驮字悟陀罗尼法体空，无相无愿，寂如涅槃，开解入义
不空译	驮	驮字者陀罗尼法要空，无相无愿，随入法界
文殊问经	他	他字总持诸法众语言空，无相无作，令入法界义
译本	sa	释义
支谦译	灭	
佛陀跋陀罗译	赊	赊者一切诸持皆随顺入
求那跋陀罗译	舍	舍，休息诸法使入清凉法中
功德直译	奢	奢者舍摩他、毗婆舍那、舍摩他等入一切法

续表

译本	sa	释义
僧伽婆罗译	沙	沙字赊摩他、毗婆舍那，赊摩他、毗婆舍那者入如真实一切法义
阇那崛多译	舍	舍者定慧、非定慧，一切法一如入故
智严译	赊	赊赊我反字奢摩他，住寂定相；鞞钵舍那，正见诸法相
不空译	舍	舍字者奢摩他、毗钵舍那，非奢摩他、毗钵舍那，一切法随入真如
文殊问经	舍	舍字奢摩他、毗婆舍那，令如实观诸法义
译本	kṣa	释义
支谦译	忍	
佛陀跋陀罗译	叉	叉者尽一切诸法悉入于如是
求那跋陀罗译	叉	叉，知一切法空
功德直译	叉	叉者诸法无住无尽，亦无破坏，又无前后，如是诸法趣入涅槃
僧伽婆罗译	屣	屣字入一切诸法念念生灭，不尽不破，本来寂静故
阇那崛多译	乞洒	乞洒二合者空，一切法无尽，不可破坏，本来寂静，涅槃法入故
智严译	叉	叉字诸法皆空，不生不灭，何以故？悟解诸法本来空寂，自性涅槃入义
不空译	乞洒	乞洒二合字者一切法刹那无尽无坏无身，本寂故，随入一切法涅槃
文殊问经	沙	沙字一切诸法念念生灭，亦无生不灭，本来寂静，一切诸法悉入涅槃

三　《诸法行经》字门

《诸法行经》字门，亦即十六字门，《观察诸法行经》所说，故称《观察诸法行经》字门，简称《诸法行经》字门，再简称《行经》字门。该字门由阇那崛多译《观察诸法行经·先世勤相应品》所说，有两种十六字门，一种称十六字门所出陀罗尼，或称十六种陀罗尼，此称十六字门。另一种称十六种字陀罗尼入门，或称十六种字陀罗尼，此称十六种子字门。该品正题《先世勤相应品》，但以说十六字门及其功德为主，经中亦称《陀罗尼字门品》，并说以此陀罗尼说名决定观察诸法行三摩地。

十六字门也见于《贤劫经·行品》，称十六文字总持之门，亦称十六事文字之教、十六文字之教，竺法护意译。说入十六文字总持之门，识其所至，能颁宣斯，便逮总持。又说若解行是十六文字之教，逮得无量总持门地，解一切法而得自在。并广说其功德，说择求一切众生慧意，消众尘劳，悉宣佛道。受大势力，畅达真法。度脱黎庶，开化导利。其音和雅，犹如哀鸾。逮得普住平等之地，为师子吼，致妙巍巍。忍度无极，具足大哀，越魔境界，备通哀音至真之声。去自大，得忍辱，了深奥义，禅定无非。所至到处，宣无上法，摄取一切众要经典，力势难及。分别一切诸法道门，知众生行之所归趣，识念无数，所更历劫。常持诸法，灭一切病。净除结网，逮断狐疑。速成正觉，咨嗟光显，普入一切诸法圣慧。能以方便擿去恼热，讲说诸法，己身奉行。服甘露食，裂众犹豫。舍所居土，显无盖哀，以覆众生。念于宿命所更生处，志泥洹德，晓众愚骙。诸行所趣，获至尊慧。摄一切想，建立诸住。不失地道，超若干变，达诸言声而却一切。结解所在，周满佛土。远离五阴，而不自大，疾了言辞。用是之故，便降伏魔。弃诸外学，见不可计。十方国土现在诸佛，闻所说法，受持不忘，如其所愿，得是三昧而自娱乐。若有菩萨得是三昧，则当谓之逮一切智。所以者何？以致此定，发意之顷，一生补处成最正觉。从一本起二，二至三，三至四。从其发意，辄得佛道。所以者何？又斯定者则一切智。①

其字母，十六字门缺一字，按其前四字与五字门第一、三、四、五字相同，所缺者似为五字门的第二字“罗”。但十六种子字门，具足十六字，并无五字门的第二字，最后一字作“多”。两种十六字门，前十一字一致，均作阿、波、遮、那、陀、沙、迦、沙、伽、他、阇字，十六字门中第十二字车，十六种子作叉字；字门第十三字蹉，种子则作叉字。第十四、十五字，两者完全不同，字门作诧、嗏，种子作娑摩、娑他。第十六字，字门缺，种子作多。

十六字的字义，行经两译大致相同，但也有一些不同之处。竺法护意译字门，也大体一致。

第1阿字，两者相同，均作不生义。竺法护意译“无”，与不生义一致。

---

① （西晋）竺法护译《贤劫经》卷1，《中华藏》第21册，第336页下—367页上。

第2波字，也完全相同，作最胜义。竺法护译“度”，或指六度。

第3遮字，字门作“四实义”，种子门则作“度四流义”，竺法护译“行”。按四实义者，经论中说法不一，或以地水火风为四实，或以常乐我净为四实，或以苦集灭道为四实，但一般以此用为譬喻，所谓智臣先陀婆一名四实之喻，用来说明名称虽一而实际内容则有多项。如《大般涅槃经·如来性品》说：“如来密语甚深难解，譬如大王告诸群臣先陀婆来，先陀婆者一名四实，一者盐，二者器，三者水，四者马，如是四法皆同此名。有智之臣善知此名，若王洗时索，先陀婆即便奉水。若王食时索，先陀婆即便奉盐。若王食已将欲饮浆索，先陀婆即便奉器。若王欲游索，先陀婆即便奉马。如是智臣善解大王四种密语，是大乘经亦复如是有四无常，大乘智臣应当善知。若佛出世为众生说如来涅槃，智臣当知此是如来为计常者说无常相，欲令比丘修无常想。或复说言正法当灭，智臣应知此是如来为计乐者说于苦相，欲令比丘多修苦想。或复说言我今病苦、众僧破坏，智臣当知此是如来为计我者说无我相，欲令比丘修无我想。或复说言所谓空者是正解脱，智臣当知此是如来说正解脱无二十五有，欲令比丘修学空想。以是义故，是正解脱则名为空，亦名不动。谓不动者，是解脱中无有苦故，是故不动。是正解脱为无有相，谓无相者无有色、声、香、味、触等故，名无相。是正解脱常不变易，是解脱中无有无常热恼变易，是故解脱名曰常住，不变清凉。或复说言一切众生有如来性，智臣当知此是如来说于常法，欲令比丘修正常法。是诸比丘若能如是随顺学者，当知是人真我弟子，善知如来微密之藏，如彼大王智慧之臣善知王意。”①

四流义，《增一阿含经·增上品》第九经说：如来所说四流法者，“所谓欲流、有流、见流、无明流。云何名为欲流？所谓五欲是也。云何为五？所谓若眼见色，起眼色想；若耳闻声起识想，若鼻嗅香起识想，若舌知味起识想，若身知细滑起识想，是谓名为欲流。云何名为有流？所谓有者，三有是也。云何为三？所谓欲有、色有、无色有，是谓名为有流也。云何名为见流？所谓见流者，世有常、无常，世有边见、无边见，彼身彼命、非身非命，有如来死、无如来死，若有如来死无如来死、亦非有如来死亦非无如来死，是谓名为见流。彼云何无明流？所谓无明者，无知、无信、无见，心意贪欲，恒有希望，及其五盖——贪欲盖、瞋恚盖、

① （北凉）昙无谶译《大般涅槃经》卷9，《中华藏》第14册，第97页下—98页上。

睡眠盖、调戏盖、疑盖，若复不知苦、不知习、不知尽、不知道，是谓名为无明流。”① 行指活动、趣向，与流的意义相近。

第4那字，意译“不”，行经释义相同，字门释义作“那字知名色生义”，种子释义作“那字说名色义故”。名色即五蕴的总称，色蕴称色，而受、想、行、识四蕴称名，皆属心识法，无可见之形体，故称名。名色互相为缘，和合出生一切法，故从事物的产生称一切法为名色。

第5陀字，意译“持”，字门作调伏义，种子作布施、自守、和合诸义，均属早期佛教的行为规范。持，即守持，与持戒之调伏义相通。调伏是就调伏身口意三业而制伏诸恶行，《正法念处经·观天品》说：“调伏者，身心调善，离于恶法，依清凉法。”② 法藏《华严经探玄记》说：“调者调和，伏者制伏，谓调和控御身口意业，制伏除灭诸恶行故。”③ 布施是早期佛教中被认为能致福报的布施、持戒、禅思三因缘之一，如《长阿含经》的《游行经》说：“以三因缘致此福报，何谓三？一曰布施，二曰持戒，三曰禅思，以是因缘，今获大报。”④《毗婆尸佛经》说：“如过去诸佛所说，若布施、持戒、精进修行，能离欲色烦恼过失，得生净天。”⑤《大楼炭经·忉利天品》说：“我用三事实得生此，何等为三？一者布施，二者持戒，三者弃恶，是为三。”⑥ 自守，即摄守诸根，自我防护，不堕烦劳。有《不自守意经》说：“佛复告比丘：几因缘自守？若眼根自守，止眼识不堕色，意便不泆。已意不泆，便更乐；已更乐，便得定意；已得定意，便谛；如有知谛，如有见；已谛，如知谛；如见，便舍结，亦度疑，便不信；不至诚，便慧智，便意乐安隐，六根亦如是说，如是名为自守。”⑦《阿那律八念经》以自守为世间正治内容，说：“正治亦有二：不杀盗淫，不自贡高，修德自守，是为世间正治。”⑧ 和合是十善中不两舌的内容之一，《长阿含经》之《阿摩昼经》说：“舍离两舌，若

① （东晋）瞿昙僧伽提婆译《增一阿含经》卷23，《中华藏》第32册，第256页上、中。
② （元魏）瞿昙般若流支译《正法念处经》卷33，《大正藏》第17卷，第193页中。
③ （唐）法藏撰《华严经探玄记》卷4，《大正藏》第35卷，第171页中、下。
④ （后秦）佛陀耶舍译《长阿含经》卷4，《中华藏》第31册，第43页上。
⑤ （宋）法天译《毗婆尸佛经》卷2，《大正藏》第1卷，第157页上。
⑥ （西晋）法立译《大楼炭经》卷4，《大正藏》第1卷，第297页中。
⑦ （吴）支谦译《佛说不自守意经》，《大正藏》第2卷，第502页中。
⑧ （东汉）支曜译《阿那律八念经》，《大正藏》第1卷，第836页下。

闻此语，不传至彼；若闻彼语，不传至此。有离别者，善为和合，使相亲敬。凡所言说，和顺知时，是为不两舌。”[①] 和合又为六重法之一，《长阿含经》之《十上经》译和合无争讼为六重法之一，说：“云何六成法？谓六重法。若有比丘修六重法，可敬可重，和合于众，无有诤讼，独行无杂。云何六？于是比丘身常行慈，敬梵行者，住仁爱心，名曰重法，可敬可重，和合于众，无有诤讼，独行无杂。”[②]

第6沙字，意译碍，字门作超过著义，种子门作六通智义。超过著义，著即执著，执著是愚夫的指称，以其执著有身，不得出离欲界。超过著，即是无所执著。六通智，即六通清澈，智无罣碍，是成就阿罗汉果乃至佛果的特征之一。《大安般守意经》说：所谓“六通智，一为神足，二为彻听，三为知他人意，四为知本所从来，五为知往生何所，六为知素漏尽，是为六也。”[③] 后来概括为身通、天眼通、天耳通、他心通、宿命通、漏尽通，[④] 或作如意通、天耳通、知他心通、宿命通、生死智通、漏尽通，或作神境智证通、天眼智证通、天耳智证通、他心智证通、宿住随念智证通、漏尽智证通。《摄大乘论释》说：“论曰‘于一切世界至得无碍无边，六通智故’。释曰‘诸佛成就六通，于十方世界无能沮损，无有限极，不同二乘有碍、有边故。如来通慧，自在无等’。”[⑤] 《菩萨本行经》说：“所谓佛者，诸恶永尽，诸善普会，无复众垢，诸欲都灭。六度无极皆悉满毕，以权方便随时教化而无有极，有十神力、四无所畏、十八不共奇特之法，三十七品道法之藏而无有极。身紫金色，三十二相、八十种好，六通清彻，无所罣碍。前知无穷，却睹无极，现在之事靡所不知，三达遐鉴，显于十句。有如此德，故号为佛也。”[⑥] 六通清彻，无所罣碍，也正是“碍”的含义。

第7迦字，意译作，字门释不失业报义，种子释不见业报义。不失业报者，指业的性质，不作不受，作已定受，故业必受报，业不受报者，业力永不失。不见业报者，不见指不见现世及来世，不信业报，但此意与不

① （后秦）佛陀耶舍译《长阿含经》卷13，《中华藏》第31册，第160页上。

② （后秦）佛陀耶舍译《长阿含经》卷9，《中华藏》第31册，第104页上。

③ （东汉）安世高译《佛说大安般守意经》卷2，《大正藏》第15卷，第173页上。

④ 详见《成实论·六通智品》，卷16，《中华藏》第49册，第241页。

⑤ （陈）真谛译《摄大乘论释》卷14，《大正藏》第31卷，第261页下。

⑥ （东晋）失译《菩萨本行经》卷上，《大正藏》第3卷，第109页上。

失业报义相反。作，梵文中与业同一字，意译也相同。

第 8 娑字，意译坚，释义均作诸法平等义，平等就空相而言，诸法实相即是平等无别，此释显系大乘般若思想。坚，与实相同义。

第 9 伽字，意译势，释义均作甚深义。

第 10 他字，意译生，作势力义或示现势力义。按势力义，意译第九字势，或为第十字。但生并无甚深之义。

第 11 阇字，意译摄，释义一作“超过生老死”，一作“示现生死”，就生死现象，超过与示现，意义相反。

从第 12 字开始，两种字门所说陀罗尼字及其释义均不同，字门以第十二字为车字，释作“断烦恼无余义”，无余相对于有余而言，烦恼断灭永尽，为无余涅槃境界。竺法护意译尽，与此义相关。《大宝积经论》谓：“然彼涅槃有二种，一者有余，二者无余。是中有余者唯灭烦恼，无余者缘无故，不从集苦灭，故名涅槃。”①《瑜伽师地论》谓：“一切烦恼永离系者，谓诸烦恼无余断灭，由今灭故，后不更生。”② 第十三蹉字，释“高出”，第十四诧字，释“住”。第十五嗏字，意译住，与第十四字义相同，此释“教化边地弥黎车”。此意边地弥黎车也可教化。弥黎车，译作弥离车、蔑戾车等，印度边国，被视为边地，其人多弊恶，善根未熟，不可教化。慧琳《音义》说：“弥离车，或作弥戾车，皆讹也，正言蔑戾车，谓边夷无所知者也。”③ 可洪《音义》说：“弥离车，唐言乐垢秽人，言此等人全不识佛法。”④ 但《阿毗昙毗婆沙论》说世尊曾“为四天王以圣语说四谛，二解二不解。世尊复以陀毗罗语说四谛，一解一不解。世尊复以弥离车语说四谛，然后乃解。如是观解时以别相，入道时是总相。”⑤

种子字门以第十二字为叉字，释义“示现忍力”。忍力即忍辱力、堪忍力，佛成就之诸力之一，《增一阿含经》以忍力、思惟力为成就正觉的二力，如《火灭品》第 2 经说：“云何为二力？所谓忍力、思惟力，设吾无此二力者，终不成无上正真等正觉。又无此二力者，终不于优留毗处六年苦行，亦复不能降伏魔怨，成无上正真之道，坐于道场。以我有忍力、思惟

① （北魏）菩提流支译《大宝积经论》卷 2，《中华藏》第 26 册，第 934 页下。
② （唐）玄奘译《瑜伽师地论》卷 86，《中华藏》第 28 册，第 247 页上。
③ （唐）慧琳撰《一切经音义》卷 72，《中华藏》第 58 册，第 911 页下。
④ （后晋）可洪撰《新集藏经音义随函录》卷 1，《高丽藏》第 34 册，第 635 页上。
⑤ （北凉）浮陀跋摩译《阿毗昙毗婆沙论》卷 56，《中华藏》第 44 册，第 987 页下。

力故，便能降伏魔众，成无上正真之道，坐于道场。是故，诸比丘！当求方便，修此二力——忍力、思惟力，便成须陀洹道、斯陀含道、阿那含道、阿罗汉道，于无余涅槃界而般涅槃。”①《大集法门经》说七力，忍力为其一，佛说七力谓信力、念力、无畏力、精进力、忍力、定力、慧力。②

第13车字义，释“吐极恶烦恼”，与意译的“盖”义相同，盖即烦恼，有五盖。但“吐极恶烦恼”为《大涅槃经》所说典故，说二乘人为无明情色所醉，轮转生死，如彼醉卧不净中，如来施法药，令人还吐烦恼恶酒，使其醒悟。

第14娑摩字，释“自大证觉”。自大证觉，应是圣智之自证自觉，唯佛所具。自觉内证，不假外求，离于自相同相，是诸佛境界。意译己，指自己，与此释义相同。

第15娑他字，释“说处非处”，意译住，处、住意思相同。说处非处，是《般若经·辨大乘品》说陀罗尼字门得二十种殊胜功德之一，称说处非处智善巧，③《瑜伽师地论》说处非处善巧颂曰：“‘体显现初，门差别后。’问何等为处？答于彼彼事理无相违。问何等非处？答于彼彼事理有相违，是名处非处体。问：‘何故世尊显示处非处善巧耶？’答：‘为欲显示染污清净，正方便智无失坏故。’”④《辩中边论·辩真实品》此释：“处非处义云何？颂曰：‘于非爱爱净，俱生及胜主，得行不自在，是处非处义。’论曰：处非处义略由七种不得自在，应知其相：一于非爱不得自在，谓由恶行虽无爱欲而堕恶趣。二于可爱不得自在，谓由妙行虽无爱欲而升善趣。三于清净不得自在，谓不断五盖、不修七觉支，决定不能作苦边际。四于俱生不得自在，谓一世界无二如来，二转轮王俱时出现。五于胜主不得自在，谓女不作转轮王等。六于证得不得自在，谓女不证独觉、无上正等菩提。七于现行不得自在，谓见谛者必不现行害生等事，诸异生类容可现行。《多界经》中广说此等，应随决了是处非处。”⑤

第16多字义，意译烧，释“说尽边”。尽边即尽边际，究竟之意，早期佛教以指诸法皆灭尽更不复生，为苦之边际，意指寂静涅槃。《频婆娑罗

① （东晋）瞿昙僧伽提婆译《增一阿含经》卷7，《中华藏》第32册，第63页上。

② （宋）施护译《大集法门经》卷2，《大正藏》第1卷，第232页下。

③ （唐）玄奘译《大般若经》卷53，《中华藏》第1册，第532页下。

④ （唐）玄奘译《瑜伽师地论》卷57，《中华藏》第27册，第921页上。

⑤ （唐）玄奘译《辩中边论》卷2，《中华藏》第30册，第542页下—543页上。

王经》说："又彼无明缘于行法，诸行法生，集法乃生，诸行法灭，集法得灭。诸苾刍！如是行苦因集而有，因集灭故，行苦即灭，苦法灭已，非法皆灭，更不复生，如是苦法已尽边际。苾刍！灭复何证？即此苦边是真寂灭，是得清凉，是谓究尽。苾刍！此寂静句，谓舍一切法，爱法若尽，欲法得灭，是即寂静涅槃。"①《增一阿含经·马血天子问八政品》以八正道为贤圣之道得尽边际，说："彼云何名为乘贤圣八品之径路？所谓正见、正治、正语、正业、正命、正方便、正念、正三昧。天子！又知斯名贤圣八品道，得尽世界之边际。诸过去恒沙诸佛得尽世界者，尽用此贤圣八品道而究世界；正使将来诸佛世尊出现世者，当以此贤圣之道得尽边际。"②

表6　《诸法行经》字门对照表

字门	种子	贤劫经	梵字	十六字门释义	十六种子字门释义
1	阿	无	a	阿字不生义故	阿字无生义故
2	波	度	pa	波字最胜义故	波字最胜义故
3	遮	行	ca	遮字四实义故	遮字度四流义故
4	那	不	na	那字知名色生义故	那字说名色义故
5	陀	持	da	陀字调伏义故	陀字布施自守和合义故
6	沙	爱	ṣa	沙字超过著义故	沙字六通智义故
7	迦	作	ka	迦字不失业报义故	迦字不见业报义故
8	娑	坚	sa	娑字诸法平等义故	沙（娑）字诸法平等义故
9	伽	势	ga	伽字甚深义故	伽字甚深义故
10	他	生	ta	他字势力义故	他字示现势力义故
11	阇	摄	ja	阇字超过生老死义故	阇字示现生死义故
12	车/叉	尽	cha/kṣa	车字断烦恼无余义故	叉字示现忍力义故
13	蹉/车	盖	tsa/cha	蹉字高出义故	车字吐极恶烦恼义故
14	诧/娑摩	已	ṣṭa/sma	诧字住义故	娑摩字自大证觉义故
15	嗏/娑他	住	ḍha/stha	荼字教化边地弥黎车义故	娑他字说处非处义故
16	多	烧	ta		多字说尽边义故

① （宋）法贤译《频婆娑罗王经》，《大正藏》第1卷，第826页中。

② （东晋）瞿昙僧伽提婆译《增一阿含经》卷38，《中华藏》第32册，第444页上。

四 《净印经》字门

《净印经》字门，全称《净印法门经》字门，简称净印字门，是《大方等大集经·海慧菩萨品》所说字门。《大方等大集经》有两处说陀罗尼字门，一为北凉昙无谶译《海慧菩萨品》之三，其异译本为宋惟净译《佛说海意菩萨所问净印法门经》卷十二；另一为《陀罗尼自在王菩萨品》之四，其中说大海陀罗尼字门。但此陀罗尼字门早由竺法护译为《大哀经·总持品》，称海印意总持。《海慧菩萨品》说净印三昧法，净，即清净，净除不净意，内外清净，即是如来住定之法印，故称净印三昧。印，亦为陀罗尼字门名称。净印，即清净陀罗尼字门。

净印陀罗尼字门，大集本有29字，异译的宋本有33字，其中13字无音译字。净印字门的前11个字，与行经字门的前11个字大致相同。不同之处，净印字门《大集》本无行经字门的“遮”ca字，而《行经》无宋本的第9字摩ma。第6个字门“多”ta在行经字门中为第10个字“他”，第10个字“迦”在行经中为第7个字。净印字门的释义，两本之间基本相同，其前十字也与行经字门基本相同。

首字阿a，释义“阿者言无，一切诸法皆悉无常”。但宋本说阿字门表示一切法无生义，与《行经》释义相同。第2字波pa释第一义，宋本作胜义谛，与持经字门、行经字门释义相同。第3字那na，释义诸法无碍，但宋本了知名色义，与行经字门释义相同。第4字陀da，释义能调伏一切法性，宋本亦作捺字门一切法调伏寂静，与行经十六字门释义相同。第5字沙ṣa释远离一切诸法，宋本作娑字门表示一切法出过诸著，均与行经十六字门释义相同。第6字多ta释一切法如，宋本亦作一切法随住真如，与行经字门释义不同。第7字迦ka，释义一切诸法无作无受，但宋本作一切法了达业报，则与行经字门释义相同。第8字娑sa释一切诸法无有分别，宋本亦作一切法平等无差别，与行经字门释平等义相同。第9字摩ma宋本释一切法大悲义，大悲，与大慈相应。《集大乘相论》说：“所言大慈大悲者，此中慈谓与众生乐，住寂静心，无发悟相，广大最胜，离相平等。悲谓拔苦，调伏难调，不舍众生，离诸有相。”[①] 第10字伽ga释义如来正法甚深无底，宋本作诚字门表示一切法最极甚深难彻

① （宋）施护译《集大乘相论》卷2，《大正藏》第32卷，第149页上。

源底，与行经字门释义相同。第 11 字阇 ja 释义远离生相，宋本作惹字门表示一切法超越老死，也与行经字门释义相同。

第 12 字昙 dha，释于法界中不生分别，宋本作驮字门表示一切法法界无分别，就胜义谛而言，诸法平等，无有分别。

第 13 字奢 śa，即奢摩他梵文 śamatha 的首音，与佛传字门、持经字门相同，但释义各有不同，此释“得八正道”，定意在于得八正道，反映早期佛教思想。宋译“设”，表示一切法圆满奢摩他，泛泛而称，并不确指。

第 14 字佉 kha，释一切诸法犹如虚空，宋本表示一切法虚空焕明，均与问经第 18 字释义基本相同。梵文 kha，即虚空义。

第 15 字叉 kṣa，梵文 kṣaya、kṣīṇna 的首音，释一切法尽，与持经字门最后一字的 3 种译本释义相同，但此并无“无尽”的否定义。宋本表示一切法普尽无生，虽“尽”无否定义，但由尽而无生，则与持经字门相同。

第 16 字“若”ña，释诸法无碍，宋本译倪野，表示一切法智无著，于法无著，即是诸法无碍。若 ña，源于梵文 prajña 尾音，故涅槃字门译智慧，宋本作智无著，也与此有关。

第 17 字咃 tha，释一切法是处非处，宋本译他，表示一切法善解处非处。处，梵文 sthāna，亦译住、地，与行经第 15 字种子字释义相同。

第 18 字蛊 ska，宋译塞迦，梵文 skandha 的首音，skandha，聚集、集合之义，译蕴、阴，如五阴或五蕴等，故释观五阴已得大利益，宋译表示一切法了知诸蕴。

第 19 字荼 ṣṭha，释一切诸法无有毕竟，宋译姹，表示一切法毕竟无边际。荼、姹，源自梵文 niṣṭha，亦有究竟义，毕至于竟处，究至于竟，都之边际，故宋译作无边际。

第 20 字迦 ka，与第 7 字相同，此释身寂静故得大利益，宋译身寂静门表示一切法无贪染，身，梵文 kaya。寂静，梵文 śama。

第 21 字至 ca，梵文 citta 的首音，释心寂静故，离一切恶。宋译心寂静门，表示一切法调伏瞋痴。此调伏瞋痴义，与上一字无贪染相应，总指三毒根本。

第 22 字优 u，释受持拥护清净禁戒，宋译止息门，表示一切法归趣无著。禁戒，梵文 vrata、vratika。止息，梵文 upaśama，此取首音。

第 23 字 saṃ，释蛇者善思惟，宋译深固门表示一切法出离三际。善，梵文 kuśala，思惟，cetanā、cintā、saṃkalpa，manas-kāra，善思惟，sucintita-citintin、sumanasikṛta。深固，abhiniveśa。

第 24 字替 stha，释住一切法，宋译住实性门，表示一切法住法界。住，梵文 sthāna、sthiti，词根√sthā。

第 25 字修 kṣa，释一切诸法性是解脱，宋译无取门，表示一切法解脱相义。解脱，梵文 mokṣa、vimukti、vimokṣa。说一切诸法性是解脱，指法性的本质是解脱，故宋译称无取门，不执着诸法相，也不执着解脱相。

第 26 字毗 bhava，释一切诸法悉是毗尼，毗尼者调伏己身。毗尼，梵文 vinaya、vinayatva、abhivinaya 的音译，新译毗奈耶，即调伏义，指律藏。宋译作无执着门，表示一切法离诤论。执着，梵文 abhiniveśa。两者释义不同，或因为 abhivinaya 与 abhiniveśa 相混淆。

第 27 字时 ṣṭa，释一切诸法性者不染污，宋译无杂染门，表示一切法清净相。染污，梵文 kliṣṭa，杂然，saṃkliṣṭa、saṃkliśa，一切诸法法性不染污，实际上一切法只有清净相。

第 28 字阿 ā，释一切诸法性是光明，宋译法自性门，表示一切法本来明净。光明、明，梵文 āloka。光明相对于黑暗，没有黑暗就是清净，故以光明象征诸法法性。明净，即光明清净。

第 29 字娑 ṣṭa，释修八正道。八，梵文 aṣṭa，八正道，aṣṭāṅga-mārga。修八正道，aṣṭāṅga-mārga-deśika。但宋译妙光明门，表示一切法焕明，与 28 字释义相同。

第 30 字婆 va，一切诸法非内非外。非，vi -、vigata、vinā。内外，adhyātma-bahirdhā。宋译观想门，表示一切法离散。观想，vibhāvayati，观想对治离散。

第 31 字 ya，宋译无摄藏门，表示一切法不和合。摄藏，梵文 ālaya。

第 32 字 ba，宋译菩提门，表示一切法平等一味。菩提，bodhi。

第 33 字，宋译涅槃门，表示一切法离诸烦恼。涅槃，梵文 nirvāṇa，字根√vā。无烦恼，即是涅槃境界。

表7　　净印字门对照表

序数	梵文	大集经·海慧菩萨品		海意菩萨所问经	
		字门	释义	字门	释义
1	a	阿	阿者言无，一切诸法皆悉无常	阿	阿字门表示一切法无生义
2	pa	波	波者即第一义	波	波字门表示一切法胜义谛
3	na	那	那者诸法无碍	那	那字门表示一切法了知名色义
4	da	陀	陀者性能调伏一切法性	捺	捺字门表示一切法调伏寂静义
5	ṣa	沙	沙者远离一切诸法	娑	娑字门表示一切法出过诸著义
6	ta	多	多者一切法如	多	多字门表示一切法随住真如义
7	ka	迦	迦者一切诸法无作无受	迦	迦字门表示一切法了达业报义
8	sa	娑	娑者一切诸法无有分别	娑	娑字门表示一切法平等无差别义
9	ma			摩	摩字门表示一切法大悲义
10	ga	伽	伽者如来正法甚深无底	诚	诚字门表示一切法最极甚深难彻源底义
11	ja	阇	阇者远离生相	惹	惹字门表示一切法超越老死义
12	dha	昙	昙者于法界中不生分别	驮	驮字门表示一切法法界无分别义
13	sa	奢	奢者具奢摩他，得八正道	设	设字门表示一切法圆满奢摩他义
14	kha	佉	佉者一切诸法犹如虚空	佉	佉字门表示一切法虚空焕明义
15	kṣa	叉	叉者一切法尽	叉	叉字门表示一切法普尽无生义
16	ña	若	若者诸法无碍	倪野	倪野字门表示一切法智无著义
17	tha	咃	咃者一切法是处非处	他	他字门表示一切法善解处非处义
18	ska	蛊	蛊者观五阴已得大利益	塞迦	塞迦字门表示一切法了知诸蕴义
19	ṭa	荼	荼者一切诸法无有毕竟	姹	姹字门表示一切法毕竟无边际义
20	ka	迦	迦者身寂静故，得大利益	身寂	身寂静门表示一切法无贪染义
21	ca	至	至者心寂静故，离一切恶	心寂	心寂静门表示一切法调伏瞋痴义
22	u	优	优者受持拥护，清净禁戒	止息	止息门表示一切法归趣无著义
23	saṃ	蛇	蛇者善思惟	深固	深固门表示一切法出离三际义
24	stha	替	替者住一切法	实性	住实性门表示一切法住法界义
25	kṣa	修	修者一切诸法性是解脱	无取	无取门表示一切法解脱相义
26	bhava	毗	毗者一切诸法悉是毗尼，毗尼者调伏己身	无著	无执著门表示一切法离诤论义
27	ṣṭa	时	时者一切诸法性者不染污	无染	无杂染门表示一切法清净相义

续表

序数	梵文	大集经·海慧菩萨品		海意菩萨所问经	
		字门	释义	字门	释义
28	ā	阿	阿者一切诸法性是光明	自性	法自性门表示一切法本来明净义
29	sta	娑	娑者修八正道	光明	妙光明门表示一切法焕明义
30	va	婆	婆者一切诸法非内非外	观想	观想门表示一切法离散义
31	ya			摄藏	无摄藏门表示一切法不和合义
32	ba			菩提	菩提门表示一切法平等一味义
33				涅槃	涅槃门表示一切法离诸烦恼义

五 《大哀经》字门

《大哀经》字门，一般称海印意字门，简称海印字门，是《大哀经·总持品》所说陀罗尼字门。《大哀经》最早由西晋竺法护译，后来北凉昙无谶异译为《大方等大集经·陀罗尼自在王菩萨品》，再后唐代般若异译为《守护国界主陀罗尼经·陀罗尼品》。《大哀经》字门有 41 个字母，主要采用意译的方式，其中也有咤、哆、迦、娑等 4 个字采用音译的方式，从字门的字数来看正好与四十二字门只差一个字，但其释义并非四十二字门思想体系。其异译《大集经》的字数仅有 25 个字，其中还有 3 个重复的“杀”字，字母以遮、那、逻、陀、杀依次排序，都是辅音字母，既非四十二字门系统，也非悉昙字母系统。《守护经》有 42 个字，以婀 a 字为首，其次为啰、跛、者、娜等，完全属于四十二字门系统。《大日经疏》说《大集·陀罗尼自在王品》与《涅槃经》《文殊问经》等属于悉昙字母，但从其异译本《大哀经》的意译字母的还原来看，并不是按语音字母顺序排列，开首只有一个元音字母阿 a，其他似乎都是辅音字母，辅音字母也未按四十二字门顺序排列。从《大集经》本身来看，也并非如此，并无元音字母，辅音字母也未按语音顺序排列。其另一个异译本《守护经》，完全属于四十二字门系统。尽管《大哀经》采用意译方式，无法完全准确还原其字母，但非悉昙字母系统则可以肯定，故属于具有特定字数及排列顺序的陀罗尼字门。

该字门出自八陀罗尼，其中第四种陀罗尼称海印意总持，《大集经》以及《胜天王般若经》译大海陀罗尼，《大般若经》第六分《陀罗尼品》译深广大海陀罗尼门，《守护国界主陀罗尼经》称海印陀罗尼。但称海印陀罗尼者，尚有《大方广菩萨十地经》以及《大宝积经·无尽慧菩萨会》《度诸佛境界智光严经》《大方广如来智德不思议经》《大般若经》初分《不退转品》和第二分《转不转品》《宝雨经》等，只是不在八陀罗尼之中。不论大海陀罗尼还是海印陀罗尼，大都不举陀罗尼字，其中《守护经》虽举出海印陀罗尼 42 字，却完全是四十二字门，其字数、释义与《大哀经》海印意总持不同，也与《大集经》大海陀罗尼字门不同，这也说明同是八陀罗尼中的海印陀罗尼前后有所变化，也无怪乎《大集经》与《大哀经》有所不同。

称海印意总持或海印陀罗尼或大海陀罗尼者，以其陀罗尼犹如深广之大海能够印现天地物象，菩萨口中悉能印现一切众生口业。《大哀经》说："何谓海印意总持？犹族姓子，诸四方域世界之中诸有形色、又其像貌，山谷树木、诸所生草、众药之类所有形貌，日月光明、明珠、水曜、焰电诸有像貌，州城大邦、郡国县邑、居舍屋宅所有像貌，园观浴池、川流泉源、入流行色生活之业，自睹形像，好丑善恶，中上下貌，一切诸色，及与归之，皆依大海而不别异，是谓大海。菩萨若住此海印意总持，等印一切众生之身，亦复等演文字之教，以等心印而印众生，十力诸佛口演所宣无极大法此典，皆从菩萨口出佛印。"① 可知陀罗尼称海印者，用来譬喻菩萨三业印现众生三业，其意在于菩萨身等印一切众生身，菩萨口等印一切众生语，菩萨心等印一切众生心，三业等印，诸法平等，则是本字门的主要思想，所以说菩萨口出的是佛印。这里"印"也是字印，是字门的另一称谓。经中又说："见印所说法者，忻而无限。讲诸法印，慧无所印。所可讲说，悉如来印分别众谛。"此说见菩萨以字印说法，欢欣不已，实际上其所讲说的诸法字门，按般若智慧观察，并无所谓诸法字门。菩萨所能讲说的，都不过是如来法印中不同的真谛而已。

此意《大集经》说菩萨住此陀罗尼，"一切众生身口意业，各各于是菩萨身中一一印现；十方世界所有众生所有口业，悉于菩萨口中印现，是故菩萨有所言说皆悉真实。"② 此说从菩萨口中印现的字门都是真实法印，真实就是三业平等，等无所有。故说"印者名无所有，谓诸法无有觉观，无说无边，无作无贪，是名第一真实之义"。无有觉观，就是没有可以感

---

① （西晋）竺法护译《大哀经》卷 7，《中华藏》第 11 册，第 669 页上、中。

② （北凉）昙无谶译《大集经》卷 4，《中华藏》第 10 册，第 42 页上、中。

觉观察的，所有无所有就是最高的真实。对此《守护经》也说：“住此海印甚深三昧，得与一切众生身平等印，得与众生语平等印，得与众生心平等印。十方世界诸佛语业转妙法轮，菩萨皆从海印所流，于口门中平等演说。随有所说皆与诸佛法印无违，亦无疑惑，能令法界一切众生皆悉悟解，故说此印诸印中上”。[①] 在此所说菩萨口中流出海印字门，是平等演说，也就是说此菩萨印与佛印平等，同样能使一切众生悟解，所以被认为在诸多字印中属于最上乘。

《大哀经》字门的首字作“无”，说“其无印者，永无所行，心自然寂”。首字译“无”，显系悉昙第一个元音字母阿 a 字，但其释义从业行规定心的本来寂静，则出自心性本净思想，并非从阿的否定性到般若空义的思路，表现该字门的思想特点。《大集经》首字作“遮”，应是梵文 ca 字的音译，是个辅音字母，以辅音字母开头，与几个主要字门有所不同。其释义也与阿字义无关，说“遮之言眼，眼即无常，可净可见”。眼的梵文词为 cakṣus，遮即译其首音 ca。释眼无常，既指眼之可见对象无常，又指眼作为六根之一，其自身也属无常。无常是早期佛教的概念，与四十二字门的空无义也有所不同。

第 2 字译“离”，释义说：“其离印者，得离欲法，清净之行”。按梵文离字为 vivarjayati、varjita 等，离欲作 vairāgya。其释义为“其离印者，得离欲法，清净之行”，此说脱离欲望，没有欲望可言，就是清净的业行。

第 3 字译“度”，释义“其度印者，所演究竟，靡所不通”。是说佛所演说者为究竟法，通达于一切。度，梵文作 pāramitā，音译波若蜜多。《大集经》第 3 字译逻 la，释义“逻之言世，一切世间属爱、无明”。世、世间，梵文 loka。世间的一切都属爱欲的表现，其根源在于无明。

第 4 字译“号”，释义“皆宣名物，各各畅了”。与《大集经》第二字“那”的释义相近，此说“那之言名，一切诸法流布故，名真实无名”。其中一切法流布，与“所宣名物各个畅了”同义，是说所说的名物概念，各个畅达流布。名，即名号，均为梵文 nāman。

第 5 字译“乐”，梵文 sukha、rata。释义“除去欲贪、放逸、恩爱”，除去此三种感官欲乐，即是法乐、大乐。《大集经》译“波”，释义“波

---

① （唐）般若译《守护国界主陀罗尼经》卷 3，《大正藏》第 19 卷，第 534 页下。

之言五，如来远离除灭五欲，得阿耨多罗三藐三菩提”。五，梵文 pañca，波为其音译。字虽不同，释义相近。

第6字译“十”，梵文 daśa，释义“具足十力”，十力，梵文 daśa-bala，指如来具足之十种力。《大集经》第4字译“陀”，其释义与此相同，作“陀之言十，佛具十力能化众生”。第6字译“杀”，释义“杀之言六，如来真实了知六入故，能调伏一切众生”。六，梵文 ṣaṣ、ṣaṣṭha、ṣaṭṭika，六入，梵文 ṣaḍ-āyatana，ṣaḍ-grāma，指眼、耳、鼻、舌、身、意六种感官。如来了知六入的本质，故能调伏以六入来感觉世界的众生。

《大智度论》说：佛有十力者，是处不是处如实知，一力也。知众生过去、未来、现在诸业诸受，知造业处，知因缘，知报，二力也。知诸禅、解脱、三昧定、垢净分别相如实知，三力也。知他众生诸根上下相如实知，四力也。知他众生种种欲，五力也。知世间种种无数性，六力也。知一切道至处相，七力也。知种种宿命共相、共因缘一世、二世乃至百千世劫；初劫尽，我在彼众生中，如是姓名、饮食、苦乐、寿命长短，彼中死是间，生是间，死还生是间，此间生名姓、饮食、苦乐、寿命长短亦如是，八力也。佛天眼净，过诸天人眼，见众生死时生时端正、丑陋，若大、若小，若堕恶道、若堕善道，如是业因缘受报。是诸众生恶身业成就、恶口业成就、恶意业成就，谤毁圣人，邪见、邪见业成就；是因缘故，身坏死时入恶道，生地狱中。是诸众生善身业成就、善口业成就、善意业成就，不谤圣人，正见、正见业成就；是因缘故，身坏死时入善道，生天上——九力也。佛诸漏尽故，无漏心解脱，无漏智慧解脱，现在法中自识知：我生已尽，持戒已作，后有尽，如实知，十力也。①

第7字译“恐”，释义：“其被恐印者，净除诸意”。按“被恐”文意不通，恐，当为“被”的音译，kavacaya 首音 kava 可译“恐”。按恐字，梵文 bhaya，uttrāsa，ābhīru。

第8字译“咤”，释义“其烧咤印者，舍于烧热”。烧，梵文 daha、dagdha、tāpana，烧热，tāpana，此当取 tāpana 首音。《大集经》又译“杀”，释义“杀之言六，如来具足六念处故，得大自在”。六念处，梵文 ṣaḍ smṛty-upasthāna，指念佛、念法、念僧、念戒、念施、念天，称菩萨六

① （后秦）鸠摩罗什译《大智度论》卷24，《中华藏》第25册，第512页中。

事。

第9字译“六”，释义“成六神通”。《大集经》第8字译“杀”，释义“杀之言六，如来具足六神通故，能以神通教化众生”。六神通，梵文ṣaḍ-abhijña，此译取ṣaṣ首音ṣa。六神通，《俱舍论》说：“通有六种，一神境智证通，二天眼智证通，三天耳智证通，四他心智证通，五宿住随念智证通，六漏尽智证通。虽六通中第六唯圣然，其前五异生亦得。”①《大智度论》设问：“诸菩萨皆得五神通，今何以言欲住六神通？答曰：五通是菩萨所得，今欲住六神通是佛所得。若菩萨得六神通，可如来难！问曰：《往生品》中说菩萨住六神通至诸佛国，云何言菩萨皆得五通？答曰：第六漏尽神通有二种：一者漏、习俱尽，二者漏尽而习不尽。习不尽，故言皆得五通；漏尽，故言住六神通。”②

第10字译“左”，释义“其左披印者，弃捐左道”。按左，梵文vāma，左披，披vā的音译。《大集经》译“婆”，释义“婆之言左，如来世尊离左道故，得阿耨多罗三藐三菩提”，与之相同。左道，正道的反义词，指旁门外道、异端派别。《大集经》第10字译“多”，释义：“多之言实，如来善觉真实之性故，名正觉”。实、真实，梵文tattva、tathya、bhūtta。第18字亦译“婆”，亦释“婆之言实”，但其义则以“如来所说四真谛者即是真实”。此知“多”之实译tattva，“婆”之实译bhūtta。

第11字译“审”，梵文nipuṇa，审虑、审思，梵文upanidhyāna、cintana，或取u音或ci音。释义“说于真谛”，真谛，亦称胜义谛、第一义谛，与俗谛相对而称，指佛智所见真实之理。《大集经》第11字译“耶”，释义“耶之言彼，如来等知此彼平等”。彼，梵文tad、adas、anya，也作yad，耶即译此。

第12字译“如”，释义“所行如实”。按如，梵文yathā、tad-yathā。如实，梵文yathā-bhūtam，此译如，当取yathā之义。《大集经》第12字译“婆”，释义“婆之言结，如来远离诸烦恼故，名阿梨呵”。结、结使、烦恼，梵文bandha、kleśa，婆字即ba的音译。阿梨呵，梵文ārya，圣者之意。

第13字译“哆”，释义“其哆印者，蠲除一切诸所根本”，蠲除，梵

① （唐）玄奘译《阿毗达磨俱舍论》卷27，《中华藏》第47册，第241页上。

② （后秦）鸠摩罗什译《大智度论》卷28，《中华藏》第25册，第572页中。

文 ṣaṇḍha，或ḍha 的音译。《大集经》第 13 字译“阇”，释义：“阇言生老，如来已过生老之分故，名世尊。”此与第 19 字“生”同。生，梵文 janaka、janman，生老，jāti-jarā。

第 14 字译“迦”，释义“离所作业”，迦，显系梵文“业”karma 的首音。《大集经》译“昙”，释义：“昙之言法，如来说法清净无垢。”法，梵文 dharma。

第 15 字译“娑”，释义“其娑印者，宣畅至诚。”宣畅、宣说、宣传，梵文 deśaya，字根√diś，应为śa 的音译。《大集经》译“奢”，释义“奢之言奢摩他，如来成就，修奢摩他。”奢摩他，梵文 śamatha 的音译，意译止、止息、寂静，另译定、正定，摄心住缘之义。

第 16 字译“径”，释义“严净道故”，指途径、道路，引申作修行之道。梵文 mārga、madhya，“径”取译此首音。《大集经》第 19 字与此同一字，音译“摩”，释义“摩之言道，如来能说八正之道。”此道具体指明为八正之道。《大集经》第 16 字译“佉”，释义：“佉之言虚空，如来知见一切诸法同于虚空”。虚空，梵文 ākāśa、kha、gagana，此以 kha 音译。

第 17 字译“奥”，释义：“其奥印者，入深妙法故。”《大集经》第 20 字与此同，译“伽”，释义“伽之言深，如来所说其义甚深。”奥、深奥、深远、深入，梵文 gambhīra、gāmbhīrya，奥显系该字的意译。《大集经》第 17 字译“迦”，释义：“迦言苦行，如来远离一切苦行。”苦、苦行，梵文 duḥkha、tapas、duṣkara、duṣkara-caryā、kaṣṭa-tapas，此取 kaṣṭa-tapas 首音。

第 18 字译“势”，释义：“其势印者，显其现势力故。”势、势力，梵文 bala，显系此词的意译。

第 19 字见上第 13 字。

第 20 字译“志”，释义：“其志印者，谓意清净故。”志，梵文 adhyā-śaya、cetanā，志念，smṛti，志欲，chanda，志意，adhyāśaya、adhimukta，心意，citta，当为 citta 或 chanda 的意译。

第 21 字译“界”，释义：“其界印者，不坏法界故。”界、法界，梵文 dhātū，为该词的意译。《大集经》第 21 字译“羼”，释义：“羼之言忍，如来具足忍波罗蜜。”忍，梵文 kṣānti，忍波罗蜜，kṣānti-pāramita，羼显系 kṣa 的音译，另译羼提，意译忍、忍辱，指内心安忍受外辱之境。

忍波罗蜜，菩萨六度之一。

第22字译“寂”，释义“其寂印者，具足憺怕故。”寂、寂静、寂然淡怕，梵文 śama、śānta、upaśama，或为 upaśama 的意译。《大集经》译“呼”，释义：“呼之言赞，如来常赞十方诸佛。”赞，梵文字根√sta，赞扬，stu，赞叹，varṇa。

第23字译“虚”，释义：“其虚印者，虚静空无，无不可尽故。”虚，梵文 tuccha。虚而不实，mithyā，虚空，vihāyas。《大集经》第23字译“若”，释义：“若之言遍知，是故如来名一切智”。遍智，梵文 parijña，字根√jña。

第24字译“尽”，释义：“其尽印者，消化尽想，慧无起故。”尽，梵文 kṣaya、kṣīṇa。《大集经》第24字亦译“婆”，释义：“婆之言有，如来已解一切诸有”。有，梵文 bhāva、eka，字根√bhū。

第25字译“立”，释义：“其立印者，觉意谛住故。”立、住，梵文 sthāna 字根√sthā。《大集经》第25字译“车”，释义：“车之言欲，如来欲于一切善法”。欲，梵文 kāma、chanda。

第26字译“知”，释义：“其知印者，别知一切众生类故。”知，梵文 jñāna，字根√jñā。《大集经》译“波”，释义：“波之言前，如来常为一切众生现前说法。”前，梵文 pūrva。

第27字译“普”，释义：“其普印者，而悉颁宣诸所兴衰。”普、普遍，梵文 spharaṇa、samanta。普说法，ādeśanā。《大集经》译“颇”，释义：“颇之言果，如来常说四沙门果。”果，梵文 phalā，果位，phalāvasthā。两者所取字相同，所取义则相异。

第28字译“有”，释义：“其有印者，觉了分别所有无有。”与《大集经》第24字同字，但释义不同，此言凡分别所有者，实际上并无有。

第29字译“贪”，释义：“其贪印者，消除贪淫、瞋恚、愚痴之忌难也”。贪、贪欲，梵文 rāga、kāma、lobha、abhidhyā。贪淫、瞋恚、愚痴称为三毒，被认为一切罪恶的三大根源。

第30字译“己”，释义：“其己印者，己身已通而成正觉。”己，梵文 sva、svaka，己身，ātman、ātman-bhāva。

第31字译“自”，释义：“其自印者，身自解故。”自，与己同义，此或取 ātman 译字门。

第32字译“旦”，释义：“其旦印者，旦自释舍诸所猗相。”旦，梵文 kālyam、kālpam、pratyūṣas，一旦，ekam，日日，ahany。

第 33 字译“数”，释义：“其数印者，灭遣根源。”数，梵文 saṃkhyā、gaṇanā、abhikṣṇam，或取 kṣṇa 音。灭遣根源，或取数数不断义，灭诸根源。

第 34 字译“处”，释义：“其处印者，则于处处如有悉知。”处，梵文 sthāna、adhiṣṭhāna。

第 35 字译“无”，释义：“其无印者，无有若干。”与第 1 字相同，但释义有所不同。此译无，或为 abhāva 的意译。

第 36 字译“果”，释义：“其果印者，逮得果证。”与《大集经》第 27 字相同。

第 37 字译“阴”，释义：“其阴印者，除诸阴盖。”阴，即蕴，梵文 skandha。

第 38 字译“疾”，释义：“其疾印者，离邪疾故。”疾，梵文 kṣipram，疾疫、疾病、疾患，vyādhi、roga、glāna。

第 39 字译“施”，释义：“其施印者，得成施戒香熏故。”施，梵文 dāna、dakṣiṇā、tyāga，施设，prajñapti，施与，tyāga。

第 40 字译“坚”，释义：“其坚印者，已逮断坚刚强性故。”坚、坚固、坚实，梵文 dṛḍha、ḍhṛti、dhrva，kaṭhina。

第 41 字译“究”，释义：“其究印者，究畅文字，摅其根源。”究、究竟，梵文 niṣṭhā、paryanta、atyanta，究畅，prabheda。

表 8　　海印字门对照表

序数	《大哀经·总持品》		《大集经·陀罗尼自在王菩萨品》	
	字门	释义	字门	释义
1	a 无	其无印者，永无所行，心自然寂	ca 遮	遮之言眼，眼即无常，可净可见
2	va 离	其离印者，得离欲法，清净之行	na 那	那之言名，一切诸法流布故，名真实无名
3	pa 度	其度印者，所演究竟，靡所不通	la 逻	逻之言世，一切世间属爱、无明
4	na 号	其号印者，皆宣名物，各各畅了	da 陀	陀之言十，佛具十力能化众生
5	ra 乐	其乐印者，除去欲贪放逸恩爱	pa 波	波之言五，如来远离除灭五欲，得阿耨多罗三藐三菩提

续表

序数	《大哀经·总持品》		《大集经·陀罗尼自在王菩萨品》	
	字门	释义	字门	释义
6	da 十	其十印者，具足十力	ṣa 杀	杀之言六，如来真实了知六入故，能调伏一切众生
7	bha 恐	其被恐印者，净除诸意	ṣa 杀	杀之言六，如来具足六念处故，得大自在
8	ta 咤	其烧咤印者，舍于烧热	ṣa 杀	杀之言六，如来具足六神通故，能以神通教化众生
9	ṣa 六	其六印者，成六神通	va 婆	婆之言左，如来世尊离左道故，得阿耨多罗三藐三菩提
10	va 左	其左披印者，弃捐左道	ta 多	多之言实，如来善觉真实之性故，名正觉
11	ca 审	其审印者，说于真谛	ya 耶	耶之言彼，如来等知此彼平等
12	ya 如	其如印者，所行如实	ba 婆	婆之言结，如来远离诸烦恼故，名阿梨呵
13	ḍha 哆	其哆印者，蠲除一切诸所根本	ja 阇	阇言生老，如来已过生老之分故，名世尊
14	ka 迦	其迦印者，离所作业	dha 昙	昙之言法，如来说法清净无垢
15	sa 娑	其娑印者，宣畅至诚	sa 奢	奢之言奢摩他，如来成就，修奢摩他
16	ma 径	其径印者，严净道故	kha 佉	佉之言虚空，如来知见一切诸法同于虚空
17	ga 奥	其奥印者，入深妙法故	ka 迦	迦言苦行，如来远离一切苦行
18	ba 势	其势印者，显其现势力故	bha 婆	婆之言实，如来所说四真谛者即是真实
19	ja 生	其生印者，度生老死故	ma 摩	摩之言道，如来能说八正之道
20	cha 志	其志印者，谓意清净故	ga 伽	伽之言深，如来所说其义甚深
21	dha 界	其界印者，不坏法界故	kṣa 羼	羼之言忍，如来具足忍波罗蜜
22	u 寂	其寂印者，具足憺怕故	sta 呼	呼之言赞，如来常赞十方诸佛
23	ccha 虚	其虚印者，虚静空无，无不可尽故	jña 若	若之言遍知，是故如来名一切智
24	kṣa 尽	其尽印者，消化尽想，慧无起故	bha 婆	婆之言有，如来已解一切诸有
25	stha 立	其立印者，觉意谛住故	cha 车	车之言欲，如来欲于一切善法

续表

序数	《大哀经·总持品》		《大集经·陀罗尼自在王菩萨品》	
	字门	释义	字门	释义
26	jña 知	其知印者，别知一切众生类故	pa 波	波之言前，如来常为一切众生现前说法
27	spha 普	其普印者，而悉颁宣诸所兴衰	pha 颇	颇之言果，如来常说四沙门果
28	bha 有	其有印者，觉了分别所有无有		
29	la 贪	其贪印者，消除贪淫、瞋恚、愚痴之忌难也		
30	sva 己	其己印者，己身已通而成正觉		
31	ā 自	其自印者，身自解故		
32	lya 旦	其旦印者，旦自释舍诸所猗相		
33	kṣṇa 数	其数印者，灭遣根源		
34	stha 处	其处印者，则于处处如有悉知		
35	na 无	其无印者，无有若干		
36	pha 果	其果印者，逮得果证		
37	ska 阴	其阴印者，除诸阴盖		
38	vya 疾	其疾印者，离邪疾故		
39	tya 施	其施印者，得成施戒香熏故		
40	dha 坚	其坚印者，已逮断坚刚强性故		
41	ṣṭha 究	其究印者，究畅文字，摅其根源		

六 《般若经》字门

《般若经》字门，简称般若字门，亦称四十二字门，首见于《般若经》，因称“般若波罗蜜四十二字门”，简称般若四十二字门。《般若经》类中最早见于《大品》，故又称“大品四十二字门”。后由《华严经》改编，后世遂称其“华严四十二字门”。

般若四十二字门最早译于3世纪末的西晋，最晚至9世纪中的唐代晚期，先后有10种译本，其中般若系有5种译本，华严系有4种译本，1种改编本，另有密教系1种。其中般若系5种译本，包括西晋时无罗叉译的《放光般若经·陀邻尼品》，竺法护译的《光赞般若经·观品》，十六国时鸠摩罗什译的《摩诃般若经·广乘品》，唐代玄奘译的《大般若经》

初分《辨大乘品》、第二分《念住品》、第三分《善现品》,[1] 鸠摩罗什在《大智度论·释四念处品》的译释。[2] 另有密教系1种译本，即般若译的《守护国界主陀罗尼经》,[3] 其释义与般若经类字门相同，属同一系统。其他密教经轨如《大法炬陀罗尼经》《守护大千国土经》等也讨论四十二字门，但并无字门具体内容。

另外，中国注疏家亦有四十二字门的释文，据《内典录》卷五著录，南岳慧思曾著有《四十二字门》二卷。《续高僧传》亦载慧思“凡所著作，口授成章，无所删改，造《四十二字门》两卷”。至中晚唐尚在流传，圆仁的求法录还另外著录《四十二字门义》一卷。

慧思《四十二字门》注释般若四十二字门，以对应圆顿教中四十二位，智𫖮及后世注疏中多加引用。如智𫖮《四教义》说：“《大品经》明阿字等四十二字门，南岳师解云，此是诸佛之密语，表四十二心之位。若学问人多疑此语，谓《大智论》无此释。然龙树释《大品经》，论有千卷，什师并略，何必无此释也。今谓此解深应冥会，所以然者，经说初阿、后荼，中有四十二字，初阿字门亦具四十二字，后荼字门亦具四十二字。《华严经》云从初一地具足一切诸地功德，详此义意，极似相关。又《大品经》云，若闻初阿字门则解一切义，所谓一切法初不生故，此岂非圆教菩萨初得无生法忍之位也！过荼无字可说，此岂非是妙觉极地无上无过，不可过此字有法而可说也。又《大品经·广乘品》说一切法门竟，即说四十二字，岂非是圆教菩萨从初发心得诸法实相，具一切佛法，故名阿字。至妙觉地穷一切诸法源底，故名荼字。作此解释，圆教之位极似分明。又四十二字门后即说十地，此即是显别教方便之次位也。又次十地说三乘共十地，即是显通教方便之位也。经文三处宛然，比决圆别通三教，显在《大品经》文也，故《大品经》云是乘从三界出到萨婆若中住。又《三慧品》云，菩萨从初发心修习三慧，至坐道场。《仁王般若经》云三贤十圣忍中行，唯佛一人能尽源。前所引《思益》《楞伽》等经，明寂灭真如有何次位，即是无次位之次位也。又《璎珞经》云，三贤菩萨心心

① （唐）玄奘译《大般若波罗蜜多经》卷53，《中华藏》第1册，第531页下—532页中；卷415、卷490，第5册，第143页中—144页上、第854页中—855页上。

② （后秦）鸠摩罗什撰《大智度论》卷48，《中华藏》第25册，第869页。

③ （唐）般若译《守护国界主陀罗尼经》卷31，《中华藏》第66册，第917页。

寂灭，自然流入萨婆若海。《华严经》明四十一位，既是圆顿之教，明圆位之意甚自分明。但有时开别教方便之说，事相隔别，似如浅近。故十地论师作教道、证道二道明义，或作地相、地实二种明义，正是为修行别教方便事相之文也。”①《观无量寿佛经疏妙宗钞》亦说：“《大品般若》四十二字，字字互具诸字功德。南岳用对圆顿教中四十二位，初住阿字，中四十字对至等觉，最后荼字当于妙觉。虽一一位皆能遍具诸位功德，然是分具。今此极位乃究竟具诸位功德，故引《法华》唯我释迦与一切佛乃能究尽诸法之权，实相之实，达无明底，到诸法边，名边际智，不思议权智也。今已究竟，故名为满，于种种法证本圆觉，不思议实智也。此觉极满，名为顿圆。复用第七无上士号，显智断极，有惑可断，名有上士，等觉位也。无惑可断，名无上士，即是妙觉。断德究竟名大涅槃，更有过者名有上士，亦等觉也。更无过者，名无上士，即是妙觉，智德究竟，名大菩提。二约喻称叹，用彼大经月爱之喻。十五日月，对四十二圆因果位，皆智光增惑暗减灭。故初之三日对住、行、向三十位也。从初四日至十三日，对十地位，十四日以对等觉，十五日对妙觉位，此乃合前三十，开后十地。若三十三天同服甘露，对四十二位皆证常理。开前三十位，对三十天，合后十地用对一天，等觉对一，妙觉极位，次对释天。若四十二字，字字互具四十一字，对于圆证四十二位，位位相收，则前后俱开。若开示悟入、佛之知见，对圆真因四十位者，前后俱合也。”②

四十二字门的十一种译本中，玄奘译本多一字（呵）及其解释，实为四十三字。竺法护译本缺少最初一字，但存其解释。不空译本保留悉昙字，据此改编的仪轨中圆明字轮中心有种子字 vaṃ，玄奘译本多出的一字或与此同属种子字，如此仍为四十二字。诸本音译字多有不同，③ 但其解释顺序则一致。现据不空译本梵字及其译字为准，列举十一种译本译文列表附后。

四十二字门的字母由 1 个元音、28 个辅音、11 个复辅音组成，1 个元音为 a，28 个辅音包括：4 个喉音 ka、kha、ga、gha，3 个腭音 ca、

① （隋）智𫖮撰《四教义》卷 12，《大正藏》第 46 卷，第 764 页下—765 页上。

② （宋）智礼撰《观无量寿佛经疏妙宗钞》卷 2，《大正藏》第 37 卷，第 204 页下—205 页上。

③ 参见林光明《十种四十二字门汉译对照表》，《华严字母入门》，嘉丰出版社 2007 年版，第 45—46 页。

cha、ja，4 个顶音 ṭa、ṭha、ḍa、ḍha，4 个齿音 ta、tha、da、dha，4 个唇音 pa、pha、ba、bha，4 个半元音 ya、ra、la、va，4 个鼻音 ña、ṇa、na、ma，3 个咝音 śa、sa、ṣa，1 个气音 ha，11 个复辅音即 ṣṭa、sva、kṣa、sta、rtha、sma、hva、tsa、ska、ysa、śca。四十二字门的字母构成中，元音只有一个，这一点既不同于四十一字门有 5 个短元音和 3 个复合元音，也不同于五十二字门有完整的元音。辅音的构成中，四十一字门只缺少了腭音的浊送气音 jha 和鼻音中的喉鼻音，是比较完整的辅音系统。复辅音中，kṣa 在唐代悉昙字母系统中，也作为复辅音，rtha、ysa 并不出现在梵字中，是四十二字门中特有的复辅音。四十二字门中尽管具备梵文语音的辅音以及一些复辅音，但其顺序排列并非按语音顺序，这又与五十二字门有所不同。四十二字门的前后顺序为：

a

阿$_{\text{上}}$

ra pa ca na la da ba ḍa ṣa va

啰　跛　左$_{\text{轻呼}}$　曩$_{\text{舌头呼}}$　拶　娜　么　拏$_{\text{上}}$　洒　嚩

ta ya ṣṭa ka sa ma ga tha ja sva

多$_{\text{上}}$野　瑟咤$_{\text{二合,上}}$　迦$_{\text{上}}$　娑$_{\text{上}}$　莽$_{\text{轻呼}}$诫　他$_{\text{上}}$　惹　娑嚩$_{\text{二合}}$

dha śa kha kṣa sta ña rtha bha cha sma

驮　舍 佉$_{\text{上}}$　讫洒$_{\text{二合}}$娑多$_{\text{二合,上}}$娘$_{\text{轻呼,上}}$啰他$_{\text{二合,上}}$婆$_{\text{引,去}}$　磋$_{\text{上}}$　娑么$_{\text{二合}}$

hva tsa gha ṭha ṇa pha ska ysa śca ṭa

诃嚩$_{\text{二合}}$哆娑$_{\text{二合}}$伽$_{\text{去}}$　姹$_{\text{上}}$　佇$_{\text{上}}$　颇　塞迦$_{\text{二合,上}}$也娑$_{\text{二合,上}}$室左$_{\text{二合,上}}$咤$_{\text{上}}$

ḍha

荼$_{\text{引,去}}$

这就是一般介绍四十二字门时所谓的“初阿、后荼、中有四十”者，[①] 其中并无语音学上的规律。如果说也有一些语音学现象的话，那就是以元音 a 为首，凡辅音必须有元音 a 才能开口成音。如《大日经疏》所说：“凡最初开口之音皆有阿声，若离阿声则无一切言说，故为众声之母。凡三界语言皆依于名，而名依于字，故悉昙阿字亦为众字之母。”[②] 既为众声之母乃至众字之母，作为字门之首，其语言学的理由还是能够成

① （后秦）鸠摩罗什译《大智度论》卷 48，《中华藏》第 25 册，第 869 页中。

② （唐）一行撰《大毗卢遮那成佛经疏》卷 7，《大正藏》第 39 卷，第 651 页下。

立的。且古人的语言学观念中，十四个元音是由 a 音派生出来的，也就是 a 音可以代表元音，如《大日经义释演密钞》所说“此阿声生十四音，成十二章。”①

从语义学的角度来说，以阿 a 字为首，在辅音前具有否定的意义，译为不、无、未、犹未等，四十二字门的辅音所代表的词则是肯定的，a 或 an 置于词首正好形成否定性的词义，这与般若经类的遮诠法一致，起到否定的作用。如罗字门，《大智度论》解释“若闻罗字，即随义知一切法离垢相。罗阇，秦言垢”。此意罗 ra 来自罗阇 rajos，罗阇 rajos 有垢义，前置否定词头，a-rajos 或 arajas，其意就是“离垢”。又如遮字门，《智度论》解释：“若闻遮字，即时知一切诸行皆非行。遮梨夜，秦言行”。遮梨夜，即梵文 carya，有行、所行、行为之义，其否定意义就是非行，字门中就是一切诸行皆非行。再如那字门，《智度论》解释：“若闻那字，即知一切法不得不失，不来不去。那，秦言不。”那，梵文 na，本具否定以及不足之义，对否定的否定，在般若中就是不得不失、不来不去。所以说“若一切语中闻阿字，即时随义，所谓一切法从初来不生相。”所谓即时随义者，就是说四十二字中任何一字都与阿字否定义相应，故总说诸字义“不可得”。

从教义上来说，阿字既为众声之母、众字之母，那么由声字组成的语言文字来书写表达的经典及其内容也是以阿字为根本，《大日经疏》所谓“阿字是一切法教之本”，并说：“当知阿字门真实义亦复如是，遍于一切法义之中也。所以者何？以一切法无不从众缘生，从缘生者悉皆有始有本。今观此能生之缘，亦复从众因缘生，展转从缘，谁为其本？如是观察时则知本不生际是万法之本，犹如闻一切语言时即是闻阿声。如是见一切法生时，即是见本不生际。若见本不生际者，即是如实知自心。如实知自心即是一切智智，故毗卢遮那唯以此一字为真言也。”② 般若经类以阿字为本不生义，最初无罗刹译为“诸法来入不见有起者”、竺法护译为“一切诸法以过去者亦无所起”，按鸠摩罗什译“一切法初不生”，不见有起、亦无所起，即不生起义，所谓“来入”“过去者”，即从过去以来，从过去以来不生起，即是起初本不生。《大智度论》将四十二字门的字义与梵

① （辽）觉苑撰《大日经义释演密钞》卷 6，《新纂卍续藏》第 23 册，第 591 页下。

② （唐）一行撰《大毗卢遮那成佛经疏》卷 7，《大正藏》第 39 卷，第 651 页下。

字的含义联系起来，意思是陀罗尼字母的字义与字母有关的词义有联系。如解释阿字门说："若一切语中闻阿字，即时随义，所谓一切法从初来不生相。阿提，秦言初；阿耨波陀，秦言不生。"这就是说阿字本初不生，与阿提和阿耨波陀二词的词义有关，阿提有初义，原文作 ādi。阿耨波陀有不生义，原文 anabhava，其中阿耨，原文 ana，否定词；波陀，原文 bhava。此说阿字义来自 ādi-anabhava。按 ādi 有最初、开始以及前、先之义，也有原本、本来及元、本之义，故后来玄奘译阿字义为本不生，一行译为本不生、本初不生。不生是针对生法而言，有生就有灭，不生则不灭。世间众生是生灭法，如来涅槃是不生法，不生不灭则为寂灭。不生的思想最初就是破除对佛身涅槃的执著，后来进一步推导一切法的不生，而一切法的本来不生或本初不生已具有了对佛身以及诸法的抽象认识，赋予涅槃不生以本体的意义，这样一切诸法本不生就成为般若思想体系中一个特定的认识范畴，这就是无生法忍，也成为建立中道正观的一个方法，所谓不生亦不灭者也。《思益梵天所问经》说："当知圣谛非苦、非集、非灭、非道，圣谛者，知苦无生，是名苦圣谛；知集无和合，是名集圣谛；于毕竟灭法中知无生无灭，是名灭圣谛；于一切法平等，以不二法得道，是名道圣谛。"① 于灭法知无生无灭，是大乘对灭谛的新的解释。又《维摩诘所说经》说："生灭为二，法本不生，今则无灭，得此无生法忍，是为入不二法门。"② 僧肇注此说："灭者灭生耳，若悟无生，灭何所灭！此即无生法忍也。"③ 智顗则解释说："法本不生，今则无灭，即是法身非灭。"④ 又说："若通论，无生只是寂灭之异名也，故《大经》云：涅言不生，槃言不灭，不生不灭名大涅槃。故文云：法本不生，今则无灭，是寂灭义。"⑤ 关于法身之不生不灭，《大萨遮尼乾子所说经》说如来常身："是身非生，从缘生故；是身非灭，本不生故"。非生而从缘生者，法身非生，从缘生者，从无量清净功德法生。生法有尽而法身无尽，以本不生

---

① （后秦）鸠摩罗什译《思益梵天所问经》卷 1，《大正藏》第 15 卷，第 39 页上。
② （后秦）鸠摩罗什译《维摩诘所说经》卷 2，《中华藏》第 15 册，第 852 页下。
③ （后秦）僧肇撰《注维摩诘经》卷 8，《大正藏》第 38 卷，第 396 页下—397 页上。
④ （隋）智顗撰《妙法莲华经文句》卷 9，《大正藏》第 34 卷，第 133 页上。
⑤ （隋）智顗撰《维摩经略疏》卷 1，《大正藏》第 38 卷，第 576 页下。

故而无有尽。本不生者“法身非生，以本有故，以缘生故，名之为生。”① 关于无生之中道观，《中论》有云：“诸法不自生，亦不从他生，不共不无因，是故知无生。”② 中道无生观运用于字门，即是《大日经疏》所阐释的阿字义，说：“略言之，阿字自有三义，谓不生义、空义、有义。如梵本阿字有本初声，若有本初，则是因缘之法，故名为有。又阿者是无生义，若法揽因缘成，则自无有性，是故为空。又不生者即是一实境界，即是中道，故龙树云‘因缘生法亦空亦假亦中’。又《大论》明萨婆若有三种名，一切智与二乘共，道种智与菩萨共，一切种智是佛不共法。此三智其实一心中得，为分别令人易解故，作三种名，即此阿字义也。”③

第 2 啰 ra 字门，竺法护、无罗叉、鸠摩罗什均译字“罗”，玄奘译“洛”，慧琳《一切经音义》注释《大般若经》认为“此‘洛’，与梵音不相当，应书‘啰’字，上声兼转舌即是也。”④ 其字源，《智论》说：“罗阇，秦言垢”。按此解释，罗 ra 的词源为罗阇，梵文 rajo 或 rajas，有“垢”“尘垢”之义。其字义，《光赞》作“是罗之门法离诸垢”，《放光》作“罗者垢貌，于诸法无有尘”。《大品》及《智论》和《大般若》均作一切法离垢或离尘垢，《守护经》作“一切法无染著”，诸本含义相同。按离垢是清净义，在早期佛教中，以远尘离垢，得法眼净或诸法法眼生，见法得法，决定道果，不坠恶趣，成就无畏。《十住经》详说离垢地，其中总结说：“得诸本愿力，慈悲心偏多，深行十善道，能到离垢地。戒闻功德富，慈心愍世间，永离诸垢秽，深心常清净。”⑤ 《十住毗婆沙论》说：“第二地中行十善道，离诸垢故，名离垢地。”⑥ 并说离垢地有三种垢要离，说菩萨得是十种心，即名住第二菩萨地，“一离垢者，地名也。二离垢者，于此地中离十不善道罪业之垢。三离垢者，离贪欲、瞋恚等诸烦恼垢故，名为离垢。”⑦ 颂云：“善离悭贪垢，乐行清净舍，善离悭贪垢，

① （北魏）菩提流支译《大萨遮尼乾子所说经》卷 9，《大正藏》第 9 卷，第 358 页下—359 页上。

② （后秦）鸠摩罗什译《中论》卷 1，《中华藏》第 28 册，第 837 页上。

③ （唐）一行撰《大毗卢遮那成佛经疏》卷 7，《大正藏》第 39 卷，第 649 页中。

④ （唐）慧琳撰《一切经音义》卷 2，《中华藏》第 57 册，第 408 页上。

⑤ （后秦）鸠摩罗什译《十住经》卷 4，《大正藏》第 10 卷，第 533 页上、中。

⑥ （后秦）鸠摩罗什译《十住毗婆沙论》卷 1，《大正藏》第 26 卷，第 23 页上。

⑦ （后秦）鸠摩罗什译《十住毗婆沙论》卷 13，《大正藏》第 26 卷，第 95 页上。

深爱清净戒。”解释：“清净名但以善心行舍，不杂诸烦恼。深爱名坚住其中，究竟不舍。此地中悭贪垢，破戒垢无有遗余，是故此地名为离垢。”① 还说：“悭贪十恶根本永尽，故名为离垢。菩萨于是地中深行尸罗波罗蜜，是菩萨若未离欲，此地果报因缘故，作四天下转轮圣王，得千辐金轮种种珍宝庄严。”②

第 3 跛 pa 字门，竺法护、无罗叉、鸠摩罗什均译字“波”，慧琳注跛音“波可反，正是也”。《佛本行集经》译字“簸”，《智论》释为“波罗木陀，秦言第一义”。《大日经疏》释为“梵云波罗么他，翻为第一义，或云胜义。萨底也，此翻为谛。”③ 波罗木陀、波罗么他，即梵文 paramārtha，有胜义、胜义谛、第一义、真谛、真实、真如、真理、实性等义。pa 来自 paramārtha 之词首。萨底也，梵文 satya，有真实的、实际的、现实的等义，译真、实、谛、真实、真谛、实谛、圣谛等。其字义，鸠摩罗什译作“一切法第一义”，玄奘译本作“一切法胜义教”，无罗叉译“诸法泥洹最第一教”，不空译、般若译作“胜义谛不可得”，意思基本相同。竺法护译本作“分别诸谊”，谊者同“义”，指字义、句义，分别诸义，也是说分别出第一义，与诸译会通。其他字门如《文殊问经》《方广大庄严经》《大日经》《金刚顶释字母品》等，均作第一义谛。《佛本行集经》释“真如实谛”，即真谛，与第一义、胜义谛同义。早期佛教中往往指佛法，相对于世俗而言，或者相对于世间法而言指出世间法，相对于不善法指善法。后来就形成世俗义与第一义或世俗谛与第一义对应的概念，指佛法中的相对认识方法。如《智论》所释：“佛法有二种，一者世谛，二者第一义谛。世谛故，说三十二相。第一义谛故，说无相。”④ 大乘空观出现后，以第一义来界定诸法实相，称为第一义空。《大品般若经》说：“何等为第一义空？第一义名涅槃，涅槃、涅槃空，非常非灭故。何以故？性自尔，是名第一义空。”⑤《智论》说：“一切法不离第一义，第一义不离诸法实相。能使诸法实相空，是名为第一义空。”⑥ 但第

---

① （后秦）鸠摩罗什译《十住毗婆沙论》卷 16，《大正藏》第 26 卷，第 109 页中、下。

② （后秦）鸠摩罗什译《十住毗婆沙论》卷 17，《大正藏》第 26 卷，第 121 页上。

③ （唐）一行撰《大毗卢遮那成佛经疏》卷 7，《大正藏》第 39 卷，第 654 页上。

④ （后秦）鸠摩罗什译《大智度论》卷 29，《中华藏》第 25 册，第 590 页上。

⑤ （后秦）鸠摩罗什译《摩诃般若波罗蜜经》卷 5，《大正藏》第 8 卷，第 250 页中。

⑥ （后秦）鸠摩罗什译《大智度论》卷 31，《中华藏》第 25 册，第 619 页下—620 页上。

一义空的思想早见于《杂阿含经》，其中第335经自称“第一义空法经”，说：“云何为第一义空经？诸比丘，眼生时无有来处，灭时无有去处，如是眼不实而生，生已尽灭。有业报而无作者，此阴灭已，异阴相续，除俗数法。耳、鼻、舌、身、意亦如是说，除俗数法。俗数法者，谓此有故彼有，此起故彼起，如无明缘行，行缘识，广说乃至纯大苦聚集起。又复此无故彼无，此灭故彼灭，无明灭故行灭，行灭故识灭，如是广说，乃至纯大苦聚灭。比丘，是名第一义空法经。”[①] 此第一义相对于俗数法而言，但所谓俗数法者指早期佛教的缘起思想，非一般意义上世俗思想或外道思想，所以这部经应该是最早解释第一义空的部派经典。胜义谛是第一义谛的异称，与世俗谛相对应，就是二谛法。《大般若经》就说：“何谓二谛？谓世俗谛及胜义谛。”[②] 又说：“胜义谛者，即本性空，此本性空即是诸佛所证无上正等菩提。”[③]《大日经疏》说：“今此波字门正明第一义相，龙树云：‘第一义名诸法实相，不破不坏故。’复次诸法中第一，名为涅槃。如《阿毗昙》云：‘云何无上法？谓智缘尽。’智缘尽即是涅槃。若见波字，即知一切法不离第一义，第一义不离诸法实相，是为字相。若字门真实义者，第一义亦不可得，何以故？无爱无著故。《智论》又云：‘以众生著涅槃音声而作戏论，若有若无，以破著故，说涅槃空，是名第一义空。’不破圣人心中所得，以圣人于一切法中不取相故。复次一切法皆入平等法界则无高下，岂欲令无生法中有胜劣相耶！是故第一义不可得也。”[④] 此最后指明波字门于第一义谛亦不可执着。

第4左ca字门，诸译多作“遮”，玄奘译字“者”，慧琳《音义》说：“天竺国梵言中边有异，中天音‘左’，轻妙为正。北天音‘者’，鲁质不正。今取中天应书‘左’字，音则可反也。”[⑤] 其字来源，鸠摩罗什释为“遮梨夜，秦言行。”一行《大日经疏》则解释：“梵云遮庾$_{二合}$底，即是迁变义。又梵音遮唎耶，是诸行义。如见遮时，即知诸行迁变不住。”此说遮字与遮庾$_{二合}$底、遮唎耶二词都有关，按遮庾$_{二合}$底，梵文calati、calayati，有移动、迁变、行进、摇动、震动等义。遮梨夜、遮唎耶，

① （刘宋）求那跋陀罗译《杂阿含经》卷13，《中华藏》第32册，第780页上。
② （唐）玄奘译《大般若波罗蜜多经》卷392，《中华藏》第4册，第860页中。
③ （唐）玄奘译《大般若波罗蜜多经》卷387，《中华藏》第4册，第820页上。
④ （唐）一行撰《大毗卢遮那成佛经疏》卷7，《大正藏》第39卷，第654页中。
⑤ （唐）慧琳撰《一切经音义》卷2，《大正藏》第54卷，第319页上。

梵文 caryā，有行为、执行、履行、实行、从事、事业以及徘徊、处置等义，译行、所行、所行道等。与此词源解释不同有关，其字义诸译分歧较大，竺法护译本作“逮得一切诸法之行亦无所得，亦无所没者，亦无所生者”。其诸法之行无所得与无所没无所生的两层含义，鸠摩罗什译的经论中分别为二，《大品》作：“遮字门一切法终不可得故，诸法不终不生故。”《智论》的解释说：“若闻遮字，即时知一切诸行皆非行。”无罗叉译本作“于诸法不见有生死”，与玄奘译“入者字门悟一切法无死生故”相同，也与《大品》诸法不终不生的意思接近。而《守护经》作“眼及诸行皆清净故”，以及其他字门如《大日经》《金刚顶经释字母品》作“一切诸法离一切迁变故”，与《智论》比较接近。其他字门中，《佛本行集经》作“应当证知四真圣谛”，与《文殊问经》“四圣谛”、《方广大庄严经》“观四谛”、《观察诸法行经》“四实义故”基本相同。《集一切福德三昧经》作“示现一切法调伏故，”① 与昙无谶译《大涅槃经》调伏众生义接近。其中除了其他字门中作四谛义或调伏义等不论外，《大品》与其释论的不同很明显，与一行的不同解释，显然与译迁变或译诸行是所依据的词汇有别。一行释文以字门出入法将两种词义结合在一起，说“《中论·观行品》云：诸行名五阴，以从诸行生故，是五阴皆虚妄，无有定相。如婴儿时色乃至老年时色，中间念念不住，分别决定性不可得。性名决定有，不可变异，如真金不变。今诸法虽生，不住自性，是故当知无性。如彼广说，若无性者即是本初不生，本初不生者即是如来之身，常恒安住，无有变易，故云离迁变也。复次若一切法是和合所成，则有迁变。今诸法无生无作，乃至无所行故，则无和合。无和合故，则离一切迁变。”②

第 5 曩 na 字门，竺法护、无罗叉、鸠摩罗什译字“那”，玄奘、般若译字“娜”，慧琳《音义》认为“此字梵音有鼻声，应书‘曩’字，取上声兼鼻音，即是已上五字，正是五髻文殊五字真言也。”其字义，竺法护译本作“一切法离诸号字，计其本净而不可得。”是说离诸一切法之名号文字，其本净之行亦不可得。无罗叉译本作：“于诸法字已讫，字本性亦不得亦不失，”是说诸法之字及其本性不得不失。《大品》作“诸法

---

① （后秦）鸠摩罗什译《集一切福德三昧经》卷 2，《大正藏》第 12 卷，第 996 页中。

② （唐）一行撰《大毗卢遮那成佛经疏》卷 7，《大正藏》第 39 卷，第 562 页中。

离名性相不得不失”，是说诸法之名及其性相不得不失。玄奘译本作“一切法远离名相无得失”，《守护经》作“名色性相不可得”。其他字门中，《集一切福德三昧经》作“示字名色故”，《佛说海意菩萨所问净印法门经》作“表示一切法了知名色义”，《观察诸法行经》作“知名色生义故”，与《般若经》诸译基本相同。从离诸法之名号文字及其本性之不得不失，到离诸法之名及其名色性相之不得不失，其义大致相同，名号文字即是名相概念。但《智论》的解释以及不空译本的释义与此出入很大，《智论》解释说：“若闻那字，即知一切法不得不失、不来不去。那，秦言不。”《字观门》也释作“悟一切法性相不可得故”。离诸法之字名以及其性相的不得不失与离诸法及其性相的不得不失，是大概念与小概念的关系，其间的语义差别很明显。《智论》还认为那字源于梵文 na，na 有否定之义，译为非、不、无、未等。但此否定义与字词名相一切法不得不失之间并无直接关系。

第 6 椤 la 字门，竺法护、无罗叉译字“罗”，鸠摩罗什译“逻”，玄奘译“砢”，慧琳注音“勒可反”。其字义，竺法护译本释为“皆悉超度一切世法恩爱报应因缘”，无罗叉译释为“得度世爱枝各因缘已灭”，《大品》作“诸法度世间故，亦爱支因缘灭故，”三者字义相同。玄奘译作“悟一切法出世间故，爱支因缘永不现故，”出世间，即是度世间，与以上三译也相同。般若译作“爱支因缘连续不断皆不现故”，缺失以上诸译度世间之义。但其他字门释义与此相同，如《佛本行集经》作“断诸爱枝”，《文殊师利问经》作“断爱”。而《智论》的解释与诸译不相应，说：“若闻逻字，即知一切法离轻重相。逻求，秦言轻。”离轻重相与度世间法以及灭爱支因缘无关，此与《智论》以逻 la 字源于“逻求”有关，逻求，梵文 laghu、laghutva，有轻的、快速的等义，译轻、轻安、轻利、轻便等。轻重，梵文作 gurutva-laghutva、guru-laghava。梵文中与 la 有关的词只有 lobha 一词，有欲望、渴望、贪欲、贪爱、贪心、贪婪等义，译贪、贪爱、贪悭、悭吝等，其义重心在贪欲，而非爱支，但从世间法以贪欲、贪爱为首来看，lobha 自可包含世间法与爱支两层意思，且“爱者即是无明，一切烦恼皆属贪爱。”[①] 由此与其说罗 la 字门来自逻求 laghu，还不如说来自 lobha 才能与其释义相符。

---

① （北齐）慧思撰《法华经安乐行义》，《大正藏》第 46 卷，第 699 页上。

第7娜 da 字门，竺法护、无罗叉、鸠摩罗什译字“陀”，般若译“拏上声”，玄奘译字“柁”，慧琳注“此字与梵音疎，应书‘娜’字，那可反”。竺法护译与无罗叉译释义相同，《光赞》作“一切诸法悉为本无，有无断绝，”《放光》作“诸法如无断绝时”。鸠摩罗什之译经论与上二译不同，《大品》作：“诸法善心生故，亦施相故。”《智论》解释：“若闻陀字，即知一切法善相。陀摩，秦言善。”玄奘译又与此二译不同，作“入柁字门，悟一切法调伏寂静，真如平等，无分别故。”般若译又有不同，作“悟入清净十力门故”，且译字为“拏”。其他字门，如《文殊师利问经》作“摄伏魔贼”，《文殊师利问经》作“施寂静，守护安隐，”《观察诸法行经》作“调伏义”。按《智论》，陀 da 字来源于陀摩，梵文 dam、dama 或 damyati、damayati，有征服、驯服、使屈服之义，译调伏、柔伏、调、调顺、柔善等，并无善以及善心、善相之义，而与玄奘译本及《诸法行经》释文一致。

第8么 ba 字门，竺法护、无罗叉译字“波”，鸠摩罗什、玄奘译“婆”，慧琳注“此字亦不切当，应书‘么’字，音莫可反”。其字义，诸译基本相同，玄奘译本意思完整，作“悟一切法离系缚故”，《大品》仅作“诸法婆字离故”，竺法护译作“皆悉解结诸法所缚”，解所缚，也就是离系缚。无罗叉译作“诸法已离狱”，狱当引申为拘执，离狱亦即解除拘执，与系缚义通。其他字门中，如《大日经》亦释“一切诸法缚不可得故”，但译字“么”。《智论》解释：“若闻婆字，即知一切法无缚无解。婆陀，秦言缚。”婆陀，《大日经疏》作满驮，即梵文 bandh，有系缚、捆绑、逮捕等义，译缚、系、系缚、系属、拘执等。无缚与无解相对而言。《大日经疏》解释说：“么字门一切诸法缚不可得故者，梵云满驮，此翻为缚。如人为缧绁所拘，不可得动转，是缚义。若以方便解是结时，则名解脱。若离身绳，无别缚解法。如天帝释以微细缚缚阿修罗王，置忉利天上。起念欲还时，五缚已在其身，若息念时缚自除解。若波旬罥网，复过于此百千倍数，何况业烦恼无为缚等耶。以要言之，若离诸因缘，不堕诸法数者，乃谓无缚，是为字义。《中论》云，离五阴别有众生者，则应以五阴缚众生，而实离五阴无众生。若离五阴别有烦恼者，别应以烦恼缚五阴，而实离五阴无别烦恼。以如是等种种因缘，当知无缚，无缚则无解。无缚解故，涅槃即生死，生死即涅槃，如《观缚解品》中广说。复次若诸法本来不生乃至如聚沫者，是中谁为能解，谁为所缚，是故诸缚不可得也。”①

第9 拏 ḍa 字门，竺法护译字“咤”，其他诸译均作“荼”，慧琳注“此字亦乖失，应书‘檫’字，音拏雅反，‘檫’则为正也”。竺法护译释为“烧尽诸法逮至清净”，玄奘译作“悟一切法离热矫秽得清净故”，两者意义表达完整。无罗叉译作“诸法垢已尽”，般若译作“离诸怨敌及忧恼故”，从引申义说明前一层意思。《大品》作“诸法荼字净故”，只说明后一层意思。《智论》解释：“若闻荼字，即知诸法不热相。南天竺荼阇他，秦言不热。”荼阇他，梵文 dhukṣite，或 dhukṣate，与 saṃ 连用为 saṃdhukṣayate，有点燃、扇起、增加、注入生命、恢复等义。但“热”字梵文一般为 uṣṇa，从 dhukṣite 何以有ḍa 字，并不明了。其字义则与诸译相应，不热相即是清凉，烧尽烦恼之热，即得清净。

第 10 洒 ṣa 字门，诸译均译字“沙”，慧琳注音“取上声即是也”。竺法护译“一切诸法无罣碍，不有得诸事，”无罗叉译“诸法无有罣碍”，玄奘译“悟一切法无罣碍故”，三者释义相同。鸠摩罗什译《大品》作“诸法六自在王性清净故”，自性清净者可视为无罣碍，但此清净或无罣碍只限定于诸法中的六自在王，而非一切法。《智论》解释“若闻沙字，即知人身六种相。沙，秦言六。”此以人身六种相为六自在王。般若译另作“六通圆满无罣碍故”。沙，梵文 ṣaṣ、ṣaṭka，即六义。鸠摩罗什译以ṣa 来自六根 ṣaḍ-yindriya，般若译则以ṣa 来自六通 ṣaḍ-abhijña，一行《大日经疏》认为ṣa 来自六识 ṣaḍ-vijñāna，并注释说“沙是愚夫无所识义，愚智为失，不与本体相应。”② 如果说三者对沙ṣa 来自 ṣaṭ 有共同认识的话，而对ṣaṭ 所指的具体对象却有完全不同的看法，也就有了六根、六识及六通三种解释。六根说，慧思《法华经安乐行义》也说：“众生妙者，一切人身六种相妙，六自在王性清净故。六种相者，即是六根。”并解释说：“六自在王性清净者，一者眼王，因眼见色生贪爱心，爱者即是无明，一切烦恼皆属贪爱，是爱无明、无能制者，自在如王。性清净者，如上观眼义中说，用金刚慧觉了爱心，即是无无明、无老死。是金刚慧其力最大，名为首楞严定，譬如健将能伏怨敌，能令四方世界清净。是金刚智慧亦复如是，能观贪爱无明诸行即是菩提涅槃圣行，无明贪爱即是菩提金

---

① （唐）一行撰《大毗卢遮那成佛经疏》卷 7，《大正藏》第 39 卷，第 654 页中、下。

② （唐）一行撰《大毗卢遮那成佛经疏》卷 19，《大正藏》第 39 卷，第 774 页下。

刚智慧，眼自在王性本常净，无能污者。是故佛言父母所生清净常眼，耳鼻舌身意亦复如是。是故《般若经》说六自在王性清净，故龙树菩萨言当知人身六种相妙。人身者即是众生身，众生身即是如来身，众生之身同一法身，不变易故。”① 湛然《法华玄义释签》有相同的解释，说：“六自在王者，凡夫为六所使，不名为王，亦非自在。纯行染污，又非清净。今六根得理，理无过上，故名为王。遍一切处，故名自在。自性无染，不为惑拘，故云清净。”② 一行《大日经疏》以六识身为六自在王，《大毗卢遮那成佛经疏》说：“识谓六识也，如小乘中说心意识，但是名之差别。大乘即有别相，谓六识身，但是三缘和合，不能决定了知诸法。能分别者是心也，以心净故，六识亦皆光明辉发，犹如大宝珠体性常净，而不为尘垢所染。若人莹冶，渐去麁垢，乃至转明，即能无碍雨降诸宝光色无比。众生六识亦尔，以心源净故，六识亦皆纯净，所谓六自在王性清净也。”③ 觉苑《大日经义释演密钞》也据此说：“所谓六自在王性清净者，谓众生六识犹如宝珠，体性常净而不为尘垢所染，若莹去其垢即得明净。一切众生心源清净之时，六识亦皆纯净，即是六自在王如来也。故《佛名经》有六佛，所谓眼陀罗尼自在王佛耳，（耳）陀罗尼自在王佛乃至意陀罗尼自在王佛，即斯义也。”④ 六根、六识以及六通虽有别，其义则相关联，六根之识身为六识，六根天通则为六通。六识无染，六根通达，则六根无碍，方称自在王。《大日经疏》另解释经中“沙字门，一切诸法性钝故者，若梵本存质，当云性同于顽，顽谓犹如木石无所识知、无触受之义。所云同者是兴喻之言，非一向即同于彼也。又《大品》云般若无知，自性钝故，即与此字门义合，故饰文者存古译之辞耳。夫自性钝者，即是极无分别心，不愚不智不慧，无识无智，无妄无觉，乃至一切诸法不能动摇，但是一纯固金刚地耳。所以然者，如世间人以取舍不妄故，尚智慧而弃愚痴，尊涅槃而贱生死。而今一概本不生，乃至一概本性寂，则谁利谁钝耶！如彼金刚利刃，以对不坚物故，以偏用一边故，则名为利。若令所向之处悉是金刚，举体皆圆，不可偏用，则利相同归于钝矣。”⑤

① （北齐）慧思撰《法华经安乐行义》，《中华藏》第95册，第801页。
② （唐）湛然撰《法华玄义释签》卷2下，《中华藏》第93册，第271页上。
③ （唐）一行撰《大毗卢遮那成佛经疏》卷12，《大正藏》第39卷，第707页中。
④ （辽）觉苑撰《大日经义释演密钞》卷8，《新纂卍续藏》第23册，第623页中。
⑤ （唐）一行撰《大毗卢遮那成佛经疏》卷7，《大正藏》第39卷，第655页中、下。

第11嚩va字门，竺法护译“惒”，无罗叉、鸠摩罗什译“和”，玄奘译“缚”，慧琳注音“无可反，或有加‘口’作‘嚩’为正也。”鸠摩罗什解释“和于波反波他，秦言语言。”一行解释嚩字“梵音嚩劫跛，名为语言。”按和于波反波他、嚩劫跛，梵文即vacana-patha或vāk-patha，译言、语言道、言路、言辞、言音、音声，梵文vac、vacana或vāc、vāḍa，语言之义。其字义，诸译相同，均释言语道断。竺法护译释“断除一切诸法音声句迹所趣”，无罗叉译作“诸法言行已断”，鸠摩罗什译经“诸法语言道断”，译论“一切诸法离语言相”，玄奘译“一切法言音道断”，般若译“不二之道言语断”。言语道断及心行处灭是般若思想中破除对语言及其思维的执著，《守护经》所谓不二之道言语断者，就中道不二法而言，俗谛言真如者，真谛则言语道断，不可执著法相。如《大般若经》所说：“诸法真如、法界、法性、不虚妄性、不变异性、平等性、离生性、法定法住、实际、虚空界、不思议界，若佛出世若不出世，性相常住，是名一切法平等性，此平等性名清净法。此依世俗说为清净，不依胜义。所以者何？胜义谛中既无分别，亦无戏论，一切名字言语道断。”① 又如《中论》所说：“问曰：若佛不说我非我，诸心行灭，言语道断者，云何令人知诸法实相？答曰：诸佛无量方便力，诸法无决定相，为度众生或说一切实，或说一切不实，或说一切实不实，或说一切非实、非不实。一切实者，推求诸法实性，皆入第一义平等一相，所谓无相，如诸流异色、异味入于大海，则一色一味。一切不实者，诸法未入实相时，各各分别观，皆无有实，但众缘合故有。一切实不实者，众生有三品、有上中下，上者观诸法相非实非不实，中者观诸法相一切实一切不实，下者智力浅故，观诸法相少实少不实，观涅槃无为法不坏故实，观生死有为法虚伪故不实。非实非不实者，为破实不实故，说非实非不实。”② 在字门中与阿字义相入来理解，如《大日经疏》所说：“嚩字门一切诸法语言道断故者，梵音嚩劫跛，名为语言。若见嚩字时，即知一切诸法不离语言地，以是诸法无不有因有缘故。若法本来不生，则是离诸因缘，是故语言道断。复次若法是作相，则可宣说，无作则语言道断。若虚空相是有相者，则可宣说；以诸法如虚空相，亦复无相，是故语言道断。若法有行、有迁变、有影像，则可

① （唐）玄奘译《大般若波罗蜜多经》卷478，《中华藏》第5册，第737页中。

② （后秦）鸠摩罗什译《中论》卷3，《中华藏》第28册，第878页上、中。

宣说。若无行、无迁变、无影像，则语言道断。乃至诸法若是有相者，则可宣说。今一切法离一切相故，不可表示，不可授人，是故语言道断。复次无相亦无定相，当知一切法即相、无相，即非相、非无相，如彼三目不可思议，是故语言道断，余法门例此可知也。”①

第 12 多 ta 字门，玄奘译字“多页”，慧琳注音“多可反。”鸠摩罗什解释“多他，秦言如。”一行解释“梵云哆他多，是如如义，语势中兼有得声”。多他，梵文 tathā，意为如此、这样、那样，译如、如是、如实。哆他多，梵文 tathatā、tathatva，或 tathātra、tathātva，译如、如如、如实、真如、真实、如实性等。其字义，竺法护译“一切诸法而无有，本不可动摇。”无罗叉译“诸法如不动”，鸠摩罗什译经“诸法如相不动”，译论“诸法在如中不动”，玄奘译“一切法真如不动”，般若译“一切法真实义”。诸译内容一致，其他字门也多相同者。如八字门中亦作“示如不坏故。”②《佛说海意菩萨所问净印法门经》作“表示一切法随住真如义。”③《大日经》作“一切诸法如如不可得故”，疏文解释说：“证得如如即是解脱义，如谓诸法实相，种种不如实见戏论皆灭，常如本性不可破坏。若见多字门，即知一切诸法皆是如如相，名为字相。然有一类外道计有如如之性，若知见此，有名为解脱。虽作此说，只是于我见上转作异名。龙树以为声闻经中言法住者，亦是诸法如如义，以所入未深故，而生灭度之想谓证涅槃。然生死、涅槃是相待法，若知生死从本际已来常自如涅槃相，复待谁故说为涅槃？是故一切法毕竟非实非虚，非如非异。《中论》亦云，涅槃之实际及与世间际，如是二际者毫厘无别。以无差别故，一切法无怨怼。无怨对故，无执持。无执持故，亦无如如解脱也。”④ 按此说，如或如如不仅为佛教所论，也为外道所持，只是各自赋予的内涵有所不同。如早期佛教以四谛为如，《杂阿含经》第 417 经说：“如如，不离如，不异如，真实审谛，不颠倒，是圣所谛，是名苦圣谛。世尊说苦集圣谛、苦灭圣谛、苦灭道迹圣谛如如，不离如，不异如，真实审谛，不颠倒，是圣所

---

① （唐）一行撰《大毗卢遮那成佛经疏》卷 7，《大正藏》第 39 卷，第 655 页中。

② （后秦）鸠摩罗什译《集一切福德三昧经》卷 2，《大正藏》第 12 卷，第 996 页中。

③ （宋）惟净译《佛说海意菩萨所问净印法门经》卷 12，《大正藏》第 13 卷，第 507 页上。

④ （唐）一行撰《大毗卢遮那成佛经疏》卷 7，《大正藏》第 39 卷，第 653 页下。

谛，是为世尊说四圣谛。”[①] 大乘之如如，以不执实有为其定义，如就常与无常而言，《大智度论》说：“若不见常而见无常者，是则妄见，见苦、空、无我、不净亦如是，是名为如。如者如本，无能败坏。”如本不坏，就是一如无异，常住不动。如说“诸法实相中，三世等一无异，如《般若波罗蜜·如品》中说，过去如，未来如，现在如，如来如，一如无有异。”又说“诸法实相，常住不动，众生以无明等诸烦恼故，于实相中转异邪曲，诸佛贤圣种种方便说法，破无明等诸烦恼，令众生还得实性，如本不异，是名为‘如’。”“知诸法实相中无有常法，无有乐法，无有我法，无有实法，亦舍是观法。如是等一切观法皆灭，是为诸法实如涅槃，不生不灭，如本未生。譬如水是冷相，假火故热；若火灭热尽，还冷如本。用诸观法，如水得火。若灭诸观法，如火灭水冷，是名为‘如’”。[②] 在般若空观中也同样，即便如相亦不可执著。“菩萨摩诃萨欲行般若波罗蜜，如相中不应住，何以故？如相、如相空。世尊！如相空不名为如，离空亦无如；如即是空，空即是如。”[③]“如、如法、如如、如性、如相，无所从来，亦无所去，亦无所住。”[④] 所谓诸法如不动者，就是一切法以及如相亦无来无去，无所住相。

第 13 野 ya 字门，竺法护译“计”，无罗叉、鸠摩罗什译“夜”，玄奘、般若译“也”，慧琳注“此‘也’字正，与梵字相当也。”《智论》解释：“夜他跋，秦言实。”夜他跋，梵文 yathā-bhūta，译如实、真实、真正。其字义，竺法护译“一切诸法而无所起”，无罗叉译“诸法谛无所生”，鸠摩罗什译经“诸法如实不生”，译论“诸法入实相中不生不灭”，玄奘译“一切法如实不生”，般若译“如实理”，意义不完整。诸译之如实不生，是就不生的胜义而言，故称不生不灭。不生不灭是般若空相之一，《大般若经》说：“是诸法空相，不生不灭，不染不净，不增不减，非过去非未来非现在。”[⑤] 不生不灭也是中道正观规定的四个空相之一，《中论》说：“不生亦不灭，不常亦不断，不一亦不异，不来亦不出。能

---

① （刘宋）求那跋陀罗译《杂阿含经》卷 16，《中华藏》第 32 册，第 812 页下。

② （后秦）鸠摩罗什译《大智度论》卷 32，《中华藏》第 25 册，第 642 页上。

③ （后秦）鸠摩罗什译《大智度论》卷 42，《中华藏》第 25 册，第 785 页上。

④ （后秦）鸠摩罗什译《大智度论》卷 51，《中华藏》第 26 册，第 8 页下。

⑤ （唐）玄奘译《大般若波罗蜜多经》卷 4，《中华藏》第 1 册，第 39 页中。

说是因缘，善灭诸戏论，我稽首礼佛，诸说中第一。”① 以不生不灭为真实者，如《大智度论》说：“诸法不生不灭，非不生非不灭，亦不生灭非不生灭，亦非不生灭，非非不生灭。”②

第 14 咤 ṣṭa 字门，竺法护、无罗叉译“咤”，玄奘译“瑟咤”，慧琳注二合音：“瑟咤，二合，下咤以上声呼，两字合为下声，名二合。”《智论》释为“咤婆，秦言障碍。”此释不明，按梵文障碍之义，一般作 āvaraṇa、pratigātha、antar-āya 等。道邑《成唯识论义蕴》说：“今准净三藏说，梵云——瑟咤，此云乐欲。”③ 《智论》解释的“一切法无障碍相”，也与诸译不同。同译《大品》释“诸法折伏不可得”，玄奘译“一切法制伏任持相不可得”，般若译同作“制伏任持不可得”，五十五字门亦作“一切法制伏任持驱迫慢相性不可得”，④ 此诸字义相同。按制服、折伏，梵文一般作 abhi-bhava、abhi-bhavana，与 ṣṭa 无关。但 adhiṣṭāna 一词有任持、护持、摄持等义，或与字义有关。竺法护译“一切诸法得至究竟”，无罗叉译“诸法强垢不可见”，与以上诸译又不同。

第 15 迦 ka 字门，竺法护译“阿”，无罗叉译“加”。鸠摩罗什释“迦罗迦，秦言作者，”一行释“梵音迦哩耶，是作业义。”迦罗迦，梵文 kāraka，或作 kartṛ，有行使、作为、产生、发起、履行、想做等意，译作、作者、所作、制作、作业以及为、能为等。迦哩耶，梵文 kriyā，或作 karma-kriyā，译作业、造业、所作事业。一般特定的作业为 karman，指行为、作业、作用、结果、命运等，译业、作、行、作业、业用、行业、业因等。迦的字义，也因此有两种解释，一种按一般作为及其作者解释，如竺法护译“一切诸法所当作为皆悉逮得”，无罗叉译“诸法造作者亦不可得见”，鸠摩罗什译经“诸法作者不可得”，译论“诸法中无有作者”，玄奘译“一切法作者不可得”。不空译《不空罥索陀罗尼仪轨经》作“一切法无执作义”。⑤ 《仁王般若经仪轨》解释说：“诠一切法无造

---

① （后秦）鸠摩罗什译《中论》卷 1，《中华藏》第 28 册，第 835 页下。

② （后秦）鸠摩罗什译《大智度论》卷 5，《中华藏》第 25 册，第 179 页下。

③ （唐）道邑撰《成唯识论义蕴》卷 1，《卍续藏》第 49 册，第 382 页上。

④ （唐）菩提流志译《不空罥索神变真言经》卷 14，《大正藏》第 20 卷，第 300 页中。

⑤ （唐）不空译《佛说不空罥索陀罗尼仪轨经》卷 2，《大正藏》第 20 卷，第 438 页下。

作，由知一切法无造作故，即悟一切法清净。”① 另一种按特定意义的作业以及业报解释，如《集一切福德三昧经》“一切法迦字种子门灭苦业故”，梁译《文殊问经》作“度业果报”，《观察诸法行经》作“不失业报义”，《大日经》作“一切诸法离作业”，《海意菩萨所问经》作“表示一切法了达业报义”，《大秘密王最上大曼拏罗经》则另称“表羯磨义”，② 羯磨，即 karman 的音译。《出生无边门陀罗尼经》说：“迦字者业异熟，随入非业异熟。”③ 业异熟，梵文 karma-vipāka，异熟，即果报义，《大毗婆沙论》有“问：何故名异熟因？异熟是何义？答：异类而熟是异熟义，谓善、不善因以无记为果，果是熟义，如前已说。此异熟因定通三世，有异熟果。”④ 又《阿毗达磨大毗婆沙论》“问：何故名异熟？答：异类而熟故，名异熟。熟有二种：一同类，二异类。同类熟者谓等流果，即善生善，不善生不善，无记生无记。异类熟者谓异熟果，即善、不善法招无记果。”⑤ 对此字门的解释不同，也反映了不同的业报观，如《大日经疏》说：“如诸外道计有作者、使作者等，诸部论师亦说有作、有作者，有所用、作法三事和合故，有果报。若因般若方便，谓有决定，即堕无因，若堕无因，一切法即无因果。能生法名因，所生法名果，是二法无故，作及作者、所用、作法、罪福果报及涅槃道一切皆无。复次作、作者相因待生，若定有作法，则当定有作者，皆是不异外道论议，如《中论·观作作者品》中广说。今正观察作、作者等，悉从众缘生，即入本不生际。本不生际者，有佛无佛法尔如是，谁造作之乎？是故若见迦字，则知一切诸法皆是造作所成，名为自相。若是作法者，当知毕竟无作，名为真实义也。”⑥

第 16 娑 sa 字门，鸠摩罗什解释“萨婆，秦言一切。”萨婆，梵文 sarva，有全部的、全体的，一切的、每一个的等义，译一切、众、遍一

---

① （唐）不空译《仁王护国般若波罗蜜多经陀罗尼念诵仪轨》，《大正藏》第 19 卷，第 519 页上。

② （宋）天息灾译《一切如来大秘密王未曾有最上微妙大曼拏罗经》卷 1，《大正藏》第 18 卷，第 543 页中。

③ （唐）不空译《出生无边门陀罗尼经》，《大正藏》第 19 卷，第 678 页上。

④ （唐）玄奘译《阿毗达磨大毗婆沙论》卷 20，《中华藏》第 45 册，第 172 页下。

⑤ （唐）玄奘译《阿毗达磨大毗婆沙论》卷 51，《中华藏》第 45 册，第 448 页中。

⑥ （唐）一行撰《大毗卢遮那成佛经疏》卷 7，《大正藏》第 39 卷，第 651 页下—652 页上。

切、一切种、皆等。其字义有不同说法，一种释为一切时不可得，如竺法护译“一切诸法皆已时得通不悉节”，无罗叉译“诸法不可得时不可转”，玄奘译“一切法时平等性不可得”。鸠摩罗什译经“入诸法时不可得故，诸法时来转故”，译论却作“一切法一切种不可得”。按时，梵文一般作kāla，另一个词samya也有时间之义，或据此解释。时间也被认为是轮转的，故说不可得为不可转。其他一些字门又作诸法平等性不可得，如《观察诸法行经》作“诸法平等义”，《海意菩萨所问经》作“表示一切法平等无差别义”。按平等，梵文作sama。平等性，梵文作samatā，当据此认为sa来自sama。《守护经》则作“四真谛皆平等”，与此相关，《大日经》作“一切诸法一切谛不可得”，由此《大日经疏》释字为“谛”，“萨底也，此翻为谛，”① 即satya。又说“梵云萨跢也，此翻为谛，”即sādhu，有正确的、正直的、很好的、最胜的等义。故解释其字义说：“谛谓如诸法真相而知不倒不谬，如说日可令冷，月可令热。佛说苦谛不可令异，集真是因，更无异因。因灭则果灭，灭苦之道即是真道，更无余道。复次《涅槃》云解苦无苦，是故无苦而有真谛。余三亦尔，乃至分别四谛，有无量相及一实谛，如《圣行品》中说之，是为字门之相。然一切法本不生，乃至毕竟无相故，语言断故，本性寂故，自性钝故，当知无见无断，无证无修。如是见断证修，悉是不思议法界，亦空亦假亦中，不实不妄，无定相可示，故云谛不可得，《中论·四谛品》中亦广辨其义也。”②

第17莽ma字门，玄奘译字“磨”，般若同译，其他诸译均作“摩”。鸠摩罗什释“魔迦罗，秦言我所。”按魔迦罗，梵文mama-kāra，执著义，译我所、我执，mama，译我、我所。鸠摩罗什释字义“一切法离我所”，译经“诸法我所不可得”，其他字门如《不空罥索真言经》作：“一切法我所性不可得”，③ 均以我所定义，玄奘译“一切法我及我所性不可得”，包括我与我所，但竺法护与无罗叉译按“我”释，竺法护译“解知诸法从吾我起”，无罗叉译“诸法吾我不可得见”。《大日经疏》也说“以初

① （唐）一行撰《大毗卢遮那成佛经疏》卷7，《大正藏》第39卷，第654页上。

② （唐）一行撰《大毗卢遮那成佛经疏》卷7，《大正藏》第39卷，第655页下—656页上。

③ （唐）菩提流志译《不空罥索神变真言经》卷14，《大正藏》第20卷，第300页中。

摩字为种子，是无我义也”,[①] 不空诸译仁王般若经轨也以无我定义，《仁王般若陀罗尼释》说：“摩字者一切法无我义，无我有二种，人无我、法无我。瑜伽者若证二无我，则出大普贤地，证毗卢遮那百福庄严圆满清净法身。”[②]《仁王护国般若波罗蜜多经陀罗尼念诵仪轨》也说：“摩字者诠一切法我法空故，谓瑜伽者断微细障，证我法空，即超出此大普贤地。”[③] 也许与此破除无我而证清净法身之故，般若译引申作“悟一切法清净道故”，梵文 amala 亦有清净义，清净无垢作 śudhâmala。

第 18 诫 ga 字门，除般若译同字、竺法护译“迦”之外，诸译均作“伽”，其他字门如《大日经》译“哦”。鸠摩罗什释“伽陀，秦言底，”按此梵文为 ā-gādha，即底、渊底之义，故鸠摩罗什释义“一切法底不可得”。但其他释义与此不同，一行释字“梵云哦哆也二合，是名为行，”此梵文为 gata，去、离开、在某中等意，译行、去、在、中、到、趣等，诸译多取此义，《大品》译“诸法去者不可得”，玄奘译“一切法行取性不可得”，般若译“甚深法无行取”。竺法护译“一切诸法逮得拥护”，无罗叉译“受持诸法者不可得见”，其义不甚明了。一行解释字义说：“行谓去来进退不住之义，今从阿字门展转释之，以诸法本不生故无作，无作故则无所待对，可说为空，空者即是不行处。不行处尚不可得，况行处耶！《中论·观去来品》明行止义，以相续故名行。如从谷子生牙茎叶，及无明缘诸行等，以断故名止。如谷子灭故牙茎灭，无明灭故诸行等灭。若法已行则无行，已行故未行亦无行。未有行法故，行时亦无行，不离已行未行故。以如是等种种门观察，毕竟无行，无行故则无所止。以无行无止故，则是无有往来诸趣者，亦无住涅槃者。复次若人不动本处，即是所诣处者，当知是人无行无到，故云一切行不可得也。”[④]

第 19 他 tha 字门，竺法护译字“瘅”，般若译“娑佗”，鸠摩罗什译《智论》作“陀”，并释“多陀阿伽陀，秦言如去。”多陀阿伽陀，梵文 tathāgata，译如去，亦译如来、如来至真、得如者、得真如成如来者，转译佛、世尊。鸠摩罗什据此释义“四句如去不可得”，所谓四句如去者，《智

① （唐）一行撰《大毗卢遮那成佛经疏》卷 10，《大正藏》第 39 卷，第 684 页中。

② （唐）不空撰《仁王般若陀罗尼释》，《大正藏》第 19 卷，第 523 页下。

③ （唐）不空译《仁王护国般若波罗蜜多经陀罗尼念诵仪轨》，《大正藏》第 19 卷，第 518 页下。

④ （唐）一行撰《大毗卢遮那成佛经疏》卷 7，《大正藏》第 39 卷，第 625 页上、中。

论》所说五蕴及诸法之四种如去观，如以色为例，色如去、色不如去、色亦如去亦不如去、色非如去非不如去，乃至受想行识如去不如去，一切诸法如去不如去等。但此释与诸译不相应，竺法护译“一切诸法逮得诸法之处”，无罗叉译“诸法处不可得”，玄奘亦译“一切法处所不可得”，其他字门如《大日经》也作“一切诸法住处不可得”，《海意菩萨所问经》作“表示一切法善解处非处义”。一行释作“梵音萨他娜，是住处义，亦是住义。”萨他娜，梵文 sthāna，有持续、停留以及地位、场所等意，译住、住处、处所、所在等。《大日经疏》并列举说：“如人从此住处升上某处，其所依处所说名为住。诸贤圣地位亦如是，约诸行道人心迹所依所止息处故，说种种名。若见他字时，即知一切诸法无不待缘成故，当知悉有所依住处，是为字相。然诸法本来不生，乃至如如、解脱亦不可得，则无去无来，无行无住，如是寂灭相中当有何次位耶！”[①] 另外，般若译释为“势力不可得”，《观察诸法行经》亦释“势力义”。按势力，梵文作 sthāman，译力、势、身力、神威等，也有位置、地点、座位等义。

第 20 惹 ja 字门，除般若同译外，诸译作“阇”，慧琳注“阇，是遮反，亦是北天边方音旨。若取中天梵音，可者为慈砢反，正也。砢音，勒可反。”鸠摩罗什解释“阇提阇罗，秦言生老，”即梵文 jāti-jarā。其中 jāti，有生起、产生、起源、再生、存在、生命等义，译生、出生、初生等。Jarā，有消耗的、年老的、老迈之义，译老、衰老、耆年等。鸠摩罗什并释字义“若闻阇社音字，即知诸法生老不可得。”但一行解释：“梵云惹哆也，是生义，”即 jāta，译生、所生、已生、起等，与诸译的释义一致。如竺法护译“一切诸法而无所起”，无罗叉译“诸法生者亦不可得”，鸠摩罗什译经“诸法生不可得”，玄奘译“一切法生起不可得”，不空译“一切法能所生起不可得”。但也有与鸠摩罗什的解释相同乃至超出其生老范围者，如般若译“超过老死能所生故”，《佛本行集经》“超越出生死海”，《文殊师利问经》“出度老死声”，《观察诸法行经》作“超过生老死义”，《舍利弗陀罗尼经》及其异译本均作“入生老病死、不生不老不病不死、不生不灭义。”[②] 诸法生不可得义，一行疏阐释说“如泥团、轮、

---

① （唐）一行撰《大毗卢遮那成佛经疏》卷 7，《大正藏》第 39 卷，第 653 页下。

② （梁）僧伽婆罗译《舍利弗陀罗尼经》，（唐）智严译《出生无边门陀罗尼经》《大乘修行菩萨行门诸经要集》卷 3，《大正藏》第 19 卷，第 697 页上、第 705 页下；第 17 卷，第 962 页下。

绳、陶师等和合故，有瓶生。缕绳、机、纻、织师等和合故，有迭生。持地筑基，梁、椽、泥草、人功等和合故，有舍生。酪酪、器钻、人功等和合故，有苏生。种子、地、水、火、风、虚空、时节等和合故，有芽生。内法因缘亦如是，无明行等各各生因而复生，是故若见惹字门，即知一切诸法无不从缘生。如说偈言：众因缘生法，是即无自性；若无自性者，云何有是法。是故生不可得也，外道论师说种种邪因缘或无因缘生一切法，佛法中人亦有失般若方便故，取著因缘生灭相，如《中论》广破。复次阿字门是诸法本性不生，惹字门以十喻观，生虽从缘有而不可得，若生毕竟不可得，则不异无生际。又十喻是心之影像，不出法界，故生亦不出无生际也。”①

第21娑嚩 sva 字门，竺法护译字“波”，鸠摩罗什译经中“簸”，译论“湿波”，玄奘译“湿缚”，般若译“湿嚩”，慧琳注音：“湿嚩上，尸入反，下无可反，二字合为一声”。鸠摩罗什认为“湿波字无义故不释”。但梵文中 sva 本身就是一个词，有自、自身、本身、自己之义，译自、己、自己等。如《梵本般若波罗蜜多心经》对译娑嚩为“自”，婆嚩引对译“性”，娑嚩婆嚩，② 梵文 svabhāva，即自性义。《佛顶尊胜陀罗尼注义》娑嚩二合婆去嚩尾舜入弟译“自性清净”，③ 尾舜入弟，梵文 viśuddhi，自性清净即 svabhāva-śuddhi 或 svabhāva-śuddha、svabhāva-viśuddha。《佛顶尊胜陀罗尼经教迹义记》解释：“娑嚩婆嚩尾秫弟，唐云自然清净也。”④ 此译自性为“自然”，梵文 sva-bhāva。《大日经疏》解释“啰娑嚩二合婆去嚩引，无自性也，”⑤ 即梵文 niḥsvabhāva。并解释“娑嚩二合，自身也。”⑥ 其字义，亦多歧解，竺法护译作“一切诸法而无所起”，般若译作“烦恼所行皆远离”，意义比较接近。无罗叉译作“诸法善不可得”，玄奘译作“一切法安隐性不可得”，鸠摩罗什译经作“诸法簸字不可得”，译论则更进一步作“一切法不可得，如湿波字不可得。”其他字门中，如金刚智译

---

① （唐）一行撰《大毗卢遮那成佛经疏》卷7，《大正藏》第39卷，第653页上。

② （唐）佚名译《唐梵翻对字音般若波罗蜜多心经》，敦煌本 S. 7000，《大正藏》第8卷，第851页中。

③ （唐）不空撰《佛顶尊胜陀罗尼注义》，《大正藏》第19卷，第388页中。

④ （唐）法崇撰《佛顶尊胜陀罗尼经教迹义记》卷下，《大正藏》第39卷，第1030页上。

⑤ （唐）一行撰《大毗卢遮那成佛经疏》卷9，《大正藏》第39卷，第670页上。

⑥ （唐）一行撰《大毗卢遮那成佛经疏》卷9，《大正藏》第39卷，第670页下。

经轨中则又解释为“一切如来无等亦无言说义”。[①] 诸译之分歧在于不可得者所指是一切诸法及其中之善或安隐性或湿波字本身，按梵文 svasti 有安康、幸运、成功之义，亦译善住、安稳、安乐、吉祥等。Svastya 有幸福的、繁荣的意思，svastya-ayana 有幸运、顺利、成功等义，亦译安稳、成妙善乐等，śanti-svastya-ayana 即译安隐。Svastha 有自我安住、自我生存状态、状况良好的、健全的意思，亦译善住、安住、静住、住于自性等。以安隐又译善来看，安隐即是安稳、安住，安隐性即是安住于自性，则湿波 sva 字义来自 svasti、svastha 等字，湿波字或娵字不可得者，是自身不可得，一切法如此不可得者，即是一切法住于自性，自安其性，处于自存状态。如此，诸法无所起、远离烦恼行与诸法善住、安隐之意会通，唯一切如来无等亦无言说义另有其义。

另外，与此字门有关，湿波或娑嚩 svāhā 或 svaḥ或 svāḥ，作陀罗尼末句，称吉祥语。[②] 一行疏解释“娑嚩，自也，诃是本也。”[③] 按觉苑《演密抄》意，此处有误写，应为“娑嚩是自，亦是本义，诃是誓义，”“若以句义释时，娑嚩诃是自誓，亦是警觉等。”[④] “梵语娑嚩二合诃，此云本誓，谓诸佛如来同一大誓故。”[⑤] 按《大日经》及其疏又异译“莎诃”，疏释：“末句云莎诃，是警觉义。以一切如来本行菩萨道时，同见如是义故，必定师子吼，发诚实言：‘我要当以此阿字门遍净无尽众生界，若我此誓不虚者，其有一切众生诵我诚言，不亏法则，则当如其所愿皆充满之，我今以随如来三昧耶教说此真言。唯愿不违本誓故，令我道场具足严净。’故云莎诃也。”[⑥] 又说：“莎诃是警觉诸佛令作证明，亦是忆念持义。”[⑦] 又不空《佛顶尊胜陀罗尼注义》解释为涅槃，说：“娑嚩诃者涅槃义，所谓四涅槃，一自性清净涅槃，二有余依涅槃，三无余依涅槃，

① （唐）金刚智译《金刚顶经瑜伽观自在王如来修行法》《金刚顶瑜伽青颈大悲王观自在念诵仪轨》，《大正藏》第 19 卷，第 77 页中、293 页上。

② （唐）法崇撰《佛顶尊胜陀罗尼经教迹义记》说：“娑嚩贺，又密句不译，唐亦说云吉祥句也。”卷下，《大正藏》第 39 卷，第 1032 页下。

③ （唐）一行撰《大毗卢遮那成佛经疏》卷 13，《大正藏》第 39 卷，第 712 页上。

④ （辽）觉苑撰《大日经义释演密抄》卷 8，《新纂卍续藏》第 23 册，第 625 页下。

⑤ （辽）觉苑撰《大日经义释演密抄》卷 6，《新纂卍续藏》第 23 册，第 597 页中。

⑥ （唐）一行撰《大毗卢遮那成佛经疏》卷 4，《大正藏》第 39 卷，第 622 页上。

⑦ （唐）一行撰《大毗卢遮那成佛经疏》卷 9，《大正藏》第 39 卷，第 674 页上。

四无住处涅槃。”[①] 法崇《佛顶尊胜陀罗尼经教迹义记》据此进一步解释说：“若字一字密句解释，皆实相胜义、般若波罗蜜义，无量三摩地门相应。仍总释一切世间一切佛法，具三身功德、四智菩提故，所谓大圆镜智、平等、妙观、成所作智等。绻诵忆持，及尘影沾身皆得灭罪，延寿增福，不堕恶趣，获得人天净妙佛刹。若依法则受持念诵，一切灾祸皆得消除，所求世间果报亦成就，证无上菩提。又解我诵此一切如来心心所持大印，印我身心，所有罪障皆得消灭。如是智印由如智火，一发之后草木俱焚，触斯光者罪无不灭。如经所说，罪从心生，还从心灭；火从木生，还从木灭。持诵功力福智无边，悉地皆成，名为娑嚩贺矣。”[②] 又良贲《仁王护国般若波罗蜜多经疏》解释该词有无住、吉祥、成就、圆寂、息灾增益等数义，说：“娑嚩贺者，此岸到涅槃彼岸，得无住处大涅槃也。娑嚩贺者，此云成就义，亦云吉祥义，亦云圆寂义，亦云息灾增益义，亦云无住义。今取无住义，即是无住涅槃，依此涅槃尽未来际，利乐有情无尽期故，名娑嚩贺也。”[③]

第 22 驮 dha 字门，竺法护译字“陁阿”，无罗叉译“大”，玄奘译“达”，慧琳注“此字与梵音乖，合用驮字，音唐贺反。”[④] 又注“徒贺反，经中书‘达’字，疏也。”[⑤] 鸠摩罗什解释“驮摩，秦言法，”即梵文 dharma。一行则释“梵云达摩驮都，名为法界，界是体义、分义，佛之舍利亦名如来驮都，言是如来身分也。”此说 dha 字源于达摩驮都，即梵文 dharma-dhātu，译作法界、法性、真如等。其字义，亦有法与法性或法界的不同解释，竺法护译“一切诸法诸种无所起会”，无罗叉译、鸠摩罗什译均作“诸法性不可得”，玄奘译“一切法界性不可得”，不空则作“一切法能持界性不可得”，般若译“法界体性不杂乱”。其他字门如《不空羂索神变真言经》《大日经》《海意菩萨所问经》均作一切法法界不可得或无分别义，不空译《出生无边门陀罗尼经》则释“陀罗尼法要空、

① （唐）不空撰《佛顶尊胜陀罗尼注义》，《大正藏》第 19 卷，第 388 页下。T19, no. 974D, p. 388, c14 – 17。

② （唐）法崇撰《佛顶尊胜陀罗尼经教迹义记》卷下，《大正藏》第 39 卷，第 1033 页上。

③ （唐）良贲撰《仁王护国般若波罗蜜多经疏》卷 3，《大正藏》第 33 卷，第 519 页中。

④ （唐）慧琳撰《一切经音义》卷 2，《大正藏》第 54 卷，第 319 页中。

⑤ （唐）慧琳撰《一切经音义》卷 5，《大正藏》第 54 卷，第 335 页上。

无相、无愿，随入法界，”[①] 智严译本作“陀罗尼法体空、无相、无愿，寂如涅槃，开解入义。”其中随入法界者，与诸译有关。《大日经疏》解释说：“若见驮字门，即知一切诸法悉皆有体，谓以法界为体，所以者何？若离诸法实相，则一切法体义不成故。夫法界者即是心界，以心界本不生故，当知法界亦本不生。乃至心界无得无舍故，当知法界亦复无得无舍。舍尚自无，无法可舍，况可得乎！若法界是可得相者，即是从众因缘生，若众因缘生，当知自无本体，何况为诸法体！故法界者唯是自证常心，无别法也。”[②]

第23舍śa字门，竺法护译字“奢”，华严诸译及《大日经》同，无罗叉译“赦”，鸠摩罗什译“赊”，慧琳注音“舍，尸也反，”并说“与梵音正相当”。鸠摩罗什解释“赊多都饿反，秦言寂灭。”一行解释“梵云扇底，此翻为寂。”按赊多都饿反，梵文 śānta，译寂、寂定、寂静、寂灭、止息、恬泊等。扇底，梵文 śānti，有内心平静的、内心安宁的以及减轻、缓和、停止、消灾仪式、死亡等，译灭、寂、寂灭、涅槃、息、除灭、安稳等。两个词的含义基本相同，字义的解释也比较一致，但各有所侧重。竺法护译释“一切诸法寂然不起”，无罗叉译“诸法寂不可得”，鸠摩罗什译经“诸法定不可得”，以寂定定义，而译论则取“诸法寂灭”义。玄奘译“一切法寂静性不可得”，又取寂静义。般若译“深止观皆满足”，止观即止息。其他字门，如《不空罥索神变真言经》作“入舍字门解一切法寂静性不可得故”，《大日经》作“一切诸法本性寂故”，《金刚顶经释字母品》亦作“舍字门一切法本性寂”。《大日经疏》解释说：“奢谓寂然义，若有寂然，即有散乱，无寂无乱，法体如是也。”[③] 又说：“如世间凡夫，获少分恬泊之心，止息諠动，亦名为寂。乃至二乘人等永断诸行轮回，得涅槃证，亦名为寂。然非本性常寂，所以然者，诸法从本来常自寂灭相，三界六道何者非是涅槃？无漏智生时，复与凡夫何异？而今独于其中作灭度想，岂非颠倒耶！又若诸法本性寂者，于四十二地中何者非是如来地？何者非是凡夫地？若弥勒菩萨以本性寂故，得一生记者，一切众生皆亦应得记。若一切众生于本性寂中不妨修学凡夫事者，弥勒菩萨亦应

---

① （唐）不空译《出生无边门陀罗尼经》，《大正藏》第19卷，第678页上。

② （唐）一行撰《大毗卢遮那成佛经疏》卷7，《大正藏》第39卷，第654页上。

③ （唐）一行撰《大毗卢遮那成佛经疏》卷19，《大正藏》第39卷，第774页下。

修学凡夫事。而今作差别想，岂非戏论耶！若入奢字门时，则知是法平等，无有高下，常无所动而无所不为。故云解脱之中多所容受，大般涅槃能建大义，皆以此也。”①

第24佉kha字门，竺法护、鸠摩罗什译字“呿”，无罗叉、玄奘、不空、般若均译字“佉”。鸠摩罗什解释“呿伽，秦言虚空。”一行解释“梵音佉字，是虚空义。”呿伽，梵文khaga，有移向空中、飞行等义，译行空、空中。佉，梵文kha，有天空、虚空、空虚、空虚处、空气、中空的等义。其字义的解释比较一致，竺法护译作“一切诸法犹如虚空而无所生”，无罗叉译、鸠摩罗什译均作“诸法虚空不可得”，玄奘译“一切法如虚空性不可得”，般若译“如虚空无尽法”。其他字门，如《文殊师利问经》作“虚空等一切诸法”，《方广大庄严经》作“一切诸法如虚空”，《不空罥索神变真言经》作“一切法等虚空不可得”，《海意菩萨所问经》“表示一切法虚空焕明义”。《大日经疏》解释：“世间共许虚空是无生无作法，若一切法本不生，离诸作，是毕竟如虚空相。今此空相亦复不可得也，何以故？如世间无色处名虚空相，色是作法，无常。若色未生，色未生则无灭。尔时无虚空相，因色故有无色处，无色处名空，《中论·观六种品》中广说。此中义亦如是，若色本来不生，何者名为无色处？无色处不可说，则无虚空定相。复次诸法如虚空相，是为不诳相涅槃。如经说五阴灭，更不生余五阴，是涅槃义。若五阴本来不生，今何所灭而名涅槃耶！是故如虚空相亦不可得，是佉字门真实义。”②

第25乞洒kṣa字门，竺法护、无罗叉、鸠摩罗什均译字“叉”，玄奘译字“羼”，不空译“讫洒”或“乞洒”，般若译“乞叉”，慧琳《音义》作“乞洒$_{二合}$”，并注音“二字合作一声，经中书‘羼’字，声转耳”。鸠摩罗什释为“叉耶，秦言尽”。一行释字“乞叉曳，是尽义。谓一切除尽也。”③ 不空亦释“乞叉$_{二合}$也，此翻云尽。”④ 叉耶、乞叉曳、乞叉也，即梵文kṣaya，有息灭、死亡、灭亡、丧失、衰微、减少、终末等义，译尽、

① （唐）一行撰《大毗卢遮那成佛经疏》卷7，《大正藏》第39卷，第655页中。

② （唐）一行撰《大毗卢遮那成佛经疏》卷7，《大正藏》第39卷，第652页上。

③ （唐）一行撰《大毗卢遮那成佛经疏》卷14，《大正藏》第39卷，第722页上。

④ （唐）不空译《仁王护国般若波罗蜜多经陀罗尼念诵仪轨》，《大正藏》第18卷，第339页上。

竭尽、灭尽、灭除等。觉苑《大日经义释演密抄》作“刹”字，并解释说：“刹字是略梵语，应云迦沙，寻常云‘乞叉’字，即是法尔如是义。谓法尔已来常如是故，由此迦字诠无作义，沙字诠性寂义，所谓无作、性寂故，云法尔如是。”[①] 此将 kṣa 拆分来解，且以性寂释“沙”，是将 ṣa 误作 śa。其字义，诸译基本内容一致，但对诸法之尽的解释有一定的差异，如竺法护译“一切诸法皆悉灭尽而不可得”，以灭尽定义。无罗叉译作“诸法消灭不可得”，以消灭定义。鸠摩罗什均译“一切法尽不可得”，《金刚顶经释字母品》同译，均未作进一步规定。玄奘译“一切法穷尽性不可得”，以穷尽性定义，更为准确。般若译“于尽智无生智”，将尽义限定在“智”。其他字门，如《仁王般若陀罗尼释》作“无尽藏义”，[②] 从如来藏角度规定，《摄大日经广大仪轨》作“吃叉二合字门一切诸法无有尽”。[③]《海意菩萨所问经》作“表示一切法普尽无生义”，其义尽于无生。

第 26 娑哆 sta 字门，竺法护译字“尸癉 stha”，无罗叉译“侈”，玄奘译“萨頞”，慧琳注音“萨頞二合字，下頞，多可反，二字合为一声呼。”不空、般若译“娑多”，但般若译解释此字为“娑上多也阿四合字印”，其梵字不明。鸠摩罗什译“哆”，或作“娑哆”，[④] 解释“阿利迦哆度求那，秦言是事边得何利。”迦哆，梵文 katama 或 katham，即译何、云何、何者、何等。阿利度求那，梵文当为 artha-karaṇa，译利、利益、利乐、财利以及义、要义、义理等。但其字义，除鸠摩罗什译经“诸法有不可得”、译论“诸法边不可得”之外，诸译多以“处”定义，如竺法护译“一切诸法坚住于处而不可动，亦不可得，”无罗叉译作“诸法各在其所处不可动摇”，《大品》作“入诸法有不可得”，译论、玄奘译“一切法任持处、非处令不动转性不可得。”按梵文 stha、sthāna 或 ṣṭha、ṣṭhāna，有有、停留、安住、处所、存在等义，译住、处、在等，ṣṭhānâṣṭhāna，即译处非处。由此内容可知，《大品》译“有”、玄奘译“处非

① （辽）觉苑撰《大日经义释演密钞》卷 7，《新纂卍续藏》第 23 册，第 614 页上。

② （唐）不空撰《仁王般若陀罗尼释》，《大正藏》第 19 卷，第 518 页上。

③ （唐）法全撰《摄大毗卢遮那成佛神变加持经入莲华胎藏海会悲生曼荼攞广大念诵仪轨供养方便会》卷 3，《大正藏》第 18 卷，第 83 页下。

④ （唐）澄观撰《大方广佛华严经随疏演义钞》卷 89 引，《大正藏》第 36 卷，第 690 页下。

处”都事出有因，而哆 sta 字门本为竺法护所译之尸瘅 stha。

第 27 娘 jña 字门，竺法护译字“惹”，无罗叉、鸠摩罗什、玄奘均译“若”，不空译“娘”，般若译“枳攘”。慧琳《音义》作“吉娘二合”，并注“二字合为一声，经中书‘若’字，讹略不著也。”鸠摩罗什释“若那，秦言智，”即梵文 jña 或 jñāna，有了解的、精通的、有知识的、有智慧的和知悉、知识、智慧等义，译智、慧、智慧、正智、知见、了知等。其字义，竺法护译作“一切诸法慧不可得”，无罗叉译“诸法慧不可得”，鸠摩罗什译经“诸法智不可得”，译论“一切法中无智相”，玄奘译“一切法所了知性不可得”，不空译“一切法能所知性不可得”，般若译“一切众生智慧”。诸译尽管多作智慧不可得，但玄奘译作了知性不可得，不空进一步作能所了知性不可得，其中还是有差别的。按般若以智慧为最高认识，也是度众生至彼岸的途径，如否定智慧，就影响到一切法不可得的般若空观本身，故此否定的是人的了知性及其能所主客，而非般若智慧。

第 28 啰他 rtha 字门，竺法护译字“咤呵”，无罗叉译“伊陀”，鸠摩罗什译经“拖”，译论“他”，玄奘译“辣他”，慧琳注“粹他，上郎葛反，二合，梵音有转舌，亦可书‘啰他’二合，者之也。”鸠摩罗什解释“阿他，秦言义，”即梵文 artha，异译阿啰他、曷啰他，有义、义理、义趣、要义等义。其字义，竺法护译“一切诸法逮得所持”，所持者应指诸法之义。无罗叉译“诸法义不可得”，鸠摩罗什释论“一切法义不可得”，译经则“诸法拖字不可得”，玄奘译“一切法执著义性不可得”，此诸译解释相同，拖字不可得者，即是“义”不可得。般若译字“贺”，释为“摧恶进善体皆离”，与诸译不同。

第 29 婆 bha 字门，竺法护译字“披何”，无罗叉译“繁”，玄奘译“薄”，慧琳注音“傍莫反，甚乖梵字，乃是‘婆’字，去声，婆贺反，或书沓字，亦通用也。”鸠摩罗什解释“婆伽，秦言破，”即梵文 bhagna，译破、坏、破坏、摧折、碎、灭等。其字义有两种解释，竺法护释为“一切诸法已得闲静”，无罗叉亦释“诸法无有闲时”，均以“闲”定义。鸠摩罗什译经“诸法破坏不可得”，释论“一切法不可破”，玄奘译“一切法可破坏性不可得”，均以破坏定义。另般若译“惯习观察觉悟”，又与诸译不同。

第 30 车 cha 字门，玄奘译字“绰”，慧琳注音“昌约反，甚乖梵音，正与瑳字相当，错可反，即是蹉字，上声是之也”。鸠摩罗什解释“伽车提，秦言去”，即梵文 gati，有去、离开、退去、行进、行动等义，译行、行止、至、到、往、趣、所趣等。其字义，诸译分歧较大，竺法护译“一切诸法皆已焚烧”，无罗叉译“诸法无可弃”，鸠摩罗什译论作“一切法无所去”，译经却作“诸法欲不可得故，如影、五阴亦不可得”。玄奘译“一切法欲乐覆性不可得”，般若译“远离贪瞋痴覆性”。其他字门有关者，如《文殊师利问经》作“断欲染”，《观察诸法行经》作“断烦恼无余义”，又说“吐极恶烦恼义”。[①] 按梵文 chanda，即译欲、乐、欲乐、爱乐、贪、求等，诸译中欲、欲乐覆性、贪瞋痴覆性以及欲染、烦恼等源于此义。

第 31 娑么 sma 字门，竺法护译字“那”，无罗叉译“魔”，鸠摩罗什译经“摩”，译论“湿尛”，般若译“娑莽”，玄奘译“飒磨”，慧琳注音“上苏合反，下磨字取上声，兼有鼻音，梵音亦是二合也”。鸠摩罗什解释“阿湿尛，秦言石，”即梵文 aśman，指石头、岩石、石器、雷电、云、苍空等。梵文 aśmantā，意为如石头、硬石、如石般坚硬。鸠摩罗什以此解释字义为“诸法牢坚如金刚石”，译经则“诸法摩字不可得”。但玄奘译“一切法可忆念性不可得”，般若译“念不散动无忘失”，其他字门如《不空罥索神变真言经》亦作“一切法可忆念性不可得”。按梵文 smara，即忆念义。《大日经疏》即释“娑么啰，忆念也。”[②] 《梵语杂名》译“念”对“娑么$_{二合}$啰” smara。又译“忘”对“尾娑么$_{二合}$罗” vismara。[③]《佛顶尊胜陀罗尼经教迹义记》解释：“娑么啰娑么啰，唐云念持，定慧相应也。解曰：念者明记为性，持者不失为义。念持、定慧与理相应，专注瑜伽，心一境性。定以动摇，慧以拔离，浮沉平等，不著有无，本尊常照，持念增修，定慧相应故，呼之也。又解：二乘乐寂，厌离五尘，真言瑜伽智用无碍，于色常为佛色，不碍有为，于心常为佛心，不住无念，故定慧相应也。”[④] 竺法护译“一切诸法而无所作”，无罗叉译“诸法无有丘墓”。

---

① （隋）阇那崛多译《观察诸法行经》卷 2，《大正藏》第 15 卷，第 732 页中。

② （唐）一行撰《大毗卢遮那成佛经疏》卷 10，《大正藏》第 39 卷，第 682 页中。

③ （唐）礼言撰《梵语杂名》，《大正藏》第 54 卷，第 1228 页上。

④ （唐）法崇撰《佛顶尊胜陀罗尼经教迹义记》卷下，《大正藏》第 39 卷，第 1032 页上。

第32诃嚩hva字门，竺法护译字“沙波”，无罗叉译“叵”，鸠摩罗什译“火”，玄奘译“嗑缚”，般若译“诃娑”。慧琳《音义》作“贺嚩”，并注不空译“经中作‘诃嚩’不切，亦二字合为一字。”① 鸠摩罗什解释为“火夜，秦言唤来，”即梵文āhvaya，有召唤、名称及赌博等义，译唤、叫等。但解释字义却作“一切法无音声”，用其引申义，译经则作“诸法唤不可得”，玄奘亦译“一切法可呼召性不可得”，般若亦作“可以呼召请命”，均以召唤定义。竺法护译“一切诸法而得至信”，无罗叉译“诸法不可分别”，与以上诸译完全不同。

第33哆娑tsa字门，竺法护译、《大品》译字“嗟”，无罗叉译、鸠摩罗什译论、玄奘译均作“蹉”，慧琳注音“仓可反，取上声，梵字本是二合，亦可书额哆娑，二合之也。”鸠摩罗什释为“末蹉罗，秦言悭，”即梵文matsara，有令人欢喜的、嫉妒的、羡慕的、吝啬、憎恶、敌意等义，译悭、悭行、悭惜。并解释字义“一切法无悭无施相”，译经作“诸法嗟字不可得”。但玄奘译作“一切法勇健性不可得”，般若亦译“勇猛驱逐诸惑”，按梵文utsaha，即有勇健、勇猛、勇悍之义。竺法护译“一切诸法皆得尽灭”，无罗叉译“诸法死亡不可得”，其词源不明。

第34伽gha字门，竺法护译字“迦何”，无罗叉译“峨”，玄奘译“键”，慧琳注音“渠产反，或书‘健’字亦得。”鸠摩罗什释为“伽那，秦言厚，”一行也释“梵云伽那，是密合义，”伽那，即梵文ghana，有厚的、暗的、阴郁的、稠密的、密集的、坚固的、坚定的、确定的以及打、杀等义，译深、厚、深厚、厚重、粗重、大、覆蔽等。按此鸠摩罗什译经“入诸法厚不可得”，译论“诸法不厚不薄”，玄奘亦译“一切法厚平等性不可得”。般若则译“散灭重云无明翳”，是用其引申义，其他字门如《方广大庄严经》亦作“除灭一切无明黑暗厚重瞖膜”。又《观察诸法行经》作“甚深义”，《文殊师利问经》作“深法”。《大日经》另作“一切诸法一合不可得”，疏文解释：“梵云伽那，是密合义，如众微相合成一细尘，诸蕴相合而成一身等。《中论·观合品》诸论师言，以见、可见、见者三事故而有所见，当知有合闻、可闻、闻者，乃至染，可染，染者等诸烦恼亦然。答者云，凡物皆以异故有合，而今一切法异

① （唐）慧琳撰《一切经音义》卷24，《大正藏》第54卷，第459页中。

相不可得，是故无合，如彼广说。以字门展转相释故，且以行义明之。凡有所行，当知必有行、可行、行者三事相合。今一切法本不生故，则无所行。若无所行，云何行、可行、行者得合耶？复次若诸法各各异相，终无合时。若至本不生际，则无异相，亦不可合，是故一切法毕竟无合也。”① 而竺法护译“一切诸法得轮数所在”，无罗叉译“诸法无有朋党”，其词源不明。

第 35 姹 ṭha 字门，竺法护译字“咤徐”，无罗叉译“咃”，鸠摩罗什译“他”，玄奘译“搋”，慧琳注“传写错谬，不成字，梵音正当‘侘’字，上声，坼贾反。侘音，敕伽反。坼音，敕革反。”鸠摩罗什释为“南天竺他那，秦言处，”即梵文 sthāna，有住处、处所等义。由此解释字义作“诸法无住处”，译经“诸法处不可得”，无罗叉译“诸法各有异无不有处”，竺法护译“一切诸法有所住处得无所住”，另《佛本行集经》也作“诸凡夫一切众生处处畏敬，此言无常，”② 诸译释义相同，但与 ṭha 字无关。一行释为“梵音毗咤钵那，是长养义，”即梵文 viṭhapana，译积集、长养、成、变现、妄想、庄严等，与玄奘译“一切法积集性不可得”、般若译“积集诸行穷尽”正相符合。一行疏解释长养义说：“咤字门一切诸法长养不可得故者，梵音毗咤钵那是长养义，如世间种子为因五大，时节为缘，渐次滋长，得成果实。内法亦尔，于业田中下识种子，无明所覆，爱水所润，而得滋长，如《稻芊经》中广明。今此经违世顺世八心相续增长，亦有因缘，乃至净菩提心，以五字门为缘，生大悲根，佛娑罗树增长，弥布满于法界。然一切法即由此五字门本不生，离言说，自性净，无因缘如虚空相故，长养不可得。复次从阿迦字以来展转相释，乃至诸法毕竟平等无有高下，以无高下故，当知即无有增长也。”③

第 36 佇ṇa 字门，竺法护、无罗叉译字“那”，鸠摩罗什、玄奘译“拏”，慧琳注音“佇牙反，不切，应取上声，或书‘拏’字，兼鼻音，是奴雅反。”又注“奴雅反，兼鼻音呼，与前絮字有异，经中书‘絮’

① （唐）一行撰《大毗卢遮那成佛经疏》卷 7，《大正藏》第 39 卷，第 652 页中。
② （隋）阇那崛多译《佛本行集经》卷 11，《中华藏》第 35 册，第 673 页下。
③ （唐）一行撰《大毗卢遮那成佛经疏》卷 7，《大正藏》第 39 卷，第 653 页上。

字，应取上声。”① 鸠摩罗什释为“南天竺拏，秦言不，”即梵文 na，否定词，译无、不、非、未等。其字义，竺法护译“一切诸法不来不去、不立不坐、不卧不寐、无应不应、无想不想”，无罗叉译“诸法无来无去、亦不住亦不坐、亦不卧亦不别”，鸠摩罗什译经“诸法不来不去、不立不坐不卧，”译论“一切法及众生不来不去、不坐不卧、不立不起，众生空、法空。”玄奘译“一切法离诸喧诤，无往无来，行住坐卧不可得。”其他字门如《仁王般若陀罗尼释》作“拏字门一切法无诤，由知一切法无诤故，即入一切法无造作。”② 此字般若译“波罗”，并释“随顺最胜寂照故”，字与义均不相应。

第 37 颇 pha 字门，无罗叉译字“破”，慧琳注音“颇，普我反，正相当。”鸠摩罗什释为“颇罗，秦言果，”即梵文 phala，有果实、结果、报酬、果报等义，译果、果报、果实、实、报等。由此鸠摩罗什释字义“一切法因果空”，译经则作“诸法遍不可得”，按遍，梵文为 spharaṇa，亦与颇字有关，故玄奘译“一切法遍满果报不可得”，般若亦译“周遍圆满果报”，包含了两个词的意思。其他字门多以成道证果释义，《方广大庄严经》作“得果入现证”。《文殊师利问经》作“证得果”，《佛本行集经》作“当得成道证于妙果”，《文殊问经字母品》则译“得果作证”，显然与般若遮诠义有别。竺法护译“如一切诸法不可所奏”，无罗叉译“诸法皆于三界不安”，词源不明。

第 38 塞迦 ska 字门，竺法护译字“尸迦”，无罗叉、鸠摩罗什译“歌”，般若译“娑迦”，慧琳注“塞迦，下迦音，姜佉反；佉，取上声用。”又注“塞迦二合字，下迦字，居佉，取上声，反二合为一声呼。”鸠摩罗什释为“歌大，秦言众，”即梵文 skandha，有聚集义，译聚、蕴、阴等。并释义“一切法五众不可得”，五众即五蕴集合体。译经“诸法聚不可得”，竺法护译“一切诸法不得五阴”，玄奘译“一切法聚积蕴性不可得”，般若译“一切蕴聚”，均与词源相符。无罗叉译“诸法性不可得”，或就其引申义而言，以法由诸蕴聚集而称其性。

第 39 也娑 ysa 字门，竺法护译字“磋”，无罗叉译“嵯”，鸠摩罗什

① （唐）慧琳《一切经音义》卷 2、卷 5，《中华藏》第 67 册，第 427 页上左、第 481 页下左。

② （唐）不空撰《仁王般若陀罗尼释》，《大正藏》第 19 卷，第 524 页上。

译“醝”，玄奘译“逸娑”，慧琳《音义》作“逸婆”，并注“婆取上声二合，或书‘野婆’字也。”又作“拽娑二合”，注“上延结反，下娑字取上声，二字合为一声呼。”按其字义，鸠摩罗什译经“诸法醝字不可得”，译论“醝字空，诸法亦尔”，意思不明了。无罗叉译“诸法不可得常”，其字源或与“常”有关，按梵文 nitya-stha，有常义，如 nitya-sthita 为常住义，nitya-śūnyatā 为常空义，其中均有 yas 音。玄奘译“一切法衰老性相不可得”，般若译“能除老死一切病”，其他字门如《不空罥索神变真言经》亦作“一切法衰老性相不可得”，按梵文 vyasana，译衰、衰亡、衰恼，其中亦有 yas 音，或可为其字源。竺法护另译“一切诸法不得他念”，字义不明。

第 40 室左śca 字门，竺法护译字“侈陁”，无罗叉译字“嗟”，鸠摩罗什译“遮”，玄奘译“酌”，般若译“室者”，慧琳注“酌，之药反，与梵音极乖，其正梵音‘室者’，二合字也，”又注“室者二合字，二字合作一声，经中书‘酌’字，失之甚矣。”鸠摩罗什释为“遮罗地，秦言动，”即梵文 calatva，译动、动摇。并释义“一切法不动相”，译经作“诸法行不可得”，按梵文 caratas、carita 为行、行相义，carat 为行住义，或与此词有关。但玄奘译为“一切法聚集足迹不可得”，竺法护译“舍一切法而无所得”，无罗叉译“诸法分舍不可得”，字源不明。般若另译“现前觉悟未曾有”，又与诸译不同。

第 41 咤 ṭa 字门，竺法护译字“伊陁”，其他字门如《大日经》译“咤”，慧琳注“吒，摘加反，今取上声，亦可书 缕字，音摘贾反为正。”又注“ 缕字，竹贾反，经中书吒字，应取上声。”鸠摩罗什释为“咤罗，秦言岸，”即梵文 tara，有横越过、穿越、救济、保护、通路、渡船等义，tāra 还有堤、岸、救度等义，tarā 有弯曲之义，如曲背为 kubjôttarā。因论中释义“一切法此彼岸不可得”，译经作“诸法伛不可得”，伛即曲背。无罗叉译“诸法无有度者”，度即救度。般若译“断生死道得涅槃”，就渡至彼岸而言。但玄奘译“一切法相驱迫性不可得”，竺法护译“一切诸法不得所在”，字源不明了。

第 42 荼 ḍha 字门，竺法护译字“咤”，无罗叉译“嗏”，玄奘译“择”，般若译“瑟姹”，慧琳注“择，音宅，此字亦与梵音乖，应书‘搽’（搽）字，取上声，宅贾反为正。”又注“搽字，取上声，宅贾反，经中书‘择’字，疏不切，当也。”鸠摩罗什释为“波荼，秦言必，”此

“必”唐代或作“毕”。如澄观《止观辅行传弘决》解释《摩诃止观》十章功能中“始则标期在荼”时说：“始谓大意，‘荼’究竟义，故四十二字云‘入诸法边境处不可得故，不终不生。’过‘荼’无字可说，《大论》五十三释云‘秦言毕’，‘若闻荼字，即知诸法毕不可得，若更有者，荼字枝流。’是则大意已标宗极，标谓章首，期谓克终。”① 此释尽管以“荼”字在四十二字末尾而言其究竟义，但与诸译释义正相符合，除鸠摩罗什译论“一切法‘毕’不可得”、译经“诸法边境处故不终不生”之外，他如竺法护译“一切诸法究竟边际尽其处所无生无死、无有无作”，无罗叉译“诸法边际尽竟处亦不生亦不死”，玄奘译“一切法究竟处所不可得”，般若译“悟解无边无尽”。故鸠摩罗什所举字源“波荼”，如为梵文 pada 或 pāda，均无必、毕以及究竟之义。

第 43 种子字呵 ha，慧琳《音义》注“呵，呼阿反，准数处梵本，并无此呵字”。《大日经》等经轨作“诃”，一行释为“梵云系怛嚩，即是因义”，梵文为 hetv，由 hetu 变化，原有原因、理由、条件、因素等义，译因、因由、故等，tetv-artha，译因、因义。故玄奘译字义作“入呵字门悟一切法因性不可得故”，《大日经》亦释“诃字门一切诸法因不可得故”。一行疏文解释说：“诃字门一切诸法因不可得故者，梵云系怛嚩，即是因义。因有六种，及因缘义中因有五种，如《阿毗昙》广说。若见诃字门，即知一切诸法无不从因缘生，是为字相。以诸法展转待因成故，当知最后无依，故说无住为诸法本。所以然者，如《中论》以种种门观诸法因缘，悉不生故。当知万法唯心，心之实相即是一切种智，即是诸佛法界，法界即是诸法之体，不得为因也。以是言之，因亦是法界，缘亦是法界，因缘所生法亦是法界。前说阿字门，从本归末，毕竟到如是处。今亦诃字门，亦从末归本，毕竟到如是处。阿字从本不生生一切法，今亦以无因待为诸法因，终始同归，则中间旨趣皆可知矣。”② 此说诃字门为末，指《大日经》三十五字门中的位置。因其中诃字作因义，亦以此象征净菩提心，疏文说：“诃字是因义，所谓大乘因者，即是菩提心。以一切因本不生故，乃至离因缘故，名为净菩提心，是成佛真因，正法幢旗之种子。”③

① （唐）澄观撰《止观辅行传弘决》卷 1 之二，《中华藏》第 95 册，第 25 页中。

② （唐）一行撰《大毗卢遮那成佛经疏》卷 7，《大正藏》第 39 卷，第 656 页上。

③ （唐）一行撰《大毗卢遮那成佛经疏》卷 9，《大正藏》第 39 卷，第 673 页下。

因此又说："诃字是一切如来种子者。"①

种子鑁 vaṃ，《大日经疏》注"鑁，无敢反，""字为种子，是缚义也，入阿字门即是无缚之义，又缚是言语道断之义。"② 其中所谓言语道断者，《大日经供养法疏》说："离言说者，鑁字义也。"并说："金刚种子心门鑁字者，所转梵字，鑁字自性清净心，成金刚种子字故，言诸法离言说。"③ 后世密教仍以此字为诸佛种子字，如《大悲空智金刚大教王仪轨经》说："诸佛如来安住鑁字，正等一相，得灌顶成就。复次金刚萨埵白佛言：'世尊，如是鑁字云何说为拏吉尼戒？如来为调御师愿为我说如其次第。'佛言：是中鑁字唯一体性，最上庄严，为阿赖耶诸佛宝藏，于初喜等分别刹那住妙乐智，谓庄严果报，作观离相。修瑜伽者于四刹那正行，当如是知。庄严者，即初喜中方便为说种种理事。果报者，谓即胜喜知妙乐触。作观者，谓即离喜我所受用为说寻伺。离相者，即俱生喜远离三种贪与无贪及彼中间。"④ 元明时四十二字门观圆明相以鑁字作种子字，受到后期密教的影响。

表 9　　般若四十二字门对照表

译本	1 अ a	释义
《光赞》		一切诸法以过去者，亦无所起
《放光》	阿	阿者谓诸法来入，不见有起者
《大品》	阿	阿字门，一切法初不生故
《智度论》	阿	菩萨若一切语中闻阿字，即时随义，所谓一切法从初来不生相。阿提，秦言初。阿耨波陀，秦言不生
《大般若》	裒	入裒字门，悟一切法本不生故
《守护经》	婀	所谓婀上短字印者，以一切法性无生故

① （唐）一行撰《大毗卢遮那成佛经疏》卷 9，《大正藏》第 39 卷，第 674 页上。

② （唐）一行撰《大毗卢遮那成佛经疏》卷 10，《大正藏》第 39 卷，第 683 页中。

③ （唐）不可思议撰《大毗卢遮那经供养次第法疏》卷下，《大正藏》第 39 卷，第 801 页中。

④ （宋）法护译《佛说大悲空智金刚大教王仪轨经》卷 3，《大正藏》第 18 卷，第 596 页上。

续表

译本	2 𑖨 ra	释义
《光赞》	罗	是罗之门，法离诸垢
《放光》	罗	罗者垢貌，于诸法无有尘
《大品》	罗	罗字门，一切法离垢故
《智度论》	罗	若闻罗字，即随义知一切法离垢相。罗阇，秦言垢
《大般若》	洛	入洛字门，悟一切法离尘垢故
《守护经》	啰	啰字印者，以一切法无染著故

译本	3 𑖢 pa	释义
《光赞》	波	是波之门分别诸谊
《放光》	波	波者于诸法泥洹，最第一教度
《大品》	波	波字门，一切法第一义故
《智度论》	波	若闻波字，即时知一切法入第一义中。波罗木陀，秦言第一义
《大般若》	跛	入跛字门，悟一切法胜义教故
《守护经》	跛	跛字印者，胜义谛门不可得故

译本	4 𑖓 ca	释义
《光赞》	遮	是遮之门，逮得一切诸法之行，亦无所得，亦无所没者，亦无所生者
《放光》	遮	遮者于诸法不见有生死
《大品》	遮	遮字门，一切法终不可得故，诸法不终不生故
《智度论》	遮	若闻遮字，即时知一切诸行皆非行。遮梨夜，秦言行
《大般若》	者	入者字门，悟一切法无死生故
《守护经》	者	者字印者，眼及诸行皆清净故

译本	5 𑖡 na	释义
《光赞》	那	是那之门，一切法离诸号字，计其本净而不可得
《放光》	那	那者于诸法字已讫，字本性亦不得、亦不失
《大品》	那	那字门，诸法离名性相，不得不失故
《智度论》	那	若闻那字，即知一切法不得不失，不来不去。那，秦言不
《大般若》	娜	入娜字门，悟一切法远离名相，无得失故
《守护经》	娜	娜字印者，名色性相不可得故

续表

译本	6 𑖩 la	释义
《光赞》	罗	是罗之门，皆悉超度一切世法恩爱、报应、因缘
《放光》	罗	罗者，得度世爱枝，各因缘已灭
《大品》	逻	逻字门，诸法度世间故，亦爱支因缘灭故
《智度论》	逻	若闻逻字，即知一切法离轻重相。逻求，秦言轻
《大般若》	砢	入砢字门，悟一切法出世间故，爱支因缘永不现故
《守护经》	攞	攞字印者，爱支因缘连续不断，皆不现故
译本	7 𑖟 da	释义
《光赞》	陀	是陀之门，一切诸法悉为本，无有无断绝
《放光》	陀	陀者，诸法如无断绝时
《大品》	陀	陀字门，诸法善心生故，亦施相故
《智度论》	陀	若闻陀字，即知一切法善相。陀摩，秦言善
《大般若》	柁	入柁字门，悟一切法调伏寂静，真如平等，无分别故
《守护经》	拏	拏上声字印者，悟入清净十力门故
译本	8 𑖤 ba	释义
《光赞》	波	是为波之门，皆悉解结诸法所缚
《放光》	波	波者，诸法已离狱
《大品》	婆	婆字门，诸法婆字离故
《智度论》	婆	若闻婆字，即知一切法无缚无解，婆陀，秦言缚
《大般若》	婆	入婆字门，悟一切法离系缚故
《守护经》	么	么字印者，力及菩提分皆清净故
译本	9 𑖚 ḍa	释义
《光赞》	咤	是咤之门烧尽诸法，逮至清净
《放光》	荼	荼者诸法垢已尽
《大品》	荼	荼字门，诸法荼字净故
《智度论》	荼	若闻荼字，即知诸法不热相。南天竺荼阇他，秦言不热
《大般若》	荼	入荼字门，悟一切法离热矫秽，得清净故
《守护经》	拏	拏上重字印者，离诸怨敌及忧恼故
译本	10 𑖬 ṣa	释义
《光赞》	沙	是沙之门，一切诸法无罣碍，不有得诸事
《放光》	沙	沙者诸法无有罣碍
《大品》	沙	沙字门，诸法六自在王，性清净故

续表

译本	10 𑖬 ṣa	释义
《智度论》	沙	若闻沙字，即知人身六种相。沙，秦言六
《大般若》	沙	入沙字门，悟一切法无罣碍故
《守护经》	洒	洒字印者，六通圆满，无罣碍故

译本	11 𑖪 va	释义
《光赞》	恕	是恕之门，断除一切诸法音声、句迹所趣
《放光》	和	和者诸法言行已断
《大品》	和	和字门，入诸法语言道断故
《智度论》	和	若闻和字，即知一切诸法离语言相。和于波反波他，秦言语言
《大般若》	缚	入缚字门，悟一切法言音道断故
《守护经》	嚩	嚩字印者，不二之道言语断故

译本	12 𑖝 ta	释义
《光赞》	多	是多之门，一切诸法而无有本，不可动摇
《放光》	多	多者诸法如不动
《大品》	多	多字门，入诸法如相不动故
《智度论》	多	若闻多字，即知诸法在如中不动。多他，秦言如
《大般若》	亸	入亸字门，悟一切法真如不动故
《守护经》	多	多上声字印者，悟一切法真实义故

译本	13 𑖧 ya	释义
《光赞》	计	是计之门，一切诸法而无所起
《放光》	夜	夜者诸法谛无所生
《大品》	夜	夜字门，入诸法如实不生故
《智度论》	夜	若闻夜字，即知诸法入实相中不生不灭。夜他跋，秦言实
《大般若》	也	入也字门，悟一切法如实不生故
《守护经》	也	也字印者，称如实理而演说故

译本	14 𑖬𑖿𑖘 ṣṭa	释义
《光赞》	吒	是吒之门，一切诸法得至究竟
《放光》	吒	吒者诸法强垢不可见
《大品》	咤	咤字门，入诸法折伏不可得故
《智度论》	咤	若闻咤字，即知一切法无障碍相。咤婆，秦言障碍
《大般若》	瑟咤	入瑟咤字门，悟一切法制伏任持相不可得故
《守护经》	咤	瑟咤二合字印者，制伏任持不可得故

续表

译本	15 𑖎 ka	释义
《光赞》	阿	是阿之门，一切诸法所当作为，皆悉逮得
《放光》	加	加者，诸法造作者亦不可得见
《大品》	迦	迦字门，入诸法作者不可得故
《智度论》	迦	若闻迦字，即知诸法中无有作者。迦罗迦，秦言作者
《大般若》	迦	入迦字门，悟一切法作者不可得故
《守护经》	迦	迦$_{上}$字印者，远离世论，无作者故

译本	16 𑖭 sa	释义
《光赞》	娑	是娑之门，一切诸法皆已时得通不悉节
《放光》	娑	娑者，诸法不可得，时不可转
《大品》	娑	娑字门，入诸法时不可得故，诸法时来转故
《智度论》	婆	若闻婆字，即知一切法、一切种不可得。萨婆，秦言一切
《大般若》	娑	入娑字门，悟一切法时平等性不可得故
《守护经》	娑	娑$_{上}$字印者，悟四真谛皆平等故

译本	17 𑖦 ma	释义
《光赞》	摩	是摩之门，解知诸法从吾我起
《放光》	摩	摩者，诸法吾我不可得见
《大品》	磨	磨字门，入诸法我所不可得故
《智度论》	摩	若闻摩字，即知一切法离我所。魔迦罗，秦言我所
《大般若》	磨	入磨字门，悟一切法我及我所性不可得故
《守护经》	莽	莽$_{轻呼}$字印者，悟一切法清净道故

译本	18 𑖐 ga	释义
《光赞》	迦	是迦之门，一切诸法逮得拥护
《放光》	伽	伽者，受持诸法者不可得见
《大品》	伽	伽字门，入诸法去者不可得故
《智度论》	伽	若闻伽字，即知一切法底不可得。伽陀，秦言底
《大般若》	伽	入伽字门，悟一切法行取性不可得故
《守护经》	诫	诫字印者，入甚深法无行取故

译本	19 𑖞 tha	释义
《光赞》	瘫	是瘫之门，一切诸法逮得诸法之处
《放光》	他	他者，诸法处不可得
《大品》	他	他字门，入诸法处不可得故

续表

译本	19 𑖞 tha	释义
《智度论》	他	若闻他上荼反字，即知诸法无住处。南天竺他那，秦言处
《大般若》	他	入他字门，悟一切法处所不可得故
《守护经》	娑佗	娑佗上二合字印者，显示势力不可得故
译本	20 𑖕 ja	释义
《光赞》	阇	是阇之门，一切诸法而无所起
《放光》	阇	阇者诸法生者亦不可得
《大品》	阇	阇字门，入诸法生不可得故
《智度论》	阇	若闻阇社音字，即知诸法生老不可得。阇提阇罗，秦言生老
《大般若》	阇	入阇字门，悟一切法生起不可得故
《守护经》	惹	惹字印者，超过老死，能所生故
译本	21 𑖭𑖿𑖪 sva	释义
《光赞》	波	是波之门，一切诸法而无所起
《放光》	湿波	湿波者诸法善不可得
《大品》	駊	駊字门，入诸法駊字不可得故
《智度论》	湿波	若闻湿波字，即知一切法不可得，如湿波字不可得，湿簸字无义，故不释
《大般若》	湿缚	入湿缚字门，悟一切法安隐性不可得故
《守护经》	湿嚩	湿嚩二合字印者，烦恼所行皆远离故
译本	22 𑖠 dha	释义
《光赞》	陁呵	是陁呵之门，一切诸法、诸种无所起会
《放光》	大	大者诸法性不可得
《大品》	驮	驮字门，入诸法性不可得故
《智度论》	驮	若闻驮字，即知一切法中法性不可得。驮摩，秦言法
《大般若》	达	入达字门，悟一切法界性不可得故
《守护经》	驮	驮字印者，法界体性不杂乱故
译本	23 𑖫 sa	释义
《光赞》	奢	是奢之门，一切诸法寂然不起
《放光》	赦	赦者诸法寂不可得
《大品》	赊	赊字门，入诸法定不可得故
《智度论》	赊	若闻赊字，即知诸法寂灭相。赊多都饿反，秦言寂灭
《大般若》	舍	入舍字门，悟一切法寂静性不可得故
《守护经》	舍	舍字印者，入深止观皆满足故

续表

译本	24 ख kha	释义
《光赞》	呿	是呿之门，一切诸法犹如虚空而无所生
《放光》	佉	佉者诸法虚空不可得
《大品》	呿	呿字门，入诸法虚空不可得故
《智度论》	呿	若闻呿字，即知一切法虚空不可得。呿伽，秦言虚空
《大般若》	佉	入佉字门，悟一切法如虚空性不可得故
《守护经》	佉	佉字印者，悟如虚空无尽法故

译本	25 क्ष kṣa	释义
《光赞》	叉	是叉之门，一切诸法皆悉灭尽而不可得
《放光》	叉	叉者诸法消灭不可得
《大品》	叉	叉字门，入诸法尽不可得故
《智度论》	叉	若闻叉字，即知一切法尽不可得。叉耶，秦言尽
《大般若》	羼	入羼字门，悟一切法穷尽性不可得故
《守护经》	乞叉	乞叉$_{\text{二合}}$字印者，入于尽智，无生智故

译本	26 स्त sta	释义
《光赞》	尸瘅	是尸瘅之门，一切诸法坚住于处而不可动，亦不可得
《放光》	侈	侈者诸法各在其所处，不可动摇
《大品》	哆	哆字门，入诸法有不可得故
《智度论》	哆	若闻哆字，即知诸法边不可得。阿利迦哆度求那，秦言是事边得何利
《大般若》	萨颏	入萨颏字门，悟一切法任持处、非处令不动转性不可得故
《守护经》	娑多	娑$_{\text{上}}$多也阿$_{\text{四合}}$字印者，远离昏沉懈怠障故

译本	27 ज्ञ jña	释义
《光赞》	惹	是惹之门，一切诸法慧不可得
《放光》	若	若者诸法慧不可得
《大品》	若	若字门，入诸法智不可得故
《智度论》	若	若闻若字，即知一切法中无智相。若那，秦言智
《大般若》	若	入若字门，悟一切法所了知性不可得故
《守护经》	枳穰	枳穰$_{\text{二合}}$字印者，一切众生智慧体故

译本	28 र्थ rtha	释义
《光赞》	咤呵	是咤呵之门，一切诸法逮得所持
《放光》	伊陀	伊陀者诸法义不可得

续表

译本	28 𑖨𑖿𑖞 rtha	释义
《大品》	拕	拕字门，入诸法拕字不可得故
《智度论》	他	若闻他字，即知一切法义不可得。阿他，秦言义
《大般若》	辣他	入辣他字门，悟一切法执著义性不可得故
《守护经》	贺	贺字印者，摧恶进善体皆离故
译本	29 𑖥 bha	释义
《光赞》	披何	是披何之门，一切诸法已得闲静
《放光》	繁	繁者诸法无有闲时
《大品》	婆	婆字门，入诸法破坏不可得故
《智度论》	婆	若闻婆字，即知一切法不可破相。婆伽，秦言破
《大般若》	薄	入薄字门，悟一切法可破坏性不可得故
《守护经》	婆	婆$_{\text{上}}$字印者，惯习观察，觉悟体故
译本	30 𑖓 cha	释义
《光赞》	车	是车之门，一切诸法皆已焚烧
《放光》	车	车者诸法无可弃者
《大品》	车	车字门，入诸法欲不可得故，如影、五阴亦不可得故
《智度论》	车	若闻车字，即知一切法无所去。伽车提，秦言去
《大般若》	绰	入绰字门，悟一切法欲乐覆性不可得故
《守护经》	车	者车$_{\text{上二合}}$字印者，远离贪瞋痴覆性故
译本	31 𑖭𑖿𑖦 sma	释义
《光赞》	那	是那之门一切诸法而无所作
《放光》	魔	魔者，诸法无有丘墓
《大品》	摩	摩字门，入诸法摩字不可得故
《智度论》	湿尛	若闻湿尛字，即知诸法牢坚如金刚石。阿湿尛，秦言石
《大般若》	飒磨	入飒磨字门，悟一切法可忆念性不可得故
《守护经》	娑莽	娑莽$_{\text{二合}}$字印者，念不散动，无忘失故
译本	32 𑖮𑖿𑖪 hva	释义
《光赞》	沙波	是沙波之门，一切诸法而得至信
《放光》	叵	叵者诸法不可分别
《大品》	火	火字门，入诸法唤不可得故
《智度论》	火	若闻火字，即知一切法无音声相。火夜，秦言唤来
《大般若》	嗑缚	入嗑缚字门，悟一切法可呼召性不可得故
《守护经》	诃婆	诃婆$_{\text{上二合}}$字印者，可以呼召请命体故

续表

译本	33 त्स tsa	释义
《光赞》	嗟	是嗟之门，一切诸法皆得尽灭
《放光》	蹉	蹉者诸法死亡不可得
《大品》	嗟	嗟字门，入诸法嗟字不可得故
《智度论》	蹉	若闻蹉字，即知一切法无悭无施相。末蹉罗，秦言悭
《大般若》	蹉	入蹉字门，悟一切法勇健性不可得故
《守护经》	哆婆	哆婆二合字印者，勇猛驱逐诸惑体故
译本	34 घ gha	释义
《光赞》	迦何	是迦何之门，一切诸法得轮数所在
《放光》	峨	峨者诸法无有朋党
《大品》	伽	伽字门，入诸法厚不可得故
《智度论》	伽	若闻伽字，即知诸法不厚不薄。伽那，秦言厚
《大般若》	键	入键字门，悟一切法厚平等性不可得故
《守护经》	伽	伽上字印者，散灭重云无明翳故
译本	35 ठ ṭha	释义
《光赞》	咤徐	是咤徐之门，一切诸法有所住处，得无所住
《放光》	咃	咃者诸法各有异无不有处
《大品》	他	他字门，入诸法处不可得故
《智度论》	陀	若闻陀字，即知四句如去不可得。多陀阿伽陀，秦言如去
《大般若》	搋	入搋字门，悟一切法积集性不可得故
《守护经》	姹	姹字印者，积集诸行，穷尽体故
译本	36 ण ṇa	释义
《光赞》	那	是那之门，一切诸法不来不去、不立不坐、不卧不寐、无应不应、无想不想
《放光》	那	那者诸法无来无去，亦不住亦不坐，亦不卧亦不别
《大品》	拏	拏字门，入诸法不来不去、不立不坐、不卧故
《智度论》	拏	若闻拏字，即知一切法及众生不来不去、不坐不卧、不立不起，众生空、法空故。南天竺拏，秦言不
《大般若》	拏	入拏字门，悟一切法离诸喧诤，无往无来，行住坐卧不可得故
《守护经》	波罗	波罗二合字印者，随顺最胜寂照体故

续表

译本	37 pha	释义
《光赞》	颇	是颇之门，一切诸法不可所奏
《放光》	破	破者诸法皆于三界不安
《大品》	颇	颇字门，入诸法遍不可得故
《智度论》	颇	若闻颇字，即知一切法因果空故。颇罗，秦言果
《大般若》	颇	入颇字门，悟一切法遍满果报不可得故
《守护经》	颇	颇字印者，周遍圆满果报体故
译本	38 ska	释义
《光赞》	尸迦	是尸迦之门，一切诸法不得五阴
《放光》	歌	歌者诸法性不可得
《大品》	歌	歌字门，入诸法聚不可得故
《智度论》	歌	若闻歌字，即知一切法五众不可得。歌大，秦言众
《大般若》	塞迦	入塞迦字门，悟一切法聚积蕴性不可得故
《守护经》	娑迦	娑迦上二合字印者，悟解一切蕴聚体故
译本	39 ysa	释义
《光赞》	磋	是磋之门，一切诸法不得他念
《放光》	嵯	嵯者诸法不可得常
《大品》	醝	醝字门，入诸法醝字不可得故
《智度论》	醝	若闻醝字，即知醝字空，诸法亦尔
《大般若》	逸娑	入逸娑字门，悟一切法衰老性相不可得故
《守护经》	也娑	也娑上二合字印者，能除老死一切病故
译本	40 śca	释义
《光赞》	侈陁	是侈陁之门，舍一切法而无所得
《放光》	嗟	嗟者诸法分舍不可得
《大品》	遮	遮字门，入诸法行不可得故
《智度论》	遮	若闻遮字，即知一切法不动相。遮罗地，秦言动
《大般若》	酌	入酌字门，悟一切法聚集足迹不可得故
《守护经》	室者	室者二合字印者，现前觉悟未曾有故
译本	41 ṭa	释义
《光赞》	伊陁	是伊陁之门，一切诸法不得所在
《放光》	咤	咤者诸法无有度者
《大品》	咤	咤字门，入诸法伛不可得故

续表

译本	41 ṭa	释义
《智度论》	咤	若闻咤字，即知一切法此彼岸不可得。咤罗，秦言岸
《大般若》	咤	入咤字门，悟一切法相驱迫性不可得故
《守护经》	咤	咤上字印者，断生死道，得涅槃故
译本	42 ḍha	释义
《光赞》	咤	是咤之门，一切诸法究竟边际，尽其处所，无生无死，无有无作
《放光》	嗏	嗏者诸法边际尽竟处，亦不生亦不死
《大品》	茶	茶字门，入诸法边竟处故，不终不生
《智度论》	茶	若闻茶字，即知一切法必不可得。波茶，秦言必
《大般若》	择	入择字门，悟一切法究竟处所不可得故
《守护经》	瑟姹	瑟姹二合字印者，悟解无边无尽体故
译本	种子字	释义
玄奘	43 ha 呵	入呵字门，悟一切法因性不可得故

七　《华严经》字门

《华严经》字门，简称华严字门，亦称华严四十二字门。其汉译本有4种，包括东晋佛陀跋陀罗译六十卷本《华严经·入法界品》，① 唐代实叉难陀译八十卷本《华严经·入法界品》，② 不空译的《华严入法界品四十二字观门》，般若译的四十卷《华严经普贤行愿品》。③ 一种改编本，即据不空译本改编的《大方广佛华严经入法界品顿证毗卢遮那法身字轮瑜伽仪轨》，其中除不空译四十二字门颂之外附有梵字四十二字圆明字轮。④ 另外，今藏中有题地婆诃罗译《大方广佛华严经入法界品》一卷，⑤ 对堪其文，完全是佛陀跋陀罗译本，选录其四十二字门及其前后一段文字为

① （东晋）佛陀跋陀罗译《大方广佛华严经》卷57，《中华藏》第9册，第765页下—766页上。

② （唐）实叉难陀译《大方广佛华严经》卷76，《中华藏》第13册，第409页下—410页。

③ （唐）般若译《大方广佛华严经》卷31，《中华藏》第66册，第732页下—733页中。

④ （唐）佚名撰《大方广佛华严经入法界品顿证毗卢遮那法身字轮瑜伽仪轨》，《中华藏》第19卷，第709页。该仪轨见录于空海及圆仁求法录，圆仁录作不空译，八家密录并见。

⑤ （唐）地婆诃罗译《大方广佛华严经入法界品》，《中华藏》第13册，第947页下—948页中。

之，并非异译本。《大周录》著录《大方广佛华严经续入法界品》一卷（十一纸），作“大唐垂拱元年沙门地婆诃罗于西京西太原寺译，新编入录。”[①]《开元录》亦引据著录，并注“或无‘续’字，续旧《华严经》阙文，见《大周录》垂拱元年于西太原寺归宁院译。”[②] 经题如无“续”字，即是今大藏本，均有误。四种译本内容基本一致，唯不空《字观门》附般若释义。华严四十二字门的注疏，唐代有法藏弟子静法寺惠苑撰《华严经四十二字母义六门分别》一卷。圆仁《新书写请来法门等目录》著录，有十三张。后有澄观著《华严经疏》及《随疏演义抄》（卷八十九）和《华严经心愿品疏》，据不空《华严四十二字观门》及《大日经》字门义会通华严四十二字门。两宋之际法云编《翻译名义集》，第五十一篇为四十二字门篇，汇集经论及注疏之字门义。

华严四十二字门，集中反映《华严经》的思想，智俨在《华严五十要问答》中曾明确说：“《华严经》中以陀罗尼门显一切法门。”“以此字法陀罗尼天人共解故”，“此法极用在一乘，分用在三乘，余乘非究竟。”[③] 这就是说陀罗尼字门彰显的是华严的一切法门，它的用法在华严一乘中达到“极用”的程度，在其他教法中只不过“分用”而已，并非究竟。华严四十二字门，由般若四十二字门改编而成，故称入字门为入般若波罗蜜门。其字门释义的表述格式中，首先明确表示唱字门时“入般若波罗蜜门”，然后才说明字门在《华严经》中的名称。六十卷本、八十卷本《华严经》的格式完全相同，四十卷本《华严经》只是增加了“能甚深”三个字，意思则完全相同。如阿字门，六十卷本、八十卷本均作“唱阿字时入般若波罗蜜门”，四十卷本则作“唱婀字时能甚深入般若波罗蜜门”。只有不空译的《华严入法界品四十二字观门》与诸译不同，将华严字名置于般若门之前，作“持阿$_{上}$字时名由菩萨威德入无差别境界般若波罗蜜门”，罗字门作“持啰字时入无边际差别般若波罗蜜门”。不空译本还在称名入门之后，依据玄奘译本附般若字义，如阿字门作“悟一切法本不生故”，罗字门作“悟一切法离尘垢故”，这应是不空的改编，疑非原本所有，也成为中国华严四十二字门的一个特点，这也同样加强了华严四十二字门与般若四十二字门的紧

① （唐）明佺撰《大周刊定众经目录》卷2，《中华藏》第54册，第716页中。
② （唐）智昇撰《开元释教录》卷9，《中华藏》第55册，第184页下。
③ （唐）智俨撰《华严五十要问答》卷2，《大正藏》第45卷，第528页下。

密关系。后来华严宗澄观通过注疏更强化了这种关系，甚至将华严名义与般若字义完全融合在一起，造成华严与般若的字门合流，影响后世，乃至于两者的混淆。澄观《华严经行愿品疏》解释华严字门，说诸译“皆言般若波罗蜜门者，字义为门，从字入于无字智故，故《毗卢遮那经》中字皆有‘不可得’言。智无所得，即般若故。又《文殊五字经》云‘受持此陀罗尼，即入一切法平等，速得成就摩诃般若，才诵一遍，如持一切八万四千修多罗藏’。”① 澄观不仅以般若字义为门，且融会密教字门，五字门后明确说以《大日经》及不空译本解释华严字门。

华严四十二字门尽管以般若字义入门，但其称名则自成体系，其中反映的是华严思想，并非如注疏家所称字字都与般若义联系在一起。《般若经》的思想以“空”为中心，认识“空性”则以不可得为途径，不可得的认识就是般若智慧，故以“智度”为名。《般若》的“空”非一般之空，乃中道之空，即是“大虚空”。《华严经》的意趣与此正相反，以“大方广”为中心，展现法界的广大多元。“方广”本为十二部经之一，是菩萨藏之名，亦是大乘通名，以大乘文义方正广大取义。而称大方广者，大谓超越，超诸方广。方就体积，体大无外，量大无数。广就面积，面大无边，处大无所。故华严之法界如光明之普遍，宇宙之广大、大海之深藏，珠网之重重，世界之庄严，转轮之圆满，普遍、广大、深藏、重重、庄严、圆满是华严思想的特点，也是“大方广”的含义。澄观《贞元新译华严经疏序》解释说：“大方广者，所证法也；佛华严者，能证人也。极虚空之可度，体无边涯，大也。竭沧溟之可饮，法门无尽，方也。碎尘刹而可数，用无能测，广也。离觉所觉，朗万法之幽邃，佛也。芬敷万行，荣曜众德，华也。圆兹行德，饰彼十身，严也。贯摄玄妙，以成真光之彩，经也。”并说“总斯七字，为一部之宏纲，则无尽法门思过半矣。”② 此就所证法界而言，法体无边，法门无尽，功用无测，即是大方广之义。

华严四十二字名中所反映的也是这些思想，如普义，以“普”字当头的字门多达十二个，有第三“波”字门普照法界、第四“者”字门普轮断差别、第九“荼”字门普轮、第十一“缚”字门普生安住、第十四“咤”字门普光明息诸烦恼、第十五“迦”字门普云不断、第十八“伽”

① （唐）澄观撰《华严经行愿品疏》卷8，《新纂卍续藏》第5册，第166页上。

② （唐）澄观撰《华严经行愿品疏》卷1，《新纂卍续藏》第5册，第48页下。

字门普上安立、第二十一娑嚩二合字门普念诸佛一切庄严、第三十四伽字门普持一切法云坚固海藏，第三十五咤字门随愿普见十方诸佛，第三十八“娑迦”字门光明轮普照等，第四十多室左二合上字门一切虚空以法云雷震吼普照（一切虚空法雷遍吼）。“普”即普遍、全体、一切、平等、周备、遍满等义，《华严经》有普法门，说“成就普法门，于一切法无所障碍，度一切智海。”[1]《华严经》又有种种“普门”、普门法或普门法门，普门几乎成了华严以及普贤的一个标志。以“普”为定语的词如普遍、普照、普观、普应、普现、普降、普覆、普施、普念、普令、普门、普知、普雨、普熏、普散、普至、普发、普供、普光、普智，等等，构成《华严经》中出现频率最高的动词词组。普遍思想是《华严经》的一个核心思想，因称华严为普遍法门。象征这一思想的两个主角——毗卢遮那佛和普贤菩萨都以普遍为名，毗卢遮那意译“遍照”，即光明遍照义，所谓“普放净光明，遍照十方界，”[2] 因称“清净光明遍照尊”，[3] 简称遍照尊。法藏《华严经探玄记》以周遍、全体、重重为普，解释“卢舍那（rocana）者，古来译或云三业满，或云净满，或云广博严净，今更勘梵本，具言毗卢遮那（virocana）。卢舍那者，此翻名光明照，毗者此云遍，是谓光明遍照也。此中光明有二种，一智光，二身光。智光亦二义，一照法，谓真俗双鉴；二照机，谓普应群品。身光亦二种，一是常光，谓圆明无碍；二放光，谓以光警悟。此中遍者亦二种，一平漫遍，无碍普周故。二重重遍，如帝网重现故。此二圆融，各全体遍，非是分遍。”[4] 一行《大日经疏》以遍及内外、普照法界为普，其中解释“梵音毗卢遮那者，是日之别名，即除暗遍明之义也。”[5] 普贤，即普遍善贤义。吉藏《法华义疏》以法身遍及和应身普应为普义，解释“普贤者，外国名三曼多跋陀罗（samanta-bhadra），三曼多者，此云普也；跋陀罗，此云贤也。此土亦名遍吉，遍犹是普，吉亦是贤也。所以言普贤者，其人种种法门，如观音总作慈悲法门名。今作普遍法门，普有二义，一者法身普，遍一切处故，总摄三世佛法身皆是普贤法身。如《华严》云普贤身相犹若虚空，依于如如，不依

① （刘宋）佛陀跋陀罗译《大方广佛华严经》卷50，《大正藏》第9卷，第713页下。
② （刘宋）佛陀跋陀罗译《大方广佛华严经》卷16，《中华藏》第12册，第105页中。
③ （唐）实叉难陀译《大方广佛华严经》卷8，《中华藏》第12册，第695页下。
④ （唐）法藏撰《华严经探玄记》卷3，《大正藏》第35卷，第146页下。
⑤ （唐）一行撰《大毗卢遮那成佛经疏》卷1，《大正藏》第39卷，第579页上。

佛国也。二应身普，普应十方，作一切方便故，十方三世佛应身皆是普贤应身，皆是普贤应用。故《智度论》云‘普贤不可说其所住处，若欲说者，应在一切世界中住’，即其证也。注经解云：‘化无不周曰普，邻极亚圣称贤’。”[①] 澄观从不同角度解释，或以体性周遍为普，或以一即一切为普，其《华严经疏》说：“言普贤者，体性周遍曰普，随缘成德曰贤，此约自体。又曲济无遗曰普，邻极亚圣曰贤，此约诸位普贤。又德周法界曰普，至顺调善曰贤，此约当位普贤。又果无不穷曰普，不舍因门曰贤，此约佛后普贤。位中普贤悲智双运，佛后普贤智海已满，而运即智之悲，寂而常用，穷未来际。又一即一切曰普，一切即一曰贤，此约融摄。”[②]《华严经》以普遍来表述其教义者，如《普贤行愿品》说种种智地：“所谓普生诸佛十力无畏一切功德具足智地、普满诸佛一切相好自在庄严具足智地、普发菩萨一切大愿具足智地、普遍摄受一切众生具足智地、普为众生显示无我具足智地、普遍观察一切众生种种心念具足智地、普遍分别一切众生根解差别具足智地、普遍随顺一切众生信乐差别具足智地、普遍了知一切众生甚深业海无量差别具足智地、普遍趣入一切众生无量愿海心乐差别具足智地。”[③] 以普为首表述其教义者，如《入法界品》中说菩萨：“举要言之，应普修一切菩萨行，应普化一切众生界，应普入一切劫，应普生一切处，应普知一切世，应普行一切法，应普净一切刹，应普满一切愿，应普供一切佛，应普同一切菩萨愿，应普事一切善知识。”[④] 以普为首的菩萨名者，《世间净眼品》有普贤菩萨、普德智光菩萨、普明师子菩萨、普胜宝光菩萨、普德海幢菩萨、普慧光照菩萨、普宝华幢菩萨、普胜软音菩萨、普净德焰菩萨、普相光明菩萨等，并说如是等菩萨皆是卢舍那佛宿世善友。[⑤] 诸神有普转渐行神、普行世间神、普集胜药神、普胜垂华神。经中还有种种普遍法门，有普音称法门、一切法普游法门、无尽法随行普照法门、无边心海念念回向随器普现法门、众生界胜眼普观法门、调伏众生普照法界法门、一切普胜法门、无量清净法海普明法门、一切文字得不断辩入普照法门、无量光明普照诸法无畏方便法门、一切陀罗尼慧光

① （隋）吉藏撰《法华义疏》卷12，《大正藏》第34卷，第631页中。

② （唐）澄观撰《大方广佛华严经疏》卷5，《大正藏》第35卷，第535页中。

③ （唐）般若译《大方广佛华严经》卷7，《大正藏》第10卷，第691页中。

④ （唐）实叉难陀译《大方广佛华严经》卷77，《中华藏》第13册，第415页上。

⑤ （东晋）佛陀跋陀罗译《大方广佛华严经》卷1，《大正藏》第9卷，第395页中。

普照法门、成就清净慧眼普观法界法门、受持一切普照法门、清净普门庄严法门、普门善根普照光明法门、现在庄严普门法门、般若波罗蜜普庄严法门、诸根专向普门法门、一切众生欢喜普门法门、成就普观三昧法门、成就普法门、普妙音声法门、普地藏法门、普门速行法门、普光喜幢法门、游戏普门一切诸地法门、普观摄一切诸法境界法门、普眼法门等。

四十二字门中反映的另一个华严思想就是海藏义，称海藏或主词为藏的字门也有九个之多，其中称海藏者十沙字门名海藏，二十五叉字门名息诸业海藏，三十四伽字门名持一切法云坚固海藏，三十二诃婆字门名观察一切无缘众生方便摄受令生海藏。主词为藏者十九娑他字门名真如平等藏，二十四佉字门名修因地智慧藏，四十二陀字门名一切法轮差别藏。另有称海者二十社字门名入世间海清净，三十三诃字门名修行趣入一切功德海。海藏即大海含藏，喻意深广蕴积，如大海浩瀚，如汪洋充溢。澄观《华严经疏》解释："蕴积名藏，深广称海。"[①] 如喻广多则说恒沙海藏，喻智慧则说智超海藏，喻心量则说心蕴海藏，说佛法无边则充溢海藏，说佛德无量则功德海藏。《华严经》本身也以其蕴含十方法界而称为华严海藏世界，有谓华严海藏世界，十方法界悉在其中，[②] 有谓"一部华严该海藏"。[③]《华严经》以海藏比喻深广众多，有念佛三昧名无边海藏，有陀罗尼名离垢深妙海藏，有三昧名海藏三昧，有香名海藏，有香水海名真珠香海藏，有摩尼宝名海藏，有海藏法雨，有宫殿名海藏，有莲华名海藏，有真珠网名海藏，有光明名海藏光，有佛名海藏如来，有菩萨名海藏菩萨，有法门名海藏般若波罗蜜门，有广大无边智海藏解脱门，有十法为金刚智慧海藏，有十地中三地名善明月幢宝相海藏地，十地名毗卢遮那智海藏地，等等，其例很多。

华严四十二字门又以轮义来表达其思想，涉及的字门也有九个之多，其中有：第四者字门普轮断差别，第八婆字门金刚轮道场，第九荼字门普轮或普遍轮、圆满轮，第二十三奢字门名一切诸佛教授轮光（随顺一切

---

① （唐）澄观撰《大方广佛华严经疏》卷35，第586页下。

② （清）弘赞撰《梵网经菩萨戒略疏》，《新纂卍续藏经》第38册，第700页上。

③ （清）古昆编《净土随学》说："莲华台藏世界者，即华严海藏世界，藏以包含为义，由十方法界悉在其中也。"卷上，《新纂卍续藏》第62册，第431页中。

佛教轮光明），第二十八颇字门名生死境界智慧轮，第三十车字门名增长修行方便藏普覆轮，第三十六挐字门名不动字轮聚集诸亿字，第三十八娑迦字门名诸地满足无著无碍解脱光明轮遍照，第四十二陀字门名一切法轮差别藏等。其中称普遍轮、金刚轮、智能轮、光明轮、教授轮、圆满轮、普覆轮以及法轮、字轮等，即以“轮”为譬喻，取其圆相，取其转动性，表示普遍、普覆、金刚、智慧、光明、圆满以及转法轮等义。轮，梵文作cakra，音译斫啰。按日常事相，月轮由缺而圆，故轮有圆满义。车轮辐辋具足而能转动，故轮有具足义，有转动义。铁轮战具，旋转摧敌，故轮有摧伏义。轮有圆满具足的形象，轮有转动不已的性质，故印度古代国王以之象征王权，愿世袭罔替，称转轮王，轮宝象征王权。佛教取其喻义，宣说佛法，称转法轮，法轮象征佛法。轮能摧伏，法取义智慧，摧伏烦恼。轮能转动，法取义前进，转不退法轮，又始终相续。转轮的引申义又有转凡成圣、转识成智、摧邪轨正之义。

《华严经探玄记》说：“法是轨持义，通有四种，谓教、理、行、果。轮是所成义，亦有四：一圆满义，以离缺减故；二是具德义，以毂辐辋等悉皆具故；三有用义，谓摧辗惑障故；四转动义，谓从此向彼，即从佛至众生故，亦从彼向此，即从众生至佛果故。法即是轮，持业释。又轮是喻，况如圣王轮宝即法之轮故，依主释。”① 窥基《大般若经理趣分述赞》释“轮谓摧伏、移转之义”，② 《法华问答》释“轮者以修环运动为义”“有迁动之名为转”，③ 澄观《华严经疏》谓“圆转不已，所以名轮。”④ 陈慧《阴持入经注》释“轮者喻车轮也，能载致物。”⑤ 此三者以轮为摧伏、转动、载物之义。

《地藏十轮经》解释说：“轮者，所谓如满月光，清凉无碍，遍满虚空，照触一切无障境界。如是如来及诸菩萨所有神通记说教诫三种胜轮，作用无碍，遍诸世界，利乐一切所化众生，令诸众生不异归趣，不共一切世间众生，不共一切声闻独觉，能令众生断灭生死诸苦恼法，证得安乐菩

---

① （唐）法藏撰《华严经探玄记》卷3，《大正藏》第35卷，第153页下。

② （唐）窥基撰《大般若波罗蜜多经般若理趣分述赞》卷2，《大正藏》第33卷，第39页上。

③ （唐）佚名撰《法华问答》，大英博物馆藏敦煌本，S.2662，首题新加，《大正藏》第85卷，第205页上。

④ （唐）澄观撰《大方广佛华严经疏》卷57，《大正藏》第35卷，第932页下。

⑤ （吴）陈慧撰《阴持入经注》卷2，《大正藏》第33卷，第20页上。

提涅槃，是名为轮。”[①] 此以满月轮遍照一切境界为喻，众生证得安乐涅槃为圆满。

吉藏《法华玄论》解释说：“所言轮者，转轮为义，前佛得如实悟，授于后佛，众生不尽，轮无息时，故云轮转也。又轮者谓具足义，此无生观无德不含，如波若说一念具万行。又轮者圆正义，无生实观圆正不偏也。”[②] 此以大乘无生观解释，轮有轮转、具足、圆正三义。

良贲《仁王护国经疏》说：“轮者圆满，由如车轮，摧坏诸障，能运用故。”[③] 此以轮如车轮，有圆满、摧坏、运行三义。

法云《法华经义记》释转不退法轮，“正明八地以上境智，轮者借譬为名也，世间者明轮有摧伏之义，今明轮体，取八地以上境智无三退，名为不退法轮，而俱满众生之性，喻若轮体之圆也。能令凡得圣，如轮转义也。能折伏众生之烦恼，如轮有摧伏义也。”[④] 此以轮为境智，不退圆满、转凡为圣、折伏烦恼为义。《说无垢称经疏》释“转轮者，摧坏义，破二障故；不定义，而复往故；圆满义，毂辋辐等皆圆满故。”[⑤] 此以摧坏、不定、圆满为转轮义。

佛法称法轮，也以轮称法数，有部以三学为法轮体，《法华义疏》引“《杂心论》云，牟尼说见道疾故，名法轮，谓见谛解起具戒定慧，以三种戒为轮毂，三种慧为轮辐，二种定为轮辋。三种戒谓正语、正业、正命，三种慧谓正见、正思惟、正精进，二种定谓正定、正念也。所言轮者，谓轮转义。观欲界苦，次观上界苦，次乃至观欲界道，次观上界道，以三界四谛上下轮转故名为轮，断见谛惑为轮用，照四谛境为轮行四方也。”[⑥]

《大智度论》解释转梵轮说：“清净故名梵，佛智慧及智慧相应法是名轮，佛之所说，受者随法行，是名转。是轮以具足四念处为毂，五根、五力为辐，四如意足为坚牢辋，而正勤为密合轮，三解脱为棢，禅定、智慧为调适，无漏戒为涂轮香，七觉意为杂华璎珞，正见为随右转轮，信心清净为可爱喜，正精进为疾去，无畏师子吼为妙声。能怖魔轮、破十二因

① （北凉）昙无谶译《大乘大集地藏十轮经》卷6，《大正藏》第13卷，第755页中。
② （隋）吉藏撰《法华玄论》卷8，《大正藏》第34卷，第424页上。
③ （唐）良贲撰《仁王护国般若波罗蜜多经疏》卷2，《大正藏》第33卷，第471页下。
④ （梁）法云撰《法华经义记》卷1，《大正藏》第33卷，第580页下。
⑤ （唐）窥基撰《说无垢称经疏》卷2，《大正藏》第38卷，第1011页中。
⑥ （隋）吉藏撰《法华义疏》卷8，《大正藏》第34卷，第572页上。

缘节解轮、坏生死轮、离烦恼轮、断业轮、障世间轮、破苦轮、能令行者欢喜，天人敬慕。是轮无能转者，是轮持佛法，以是故名转梵轮。”① 此以轮的组成轮的组件为喻，法轮由诸法数组成，圆满无缺。其中所说能怖魔轮、破十二因缘节解轮、坏生死轮、离烦恼轮、断业轮、障世间轮、破苦轮，以一轮为一法，是法的分类。

如此分类者，他如《佛说海龙王经》有无动轮、无断轮、无著轮、无二轮、无乱轮、空无轮、无若干轮、无言法轮、清净轮、至诚轮等。并解释说：“无动之轮，远离一切诸所猗住。其法轮者，谓法界住故，本无轮者，顺本无故。无断轮者，如本净住故。无著轮者，觉了一切诸法，无所著故。无二轮者，等于一切法故。无若干轮，忍一行故。无言法轮者，化诸音声，皆无所想，入一味故。清净轮者，一切无尘故。断诸不调轮者，不得有常无常故。无乱轮者，善观报应故。至诚轮者，无起无灭故。空无轮者，无相无愿故。”②

华严字门的另一个思想是差别义，涉及的字门也有七个，即一阿字门名以菩萨威力入无差别境界（菩萨威德各别境界），二多字门名无边差别，四者字门名普轮断差别，十三也字门名差别积聚，十五迦字门名差别一味（差别种类），三十车字门修行加行藏盖差别道场（修行方便藏各别圆满），四十二陁字门名一切法轮差别藏。所谓差别义，相对于无差别义。又差别者有差别法界，与真如无差别法界相对。《华严经》说：“能审观察诸法实际，普知三世差别法门，普往十方差别世界，普见十方差别佛身，普入十方差别时劫，普观十方差别业性，普转诸佛差别法轮，普智三昧明照其心，心恒普入平等境界。”③

法藏《大乘法界无差别论疏》约染净、权实、理事三门解释，说“若就染门，随流生死，违真性故，名差别法界。”下文引《不增不减经》云，即是法身为本际，无边烦恼藏所缠，从无始来生死趣中生灭流转，说名众生界等。又下文与烦恼俱，名空如来藏，显成惑染差别法界。二约净门，反流出缠，顺真性故，名无差别法界。

《起信论》云，若人修行一切善法，自然归顺真如法故，此则万行契

① （后秦）鸠摩罗什译《大智度论》卷25，《中华藏》第25册，第529页下—530页上。

② （西晋）竺法护译《佛说海龙王经》卷3，《大正藏》第15卷，第150页中。

③ （唐）般若译《大方广佛华严经》卷6，《大正藏》第10卷，第685页下。

真，冥同一味。《起信》又云始觉即同本觉，是故名为无差别法界。今此论正辨此义，故以为宗。二权实门者，就净法中若约三乘权教所辨，许定性二乘不向大故，是则三乘因果差别，亦名差别法界。若约一乘实教所说，一切二乘无不皆得大菩提故，是则名为无差别法界。此论正显此义，故以为宗。依此二义，《涅槃经》第十云："迦叶菩萨云，我今始知差别无差别义，差别者，声闻如乳，缘觉如酪，菩萨之人如生熟酥，如来佛性犹如醍醐。无差别者，声闻独觉于未来世悉是其常，譬如众流皆归于海，是故此论但明彼经无差别法界也。三约理事门者，就此一乘法界之中，若约随事行果，缘起相异，及理事非一，故名差别法界。"① 此就一般意义而言，但其中所说一乘法界中名差别法界者，即是华严缘起差别法门②，也是华严字门义与般若字门不同的一个特点。

澄观《华严经行愿品疏》说："言差别者，乃即一之多，一多深浅，无有障碍。"③ 此说差别与无差别如一与多，多者即一之多，也就是说差别是无差别的差别，从两者的关系出发而言。又以十力为例，《华严经疏注》说："差别者，谓此十力展转相望，亦有差别，亦无差别。"④《华严经随疏演义钞》解释说："言差别者，释经一切法界，谓即是差别而性净故，经云即涅槃相，即相之性方为净性。契通能所，能所契合，真菩提故。"⑤ 又说按"二义者，一体空义，二差别义。初即无性，后即幻有。"⑥

法藏《华严经义海百门》以尘为例，说"无差别者，谓见尘相圆小，与一切法分齐有异，是为差别。观尘无体，一切皆空，唯理所现，无复异体，是无差别。又此理性随缘成一切法，非无分齐，是即差别。经云诸法无差别，唯佛分别。知了差、无差法，非无理事故。然差别缘起万有，无差法界一空，由空与有，同别互融。会万有以为一空，差即无差。观一空而成万有，无差即差，差与无差一际显现。"⑦ 差别缘

① （唐）法藏撰《大乘法界无差别论疏》，《大正藏》第44卷，第62页下—63页上。

② （唐）般若译《大方广佛华严经》所谓"得佛所行平等境界，入于缘起差别法门，成熟众生心恒不倦"。卷9，《大正藏》第10卷，第703页上。

③ （唐）澄观撰《华严经行愿品疏》卷3，《新纂卍续藏》第5册，第90页中。

④ （唐）澄观撰《大方广佛华严经疏注》卷11，《新纂卍续藏》第7册，第691页上。

⑤ （唐）澄观撰《大方广佛华严经随疏演义钞》卷58，《大正藏》第36卷，第461页下。

⑥ （唐）澄观撰《大方广佛华严经随疏演义钞》卷75，《大正藏》第36卷，第593页上。

⑦ （唐）法藏撰《华严经义海百门》，《大正藏》第45卷，第629页上。

起万有，观空而成万有，无差即差，就是华严缘起差别法门。又进一步举三智说：“见尘缘起幻有，不碍差别。虽种种差别，莫不空无所有。以不失体故，全以法体而起大用。一多无碍，主伴相摄，一即一切，一切即一，是为后得智。”① 此说后得智一多无碍、主伴相摄、一即一切、一切即一的认识中，一之多、一切以及主之伴，即是差别义。故“差别缘起，方腾性海之波、一味真源。”②“但以一多融通，同异无碍，是故一入多起，多入一起；差别入一际起，一际入差别起，悉皆同时，一际成立，无有别异。”③

法藏还从止观、二谛、出入定、性起、六相、帝网、微细、逆顺、主伴、彼岸十义说差别显现门，肯定差别法界。并说“夫满教难思，窥一尘而顿现。圆宗叵测，观纤毫而顿彰。然用就体分，非无差别之势。事依理显，自有一际之形。”④ 其中显帝网义又反映了差别义的另一层意思，差别之与无差别兼容互摄。

《十地经论》有说“帝网差别者，真实义相故，如业幻作故”，“真实义相者，唯智能知，余相者可现见故。”⑤ 法藏说“帝网者，谓尘无体，显现一切缘起理事，菩提涅槃教义及解行等，由此诸义无性，理通十方，圆明一际，或一现一，或一现一切，或一切现一，或一切现一切。四句同时，一际显然，重重无尽，自在现也。如帝释殿珠网，重重互现无尽。论云帝网差别唯智能知，非眼境界。”⑥ 此说圆明一际，重重无尽，自在互现，即是珠网差别义，差别即是法界，法界即是差别。《华严经旨归》亦说：“华叶一一尘中各有无边诸世界海，世界海中复有微尘，此微尘内复有世界，如是重重不可穷尽，非是心识思量境界。如帝释殿天珠网覆，珠既明彻，互相影现，所现之影还能现影，如是重重不可穷尽，经云如因陀罗网世界。《十地论》云帝网差别者，唯智能知，非眼所见。”⑦

李通玄《新华严经论》亦释：“帝网差别者，如天帝网重重，光影互

---

① （唐）法藏撰《华严经义海百门》，《大正藏》第45卷，第630页上。
② （唐）法藏撰《华严经义海百门》，《大正藏》第45卷，第632页上。
③ （唐）法藏撰《华严经义海百门》，《大正藏》第45卷，第632页中。
④ （唐）法藏撰《华严经义海百门》，《大正藏》第45卷，第632页上。
⑤ （北魏）菩提流支译《十地经论》卷3，《大正藏》第26卷，第139页下。
⑥ （唐）法藏撰《华严经义海百门》，《大正藏》第45卷，第632页中、下。
⑦ （唐）法藏撰《华严经旨归》，《大正藏》第45卷，第594页中。

相容也。如是世界重重共住，即华藏庄严世界是。与众生世界海共住，业不相妨，犹如帝网互相容而住，各依自业相见。"① 李通玄还以佛身性相解释佛差别，说："佛差别者，夫佛身性相一体无差，器有万端，依根各异，情存相隔，见绝体齐。身立影生，情留佛异，佛由情应，以此乖真。心尽情亡，智身自称。智缘无作，动寂俱真。如是相应，名毗卢遮那佛。毗卢遮那者，名种种光明遍照也，以法身悲智，示相教光，用对诸根，随情现色，为情乖相别，见异佛殊，以体相混收，本是毗卢遮那一智身也。"② 此以毗卢遮那佛身性相一体无差，而随众生千差万别。如澄观《华严经随疏演义钞》所说："法身流转五道，名曰众生，即《不增不减经》法身即是真如，流转五道即是随缘，名曰众生，是差别义。"③ 又佛之三身亦是性相差别义，法身与化身、报身，是差别与无差别义。

华严四十二字门的分别字义，如阿字门，般若译字"婀"，佛陀跋陀罗译义"唱阿字时入般若波罗蜜门，名菩萨威德各别境界"。实叉难陀译"唱阿字时入般若波罗蜜门，名以菩萨威力入无差别境界"。不空译"持阿上字时名由菩萨威德入无差别境界般若波罗蜜门，悟一切法本不生故"。般若译"唱婀字时能甚深入般若波罗蜜门，名以菩萨胜威德力显示诸法本无生义"。其中除不空译和般若译融入般若阿字义之外，阿字门的华严名，佛陀跋陀罗译本作菩萨威德"各别境界"，实叉难陀译和不空译则作菩萨威力"无差别境界"，威德即是威德力，简称威力，指菩萨威德兼具所显示之力，但各别境界与无差别境界，意义正相反。按五根各别所行为各别境界，意识所行为无差别境界。

《大乘阿毗达磨杂集论》或称有分齐境与无分齐境，如说"有分齐境所缘者，谓五识身所缘境界，由五识身各别境界故。无分齐境所缘者，谓意识所缘境界，以意识身缘一切法为境界故。"④ 《阿毗达磨俱舍释论》说："经云婆罗门，是五根各别行处各别境界，是因自行处境界，彼各各受用，非别根能受用别根行处境界，谓眼根、耳根、鼻根、舌根、身根、心能受用五根行处境界、是故心是彼所依止。"⑤ 但华严阿字义应为无差

---

① （唐）李通玄撰《新华严经论》卷24，《大正藏》第36卷，第882页下。

② （唐）李通玄撰《新华严经论》卷6，《大正藏》第36卷，第758页中、下。

③ （唐）澄观撰《大方广佛华严经随疏演义钞》卷75，《大正藏》第36卷，第593页中。

④ （唐）玄奘译《大乘阿毗达磨杂集论》卷5，《大正藏》第31卷，第714页下。

⑤ （陈）真谛译《阿毗达磨俱舍释论》卷22，《大正藏》第29卷，第305页中、下。

别境界，经中亦称真如无差别境界。①

澄观《华严经疏》解释：“真如，语其体常一味，故云无差别。”②并释此字门说：“阿者是无生义，以无生之理统该万法，故经云无差别境，而菩萨得此无生则能达诸法空，断一切障，故云威力。”③其《华严经行愿品疏》卷8解释入般若门说：“婀者是无生义，以无生门入般若也。然有二意，一以无生即般若，般若一法多门不同，或无生门，或无灭门，如是无住无依等皆般若门。今以无生为门，若见无生，即见般若。二以无生为门，不得无生，方真般若，其无灭等诸门例然。言以菩萨威力者，晋本云威德，具云威德力。以菩萨得此无生之门，能达法空，断诸障故。”④

第2罗字门，实叉难陀译字“多”，不空、般若译字“啰”，澄观《华严经疏》认为实叉难陀译“多”属误译，说：“多者，彼经第二当‘啰’字，是清净无染离尘垢义。今云‘多’者，《毗卢遮那经》释‘多’云如如解脱，《金刚顶》云如如不可得故，谓如即无边差别故，如不可得。此顺‘多’字义，应是译人之误。啰、多二字字形相近，声相滥故。”⑤其字义，六十卷本释“唱罗字时入般若波罗蜜门，名平等一味最上无边，”八十卷本作“唱多字时入般若波罗蜜门，名无边差别门，”不空译“持啰字时入无边际差别般若波罗蜜门，悟一切法离尘垢故，”四十卷本作“唱啰字时能甚深入般若波罗蜜门，名普遍显示无边际微细解”。诸译释义相同，均以无边际差别解释。澄观《华严经疏》以般若释义解释，说“若顺无尘垢释，以无边之门方净尘垢。”其《华严经行愿品疏》解释四十华严亦说：“啰者即是清净无染离尘垢义，今云显示无边微细解者，谓无处不解，则无尘沙微细垢矣。”⑥

第3波字门，不空、般若译字“跛”，八十卷释义“法界无异相”，六十卷译“普照法界”，不空作“法界际”，四十卷作“名普照法界平等际微细智”，诸译意思相同，法界无异相即是法界平等。法界际，《四十

---

① （唐）实叉难陀译《华严经·如来出现品》卷52，《大正藏》第10卷，第273页下。
② （唐）澄观撰《大方广佛华严经疏》卷50，《大正藏》第35卷，第880页下。
③ （唐）澄观撰《大方广佛华严经疏》卷59，《大正藏》第35卷，第953页上。
④ （唐）澄观撰《华严经行愿品疏》卷8，《新纂卍续藏》第5册，第166页上。
⑤ （唐）澄观撰《大方广佛华严经疏》卷59，《大正藏》第35卷，第953页上。
⑥ （唐）澄观撰《华严经行愿品疏》卷8，《新纂卍续藏》第5册，第166页上。

华严》称普门法界际般若波罗蜜。[①] 澄观引据《文殊五字真言胜相》所释波字门无第一义谛，释为“诸法平等，谓真俗双亡是真法界，诸法皆等即是普照”。其《华严经行愿品疏》亦释：“跛者亦无第一义谛诸法平等，谓上无生无尘，违俗显真，今此真相亦不可得，真俗双亡是真法界，诸法皆等即是普照。”此般若字门亦作一切法第一义。其中普照法界，其一般的含义无非是说佛的智慧光明遍及一切境界，普照者表示真理的普遍性，法界包括理法界与事法界。

《华严经》中多有智慧之光普照法界的表述，如说“清净智慧普照法界”，“如来日出，普照法界；”“解脱慧光圆满日幢智慧具足，普照法界，”还进一步说“佛智慧月普照法界，了达诸法无真实性，无量深智观察平等，慧心明净，普照十方。”[②] 李通玄《新华严经论》解释“普照者，转转照明无断，尽智慧也。”[③] 也说明能照者是智慧之光，如光明驱逐黑暗，智慧破除烦恼，尽照无遗。法藏《华严经探玄记》就其业用来解释，说“普照法界者，显业用成益，证理法界故，照事法界故，”“穷事遍理，充果该因，故名充满法界。”[④] 此说普照法界显业用者，也是如来相好之一，毗卢遮那称遍照，遍照即是普照法界。《如来相海品》说：“如来有大人相，名普照法界遍光明云，佛眉间相悉能普照一切妙宝、一切众色、一切日月、一切佛海，出生十方无量光明海，庄严一切诸如来身，演说一切如来法海。”[⑤]

《华严经》中普照法界还是一个特定的法门，称为“调伏众生普照法界法门，”[⑥] 调伏众生者，即是智慧之光破除无明黑暗，且照触无余，故称普照法界法门。又文殊菩萨所说经也称普照法界修多罗，《入法界品》说文殊菩萨在福城东庄严幢娑罗林中过去佛大塔庙处，“说普照法界修多罗，大海中无量百千亿诸龙闻此法已，深厌龙趣，正求佛道，咸舍龙身，生天人中。一万诸龙于阿耨多罗三藐三菩提得不退转，复有无量无数众生，

---

① （唐）般若译《大方广佛华严经》卷14，《大正藏》第10卷，第724页下。
② （东晋）佛陀跋陀罗译《大方广佛华严经》卷11，《中华藏》第12册，第135页中。
③ （唐）李通玄撰《新华严经论》卷39，《大正藏》第36卷，第995页上。
④ （唐）法藏撰《华严经探玄记》卷15，《大正藏》第35卷，第398页上。
⑤ （东晋）佛陀跋陀罗译《大方广佛华严经》卷27，《中华藏》第12册，第330页上。
⑥ （东晋）佛陀跋陀罗译《大方广佛华严经》卷2，《中华藏》第12册，第13页中。

于三乘中各得调伏。"①李通玄解释"说普照法界修多罗者，是根本智明彻遍周，随根遍故。"②也有以此遍照法界为毗卢遮那佛说之《华严经》。

明德清《示海阔禅人刺血书经》说："毗卢遮那安住海印三昧，现十法界无尽身云，说《华严经》，名普照法界修多罗。"《示同尘睿禅人》亦说："惟我毗卢遮那，旷劫因中称法界心，修普贤行，证穷法界，名为报身，号卢舍那，具有佛刹尘数相好，是为正报。所感二十重华藏世界，无尽庄严，以为依报。安住海印三昧，称普光明智，为地上菩萨演说此（《华严》）经，名曰普照法界修多罗。为称性法门，种种微妙，不可思议。如此法门乃诸佛自证境界，具在众生日用妄想心中念念现前。"《题实性禅人书〈华严经〉后》亦说："我世尊毗卢遮那如来初成正觉，于菩提场演《大华严》，名曰普照法界修多罗，说一切诸佛所证众生自性法门"；"此经所诠，纯以一味平等大智，圆照法界为体；以一切圣凡依正，有情无情悉皆同等。一切众生所作业行，不出诸佛自性法身；一切妄想无明，贪瞋痴爱，皆即诸佛所证真如实智；一切山河大地、鳞甲羽毛、蠢动蜎飞，皆即毗卢遮那普现色身。"③如此则普照法界法门即是《华严经》所说法门。

第4者字门，不空译字"左"，字义均名"普轮断差别"，澄观疏以般若诸法无行义释，说"'者'者诸法无有诸行，谓诸行既空故，遍摧差别"。所谓遍摧差别，即是普轮断差别，此言摧者，如以普轮为战具摧坏烦恼敌人。其《行愿品疏》说："普轮有二义，一约所空，即属行取圆满名轮。二约能空，轮即摧坏，遍摧行取为不可得。"普轮之名，《正法念处经》有普轮山，说有普烧、极深无底、暗火聚触、割截、业证五山普遍地狱，皆悉热沸，去普轮山及大轮山道里极远，④意为普遍之轮回。《千佛名经》有普轮佛，《佛名经》有普轮顶佛、普轮到声佛，意为普遍之法轮。断差别者，《大乘义章》谓："义有三种，一者见断，二者修断，三者无断。见道除者名为见断，修道除者名为修断，无漏、不为二轮所除名为无断。"⑤《仁王般若经疏》谓"断差别者，谓初无明自性断故，次

---

① （东晋）佛陀跋陀罗译《大方广佛华严经》卷62，《中华藏》第13册，第273页中。

② （唐）李通玄撰《新华严经论》卷33，《大正藏》第36卷，第950页中。

③ （明）钱谦益撰《憨山老人梦游集》卷9，《新纂卍续藏》第73册，第520页中、519页上、第826页下。

④ （元魏）般若瞿昙流支译《正法念处经》卷12，《大正藏》第17卷，第68页下。

⑤ （隋）慧远撰《大乘义章》卷4，《大正藏》第44卷，第557页中。

三界贪櫝行离系缘缚断故，无量生死因果皆无不生断故。”[①] 普轮断差别者，即是以普遍之法轮断灭一切烦恼差别。轮即圆轮，以轮转为用，以相续为性，轮转不已，永不停息。比喻佛说法，称法轮。比喻众生轮回生死，称苦轮。比喻幻相如火光旋转，称火轮。普轮则超诸轮转，永断烦恼。

第5那字门，佛陀跋陀罗译字“多”，不空、般若译“曩”。其字义，六十卷、八十卷均作“得无依无上”，四十卷作“证得无依无住际”，不空则译“无阿赖耶际”。澄观疏以文殊五字陀罗尼解释说：“那者诸法无有性相，言说文字皆不可得，谓性相双亡故无所依，能所诠亡是谓无上。”《行愿品疏》并说：“无能所依，则无所住，无住不住。称无住际。”无阿赖耶际，亦指无依无住际。

第6逻字门，不空、般若译字“椤”，其字义，六十卷、八十卷名离依止无垢，四十卷名“离名色依处无垢污”，不空译“入无垢般若波罗蜜门，悟一切法出世间故，爱支因缘永不现故”。澄观疏据此释“离世故无依，爱不现故无垢”。《行愿品疏》释四十卷：“今云离名色依处者，名色即是十二有支生死之体，四蕴曰名，羯逻蓝等为色，识缘名色，名色缘色，如是二法展转相依，如二束芦俱时而转，故生死体不出名色，名色即是众生依处，离此名色，入般若矣。”

第7娜字门，六十卷译字“茶”，八十卷译“柂”。其字义，六十卷名不退转之行，八十卷、四十卷名不退转方便，不空译作“不退转加行”。其中不退转之行，按《弥勒上生经》及吉藏《游意》，如来八相成道，处兜率天，具六度四等菩萨行，即为不退转之行。智𫖮《维摩经文疏》解释：“所言不退转者，见理之心即是不退转也。此心住理不动，能生众善，喻之如地。因中得理，有进趣向果之义，故云行也。但四教明不退转地之行不同，各有三种不退转地之行，所谓位不退、行不退、念不退也。”[②] 不退转方便，按《伽耶山顶经》说，菩萨有二种如实修行，一者声闻、辟支佛地如实修行，二者善知佛菩提不退转方便如实修行。《文殊问菩提经论》解释：“善知佛菩提不退转方便如实修行者，以证真如法，

① （唐）良贲撰《仁王护国般若波罗蜜多经疏》卷3，《大正藏》第33卷，第501页上。
② （隋）智𫖮撰《维摩经文疏》卷16，《新纂卍续藏》第18册，第585页下。

如实知修行方便故。”① 不退转加行，澄观疏据不空译解释“娜字悟一切法调伏寂静，真如平等，无分别故，方为不退转方便”。《行愿品疏》亦释“由此方为不退方便，即加行方便也。”

第8婆字门，不空、般若译字“么”，其字义，诸译均名金刚场及金刚轮道场。澄观疏按不空译悟一切法离缚解故，解释“缚解双绝，方入金刚圆智道场。”按金刚场即菩提场，如来成道处，以金刚三昧降伏烦恼魔军，深入四禅，观察四谛，正觉成佛，故名金刚场。也因此有金刚场三昧，有金刚场摧坏烦恼清净法门、② 金刚场陀罗尼经等。如《悲华经·陀罗尼品》说，菩萨得陀罗尼门，“日月如来复为示现金刚场三昧，以三昧力故，虽未坐道场，菩提树下未转法轮，已能为诸菩萨说微妙法。”《檀波罗蜜品》亦说“有金刚场三昧，入是三昧，能治一切诸三昧场。”③《大方等大集经》亦说“有三昧名曰金刚场，能成就升于道场。”④《阿差末菩萨经》说菩萨一乘道，“住金刚场，以己身力降伏众魔，一发心顷得成无上正真之道为最正觉，是为菩萨一乘之道而不可尽。”⑤

第9荼字门，不空、般若译字“拏”，六十卷、八十卷译字义曰普轮，不空译普遍轮并释义“悟一切法离热矫秽得清凉故”，般若译普圆满轮。澄观《行愿品疏》据此解释“是普摧义，轮即摧伏，圆满两字亦即是轮，亦清凉义。”此当以热矫秽为烦恼，得清凉为普轮摧伏烦恼，引申而释。

第10沙字门，不空、般若译字“洒”，诸译均释义名海藏，澄观疏以沙字一切法无罣碍释义，“如海含像，像之与海不相障碍。”但海藏在《华严经》多表示如海洋之广阔深藏，并以此有种种表法之名称，如有陀罗尼名离垢胜妙海藏，菩萨住此陀罗尼，一切诸佛降甘露法雨此菩萨，是六奇特未曾有法（《离世间品》）。有香名曰海藏，从罗刹国生，应转轮王，若烧一丸，令四种兵列住虚空（《入法界品》）。海中有摩尼宝名曰海藏，显现海中诸庄严事。菩提之心海藏宝珠亦复如是，显现一切智境诸庄严事（《入法界品》）。还有第二海藏佛、佛号大威力智海藏、海藏般若波

① （元魏）菩提流支译《文殊师利菩萨问菩提经论》卷2，《大正藏》第26卷，第336页下。
② （唐）不空译《大集大虚空藏菩萨所问经》卷7，《大正藏》第13卷，第643页上。
③ （北凉）昙无谶译《悲华经》卷1，《中华藏》第16册，第218页中。
④ （东晋）佛陀跋陀罗译《大方广佛华严经》卷19，《中华藏》第12册，第239页上、中。
⑤ （西晋）竺法护译《阿差末菩萨经》卷1，《大正藏》第13卷，第610页上、中。

罗蜜门、广大无边智海藏解脱门、念佛三昧名无边海藏门等，此沙字门亦当以海藏义命名。

第 11 缚字门，六十卷译字“他”，字观门、四十卷译“嚩”，字义均名普生安住，四十卷名普遍勤求出生安住。澄观《行愿品疏》以嚩字一切法言语道断义，“谓理圆言偏，若随于言，言一之时，不得其二，由入无言，无所不言，故普遍出生，无所不住。”但按《华严经·十地品》中普生者，是说菩萨于一切生处普生其中，如说：“又一切菩萨同心同学，共集诸善，无有怨嫉，同一境界，等心和合，常不相离，随其所应，能现佛身，自于心中悉能解知诸佛境界，神通智力常得随意神通，悉能游行一切国土，一切佛会皆现身相，一切生处普生其中，有如是不可思议大智慧，具足菩萨行；发如是大愿，广大如法界，究竟如虚空，尽未来际，尽一切劫，行如是大智慧道，无有休息。”[①] 普生安住，即是普生一切处，安住诸法门，《华严经·世主妙严品》有普生一切喜乐业解脱门、普生喜足功德力解脱门，《离世间品》有普生一切智，《入法界品》有普生三世福，又有普生一切佛法光明。

第 12 多字门，六十卷译字“那”，八十卷、四十卷译“哆”。其字义，六十卷、八十卷均名圆满光，四十卷名星宿月圆满光，不空译照曜尘垢。澄观《疏》释哆字悟一切法真不动，不动则圆满发光。《抄》解如“密室灯定如止水影圆，契于如如，知无动矣。《智论》云，若闻哆字，即知诸法在如中不动。”《行愿品疏》谓“真心不动，则无不照，如星月圆满，凝空不动，流光遍照”。但圆满光即圆满光明，按《起世因本经》，月宫殿于逋沙他十五日时，月轮圆满，光明炽盛，照曜具足，一切处皆舍翳障，即便大日出六十光明，亦不能覆蔽。[②] 般若译星宿月圆满光明，即当月光圆满，覆蔽星宿，方为圆满遍照。《华严经》有离垢圆满劫明净妙德幢世界第七种十佛中第四佛称圆满光，又有如来名白毫藏一切法圆满光明，又有如来名法圆满光明周罗。如来有大人相名圆满光明云，种种宝华庄严，普现无量无边如来净地离垢清净，放大光明，普照一切诸佛世界。如来自在境界，胜妙功德相好严身，圆满光明普照一切。《大日经》中大日如来光明即名圆满光，其曼荼罗“八叶正圆满，须蘂皆严好，金刚之智印，

---

① （东晋）佛陀跋陀罗译《大方广佛华严经》卷 23，《大正藏》第 9 卷，第 545 页下。

② （隋）达磨笈多译《起世因本经》卷 10，《大正藏》第 1 卷，第 416 页上。

遍出诸叶间。从此华台中，大日胜尊现，金色具晖曜，首持发髻冠，救世圆满光，离热住三昧。”① 又西方持明使者及无量持金刚等亦普放“大慧光明，悉遍法界，所现身口意密亦遍法界，故云普放圆满光，为诸众生故也。”②《华严经》另有菩萨名金焰圆满光，有般若城名圆满光。

第13野字门，六十卷译字“邪”，八十卷、四十卷译“也”。其字义，诸译均释差别积聚，澄观疏以般若也字如实不生义，释“诸乘差别积聚皆不可得”。但诸经论中积聚是蕴义，如《阿毗达磨大毗婆沙论》“谓积聚义是蕴义，有为积聚，寻散灭故。”③ 有为积聚为色，即是极微积聚，名有对法。积聚为识及法，即是非极微积聚，名无对法。极微积聚可分析，若可分析则可积集，若可积集则有障碍，若有障碍则有形质，若有形质则能容受及能障碍，若能容受及能障碍是有对义，反之则是无对义。④ 无著《显扬圣教论》说：“此积聚义复有四种，谓多种义，总略义，共有转义，增益损减义。”⑤ 世亲《大乘成业论》说：“形色者何？谓长等性。何者长等？谓于彼生长等名想。此摄在何处？谓色处所摄。今应思择，长等为是极微差别？犹如显色。为是极微差别积聚？为别一物遍色等聚。设尔何失？长等若是极微差别，应如显色，诸色聚中一一细分，长等可取。若是极微差别积聚，此与显色极微积聚有何差别？即诸显色积聚差别，应成长等。若别一物遍色等聚，一故遍故，一一分中应全可取，于一切分皆具有故。或应非一，于诸分中各别住故。又坏自宗十处，皆是极微积集”云云。⑥ 世亲《大乘五蕴论》解释说：“问以何义故说名为蕴？答以积聚义说名为蕴，谓世相续，品类趣处，差别色等，总略摄故。”⑦ 安慧《大乘广五蕴论》进一步解释说：“问蕴为何义？答积聚是蕴义，谓世间相续品类、趣处、差别色等总略摄故。如世尊说：比丘！所有色——若过去若未来若现在，若内若外，若粗若细，若胜若劣，若近若远，如是总

---

① （唐）善无畏译《大毗卢遮那成佛神变加持经》卷1，《大正藏》第18卷，第6页下。
② （唐）一行撰《大毗卢遮那成佛经疏》卷5，《大正藏》第39卷，第633页上。
③ （唐）玄奘译《阿毗达磨大毗婆沙论》卷71，《中华藏》第45册，第625页中。
④ （唐）玄奘译《阿毗达磨大毗婆沙论》卷76，《大正藏》第27卷，第391页上。
⑤ （唐）玄奘译《显扬圣教论》卷14，《大正藏》第31卷，第546页上。
⑥ （唐）玄奘译《大乘成业论》，《大正藏》第31卷，第781页中。
⑦ （唐）玄奘译《大乘五蕴论》，《大正藏》第31卷，第850页上。

摄为一色蕴。”[①] 此野字门名差别积聚义，当以差别义论色蕴，差别积聚，犹言如上之差别色等，说此字义为诸法名色差别乃至法界差别。

第 14 咤字门，诸译均释普光明息诸烦恼。澄观疏以“瑟咤字一切法制伏任持相不可得”解释，说“普光明即能制伏，任持烦恼即所制伏，息即伏义。”但普光明义，他处解释不同，于《世主妙严品》疏十地毗卢遮那藏海智地普光明：“普即广义，光明即明甚深难知。此文虽略，义在普中，举初摄后，理实皆践。又普光明亦十地之总，总不出于普法智光故。”[②] 于《毗卢遮那品》释“普光明者，即相大也，智慧光明遍照法界义故，”又说“大寂无不照名普光明”。[③] 于《如来出现品》释“普光明者，常寂光，土无不遍故。”[④]《华严经》中多有世界名普光明，多有佛国名普光明，多有佛号名普光明，也多有菩萨、梵天名普光明。其中有颂云：“尔时有世界，名普光明云，有千佛兴世，无量德庄严，除灭烦恼垢，一切众清净。”[⑤] 咤字门普光明息诸烦恼义，应与经中如来普光明智慧除灭烦众生恼垢有关。

第 15 迦字门，六十卷释差别一味，八十卷作无差别云，字义相同，不空译作差别种类，四十卷作普云不断。澄观疏以作者不可得义，释“作业如云，皆无差别。”《演义钞》引《智论》释义，说“既无作者，何有作业？业既云云，不可承揽，无我无造故，无差别。”《行愿品疏》说：“若定有作者，作业无差。由无作者，作业差别。如云不断，不可揽取，故《净名》云无我、无造、无受者，善恶之业亦不亡。”但按字义名差别一味，即是无差别。无差别云者，是说种种之无差别如海如云。《大方等大集经》所谓“菩提、众生一切法性，等无差别，一味一性，”[⑥] 即是差别一味之意。《华严经》如来三十二大人相中，第二十九“名法界无差别云，放于如来大智光明，普照十方诸佛国土、一切菩萨道场众会无量法海，于中普现种种神通，复出妙音，随诸众生心之所乐演说普贤菩萨行

① （唐）地婆诃罗译《大乘广五蕴论》，《大正藏》第 31 卷，第 854 页下。

② （唐）澄观撰《大方广佛华严经疏》卷 5，《大正藏》第 35 卷，第 537 页中。

③ （唐）澄观撰《大方广佛华严经疏》卷 12，《大正藏》第 35 卷，第 856 页中—857 页下。

④ （唐）澄观撰《大方广佛华严经疏》卷 50，《大正藏》第 35 卷，第 887 页中。

⑤ （东晋）佛陀跋陀罗译《大方广佛华严经》卷 52，《大正藏》第 9 卷，第 727 页下。

⑥ （北凉）昙无谶译《大方等大集经》卷 9，《中华藏》第 10 册，第 106 页中。

愿，令其回向。”[①]

第16娑字门，六十卷名霈然法雨，其他则名降注大雨。澄观《随疏钞》以一切法时平等性不可得释，引《智论》知一切法一切种不可得义等，认为“意明种智应时而说亦不可得故，今经名降注大雨也，”不置可否。《行愿品疏》“谓时若至矣，大雨降雪，百卉齐润，是为平等。而雨无心，故不可得。得平等性，即证一切智故。《文殊问字母》云婆字是现证一切智声。”其说更为勉强。按《华严经·如来出现品》，霈然法雨或降注大雨是如来应正等觉而出现十相的一种譬喻，说如来以十无量百千阿僧祇事而得成就，于如是无量阿僧祇法门圆满，方成如来。“譬如三千大千世界，非以一缘、非以一事而得成就，以无量缘、无量事方乃得成，所谓兴布大云，降注大雨，四种风轮相续为依。”[②] 所谓四种风轮即能持大水、能消大水、建立一切诸处所、庄严分布咸善巧四风轮。并说如是皆由众生共业及诸菩萨善根所起，令于其中一切众生各随所宜而得受用。还说如是等无量因缘乃成三千大千世界，如来出现亦以无量因缘、无量事相乃得成就，曾于过去佛所听闻受持大法云雨，因此能起如来四种大智风轮。所谓四种智轮，一者能持一切如来大法云雨的念持不忘陀罗尼大智风轮，二者能消竭一切烦恼的出生止观大智风轮，三者能成就一切善根的善巧回向大智风轮，四者令过去所化一切众生善根清净、成就如来无漏善根力的出生离垢差别庄严大智风轮，故如来如是成等正觉，法性如是，无生无作而得成就。这是如来应正等觉出现的第一相，如来出现的第二相、第三相至第七相，都是如此，以大云降雨为洪注，兴大法云，雨大法雨，成就如来出现之相，或譬喻如来来无所从，去无所至。或譬喻如来能灭一切众生烦恼，能起一切众生善根，能止一切众生见惑，能成一切智慧法宝，分别一切众生心乐。或譬喻如来雨于大悲一味法水，随宜说法，无量差别等等。《世间净眼品》有偈颂云：“大慈悲云靡不覆，佛身难思等众生，普雨法雨润一切，是佛第一上方便。”[③]《卢舍那佛品》有偈颂云：“法身充满一切刹，普雨一切诸法雨，法相不生亦不灭，悉照一切诸世间。”[④] 也

① （唐）实叉难陀译《大方广佛华严经》卷48，《中华藏》第13册，第147页上。

② （唐）实叉难陀译《大方广佛华严经》卷50，《中华藏》第13册，第163页上。

③ （东晋）佛陀跋陀罗译《大方广佛华严经》卷2，《中华藏》第12册，第13页下。

④ （东晋）佛陀跋陀罗译《大方广佛华严经》卷3，《中华藏》第12册，第22页上。

都是如来出现世界、照应众生之相的一种譬喻。

第17 么 ma 字门，六十卷译字“摩”，四十卷及《字门观》译“莽”。其字名，六十卷、八十卷均名大流湍激、众峰齐峙，四十卷名大速疾现种种色如众高峰，《字门观》作大迅疾众峰。澄观以般若一切法我所执性不可得解释，《华严疏》说：“么字即我所执性，我慢高举，若众峰齐峙。我慢则生死长流，湍驰奔激。”《行愿品疏》亦解释：“慢能长流生死，故云速疾。是以旧经云湍流奔激。慢有多端，云种种色。我慢高举，如众高峰。”但河流山峰也是《华严经》中譬喻的说法，譬喻的事象所指正如四十卷本和《字门观》所译，大流湍急是指“大速疾”“大迅疾”，众峰齐峙是指“现种种色”。大迅疾的意谓是速度和力量，佛教中象征速度和力量的是迦楼罗鸟王，意译金翅鸟。按印度神话传说，栖息金刚山铁树杈，投海食龙，水尚未合之际，还至树上，因称大速疾力，《华严经》即称其大速疾力迦楼罗王。大流湍急、大速疾力，《华严经》中则指一念顷的速度，象征佛菩萨神力之速、法界显现之快。如经说：“我常不离此经行处，一念中一切十方皆悉现前，得净妙智观察了知无障碍故。一念中一切世界皆悉现前，得速疾力，一念过不可说不可说世界无障碍故”① 云云。还说有菩萨大速疾力普喜幢无垢解脱法门，“于念念中普诣一切诸如来所，速疾趣入一切智海；于念念中以发趣门入于一切诸大愿海，于念念中以愿海门尽未来劫。”云云。② 但按四十卷本“名大速疾现种种色如众高峰”，是一句话，一个事象，主词是“现种种色”，大速疾不过是定语，举例的事象只有众高峰，并非如六十卷和八十卷本所译大流湍急、众峰齐峙，似乎两个事象譬喻有两层意思。如此，《普贤行愿品》有普化众生令生善根解脱门，正是以知诸法种种色相差别、念念中示现无量清净色身为内容。说“得此解脱门故，悟一切法自性平等，入于诸法真实之性，证无依法，舍离世间，悉知诸法色相差别，亦能了达青黄赤白性皆不实，无有差别，而恒示现无量无数清净色身”。此举出上百种色身，并说：“念念中现如是等诸色相身，充满十方一切法界，令诸众生或见色身，或闻说法，或随顺忆念，或亲近承事，或遇神通，或睹变化，如是种种不可思议自在威力，悉随心乐，皆得开悟，应时调伏，舍不善业，

① （唐）般若译《大方广佛华严经》卷9，《大正藏》第10卷，第703页中、下。

② （唐）般若译《大方广佛华严经》卷19，《大正藏》第10卷，第748页中、下。

善行圆满。”还说：“此由往昔种种大愿力故，具一切智速疾力故，菩萨解脱广大力故，救护众生大悲力故，安乐众生大慈力故，勤求随顺不退力故，一切如来加持力故，作如是事。”此不仅说一切智速疾力，而且说大愿力、广大力、大悲力、大慈力、不退力、加持力，共七种大力，可谓湍急之大流。经中又说：“入此解脱，了知法性无有差别而能示现无量色身，于一一身显现无量诸色相海，于一一相普放无量大光明云，一一光明照现无量诸佛刹土，一一刹土现无量佛出兴于世，一一如来显现无量大神通力。随诸众生心行不同，开发觉悟宿世善根，未种者令种，已种者令增长，已增长者令成熟。于念念中令无量众生于阿耨多罗三藐三菩提得不退转，安住种种解脱门中。”① 此说了知法性无有差别而能示现无量色身，由一一色身、相海、光明、刹土、如来皆显现其相用，正如齐峙之众峰，可见此普化众生解脱门无非就是摩字门大流湍急、众峰齐峙的注解。

第 18 伽字门，不空、般若译字“誐”，六十卷、八十卷名普上安立、普安立，四十卷名普轮积集，《字门观》名普遍轮长养。澄观疏及随疏钞以般若行取义为安立解，《行愿品疏》进一步解释说：“悟一切法行取性不可得，五蕴名行，行即取蕴，能取生死故。积集即是蕴义，普轮有二义，一约所空，即属行取，圆满名轮。二约能空，轮即摧坏，遍摧行取，为不可得。”但此释行取为安立，与普遍义不符。又释行取为五蕴积集，遍摧行取为圆满，与《字门观》长养义不符。实则安立、积集、长养意义相近，也与其普遍义相应。按经中所说，转普遍法轮，安立众生于善根，安立众生于无上道，安立众生于菩提心、持净戒、不退转、平等智、成正觉等。同样，普转法轮，长养、积集众生之善根门、慈悲心、智慧力、功德海，直至等正觉。

第 19 他字门，六十卷本译字“娑他”，译名真如藏遍平等，八十卷译名真如平等藏，四十卷译名真如平等无分别藏，《字门观》译真如无差别。无分别即是无差别，无分别、无差别即是平等义、普遍义，称之为真如实相，诸译释名相同。但澄观以般若义解释，《随疏钞》解“真如平等是所依处，出生一切终归此故。”《智论》所云如去不可得，“如去即是处所，如来时去故。”《行愿品疏》亦释“真如等理，无差别智蕴摄名藏，此二并是万德依处。今智契合亦不可得，无智无得真般若故”。

① （唐）般若译《大方广佛华严经》卷 24，《大正藏》第 10 卷，第 772 页中—773 页中。

第20社字门，不空、般若译字“惹”，六十卷、八十卷译名入世间海清净，四十卷译名遍入世间海游行清净，《字门观》译世间流转穷源清净。澄观以般若能所生起不可得义解释，并无发挥。按世间海清净，四十卷就其游行而言，《字门观》就其流转之源而言。游行即是生死之流转，追根穷源，至于众生无明烦恼，清净世间，即是清净众生烦恼。

第21娑嚩字门，六十卷译字“室”，译名一切诸佛正念庄严。八十卷译字“锁”，译名念一切佛庄严，《字门观》同，四十卷名普念诸佛一切庄严。澄观以般若字义释为“念佛庄严是安隐性”。但庄严是《华严经》最具特色的思想表现，经名华严即是宝华之庄严，华藏世界即是种种庄严之境界，诸佛菩萨及其依报均相好珍宝庄严，如佛身庄严，一一相、一一好中皆具众德以为庄严。按庄严有外庄严与内庄严，或称有相庄严与无相庄严，外饰种种珍宝，形相庄严，即是住于色等境界中，为庄严佛土。而不取诸相，以福德智慧庄严，是谓庄严法身。智俨《杂孔目章》说：“庄严者，行德资人名为庄严，不同有二，一名福德，二名智慧。资润名福，资润之功名为福德。照理名智，观达名慧。严义有四，一行能资人名为庄严，二能资心名为庄严，三能资果名为庄严，四诸行平相庄严。亦名律仪，亦名菩提具，亦名助道行。”① 法藏《义海百门》谓庄严有四，“如以智心观察，全尘法界缘起现前，无有分别，是为严净佛土。又修戒愿理事，解行圆明，全尘法界理智圆通，功德显示，是为庄严佛身。又说示尘体缘起、主伴帝网，微细晓示一切，是为转净法轮，于一切处皆是庄严，不碍七宝以用庄严。”②

但此字门谓正念之诸佛庄严，如《大日经疏》所释：“庄严者，即是如来自证之体，体有无量德，德各无量名，以无量庄严而自庄严也。”③诸佛庄严者，以毗卢遮那如来加持故，奋迅示现身无尽庄严藏，悉现普门境界秘密庄严。“所谓庄严者，谓从一平等身普现一切威仪，如是威仪无非密印。从一平等语普现一切音声，如是音声无非真言。从一平等心普现一切本尊，如是本尊无非三昧。然此一一三业差别之相，皆无边际不可度

① （唐）智俨《华严经内章门等杂孔目章》卷2，《大正藏》第45卷，第553页上。

② （唐）法藏撰《华严经义海百门》，《大正藏》第45卷，第633页中。

③ （唐）一行撰《大毗卢遮那成佛经疏》卷10，《大正藏》第39卷，第680页中。

量，故名无尽庄严也。”①

《华严经》之诸佛庄严与此相同，而菩萨庄严，《华严经》谓有十种庄严：“所谓力庄严，不可坏故。无畏庄严，无能伏故。义庄严，说不可说义无穷尽故。法庄严，八万四千法聚观察演说无忘失故。愿庄严，一切菩萨所发弘誓无退转故。行庄严，修普贤行而出离故。刹庄严，以一切刹作一刹故。普音庄严，周遍一切诸佛世界雨法雨故。力持庄严，于一切劫行无数行不断绝故。变化庄严，于一众生身示现一切众生数等身，令一切众生悉得知见，求一切智无退转故，”并说“若诸菩萨安住此法，则得如来一切无上法庄严。”②

第22驮字门，六十卷译字“柂”，八十卷译“柂”。其字名，六十卷译名观察圆满法聚，八十卷译名观察拣择一切法聚，四十卷译名微细观察一切法聚，《字门观》译观察法界道场。澄观《随疏钞》以般若字义释：“拣择法聚即能持界性，法聚差别即是界义，各各持自性也。”《行愿品疏》亦释：“能持界者，即真法界，法界能持一切法聚。微细观察，无有一法出法界者故。”但此所谓法聚者，应指三藏十二部经所说八万四千法聚，与般若歌字义法聚同，惟华严字义以圆满为名。

第23奢字门，不空、般若译字“舍”，六十卷译名一切诸佛教授轮光，八十卷译名随顺一切佛教轮光明，四十卷同译名随顺诸佛教轮光明，《字门观》译随顺一切佛教。澄观《行愿品疏》以般若字义谓：“诸佛教轮是寂静性，随顺即是悟入之名。故《十地经》云而诸佛法如是寂静。言光明者，即能顺智。”但轮、光明是经中之譬喻，轮为法轮，象征佛教，转法轮，象征佛说法。光明，象征作用，轮光明即是佛法光明，能照耀众生心地。所谓随顺诸佛教者，就是听受诸佛教诲，记持不忘；随顺佛意，如意而行。《普贤行愿品》有谓：“其心随顺诸佛教海，于诸法门忆持不忘。安住广大普庄严门，智慧光照充满十方。”③ 有问云何顺诸佛教？答言恒事一切诸善知识，为令众生住佛教故。又谓：“我时得为佛长子，得入普贤深行愿，了十法界差别门，通达甚深诸佛教。”④《离世间品》有

① （唐）一行撰《大毗卢遮那成佛经疏》卷1，《大正藏》第39卷，第583页上、中。

② （唐）实叉难陀译《大方广佛华严经》卷54，《中华藏》第13册，第203页中。

③ （唐）般若译《大方广佛华严经》卷7，《大正藏》第10卷，第693页中、下。

④ （唐）般若译《大方广佛华严经》卷22，《大正藏》第10卷，第760页下，第748页中。

菩萨十种意，“所谓上首意，出生一切善根故；随顺佛教意，如说修行故；深入意，解一切佛法故；内意，深入众生希望故；不乱意，不为烦恼所乱故；清净意，不受垢染故；善调伏意，不失时故；正思惟业意，远离一切恶故；调伏诸根意，于境界中诸根不驰骋故；深定意，佛三昧不可称量故”，并说“若菩萨摩诃萨成就此意，则得一切诸佛无上意”。[①] 智𫖮《观无量寿佛经疏》也说：“一心唯信佛语，不顾身命，决定依行。佛遣舍者即舍，佛遣行者即行，佛遣去处即去，是名随顺佛教、随顺佛意，是名随顺佛愿，是名真佛弟子。”[②]

第24 佉字门，六十卷译名净修因地现前智藏，八十卷译名修因地智慧藏，四十卷译名因地现前智慧，《字门观》译现行因地智慧藏。澄观《随疏钞》结合般若字义谓：“若会经者，智慧等空故能含藏。”因地相对于果地而言，地前为因，地上为果。前九地为因，十地为果。菩萨地为因，佛地为果。智藏即智慧藏，法藏《华严经探玄记》解释：“智慧藏者，即十地中以智为性，含摄蕴积故。”[③] 因地为菩萨修行，因地智慧藏即是菩萨智慧藏，菩萨具足智慧藏，修习功德转进增胜，所行清净大愿满足。《华严经》说，若菩萨安住十种藏，则得一切诸佛大智慧藏，悉能度脱一切众生。此十种藏，所谓分别数知一切法藏、出生一切法藏、普照一切陀罗尼法藏、分别解说一切法藏、于一切法觉不可说巧方便藏、示现一切佛自在力大神变藏、于一切法出生平等巧方便藏、不离常见一切佛藏、入不思议劫皆悉如幻巧方便藏、于一切诸佛菩萨欢喜恭敬藏。[④] 又有十种菩萨藏，若菩萨能安住，则得一切诸佛无上善根大智慧藏。所谓十种菩萨藏，即不断如来种姓是菩萨藏，广说佛法长养无量诸善法故；受持守护如来正法是菩萨藏，开示众生大智明故；长养僧宝是菩萨藏，摄取不退正法轮故；觉悟正定众生是菩萨藏，度脱众生不失时故；教化成熟不定众生是菩萨藏，善根相续因不断故；发大悲心救护邪定众生是菩萨藏，起彼未来善根因缘故；满足如来十力不可沮坏是菩萨藏，降伏众魔、具足成就不退善根故；住四无畏大师子吼是菩萨藏，令一切众生悉欢喜故；得佛十八不

① （唐）般若译《大方广佛华严经》卷41，《大正藏》第9卷，第658页中。
② （隋）智𫖮撰《观无量寿佛经疏》卷4，《大正藏》第37卷，第271页中。
③ （唐）法藏撰《华严经探玄记》卷3，《大正藏》第35卷，第151页上。
④ （东晋）佛陀跋陀罗译《大方广佛华严经》卷39，《大正藏》第9卷，第647页上。

共法是菩萨藏，一切智慧无不至故；平等觉悟一切众生、一切刹、一切法、一切佛是菩萨藏，于一念中深入平等故。[1]

第25叉字门，不空译字“讫洒”，般若译“乞叉”。六十卷译名息诸业海藏蕴，八十卷译名息诸业海藏，四十卷译名息诸业海出生智慧藏，《字门观》译决择息诸业海藏。澄观《随疏钞》按般若字一切法尽性不可得义，说“若会经者，业海深广，无不包含，非是无为，终竟须尽。”《行愿品疏》则解释“息诸业海即是尽义，出生智慧即尽智也”。但此“海”与“藏”是譬喻，只不过是说业之重如同大海，出生之智慧如同深藏。《华严经》谓“业海广大不思议，众生苦乐皆从起。”[2] 又称业海者，所指宽泛，凡诸微尘世界佛刹众生均称之。故说“佛观一切诸国土，悉依业海而安住。”[3] “法常流转，变现如是，一切业海，不可思议。”[4] 而息诸业，即能出生智慧。《华严经》有“知一切众生业海智不可思议”之说，息诸业海出生智慧，应即业海智。《文殊师利发愿经》有“分别诸业海、穷尽智慧海”之说，[5] 即是业海智的最好诠释。息诸业海是菩萨的使命，业海广大，菩萨事业亦无尽。

第26娑多字门，六十卷、八十卷本译名蠲诸惑障、开净光明，四十卷本译作名开净光明、蠲诸惑障，《字门观》作摧诸烦恼清净光明。澄观《随疏钞》按般若字义，以《大品》有不可得，认为《智论》“为此释以有即有边，必对无故。有是妄惑，故为非处。以为有边无是真空故，名为处，故为无边，惑智双绝，即不可得。”《行愿品疏》解释：“任持处非处令不动性不可得故，开净光明为处，诸惑障为非处，以净光明除诸惑障，即是任持。”但惑障是二障、三障、四障之一，以惑障、智障称二障，以业障、惑障、果报障称三障，以三障并见障称四障。惑障亦称烦恼障，为贪瞋痴等思惑，属认知错误而造成的障碍。《俱舍论》谓：“惑有二种，一染住，谓恒行。二强利，谓重品。此中染住惑名烦恼障。”[6]《瑜伽师地论》说惑障包括四种障，“谓幻化所作，或色相殊胜；或复相似；或内所

---

① （东晋）佛陀跋陀罗译《大方广佛华严经》卷43，《中华藏》第12册，第418页中、下。

② （唐）实叉难陀译《大方广佛华严经》卷3，《中华藏》第12册，第651页上。

③ （唐）实叉难陀译《大方广佛华严经》卷3，《中华藏》第12册，第651页上。

④ （东晋）佛陀跋陀罗译《大方广佛华严经》卷3，《中华藏》第12册，第27页下。

⑤ （东晋）佛陀跋陀罗译《文殊师利发愿经》，《大正藏》第10卷，第879页下。

⑥ （陈）真谛译《阿毗达磨俱舍释论》卷13，《中华藏》第46册，第908页上。

作，目眩惛梦，闷醉放逸；或复颠狂，如是等类，名为惑障。若不为此四障所碍，名无障碍。”① 不为惑障所碍，趣向涅槃正道，即是清净光明。《摄大乘论释》说：“此法界惑障及智障灭尽无余，故言最清净。”② 清净又是无垢，《华严经》即有无垢清净光明法。③ 惑障就认知而言，消除认知上的错误，称一切智清净光明。经中说“净一切众生信解，除其恶障故，破一切众生无知黑暗故，令得一切智清净光明。”④ 又说“获一切智清净光明，普照十方，除诸暗障，智周法界，于一切佛刹、一切诸有普现其身，靡不周遍。摧一切障，入无碍法，住于法界平等之地。”⑤

第 27 娘字门，六十卷、八十卷本译字“壤”，六十卷译名作世间了悟因，八十卷译名作世间智慧门，四十卷译名出离世间智慧门，《字门观》译生世间了别。澄观《随疏钞》按般若字义谓：“若会经者，能所知性即智慧门，能知为智慧，智慧即门。所知为智慧、智慧之门。”《行愿品疏》又释：“悟一切法能所知性不可得故，世间是所知，智慧为能知。了世无世，名为智慧。既无所了，安有能知？故不可得。”但了悟因，即了悟世间因缘，因指因缘。了别，识的功能，故经论中谓识为了别，诸根各取境界，故有六识，如眼识了色，意识了法等。此以智慧了别世间因缘诸法，故称世间智慧门。《华严经》说：“世间所有无量别，种种善巧奇特事，粗细广大及甚深，靡不修行皆了达。世间所有种种身，以身平等入其中，于此修行得了悟，慧门成就无退转。世间国土无量种，微细广大仰覆别，菩萨能以智慧门，一毛孔中无不见。众生心行无有量，能令平等入一心，以智慧门悉开悟，于所修行不退转。众生诸根及欲乐，上中下品各不同，一切甚深难可知，随其本性悉能了。众生所有种种业，上中下品各差别，菩萨深入如来力，以智慧门普明见。不可思议无量劫，能令平等入一念，如是见已遍十方，修行一切清净业。”⑥ 这是对娘字门的最好注解，了悟世间种种差别事相、种种积蕴、种种依境，以及众生所有心行、种种业行，并以平等身心入其中，以智能门开悟明见，修行不退转，则为世间

① （唐）玄奘译《瑜伽师地论》卷 15，《大正藏》第 30 卷，第 357 页中。
② （陈）真谛译《摄大乘论释》卷 1，《大正藏》第 31 卷，第 173 页中。
③ （唐）实叉难陀译《大方广佛华严经》卷 58，《中华藏》第 13 册，第 233 页。
④ （唐）实叉难陀译《大方广佛华严经》卷 70，《中华藏》第 13 册，第 350 页上。
⑤ （唐）实叉难陀译《大方广佛华严经》卷 80，《中华藏》第 13 册，第 444 页下。
⑥ （唐）实叉难陀译《大方广佛华严经》卷 31，《中华藏》第 13 册，第 8 页上、中。

智慧门。

第28啰他字门，六十卷本译字颇，八十卷本译喝椤多，四十卷译曷啰他。其字名，六十卷本名智慧轮断生死，八十卷译名生死境界智慧轮，四十卷译名利益众生无我无人智慧灯，《字门观》作逆生死轮智道场。澄观《随疏钞》以般若字一切法执著义释："会经言境义者，总有四义，一文义，是所诠义；二境义，是所缘境；三道理义，谓苦无常等。四性义，即第一义空。今是第二生死是果，执著是因，并是智慧所观境义。"《行愿品疏》又释："悟一切法执著义性不可得故，谓利益众生，有我人相。名执著义，了无我人，是智慧灯。"但《华严经》中生死境界为菩萨十种自在境界之一，如《离世间品》所谓菩萨在涅槃境界而不离生死境界。① 此义在《佛说菩萨行方便境界神通变化经》为菩萨十二知见境界示现方便之首，所谓是菩萨到涅槃境界方便示现生死境界。② 智慧轮、智慧灯，都是《华严经》中智慧的譬喻。如《入法界品》说："譬如世间地，群生之所依；照世灯法轮，为依亦如是。譬如猛疾风，所行无障碍；佛法亦如是，速遍于世间。譬如大水轮，世界所依住；智慧轮亦尔，三世佛所依。"③《佛不思议法品》有集智慧灯、灭众生惑之说，为诸佛十种善巧方便之一，说"一切诸佛永离诸相，心无所住，而能悉知不乱不错。虽知一切相皆无自性，而如其体性悉能善入，而亦示现无量色身，及以一切清净佛土种种庄严无尽之相，集智慧灯，灭众生惑，是为第三善巧方便。"④ 断生死或逆生死轮，即是出离生死境界，出离之际即是安住智慧之时，故《入法界品》说"速得出离生死境界，究竟安住一切智城。"⑤

第29婆字门，六十卷本译名一切宫殿具足庄严，八十卷本译名一切智宫殿圆满庄严，四十卷译名圆满庄严一切宫殿，《字门观》译一切宫殿道场庄严。澄观《随疏钞》谓不空译圆满为道场者，"以梵云曼荼罗，通圆满、道场二义故。"又按《智论》所云一切法不可得破坏相者，"释曰经中宫殿庄严，以从缘故，亦可破坏。以不可得即非庄严，方为圆满，成

---

① （东晋）佛陀跋陀罗译《大方广佛华严经》卷39，《大正藏》第9卷，第648页中。

② （东晋）求那跋陀罗译《佛说菩萨行方便境界神通变化经》卷上，《大正藏》第9卷，第304页中。

③ （唐）实叉难陀译《大方广佛华严经》卷60，《中华藏》第13册，第262页上。

④ （唐）实叉难陀译《大方广佛华严经》卷46，《中华藏》第13册，第135页上。

⑤ （唐）实叉难陀译《大方广佛华严经》卷68，《中华藏》第13册，第336页中。

般若矣。"《行愿品疏》说"世之宫殿是可破坏，圆满庄严故，不可破。"但宫殿是《华严经》中呈现的庄严景象之一，是法界依境，佛菩萨说法的处所。《离世间品》说菩萨有十种宫殿，各有象征意义。所谓发菩提心宫殿，不忘失故。十善业迹功德智慧宫殿，教化成熟欲界众生故。四梵住处宫殿，教化成熟色界众生故。净居天受生宫殿，一切烦恼不能染故。无色界天受生宫殿，除灭众生障难处故。降生不净世界宫殿，欲令众生断一切烦恼故。现处深宫采女、妻子、色味宫殿，教化成熟本同行众生故。现为四天下王、四大天王、帝释、梵王宫殿，为调伏自在心众生故。一切菩萨神力自在命行宫殿，一切诸禅解脱三昧智慧自在故。于诸佛所受无上自在一切智王记宫殿，十力庄严行一切法自在法王事故。并说若菩萨安住此法，则得一切法王受记自在法。[①] 不同的宫殿有不同的象征性，有多处象征菩提心。如《入法界品》就说："菩提心者，则为宫殿，安住修习三昧法故。"又说："譬如转轮王有摩尼宝，普照宫殿，灭一切暗。菩萨摩诃萨亦复如是，得菩提心摩尼宝者，悉能普照五趣宫殿，灭一切暗。"还说"譬如离垢大摩尼宝处阎浮提，能照四万由旬日月宫殿，皆悉显现。菩提之心离垢宝珠亦复如是，住于生死，照法界空，佛境宫宅悉令显现。"[②] 一切宫殿圆满庄严，其象征意义是说菩提心具足圆满。一行《大日经疏》谓"妙住之境，心王所都，故曰宫也。"[③] 心王即是菩提心王，一切宫殿即是一切菩提心王所都，正觉所依之处。

第30车字门，六十卷译名修行戒藏各别圆满，八十卷译名修行方便藏各别圆满，四十卷译名增长修行方便藏普覆轮，《字门观》译修行加行藏，盖差别道场。澄观《随疏钞》解释："若会经文，既方便，随喜乐故，各别圆满。"《行愿品疏》按般若字悟一切法乐欲覆性不可得义，释："得行方便，即是乐欲。藏与普覆皆是覆义，不覆乐欲，一切皆圆故。《文殊问字母》云，蹉者是不覆欲声。然梵云曼荼罗，此翻圆满，亦云道场故。此及前门，兴善皆悉翻为道场。轮是义翻，亦取圆满。若正翻轮，梵云斫羯罗也。"但方便藏或作巧方便藏，亦即善巧方便藏。《华严经·

① （东晋）佛陀跋陀罗译《大方广佛华严经》卷38，《大正藏》第9卷，第640页中。

② （东晋）佛陀跋陀罗译《大方广佛华严经》卷59，《大正藏》第9卷，第775页下—776页上。

③ （唐）一行撰《大毗卢遮那成佛经疏》卷1，《大正藏》第39卷，第580页上。

离世间品》有菩萨十种藏，其中有三种称为巧方便藏，所谓于一切法觉不可说巧方便藏，于一切法出生平等巧方便藏，入不思议劫皆悉如幻巧方便藏。并说若菩萨安住此藏，则得一切诸佛大智慧藏，悉能度脱一切众生。[①] 方便藏，六十卷本作戒藏，《华严经·菩萨十无尽藏品》有十无尽藏，其一为戒藏，戒藏又有十种戒，一饶益戒，饶益众生。二不受戒，不受一切外道邪法。三无著戒，不著三有。四安住戒，安住净法。五不诤戒，常令他喜，不与物诤。六不恼害戒，不学咒术诸药草等恼害众生。七不杂戒，不杂异见。八离邪命戒，菩萨不作持净戒相，欲使他知，亦非无实，诈现德相，专为正法心无异求。九离轻慢戒，不自慢高轻贱他人。十清净戒，舍离十恶。[②] 又《华严经》有调伏一切众生方便藏解脱门，调伏是戒律的异名，译戒藏为方便藏，或以此称调伏为方便藏有关。《瑜伽师地论》释《戒品》说："诸未信者，方便安处信具足中。诸犯戒者，方便安处戒具足中。诸少闻者，方便安处闻具足中。多悭悋者，方便安处舍具足中。诸恶慧者，方便安处慧具足中。如是菩萨成就一切种饶益有情戒，是名菩萨三种戒藏，亦名无量大功德藏，谓律仪戒所摄戒藏，摄善法戒所摄戒藏，饶益有情戒所摄戒藏。"[③] 可知译戒藏为方便藏者，以方便安处使之戒相具足不亏。各别圆满，差别圆满，亦是戒藏三种或十种戒各各具足义。《守护国界主陀罗尼经》有菩萨八净戒璎珞各别圆满，所谓十地圆满、不悔圆满、不懈怠圆满、不嫌恨圆满、供养佛圆满、离八难圆满、修布施圆满，得善友圆满。普覆，与圆满同义，也是《华严经》的重要譬喻，所谓云雨普覆、伞盖普覆、手足普覆，与光明遍照同义，表现普遍无碍思想。

第31娑摩字门，八十卷本及《字门观》译字"娑么"，四十卷译"娑么尛"。其字名，六十卷、八十卷译名随十方现见诸佛，四十卷译名随顺十方现见诸佛旋转藏，《字门观》译现见十方诸佛旋。澄观《随疏钞》按般若坚牢义，"释曰意明专念坚牢，我心匪石不可转也，亦不可得。"《行愿品疏》按般若可忆念性不可得义，释"十方诸佛是可忆念，旋转则是无尽之义。"但随顺十方现见诸佛，或现见十方诸佛，其义相同。现见，即三昧境

① （东晋）佛陀跋陀罗译《大方广佛华严经》卷39，《大正藏》第9卷，第647页上。

② （东晋）佛陀跋陀罗译《大方广佛华严经》卷12，《大正藏》第9卷，第475页上、中。参见《大乘义章》卷14，《大正藏》第44卷，第742页下。

③ （唐）玄奘译《瑜伽师地论》卷40，《大正藏》第30卷，第514页上、中、下。

界中所见，《华严经》有现见一切佛三昧，菩萨住此三昧，即能现见十方诸佛。又菩萨进修十地，随其增胜力，亦能现见十方诸佛。如《华严经·十地品》说："菩萨住此不动地已，以三昧力常得现见无量诸佛，恒不舍离承事供养。此菩萨于一一劫、一一世界见无量百佛、无量千佛，乃至无量百千亿那由他佛，恭敬尊重，承事供养，一切资生悉以奉施。"① 十方诸佛，包括四方、四维、上下十方诸佛，过去、现在、未来三世诸佛，法身、化身、报身三身诸佛。如《入法界品》所说："得自在决定解力，信眼清净，智光照曜，普观境界，离一切障，善巧观察，普眼明彻，具清净行，往诣十方一切国土，恭敬供养一切诸佛，常念一切诸佛如来，总持一切诸佛正法，常见一切十方诸佛，所谓见于东方一佛、二佛、十佛、百佛、千佛、百千佛、亿佛、百亿佛、千亿佛、百千亿佛、那由他亿佛、百那由他亿佛、千那由他亿佛、百千那由他亿佛，乃至见无数无量、无边无等、不可数不可称、不可思不可量、不可说不可说不可说佛，乃至见阎浮提微尘数佛、四天下微尘数佛、千世界微尘数佛、二千世界微尘数佛、三千世界微尘数佛、佛刹微尘数佛，乃至不可说不可说佛刹微尘数佛。如东方，南、西、北方，四维、上、下，亦复如是，一一方中所有诸佛，种种色相、种种形貌、种种神通、种种游戏、种种众会庄严道场、种种光明无边照耀、种种国土、种种寿命，随诸众生种种心乐，示现种种成正觉门，于大众中而师子吼。"②《普贤行愿品》亦说："此诸菩萨并其眷属皆从普贤行愿所生，以净智眼普见三世一切诸佛，众所乐见种种相海得无碍耳，普闻十方一切如来所转法轮修多罗海已，得至于一切菩萨最胜自在究竟彼岸，于念念中现大神变，能遍亲近十方诸佛，一身充满一切世界，普现诸佛道场众会，光明遍照一切世界。于一尘中普现十方尽虚空界一切世界，于彼世界现种种身，随诸众生应受化者调伏成熟未曾失时；一切毛孔出大音声，周闻十方，演畅如来妙法轮云广大境界。"③ 旋转藏，即旋转无碍境界，现见三世诸佛旋转自在，互摄互入。《入法界品》有一切法界旋转藏三昧、菩萨入一切佛智慧旋转藏三昧、菩萨一方普出十方海旋转藏三昧，现见十方诸法，当属一方普出十方海旋转藏三昧。

---

① （唐）实叉难陀译《大方广佛华严经》卷38，《大正藏》第13卷，第61页中、下。
② （唐）实叉难陀译《大方广佛华严经》卷62，《大正藏》第10卷，第334页中。
③ （唐）般若译《大方广佛华严经》卷2，《大正藏》第10卷，第665页下。

第32诃娑字门，四十卷本、《字门观》译字“诃嗨”，六十卷译名观察一切无缘众生方便摄受令生海藏，八十卷译名观察一切无缘众生方便摄受令出生无碍力，《字门观》译观察一切众生堪任力遍生海藏，四十卷译名观察一切微细众生方便力出生海藏。澄观《随疏钞》谓“文中释义无缘，召令有缘，即会经也。”《行愿品疏》以般若字以一切法可呼召性不可得义，“谓方便摄受一切众生，出生深广功德藏故。兴善译云一切众生堪任力般若。其堪任力即是可化，故可呼召。”但字门释义中无缘众生，相对于有缘众生，是无缘于佛菩萨而不得度者。微细众生，指寿命短促之蚊虫类。《阿毗达磨俱舍释论》说：“微细众生贪著香味，寿命短促，无有边际。此众生闻气贪著香味，于舍命时觉悟先业，能感虫生报，由此贪爱受于虫生。”① 无碍力、堪任力、方便力，三者翻译不同。无碍力，《华严经·世主妙严品》有随顺一切众生行无碍力解脱门，《十定品》十种力中第七谓无碍力，以智慧广大故。《十地经论》谓第九地“无碍力，说法成就利他行故，名善慧地。”②《十地论义疏》解释：“无碍力者，四无碍智力，以能说法成就利他，慧行中善故，曰善慧地。”③《自在王菩萨经》说：“四无碍智力，谓义无碍智、法无碍智、辞无碍智、乐说无碍智。”④方便力，《华严经·离世间品》十种力中第三方便力，以究竟菩萨一切行故。《地持经》说四力，即自力、他力、因力、方便力。《十住毗婆沙论》解释：“方便力者，此论中念正思惟业果报故，名方便力。”⑤ 法藏《华严经探玄记》解释说：“方便力，谓闻法方能修善等，又四因、四缘及自力、因力，发心决定。他力、方便力，发者不定。”⑥ 按《大智度论》的解释，无碍力即是方便力。有问“何以故不见诸法能障碍者，以方便力故度众生。方便力者，毕竟无法，亦无众生，而度众生。”⑦ 堪任力，《十住毗婆沙论》谓：“菩萨得堪忍力故，以是力于诸佛供养敬礼，随宜供奉

① （陈）真谛译《阿毗达磨俱舍释论》卷6，《大正藏》第29卷，第203页上。

② （北魏）菩提流支译《十地经论》，《大正藏》第26卷，第127页上。

③ （北周）法上撰《十地论义疏》，大英博物馆藏敦煌本，S.2741，《大正藏》第85卷，第767页中。

④ （后秦）鸠摩罗什译《自在王菩萨经》卷2，《大正藏》第13卷，第931页上。

⑤ （后秦）鸠摩罗什译《十住毗婆沙论》卷16，《大正藏》第26卷，第112页下。

⑥ （唐）法藏撰《华严经探玄记》卷4，《大正藏》第35卷，第187页中。

⑦ （后秦）鸠摩罗什译《大智度论》卷90，《中华藏》第26册，第567页下。

衣服饮食等。又佛教化，若持戒禅定，若降伏心意，若实观诸法，于是事中用堪任力，如人得利刀，宜应有益中用，不于无益中用。如说：以信悲慈舍，堪受无疲厌，又能知义趣，引导众生心，愧堪受第一，深供养诸佛，住佛所说中，正行此十法，能净治初地，是则菩萨道。”[①]《守护国界主陀罗尼经》说：“三有牢狱不能羁，得大名称堪任力。”[②] 三有，即欲有、色有、无色有。离三有系缚，于法无障碍，方便得度一切无缘众生，是此字门义。

第 33 哆娑字门，六十卷译字“诃”，八十卷译“縒”。其字义，六十卷、八十卷均译名修行趣入一切功德海，《字门观》译一切功德海趣入修行源底，四十卷译名自在趣入诸功德海。澄观《随疏钞》按般若字义说：“若会经者，勇健方能修入功德。”按《智论》无悭无施义，“释曰无悭，最勇健施为行首勇而能行，故偏说耳。”但功德海是修行圆满的结果，故称趣入修行源底。《华严经·十定品》说“得功德海，一切修行悉圆满故。”[③]《入法界品》也说“入一切功德海，一一修行令具足故。”[④]《世主妙严品》也说“佛昔修行实方便，成就无边功德海。”[⑤]《入法界品》还说善财童子修行得无尽功德光明法门，正念思惟彼功德海，观察彼虚空功德，趣彼功德聚，登彼功德山，摄彼功德藏，尽彼功德底，度彼功德海，净彼圆满功德，周遍观察彼诸功德，随彼功德藏，持彼功德教，净彼功德性。渐渐游行至大兴城，周遍推求长者甘露顶，乐求善知识，满功德藏，满足大愿，近一切智，不离诸佛，增长普贤菩萨所行，如来光明常照其心。[⑥] 慧沼《金光明最胜王经疏》释“究竟咸归功德海”句，说“一切功德皆悉满足，即大菩提。究竟咸归功德海，即大涅槃也。或觉品具是能令修因满，归功德海是能令得果满。”[⑦]

第 34 伽字门，诸译均名持一切法云坚固海藏，澄观《随疏钞》按般

---

① （后秦）鸠摩罗什译《十住毗婆沙论》卷 9，《大正藏》第 26 卷，第 68 页上。

② （唐）般若译《守护国界主陀罗尼经》卷 8，《大正藏》第 19 卷，第 559 页中。

③ （唐）实叉难陀译《大方广佛华严经》卷 42，《中华藏》第 13 册，第 97 页上。

④ （唐）实叉难陀译《大方广佛华严经》卷 62，《中华藏》第 13 册，第 279 页中。

⑤ （唐）实叉难陀译《大方广佛华严经》卷 4，《中华藏》第 12 册，第 657 页中。

⑥ （东晋）佛陀跋陀罗译《大方广佛华严经》卷 48，《大正藏》第 9 卷，第 705 页下—796 页上。

⑦ （唐）慧沼撰《金光明最胜王经疏》卷 3，《大正藏》第 39 卷，第 235 页下。

若字厚平等性义解释说："若会经者，如地之厚，平等能持，亦能含藏，如海平等，能持能包云雨说法。"按《智论》不厚不薄义，"释曰厚薄之事事则已入般若矣。"《行愿品疏》亦释："平等故，能普持平等之理，坚不可坏，深广如海，蕴摄名藏。"《华严经》中坚固有多义，信念坚定谓坚固，定意不散乱谓坚固，进修不退转谓坚固，清净无垢谓坚固，法身不坏谓坚固，解脱无碍谓坚固，证理终极谓坚固。持一切法云坚固，即是于一切法中其心坚固不退。《十住品》有谓菩萨闻十种法坚固不退，所谓闻有佛无佛，于佛法中心不退转；闻有法无法，于佛法中心不退转；闻有菩萨无菩萨，于佛法中心不退转；闻有菩萨行无菩萨行，于佛法中心不退转；闻有菩萨修行出离、修行不出离，于佛法中心不退转；闻过去有佛、过去无佛，于佛法中心不退转；闻未来有佛、未来无佛，于佛法中心不退转；闻现在有佛、现在无佛，于佛法中心不退转；闻佛智有尽、佛智无尽，于佛法中心不退转；闻三世一相、三世非一相，于佛法中心不退转。此谓十法不退转，但一切法云者，泛指一切法，非限于十数。云喻广大，如云普覆法界。法藏《探玄记》解释："云者周遍义，润益义，无本义，无碍义，现相义，降雨义，是云义。"① 海藏喻深厚，如海藏坚固深厚。故经中又说十种广大法，广大法即是含摄一切法，十种广大法，即一切法云，经中十数往往泛指无数、一切数。持十种广大法坚固海藏者，所谓说一即多、说多即一，文随于义、义随于文，非有即有、有即非有，无相即相、相即无相，无性即性、性即无性。"何以故？欲令增进于一切法，善能出离；有所闻法，即自开解，不由他教故。"② 于一切法善能出离、于所闻法自行开解，是谓持一切法云坚固海藏。

第35咤字门，八十卷译字"咤"，《字门观》、四十卷本译"姹"。其字名，六十卷译名十方诸佛随愿现前，八十卷译名随愿普见十方诸佛，《字门观》译愿往诣十方现前见一切佛，四十卷译名愿力现见十方诸佛犹如虚空。澄观《随疏钞》按般若字积集义，谓"若会经者，积集念佛故，能普见。"按《智论》南天竺语处义，"释曰念即处也"。但现前、现见及普及，均指三昧中见诸佛。如《入法界品》有现见一切佛三昧，又"修行普贤诸行成满大愿，虽恒在此众会道场而能普现一切世间，住诸菩萨平

① （唐）法藏撰《华严经探玄记》卷15，《大正藏》第35卷，第398页上。

② （唐）实叉难陀译《大方广佛华严经》卷16，《中华藏》第12册，第762页下。

等三昧，常得现见一切诸佛。"[①] 又"即得离垢定，普见十方佛。"[②] "得总持三昧，普见十方佛。"[③]《十地品》说菩萨萨住第八不动地，"以三昧力常得现见无量诸佛，恒不舍离承事供养。此菩萨于一一劫、一一世界见无量百佛、无量千佛，乃至无量百千亿那由他佛，恭敬尊重，承事供养，一切资生悉以奉施。"[④]《普贤行愿品》还说："有愿舍身生净土，普现一切诸佛前，普于十方佛刹中，常为清净胜萨埵。普见十方一切佛，及闻诸佛说法音，若能至诚称我名，一切所愿皆圆满。"[⑤]

第36 拏字门，六十卷译名不动字轮聚集诸亿字，八十卷译名观察字轮有无尽诸亿字，《字门观》译入字轮积集俱胝字，四十卷译名入字轮际无尽境界。澄观《随疏钞》以般若字无喧诤及不去不来义，"释曰去等即是喧诤。无即是不上，二俱不可得方为般若。"《行愿品疏》释"一切威仪常观字轮无尽境故"。但按字轮，以轮转出生诸陀罗尼字并入其字义者。《大日经疏》解释："所谓字轮者，从此轮转而生诸字也。轮是生义，如从阿字一字即来生四字，谓阿是菩提心，阿$_{长}$是行，暗是成菩提，恶是大寂涅槃，恶$_{长}$是方便。如阿字者，当知迦字亦五字，乃至佉等凡二十字，当知亦尔……当知此字轮，即遍一切真言之中，若见阿字，当知菩提心义，若见长阿字，当知修如来行……若行者如是了达，即能入一切陀罗尼义，旋转无碍，故名为字轮也。"[⑥] "又字轮者，梵音云恶刹啰轮，恶刹啰是不动义。"[⑦] 恶刹啰，梵文 akṣara，直译字、字句、字门、名字等，有不动、不坏义。六十卷本译不动字轮，就其字义合翻。不动字轮，亦译不动轮，字轮称以不动者，如《大日经疏》所释："不动者，所谓是阿字菩提心也。如毗卢遮那住于菩提心体性，种种示现普门利益，种种变现无量无边。虽如是垂迹无穷尽，能实常住不动，亦无起灭之相。犹如车轮虽复运转无穷，而当中未曾动摇，由不动故，能制群动而无穷极也。此阿字亦复如是，以无生故，即无动无退而生一切字，轮

---

① （唐）实叉难陀译《大方广佛华严经》卷70，《中华藏》第13册，第400页上。
② （东晋）佛陀跋陀罗译《大方广佛华严经》卷52，《大正藏》第9卷，第729页中。
③ （唐）实叉难陀译《大方广佛华严经》卷70，《中华藏》第13册，第350页中。
④ （唐）实叉难陀译《大方广佛华严经》卷38，《中华藏》第13册，第61页中、下。
⑤ （唐）般若译《大方广佛华严经》卷16，《大正藏》第10卷，第734页中。
⑥ （唐）一行撰《大毗卢遮那成佛经疏》卷14，《大正藏》第39卷，第723页中。
⑦ （唐）一行撰《大毗卢遮那成佛经疏》卷14，《大正藏》第39卷，第725页上。

转无穷，是故名不动轮也。”① 《华严经》所说字轮与此意相同，无边旋陀罗尼即是旋转字轮而言，聚集诸亿字乃至无尽亿字，即是无边旋字轮。《华严经》还有出生现在正念法门，名字轮法门，又有无碍用一切法善转普门字轮。

第 37 颇字门，六十卷、八十卷译字“娑颇”，译名化众生究竟处，《字门观》译成熟一切众生际往诣道场，四十卷译名教化众生究竟圆满处。澄观《随疏钞》按般若字义，谓“若会经者，化生究竟，方为遍满果报。《智论》云若闻颇字即知一切法因果皆空，以颇罗此言空故。释曰因果俱空，方为圆满，亦不可得。”《行愿品疏》亦释：“悟一切法遍满果报不可得故，化诸众生，生圆果故。”但《华严经》以如来地为究竟处，《金刚幢菩萨十回向品》说：“所有起法，犹如幻化电光、水月、镜中之像，因缘和合，假持诸法，悉分别知从业因起，唯如来地是究竟处。”②从知诸法从业因起，以如来地为究竟处，如来地即第十地法云地。从烦恼因起，以一切智为究竟地。《入法界品》说：“若有众生其心清净，曾种善根供养诸佛，发心趣向一切智道，以一切智为究竟处。”③ 又说“究竟方便海，安住如来地，随顺诸佛教，逮得一切智。”④ 《离世间品》亦说：“入一众生境界，善知一切众生心之境界，不舍如来地，现菩萨身，得不退转一切智地。”⑤《十地品》亦说：“菩萨摩诃萨住于初地，应从诸佛菩萨善知识所推求请问，于此地中相及得果无有厌足，为欲成就此地法故。亦应从诸佛菩萨善知识所推求请问，第二地中相及得果无有厌足，为欲成就彼地法故。亦应如是推求请问，第三、第四、第五、第六、第七、第八、第九、第十地中相及得果无有厌足，为欲成就彼地法故。是菩萨善知诸地障对治，善知地成坏，善知地相果，善知地得修，善知地法清净，善知地地转行，善知地地处、非处，善知地地殊胜智，善知地地不退转，善知净治一切菩萨地乃至转入如来地。……然后乃具福智资粮，将一切众生经生死旷野险难之处，安隐得至萨婆若城，身及众生不经患难。是故菩萨

---

① （唐）一行撰《大毗卢遮那成佛经疏》卷 14，《大正藏》第 39 卷，第 725 页上、中。

② （东晋）佛陀跋陀罗译《大方广佛华严经》卷 15，《大正藏》第 9 卷，第 494 页中。

③ （唐）实叉难陀译《大方广佛华严经》卷 66，《中华藏》第 13 册，第 315 页上。

④ （东晋）佛陀跋陀罗译《大方广佛华严经》卷 46，《大正藏》第 9 卷，第 689 页下。

⑤ （东晋）佛陀跋陀罗译《大方广佛华严经》卷 36，《大正藏》第 9 卷，第 631 页下。

常应匪懈勤修诸地殊胜净业，乃至趣入如来智地。”① 《佛地经论》解释说：“若诸菩萨断二障尽得佛果时，即得说名证无余依大涅槃界。是故二乘先入有余依涅槃界，后入无余依涅槃界。菩萨初证如来地时，顿证二种大涅槃界，一切有漏身心尽故，名无余依。”② 又说：“如来地中一切有为无为功德，皆是清净法界摄持，皆是清净法界之相。”③

第38 娑迦字门，六十卷译名诸地满足无著无碍解脱光明轮遍照，八十卷译名广大藏无碍辩光明轮遍照，《字门观》译无著无碍解脱地藏光明轮普照，四十卷译名广大藏无碍辩遍照光明轮。澄观《随疏钞》按般若字积聚蕴义，说“若会经者，蕴积为广大藏，无碍光轮所积蕴也。《智论》云若闻歌字即知一切法五众不可得，以歌大，此言众故。释曰五众即五蕴也，略举一蕴耳”。遍照、普照是光明轮的功用，光明轮意谓遍照法界。如《华严经》说：“宝华盛妙色，庄严光明轮，充满诸法界，十方靡不遍。”④ 又“如来有大人相，名无量宝光明轮，示现过去清净善根，出生清净智日，普照十方智慧法海。”⑤ 《十地经论》也说：“清净光轮者，光明圆满无垢故。”⑥ 慧苑《续华严刊定记》解释说：“光明轮者，光不离身而普照故。”⑦ 无著无碍解脱或无碍解脱，《华严经·佛不思议法品》有十种无碍解脱，所谓一切诸佛于一微尘中悉能普现不可说不可说诸佛出世，一切诸佛于一微尘中悉能普现不可说不可说诸佛转净法轮，一切诸佛于一微尘中教化调伏不可说不可说众生，一切诸佛于一微尘中普现不可说不可说佛刹，一切诸佛于一微尘中授不可说不可说菩萨记，一切诸佛于一微尘中普现三世诸佛出世，一切诸佛于一微尘中普现三世一切佛刹，一切诸佛于一微尘中普现三世诸佛自在神力，一切诸佛于一微尘中，普现三世一切众生，一切诸佛于一微尘中普现三世一切诸佛佛事。⑧ 《入法界品》说获得无碍解脱法门的功用：成就菩萨无碍解脱门，若来若去、若

---

① （唐）实叉难陀译《大方广佛华严经》卷34，《中华藏》第13册，第30页下—31页上。
② （北魏）菩提流支译《佛地经论》卷5，《大正藏》第26卷，第312页中。
③ （北魏）菩提流支译《佛地经论》卷7《大正藏》第26卷，第322页下。
④ （东晋）佛陀跋陀罗译《大方广佛华严经》卷3，《大正藏》第12卷，第412页下。
⑤ （东晋）佛陀跋陀罗译《大方广佛华严经》卷32，《大正藏》第12卷，第601页下。
⑥ （北魏）菩提流支译《十地经论》卷6，《大正藏》第26卷，第162页下。
⑦ （唐）慧苑撰《续华严经略疏刊定记》卷11，《新纂卍续藏》第3册，第805页中。
⑧ （东晋）佛陀跋陀罗译《大方广佛华严经》卷31，《大正藏》第9卷，第600页下—601页上。

行若止，随顺思惟，修习观察，实时获得智慧光明，名究竟无碍。得此智慧光明故，知一切众生心行无所障碍，知一切众生没生无所障碍，知一切众生宿命无所障碍，知一切众生未来劫事无所障碍，知一切众生现在世事无所障碍，知一切众生言语音声种种差别无所障碍，决一切众生所有疑问无所障碍，知一切众生诸根无所障碍，随一切众生应受化时悉能往赴无所障碍，知一切刹那、罗婆、牟呼栗多、日夜时分无所障碍，知三世海流转次第无所障碍，能以其身遍往十方一切佛刹无所障碍。何以故？得无住无作神通力故。①法藏《探玄记》解释说："有十种无碍解脱者，碍障既尽名为无碍，作用自在名为解脱。若三乘教中说佛有八解脱等，非此所收。此十门无尽是一乘解脱，应准知之。"②《十住毗婆沙论》则解释："无碍解脱者，解脱有三种，一者于烦恼障碍解脱，二者于定障碍解脱，三者于一切法障碍解脱。是中得慧解脱阿罗汉得离烦恼障碍解脱，共解脱阿罗汉及辟支佛得离烦恼障碍解脱，得离诸禅定障碍解脱。唯有诸佛具三解脱，所谓烦恼障碍解脱，诸禅定障碍解脱，一切法障碍解脱。总是三种解脱故，佛名无碍解脱，常随心共生，乃至无余涅槃则止，是四十不共法。"③

无碍辩，具称无碍辩才，或作无碍智，《十地品》说菩萨住善慧地，常随四无碍智转，"所谓法无碍智、义无碍智、辞无碍智、乐说无碍智。此菩萨以法无碍智知诸法自相，义无碍智知诸法别相，辞无碍智无错谬说，乐说无碍智无断尽说。复次以法无碍智知诸法自性，义无碍智知诸法生灭，辞无碍智安立一切法不断说，乐说无碍智随所安立、不可坏无边说。复次以法无碍智知现在法差别，义无碍智知过去未来法差别，辞无碍智于去来今法无错谬说，乐说无碍智于一一世无边法明了说。复次以法无碍智知法差别，义无碍智知义差别，辞无碍智随其言音说，乐说无碍智随其心乐说。复次法无碍智，以法智知差别不异，义无碍智以比智知差别如实，辞无碍智以世智差别说，乐说无碍智以第一义智善巧说。复次法无碍智知诸法一相不坏，义无碍智知蕴界处、谛、缘起善巧，辞无碍智以一切世间易解了美妙音声文字说，乐说无碍智以转胜无边法明说。复次法无碍

① （唐）实叉难陀译《大方广佛华严经》卷62，《中华藏》第13册，第280页上、中。
② （唐）法藏撰《华严经探玄记》卷15，《大正藏》第35卷，第397页上。
③ （后秦）鸠摩罗什译《十住毗婆沙论》卷11，《大正藏》第26卷，第83页上、中。

智知一乘平等性，义无碍智知诸乘差别性，辞无碍智说一切乘无差别，乐说无碍智说一一乘无边法。复次法无碍智知一切菩萨行、智行、法行智随证，义无碍智知十地分位义差别，辞无碍智说地道无差别相，乐说无碍智说一一地无边行相。复次法无碍智知一切如来一念成正觉，义无碍智知种种时种种处等各差别，辞无碍智说成正觉差别，乐说无碍智于一一句法无量劫说不尽。复次法无碍智知一切如来语力无所畏不共佛法、大慈大悲、辩才方便、转法轮一切智智随证，义无碍智知如来随八万四千众生心行根解差别音声，辞无碍智随一切众生行以如来音声差别说，乐说无碍智随众生信解以如来智清净行圆满说。”① 智俨《杂孔目章》说：“无碍辩才者，谓四十无碍辩，依其十法，十法有四，故成四十。所以说十者，欲显无量故。”②《杂孔目章》解释说：“无碍辩者，谓法无碍、义无碍、辞无碍、乐说无碍。知名字智名法无碍，知义之智名义无碍，言音辩略名辞无碍，令他乐说无碍。通达无滞故，名无碍，以后得智为体。若约小乘，四无碍辩是其实慧，大乘初教其慧即空，若至终教其慧即如，若至圆教即四十无碍，如下经第九地中说。四无碍智，依十种差别，一依自相，二依同相，三依行相，四依说相，五依智相，六依无我慢相，七依小乘大乘相，八依菩萨地相，九依如来地相，十依作住持相，后五是净相。此据教辨，若据实德，即普贤门中无尽辩也。”③ 广大藏，即广大法藏，《华严经·明法品》说：“守护受持广大法藏，获无碍辩，深入法门，于无边世界大众之中随类不同，普现其身，色相具足，最胜无比，以无碍辩巧说深法，其音圆满，善巧分布故，能令闻者入于无尽智慧之门。”④

第39也娑字门，六十卷译字“阇”，四十卷译“夷娑”。其字义，六十卷、八十卷及《字门观》译名宣说一切佛法境界，四十卷译名演说一切佛法智。澄观《随疏钞》按般若字衰老性义，谓“若会经者，衰老性即佛法境界，兼余老死者，菩萨勇猛观境也。《智论》云若闻磋字即知磋字空诸法亦尔，释曰以是通相，更无别释，然衰老性即是别义。”《行愿品疏》释“悟一切法衰老性相不可得故，唯演说法能度衰老。”但佛法境

① （唐）实叉难陀译《大方广佛华严经》卷38，《中华藏》第13册，第64页中、下。
② （唐））智俨撰《华严经内章门等杂孔目章》卷3，《大正藏》第45卷，第575页上。
③ （唐）智俨撰《华严经内章门等杂孔目章》卷2，《大正藏》第45卷，第554页中、下。
④ （唐）实叉难陀译《大方广佛华严经》卷18，《中华藏》第12册，第784页上。

界，《华严经·世主妙严品》说："普藏等门难胜地，动寂相顺无违反，佛法境界悉平等，如佛所净皆能说。"①《入法界品》说："出生诸佛正法境界，守护佛法，受持佛性，生如来家，专求一切智门。"②《十定品》说："顺三昧境界，入难思智地，不依文字，不著世间，不取诸法，不起分别，不染著世事，不分别境界。于诸法智但应安住，不应称量，所谓亲近一切智，悟解佛菩提，成就法光明，施与一切众生善根，于魔界中拔出众生，令其得入佛法境界，令不舍大愿，勤观出道，增广净境，成就诸度。于一切佛深生信解，常应观察一切法性，无时暂舍，应知自身与诸法性普皆平等。"③《杂孔目章》解释说："佛境界者，一乘、三乘、小乘境界各别，如小乘人所知佛法境界在苦忍已去，得圣法者是，降斯已还非佛境界。若三乘人所知境界，得空无相解是佛境界，若随相解是凡夫法。于中虽有渐教、顿教不同，迟疾有异，莫不皆为成机灭病应理，是佛意也。若与病合，即是生死，非佛境界。若据一乘，总别与十一法相应，是佛境界，一佛境界齐如虚空，此是总也。二据一乘因无量劫修，三应其所入与九世相应，智慧寂然，不同世见。四随顺度生，尽佛境界，一得一切得。五起随俗智，三世无碍，皆悉如空。六随顺众生所说诸法，皆如机性一一差别，住佛境界。七欲知众生性类不同，与无分别合，如实无分别。八所知佛境非染识能识，亦非染心境界。九何相决定知佛境界，谓决定知性起之门，无师智自然智等，究竟真净，能示群生，是决定知佛境界。十欲明照佛境，生死等法、烦恼业报等寂灭无所住，无明无所行，平等行世间，如是明照佛境界。十一欲知一乘境界宽广，知众生心，尽其十世，以如来心一念中遍一切，悉明达是境界广。若此等法是一乘佛境界，又佛境界有其因果。若小乘义，得因非得果，得果则舍因。三乘之义，初教得果已舍因，而果不离因，亦复不则。因非断亦非常，何以故？因果则空故。若终教时则是真如，无有差别。若据顿教，举心皆当理。若据一乘，一则一切，一切则一，乃至教义皆应因陀罗及微细等也。"④

第40室左字门，六十卷译字多娑，八十卷、四十卷译"室者"。其

---

① （唐）实叉难陀译《大方广佛华严经》卷5，《中华藏》第12册，第670页中。

② （东晋）佛陀跋陀罗译《大方广佛华严经》卷44，《中华藏》第12册，第445页中。

③ （唐）实叉难陀译《大方广佛华严经》卷43，《中华藏》第13册，第105页下—106页上。

④ （唐）智俨撰《华严经内章门等杂孔目章》卷1，《大正藏》第45卷，第547页下—548页上。

字名，六十卷译名一切虚空法雷遍吼，八十卷译名于一切众生界法雷遍吼，《字门观》一切虚空以法云雷震吼普照，四十卷译名入虚空一切众生界法雷大音遍吼。澄观《随疏钞》按般若字义，说："文中先释义谓积集，即下会经诸处，即是足迹者，佛所行迹故。《智论》云若闻遮字即知一切法不动相义，以遮逻此言动故。释曰以《大品》云遮字门诸法行不可得，行即动义，足即能行，即因行有迹，迹为所行。若依此义，法雷遍吼即行法也。"《行愿品疏》解释："悟一切法聚集足迹不可得故，法雷遍吼是谓聚集，声不可寻故，无足迹，足迹即教迹也。"但法雷遍吼，《华严经》中譬喻广说佛法，如《如来现相品》所说："于一佛身上，化为无量佛，雷音遍众刹，演法深如海。一一毛孔中，光网遍十方，演佛妙音声，调彼难调者。"① 《十地品》中还是法云地的境界，如说"菩萨摩诃萨住法云地，自从愿力生大慈悲福德智慧以为密云，现种种身以为杂色云，通明无畏以为电光。震大雷音，说法降魔，一念一时，能于上所说微尘世界皆悉周普。以雨善法甘露法雨，灭诸众生随心所乐无明所起烦恼焰故，是故名为法云地。"②《入法界品》说："是诸菩萨及其眷属皆悉具足普贤行愿，成就三世诸佛清净智眼，转一切佛净妙法轮，摄取诸佛胜妙音声修多罗海，具足一切菩萨自在究竟彼岸，于念念中悉诣一切诸如来所现自在力，一身充满一切世界，能于一切如来众中现清净身。于一微尘悉能示现一切世界，随所应化，成熟众生，未曾失时。于一毛孔出一切佛妙法雷音，知众生界皆悉如幻，知一切佛悉如电光，知一切有趣皆悉如梦，知一切果报如镜中像，知一切生如热时焰，知一切世间皆如变化。具足成就如来十力无所畏法，于大众中能师子吼，深入无尽一切辩海，决定了知一切众生语言法海。于净法界行无碍行，知一切法皆悉无净。"③

第 41 咤字门，六十卷、八十卷、四十卷译字"侘"，六十卷译名晓诸迷识无我明灯，八十卷译名以无我法开晓众生，《字门观》译无我利益众生究竟边际，四十卷译名说无我法开佛境界晓悟群生。澄观《随疏钞》以般若字此彼岸义，"释曰即无我驱迫，令至彼岸亦不可得。若约表位，此当等觉故，法身欲满，始本欲齐，故亡二岸。"《行愿品疏》以般若字

---

① （唐）实叉难陀译《大方广佛华严经》卷 6，《大正藏》第 6 卷，第 30 页中。

② （东晋）佛陀跋陀罗译《大方广佛华严经》卷 27，《大正藏》第 9 卷，第 573 页中。

③ （东晋）佛陀跋陀罗译《大方广佛华严经》卷 44，《大正藏》第 9 卷，第 679 页中。

相驱迫性不可得义，“谓以无我开示佛境，则无驱迫。”但无我法是十地中最初欢喜地特征，如《信力入印法门经》说有五种法则能清净初欢喜地，得大无畏安隐之处。“一谓菩萨生如是心，我已得住自身能寂静故，生安隐心。为令他住自身能寂静故，起安慰心。有言自身能寂静者，所谓观察无我法故。”[①]《十住毗婆沙论》也解释说：“菩萨如是常乐修空无我故，离诸怖畏。所以者何？空无我法能离诸怖畏故，菩萨在欢喜地有如是等相貌。”[②]《华严经·入法界品》有教化众生令生善根解脱门，说“如诸菩萨摩诃萨超诸世间，现诸趣身，不住攀缘，无有障碍，了达一切诸法自性，善能观察一切诸法，得无我智，证无我法，教化调伏一切众生恒无休息，心常安住无二法门”。[③]《十定品》说：“普入普观，普思普了，以无尽智皆如实知，不以彼世界多故坏此一世界，不以此世界一故坏彼多世界。何以故？菩萨知一切法皆无我故，是名入无命法、无作法者。菩萨于一切世间勤修行无净法故，是名住无我法者。”[④]

第42荼字门，六十卷译字“陀”，八十卷译“陁”。六十卷译名一切法轮出生之藏，其他诸译名一切法轮差别藏。澄观《随疏钞》按般若字义，“释曰唯至究竟为必不可得故，般若中以无所得则得菩提。又约表位，此四十二当妙觉，故《大品》云荼字门知诸法边竟处。《光赞》云是咤之门一切法究竟边际尽其处所，无生无死、无有作者，皆菩提意也”。但法轮差别藏是《华严经》中佛平等境界，《普贤行愿品》说普知三世差别，普往十方差别世界，普见十方差别佛身，普入十方差别时劫，普观十方差别业性，普转诸佛差别法轮，普智三昧明照其心，即是普入平等境界。[⑤]或称忆念法门，说得此忆念一切诸佛平等境界无碍智慧普见法门，如诸菩萨摩诃萨无量智慧具足圆满清净行门，岂能了知所有边际！所谓智光普照差别境界念佛门，常见诸佛种种国土，宫殿庄严悉现前故。遍照十方无差别藏念佛门，普见一切诸世界中等无差别诸佛海故。[⑥]又说：“得佛所行平等境界，入于缘起差别法门，成熟众生心恒不倦，能生深广圆满

① （北魏）昙摩流支译《信力入印法门经》卷3，《大正藏》第10卷，第944页中、下。
② （后秦）鸠摩罗什译《十住毗婆沙论》卷2，《大正藏》第26卷，第28页下。
③ （唐）实叉难陀译《大方广佛华严经》卷73，《中华藏》第13册，第384页下。
④ （唐）实叉难陀译《大方广佛华严经》卷40，《中华藏》第13册，第83页下。
⑤ （唐）般若译《大方广佛华严经》卷6，《大正藏》第10卷，第685页下—686页上。
⑥ （唐）般若译《大方广佛华严经》卷4，《大正藏》第10卷，第680页上。

大悲，教化示导心无暂舍。”①

表 10　　华严四十二字门对照表

译本	1 𑖀 a	释义
六十华严	阿	唱阿字时入般若波罗蜜门，名菩萨威德各别境界
八十华严	阿	唱阿字时入般若波罗蜜门，名以菩萨威力入无差别境界
《字观门》	阿	持阿上字时名由菩萨威德入无差别境界般若波罗蜜门，悟一切法本不生故
四十华严	婀	唱婀字时能甚深入般若波罗蜜门，名以菩萨胜威德力显示诸法本无生义
梵本《华严经》	a	akāramakṣaraṁ parikīrtayato bodhisattvānubhāvena asaṁbhinna-viṣayaṁ nāma prajñāpāramitāmukhamavakrāntam
译本	2 𑖨 ra	释义
六十华严	罗	唱罗字时入般若波罗蜜门，名平等一味最上无边
八十华严	多	唱多字时入般若波罗蜜门，名无边差别门
《字观门》	啰	持啰字时入无边际差别般若波罗蜜门，悟一切法离尘垢故
四十华严	啰	唱啰字时能甚深入般若波罗蜜门，名普遍显示无边际微细解
梵本《华严经》	ra	rakāraṁ parikīrtayato'nantatalasaṁbhedam nāma prajñāpāra-mitāmukhamavakrāntam
译本	3 𑖢 pa	释义
六十华严	波	唱波字时入般若波罗蜜门，名法界无异相
八十华严	波	唱波字时入般若波罗蜜门，名普照法界
《字观门》	跛	持跛字时入法界际般若波罗蜜门，悟一切法胜义谛不可得故
四十华严	跛	唱跛字时能甚深入般若波罗蜜门，名普照法界平等际微细智
梵本《华严经》	pa	pakāraṁ parikīrtayato dharmadhātutalasaṁbhedaṁ nāma prajñā-pāramitāmukhamavakrāntam
译本	4 𑖓 ca	释义
六十华严	者	唱者字时入般若波罗蜜门，名普轮断差别
八十华严	者	唱者字时入般若波罗蜜门，名普轮断差别
《字观门》	左	持左轻呼字时入普轮断差别般若波罗蜜门，悟一切法无诸行故
四十华严	者	唱者字时能甚深入般若波罗蜜门，名普轮能断差别色

① （唐）般若译《大方广佛华严经》卷 9，《大正藏》第 10 卷，第 703 页上。

续表

译本	4 𑖓 ca	释义
梵本《华严经》	ca	cakāraṁ parikīrtayataḥ samantacakravibhakticchedanaṁ nāma prajñāpāramitāmukhamavakrāntam
译本	5 𑖡 na	释义
六十华严	多	唱多字时入般若波罗蜜门，名得无依无上
八十华严	那	唱那字时入般若波罗蜜门，名得无依无上
《字观门》	曩	持曩舌头呼字时入无阿赖耶际般若波罗蜜门，悟一切法性相不可得故
四十华严	曩	唱曩鼻音字时，能甚深入般若波罗蜜门，名证得无依无住际
梵本《华经》	na	nakāraṁ parikīrtayato'nilayapratilabdhaṁ nāma prajñāpāramitāmukhamavakrāntam
译本	6 𑖩 la	释义
六十华严	逻	唱逻字时入般若波罗蜜门，名离依止无垢
八十华严	逻	唱逻字时入般若波罗蜜门，名离依止无垢
《字观门》	攞	持攞字时入无垢般若波罗蜜门，悟一切法出世间故，爱支因缘永不现故
四十华严	攞	唱攞字时能甚深入般若波罗蜜门，名离名色依处无垢污
梵本《华严经》	la	lakāraṁ parikīrtayato vigatānālayavimalaṁ nāma prajñāpāramitāmukhamavakrāntam
译本	7 𑖟 da	释义
六十华严	荼	唱荼徒假反字时入般若波罗蜜门，名不退转之行
八十华严	柂	唱柂音轻呼字时入般若波罗蜜门，名不退转方便
《字观门》	娜	持娜字时入不退转加行般若波罗蜜门，悟一切法调伏寂静，真如平等，无分别故
四十华严	娜	唱娜字时能甚深入般若波罗蜜门，名不退转方便
梵本《华严经》	da	dakāraṁ parikīrtayato'vaivartyaprayogaṁ nāma prajñāpāramitāmukhamavakrāntam
译本	8 𑖤 ba	释义
六十华严	婆	唱婆字时入般若波罗蜜门，名金刚场
八十华严	婆	唱婆音蒲我反字时入般若波罗蜜门，名金刚场
《字观门》	么	持么字时入金刚场般若波罗蜜门，悟一切法离缚解故

续表

译本	8 𑖤 ba	释义
四十华严	婆	唱婆摹我反字时能甚深入般若波罗蜜门，名金刚轮道场
梵本《华严经》	ba	bakāraṁ parikīrtayato vajramaṇḍalaṁ nāma prajñāpārabhitāmukhamavakrāntam

译本	9 𑖚 ḍa	释义
六十华严	荼	唱荼字时入般若波罗蜜门，名曰普轮
八十华严	荼	唱荼音徒解反字时入般若波罗蜜门，名曰普轮
《字观门》	拏	持拏上字时入普遍轮般若波罗蜜门，悟一切法离热矫秽得清凉故
四十华严	拏	唱拏字时能甚深入般若波罗蜜门，名普圆满轮
梵本《华严经》	ḍa	ḍakāraṁ parikīrtayataḥ samantacakraṁ nāma prajñāpāramitāmukhamavakrāntam

译本	10 𑖬 ṣa	释义
六十华严	沙	唱沙字时入般若波罗蜜门，名为海藏
八十华严	沙	唱沙音史我反字时入般若波罗蜜门，名为海藏
《字观门》	洒	持洒字时入海藏般若波罗蜜门，悟一切法无罣碍故
四十华严	洒	唱洒史我反字时能甚深入般若波罗蜜门，名为海藏
梵本《华严经》	sa	sakāraṁ parikīrtayataḥ sāgaragarbhaṁnāma prajñāpāramitāmukhamavakrāntam

译本	11 𑖪 va	释义
六十华严	他	唱他字时入般若波罗蜜门，名普生安住
八十华严	缚	唱缚音房可反字时入般若波罗蜜门，名普生安住
《字观门》	嚩	持嚩字时入普遍生安住般若波罗蜜门，悟一切法言语道断故
四十华严	嚩	唱嚩无可反字时能甚深入般若波罗蜜门，名普遍勤求出生安住
梵本《华严经》	va	vakāraṁ parikīrtayataḥ samantavirūḍhaviṭhapanaṁ nāma prajñāpāramitāmukhamavakrāntam

译本	12 𑖝 ta	释义
六十华严	那	唱那字时入般若波罗蜜门，名圆满光
八十华严	哆	唱哆音都我反字时入般若波罗蜜门，名圆满光

续表

译本	12 ta	释义
《字观门》	多	持多上字时入照曜尘垢般若波罗蜜门，悟一切法真如不动故
四十华严	哆	唱哆字时能甚深入般若波罗蜜门，名星宿月圆满光
梵本《华严经》	ta	takāraṁ parikīrtayato jyotirmaṇḍalaṁ nāma prajñāpāramitā-mukhamavakrāntam

译本	13 ya	释义
六十华严	邪	唱邪字时入般若波罗蜜门，名差别积聚
八十华严	也	唱也音以可反字时入般若波罗蜜门，名差别积聚
《字观门》	野	持野字时入差别积聚般若波罗蜜门，悟一切法如实不生故
四十华严	也	唱也移我反字时能甚深入般若波罗蜜门，名差别积集
梵本《华严经》	ya	yakāraṁ parikīrtayataḥ saṁbhedakūṭaṁ nāma prajñāpāramitām-ukhamavakrāntam

译本	14 ṣṭa	释义
六十华严	咤	唱史咤字时入般若波罗蜜门，名普光明息诸烦恼
八十华严	咤	唱瑟咤字时入般若波罗蜜门，名普光明息烦恼
《字观门》	咤	持瑟咤二合，上字时入普遍光明息除热恼般若波罗蜜门，悟一切法制伏任持相不可得故
四十华严	咤	唱瑟咤二合，上字时能甚深入般若波罗蜜门，名普照光明息除烦恼
梵本《华严经》	ṣṭa	ṣṭakāraṁ parikīrtayataḥ samantadāhapraśamanaprabhāsaṁ nāma prajñāpāramitāmukhamavakrāntam

译本	15 ka	释义
六十华严	迦	唱迦字时入般若波罗蜜门，名差别一味
八十华严	迦	唱迦字时入般若波罗蜜门，名无差别云
《字观门》	迦	持迦上字时入差别种类般若波罗蜜门，悟一切法作者不可得故
四十华严	迦	唱迦上字时能甚深入般若波罗蜜门，名普云不断
梵本《华严经》	ka	kakāraṁ parikīrtayato'saṁbhinnameghaṁ nāma prajñāpāramitā-mukhamavakrāntam

续表

译本	16 𑖭 sa	释义
六十华严	娑	唱娑字时入般若波罗蜜门，名霈然法雨
八十华严	娑	唱娑音蘖我反字时入般若波罗蜜门，名降注大雨
《字观门》	娑	持娑上字时入现前降注大雨般若波罗蜜门，悟一切法时平等性不可得故
四十华严	娑	唱娑苏我反字时能甚深入般若波罗蜜门，名降注大雨
梵本《华严经》	ṣa	ṣakāraṁ parikīrtayato abhimukhapravarṣaṇapralambaṁ nāma prajñāpāramitāmukhamavakrāntam
译本	17 𑖦 ma	释义
六十华严	摩	唱摩字时入般若波罗蜜门，名大流湍激、众峰齐峙
八十华严	么	唱么字时入般若波罗蜜门，名大流湍激、众峰齐峙
《字观门》	莽	持莽轻呼字时入大迅疾众峰般若波罗蜜门，悟一切法我所执性不可得故
四十华严	莽	唱莽字时能甚深入般若波罗蜜门，名大速疾现种种色如众高峰
梵本《华严经》	ma	makāraṁ parikīrtayato mahāvegavicitravegaśikharaṁ nāma prajñāpāramitāmukhamavakrāntam
译本	18 𑖐 ga	释义
六十华严	伽	唱伽字时入般若波罗蜜门，名普上安立
八十华严	伽	唱伽音上声，轻呼字时入般若波罗蜜门，名普安立
《字观门》	诫	持诫字时入普遍轮长养般若波罗蜜门，悟一切法行取性不可得故
四十华严	诫	唱诫言迦反，上字时能甚深入般若波罗蜜门，名普轮积集
梵本《华严经》	ga	gakāraṁ parikīrtayataḥ samantatalaviṭhapanaṁ nāma prajñāpāramitāmukhamavakrāntam
译本	19 𑖞 tha	释义
六十华严	stha 娑他	唱娑他字时入般若波罗蜜门，名真如藏遍平等
八十华严	他	唱他音他可反字时入般若波罗蜜门，名真如平等藏
《字观门》	他	持他上字时入真如无差别般若波罗蜜门，悟一切法处所不可得故
四十华严	他	唱他上字时能甚深入般若波罗蜜门，名真如平等无分别藏

续表

译本	19 𑖞 tha	释义
梵本《华严经》	tha	thakāraṁ parikīrtayataḥ tathatāsaṁbhedagarbhaṁ nāma prajñāpāramitāmukhamavakrāntam
译本	20 𑖕 ja	释义
六十华严	社	唱社字时入般若波罗蜜门，名入世间海清净
八十华严	社	唱社字时入般若波罗蜜门，名入世间海清净
《字观门》	惹	持惹字时入世间流转穷源清净般若波罗蜜门，悟一切法能所生起不可得故
四十华严	惹	唱惹上字时能甚深入般若波罗蜜门，名遍入世间海游行清净
梵本《华严经》	ja	jakāraṁ parikīrtayato jagatsaṁsāravisuddhivigāhanaṁ nāma prajñāpāramitāmukhamavakrāntam
译本	21 𑖭𑖿𑖪 sva	释义
六十华严	室	唱室者字时入般若波罗蜜门，名一切诸佛正念庄严
八十华严	锁	唱锁字时入般若波罗蜜门，名念一切佛庄严
《字观门》	娑嚩	持娑嚩二合字时入念一切佛庄严般若波罗蜜门，悟一切法安隐性不可得故
四十华严	娑嚩	唱娑嚩二合字时能甚深入般若波罗蜜门，名普念诸佛一切庄严
梵本《华严经》	sva	svakāraṁ parikīrtayataḥ sarvabuddhasmṛtivyūhaṁ nāma prajñāpāramitāmukhamavakrāntam
译本	22 𑖠 dha	释义
六十华严	拖	唱拖字时入般若波罗蜜门，名观察圆满法聚
八十华严	柂	唱柂字时入般若波罗蜜门，名观察拣择一切法聚
《字观门》	驮	持驮字时入观察法界道场般若波罗蜜门，悟一切法能持界性不可得故
四十华严	驮	唱驮字时能甚深入般若波罗蜜门，名微细观察一切法聚
梵本《华严经》	dha	dhakāraṁ parikīrtayato dharmamaṇḍalavicāravicayaṁ nāma prajñāpāramitāmukhamavakrāntam
译本	23 𑖫 sa	释义
六十华严	奢	唱奢字时入般若波罗蜜门，名一切诸佛教授轮光
八十华严	奢	唱奢音尸苛反字时入般若波罗蜜门，名随顺一切佛教轮光明

续表

译本	23 sa	释义
《字观门》	舍	持舍字时入随顺一切佛教般若波罗蜜门，悟一切法寂静性不可得故
《四十华严》	舍	唱舍上,尸我反字时能甚深入般若波罗蜜门，名随顺诸佛教轮光明
梵本《华严经》	sa	sakāraṁ parikīrtayataḥ sarvabuddhānusāsanīcakrarocaṁ nāma prajñāpāramitāmukhamavakrāntam

译本	24 kha	释义
六十华严	佉	唱佉字时入般若波罗蜜门，名净修因地现前智藏
八十华严	佉	唱佉字时入般若波罗蜜门，名修因地智慧藏
《字观门》	佉	持佉上字时入现行因地智慧藏般若波罗蜜门，悟一切法如虚空性不可得故
四十华严	佉	唱佉上字时能甚深入般若波罗蜜门，名因地现前智慧藏
梵本《华严经》	kha	khakāraṁ parikīrtayato'bhisaṁskārahetubhūmijñānagarbhaṁ nāma prajñāpāramitāmukhamavakrāntam

译本	25 kṣa	释义
六十华严	叉	唱叉字时入般若波罗蜜门，名息诸业海藏蕴
八十华严	叉	唱叉楚我反字时入般若波罗蜜门，名息诸业海藏
《字观门》	讫洒	持讫洒二合字时入决择息诸业海藏般若波罗蜜门，悟一切法穷尽性不可得故
四十华严	乞叉	唱乞叉二合字时能甚深入般若波罗蜜门，名息诸业海出生智慧藏
梵本《华严经》	kṣa	kṣakāraṁ parikīrtayataḥ karmanisāntasāgarakosavicayaṁ nāma prajñāpāramitāmukhamavakrāntam

译本	26 sta	释义
六十华严	娑多	唱娑多字时入般若波罗蜜门，名蠲诸惑障开净光明
八十华严	娑多	唱娑藕纥反多上声呼字时入般若波罗蜜门，名蠲诸惑障开净光明
《字观门》	娑多	持娑多二合,上字时入摧诸烦恼清净光明般若波罗蜜门，悟一切法住持处非处令不动转性不可得故

续表

译本	26 sta	释义
四十华严	娑哆	唱娑苏纥反哆二合,上字时能甚深入般若波罗蜜门，名开净光明蠲诸惑障
梵本《华严经》	sta	stakāraṁ parikīrtayataḥ sarvaklesavikiraṇavisuddhiprabhaṁ nāma prajñāpāramitāmukhamavakrāntam
译本	27 jña	释义
六十华严	壤	唱壤字时入般若波罗蜜门，名作世间了悟因
八十华严	壤	唱壤字时入般若波罗蜜门，名作世间智慧门
《字观门》	娘	持娘轻呼上字时入生世间了别般若波罗蜜门，悟一切法能所知性不可得故
四十华严	娘	唱娘上字时能甚深入般若波罗蜜门，名出离世间智慧门
梵本《华严经》	ña	ñakāraṁ parikīrtayato lokasaṁbhavavijñaptimukhaṁ nāma prajñāpāramitāmukhamavakrāntam
译本	28 rtha	释义
六十华严	颇	唱颇字时入般若波罗蜜门，名智慧轮断生死
八十华严	曷攞多	唱曷攞多上声呼字时入般若波罗蜜门，名生死境界智慧轮
《字观门》	啰他	持啰他二合,上字时入逆生死轮智道场般若波罗蜜门，悟一切法执著义性不可得故
四十华严	曷啰他	唱曷啰他三合,上字时能甚深入般若波罗蜜门，名利益众生无我无人智慧灯
梵本《华严经》	tha	thakāraṁ parikīrtayataḥ saṁsārapraticakrajñānamaṇḍalaṁ nāma prajñāpāramitāmuikhamavakrāntam
译本	29 bha	释义
六十华严	婆	唱婆字时入般若波罗蜜门，名一切宫殿具足庄严
八十华严	婆	唱婆蒲我反字时，入般若波罗蜜门，名一切智宫殿圆满庄严
《字观门》	婆	持婆引,去字时入一切宫殿道场庄严般若波罗蜜门，悟一切法可破坏性不可得故
四十华严	婆	唱婆蒲我反字时能甚深入般若波罗蜜门，名圆满庄严一切宫殿
梵本《华严经》	bha	bhakāraṁ parikīrtayataḥ sarvabhavanamaṇḍalavijñaptivyūhaṁ nāma prajñāpāramitāmukhamavakrāntam

续表

译本	30 𑖔 cha	释义
六十华严	车	唱车字时入般若波罗蜜门，名修行戒藏各别圆满
八十华严	车	唱车上声呼字时，入般若波罗蜜门，名修行方便藏各别圆满
《字观门》	磋	持磋上字时入修行加行藏盖差别道场般若波罗蜜门，悟一切法欲乐覆性不可得故
四十华严	车	唱车车者反，上字时能甚深入般若波罗蜜门，名增长修行方便藏普覆轮
梵本《华严经》	cha	chakāraṁ parikīrtayata upacayagarbhaprayogaṁ cāritracchatrama-ṇḍalabhedaṁ nāma prajñāpāramitāmukhamavakrāntam

译本	31 𑖭𑖿𑖦 sma	释义
六十华严	娑摩	唱娑摩字时入般若波罗蜜门，名随十方现见诸佛
八十华严	娑么	唱娑蘓纥反么字时入般若波罗蜜门，名随十方现见诸佛
《字观门》	娑么	持娑么二合字时入现见十方诸佛旋般若波罗蜜门，悟一切法可忆念性不可得故
四十华严	娑么	唱娑么尛音，二合字时能甚深入般若波罗蜜门，名随顺十方现见诸佛旋转藏
梵本《华严经》	sma	smakāraṁ parikīrtayataḥ savarbuddhadasarnadigabhimukhāvartaṁ nāma prajñāpāramitāmukhamavakrāntam

译本	32 𑖮𑖿𑖪 hva	释义
六十华严	诃娑	唱诃娑字时入般若波罗蜜门，名观察一切无缘众生方便摄受令生海藏
八十华严	诃娑	唱诃娑诃娑二字皆上声呼字时入般若波罗蜜门，名观察一切无缘众生方便摄受令出生无碍力
《字观门》	诃嚩	持诃嚩二合字时入观察一切众生堪任力遍生海藏般若波罗蜜门，悟一切法可呼召性不可得故
四十华严	诃嚩	唱诃嚩无我反，二合字时能甚深入般若波罗蜜门，名观察一切微细众生方便力出生海藏
梵本《华严经》	hva	hvakāraṁ parikīrtayataḥ sarvasattvābhavyāvalokanabalasaṁ-jātagarbhaṁ nāma prajñāpāramitāmukhamavakrāntam

续表

译本	33 tsa	释义
六十华严	诃	唱诃字时入般若波罗蜜门，名修行趣入一切功德海
八十华严	縒	唱縒音七可反字时入般若波罗蜜门，名修行趣入一切功德海
《字观门》	哆娑	哆娑二合字时入一切功德海趣入修行源底般若波罗蜜门，悟一切法勇健性不可得故
四十华严	哆娑	唱哆娑二合字时能甚深入般若波罗蜜门，名自在趣入诸功德海
梵本《华严经》	tsa	tsakāraṁ parikīrtayataḥ sarvaguṇasāgarapratipattyavatāravigāhanaṁ nāma prajñāpāramitāmukhamavakrāntam

译本	34 gha	释义
六十华严	伽	唱伽字时入般若波罗蜜门，名持一切法云坚固海藏
八十华严	伽	唱伽上声呼字时入般若波罗蜜门，名持一切法云坚固海藏
《字观门》	伽	持伽去字时入持一切法云坚固海藏般若波罗蜜门，悟一切法厚平等性不可得故
四十华严	伽	唱伽字时能甚深入般若波罗蜜门，名普持一切法云坚固海藏
梵本《华严经》	gha	ghakāraṁ parikīrtayataḥ sarvadharmameghasaṁdhāraṇadṛḍhasāgaragarbhaṁ nāma prajñāpāramitāmukhamavakrāntam

译本	35 ṭha	释义
六十华严	咤	唱咤字时入般若波罗蜜门，名十方诸佛随愿现前
八十华严	咤	唱咤字时入般若波罗蜜门，名随愿普见十方诸佛
字观门	姹	持姹上字时入愿往诣十方现前见一切佛般若波罗蜜门，悟一切法积集性不可得故
四十华严	姹	唱姹上字时能甚深入般若波罗蜜门，名愿力现见十方诸佛犹如虚空
梵本《华严经》	ṭha	ṭhakāraṁ parikīrtayataḥ sarvabuddhapraṇidhānadigabhimukhagamanaṁ nāma prajñāpāramitāmukhamavakrāntam

译本	36 ṇa	释义
六十华严	拏	唱拏字时入般若波罗蜜门，名不动字轮聚集诸亿字
八十华严	拏	唱拏嬭可反字时入般若波罗蜜门，名观察字轮有无尽诸亿字

续表

译本	36 𑖜 ṇa	释义
《字观门》	佇	持佇上字时入字轮积集俱胝字般若波罗蜜门，悟一切法离诸諠诤无往无来行住坐卧不可得故
四十华严	佇	唱佇上字时能甚深入般若波罗蜜门，名入字轮际无尽境界
梵本《华严经》	ṇa	ṇakāraṁ parikīrtayataḥ cakrākṣarākārakoṭivacanaṁ nāma prajñāpāramitāmukhamavakrāntam
译本	37 𑖣 pha	释义
六十华严	娑颇	唱娑颇字时入般若波罗蜜门，名化众生究竟处
八十华严	娑颇	唱娑藴纥反颇字时入般若波罗蜜门，名化众生究竟处
《字观门》	颇	持颇字时入成熟一切众生际往诣道场般若波罗蜜门，悟一切法遍满果报不可得故
四十华严	颇	唱颇字时能甚深入般若波罗蜜门，名教化众生究竟圆满处
梵本《华严经》	pha	phakāraṁ parikīrtayataḥ sarvasattvaparipākakoṭīgatamaṇḍalaṁ nāma prajñāpāramitāmukhamavakrāntam
译本	38 𑖭𑖿𑖎 ska	释义
六十华严	娑迦	唱娑迦字时入般若波罗蜜门，名诸地满足无著无碍解脱光明轮遍照
八十华严	娑迦	唱娑同前音迦字时入般若波罗蜜门，名广大藏无碍辩光明轮遍照
《字观门》	塞迦	持塞迦二合,上字时，入无著无碍解脱地藏光明轮普照般若波罗蜜门，悟一切法积聚蕴性不可得故
四十华严	娑迦	唱娑迦字时能甚深入般若波罗蜜门，名广大藏无碍辩遍照光明轮
梵本《华严经》	ska	skakāraṁ parikīrtayato bhūmigarbhāsaṅgapratisaṁvitprabhācakraspharaṇaṁ nāma prajñāpāramitāmukhamavakrāntam
译本	39 𑖧𑖿𑖭 ysa	释义
六十华严	阇	唱阇字时入般若波罗蜜门，名宣说一切佛法境界
八十华严	也娑	唱也夷舸反娑藴舸反字时入般若波罗蜜门，名宣说一切佛法境界
《字观门》	也娑	持也娑上,二合字时入宣说一切佛法境界般若波罗蜜门，悟一切法衰老性相不可得故

续表

译本	39 ysa	释义
四十华严	夷娑	唱夷娑二合字时能甚深入般若波罗蜜门，名演说一切佛法智
梵本《华严经》	sya	syakāraṁ parikīrtayataḥ sarvabuddhadharmanirdesaviṣayaṁ nāma prajñāpāramitāmukhamavakrāntam
译本	40 sca	释义
六十华严	多娑	唱多娑字时入般若波罗蜜门，名一切虚空法雷遍吼
八十华严	室	唱室者字时入般若波罗蜜门，名于一切众生界法雷遍吼
《字观门》	室左	持室左二合上字时入一切虚空以法云雷震吼普照般若波罗蜜门，悟一切法聚集足迹不可得故
四十华严	室者	唱室者二合字时能甚深入般若波罗蜜门，名入虚空一切众生界法雷大音遍吼
梵本《华严经》	sca	scakāraṁ parikīrtayataḥ sattvagaganadharmaghananigarj-itanirnādaspharaṇaṁ nāma prajñāpāramitāmukhamavakrāntam
译本	41 ṭa	释义
六十华严	佗	唱佗耻加反字时入般若波罗蜜门，名晓诸迷识无我明灯
八十华严	佗	唱佗耻加反字时入般若波罗蜜门，名以无我法开晓众生
《字观门》	吒	咤上字时入无我利益众生究竟边际般若波罗蜜门，悟一切法相驱迫性不可得故
四十华严	吒	唱佗上字时能甚深入般若波罗蜜门，名说无我法开佛境界晓悟群生
梵本《华严经》	ṭa	ṭakāraṁ parikirtayataḥ sattvārthanairātmyakāryātyantapariniṣṭ-hāpradīpaṁ nāma prajñāpāramitāmukhamavakrāntam
译本	42 ḍha	释义
六十华严	陀	唱陀字时入般若波罗蜜门，名一切法轮出生之藏
八十华严	陁	唱陁字时入般若波罗蜜门，名一切法轮差别藏
《字观门》	荼	持荼引,去字时入法轮无差别藏般若波罗蜜门，悟一切法究竟处所不可得故
四十华严	荼	唱荼去字时能甚深入般若波罗蜜门，名一切法轮差别藏
梵本《华严经》	ḍha	ḍhakāraṁ parikīrtayato dharmacakrasaṁbhedagarbhaṁ nāma prajñāpāramitāmukhamavakrāntam
译本	种子字	释义
《圆明字轮》	圳 vaṃ 锾	

第四节　真言经字门

一　《不空罥索经》字门

所谓真言经字门，以持明密教《不空罥索真言经》、真言密教《大日经·真言品》所说字门以及同时代《金刚顶经释字母品》所说而称，尽管三部经轨中所说字门的字数及其顺序不尽一致，但释义大多相同，且有先后继承关系，均属密教经轨，故此一并讨论。

《不空罥，JZ〗索经》字门，全称《不空罥索真言经》字门。该经全名《不空罥索神变真言经》，共30卷，唐菩提流志译于景龙年间（707—709），其字门在第23品《陀罗尼真言辩解脱品》，称字门为文字陀罗尼真言门。共有55个字门，其中元音除旖a字外，尚有o元音，如此辅音有迦ka、佉kha、诫ga、伽gha、落ra、跛pa、者ca、娜na、擿cha、薄po、度jha、陀tha、婆bha、荼ḍha、诧ṭha、洒ṣa、拏ṇa、辨ṭa、驮dha、瓢bhyaḥ、摩ma、颇pha、么ba、惹ja、啰ra、椤la、达dha、舍śa、佉上kho、歌ha、皤bho、矩ko、叵pho、播ḍha等31个辅音及半元音，其中pha、bha两个辅音重复，复辅音有缚路vro、野耶yya、瑟咤ṣṭa、湿缚sva、驲kṣa、跢sta、喇诧rtha、塞么sma、埵缚tva、缕tsa、第ddhe、塞迦ska、逸娑ysa、柘śca等14个复辅音，还有唵oṃ、吽hūṃ、怛宁他tadyathā、纥唎蘖皤hrigarbha、翳醯曳呬ehyehi等5个词，另有诫拏娜么吽抪莎缚诃gaṭanamahūṃphaṭ svāhā的1个句子。其字母排列顺序，初“旖”字，慧琳《音义》注“阿可反”，即元音a，一般译作“阿”。其次迦ka、佉kha、诫ga、伽gha四字为辅音腭音组4个字母，再后为落ra、跛pa、者ca、娜na四字，这种顺序实际上是在五字门中的元音与辅音之间插入了4个腭音。其后的顺序并未按悉昙字母排列。按一个元音阿字与其他辅音组成字门的形式，与般若字门等陀罗尼字门相同。另外除插入腭音外首置五字门，也与般若字门等相同。其复辅音也多与般若字门相同，可见不空羂索经字门与般若字门关系密切。但最初4个辅音又按一组顺序排列，似乎参照了佛传字门等悉昙字门。而字门中出现o元音和多音节的词尤其将多个词连缀成句子作字门，是该字门独特之处。

真言字门的释义，大都以“不可得”的遮诠法为特征，显然承袭般若字门的思想。《不空罥索经》明确说：“莲花手，如是字门解入法中根本边际，除如是字表诸法中更不可得。何以故？莲花手，如是字义，不可宣说，不可显示，不可执取，不可书持，不可观受，离诸相故。譬如虚空是一切物所归趣处，斯诸字门亦复如是，诸法义理皆入斯门，方得显现。莲花手，入如是旖字门等，名入诸字门。”《不空罥索经》的字门释义也多与般若字门尤其《大般若经》的释义相同或相近，包括旖 a、迦 ka、佉 kha、诫 ga、遮 ca、瑟吒 ṣṭa、弹 ta、驮 dha、娜 na、跛 pa、么 ba、摩 ma、野 ya、缚路 vra、洒 ṣa、歌 ha、叵 pha、播 ḍha 等字门，如第 8 者 ca 字义释“一切法无死生”，与般若字门中《放光经》《大般若经》释义相同。第 9 娜 na 字义释“一切法离名字相不可得”，与般若字门中《光赞》《放光》《大品》《大般若经》释义相同。第 19 洒$_{疏贾反}$ ṣa 字义释“一切法无罣碍”，与般若字门释义相同（除《智度论》外）。第 27 摩 ma 字门释“一切法我所性不可得”，与般若字门相同，《大般若经》释“一切法我及我所性不可得”。第 34 达 dha 字义释“一切法界性不可得”，与般若字门释义相同，与《大般若经》完全一致。但《智度论》解释说：“若闻驮字，即知一切法中法性不可得。驮摩，秦言法。”梵文 dharma 一般作“法”义，梵文 dharmatā 作“法性”义，梵文 dharma-dhātu 作“法界”义，但 dharma-dhātu 亦用作法性义，故般若字门中多作法性释。第 42 皤 bho 字义释“一切法破坏性不可得”，与般若字门中《大品》《智度论》《大般若经》释义相同，后者作“一切法可破坏性不可得”，《智度论》解释：“一切法不可破相，婆伽，秦言破。”婆伽，梵文 bhagna，破坏义。

但字门与释义也有不相称者，如第 11 薄 po 字义释“一切法出世间故，爱支因缘永不现”，却与般若字门罗 la 字门中《放光》《大品》《大般若经》释义相同。第 12 吽 hūṃ 字义释“一切法生不可得”，与般若字门阇字门中《放光》《大品》《大般若经》释义相同。第 39 纥唎蘖皤 hrigarbha 字义释“一切法所了知性不可得”，与般若字门第 27 若 jña 字《大般若经》释义相同。第 40 喇诧 rtha 字义释“一切法执著义性不可得”，与般若字门第 28 辣他字门《大般若经》释义相同。《智度论》解释：“一切法义不可得，阿他，秦言义。”阿他，梵文 artha，即义意。第 43 矩 ko 字义释“一切法欲乐覆性不可得”，与般若字门第 30 车 cha 字门《大般若经》及《守护经》释义相同。第 47 唵 oṃ 字义释“一切法厚平等性不可得”，与般若字门第 34 伽 gha 字门之《大品》《智度》《大经》

释义相同。第 48 第 ddhe 字义释“一切法积集性不可得”，与般若字门第 35 他 tha 字门中《大般若经》释义相同。第 49 翳醯去曳呬呼以反 ehyehi 字义释“一切法离诸谊诤无往来行住坐卧不可得”，与般若字门第 36 拏ṇa 字释义相同，与《大般若经》译文完全相同。

其复辅音字母大多与般若字门释义相同，如瑟咤 ṣṭa、塞桑纥反么 sma、埵二合缚 hva、縒 sta、塞桑纥反迦 ska、逸娑去ysa、柘 śca 字门等。如第 17 瑟咤 ṣṭa 字义释“一切法制伏任持驱迫慢相性不可得”，与般若字门中《大般若经》《守护经》所释“一切法制伏任持相不可得”义基本相同。《大品》释“诸法折伏不可得”，《智度论》释“若闻咤字，即知一切法无障碍相。咤婆，秦言障碍。”按障碍，梵文 āvaraṇa、antarāya、pratighāta。制伏，abhibhava、vibhūta、viskambhana。任持，pratiṣṭhāna。驱迫，anupravśyat。慢，梵文 māna、abhi-māna。其中只有任持 pratiṣṭhāna 一义的梵文中有与ṣṭa 有关的复辅音ṣṭha，或该字门来自 pratiṣṭhāna 一词。另外第 21 缚路 vra 字义，与般若字门缚 va 字门释义相同。第 26 瓢毗药反 bhyaḥ 字门释“一切法时平等性不可得”，与般若字门释义相同，与《大般若经》释义完全一致。时平等，梵文 sama-kālatva、samāna-kāla。梵文 bhyas，有动词 bhyasate，畏惧、在……前颤抖之义。第 31 湿缚二合 sva 字义释一切法安隐性不可得，与般若字门中《大般若经》释义相同。《智度论》说：“若闻湿波字，即知一切法不可得，如湿波字不可得，湿簸字无义故不释。”但安隐性，梵文 kśema、kśema-svasti，śānti、śānti-svasty-ayana，其中有 sva 字，应是其字源。第 38 跢多个反 sta 字义释“一切法任持处非处令不动转性不可得”，与般若字门中《光赞》《放光》《大般若经》释义相同，《大品》释诸法有不可得，《智度论》释诸法边不可得，并解释说“阿利迦哆度求那，秦言是事边得何利”。按梵文 stabha 有固定、支持、维持、控制、妨碍等义，固定即有固定于一处不转动之义，如不眨眼睛为固定不转动，支持、任持，意义相同，任持一处不动，即是不动转。边、边际，梵文 anta、antya，paryanta，pārśva。事边际，梵文 vastu-paryantatā，阿利迦哆度求那，梵文。

《罥索经》字门的 o 音字门，可能原由 a 音字门分化而来，如第 6 落 ro 字门原出第 32 啰 ra 字门，而啰 ra 字门在般若字门中释“一切法离尘垢”，与落 ro 字门释义完全相同，但啰 ra 字门的释义则衍生为“一切法离一切尘染”。又如第 36 佉上 kho 字义释“一切法如虚空性不可得”，而第3佉kha字门释“一切法等虚空不可得”，般若字门则释作“一切法虚空不可得”，《智度论》解释说：“一切法虚空不可得，呿伽，秦言虚空。”呿伽，梵文kha、khaga，虚空义。显然，《罥索经》的kha、kho两个字门由般若字门的kha字门分解而成，其释义“等虚空”与“如虚空性”也由般若字门的“虚空”之义分析而来。

《罥索经》的诚拏娜么吽𠲿莎缚诃gaḍanamahūṃphaṭ svāhā字门，由5个字组成的一句陀罗尼，其释义为“一切三昧耶悉皆自在，速能成办一切事，三昧耶义利悉地”，后来《大日经》采用这种方式，作为5个鼻音字母的释义。说“仰若拏那么，于一切三昧自在，速能成辨诸事，所为义利皆悉成就”。《大日经疏》解释说：“于迦、遮、咤、多、波五类声中，复各有五字，其第一至第四字皆是慧门，已如前说。第五字皆是证门，今合说之。梵书以此五字皆同圆点，且如迦、佉、哦、伽四字增加至第十一声，皆于首上安点。若欲除去此点，而于次后字上累加仰字等，其字即与有点不殊。又梵字十二声中，第一是本体故，即次第二字是行，第三以去以诸画增加者皆名三昧。第十一其上安点是证，第十二傍置二点是般涅槃，若此仰字能遍智慧三昧声故，当知即是大空义，是故别说，不与前字相合论也。《涅槃经》此五字亦具明字义，今毗卢遮那宗寄此五字以明大空，大空是证处，无法可说，故但以圆点表之。又此圆点虽自体无门，而遍一切法门，如虚空远离众相而含万像，是故一切字门若加空点者，具自在之用，悉能成办诸事也。且如阿字门无生妙慧，一切众生等共有之，但以不自证知故。如贫女宝藏不能得其势力，发行时如方便开发，入证时如宝藏现前。尔时随意受用，所求必获，故云加此空点者，诸有义利皆得成就也。”此说迦、遮、咤、多、波五类声者，指梵文腭音、喉音、顶音、齿音、唇音五组辅音，其中鼻音在梵字中出现时，在字首上以点表示。前四个鼻音表示慧门，后一个鼻音表示证门，以点表示时则有大空义。

《不空罥索经》对其字门的功德还作了阐发，说若修治者如是受持，入诸字门，得善巧智，于诸言音能诠、能表皆无罣碍，于一切法平等空性尽能证持，于众言音咸得善巧。莲花手，若受持者，能听如是入诸字门印相印句，闻已受持，读诵通利，为他解说，不著名利，由兹因缘得二十种殊胜功德。何等二十？谓得强忆念，得胜惭愧，得坚固力，得法旨趣，得增上觉，得殊胜慧，得无碍辩，得总持门，得无疑惑，得违顺语不生恚爱，得无高下、平等中住，得于有情言音善巧，得蕴善巧处，得缘起善巧、因善巧、缘善巧，得根胜劣智善巧、他心智善巧，得观瞻星历善巧，得天耳智善巧、宿住随念智善巧、神境智善巧、死生智善巧，得漏尽智善巧，得说处非处智善巧，得往来等威仪路善巧。

表 11　《不空罥索经》字门表

序数	译字	梵字	字义
1	旖	a	入旖字门解一切法本不生故
2	迦	ka	入迦斤逻反字门解一切法离作业故
3	佉	kha	入佉字门解一切法等虚空不可得故
4	诫	ga	入诫银迦反，又音迦字，斤椤反字门解一切法一切行不可得故
5	伽	gha	入伽上字门解一切法一合不可得故
6	落	ro	入落字门解一切法离尘垢故
7	跛	pa	入跛字门解一切法第一义教不可得故
8	者	ca	入者字门解一切法无死生故
9	娜	na	入娜字门解一切法离名字相不可得故
10	撦	cha	入撦蚩者反字门解一切法影像不可得故
11	薄	po	入薄字门解一切法出世间故爱支因缘永不现故
12	吽	hūṃ	入吽弱字门解一切法生不可得故
13	度	jha	入度字门解一切法战敌不可得故
14	陀	tha	入陀上字门解一切法调伏寂静真如平等无分别故
15	婆	bha	入婆无何反字门解一切法一切有情离系缚故
16	荼	ḍha	入荼字门解一切法执持清净不可得故
17	瑟咤	ṣṭa	入瑟咤字门解一切法制伏任持驱迫慢相性不可得故
18	诧	ṭha	入诧魑贾反字门解一切法长养不可得故
19	洒	ṣa	入洒疏贾反字门解一切法无罣碍故
20	拏	ḍa	入拏尼贾反字门解一切法怨对不可得故
21	缚路	vro	入缚无可反路字门解一切法言音道断故
22	辨	ta	入辨多可反字门解一切法真如住处不可得故

续表

序数	译字	梵字	字义
23	野耶	yya	入野药可反耶余何反字门解一切法一切乘如实不生不可得故
24	怛𡨴他	tadyathā	入怛𡨴宁也反他去字门解一切法住处不可得故
25	驮	dha	入驮字门解一切法法界不可得故
26	瓢	bhyaḥ	入瓢毗药反字门解一切法时平等性不可得故
27	摩	ma	入摩字门解一切法我所性不可得故
28	颇	pha	入颇披我反字门解一切法而不坚实如聚沫故
29	么	ba	入么字门解一切法所缚不可得故
30	惹	ja	入惹字门解一切法生起不可得故
31	湿缚	sva	入湿缚二合字门解一切法安隐性不可得故
32	啰	ra	入啰字门解一切法离一切尘染故
33	攞	la	入攞字门解一切法一切相不可得故
34	达	dha	入达字门解一切法界性不可得故
35	舍	sa	入舍字门解一切法寂静性不可得故
36	佉上	kho	入佉上字门解一切法如虚空性不可得故
37	叉	kṣa	入叉字门解一切法穷尽性不可得故
38	哆	sta	入哆多个反字门解一切法任持处非处令不动转性不可得故
39	纥唎蘗皤	hrigarbha	入纥唎蘗皤字门解一切法所了知性不可得故
40	喇诧	rtha	入喇诧字门解一切法执著义性不可得故
41	歌	ha	入歌字门解一切法因性不可得故
42	皤	bho	入皤字门解一切法破坏性不可得故
43	矩	ku	入矩字门解一切法欲乐覆性不可得故
44	塞么	sma	入塞桑纥反么字门解一切法可忆念性不可得故
45	埵缚	tva	入埵二合缚同上字门解一切法可呼召性不可得故
46	縒	sta	入縒字门解一切法勇健性不可得故
47	唵	oṃ	入唵字门解一切法厚（原）平等性不可得故
48	第	ddhe	入第字门解一切法积集性不可得故
49	翳醯曳呬	ehyehi	入翳醯去曳呬呼以反字门解一切法离诸諠诤无往来行住坐卧不可得故

续表

序数	译字	梵字	字义
50	叵	pho	入叵字门解一切法遍满果报不可得故
51	塞迦	ska	入塞$_{\text{桑纥反}}$迦$_{\text{同上}}$字门解一切法聚积蕴性不可得故
52	逸娑	ysa	入逸娑$_{\text{去}}$字门解一切法衰老性相不可得故
53	柘	sca	入柘字门解一切法聚集足迹不可得故
54	播	ḍha	入播字门解一切法究竟所不可得故
55	诚拏娜么吽 泮莎缚诃	Gaḍanama hūṃphaṭ svāhā	入诚$_{\text{同上}}$拏娜么吽泮莎缚诃字门解一切三昧耶悉皆自在，速能成办一切事，三昧耶义利悉地

二　《大日经》字门与《金刚顶经》字门

《大日经》字门，其经本《大日经》，全称《大毗卢遮那成佛神变加持经》，共7卷，唐开元十二年（724）善无畏译，其字门在第二品《入曼荼罗具缘真言品》，称字门为真言教法、真言三昧门。共29字，其中元音只有1个，即阿a字，辅音按悉昙字母顺序排列，不包括5组的鼻音，有28个辅音，即迦ka、佉kha、哦ga、伽gha，遮ca、车cha、若ja、社jha，吒ṭa、咤ṭha、拏ḍa、荼ḍha，多ta、娜tha、他da、驮dha，波pa、颇pha、么ba、婆bha，加之4个半元音野ya、啰ra、逻la、缚va和3个咝音奢śa、沙ṣa、娑sa以及1个气音诃ha。按其元音只取阿字，并诸辅音，与般若字门相同，但辅音以字母顺序排列，又采用悉昙字门的方式，而不以鼻音以及复合辅音为字门，是其独特之处。

《金刚顶经》的字门，不空于大历九年（774）另译为《瑜伽金刚顶经释字母品》，共有48个字，完全按悉昙字母顺序排列，包括7组元音阿$_{\text{上}}$a、阿$_{\text{引,去}}$ā，伊$_{\text{上}}$i、伊$_{\text{引,去}}$ī，坞u、污$_{\text{引}}$ū，哩ṛ、哩$_{\text{引}}$ṝ，唱ḷ、嚧ḹ，噎e、爱$_{\text{引}}$ai，污o、奥au，共14音，以及鼻音暗aṃ、气音aḥ，辅音字母包括5组共25个辅音，和1个复辅音，以及4个半元音和3个咝音，形成完整的悉昙字母体系，显然完全采用悉昙字门。

《大日经》字门与《不空罥索经》字门之间，除鼻音释义之外，有23个字门相同。可知《大日经》的字门承袭自《不空罥索经》字门。《金刚顶经》字门虽多，但相同字门则与《大日经》字门释义完全相同，也就是与《大日经》所有的29个字门释义相同，只是表述上略有差异。

凡《大日经》作“一切诸法”者，《金刚顶经》均简作“一切法”，省略得当。《金刚顶经》字门又承袭自《大日经》字门，只是增加了元音字母的释义。

真言字门之间，释义相同的毕竟占多数，故此再作比较如下：

初音阿 a 字义，三者释义相同，均作一切法本不生，也与般若字门等相同。第 2 长阿 ā 字义，《金刚顶经》释“一切法寂静”，与诸字门不同。第 3 伊 i 字义，《金刚顶经》释“一切法根不可得”，与《文殊问经》释义“诸根”“诸根广博”，《佛本行集经》释义“一切诸根门户闭塞”，《方广大庄严经》释义“诸根本广大”有关，均以诸根为例，《文殊问经》及《庄严经》以诸根之广博、广大为义，《本行经》以诸根之门户闭塞为义，《金刚顶经》则以诸根之不可得为义，是按般若遮诠法解释字门，但可见其释义出自问经字门及佛传字门。第 4 长伊 ī 字义，《金刚顶经》释“一切法灾祸不可得”，与《文殊问经》所释“世间灾害”、《庄严经》所释“一切世间众多病”释义有关，只是将字义规定为不可得而已。第 5 坞 u 字义，《金刚顶经》释“一切法譬喻不可得”，与诸字门不同。第 6 污引 ū 字义，《金刚顶经》释“一切法损减不可得”，与《文殊问经》释义“损减世间多有情”有关。第 7 哩 ṛ 字义，《金刚顶经》释“一切法神通不可得”，与诸字门不同。第 8 哩引 ṝ 字义，《金刚顶经》释一切法类例不可得，与诸字门不同。第 9 唱 ḷ 字义，《金刚顶经》释一切法染不可得，与《文殊问经》所释梨 ḹ 字义“三有染相”相关。第 10 嚧 ḹ 字义，《金刚顶经》释“一切法沉没不可得”，与诸字门不同。第 11 曀 e 字义，《金刚顶经》释一切法求不可得，与《文殊问经》释义相同。第 12 爱引 ai 字义，《金刚顶经》释一切法自在不可得，与诸字门不同。第 13 污 o 字义，《金刚顶经》释“一切法瀑流不可得”，与《庄严经》释义相同。第 14 奥 au 字义，《金刚顶经》释一切法化生不可得，与《文殊问经》《庄严经》释义相同。第 15 暗 aṃ 字义，《金刚顶经》释一切法边际不可得，与诸字门不同。第 16 恶 aḥ 字义，《金刚顶经》释一切法远离不可得，与诸字门不同。

第 17 迦 ka 字义，《不空罥索经》释“入迦斤逻反字门解一切法离作业故”，《大日经》释“迦字门一切诸法离作业故”，《金刚顶经》释“迦上字门一切法离作业故”，三者释义相同，也与般若字门释义相同。但佛传字门《佛本行集经》《方广大庄严经》字门，持经字门功德直译、僧伽婆罗译、阇那崛多译、不空译诸本以及问经字门、行经字门等释作“业报”等。按业报、业力的梵文为 karma，作业的梵文为 kriyā。《大日经疏》解释说：“迦字门云一切诸法离作业故者，梵音迦哩耶，是作业义，如诸外道计有作者、使作者等，诸部论师亦说有作、有作者、有所用作法，三事和合故有果报。若因般若方便，谓有决定即堕无因，若堕无因，一切法即无因果。能生法名因，所生法名果，是二法无故，作及作者、所用作法，罪福果报及涅槃道，一切皆无。复次作、作者相因待生，若定有作法，则当定有作者，皆是不异外道论议，如《中论·观作作者品》中广说。今正观察作、作者等悉从众缘生，即入本不生际。本不生际者，有佛、无佛法尔如是，谁造作之首？是故若见迦字，则知一切诸法皆是造作所成，名为自相。若是作法者，当知毕竟无作，名为真实义也。”① 梵音迦哩耶，即梵文 kriyā，有作、所作、作用、作业、业、业用、果、行、造作等义，一切法离作业，是说不再有业行。

第 18 佉 kha 字义，诸译均释一切法等虚空不可得，与般若字门、问经字门、庄严经字门释义相同。《大日经疏》解释说：“佉字门一切诸法等虚空不可得者，梵音佉字是虚空义。世间共许虚空是无生无作法，若一切法本不生，离诸作，是毕竟如虚空相。今此空相亦复不可得也，何以故？如世间无色处名虚空相，色是作法，无常。若色未生，色未生则无灭，尔时无虚空相。因色故，有无色处，无色处名空，《中论·观六种品》中广说。此中义亦如是，若色本来不生，何者名为无色处？无色处不可说，则无虚空定相。复次诸法如虚空相，是为不诳相涅槃。如经说五阴灭，更不生余五阴，是涅槃义。若五阴本来不生，今何所灭而名涅槃耶？是故如虚空相亦不可得，是佉字门真实义。”梵文 kha，有虚空、虚空处、中空、孔洞、窍孔等义，译空、虚空、窍等。

第 19 诫 ga 字义，诸译均释一切法行不可得，《普曜经》释“罪福报从行受”，《大般若经》释“一切法行取性不可得”，《守护经》作“甚深法无行取”，与此诸字门释义有关。《大日经疏》解释说：“哦字门一切诸法一切行不可得故者，梵云哦哆也二合是名为行，行谓去来、进退不住之义。今从阿字门展转释之，以诸法本不生故，无作，无作故，则无所待

① （唐）一行撰《大毗卢遮那成佛经疏》卷 7，《大正藏》第 39 卷，第 651 页下—652 页上。

对，可说为空。空者即是不行处，不行处尚不可得，况行处耶！《中论·观去来品》明行止义，以相续故名行，如从谷子生牙、茎、叶。及无明缘诸行等，以断故名止。如谷子灭故，牙、茎灭。无明灭故，诸行等灭。若法已行则无行，已行故，未行亦无行。未有行法故，行时亦无行。不离已行，未行故。以如是等种种门观察，毕竟无行，无行故，则无所止。以无行、无止故，则是无有往来诸趣者，亦无住涅槃者。复次若人不动本处，即是所诣处者，当知是人无行、无到，故云一切行不可得也。”哦哆也二合，梵文 gatya，原形 gati，译行、行止、至、到、趣、所趣、往、往来等，该词也有去、离开、举止、行动等义，故《大品般若》释“诸法去者不可得”。

第 20 伽 gha 字义，诸译释“一切法一合不可得故”，《大日经疏》解释说：“伽字门一切诸法一合不可得故者，梵云伽那是密合义，如众微相合成一细尘，诸蕴相合而成一身等。《中论·观合品》诸论师言：以见、可见、见者三事故而有所见，当知有合闻、可闻、闻者，乃至染、可染、染者等诸烦恼亦然。答者云：凡物皆以异故有合，而今一切法异相不可得，是故无合，如彼广说。以字门展转相释故，且以行义明之，凡有所行，当知必有行、可行、行者三事相合，今一切法本不生故，则无所行。若无所行，云何行、可行、行者得合耶！复次若诸法各各异相，终无合时。若至本不生际，则无异相亦不可合，是故一切法毕竟无合也。”此说梵云伽那是密合义，伽那，即梵文 ghana，一般作“厚”义，般若字门即释“入诸法厚不可得”，《智论》解释为“诸法不厚不薄”。华严字门释坚固海藏，问经字门释坚重、稠密等，也由其厚重之义引申而来。此释密合之义，也与其引申义有一定关系。梵文 eka-ghana，有合为一体义，梵文 ghana-vyūha 有密严义，梵文 ghana-rasa 有密味义，故 ghana 也有密、合之义。

第 21 仰 ṅa 字义，《金刚顶经》释一切法支分不可得，支分，梵文 aṅga。

第 22 遮 ca 字义，《大日经》释“一切诸法离一切迁变”，《金刚顶经》同释“一切法离迁变”，《罥索经》则释“一切法无死生”。《大日经疏》解释说：“遮字门一切诸法离一切迁变故，梵云遮庾二合底，即是迁变义。又梵音遮唎耶，是诸行义。如见遮时，即知诸行迁变不住。《中论·观行品》云，诸行名五阴，以从诸行生故，是五阴皆虚妄，无有定相。

如婴儿时色乃至老年时色，中间念念不住。分别决定性不可得，性名决定有，不可变异，如真金不变。今诸法虽生，不住自性，是故当知无性，如彼广说。若无性者即是本初不生，本初不生者即是如来之身，常恒安住，无有变易，故云离迁变也。复次若一切法是和合所成，则有迁变。今诸法无生无作乃至无所行故，则无和合，无和合故，则离一切迁变。”遮庾二合底，梵文 cyuta、cyuti、cyuty，既有移动、迁动、震动之义，也有死殁、退舍、迁谢、死生、堕落、命尽等义，故《大日经》取迁变义，《罥索经》取死生义。遮唎耶，梵文 caryā，有行、所行、所行道、修行之义。《大日经疏》虽取迁变义，但又与行义合释，迁变不住者就诸行而言。般若字门中也取义各有不同，《智度论》及《守护经》取诸行义，《放光》《大般若经》取死生义，《大品》取终义，《光赞》则将诸行与死生合释。

第 23 车 cha 字义，三经均释一切法影像不可得。《大日经疏》解释说：“车字门一切诸法影像不可得者。梵音车上声野是影义，如人影像皆依自身，如是三界万法唯是识心，因缘变似众境，是事如《密严经》广说。乃至修瑜伽者有种种不思议事，或能面见十方诸佛普现色身，亦皆是心之影像。以心本不生故，当知影像亦无所生。无所生故，乃至心无迁变故，影像亦无迁变。所以然者，如影自无定性，行止随身。心影亦尔，以心动作戏论，无一念住时故，世间万用亦复为之流转。若了心如实相时，影亦如实相，故不可得也。”车上声野，梵文 chāyā，有阴影、影像等义。

第 24 惹 ja 字义，三经均释一切法生不可得，般若字门释义相同，其中《智度论》作“诸法生老不可得”，《守护经》释作“超过老死能所生”，问经字门亦释度老死，佛传字门多释度生死义。《大日经疏》解释说：“惹字门一切诸法生不可得故者，梵云惹哆也是生义，如泥团、轮、绳、陶师等和合故有瓶生，缕绳、机纴、织师等和合故有叠生，持地筑基、梁椽、泥草、人功等和合故有舍生，酪酪、器钻、人功等和合故有稣生，种子、地、水、火、风、虚空、时节等和合故有芽生。内法因缘亦如是，无明、行等各各生因而复生。是故若见惹字门，即知一切诸法无不从缘生。如说偈言：‘众因缘生法，是即无自性；若无自性者，云何有是法。’是故生不可得也。外道论师说种种邪因缘，或无因缘生一切法。佛法中人亦有失般若方便故，取著因缘生灭相，如《中论》广破。复次阿字门是诸法本性不生，惹字门以十喻观，生虽从缘有而不可得，若生毕竟不可得，则不异无生际。又十喻是心之影像，不出法界，故生亦不出无生际也。”惹哆也，梵文 jātya，有生、生类、种类之义。

第 25 社 jha 字义，三经均释一切法战敌不可得。《大日经疏》解释：“社字门一切诸法战敌不可得故者，梵云社么啰是战敌义，若见社字，则知一切诸法皆有战敌。如世间善、不善法，逆生死流、顺生死流法，布施、悭贪、持戒乃至智慧、无明等，更相待对，胜负无常。乃至如来出世，以一切智力破魔军众，亦名为战。然一切法中义不成故，智慧、烦恼竟为属谁而言毗婆舍那能破烦恼耶？若言明生时，暗灭故名为破者，为已生故破？未生故破耶？已生则无暗，更何所破？未生则自无有体，又何能破？若生时名为半，已生半未生，故明暗毕竟不相及。又一切法本不生，乃至无影像故，便同一相，不出于如，云何佛界如？与魔界如战，故佛坐道场时但了知诸法无对，而世间谈议，自立战胜之名耳。”社么啰，梵文 jhapara。

第 26 穰 ña 字义，《金刚顶经》释一切法智不可得，智，梵文 prajña。般若字门梵文 jña，作诸法智不可得，或诸法慧不可得，或一切法智相不可得，或一切法所了知性不可得。华严字门释世间智慧，或能所知性不可得。

第 27 吒 ṭa 字义，《大日经》《金刚顶经》释一切法慢不可得，《罥索经》以瑟咤 ṣṭa 字门，释“一切法制伏、任持、驱迫、慢相性不可得”，与般若字门《大般若经》“一切法制伏任持相不可得”的释义相近。《大日经疏》解释说：“吒字门一切诸法慢不可得故者，梵音吒迦啰是慢义，谓见彼法卑下，此法高胜。如三界六趣种种优劣不同，所起慢心无量差别，略说有七种相，如《毗昙》中广明，乃至求三乘人，犹有上地、下地不平等见。今观诸法无生乃至无待对故，则知阿耨多罗三藐三菩提于法平等，无有高下，是故如来亦名一切金刚菩萨，亦名四果圣人，亦名凡夫外道，亦名种种恶趣众生，亦名五逆邪见人，大悲漫荼罗正表此义也。”梵音吒迦啰，即 ṭakāra，但慢义一般作 māna，我慢的梵文为 ātman-māna，当然也作 ātman-kāra。

第 28 咤 ṭha 字义，三经均释一切法长养不可得。《大日经疏》解释说：“咤字门一切诸法长养不可得故者，梵音毗咤钵那是长养义，如世间种子为因，五大时节为缘，渐次滋长，得成果实。内法亦尔，于业田中下识种子，无明所覆，爱水所润，而得滋长，如《稻芊经》中广明。今此经违世、顺世八心相续增长，亦有因缘，乃至净菩提心以五字门为缘，生大悲根，佛娑罗树增长，弥布满于法界。然一切法即由此五字门本不生，离言说，自性净，无因缘，如虚空相故，长养不可得。复次从阿、迦字以来展转相释，乃至诸法毕竟平等，无有高下，以无高下故，当知即无有增长也。”梵音毗咤钵那，即 viṭhapana，有长养以及积集、变现、成、庄严等义。

第 29 拏 ḍa 字义，《不空罥索经》《大日经》释一切诸法怨对不可得，《金刚顶经》作“一切法怨敌不可得”，怨对、怨敌同义。般若字门中《守护经》亦释“离诸怨敌及忧恼”，与之相同。《大日经疏》解释说：“拏字门一切诸法怨对不可得故者，梵音云拏么啰是怨对义，如世间仇雠更相报复，故名为对。又前云战敌，是彼此相加，此中怨对是避仇之义，梵音各自不同。《毗尼》中佛说以怨报怨，怨终不绝，唯有无怨，怨乃息耳，又说女人是梵行者怨。《无量义经》亦说生死怨敌自然散坏，证无生忍，半佛国宝。是故行者见拏字门时，则知一切法悉有怨对，名为了知字相。又以诸法本不生，乃至长养不可得故，当知怨对亦复本来不生，乃至无有长养，是故如来毕竟无有怨对，名为字门真实义也。”梵音拏么啰，即 ḍamara，一般作恼乱、慌乱、骚乱、激动等义，而怨对的梵文为 pratidvaṃdva、pratyarthika、pripanthitva 等，怨敌则作 śatru、para-cakra、vipratyanīka 等。

第 30 荼 ḍha 字义，《大日经》《金刚顶经》释一切法执持不可得，《罥索经》作“一切法执持不可得”。《大日经疏》解释：“荼字门一切诸法执持不可得故，梵音瑒迦是执持义，以荼字上安置点，是故转声为瑒，其体则同。又云蘖哩何者，亦是此别名。经云鬼魅所著，或云非人所持，《智度》云著襄，皆是蘖里何鬼所作，以著人不相舍离故以为名。其日月五星等亦以终始相随故，梵语名蘖哩何，翻为九执，正相会一处。天竺历名正著时，此执持义与陀罗不同也。见此荼字门，即知一切众生从无始来为四魔所著，不能舍离，是名字相。今以阿字等种种门展转观一切法，皆不可得故，当知一切法无有怨对，以怨对本不生故，终不以平等法界执著平等法界，故云一切诸法执持不可得也。”梵音瑒迦，当即 dhṛkṛ，蘖哩何即 grahāḥ。

第 31 拏ṇa 字义，《金刚顶经》释一切法诤不可得，与般若字门释义相同。《大般若经》释“入拏字门，悟一切法离诸喧诤，无往无来，行住坐卧不可得故”，《智度论》解释：“南天竺拏，秦言不”，并说“若闻拏字，即知一切法及众生不来不去、不坐不卧、不立不起，众生空、法空故。”其他诸译亦释诸法不来不去、不立不坐不卧等。

第 32 多 ta 字义，《大日经》《金刚顶经》释一切法如如不可得，《罥索经》释作“一切法调伏寂静真如平等无分别”。般若字门与之释义接近，《大般若经》释一切法真如不动，《大品》作“诸法如相不动”，《智度论》释“诸法在如中不动，多他，秦言如。”多他，《大日经疏》译“哆他多”，即梵文 tathatā，tathatva、tathātra、tathātva，如如，真如义。《大日经疏》解释：“多字门一切诸法如如不可得故者，梵云哆他多是如如义，语势中兼有得声。证得如如即是解脱义。如谓诸法实相种种不如实见，戏论皆灭，常如本性，不可破坏。若见多字门，即知一切诸法皆是如如相，名为字相。然有一类外道计有如如之性，若知见此有，名为解脱。虽作此说，只是于我见上转作异名。龙树以为声闻经中言法住者，亦是诸法如如义。以所入未深故，而生灭度之想，谓证涅槃。然生死涅槃是相待法，若知生死从本际已来常自如涅槃相，复待谁故说为涅槃？是故一切法毕竟非实非虚、非如非异。《中论》亦云涅槃之实际及与世间际，如是二际者厘毛无别。以无差别故，一切法无怨对。无怨对故，无执持。无执持故，亦无如如解脱也。”

第 33 他 tha 字义，三经均释一切法住处不可得，但《罥索经》字门作“怛牠他”tadyathā，般若字门与之释义相同，《智度论》说：“南天竺他那，秦言处。”他那，《大日经疏》译萨他娜，梵文 sthāna，处所、住所义。《大日经疏》解释：“他字门一切诸法住处不可得故者，梵音萨他娜是住处义，亦是住义。如人从此住处升上某处，其所依处所说名为住。诸贤圣地位亦如是，约诸行道人心迹所依所止息处故，说种种名。若见他字时，即知一切诸法无不待缘成故，当知悉有所依住处，是为字相。然诸法本来不生，乃至如如解脱亦不可得，则无去无来，无行无住。如是寂灭相中，当有何次位耶？复次入多字门时，了知诸法皆空故，不住生死中，即此如如亦不可得故，不住涅槃中。尔时行处尽息，诸位皆尽，遍一切处的无所依，是名以不住法住于如来大住也。”

第 34 娜 da 字义，《大日经》《金刚顶经》释一切法施不可得。《大日经疏》解释：“娜字门一切诸法施不可得故者，梵云檀那是舍施义，若见娜字，即知一切诸法皆是可舍相。所以者何？以一切法离合在缘，无有坚住。若于中执著生爱，必为所焚，乃至十地诸菩萨于自地所生净妙功德，未到舍彼岸故，犹有不思议退失，不名第一安乐处。今观诸法不生故，施者、施处及所施物皆悉本来不生，乃至一切法无住处。无住处故，即此三事亦无住处，是故佛坐道场都无所得，亦无所舍，于虚空藏中无所蕴积，而普门流出，遍施群生，是名见檀实相，亦名具足檀波罗蜜。又如来秘宝之藏皆是法然，所谓不可授人。若施他时，还就众生心室中开出之耳，是故经云一切诸法施不可得名为字门真实义也。”梵云檀那，即 dāna。檀波罗蜜，即 dāna-prāmitā，布施、舍与、供养义。

第 35 驮 dha 字义，均释一切法法界不可得，般若字门中《大般若经》释“一切法界性不可得”，其他多释诸法性不可得，《智度论》说“驮摩，秦言法，”即梵文 dharma。法界、法性，梵文 dharma-dhātu，亦音译达摩驮都。《大日经疏》解释：“驮字门一切诸法法界不可得故者，梵云达摩驮都，名为法界，界是体义，分义。佛之舍利亦名如来驮都，言是如来身分也。若见驮字门，即知一切诸法悉皆有体，谓以法界为体。所以者何？若离诸法实相，则一切法体义不成故。夫法界者，即是心界，以心界本不生故，当知法界亦本不生。乃至心界无得无舍故，当知法界亦复无得无舍。舍尚自无，无法可舍，况可得乎！若法界是可得相者，即是从众因缘生，若众因缘生，当知自无本体，何况为诸法体。故法界者唯是自证常心，无别法也。复次如来大施者，所谓大悲漫荼罗。法界者即是普门实相，如是实相不可以加持神力示人，是故无法可得。”

第 36 曩 na 字义，《金刚顶经》释一切法名不可得，《罥索经》释作“一切法离名字相不可得”。般若字门中，《大品》释“诸法离名性相不得不失”，《大般若经》释“一切法远离名相无得失”，《守护经》释“名色性相不可得”，《智度论》按否定词释，作“一切法不得不失，不来不去。那，秦言不”。名、名字、名相，梵文 nāman。名色，梵文 nāma-rūpa。

第 37 跛 pa 字义，均释一切法第一义谛不可得，第一义谛，《罥索经》作“第一义教”，与般若字门中《大品》同，《大般若经》亦作胜义教。胎经字门亦释第一义。《智度论》说：“波罗木陀，秦言第一义。”波罗木陀，或译波罗么他，梵文 paramārtha，胜义、最胜义、真义、第一义。第一义谛，梵文 paramārtha-satya，satya，音译萨底也，谛义。《大日经疏》解释说：“波字门一切诸法第一义谛不可得故者，梵云波罗么他，翻为第一义，或云胜义。萨底也，此翻为谛，谛义于娑字门说之。今此波字门正明第一义相，龙树云第一义名诸法实相，不破不坏故。复次诸法中第一，名为涅槃。如《阿毗昙》云：云何无上法？谓智缘尽，智缘尽即是涅槃。若见波字，即知一切法不离第一义，第一义不离诸法实相，是为字相。若字门真实义者，第一义亦不可得，何以故？无爱无著故。《智论》又云：以众生著涅槃音声而作戏论若有若无，以破著故，说涅槃空，是名第一义空。不破圣人心中所得，以圣人于一切法中不取相故。复次一切法皆入平等法界，则无高下，岂欲令无生法中有胜劣相耶！是故第一义不可得也。”

第 38 颇 pha 字义，三经释一切法不坚如聚沫，《大日经疏》解释说：“颇字门一切诸法不坚如聚沫故者，梵云沛奴，译云聚沫。如大水中波涛鼓怒相激而成聚沫，有种种相生，乃至固结相持，遂有坚固。然从粗至细一一观察，只是缘复从缘，不可撮摩，都无实性。至其本际，则举体是水，都无所生。今世间种种五阴亦复如是，今摄末归本，去丈就尺观之，乃至如丝忽之际，个然微动，皆是展转从缘。若是从众缘生，则无自性。若无自性，当知是生即不生至。至于本不生际，但是心性海耳，而随六趣妄情，遂有世界之目。夫心性海者，即是法界，法界者即是胜义涅槃。若能如是见时，虽复洪波震荡，作种种普现色身，亦不坏澄清之性也。”梵云沛奴，即 phena，泡沫、聚沫、水泡、气泡义。

第 39 么 ba 字义，三经释一切法缚不可得，缚，《罥索经》作“所缚”。般若字门释一切法离系缚，胎经字门、问经字门释“解脱系缚”。《大日经疏》解释：“么字门一切诸法缚不可得故者，梵云满驮，此翻为缚，如人为缧绁所拘，不可得动转，是缚义。若以方便解是结时，则名解脱。若离身绳，无别缚解法。如天帝释以微细缚缚阿修罗王，置忉利天上，起念欲还时，五缚已在其身。若息念时，缚自除解。若波旬罥网，复过于此百千倍数，何况业烦恼无为缚等耶！以要言之，若离诸因缘，不堕诸法数者，乃谓无缚，是为字义。《中论》云，离五阴别有众生者，则应以阴缚众生，而实离五阴、无众生。若离五阴别有烦恼者，别应以烦恼缚五阴，而实离五阴无别烦恼。以如是等种种因缘，当知无缚，无缚则无解，无缚解故，涅槃即生死，生死即涅槃，如《观缚解品》中广说。复次若诸法本来不生，乃至如聚沫者，是中谁为能解？谁为所缚？是故诸缚不可得也。”梵云满驮，即 baddha，缚、系缚、所缚义。

第 40 婆 bha 字义，《大日经》《金刚顶经》释一切法有不可得，胎经字门、问经字门释“三有”。《大日经疏》解释说：“婆字门一切诸法一切有不可得故者，梵云婆嚩，此翻为有，有谓三有，乃至二十五有等。若见婆字，即知一切诸法皆悉有因缘，众缘合故，说名为有，无决定性，所以者何？若法定有有相，则终无无相，是即为常。如说三世者，未来中有法相，是法来至现在，转入过去，不舍本相，则堕常见。若说定有无，是无必先有，今无是则为断灭见。因是二见故，远离佛法，如《中论·破有无》中广明。今观诸有，从缘即是本不生义，以本不生故，无作、无行乃至无缚、无脱，是故婆字门以从缘有故，具足一切字门。若具一切字门，即是三昧王，三昧能破廿五有，释迦牟尼由此义故，名为破有法王也。”梵云婆嚩，即 bhava，生、生起、起源、本源、存在等义，译有、诸有、生者。三有，即欲有、色有、无色有。二十五有，即欲有有十四有——四恶趣、四洲、六欲天。色有有七有——四禅天及初禅中之大梵天，并第四禅中之净居天与无想天。无色有有四有——四空处（空无边处、识无边处、无所有处、非想非非想处）。

第 41 摩 ma 字义，《罥索经》释一切法我所性不可得，《金刚顶经》释作“一切法吾我不可得”，般若字门释义与之相同，或作我及我所性不可得。

第 42 野 ya 字义，《大日经》《金刚顶经》释一切法一切乘不可得，《罥索经》释作“一切法一切乘如实不生不可得”，与般若字门释义相同。《大日经疏》解释说：“野字门一切诸法一切乘不可得故者，梵云衍那，此翻为乘，亦名为道，如人乘驭舟车，则能任重致远，有所至到。若见野字门，则知一切众生以种种因缘趣向生死果报及趣涅槃者，各有所乘，亦知无量诸乘悉是佛乘，名为字相。今观诸法本不生故，即是无行无住、不动不退，是中谁为乘者？当乘何法耶？复次是乘从三有中出，至萨婆若，五百由旬无非实处者，欲行何道？往诣何处乎？是故一切乘不可得，乃名摩诃衍道。”梵云衍那，即 yāna，道路、行走、骑乘义，译乘、车乘、车舆、往趣等。

第 43 啰 ro 字义，三经释一切诸法离一切诸尘染，与胎经字门、般若字门啰 ra 字门释义相近。《大日经疏》解释说：“啰字门一切诸法离一切尘染故者，梵云啰逝，是尘染义，尘是妄情所行处，故说眼等六情、行色等六尘。若见啰字门，则知一切可见、闻、触、知法皆是尘相，犹如净衣为尘垢所染，亦如游尘纷动使太虚昏浊，日月不明，是为字相。《中论》以种种门谛求见法，无有见者，若无见者，谁能用见法分别外色？见、可见、见法无故。识、触、受、爱四法皆无，以无爱故。十二因缘分亦无，是故眼见色时即是涅槃相，余尘例尔。复次以阿字门展转观察诸尘，以其本不生故，无造作故，乃至无所乘法及乘者故，当知所可见闻触知法悉是净法界，岂以净法界染污如来六根耶！《鸯掘摩罗经》以佛常眼具足无灭明见，常色乃至意法亦如是，是啰字门真实义也。”梵云啰逝，即 rajas，尘埃、灰尘、微尘义。

第 44 逻 la 字义，三经释一切法一切相不可得，持经字门相作相好、无相好，《大日经疏》解释说：“逻字门一切诸法一切相不可得故者，梵云逻吃洒，此翻为相，有人言性相无有差别，如说火性即是热相。或言少有差别，性言其体，相言可识，如释子受持禁戒是其性，剃发割截染衣是其相。若见逻字门，即知一切法皆悉有相。相复二种，一者总相，谓无常、苦、空、无我相。别谓诸法虽无常、无我而有各各相，如地坚、水湿、火热、风动等，舍为施相，不悔不恼为持戒相，心不变异为忍相，发勤为精进相，摄心为禅相，无所著为慧相，能成事为方便相，织作生死为世间相，无织为涅槃相等。今观有为、无为法体性皆空，此相与谁为相耶？如《中论·三相品》及《十二门》中广说。复次净法界中百六十心等种种诸相本不生，则无造作。无造作故，乃至毕竟无尘。无尘故，离一切相。以离一切相故，名为诸佛自证三菩提也。”梵云逻吃洒，即 lakṣaṇa，译相、相貌、相好、体相、显相、色相等。

第 45 嚩 va 字义，均释一切法言音道断或一切法语言道断，与般若字门释义相同。《大日经疏》解释说：“嚩字门一切诸法语言道断故者，梵音嚩劫跛，名为语言。若见嚩字时，即知一切诸法不离语言地，以是诸法无不有因有缘故。若法本来不生，则是离诸因缘，是故语言道断。复次若法是作相，则可宣说，无作则语言道断。若虚空相是有相者，则可宣说，以诸法如虚空相，亦复无相，是故语言道断。若法有行、有迁变、有影像，则可宣说。若无行、无迁变、无影像，则语言道断，乃至诸法若是有相者，则可宣说。今一切法离一切相，故不可表示，不可授人，是故语言道断。复次无相亦无定相，当知一切法即相无相，即非相非无相，如彼三目不可思议，是故语言道断。余法门例此可知也。”梵音嚩劫跛，即 vacana-patha，或 vāk-patha，语言道之义。

第 46 舍字义，《大日经》与《金刚顶经》释“一切法本性寂”，《罥索经》作“一切法寂静性不可得”，均与般若字门释义相同。《大日经疏》解释：“奢字门一切诸法本性寂故者，梵云扇底，此翻为寂，如世间凡夫获少分恬泊之心，止息諠动，亦名为寂。乃至二乘人等永断诸行轮回，得涅槃证，亦名为寂。然非本性常寂，所以然者，诸法从本来常自寂灭相，三界六道何者非是涅槃！无漏智生时，复与凡夫何异！而今独于其中作灭度想，岂非颠倒耶！又若诸法本性寂者，于四十二地中何者非是如来地？何者非是凡夫地？若弥勒菩萨以本性寂故，得一生记者，一切众生皆亦应得记。若一切众生于本性寂中，不妨修学凡夫事者，弥勒菩萨亦应修学凡夫事，而今作差别想，岂非戏论耶！若入奢字门时，则知是法平等，无有高下，常无所动而无所不为，故云解脱之中多所容受，大般涅槃能建大义，皆以此也。”梵云扇底，即 śānti，译寂、寂静、寂灭义。

第 47 沙 ṣa 字义，《大日经》《金刚顶经》释“一切法性钝”，《罥索经》释“一切法无罣碍”，与般若字门释义相同。《大日经疏》解释：“沙字门一切诸法性钝故者，若梵本存质，当云性同于顽，顽谓犹如木石，无所识知、无触受之义。所云同者，是兴喻之言，非一向即同于彼也。又《大品》云，般若无知，自性钝故，即与此字门义合，故饰文者存古译之辞耳。夫自性钝者，即是极无分别心，不愚、不智、不慧，无识、无智，无妄、无觉，乃至一切诸法不能动摇，但是一纯固金刚地耳。所以然者，如世间人以取舍不妄故，尚智慧而弃愚痴，尊涅槃而贱生死。而今一概本不生，乃至一概本性寂，则谁利、谁钝耶！如彼金刚利刃，以对不坚物故，以偏用一边故，则名为利。若令所向之处悉是金刚，举体皆圆，不可偏用，则利相同归于钝矣。”钝，梵文 mṛdu。利，梵文 tīkṣnêndriya。钝利，梵文 mṛdu－tīkṣnêndriya。顽，梵文 niścetana，harṣaṇa，顽钝、顽空，梵文 jada、dhandha，顽愚，梵文 khaṭuṅka。罣碍、障碍，梵文 saṅga，āvaraṇa。《智度论》解释“若闻沙字，即知人身六种相。沙，秦言六。”六，梵文 ṣa、ṣaṣ。

第 48 娑 sa 字义，《大日经》《金刚顶经》释一切法一切谛不可得，《大日经疏》解释：“娑字门一切诸法一切谛不可得故者，梵云萨跢也，此翻为谛，谛谓如诸法真相而知不倒不谬。如说日可令冷、月可令热，佛说苦谛不可令异，集真是因，更无异因，因灭则果灭，灭苦之道即是真道，更无余道。复次《涅槃》云，解苦无苦，是故无苦而有真谛，余三亦尔。乃至分别四谛，有无量相及一实谛，如《圣行品》中说之，是为字门之相。然一切法本不生，乃至毕竟无相故，语言断故，本性寂故，自性钝故，当知无见无断，无证无修。如是见断、证修，悉是不思议法界，亦空亦假亦中，不实不妄，无定相可示，故云谛不可得，《中论·四谛品》中亦广辨其义也。”梵云萨跢也，即 satya，译谛、真谛、真、实、实谛等。

第 49 诃 ha 字义，均释一切法因不可得、一切法因性不可得，与《大般若经》释义相同。《大日经疏》解释：“诃字门一切诸法因不可得故者，梵云系怛嚩，即是因义，因有六种，及因缘义中因有五种，如《阿毗昙》广说。若见诃字门，即知一切诸法无不从因缘生，是为字相。以诸法展转待因成故，当知最后无依，故说无住为诸法本。所以然者，如《中论》以种种门观诸法因缘悉不生故，当知万法唯心，心之实相即是一切种智，即是诸佛法界。法界即是诸法之体，不得为因也。以是言之，因亦是法界，缘亦是法界，因缘所生法亦是法界。前说阿字门，从本归末，毕竟到如是处。今亦诃字门亦从末归本，毕竟到如是处。阿字从本不生生一切法，今亦以无因待为诸法因，终始同归，则中间旨趣皆可知矣。”

第 50 乞洒 kṣa 字义，《金刚顶经》释一切法尽不可得，《罥索经》作一切法穷尽性不可得，均与般若字门释义相同。《智度论》解释说：“若闻叉字，即知一切法尽不可得。叉耶，秦言尽。”叉耶，梵文 kṣaya。

表 12　　　　真言经字门对照表

译本	1 𑖀 a	释义
《不空罥索真言经》	旑	入旑字门，解一切法本不生故
《大毗卢遮那成佛经》	阿	阿字门一切诸法本不生故
《金刚顶经释字母品》	阿	阿上字门一切法本不生故
译本	2 𑖁 ā	释义
《不空罥索真言经》	欲	
《大毗卢遮那成佛经》		
《金刚顶经释字母品》	阿长	阿引,去字门一切法寂静故
译本	3 𑖂 i	释义
《不空罥索真言经》	究	
《大毗卢遮那成佛经》	伊	
《金刚顶经释字母品》	伊上	伊上字门，一切法根不可得故

续表

译本	4 𑖂 ī	释义
《不空罥索真言经》	行	
《大毗卢遮那成佛经》		
《金刚顶经释字母品》	伊引去	伊引,去字门一切法灾祸不可得故

译本	5 𑖄 u	释义
《不空罥索真言经》		
《大毗卢遮那成佛经》		
《金刚顶经释字母品》	坞	坞字门一切法譬喻不可得故

译本	6 𑖅 ū	释义
《不空罥索真言经》		
《大毗卢遮那成佛经》		
《金刚顶经释字母品》	污引	污引字门一切法损减不可得故

译本	7 𑖆 ṛ	释义
《不空罥索真言经》		
《大毗卢遮那成佛经》		
《金刚顶经释字母品》	哩	哩字门一切法神通不可得故

译本	8 𑖇 ṝ	释义
《不空罥索真言经》		
《大毗卢遮那成佛经》		
《金刚顶经释字母品》	哩引	哩引字门一切法类例不可得故

译本	9 𑖈 ḷ	
《不空罥索真言经》		
《大毗卢遮那成佛经》		
《金刚顶经释字母品》	唔	唔字门一切法染不可得故

译本	10 𑖉 ḹ	
《不空罥索真言经》		
《大毗卢遮那成佛经》		
《金刚顶经释字母品》	嘘	嘘字门一切法沉没不可得故

译本	11 𑖊 e	释义
《不空罥索真言经》		
《大毗卢遮那成佛经》		
《金刚顶经释字母品》	曀	曀字门一切法求不可得故

续表

译本	12 𑖋 ai	释义
《不空罥索真言经》		
《大毗卢遮那成佛经》		
《金刚顶经释字母品》	爱引	爱引字门一切法自在不可得故

译本	13 𑖌 o	释义
《不空罥索真言经》		
《大毗卢遮那成佛经》		
《金刚顶经释字母品》	污	污字门一切法瀑流不可得故

译本	14 𑖍 au	释义
《不空罥索真言经》		
《大毗卢遮那成佛经》		
《金刚顶经释字母品》	奥	奥字门一切法化生不可得故

译本	15 𑖀𑖽 aṃ	释义
《不空罥索真言经》		
《大毗卢遮那成佛经》		
《金刚顶经释字母品》	暗	暗字门一切法边际不可得故

译本	16 𑖀𑖾 aḥ	释义
《不空罥索真言经》		
《大毗卢遮那成佛经》		
《金刚顶经释字母品》	恶	恶字门一切法远离不可得故

译本	17 𑖎 ka	释义
《不空罥索真言经》	2 迦斤逻反	入迦斤逻反字门，解一切法离作业故
《大毗卢遮那成佛经》	2 迦	迦字门一切诸法离作业故
《金刚顶经释字母品》	迦上	迦上字门一切法离作业故

译本	18 𑖏 kha	释义
《不空罥索真言经》	3 佉	入佉字门，解一切法等虚空不可得故
《大毗卢遮那成佛经》	佉	佉字门一切诸法等虚空不可得故
《金刚顶经释字母品》	佉上	佉上字门一切法等虚空不可得故

译本	19 𑖐 ga	释义
《不空罥索真言经》	4 誐	入誐银迦反，又音迦字，斤椤反字门，解一切法一切行不可得故
《大毗卢遮那成佛经》	4 哦	哦字门一切诸法一切行不可得故
《金刚顶经释字母品》	誐上	誐上字门一切法行不可得故

续表

译本	20 gha	释义
《不空罥索真言经》	5 伽上	入伽上字门，解一切法一合不可得故
《大毗卢遮那成佛经》	伽重声	伽重声字门一切诸法一合不可得故
《金刚顶经释字母品》	伽去,引	伽去,引字门一切法一合不可得故
译本	21 ṅa	释义
《不空罥索真言经》		
《大毗卢遮那成佛经》	仰	
《金刚顶经释字母品》	仰鼻呼	仰鼻呼字门一切法支分不可得故
译本	22 ca	释义
《不空罥索真言经》		
《大毗卢遮那成佛经》	遮	遮字门一切诸法离一切迁变故
《金刚顶经释字母品》	左	左字门一切法离一切迁变故
译本	23 cha	释义
《不空罥索真言经》	10 撦	入撦凿者反字门，解一切法影像不可得故
《大毗卢遮那成佛经》	车	车字门一切诸法影像不可得故
《金刚顶经释字母品》	磋上	磋上字门一切法影像不可得故
译本	24 ja	释义
《不空罥索真言经》	30 惹	入惹字门，解一切法生起不可得故
《大毗卢遮那成佛经》	若	若字门一切诸法生不可得故
《金刚顶经释字母品》	惹	惹字门一切法生不可得故
译本	25 jha	释义
《不空罥索真言经》	13 度	入度字门，解一切法战敌不可得故
《大毗卢遮那成佛经》	社	社字门一切诸法战敌不可得故
《金刚顶经释字母品》	酇去	酇去字门一切法战敌不可得故
译本	26 ña	释义
《不空罥索真言经》		
《大毗卢遮那成佛经》	若	
《金刚顶经释字母品》	穰上	穰上字门一切法智不可得故
译本	27 ṭa	释义
《不空罥索真言经》	17 瑟咤	入瑟咤字门，解一切法制伏、任持、驱迫慢相性不可得故
《大毗卢遮那成佛经》	吒	吒字门一切诸法慢不可得故
《金刚顶经释字母品》	吒上	吒上字门一切法慢不可得故

续表

译本	28 ṭha	释义
《不空罥索真言经》	18 诧	入诧魑贾反字门，解一切法长养不可得故
《大毗卢遮那成佛经》	咤	咤字门一切诸法长养不可得故
《金刚顶经释字母品》	咤上	咤上字门一切法长养不可得故
译本	29 ḍa	释义
《不空罥索真言经》	20 拏	入拏尼贾反字门，解一切法怨对不可得故
《大毗卢遮那成佛经》	拏	拏字门一切诸法怨对不可得故
《金刚顶经释字母品》	拏上	拏上字门一切法怨敌不可得故
译本	30 ḍha	释义
《不空罥索真言经》	16 荼	入荼字门，解一切法执持清净不可得故
《大毗卢遮那成佛经》	荼重声	荼重声字门一切诸法执持不可得故
《金刚顶经释字母品》	荼去	荼去字门一切法执持不可得故
译本	31 ṇa	释义
《不空罥索真言经》		
《大毗卢遮那成佛经》	拏	
《金刚顶经释字母品》	拏	拏尼爽反，鼻呼字门一切法诤不可得故
译本	32 ta	释义
《不空罥索真言经》	14 陀上	入陀上字门，解一切法调伏寂静真如平等无分别故
《大毗卢遮那成佛经》	多	多字门一切诸法如如不可得故
《金刚顶经释字母品》	多上	多上字门一切法如如不可得故
译本	33 tha	释义
《不空罥索真言经》	24 怛𡦋他 tadyathā	入怛𡦋宁也反他去字门，解一切法住处不可得故
《大毗卢遮那成佛经》	他	他字门一切诸法住处不可得故
《金刚顶经释字母品》	他上	他上字门一切法住处不可得故
译本	34 da	释义
《不空罥索真言经》	34 达	入达字门，解一切法界性不可得故
《大毗卢遮那成佛经》	娜	娜字门一切诸法施不可得故
《金刚顶经释字母品》	娜	娜字门一切法施不可得故
译本	35 dha	释义
《不空罥索真言经》	25 驮	入驮字门，解一切法法界不可得故
《大毗卢遮那成佛经》	驮重声	驮重声字门一切诸法法界不可得故
《金刚顶经释字母品》	驮去	驮去字门一切法法界不可得故

续表

译本	36 𑖡 na	释义
《不空罥索真言经》	9 娜	入娜字门，解一切法离名字相不可得故
《大毗卢遮那成佛经》	那	
《金刚顶经释字母品》	曩	曩字门一切法名不可得故
译本	37 𑖢 pa	释义
《不空罥索真言经》	7 跛	入跛字门，解一切法第一义教不可得故
《大毗卢遮那成佛经》	波	波字门一切诸法第一义谛不可得故
《金刚顶经释字母品》	跛	跛字门一切法第一义谛不可得故
译本	38 𑖣 pha	释义
《不空罥索真言经》	28 颇	入颇披我反字门，解一切法而不坚实如聚沫故
《大毗卢遮那成佛经》	颇	颇字门一切诸法不坚如聚沫故
《金刚顶经释字母品》	颇	颇字门一切法不坚如聚沫故
译本	39 𑖤 ba	释义
《不空罥索真言经》	么	入么字门，解一切法所缚不可得故
《大毗卢遮那成佛经》	么	么字门一切诸法缚不可得故
《金刚顶经释字母品》	么	么字门一切法缚不可得故
译本	40 𑖥 bha	释义
《不空罥索真言经》	15 婆	入婆无何反字门，解一切法一切有情离系缚故
《大毗卢遮那成佛经》	婆	婆字门一切诸法一切有不可得故
《金刚顶经释字母品》	婆去重	婆去重字门一切法有不可得故
译本	41 𑖦 ma	释义
《不空罥索真言经》	27 摩	入摩字门，解一切法我所性不可得故
《大毗卢遮那成佛经》	麽	
《金刚顶经释字母品》	莽	莽字门一切法吾我不可得故
译本	42 𑖧 ya	释义
《不空罥索真言经》	23 野耶	入野药可反耶余何反字门，解一切法一切乘如实不生不可得故
《大毗卢遮那成佛经》	野	野字门一切诸法一切乘不可得故
《金刚顶经释字母品》	野	野字门一切法乘不可得故
译本	43 𑖨 ra	释义
《不空罥索真言经》	32 啰	入啰字门，解一切法离一切尘染故
《大毗卢遮那成佛经》	啰	啰字门一切诸法离一切诸尘染故
《金刚顶经释字母品》	啰	啰字门一切法离诸尘染故

续表

译本	44 la	释义
《不空罥索真言经》	33 攞	入攞字门，解一切法一切相不可得故
《大毗卢遮那成佛经》	逻	逻字门一切诸法一切相不可得故
《金刚顶经释字母品》	逻	逻字门一切法相不可得故
译本	45 va	释义
《不空罥索真言经》	21 缚路	入缚无可反路字门，解一切法言音道断故
《大毗卢遮那成佛经》	缚	缚字门一切诸法语言道断故
《金刚顶经释字母品》	嚩	嚩字门一切法语言道断故
译本	46 śa	释义
《不空罥索真言经》	35 舍	入舍字门，解一切法寂静性不可得故
《大毗卢遮那成佛经》	奢	奢字门一切诸法本性寂故
《金刚顶经释字母品》	舍	舍字门一切法本性寂故
译本	47 ṣa	释义
《不空罥索真言经》	19 洒	入洒疎贾反字门，解一切法无罣碍故
《大毗卢遮那成佛经》	沙	沙字门一切诸法性钝故
《金刚顶经释字母品》	洒	洒字门一切法性钝故
译本	48 sa	释义
《不空罥索真言经》	46 縒	入縒字门，解一切法勇健性不可得故
《大毗卢遮那成佛经》	娑	娑字门一切诸法一切谛不可得故
《金刚顶经释字母品》	娑上	娑上字门一切法一切谛不可得故
译本	49 ha	释义
《不空罥索真言经》	41 歌	入歌字门，解一切法因性不可得故
《大毗卢遮那成佛经》	诃	诃字门一切诸法因不可得故
《金刚顶经释字母品》	贺	贺字门一切法因不可得故
译本	50 kṣa	释义
《不空罥索真言经》	36 驲	入驲字门，解一切法穷尽性不可得故
《大毗卢遮那成佛经》		
《金刚顶经释字母品》	乞洒二合	乞洒二合字门一切法尽不可得故
译本	51 ḷ	释义
《不空罥索真言经》		
《大毗卢遮那成佛经》		
《金刚顶经释字母品》		

续表

译本	52 𑖉 ḹ	释义
《不空罥索真言经》		
《大毗卢遮那成佛经》		
《金刚顶经释字母品》		

第三章

陀罗尼句门思想

第一节　陀罗尼句门及其形成

一　陀罗尼句门的概念

陀罗尼句门，如同陀罗尼字门一样，也是通过特定的语句来掌握乃至阐释佛教义理的一种形式，但其阐释程度比陀罗尼字门更高，广泛流行于大乘和密乘。陀罗尼句门，相对于陀罗尼字门而称，是陀罗尼密教的一种释义系统。字门以字为门，句门以句为门，由一字入一切法，以一句含摄一切法，字字相应，句句相关，是佛教阐发其义理的一种方便途径。

字门、句门均称之以“门”，是一种特定的语句，表达特定的教理，并非一般意义上的语言文句。梵文中语音称字，语词称名，语句称句，语言称身。[①]《华手经》举例说：如“阿字门入一切法，以阿字门分别诸法，先入阿字门，然后余字次第相续。是故言从阿字边变出诸字，从诸字边会成诸句，以诸句故能成诸义。”[②] 阿字是开口之音，梵语文中其他元音被看作阿字的变音，所有的辅音都与阿音结合才能发声，所以说字门先入阿字，然后余字才可发声成音。此说由阿字边变出诸字者，诸字即陀罗尼字门体系。从诸字边会成诸句，诸句即陀罗尼句门体系。诸句能成诸义，是

---

① 求那跋陀罗译《入楞伽经·集一切佛法品》解释说：何者名身？谓依何等何等法作名，名身事物名异义一，是名我说名身。何者是句身？谓义事决定究竟见义故，是名我说句身。何者是字身？谓文句毕竟故。复次名身者，依何等法了别名句？能了知自形相故。复次句身者，谓句事毕竟故。复次名身者，所谓诸字从名差别，从阿字乃至呵字，名为名身。复次字身者，谓声长短，音韵高下，名为字身。复次句身者，谓巷路行迹，如人、象、马诸兽行迹等，得名为句。复次名字者，谓无色、四阴依名而说。复次名字相者，谓能了别名字相故，是名名句字身相。卷4，《中华藏》第17册，第657页上。

② （后秦）鸠摩罗什译《佛说华手经》卷10，《中华藏》第22册，第324页中。

说由诸句成立诸法义理，故句门亦称法句、句义。

字门、句门是陀罗尼密教的两大法门，也是大乘显、密两教的通用法门。如《菩萨处胎经》所说："修总持法门不可沮坏，闻一得百，闻百得千，闻千得万，诸佛所说句义、字义皆悉总持而不忘失，是谓菩萨摩诃萨成就总持法门。"① 这是说通过修持字门、句门，可以起到闻一得百、闻百得千、闻千得万的事半功倍作用，能够迅速掌握诸法义理，永不忘失，这就是菩萨成就的陀罗尼法门。

句门，全称法句门，一般称法句，有时称句义、法印句。法句，梵文 dharma-pada，音译昙钵，《法句经序》解释说："昙钵偈者，众经之要义。昙之言法，钵者句也。"此所释"众经之要义"者，就《法句经》而言，因该经选择能够反映《阿含经》中心思想的偈颂汇编而成，便于初学者掌握。序文又说："夫诸经为法言、法句者，由法言也。"② 此说把诸经内容用偈颂的方式简化为《法句经》，是因为法言、法句这种形式能够体现佛法义理的核心思想。这就是说《法句经》称偈颂为法句者，是因为此诸偈颂说明教法的中心思想。换言之，法句就是法之句、经法之语句、经典的核心语句。此句指经典里的偈颂而已，故亦称偈颂为法言，法句、法言完全同义。这里法句就是其字面的意思，并无特定的意义。而特定的"法句"，意谓诸法之句门，是法句门的简称。按汉译文，"法句门"略前字称"句门"，略后字称"法句"。法，就经法而言。门指法门，也就是具有特定意义的法。句，则是法句门的主词。此说法句者由法而言，以教法为语句，就法句的一般意义而论。

句，梵文 pada 的意译，是具有独立意义的语句，故亦称句义，亦即有义之句。《大日经疏》解释说："句名住处，"③ "句名止息之处，"④ "句是迹息之处也。"⑤ 具体解释说："句者，梵云钵昙（pada），正翻为足，声论是进行义、住处义。如人进步，举足下足，其迹所住处，谓之钵昙。

① （后秦）竺佛念译《菩萨从兜术天降神母胎说广普经》卷 2，《中华藏》第 22 册，第 795 页下。

② （东晋）佚名撰《法句经序》，《出三藏记集》卷 7，苏晋仁等点校本，中华书局 1995 年版，第 273 页。

③ （唐）一行撰《大毗卢遮那成佛经疏》卷 1，《大正藏》第 39 卷，第 583 页上。

④ （唐）一行撰《大毗卢遮那成佛经疏》卷 1，《大正藏》第 39 卷，第 581 页下。

⑤ （唐）一行撰《大毗卢遮那成佛经疏》卷 1，《大正藏》第 39 卷，第 592 页上。

言辞、句逗义亦如是，故同一名耳。今就此宗，谓修如是道迹，次第进修，得住三平等处，故名为句。”① 此说正翻为“足”，指其直译的原始含义，在《声论》的语言学体系中具有“进行”“住处”的意思，这是由“足”引申而来，因举步下足，地上留下足迹，表明其驻足、停留之处，故有住处、止息处、迹息处的引申义。以此来说明语言现象，如同声音留下的词句痕迹，因梵语文中的音——辅音不发声，字——元音与辅音相拼后发声但无意义，只有句——两个及以上的字组成的词语才有意义，意义就表明止住，留下声音的痕迹。在佛教的教义体系中，句指修道的道迹，如菩萨次第进修住地，从地前进修初地、二地、三地，直至八地、九地、十地，与佛同地，故称身语意三平等句。

《大智度论·句义品》举例解释说：“天竺言‘波陀’（pada），秦言‘句’，是波陀有种种义。”如菩萨句义，按“天竺语法，众字和合成语，众语和合成句。如：‘菩’（bo）为一字，‘提’（dhi）为一字，是二不合则无语，若和合名为‘菩提’（bodhi），秦言无上智慧。‘萨埵’（sattva），或名众生，或是大心，为无上智慧故出大心，名为‘菩提萨埵’（bodhi-sattva）。愿欲令众生行无上道，是名‘菩提萨埵’。复次，此品佛及佛弟子种种因缘说菩萨摩诃萨义，‘菩提’一语，‘萨埵’一语，二语和合故名为‘义’。若说名、字、语、句，皆同一事，无所在。”② 此说“菩提萨埵（bodhi-sattva）”这个句由“菩提”（bodhi）和“萨埵”（sattva）两个词构成，而“菩提”（bodhi）分别由“菩”（bo）和“提”（dhi）两个字构成，其中“菩”（bo）又由“b”和“o”两个音构成，“提”（dhi）又由“dh”和“i”两个音构成。同样“萨埵”（sattva）这个词由“萨”（sa）和“埵”（ttva）两个字构成，其中“萨”（sa）又由“s”和“a”两个音构成，“埵”（ttva）又由“t”“t”“v”三个辅音和“a”一个元音构成。故《智论》从语言学概念来说，“b”和“o”两个“名”构成“菩”（bo）这个“字”，“dh”和“i”两个“名”构成“提”（dhi）这个字，而“菩”（bo）和“提”（dhi）两个“字”构成的“菩提”（bodhi）这个“语”就有意义了，但还不能形成义理，只有“菩提”（bodhi）和“萨埵”（sattva）这两个“语”构成“菩提萨埵（bodhi-

① （唐）一行撰《大毗卢遮那成佛经疏》卷1，《大正藏》第39卷，第593页上。
② （后秦）鸠摩罗什译《大智度论》卷44，《中华藏》第25册，第812页中、下。

sattva）”这个“句”时，才成为有佛法义理的法句，称为“菩提句”，菩提句就是具有独立意义的法句，也就是具有“觉悟有情众生”的特定意义。有特定意义的法句，也就不是语言学上的一般词句，而是佛教教义体系中规定的词句，字门、句门就是大乘、密乘教义体系中规定的具有特定意义的一种词句形式。

《金刚仙论》以金刚般若为例解释句门、句义，说“门者，明此金刚般若理之与教皆能津通行人，远诣佛果，故名为门也。句者，即此金刚般若能诠之教也。义者，是所诠证理。明此般若理教深妙，非诸凡夫二乘心心意识之所能解，乃是如来八部之终隐覆之说，所以得知如下经云如来说众生即非众生等，此即是句义，理教难解，故言句义也。”① 此说句门是教导义理的门津，句义是表达深妙义理的教法，就法句的表达内涵而论。

句义，窥基《大般若波罗蜜多经般若理趣分述赞》从能所诠释角度解释句义，认为句是能诠声音的不同，义是所诠诸法的不同，有句的圆满形式，就有义的充分内容。说：“言句义者，句谓能诠声之差别，不说文名，但说句者。句诠义周，非文名故。义谓所诠法之差别，不说自体，但说义者。法义圆被，非自体故。句既能诠所诠，唯义欲显此教能诠，一一皆圆满，故所诠一一亦周被故。举宽能诠及宽所诠，文名体法皆已摄故。欲求菩提于有情之类，起大悲智而起修学及求菩提，发勇猛者名为菩萨。今此理趣能诠之教即是能诠菩萨之句，所诠之理即是所诠菩萨之义。若依此教而行，此义证此理者名为菩萨。后道满时名之为佛，遂舍因名。此言菩萨略有三位，一初发心，二修正行，三证法性。三位皆须依此修学，方可得证，故名为门。”②

陀罗尼句门分法句、金刚句两类，并与字门通称陀罗尼三句门。《集一切福德三昧经》就八字门说：“是八字种子句门、八法句门、八金刚句门，正念修行，常离愦闹，恒善思惟，观察修集功德之利。”③ 其中种子句门指陀罗尼字门，字门与法句门、金刚句门并称三句门，或称陀罗尼三句，即字句、法句、金刚句。密教以为以此三句能说一切佛法，如《虚

① （元魏）菩提留支译《金刚仙论》卷1，《大正藏》第25卷，第799页中。

② （唐）窥基撰《大般若波罗蜜多经般若理趣分述赞》卷2，《大正藏》第33卷，第40页上、中。

③ （后秦）鸠摩罗什译《集一切福德三昧经》卷中，《中华藏》第17册，第15页下。

空藏所问经》所谓“能以三句义说一切法。”① 此三句，《海慧菩萨品》说：“若欲受持如是等经，欲自寂静其深心者，应当受持门句、法句、金刚句。”②《海意所问净印法门经》此译：“若有菩萨欲于如是广大正法，密作护持，令法久住，自心洁白已，于他众生及补特伽罗所有一切上中下根能遍知者，应当受持如是句义，所谓门句、印句及金刚句。”③ 印句，即法句，亦称法印句、法印句门。称句门为印句者，以句为印，印即法印，法印即法句，法印句即法印句门。

句门称金刚句者，金刚即金刚杵之略，如同印章，亦为标识物。金刚也作为智慧的象征，表示坚固不坏，独一无二。句门与字门比较而言，字门如《大集·海慧菩萨品》说：“门句者，一切法中而作门户，所谓阿（a）字一切法门，阿者言无，一切诸法皆悉无常。波（pa）亦一切法门，波者即第一义。那（na）亦一切法门，那者诸法无碍。”④ 此说以字门入一切法门，但法句门分别诸法差别义，如解脱句说解脱法门，无二句说不二法门。而金刚句门则称一句，以一句摄一切法义。如《宝髻菩萨经》说：“闻说一句悟解千句，是佛常为一切菩萨说陀罗尼金刚句。云何名为陀罗尼金刚句？陀罗尼金刚句者即是一句，如是一句即摄一切法句、无尽法句。无尽法句，一切诸佛所不能尽，是故名为无尽法句行。无尽法句摄一切字，一切字者摄一切法句，一时不得说于二字，一字亦复不合二字，是故名一句，名为作句，名为字句。若不分别字句、法句、作句，是名陀罗尼金刚句。”⑤ 其中所谓作句即法句，法句说分别义，故称无尽法句。无尽法句含摄一切字，一切字又含摄一切法句，是法句与字句互相含摄，而金刚句则不分别字句、法句，是一句含摄无尽法句、一切字句。一字不合二字，一句亦不容二句，是说独一无二，如是二则非一，一本身就表明非二，故称一句。称金刚句者，犹如金刚坚固不坏，无有二句，圆满无缺，难有证义。如《宝性论》所释：“言金刚者，犹如金刚，难可沮坏，

① （唐）不空译《大集大虚空藏菩萨所问经》卷6，《中华藏》第65册，第954页上。

② （北凉）昙无谶译《大方等大集经》卷10，《中华藏》第10册，第117页下。

③ （宋）法护译《佛说海意菩萨所问净印法门经》卷12，《中华藏》第68册，第739页上、中。

④ （北凉）昙无谶译《大方等大集经》卷10，《中华藏》第10册，第117页下。

⑤ （北凉）昙无谶译《宝髻菩萨会》卷2，《大方等大集经》卷26，《中华藏》第10册，第345页上、中。

所证之义亦复如是，故言金刚。所言句者，以此论句能与证义为根本故。此明何义？内身证法无言之体，以闻思智难可证得，犹如金刚。名字章句以能诠彼，理中证智，随顺正道，能作根本故，名为句。此复何义？有二义故。何谓二义？一难证义，二者因义，是名为义，金刚字句应如是知。”① 其义难证，其句为因，犹如金刚之坚固，故称金刚句；犹如一字之句义圆满，故称一句。

二 陀罗尼句门的起源与形成

陀罗尼句门起源于陀罗尼句，从其名称看，陀罗尼句门称法句、句门、句义，均以“句”称，句是梵文 pada 的意译，或译章句、文句、语句，说明与陀罗尼句有关。陀罗尼句通常指陀罗尼神咒，意译总持句、总持章句。但在早期的一些经典中，陀罗尼句也称为法句，并被演绎为陀罗尼句门，从中可见陀罗尼句门起源于陀罗尼句的端倪。

《吉祥咒经》中诸佛所说陀罗尼，被称为“神咒之王”、无量总持诸印之王及总持印王、总持法印，并说此总持句为佛之句，为尊上句，为学句、圣贤之句、得利义句、所怀来句、无兵仗句。又说若入此句，入无数（句），解百千之门，能分别说。还说此神咒是无择句、总持句、无所选句、安隐句、拥护句，于诸众人无所娆句、无所害句，禁制句，讽诵者句。② 该经称陀罗尼句为佛之句、尊上句、圣贤句，就其地位而言。得利义句、所怀来句、无兵仗句以及安隐句、拥护句、于诸众人无所娆句、无所害句，就其功用而言。无择句、无所选句以及总持句、禁制句，就其性质而言。学句、讽诵者句，则就其受体而言。这就说明此诸总持句并不完全等同于一般陀罗尼句所说的功用。而其中所说入此总持句即入无数句，解百千之门，能分别说等，与后来《大集》中一句入一切佛法、闻说一句悟解千句、法句分别诸义的句门解释完全一致，这也很可能就是解释句门的最早范本。

---

① （元魏）菩提流支译《究竟一乘宝性论》卷1，《中华藏》第30册，第485页下。

② 其文见（西晋）竺法护译《佛说吉祥咒经》，《生经》卷2，《中华藏》第34册，第752页中、下，第753页上、中。按《吉祥咒经》出自竺法护译的《生经》，但《大周录》据《长房录》说该经由支谦译，而今本支谦录中并未见载，不过从该经及其之前的《护诸比丘咒经》《心总持经》三经陀罗尼均音译来看，与竺法护一贯的翻译风格不同，有可能如其所说，译出时间更早一些。

但在早期的一些经典中，陀罗尼句也称为法句，显然也与《法句经》有一定关系。《法句经序》说："昙钵偈者，众经之要义。昙之言法，钵者句也。"又说："凡十二部经，总括其要，别为数部。""是后五部沙门各自钞众经中四句、六句之偈，比次其义，条别为品，于十二部经靡不斟酌，无所适名，故曰法句。诸经为法言，法句者，由法言也。"① 当然这些法句不过是经典中选取的偈颂，并非一般词、句，但由法句再加凝练为语句，也不是不可能。但据实而言，陀罗尼句门当起源于陀罗尼句。

当然陀罗尼句门的起源比较复杂，并非仅此一经为源头，后来也受到陀罗尼字门的影响。《华手经》提到三种句门，说："从佛问诸法门，金刚句门、重句门、不断句门，修集一切诸法句门。若善男子善女人学是句门，于一切法门当得无阂眼智方便。"②《宝积·富楼那会》则提到八种法句，说："此诸答者，悉皆总在一法门中，我悉知之，所谓一切功德光明王如来说是道句、门句、印句、本事句、金刚句、重句、不可动句、难得底句。比丘，于一门中摄一切法，谓无作门。一切诸法、一切诸句，是门为本，皆入是门。一切修多罗、忧陀那皆入门句，分别一字能入多字。比丘，如是能入七万八千诸陀罗尼。是中有九万二千诸根差别，是众生行门中有八万亿形色于诸道差别。"③ 其中道句、金刚句、不可动句以及难得底句，就句门的内容而言。门句、印句、本事句、重句则就其形式而言，尤其本事句、重句以及随后提到的修多罗、优陀那，均与早期佛教的九分教有关，也就是说句门最初或与早期经典的体裁有一定联系。如重句最早或与重颂有关，重颂亦译应颂，音译祇夜，梵文 geya，以颂体重宣其前长行之义，为九分教之第二分教。凡颂体字句有定数，正与句门之数固定联系。凡定字句之文体，谓为颂。本事句或与本事有关，本事，音译伊帝目多，梵文 itivrtaka，指佛说弟子过去世因缘的经文，为九分教之第六分教。另外修多罗，梵文 sūtra，意译契经，指直说法义的长行经文，为九分教中第一分教。忧陀那，梵文 udāna 的音译，意译自说，即佛无问自说的经文。其中重句，《富楼那会·具善根品》还提到，说释提桓因为陀摩尸利

---

① （吴）佚名撰《法句经序》，《出三藏集记》卷 7，苏晋仁等校注本，中华书局 1995 年版，第 272—273 页。

② （后秦）鸠摩罗什译《佛说华手经》卷 1，《中华藏》第 22 册，第 168 页中。

③ （后秦）鸠摩罗什译《富楼那会·不退品》卷 1，《大宝积经》卷 77，《中华藏》第 9 册，第 60 页上。

比丘说八百千门经，又与说四多闻本句、七种重句、十四门句。而陀摩尸利比丘命终后，即得随愿生在王家，并出家后，以其本愿宿命智故，诸门句、陀罗尼句自然还得，以得陀罗尼力故，先未闻经能为众生敷演广说，云云。① 此指重句不仅是一种文体，而且还有七种之多，足可见重句有多种，多种重句必有多种句义，而重句是对长行经文的概括和总结，如以长行所说生老病死、忧患悲伤等故事，可以一切皆苦等重颂概括，并称此为苦谛句、苦习句等，成为重句，或未可知。即便为长行的本事、契经、自说等，也可以概括为法句。当然，后来解释的重句并非重颂，如《华手经》所谓重句者，指诸法句附带三昧门。说："于是一门摄一切法门、诸三昧门，是名重句门。"② 而句门也应来自字门，上文所谓八种法句悉总在一法门中，一门中摄一切法，而一切诸句以门为本，皆入门句，则分别一字能入多字，是由字门而为句门。

句门来自字门，如由字门阿（ā）引申出句门无相句，从椤（a）字门引申出无缘句，搽么（aṃ）字门引申出无名句。《宝积·披甲庄严会》说："云何法门？谓阿（ā）字印印一切法，无明所作，行得圆满，阿字为首，无明止息，无所作故，诸菩萨摩诃萨应入无相印门。以椤（a）阿可反字印印一切法，业异熟果，业所应作，业果和合。了知业果和合缘故，诸菩萨摩诃萨应入无业无果、无有和合无缘印门。以诸行印印一切法，于种种业，业所应作，起一切法智光明故，诸菩萨摩诃萨应入一切诸行善巧印门。以搽（a）那可反字印印一切法，以么ṃ字助，施设名言与种种法而作相应。了知搽么（aṃ）而相助故，诸菩萨摩诃萨应入无合、无助、无名印门。以无边印印一切法，一切分别而不可得，离分别故，诸菩萨摩诃萨应入无分别印门。"③

句门的形式与字门相同，如一句能摄一切法，由一句能入一切句，句句相关，彼此含摄。由性空句入无相句、无愿句，说明三无碍智。由离欲句含摄离瞋句、离痴句，说明三毒解脱法。又句门的释义也与字门释义相同，句门有不释义者，也有释义者。其释义如八印句中，空印句释无所倚

① （后秦）鸠摩罗什译《富楼那会》卷2，《大宝积经》卷78，《中华藏》第9册，第72页中。

② （后秦）鸠摩罗什译《佛说华手经》卷10，《中华藏》第22册，第327页上。

③ （唐）菩提流志译《披甲庄严会》卷5，《大宝积经》卷25，《中华藏》第8册，第616页上、中。

而为现法，无想印句释无所建立而现经典，无愿印句释不依不倚、不著不求而为现法，与字门的释义完全相同。这也都表明，句门按字门的形式组成，两者具有内在的联系。

句门源自字句，句门中金刚句最初不过是法句之一，后来以一句摄多句，赋予金刚坚固的性质，则金刚句形成又在其后。句门初无定数，竺法护译《方等般泥洹经·四童品》有20种法句，说有比丘慧乐从佛闻无数慧句、勤力句、处处句、眼句、天句、音句、信句、佛句、法句、僧句、师子句、金刚句、乐慧句、因缘句、导御句、远现句、苦谛句、苦习句、苦尽句、向道句，并说彼于七夜常念，不离是句，远于异讲，心念四义，无所舍，无所起，清净志观坏诸见。还说从亿数佛受是四大无数义句。[①] 此诸法句反映早期教义，句数也多也杂，表明法句兴起也早。其中金刚句也是20种法句之一，并无特别之义。

竺法护译的另一部经《等集众德三昧经》，金刚句亦为八印句之一，说妙法句觉了诸法为悉平等，说皆悉分别平等诸法而得成就，是故称八印句。八印句：一空印句，无所倚而为现法。二无想印句，无所建立而现经典。三无愿印句，不依不倚、不著不求而为现法。四本际印句，为本空句而等御之为现经典。五法界印句，等御诸法而为本现。六无本印句，现入诸法。七犹如印句，蠲除去来今所本现法。八灭尽印句，究竟灭尽，永除诸法之所本现。[②] 但同样由竺法护译的《文殊支利普超三昧经》，此八印句则称八金刚句迹，全称不退转轮金刚句迹。其中《不退转轮品》有濡首童真说不退转轮金刚句迹，说所以名曰金刚句迹者，一切诸法皆悉灭寂。所谓灭寂者，一切诸法已了空者金刚句迹也，消诸邪疑六十二故。其无想者金刚句迹也，断绝一切诸想念故。其无愿者金刚句迹也，皆度一切五趣有为令灭寂故。其法界者金刚句迹也，超越若干诸疆界故。其无本者金刚句迹也，致无我灭寂故。离色欲者金刚句迹也，蠲除贪欲诸所有故。缘起行者金刚句迹也，不坏本性故。察无为者金刚句迹也，见诸法自然故。[③] 此以八金刚句迹译八印句，说明最初法句与金刚句并未分化，虽以

① （西晋）竺法护译《佛说方等般泥洹经》卷1，《中华藏》第15册，第132页下。

② （西晋）竺法护译《等集众德三昧经》卷中，《中华藏》第16册，第900页中、上。

③ （西晋）竺法护译《文殊支利普超三昧经》卷中，《中华藏》第18册，第346页中、下。

不退转轮金刚句迹译妙法句，但其义相同，金刚句迹为一切诸法灭寂义，与妙法句之诸法平等义相同。后至宋代法护异译《佛说未曾有正法经》，不退转轮金刚句译作金刚句不退转法轮，解释金刚句义为空、无相、无愿解脱门相，说以此不可得分别之法，彼一切相犹如虚空，无所依附，诸法自性无依而住，是名金刚句不退转轮。并说诸法空性不可破坏，彼金刚句离一切见，当如是住空解脱门。彼金刚句离诸分别，当如是住无相解脱门。彼金刚句离诸疑惑，当如是住无愿解脱门。彼金刚句离诸有著，当如是住法界。金刚句者离种种法，无我、无作、无贪、无著，自性安住清净涅槃，是名金刚句。①

竺法护译的不退转轮金刚句迹，后来宝积经类称菩萨藏不退转轮陀罗尼金刚句，如东晋竺难提译《大乘方便经》，即称菩萨藏不退转轮陀罗尼金刚句，② 则赋予金刚句以陀罗尼义。从金刚句为诸法句之一，到诸法句都称金刚句迹，再称金刚句为陀罗尼金刚句，反映了句门从诸法句门到一句金刚句门的形成、演变过程，晋宋之际陀罗尼句门完成了这一转变，八印句、八金刚句也成为后来陀罗尼金刚句的先导句数。

实则《等集众德三昧经》尚有八章句、八精进句、八门句，其中八精进句，以句门释字门，也保留了句门出自字门的痕迹。如说：一无者，修精进事，劝助咒愿，所修经典为现无处。二彼者，行精进句，便能示现究竟法谊。三不者，遵精进句，为除名色，为示现法，所说经法悉令蠲除。四他者，奉于精进，现寂然法。五六者，志于精进，讲说经法，超度一切诸所罣碍。六无本者，念精进句，为现如来无本之法。七因者，精进为现一切缘法，罪福为尽。八等者，精进三昧，示现诸法，分别所趣，是为八精进句无尽辩才。③ 此称二、三、六字门为行精进句、遵精进句、念精进句，则以句门称字门。后来鸠摩罗什译《集一切福德三昧经》，八精进句译为八字种子门，已无句门与字门之间的这种联系。八字种子门，即种子字门，一切法阿（a）字种子门，示法无生故。一切法蛇（śa）字种子门，示第一义法故。一切法那（na）字种子门，示字名色故。一切法

① （宋）法护译《佛说未曾有正法经》卷4，《中华藏》第67册，第206页中、下。

② （东晋）竺难提译《大乘方便会》卷2，《大宝积经》卷107，《中华藏》第9册，第331页上、中。

③ （西晋）竺法护译《等集众德三昧经》卷中，《中华藏》第16册，第900页上。

遮（ca）字种子门，示现一切法调伏故。一切法婆（va）字种子门，示一切法入平等故。一切法多（dha）字种子门，示如不坏故。一切法迦（ja）字种子门，灭苦业故。一切法摩（ma）字种子门，究竟成就断一切法故。是名八字种子门，能成就于无尽辩才。但此以八精进句为八字种子门，又分别八法句门、八金刚句门，则表明陀罗尼句门体系已经形成。

三　陀罗尼句门的类型

陀罗尼句门有不同的类型，经论中说法不一，划分角度也不同。如《大方广总持宝光明经》以六道分类，分为天妙句、金刚句、外论句以及妙章句、天语句、药叉句等。说“或演大乘真言行，正法秘要妙言辞。或于正直演实言，其中或演天妙句。或以文字得解脱，法集妙义金刚句。智慧破坏外论句，论说种种解脱言。或于人中演神咒，宣扬一切妙章句。其中或有天语言，龙王语言药叉句；或于罗刹步多言，药叉毕舍乾达嚩，紧那罗女诫噜拏，演斯妙法解脱义。”① 其中大乘真言行者指密教，其“正法秘要”称妙言辞，妙即微妙、微密，故亦称微妙句、微密句，即真言句。正直演实言者指大乘显教，其中为诸天所说法称天妙句，即大乘显教经典中所说的诸天神咒等。以文字得解脱而所说的法集妙义称金刚句者，即指句门。以智慧破坏外道论义而所说的种种解脱法者称外论句，而为人、天、龙、神所说解脱法者亦各有神咒、章句。此意《大乘集菩萨学论》中也说，大乘有微妙句，秘密教有真言句，但显教现直说的有显了句，诸天、龙、夜叉等所说的各有胜妙句，而以文字所说的有分别句，以决定妙义来说的有金刚句，以智摧诸异论的有摧异句，示以人的有明咒句。说如各能入解彼言辞，宣畅如来解脱法，谓由得悟真实义，于佛法中心决定，语言智境妙难思，此为最上三摩地。②

昙无谶译《大集经·海慧菩萨品》按句义本身的特性分为三类，即门句、法句、金刚句，其中门句指字门，法句亦称法印句，惟净译《海意菩萨所问净印法门经》直称印句，有 32 印句。其中说：若有菩萨欲于广大正法密作护持，令法久住，自心洁白已，于他众生及补特伽罗所有一切上、中、下根能遍知者，应当受持如是句义，所谓门句、印句及金刚

① （宋）法天译《大方广总持宝光明经》卷 4，《大正藏》第 10 卷，第 899 页下。

② （宋）法护译《大乘集菩萨学论》卷 23，《大正藏》第 32 卷，第 138 页中。

句。得受持已，如义解了，以慧相应，最胜方便，如理伺察。[①] 凉译其中法句36句，说如是法句，即是过去、未来、现在诸佛菩提，如是法印句摄取八万四千法聚。若能如是观法聚者，即能获得无生法忍。若有未种善根之人，闻是法已，即得种之，坏于魔业。若如是观，即能获得无尽器陀罗尼。如是等法悉能摄取84000昧、84000众生行性，是名法句。[②] 金刚句，凉译有17金刚句以及金刚胜妙诸句40句，初说“金刚句者，其身不坏，犹如金刚。何以故？法性不坏故。”[③]

《佛说守护大千国土经》说，此守护大千国土大明王解脱法门者，为恒河沙等诸佛如来应正等觉佛之密印，于其中间出生无量差别句义 pada，所谓佛句、法句、僧句，大梵天王句，天帝释句，护世四天王句、魔摩醯首罗天 maheśvara 句，根本句、意句、性句、因句，住处句、寂静句。一切如来触缘觉观、声闻观，如是等种种法句，常为一切大梵天王并诸梵众。[④] 此诸差别句义，前三句为佛教三宝句，其后四句为诸天句，以佛乘、人天乘分类，再后四句以义理分别，更后二句以修行地位分类，最后则以观法分类。

但从实际类型来看，只有金刚句、一法句、诸法句等三大类，每一类又有多种类别。其中金刚句、一法句，以一句表示多种句义，说明诸法的一多关系。但在通常意义下，一句也能演绎多种句义。如《出曜经·亲品》所说：“智者寻一句，演出百种义；愚者诵千句，不解一句义。”[⑤] 又如圆测《仁王经疏》所说：“佛善巧力故，于一法句中演无量法，能以无量法为一句义。”[⑥] 而一法句在句门中有其特别的意义，如《大法炬陀罗尼经·问法性品》所说，此一句义陀罗尼门，善受持者于一弹指顷尽能分别。此句义门终亦不可以言说尽，假使无量众生起种种问，然是菩萨尽分别答，喻如流水，以心不乱故。此陀罗尼名为大事，能为一切诸法根本。又说此一法句出无量句，是大总持通说诸义，以其欲令一切众生易受

① （宋）惟净译《佛说海意菩萨所问净印法门经》卷12，《大正藏》第13卷，第506页下。

② （北凉）昙无谶译《大方等大集经》卷10，《中华藏》第10册，第118页下。

③ （北凉）昙无谶译《大方等大集经》卷10，《中华藏》第10册，第118页下。

④ （宋）施护译《佛说守护大千国土经》卷2，《中华藏》第63册，第717页下。

⑤ （后秦）竺佛念译《出曜经》卷22，《大正藏》第4卷，第729页中。

⑥ （唐）圆测撰《仁王经疏》卷上，《大正藏》第33卷，第363页中。

解故。又以一句难解知故，引多譬喻方便言辞，令人得悟如是诸法。[①] 此所谓以一句难解知而引多譬喻方便言辞者，正是一法句所独有的特点，如清净句、善顺句、菩提句、无尽句等都是典型的一法句。世亲《无量寿经优波提舍》说，佛国土功德庄严成就、佛功德庄严成就、菩萨功德成就三种成就愿心庄严，如略说，则入一法句。此一法句谓清净句，清净句者，谓真实智慧无为法身故。此清净句有二种，一者器世间清净，有十七种佛国土功德庄严成就；二者众生世间清净，有八种佛功德庄严成就、四种菩萨功德庄严成就。[②]

一法句，亦称一句，即由一句进入诸法句，乃至一切法。竺法护译《宝积经·宝髻菩萨品》说："菩萨能以一句普入一切诸佛之道，如来为说总持言教。何谓总持言教？以一绝句普入诸章。何谓一句？谓妙圣句，不可究尽道品之法。何谓无尽句？谓于佛道不可穷尽。何谓无尽？论于无者谓无尽句……宝成如来为诸菩萨说总持言句，于彼学入此一句者，便得普入一切佛意。"[③] 此说总持教以一句普入诸章句，是道品不可究竟，故称一句为一绝句。以一句普入无尽句，是佛道不可穷尽，故称一句为妙圣句。

一法句的功德，不仅由此掌握广大佛法义理，且获得大智慧陀罗尼身，亦有受持永不忘失的功德。如《华严经·入法界品》说："决了佛地甚深之趣，以无尽句说甚深义，于一句中演说一切修多罗海，获大智慧陀罗尼身。凡所受持永无忘失，一念能忆无量劫事，一念悉知三世一切诸众生智。恒以一切陀罗尼门演说无边诸佛法海，常转不退清净法轮，令诸众生皆生智慧。"[④]

常见的一法句，有性空句、真实句、胜义句、顺善句、菩提句、菩萨句、清净句等。每一种一法句又有多种，其中如性空句，《大集虚空藏经》说："有一句能摄一切法，云何为一？谓性空句。所以者何？由一切法同空性故，是谓一句。"[⑤] 性空句包括无相句、无愿句、无行句、离欲句、寂静句、无阿赖耶句、法界句、真如句、实际句、不生句、不起句、

---

① （隋）阇那崛多译《大法炬陀罗尼经》卷 2，《中华藏》第 21 册，第 483 页上。

② （元魏）菩提流支译《无量寿经优波提舍》，《大正藏》第 26 卷，第 232 页中、下。

③ （西晋）竺法护译《宝髻菩萨品》卷 2，《大宝积经》卷 118，《大正藏》第 11 卷，第 672 页上。

④ （唐）实叉难陀译《大方广佛华严经》卷 61，《大正藏》第 10 卷，第 329 页上。

⑤ （唐）不空译《大集大虚空藏菩萨所问经》卷 6，《中华藏》第 65 册，第 945 页上。

涅槃句，共十二句。又如金刚句，有法身金刚句、宝性金刚句、不退转轮金刚句、净印金刚句等。其中如法身金刚句有两种，一为法身金刚句，说明法身的性质；一为宝性金刚句，说明如来藏的性质，法身异译法性，法身、法性即是如来藏。法身金刚句，是对《文殊问法身经》以金刚说明法身性质的句义表述。其中法身有七种金刚句，即无恐惧金刚句、无截断金刚句、无可议金刚句、无可思金刚句、无所有金刚句、无所依金刚句、无所近金刚句。

诸法句，有海印句、四不思议句、百八句、鸡罗句、秘密句、橛句等。其中如海印句，《大集海慧菩萨品》所说，宋异译《海意菩萨问净印法门经》，其海印共有 36 种法句，包括一切诸法解脱印、一切诸法无二印、一切诸法无常断印、一切诸法无增减印、一切法等如虚空印、一切诸法五眼道印、一切法如虚空印，等等。[①] 四不思议句，《月灯三昧经》所说，有种种四种陀罗尼不思议句，包括菩萨四种法陀罗尼不思议句、四种相应陀罗尼不思议句、四种陀罗尼门不思议句，又有 17 种四不思议句。百八句，即一百八句，《楞伽经》所说，包括生句不生句、常句无常句、相句无相句、住异句非住异句、刹那句非刹那句、自性句离自性句、空句不空句、断句不断句、心句非心句、边句非边句等 108 句，包罗五法、三自性、八识、二无我等内容，被认为诸佛所说之法无出此外。鸡罗句，《诸法本无经》所说，全称鸡罗句及种子句，或称种子句。鸡罗句、种子句互代，但按字源，鸡罗，梵文 jula 的音译，意译种性、种姓，种类、类别之义。种子，梵文 bīja 的意译。鸡罗句与陀罗尼一法句的说法相同，且鸡罗句与金刚句、智句以及寂静句形成一法句的异名句，只是鸡罗句及种子句的句义更多。秘密句，《大乘随转宣说诸法经》所说，全称秘密陀罗尼章句，是对秘密句、橛句、金刚句、慧句四种法句的总称。

第二节　陀罗尼金刚句

一　法身金刚句

1. 法身金刚句

金刚句有两种，一为法身金刚句，说明法身的性质；一为宝性金刚

① （北凉）昙无谶译《大方等大集经》卷 10，《中华藏》第 10 册，第 118 页中。

句，说明如来藏的性质。法身异译法性，法身、法性从不同角度而言，一就佛身而言，一就佛性而言，如来藏则以佛身的实在性而言，故七金刚句所说主题相同，均可称法身金刚句。

法身金刚句，是对《文殊问法身经》以金刚说明法身性质的句义表述。但此称原出《一切如来白伞盖大佛顶陀罗尼启请文》，以“解脱法身金刚句”指放光大佛顶陀罗尼句，① 在此借用，不无恰当。《楞伽经通义》说：“若出四句（是作非作、非因非果）则不堕有无等戏论，是智者所取，即是如来法身句义也。”② 此亦以句义说明法身。又《大般涅槃经·金刚身品》说：“如来身者是常住身，不可坏身。金刚之身，非杂食身，即是法身。”③《宝积·菩萨藏会·般若波罗密多品》也说：“如来身者即是法身，金刚之身不可坏身，坚固之身超于三界最胜之身。”④ 此等亦说法身为金刚身，有坚固不坏之义，故亦可立法身金刚句义。《入法界体性经》称法身为法性，以法性不坏名金刚句，也正是法身金刚句之义。

《文殊问法身经》，全称《宝积三昧文殊师利菩萨问法身经》，经录或题《遗日宝积三昧文殊师利问法身经》，《僧祐录》著录，入新集续撰失译录，《长房录》作安世高译，与隋代阇那崛多译《入法界体性经》同本。按该经文字质朴，金刚句译作金刚，属早期译法。

经中以不可见闻为法身，以法身有七种金刚句，即无恐惧金刚句、无截断金刚句、无可议金刚句、无可思金刚句、无所有金刚句、无所依金刚句、无所近金刚句。阇那崛多译《入法界体性经》作诸法无恐怖金刚句，诸法性不坏金刚句，诸法不思议金刚句、诸法菩提金刚句、诸法如来境界金刚句、诸法本来寂静金刚句。从不同的译文可知，七种金刚句就是从七个维度说明法身的性质。

其一，无恐惧金刚句，从心理感受说明法身的性质，说法身不可见，或有未晓者心生恐惧，但本际无恐惧，诸法无有恐惧，犹若金刚。⑤ 此若

---

① 佚名撰《一切如来白伞盖大佛顶陀罗尼启请文》，《房山石经》第 27 册，第 390 页上。

② （宋）善月撰《楞伽经通义》卷 5，《新纂卍续藏》第 17 册，第 204 页中。

③ （北凉）昙无谶译《大般涅槃经》卷 3，《大正藏》第 12 卷，第 382 页下。

④ （唐）玄奘译《菩萨藏经》卷 18，《大宝积经》卷 52，《大正藏》第 11 卷，第 303 页中。

⑤ 失译《佛说宝积三昧文殊师利菩萨问法身经》，《大正藏》第 12 卷，第 237 页下—238 页上。

金刚，阇那崛多译本即译金刚句，以无恐怖为金刚句。法身独立于人的心理感受，使人产生敬畏心理者并非法身，所以法身与畏惧心理无关。

其二，说金刚无能截断者，即以法身无截断为金刚句。此阇那崛多译诸法性不坏，是故名金刚句。截断，即一截一断，一个孤立的单元，作为动词，截断连续物，指事物间断性。截断、变坏是事物的生灭现象，但法身不截断，法性不坏，是永恒不变者。

其三，说佛不可议，诸法亦不可议，以是为金刚。阇那崛多译如来不思议句是诸法不思议，是金刚句。不可议，无法用语言表达。不可思，无法以思维推理和想象。所以法身如来如去，超乎语言和思想的范畴。

其四，说胜诸法故，佛者法，法之审故，是为金刚。阇那崛多译诸法无思故，是金刚句。可见所谓审，即审思、审察，前谓不可议，此指不可思，前后说法身不可思议，不可以用语言表达，也无法去想象、思虑。

其五，所有无所有，所有指一切存在物，无所有指一切存在物的性质，所有无所有即一切存在物在本质上是不存在的。这是因为“一一求之无所有”，一个个的事物都是有条件而存在的，随条件的变化而变化，或具备某种条件而产生，或因某种条件而消亡。事物的这种性质称为“空”，即空性。故说空者是佛，以是为金刚。此金刚句以法身所有、无所有之不可得为空，即是空金刚句。阇那崛多译菩提为金刚句，说诸法是菩提，是金刚句。何故复名此为金刚句？一切法无所有，但有名字言说，诸法无此无彼，皆无所有。此彼无所有者即是如，若是如者则是真实，若是实者，彼则是菩提，是故得名为金刚句。显然此金刚句以无所有为真如、真如即菩提推理而来。

其六，一切诸法皆佛，依无所依，是故金刚。此以依无所依为金刚句，就法身的独立性而言。阇那崛多另译一切诸法是如来境界，是金刚句。依是条件，所依是条件的对象，一切事物都有条件而生灭，唯独法身无条件，也不是其他事物的条件。

其七，无所依者无所近，是故为金刚。阇那崛多另译诸法自性本来寂静故，是金刚句。本来寂静，绝对的静止，而不是有条件的静止，或相对于变动的静止。

《宝积·文殊授记会》所说菩萨藏法门名陀罗尼金刚句，亦以法身句义而称，说法上菩萨于众会前上升虚空，高七多罗树，自隐其身，说菩萨藏法门，名陀罗尼金刚句。时彼会众言：一切诸法但有其声，何以故？即如法上菩萨不见身相，但闻其声。此声无体，如彼身相，既离见闻，则为法性。[①] 说明菩萨藏法门称陀罗尼金刚句，也是因为法上菩萨离见闻的法性身，法性身即法身。

2. 宝性金刚句

宝性金刚句，是关于佛、法、僧三宝性质的金刚句义，故亦可称三宝金刚句。出自坚慧《究竟一乘宝性论》。其中有偈言：

> 佛法及众僧，性道功德业，
> 略说此论体，七种金刚句。[②]

此偈以七种金刚句概括本论主题，其中初句“佛法及众僧”，或作“佛法僧宝性”，第二句“性道功德业”，或作“菩提功德业”。但其本论释文，说初句作“佛法僧众生”，按众生并非三宝，三宝正是针对众生而言，释文恐有误。第二句之“性道”，“性”指论题之宝性，即三宝之性，三宝之性为清净性，故性即清净性。“道”，此指菩提，如称佛道为佛菩提。如此七金刚句本论称七种证义，略作七义：一者佛义，二者法义，三者僧义，四者众生义，五者菩提义，六者功德义，七者业义。义即句义，七义可称七句义、七金刚句义。依此七义故，说其中：

一、佛金刚句，所言如来者，非可见法，是故眼识不能得见故。其中如来即如来如去，也就是如是来、如是去，来、去指事物的生成与变灭，事物该来时来，该去时去，不以人的意志转移，也不是看得见时有、看不见时没有，佛本来就不是可见物，佛的这种存在状态就称为金刚，关于这种存在状态的认识就称为金刚句。

二、法金刚句，所言法者，非可说事，以是故，非耳识所闻故。

三、僧金刚句，所言僧者，名为无为，是故不可身心供养，礼拜赞叹故。

四、众生金刚句，言众生者，乃是诸佛如来境界。一切声闻、辟支佛

---

① （唐）实叉难陀译《文殊师利授记会》卷1，《大宝积经》卷58，《大正藏》第11卷，第339页上。

② （元魏）菩提流支译《究竟一乘宝性论》卷1，《中华藏》第30册，第458页下。其中“及众僧”，《中华藏》校勘资、碛、普、南、径、清诸本作“僧宝性”，“性道”作“菩提”。《中华藏》同册，第490页上。

等以正智慧不能观察众生之义，何况能证六道。凡夫于此义中唯信如来，是故随如来信此众生义。言众生者，即是第一义谛，第一义谛者即是众生界，众生界者即是如来藏，如来藏者即是法身故。此说众生即是第一义谛，众生界即是如来藏，是本论命题“一切众生皆有如来藏”的著名论断。

五、菩提金刚句，阿耨多罗三藐三菩提者名涅槃界，涅槃界者即是法身故。

六、功德金刚句，依功德义故，如来所说法身义者过于恒沙，不离不脱。不思议佛法，如来智慧功德，如世间灯，明色及触不离不脱。又如摩尼宝珠，明色形相不离不脱。法身之义亦复如是，过于恒沙，不离不脱，不思议佛法，如来智慧功德故。

七、业金刚句，依业义故，如来不分别，不分别无分别，而自然无分别，如所作业自然行故。

论中说，是七种金刚字句，总摄此论一切佛法。其中前三句，在《陀罗尼自在王经》序分中广说其相，后四句也在该经菩萨如来法差别分中广说。《陀罗尼自在王经》，即昙无谶译《大集经·陀罗尼自在王菩萨品》。按论中据梵文本说，其序分中说三种根本字句，即婆伽婆平等证一切法、善转法轮、善能教化调伏无量诸弟子众，次第示现佛、法、僧三宝。并以三宝次第生起成就，说其余四句随顺三宝因，成就三宝因。以诸菩萨于八地中，十自在为首，具足得一切自在，是故菩萨坐于道场胜妙之处，于一切法中皆得自在，是故经言婆伽婆平等证一切法故。以诸菩萨住九地时，于一切法中得为无上最大法师，善知一切诸众生心，到一切众生根机第一彼岸，能断一切众生烦恼习气，是故菩萨成大菩提，是故经言善转法轮故。以诸菩萨于第十地中得住无上法王位，后能于一切佛所作业自然而行，常不休息，是故经言善能教化调伏无量诸弟子众故。序分中先说佛法僧三宝功德，次说佛性有六十种净业功德包括四种菩萨庄严、八种菩萨光明、十六种菩萨摩诃萨大悲、三十二种诸菩萨业。再说佛菩提，有十六种无上菩提大慈悲心。后说次说诸佛如来功德，所谓十力、四无所畏、十八不共法，最后说如来三十二种无上大业。

二　不退转轮金刚句

1. 八章句

不退转轮金刚句，或作不退转轮金刚句迹，亦称不退转轮陀罗尼金刚句、菩萨藏不退转轮陀罗尼金刚句。不退转轮，就正法轮、最上轮而言，为三转法轮之一。《大乘悲分陀利经·入一切种智行陀罗尼品》说，虚空印菩萨成菩提时，即于是夜转正法轮、不退转轮、最上轮，令无数亿那由他百千菩萨住不退转。其诸菩萨于十小劫从其闻说入一切种智行陀罗尼法门者，尔时皆得一生补处。其诸菩萨有少闻法者，皆得登住地，不退转菩提，尔时皆具得是陀罗尼。① 此说正法轮指佛说小乘法，不退转轮指佛说大乘法，菩萨听闻大乘法，精进十地，直至佛地，不再后退，不同于声闻缘觉或进或退，有四种不退之学位。故称菩萨藏为不退转轮，就《菩萨藏经》而言。《宝积经·富楼那会·神力品》说：是《菩萨藏经》名为“转法轮经”，于波罗奈国梨师山鹿园中与声闻弟子转于法轮。今于此竹园中转此菩萨藏经不退转轮，断一切众生疑。②《大乘方便会》说，往世有婆罗门字树提等五人先学大乘，迦叶佛为说菩萨藏不退转轮陀罗尼金刚句无生法忍，五人即得无生法忍云云。③

八金刚句，有八章句、八门句、八印句之异称。如前所说，竺法护译《等集众德三昧经》之八章句，鸠摩罗什异译《集一切福德三昧经》作八金刚句。前译八门句，后译八法门。前译八印句，同译《文殊支利普超三昧经》作八金刚句迹，全称不退转轮金刚句迹。其中八金刚句，按鸠摩罗什译《集一切福德三昧经》：

其一，一切诸法性本净句，一切诸法离结使故。竺法护译一切诸法皆为本净，从想著致，原自然净也。此说诸法本性清净，但必须远离错误认识的“结使”，结使一般译为烦恼。“从想著致”，指执着的妄想导致不能正确认识事物。

其二，一切法无漏句，尽诸漏故。竺法护译诸法无漏，一切诸漏皆为尽故也。此说诸法无漏——一切事物的本性清净，是因为一切事物在本质上与人的错误认识无关，是独立的存在。或者说诸法的本性是无漏，只是人们的认识有漏。有漏，就是错误的认识，看不到事物的本质。

其三，一切法离巢窟句，过巢窟故。竺法护译诸法无著，皆度一切诸

① （后秦）失译《大乘悲分陀利经》卷1，《大正藏》第3卷，第237页下。

② （后秦）鸠摩罗什译《富楼那问经》，《大宝积经》卷78，《大正藏》第11卷，第450页上。

③ （东晋）竺难提译《大乘方便经》，《大宝积经》卷107，《大正藏》第11卷，第502页下—603页上。

所著故也。巢窟是对固有认识模式或知识系统的比喻，不执着于原有的认识思路和知识体系，就能够达到脱离思维的桎梏，过巢窟就是超越人为编织的巢窟的局限。

其四，一切法无门句，无有二故。竺法护译诸法不虚，亦无有明、吾我及人，平等一切诸法门故也。无门指特定的认识方式，不可以认定一种特定的思路去认识事物，因为事物具有同一性，故说无有二，无二也就是平等，不作是非、彼此、自他的分别。

其五，一切法普遍句，示解脱门故。竺法护译诸法何门？普现一切诸法门故也。此说普遍，就解脱门而言，解脱之门无处不现，所在就有，一切法门都是解脱门。与无门相对而言，就是普门。

其六，一切法无去句，无去处故。竺法护译诸法无来，亦无往也。无去、无往，同一个意思，就时间流向而言，一切事物没有去向，是因为没有去处，有去处才去，没去处就无所去。竺法护译称无来，既然无来，就无可去。

其七，一切法无来句，断诸来故。竺法护译诸法怀来，断除一切诸所趣故也。无来，是因为无来处，断诸来就是断灭有来处的认识，既无来处，自然无可来。竺法护译怀来，即有来，断除事物有趣向性的错误认识，就不可能产生有来的认识。趣有趣向，事物各有各的趣向，不同的事物有不同的趣向，趣是类别的意思，就生命体有六趣，一般称六道，各有所趣。

其八，一切法三世等句，去来现在无二相故。竺法护译诸法平等，于三世无去来今故也，而无有二。三世等，进一步说事物的过去、现在、未来也具有平等性，平等就是没有差别，过去等于现在，现在等于未来，未来等于过去，三者并无不同，无二相，就是具有同相，同一现象，超越时间的阶段性、连续性。

2. 八门句

八门句，鸠摩罗什译八法门，称八法门疾成就智。

其一，一切法名字门，以诸法之名来分别一切法。竺法护译一诸法假号，假号者假借之名，每个事物都假借一个名称、概念来表示，故称倚名。名字门，就是名称、概念，用来区别不同的事物和现象，但名称、概念并不反映事物的本质，只不过是假设施，假设施就是假借的设施，设施指人的语言、概念系统，是人为设定的系统，故称其为“假号”，也就是借用的名号。所谓倚名，就是依靠的名号，依靠名号来指称事物。

其二，一切法音声门，以言分别令欢喜故。竺法护译诸法像色，犹从名兴故也。音声门指人的语言系统，通过语言来表达为人喜闻乐见。事物都有表现形式，像色就是事物呈现的现象，由此就有名称，形成语言系统。

其三，一切法共要门，一切诸法决定相故。竺法护译诸法合会，依著字故也。共要就是构成事物的共同性要素，决定相指可以确定的共性，事物有共性，故称诸法合会，合会要素形成共性，也要借助语言文字，共同现象用同样的语词名称。

其四，一切法言说门，虚妄自在故。竺法护译诸法识自，由恣故也。言说，就是言语表达，言语表达必定有自主意识，以自我为出发点，就有主观性，与事物的客观性总有差别，故说这种认识属于虚妄自在。

其五，一切法自相门，离他相故。竺法护译诸法自然，则以无明自然故也。自相是事物的特殊性，也就是不同于其他事物的特征，有他相，才有自相，故自相通过他相实现，破除自相也相应地远离了他相。

其六，一切法毕竟尽门，无所有故。竺法护译诸法为尽，习行愚故也。毕竟尽，指事物最终消亡，所谓缘起缘灭，起灭无常，无所有就是没有永恒存在的事物，但人们往往追求不变的事物，成为人的习性和惯性，这种习性是一种愚痴，一般称为无明。

其七，一切法分别门，从分别有故。竺法护译诸法无处，立于门者住无常故也。分别门说的是不作分别，因为一切都被分别出来的。故竺法护译诸法无处，无处就是事物没有特定的存在，没有孤立存在的事物。

其八，一切法平等门，等一味故。竺法护译诸法平等，以一精进趣于门故也。事物具有平等性，其平等性表现在事物都可以认识，都各有认识门径，故说以一精进趣于门，即以精进为趣入之门。

3. 八印句

竺法护译《等集众德三昧经》说，妙法句觉了诸法为悉平等，说皆悉分别平等诸法而得成就，是故称八印句。[1] 同译《文殊支利普超三昧

① （西晋）竺法护译《等集众德三昧经》卷中，《大正藏》第12卷，第979页下—980页上。

经》则称八印句为八金刚句迹，全称不退转轮金刚句迹。[1] 宋代法护异译《佛说未曾有正法经》，不退转轮金刚句译作金刚句不退转法轮。并说"空、无相、无愿解脱门相，不可得分别之法，从何所得？彼一切相犹如虚空，无所依附，诸法自性无依而住，是名金刚句不退转轮。"[2] 金刚句迹，犹金刚句印，迹、印同义，以留下印迹为证，印章、手迹都是用来象征身份、权力、誓愿、意志等，以金刚句标志特定教理，故称金刚句迹、金刚句印。不退转轮金刚句迹，或金刚句不退转法轮，说法轮不退转者，表示其教理的最高性，或者说最高的真理，前进的旋转的法轮不再退转，教义之圆满无以复加。其具体内容如说一切事物在本质上犹如虚空，无所依附，无依而住，不凭借任何条件而独立存在。

一、空印句，无所倚而为现法。《普超三昧经》称了空者金刚句迹，说一切诸法皆悉灭寂，所谓灭寂者，一切诸法已了空者金刚句迹也，消诸邪疑六十二故。此说邪疑六十二，即六十二邪见。《佛说未曾有正法经》说诸法空性不可破坏，彼金刚句离一切见，当如是住空解脱门。空印句，就诸法空性而言，一切事物的存在都无所凭依，都无自性。诸法的现存都归于灭寂，有生就有灭，生灭都是暂时现象。故认识事物的空性，消除六十二邪见，乃至脱离一切见。此空印句及以下无想印句、无愿印句，总称三解脱门。《集大乘相论》解释说："三解脱门，谓空、无相、无愿。此中空解脱门者，谓若人、若法、诸蕴等事离分别相，而彼蕴等若染若净，于分别相中毕竟无性，于空法中离取舍相，而无染智如实对治。无相解脱门者，谓于蕴等毕竟无相，无相故取不可得，彼无染智如实对治不著诸相。无愿解脱门者，谓于一切清净解脱门，蕴、处、界等及波罗蜜多圆满胜行最上一切相，皆如实知。如实出生，现前平等，离诸所取愿乐心故。"[3]

二、无想印句，无所建立而现经典。无想，亦作无相，想、相指概念，针对对象建立概念而有经典，不受经典概念的束缚得以解脱，就是无所建立。《普超经》称无想者金刚句迹，断绝一切诸想念故。《正法经》

---

① （西晋）竺法护译《文殊支利普超三昧经》卷中，《大正藏》第 15 卷，第 418 页下—419 页上。

② （宋）法护译《佛说未曾有正法经》卷 4，《大正藏》第 15 卷，第 440 页上、中。

③ （宋）施护译《集大乘相论》卷下，《大正藏》第 32 卷，第 148 页上、中。

说彼金刚句离诸分别，当如是住无相解脱门。

三、无愿印句，不依不倚、不著不求而为现法。《普超经》称无愿者金刚句迹，皆度一切五趣有为令灭寂故。《正法经》说彼金刚句离诸疑惑，当如是住无愿解脱门。

四、本际印句，为本空句而等御之为现经典。《普超经》称法界者金刚句迹，超越若干诸疆界故。《正法经》说彼金刚句离诸有著，当如是住法界。此本际相对于边际而言，有边际、有疆界，就是设定界限，属于有为法，超越界限则是无为法，法界超越现法，故本际也称法界。

五、法界印句，等御诸法而为本现。《普超经》称无本者金刚句迹，致无我灭寂故。《正法经》说金刚句者离种种法，无我、自性，安住清净涅槃，是名金刚句。法界印句，超越有为、无为，达到无我、无自性的清净涅槃境界。

六、无本印句，现入诸法。《普超经》称离色欲者金刚句迹，蠲除贪欲诸所有故。《正法经》说金刚句者离种种法，无作自性安住清净涅槃，是名金刚句。

七、犹如印句，蠲除去、来、今所本现法。《普超经》称缘起行者金刚句迹，不坏本性故。《正法经》说金刚句者离种种法，无贪自性，安住清净涅槃，是名金刚句。

八、灭尽印句，究竟灭尽，永除诸法之所本现。《普超经》称察无为者金刚句迹，见诸法自然故。《正法经》说金刚句者离种种法，无著自性，安住清净涅槃，是名金刚句。

三　净印金刚句

净印金刚句，亦称十六金刚句，出自昙无谶译《大集经·海慧菩萨品》，宋惟净异译《海意菩萨所问净印法门经》。净印，本为三昧之名，称如来根本印。净即清净，指诸法清净本性。印即法印，佛说之法为印信。净印即清净法印。《大集经》云："若知诸法如虚空，净于本性，不生灭，即能净于如来印，亦得住于定根本。虽得供养心不喜，呵责骂辱心不瞋，修集慈悲心平等，是则名为净印定。"[①] 此说如来清净法印，犹如虚空，本性清净，不生不灭。掌握此法印，于心平等，不为供养而心喜，

① （北凉）昙无谶译《大方等大集经》卷8，《中华藏》第10册，第91页上、下。

也不为呵责而心嗔。《景祐录》解释说："夫净印者，谓诸菩萨涤净初心，莹治三业，炼修道行，滋植众因。初心净而道行精，三业莹而众因备，自凡臻圣，福广智圆，此即净印等持深旨者也。"① 净印的等持深旨在于涤净初心，初心即如来清净心，涤净的途径就是创造条件，修炼道行，莹治三业，使自己的三业与如来三业等同，即称"等持"，达到同样的认识水平。

净印金刚句共十六句，一从转变立意，一以平等立意。其具体句义分别如下：

其一，法性金刚句，说其本身不坏，犹如金刚，以法性不坏故。宋译谓即自身是金刚句，自性无分别故。明人界澄《楞严经证疏》释无分别，此是总体②，即转变自身为佛身。

其二，智慧金刚句，以智慧之性能破无明故。宋译于诸见中抉择而转无明是金刚句，入诸明故。界澄释入诸明暗。此说转无明为智慧。无明是众生的认识，智慧是佛的智慧，无明可以转化为智慧，其依据则是佛智具有破除众生无明的性能。入诸无明，剖析诸无明，直至源地，众生无明与如来智慧本无差别，明暗自明。

其三，五逆金刚句，以五逆之罪坏一切善故。宋译于所缘事中遍知而转五无间际是金刚句，无加行平等故。界澄释无加行。此说以遍知转五逆为顺善。五逆指害父、害母、害阿罗汉、破僧、出佛身血之五种不可回转的罪行。无间，即无间断、无间隔，以此五种罪行相续无间断，无可挽回。

其四，不净金刚句，以不净之观能坏贪欲故。宋译于诸加行遍知而转贪际是金刚句，离贪际平等故。此以不净观转贪染为清净。

其五，慈心金刚句，以慈心之观能坏瞋恚故。宋译于贪离贪平等而转瞋际，是金刚句慈际平等故。界澄作瞋际是金刚句，慈际平等故，释瞋慈平等。此以慈心转瞋忿为慈悲。

其六，观缘金刚句，观十二缘能坏愚痴故。宋译破诸瞋恚痴际是金刚句，慧光明平等故。界澄释愚慧平等。此以缘起转愚痴为智慧。

---

① （宋）吕夷简撰《景祐新修法宝录》卷8，《中华藏》第73册，第545页上。

② （明）界澄撰《楞严经证疏广解》卷8，《新纂卍续藏》第14卷，第204页上—205页上。

其七，众生心摄取金刚句，一众生心摄取一切众生之心名金刚句。宋译开显明慧，一切众生、一众生是金刚句，遍入众生平等故。界澄释一多众生平等。此以遍入转一众生心为一切众生心。

其八，众生心平等金刚句，一众生心、一切众生心悉皆平等名金刚句，宋译随觉了众生自性，一切众生心、一众生心是金刚句，入无心故。界澄释心无心平等。此以遍入转一众生心、一切众生心为无心。

其九，佛平等金刚句，一切佛、一佛皆悉平等名金刚句，宋译此金刚句而随了知心之自性本来明澈，一切佛一佛，是金刚句遍入真如平等故。界澄释一多佛性平等。此以遍入转一佛、一切佛为真如平等。

其十，福田平等金刚句，一福田、一切福田无尽平等名金刚句，宋译随觉了平等性智，一切刹土、一刹土是金刚句，遍入无尽刹土故。界澄释尽无尽平等。此以遍入转一福田、一切福田或一刹土、一切刹土为无尽刹土。

其十一，虚空平等金刚句，一切诸法如虚空等名金刚句，宋译随知虚空平等，一切法、一法是金刚句，入一切法性平等故。界澄释随解一切平等。此以虚空喻转一切法、一法为一切平等法性。

其十二，诸法一味金刚句，一切诸法等同一味名金刚句，宋译随了知无二法门，一切法佛法是金刚句，于一切处智随入解故。界澄释邪正平等。此以一切处智随入转诸法一味为诸法等同一味。

其十三，佛法平等金刚句，一切诸法及以佛法平等无二名金刚句。宋译随觉了金刚喻定，诸魔事业、诸佛事业是金刚句，入诸魔业随警悟故。界澄释一切语平等。此以金刚喻定转诸魔事业为诸佛事业。

其十四，金刚三昧金刚句，金刚三昧能坏一切诸魔恶业名金刚句，宋译出过一切魔之事业，一切语言、如来语言是金刚句，遍入一切音声随解了故。界澄释生灭平等。

其十五，如来妙音金刚句，如来妙音坏诸恶声名金刚句，宋译随了知不可说法，一切法无生是金刚句，入无灭故。界澄释起息平等。此以遍入无生转诸恶声为如来妙音。

其十六，无生灭金刚句，观无生灭、过生老死名金刚句，宋译超越生老病死之道，一切法无起是金刚句，入无止息故，而能随转诸法寂灭。此以无生灭法转生老病死为诸法无起灭。

第三节　陀罗尼一法句

一　性空句

一法句，即以一个概念涵盖诸多概念的教义，实际上这类一法句只是一个教义系统的核心概念。性空句，即以自性空为一法句。性空，即自性空，指事物自身的性质不能由自己决定，而是由其他事物决定，故事物的性质是自性空。这是大乘般若经类的核心概念，也是由此发展起来的大乘佛教的基础教义。不空译《大集虚空藏所问经》解释一法句说："有一句能摄一切法，云何为一？谓性空句。所以者何？由一切法同空性故，是谓一句。"此说性空句指出了一切事物和现象的本质特征，或者说一切事物和现象的本质无非就是一个"空"字。昙无谶初译《大集·虚空藏菩萨品》以离欲句为一法句，说一句亦能总摄一切佛法，何谓为一？所谓离欲句。所以然者，以一切佛法同于离欲，如佛法，一切法亦然，是为一句总摄一切佛法。此说离欲句总摄一切佛法者，即是说所有佛法都指向一条道路——摆脱欲望的束缚，因为一切烦恼都来自欲望。但随后又说：一空句总摄一切佛法，一切佛法同于空故。如佛法，一切法亦然，是为一句总摄一切佛法。[①] 按此说一空句总摄一切佛法，也是以"一空句"为性空句，但以离欲句为首，且以一切佛法作一切法。此经中说佛法名数即是一切法名数，所以一切法即是佛法。而此法非法、非非法，自性空故，自性离故，自性究竟无性故。无性即是虚空，虚空性同一切法性。此法性非生相、非灭相，非有处相、非无处相，是故一切法名无相、无非相。如此体现本经核心思想的一法句仍是性空句，如不空译本与此相同。说："所说校量佛法，若身若心皆无所得，亦不可以数知。何以故？一切法者是佛法故。是佛法者即非法故，所以者何？以想分别、以想遍知假名说故。于中无相、亦非无相，无法、非无法，究竟无相。此相清净，自相远离，犹如虚空同一自性。佛法亦尔，性相皆空。"[②] 此说性相皆空，不仅一切事物和现象为空性，而且一切事物和现象的空性亦为空，处于一种非空相非空

---

① （北凉）昙无谶译《大方等大集经》卷17，《中华藏》第13册，第222页上。

② （唐）不空译《大集大虚空藏菩萨所问经》卷6，《大正藏》第13卷，第638页下—639页上。

性的存在状态，但这种状态也不是第三种存在。

性空句总摄的一切佛法，昙无谶译本与不空译本对照如下：

昙无谶译离欲句为十三句：空句、无相句、无愿句、无作句、无生句、无起句、如句、法性句、真际句、离句、灭句、尽句、涅槃句。

不空译性空句为十二句：无相句、无愿句、无行句、离欲句、寂静句、无阿赖耶句、法界句、真如句、实际句、不生句、不起句、涅槃句，共十二句。

其中昙无谶译本之如句即不空译真如句，真际句即实际句，法性句即法界句，灭句即寂静句。不同之处在于：前者有离句、尽句，后者有无阿赖耶句，还少一句。但不空译本另有身见句、苦恼句、虚空句，其释义中尚有转生句，从离欲句转生离瞋句、离痴句，从法界句转生地、水、火、风、虚空五大句，又从虚空句转生色、受、想、行、识五蕴句。但此诸句数辗转相生，不以句数为限。按般若空义，一句总摄一切佛法，列举数十句，实则如是等句皆非句故，因为一切佛法非句，是假名为句。

昙无谶译本以离欲句为一法句，并转生离瞋句、离痴句，是以三毒为首句。先说以一切佛法同于离欲，如佛法，一切法亦然。此说离欲，欲指贪欲，为三毒之首，说一切佛法同于离欲，是说一切佛法所说的莫不是针对贪欲，众生脱离贪欲，消灭欲望，就是佛法的目的。而一切法也莫不以贪欲为动因，有欲才产生业行，所以说一切法也与佛法同样有此性质。但说欲是离欲句，以离欲性即是欲故，是从般若相对论来说，离欲相对于欲而言，无欲也就无所谓离欲。次说离瞋句、离痴句，同样说瞋恚是离瞋句，所以者何？离瞋恚性即是瞋恚故。同样愚痴也是离愚痴句，其所以者，离愚痴性即是愚痴故，总的理由是一切佛法亦同是性。但不空译本以性空句为首，是出于随后的无相句和无愿句，空、无相、无愿正是三空解脱门。无相句、无愿句并没有释义，以亦包含在性空句有关。而性空句符合一句总摄一切佛法的原则，因为一切法以空为性。

一法句说明句门原理，只是列举而已，并无意依次释义。故如由实际句入身见句，解释说身见是实际句，以实际性即是身见，一切佛法亦同是性。又如说无明是明句，以明性即是无明故，一切佛法亦同是性。乃至苦恼是离苦恼句，以离苦恼性即是苦恼故，一切佛法亦同是性。色是虚空句，以虚空性即是色故，一切佛法亦同是性。受想行识是无作句，无作性即是识故，一切佛法亦同是性。地大是虚空句，以虚空即是地大故，一切佛法亦同是性。水大、火大、风大是法界句，以法界性即是风等故，一切佛法亦同是性。眼是涅槃句，以涅槃性即是眼故，一切佛法亦同是性。耳、鼻、舌、身、意是涅槃句，以涅槃性即是意等故，一切佛法亦同是性。总之，是为一句总摄一切佛法，菩萨入如是等一一智门，皆见一切佛法入于一句。

如喻同大海能吞众流，一一句中摄一切佛法亦复如是。又喻如虚空悉能包容一切色像，一一句中摄一切佛法亦复如是。如是等一切佛法，若摄若不摄，若说若不说，不增不减，究竟离相故。再喻如算师数数，以算筹布在算局上。然局中无筹，筹中无局，以究竟不相应故，以究竟离故。

如是于上一一句中假名数故，言一切佛法皆入一句，而诸佛法不可名数算计，也以究竟不相应故，也以究竟离故。还如佛法名数，即是一切法名数，以一切法即是佛法故。此法非法、非非法，自性空故，自性离故，自性究竟无性故。而无性即是虚空，虚空性同一切法性，此法性非生相、非灭相，非有处相、非无处相，是故一切法名无相、无非相。

二　真实句

真实句，亦称实义、实言、真实语、诚实言，为《善住意天子所问经》所说一法句。该经元魏毗目智仙初译，隋达磨笈多再译，编入《大宝积经》为第三十六《善住意天子会》。按该会《开实义品》说，堪任对扬深法者能受三十种法句，才可共谈实义。此所谓实义，即真实义、真实句义。《称赞付法品》说此经法门弘阎浮提，遍行流布，主持不灭，是诚实语、真实语、实言，与实义同义。义即句义，实义即真实句义。

《开实义品》所说三十种真实句：不思议句、甚难证句、无处所句、无所著句、无戏论句，不可得句、不可说句、甚深句、真实句、无碍句、不可坏句、空句、无相句、无愿句、如如句、实际句、法界句、无形貌句，不取句、不舍句、佛句、法句、僧句、智慧满足句、三界平等句、一切法无所得句、一切法无生句、师子句、勇猛句、无句句。①

毗目智仙译《圣善住意天子所问经》此作：不思议句、难解句、无处所句、不戏论句、无戏论句、不可说句、甚深句、实句、无障碍句、不

① （隋）达磨笈多译《善住意天子会》卷 2，《大宝积经》卷 103，《大正藏》第 11 卷，第 576 页下。

破坏句、空句、无相句、无愿句、真如说句、实际句、法界句、无相似句、不取句、不舍句、佛句、法句、僧句、得智慧满足句、三界平等句、一切法无所得句、一切法不生说句、师子句、健句、无句句。其中前者无所著句作“不戏论句”，而与之后的“无戏论句”重复。

《破菩萨相品》所说真实句有二十一句：不实句、非物句、不来句、不去句、无生句、无攀缘句、无证句、不净句、不思句、不坏句、无言句、不破句、无字句、无执句、无住句、不取句、不舍句、不拔句。[①] 该品又说菩萨发菩提心、发菩提行，如彼飞鸟往来空中，彼鸟足迹在虚空中，说有发行却无发行之足迹，但并非无发行。以如是义故，若有能发贪欲、恚、痴，唯彼诸佛、声闻、缘觉、不退菩萨乃能发，无有依处是名为发，无有取著是名为发。既无依处，又无取著，是即无句斯谓为发，是无分别句斯谓为发，是不可生句斯谓为发。是此品实义有无句、无分别句、不可生句。

毗目智仙译本稍有不同，有二十句：无句、不分别句、不他生句、无物体句、无物说句、不来句、不去句、不生句、无受持句、无记句、微尘句、无忆念句、无物行句、不可说句、不破坏句、无字句、不执句、无阿梨耶句、不取句、不上句。[②] 另有贪欲句、不合句、示句、不实思量句、不实句、不实决定句、不离欲句，说若不染著法，是故得言离欲寂灭。[③]

《破二乘相品》所说真实句有七句：知空处、知无相处、知无愿处、知远离处、知无所有处、知无生处、知如如处。说若诸菩萨于一字一句初不移动，然彼字句义门处所，近远浅深皆如实知，谓知空处，知无相处，知无愿处，知远离处，知无所有处，知无生处，知如如处。而于其间无受无作，无解无知，是故得言唯字句耳。此如实知处，亦即真实句、实句义，知空处即空句，知无相处即无相句，知无愿处即无愿句，知远离处即远离句、离句，知无所有处即无所有句，知无生处即无生句，知如如处即如如句。[④] 毗目智仙译知处作：若菩萨一字一句不动彼字，不动句义次第

---

① （隋）达磨笈多译《善住意天子会》卷 3，《大宝积经》卷 104，《大正藏》第 11 卷，第 582 页中。

② （元魏）毗目智仙译《圣善住意天子所问经》卷 2，《大正藏》第 12 卷，第 125 页上、中。

③ （元魏）毗目智仙译《圣善住意天子所问经》卷 3，《大正藏》第 12 卷，第 131 页中。

④ （隋）达磨笈多译《善住意天子会》卷 4，《大宝积经》卷 105，《大正藏》第 11 卷，第 587 页中、下。

问道，如实而知。不知空、不知离，知无体、知不生，如是知。若不知非知，非解非受非作，是故得言唯言语句。[①]

三　胜义句

胜义句，即第一义谛句，《大集月藏分·第一义谛品》所说，北齐那连提耶舍译。第一义谛，亦称胜义谛、真谛。就世俗谛而言，概称二谛。胜义、世俗二谛，本就真理的相对性而言，胜义谛指事物的绝对性，世俗谛指事物的相对性。但此第一义谛句，有其特定的含义，指向菩萨修行过程中的观念转变。如经中说，菩萨住阿兰若，修第一义谛得如月，以四无碍成熟众生，能满六波罗蜜。菩萨观三界所有一切众生皆为贪欲、瞋恚、愚痴三毒猛火焚烧炽然，生老病死、忧悲苦恼皆亦炽然，不得解脱。因于彼诸众生起大悲心，念一切众生莫不厌苦求乐，彼等如是为苦所转，如五节轮。五节轮，即五趣轮，众生于地狱、畜生、饿鬼、人、天五趣中轮转不息，故称。

复念何因缘故此诸众生众苦增长，无有休息？时知诸众生皆为爱取因缘所摄故，受是苦增长不息。是故我当弃舍爱取所摄因缘，出向闲林，独而无侣，于第一义谛思惟而住。如是先自除苦，然后乃能除众生苦。

如是菩萨以真实心，欲令众生离苦得乐。当知此心从大悲起，菩萨弃舍一切爱取因缘，出向闲林，独而无侣，如犀牛角。于四圣种喜悦而住，不念地，不念我地，不念地我，水、火、风大亦如是。不念色，不念我色，不念色我，受、想、行、识亦如是。不念眼，不念我眼，不念眼我，如是不念眼识、不念我眼识、不念眼识我。如是不念眼触，不念我眼触，不念眼触我，如是眼触因缘生受、若苦若乐，不苦不乐，不念乐，不念我乐，不念乐我，乃至不苦不乐亦如是。耳、鼻、舌、身、意亦如是，色、声、香、味、触亦如是，四大、三受、六想、三行亦如是，见闻觉知、世间出世间、过去未来现在、断常明暗、三昧四禅、黑白胜劣、行住坐卧、三界刹那亦复如是。[②] 其中四圣种，圣种指出家修道的佛教僧众，四圣种即满足于出家的四种生活方式：随所得衣喜足圣种、随所得食喜足圣种、随所得卧具喜足圣种、乐断乐修圣种。四大指地、水、火、风四类自然因

---

① （元魏）毗目智仙译《圣善住意天子所问经》卷3，《大正藏》第12卷，第129页下。

② （北齐）那连提耶舍译《大方等大集经》卷48，《大正藏》第13卷，第314页上、中。

素，三受指苦、乐、不苦不乐三种主观感受，六想指眼、耳、鼻、舌、身、意六种感官摄取对象的印象，三行此指身、口、意三种行为活动，也以过去、现在、未来三世业行。

第一义谛句摄三十六句义：五根句义、三昧根义、大慈大悲义、深信一切智义、以四摄法摄受一切众生义、护持正法义、勤求一切佛法义、远离诸难义、住佛功德义、超过声闻辟支佛地义、能净三业义、以诸三昧庄严心义、净三恶趣令诸众生舍邪道义、信解忍义、成熟众生无生忍义、舍离憎爱义、于诸法决断义、分别一切法义、勤求一切智义、得一切助菩提义、觉了十二因缘义、分别上首义、三不护义、四无畏义、十力义、大慈大悲成熟众生义、方便勤求如来十力第一义谛义、十地义、登祚地义、降魔义、得一切种智义、转法轮义、降法雨义、度一切众生义、建立八圣道义。这些句义基本上包罗了作为菩萨所掌握的大乘教义及其菩萨行的内容，其中如五根句义，五根为信根、精进根、念根、定根、慧根，无根句义即菩萨净五种根行。《大集·宝髻菩萨品》说菩萨净六种五根行：其一以菩萨信心不可动转名为信根，不由他教而行精进名为精进根，常念菩提名为念根，常修大悲名为定根，摄取善法名为慧根；其二以信诸佛法名信根，求诸佛法名精进根，念诸佛法名念根，得佛三昧名定根，断诸疑网名慧根；其三以菩萨心向菩提无有疑网名信根，增长善法名精进根，求善方便名为念根，视诸众生其心平等名为定根，观诸众生上中下根名为慧根；其四心净无浊名为信根，坏众浊心名精进根，念清净法名为念根，观心性净名为定根，能令众生住清净法名为慧根。其四远离一切弊恶之法名为信根，求诸善法名精进根，得已不失名为念根，既得善法如法而住名为定根，思惟善法、不善、无记名为慧根；其五说信根者即是施心，说精进根者即是乐施无有休息，念根者既施之后不求果报，定根者即平等施心无分别，慧根者不观福田及非福田；其六信根即是初入善法之心，精进根者能坏憍慢，念根者离我、我所，定根者远离一切六十二见，慧根者远离一切诸恶烦恼。①

说第一义谛有如是等无量大义，第一义谛荡诸结垢，灭一切恶，能度众生烦恼淤泥，枯竭爱河，超过一切流转旷野，破诸见网，照除无明，降伏诸怨，断除忧戚，诸根适悦，令入正道，觉悟诸法，增长善根，舍诸凡

① （北凉）昙无谶译《大方等大集经》卷26，《大正藏》第13卷，第179页上。

愚，入贤圣位，到菩提道。如是第一义谛，一切功德皆悉圆满，成熟无上最胜智慧，能令众生到于一切生死彼岸。[①]

说菩萨修第一义谛得如月，以四无碍成熟众生，能满六波罗蜜。菩萨观诸众生，皆为三毒猛火炽然，生老病死、忧悲苦恼皆亦炽然，不得解脱。作是观时，菩萨于彼诸众生所起大悲心，此是菩萨得如月，照除众生无明黑暗，如初日月。如菩萨为除众生诸苦恼故，舍诸爱取所摄因缘，此是菩萨得如月，照除众生无明黑暗，与义无碍相应，成熟众生，为满六波罗蜜故，如二日月。

四 善顺句

善顺句，《大集经·无尽意菩萨品》所说，有四十一句之多。所谓善顺句，是就善顺思惟、分别其义而言，故称菩萨善入思惟。[②]《大集·虚空藏品》说："善顺思惟，分别其义者，皆当为不退转印所印。"[③] 善顺思维，相对于不善顺思维。善顺，正确、正向，符合客观事物特征及其规律。善顺思维就是正确的思维方法，能够辨别事物，可作为菩萨修道进步的标志。而不善顺思维，使人难以辨别事物，导致错误的认识。故说"以不善顺思惟故，便生烦恼。善顺思惟故，则无烦恼。"[④] 善顺思维有四种表现，《大宝积经·普明菩萨会》说菩萨有四善顺之相：其一，所未闻经，闻便信受，并如所说而行；其二，依止于法，不依言说。法是佛说经典，言说指非佛说的道听途说；其三，随顺师教，能知意旨，易与言语，所作皆善，不失师意，不退戒定；其四，以调顺心而受供养，见善菩萨，恭敬爱乐，随顺善人，禀受德行。[⑤]

善顺句含摄四十一种法句：不始句，不终句，不住句，无依句，不动句、不猗句，平等句、非等句，真实句、正真句，不变句、清净句、永寂

---

① （北齐）那连提耶舍译《大方等大集经》卷48，《大正藏》第13卷，第316页下。

② （刘宋）智严译《无尽意菩萨品》卷2，《大方等大集经》卷28，《大正藏》第13卷，第196页上、中。

③ （北凉）昙无谶译《虚空藏菩萨品》卷4，《大方等大集经》卷17，《中华藏》第10册，第221页上。

④ （北凉）昙无谶译《虚空藏菩萨品》卷5，《大方等大集经》卷18，《中华藏》第10册，第233页中。

⑤ 失译《普明菩萨会》，《大宝积经》卷112，《中华藏》第11卷，第379页上。

句，不然句，不举句、不下句，不减句、不增句，不共句，不戏论句，如句、不如句、如非如句、非如非不如句、如实句，三世平等句，三际句，不住色句，不住受、想、行、识句，不住地大句，不住水、火、风句，不住眼界、色界、眼识界句，不住耳界、声界、耳识界句，不住鼻界、香界、鼻识界句，不住舌界、味界、舌识界句，不住身界、触界、身识界句，不住意界、法界、意识界句，念义句，念智句，了义经句，念法句。

按其句义：前二句不始句、不终句，就诸法时间的永恒性而言，认为事物无始无终。次四句不住句、无依句、不动句、不猗句，就诸法存在的独立性而言，认为事物无条件存在。平等句、非等句以及三世平等句、三际句，就诸法的普遍性与差异性而言，认为事物就存在的普遍性而言并无实际差别。真实句、正真句，就诸法现象的真实性而言。不变句、清净句、永寂句，以及不然句、不举句、不下句、不减句、不增句，就诸法恒定与变移性而言。不共句、不戏论句，就诸法的同异性而言。如句、不如句、如非如句、非如非不如句、如实句，就诸法存在的本然性而言。不住色句，就五蕴、十二处、十八界的虚妄性而言。最后的三念句以及了义经句，就经法而言。

五　金刚句

作为一法句的金刚句，《大集经·海慧菩萨品》所说，共三十九句：一坚牢句，二不坏句，三不破句，四平等句，五实句，六无二句，七不退转句，八大寂静句，九无能作过句，十不增不减句，十一无有有句，十二无有法句，十三真句，十四有句，十五不谤佛句，十六依法句，十七共僧句，十八如尔句，十九分别三世句，二十勇健句，二十一梵句，二十二慈句，二十三心句，二十四虚空句，二十五菩提句，二十六不低句，二十七法相句，二十八无相句，二十九心意识无住句，三十波旬句，三十一破魔句，三十二无上句，三十三无胜句，三十四广句，三十五行已境界句，三十六入佛境界句，三十七无觉观句，三十八于法界所不分别句，三十九无句句。①

宋译《海意菩萨所问净印法门经》异译四十句：一不破坏句，二精妙句，三平等句，四圣谛句，五坚固句，六无种种句，七爱乐句，八不断

① （北凉）昙无谶译《大方等大集经》卷10，《中华藏》第10册，第110页上。

句，九寂静、遍寂、近寂之句，十无作用句，十一不和合句，十二入无趣之趣句，十三无行句，十四真性句，十五如实句，十六不背佛句，十七不谤法句，十八不破僧句，十九如所说句，二十三轮清净句，二十一勇猛句，二十二梵行句，二十三空寂句，二十四虚空句，二十五觉支句，二十六无相句，二十七无愿句，二十八法相句，二十九心意识无住句，三十摧伏诸魔外道句，三十一清净无垢明澈句，三十二观照菩提句，三十三慧光明句，三十四无法显示句，三十五毕竟不生不灭句，三十六自境界清净句，三十七入佛境界句，三十八无思惟分别遍计句，三十九法界无差别句，四十入无句之句句。①

凉译与宋译句数基本相等，但增减有些出入，译法也有些不同。其中此有彼无者，如凉译不增不减句、慈句、心句、不低句、波旬句、无上句、无胜句、广句，宋译无。宋译精妙句、爱乐句、慧光明句、无愿句、清净无垢明澈句、无法显示句、毕竟不生不灭句，则凉译无。但大都凉译简略，或用古法，宋译完整但繁复，也不失清晰。如凉译实句，宋译如实句；凉译真句，宋译真实句；凉译无有有句，宋译入无趣之趣句；凉译大寂静句，宋译寂静、遍寂、近寂之句；凉译行己境界句，宋译自境界清净句；凉译无觉观句，宋译无思惟分别遍计句。也有的译句差别较大，如凉译无二句，宋译无种种句；凉译分别三世句，宋译三轮清净句。也有的作了增减，如凉译不坏句、不破句，宋译合为不破坏句，故两者句数实际上相同，只是分合不同而已。

六 般若句

1. 般若句

般若句，就是分别说明般若智慧的空性内涵。《大集经》强调般若智慧不从他处获得，而是自证知见，这是由事物的自性空决定。而一切语言文字表述的句义只不过是获得智慧的门径而已，其性质如同声响，有声才有响。说此般若不从他得，自证知见，如性行故。知一切文字句义，其犹如响，于诸言音随应而报。其辩不断，亦不执着文字言语。菩萨如是能于一切言说中善能报答，知诸音声言说如响，解不可得故。不生执着，亦不

① （宋）法护译《佛说海意菩萨所问净印法门经》卷13，《大正藏》第13卷，第507页下—508页中。

戏论，是为菩萨行般若波罗蜜与虚空等。[1] 不空此译：如是等类句义差别，智慧光明不属于他，于所说法随入少分，都无分别及所分别，是名修行般若波罗蜜多犹若虚空。这里也强调般若句从解析句义入手，但不能执著于句义差别，即便随所入少分也不可分别。

般若句，《大集·虚空藏品》初说，昙无谶译有三十四句，不空译《虚空藏所问经》相同。般若三十四句义分别为：

一、般若是寂静句义，无微觉故。不空译般若是清净句，能摧恶觉故。其中恶觉相对于善觉，有三恶觉：欲觉、瞋觉、恼觉。《大智度论》说另有三种善觉：出要觉、无瞋觉、无恼觉，总称三种粗觉，相对于三种细觉——亲里觉、国土觉、不死觉。三恶、三细六种觉妨碍三昧，三种善觉能开三昧门。[2]

二、般若是不作句义，自相净故。不空译是无变异句，自相清净故。不作、无变异，就事物的运动、变化而言。

三、般若是无变句义，无行相故。不空译无分别句，无可限齐故。无变、无分别，就事物的差异性而言。

四、般若是真实句义，不发动故。不空译如实句，性真实故。真实、如实，就事物的普遍性而言。不发动，就事物的缘起、变化而言。

五、般若是不诳句义，无有异故。不空译诚实句，无虚诳故。前译不诳，即后译无虚诳。

六、般若是了达句义，入一相故。不空译谛句，无动摇故。

七、般若是通明句义，断习气故。不空译聪慧句，解诸缚故。

八、般若是满足句义，无欲求故。不空译满足句，圣者功德故。

九、般若是通达句义，能正见故。不空译通达句，善能观察故。

十、般若是第一句义，无所得故。不空译第一义句，无所言说故。

十一、般若是平等句义，无高无下故。不空译平等句，无差别故。

十二、般若是牢固句义，不可坏故。不空译坚牢句，不可坏故。

十三、般若是不动句义，无所依故。不空译不动句，无所依故。

十四、般若是金刚句义，不可摧故。不空译金刚句，能穿凿故。

---

① （北凉）昙无谶译《虚空藏品》卷1，《大方等大集经》卷14，《中华藏》第10册，第182页上。

② （后秦）鸠摩罗什译《大智度论》卷23，《中华藏》第25册，第506页中。

十五、般若是已度句义，所作办故。不空译济度句，所作已办故。

十六、般若是真净句义，本性净故。不空译清净句，性无染故。

十七、般若是无暗句义，不恃明故。不空译无暗句，明无所得故。

十八、般若是无二句义，不积聚故。不空译无二句，无有建立故。

十九、般若是尽句义，究竟尽相故。不空译尽句，究竟尽灭故。

二十、般若是无尽句义，无为相故。不空译无尽句，无为常住故。

二十一、般若是无为句义，离生灭故。不空译无为句，非生灭所摄故。

二十二、般若是虚空句义，无障碍故。不空译虚空句，无障碍故。

二十三、般若是无所有句义，真清净故。不空译无所得句，自性无故。

二十四、般若是无处句义，无行迹故。不空译虚空道句，无行迹故。

二十五、般若是无檪窟句义，无所猗故。不空译空句，最清净故。

二十六、般若是智句义，无识别故。不空译智句，智识无二故。

二十七、般若是无降伏句义，无群匹故。不空译无推句，离对治故。

二十八、般若是无体句义，不受形故。不空译无身句，无转易故。

二十九、般若是知见句义，知苦不生故。不空译苦遍知句，离遍计苦故。

三十、般若是断句义，知集无和合故。不空译集断句，害贪欲故。

三十一、般若是灭句义，究竟无生故。不空译证灭句，究竟无生故。

三十二、般若是道句义，无二觉故。不空译修道句，入无二道故。

三十三、般若是觉句义，觉平等故。不空译佛陀句，能生正觉故。

三十四、般若是法句义，究竟不变故。不空译达摩句，究竟离欲故。

2. 如理句

如理句，即如理正观、如理正见之句。如理，如即真如，客观存在对象；理即理趣，客观对象的存在方式，也就是表达真如的概念。正观，即般若非有非无的遮诠方法。以般若智慧认识客观存在的规律，就是如理正观的句义。经中说：何等正观？谓无所见，无所见者即是无生，言无生者即是无起，言无起者名无所照。① 无所见，相对于有见而言，有见具有相

① （唐）玄奘译《菩萨藏经》卷17，《大宝积经》卷51，《大正藏》第11卷，第298页中、下。

对性，有其局限性，无所见则避免其局限性。凡事物都依一定的条件而产生，而客观真理则是无条件的，本来不生，无从起始，所以也就谈不上对它有什么固有的认识，这就叫无所照。如理句，《宝积菩萨藏会·般若品》所说，共三十七句，包括如理句十九句，实性句七句，无依住句八句，依义句三句。

如理十九句，即出生句、趣理句、法门句、面门句、因句、积集句、不相违句、无诤论句、舍句、无执取句、无弃舍句、无戏论句、无舍句、无诽谤句、无轻蔑句、随足句、无诤句、无退转句、无对治句。其中出生句，指一切事物和现象都是有条件的产生，意思是如理是事物产生的条件。趣理句，趣即类别，一切事物和现象的存在类别，凡一切事物和现象都以类别而存在，有区别才表明存在。理即真理、道理，趣理即存在的道理，凡存在物都有其存在的道理，这个道理就是如理。趣理句与出生句关联，法门句与面门句关联，面门，《华严经探玄记》说："面门者，诸德有三释：一云是口，一云是面之正容，非别口也。光统师云：鼻下、口上、中间是也。准下施鼻文，亦如所说。今释依梵语，称面及口并门，悉名目佉，是故翻此目佉为面门也。"[①] 目佉，梵文 mukha 的音译。法门、面门，都以法、以面为门耳朵口。法即一切存在物，是进入真理的门口，或者说通过存在物来认识真理。面即面目、面貌，是进入本性的门口，或者说如通过人的面部特征——眼神、眉宇、鼻息、口舌（语言）、耳聪、面部表情等认识其人本性。法门句、面门句，就是指从事物的存在状态来判断事物本质的句义。因句、积集句指事物存在的具体原因和状态，一切事物和现象都由色、受、想、行、识五种因素构成，称五蕴，此五蕴包括客体的色和认识色的感官以及感官的作用，色、心相互作用而形成对事物的认识，故因句指五蕴、六根、六处等概念的认识，积集句指由此认识到的不同事物。以下否定句义以及对应句义，都是针对各种片面、错误的认识来说明对真理的认识。另有随足句，随足即无论何事何物都有其各自存在的理由，或者说任何事物都有其如理的本然性。

实性七句，即实性之句、如性之句、非不如性句、真如之句、如理之句、三世平等句、离分别句。此七句都是从不同维度表达的如理句义，实性即实相，如性即如如性，非不如性即并非不是如如的另一个如如，这种

① （唐）法藏撰《华严经探玄记》卷3，《大正藏》第35卷，第151页中。

否定之否定之否定之如如，按肯定性来表达就是真如，就是关于“如”的真理。三世平等就时间维度来说过去、现在、未来并无不同，而从空间维度来说所有的存在形式也没有不同，这就是离分别句。

无依住八句，即眼色、眼识性无依住句，耳声、耳识性无依住句，鼻香、鼻识性无依住句，舌味、舌识性无依住句，身触、身识性无依住句，意、法、意识性无依住句。无依住，即无条件地存在，一切事物和现象都由五蕴、六根、六识构成，但五蕴、六根、六识本身也是有条件地存在，凡事物都是有条件地存在，但如理句表达的是无条件存在的真理，或者说凡事物有条件而存在的这种认识是无条件的真理。

依义三句，即依法句、依智句、依了义句。依义相对于无依义而言，一切事物都是有条件地存在，达到这种认识的真理则是无条件的，这个无条件的真理就是佛法、智慧、了义。其中了义相对于不了义而言，不了义是事物的具体性认识，了义则是事物的普遍性认识。

3. 不思议句

不思议句有三种，一是四法不思议句，或称月灯不思议句，《月灯三昧经》所说；一是华严不思议句，《四十华严经》所说；一是般若不思议句，《大乘理趣六波罗蜜多经》所说。不思议句，不思议即不可思、不可议，不可思指不可以用逻辑思维以及形象思维的形式，不可议指不可以用语言表达的形式，佛教认为真理超越思维、超越语言，只可体悟，不可言传。四法不思议句，以诸行、呵责有为、烦恼、清净四种法的不可思议句，此四种不思议法共有七十四句。诸行指事物的运行变化现象，呵责有为指被呵责的有为法，有为法有五位七十五法，烦恼与清净指认识的错误与正确。《四十华严经》所说也是四法不思议句，但与《月灯三昧经》不同，有六种格式的四法不思议句。

《月灯三昧经》十卷，北齐那连提耶舍译，[①] 说四十六组四法不可思议句，如说其一言论四种不可思议以及演说不可思议、难可言尽，一者诸行言论不可思议，二者呵责有为言论不可思议，三者烦恼资助言论不可思议，四者清净言论不可思议。[②] 其二四种法不可思议，一者诸行法不可思

① （北齐）那连提耶舍译《月灯三昧经》卷5，《大正藏》第15卷，第580页下—581页上。

② （北齐）那连提耶舍译《月灯三昧经》卷5，《大正藏》第15卷，第577页中。

议，二者呵责有为法不可思议，三者烦恼法不可思议，四者清净法不可思议。其三四种相应不可思议，一者诸行相应不可思议，二者呵责有为相应不可思议，三者烦恼相应不可思议，四者清净相应不可思议。其四四种门不可思议，一者诸行门不可思议，二者呵责有为门不可思议，三者烦恼门不可思议，四者清净门不可思议。其五四种行说不可思议，一者诸行行说不可思议，二者呵责有为行说不可思议，三者烦恼行说不可思议，四者清净行说不可思议。其六四种音声不可思议，其七四种语不可思议，其八四种语言道不可思议，其九四种权密说不可思议，其十四种知于诸天不可思议，十一四知于人不可思议、十二四知名字不可思议、十三四种辩才不可思议、十四四种决定不可思议、十五四种入不可思议、十六四种度不可思议。

第十七至三十五句，除第十九为四种出不可思议外，共十八句为四种句义的不可思议，即金刚句、咒术句、修多罗句、辞句、施设句、明句、信义句、行句、不思议句、无边句、无限量句、无穷句、不可称句、阿僧祇句、无量句、不可测量句、不行句、四种智句。其中四种金刚句，《四十华严》有异译。一者诸行金刚句不可思议，唐译不思议妙行金刚句。[①]二者呵责有为金刚句不可思议，唐译不思议语言金刚句。三者烦恼金刚句不可思议，唐译不思议杂烦恼金刚句。四者清净金刚句不可思议，唐译不思议灭烦恼金刚句。四种咒术句不可思议，[②] 唐译《四十华严经》则作四种不思议秘密句，即不思议妙行秘密句，不思议语言秘密句，不思议杂烦恼秘密句，不思议灭烦恼秘密句。[③]

第三十六、三十七为智聚、智性不思议句，第三十八、三十九为辩聚、辩性不思议句，第四十、四十一为修多罗、修多罗聚不思议句，第四十二至四十八为多闻、财、学、境界、业、安住、修道不思议句。

第四十九至七十为有关智慧的二十二句四种不思议句，即四种断烦恼智、烦恼智、恶道智、非智智、毕定智、无差失智、无明智、苦智、忧智、贫智、生智、内智、外智、惭智、愧智、实智、修习智、事智、富伽罗智、取著智、离恶道智、断无明智不思议句。

---

① （唐）般若译《大方广佛华严经》卷32，《大正藏》第10卷，第810页下。

② （北齐）那连提耶舍译《月灯三昧经》卷5，《大正藏》第15卷，第578页上、中。

③ （唐）般若译《大方广佛华严经》卷32，《大正藏》第10卷，第810页下。

第七十一至七十四为有关陀罗尼智的四句四种不思议句，即四种陀罗尼、法陀罗尼、相应陀罗尼、陀罗尼门不可思议及其演说亦不可思议、说不能尽。如第七十一句说四种陀罗尼，不可思议诸行言说，于彼中智是名初陀罗尼；不可思议呵责有为言说，于彼中智是名第二陀罗尼；不可思议烦恼资助言说，于彼中智是名第三陀罗尼；不可思议清净资助言说，于彼中智是名第四陀罗尼，如是四种不可思议及其演说亦不可思议、说不能尽。第七十四句四种陀罗尼门，谓不可思议诸行门，于彼中智是名初陀罗尼；不可思议呵责有为门，于彼中智是名第二陀罗尼；不可思议烦恼门，于彼中智是名第三陀罗尼；不可思议清净门，于彼中智是名第四陀罗尼。又说是四种陀罗尼门不可思议及其演说亦不可思议、说不能尽，乃至断除无明智皆有四种陀罗尼不可思议，及其演说亦不可思议、说不能尽。此诸所称于彼中智是名陀罗尼者，陀罗尼亦在以上有关智慧句之例，且为五种陀罗尼智。《月灯三昧经》说："是陀罗尼即是智慧，如是智慧则能了知一切诸法但有名字，是则名为法无碍智；如是法智能达于义，是名义无碍；如是法智能知诸法言辞差别，是名辞无碍。若说彼文字若显示、若施设、若次第不断、若开晓、若广、若分别、若开示令浅、若平等普示，言不吃涩、不瘖痖、不怯讷，说不滞著，言辞任放，任放中胜，是名乐说无碍。"① 这里提出了陀罗尼法无碍智、义无碍智、辞无碍智、乐说无碍智的陀罗尼四智及其定义，是对传统陀罗尼四义的发展。

《四十华严经》的菩萨四不思议句，《入不思议解脱境界普贤行愿品》所说，有四应、四知、四名、四行、四金刚、四秘密等六种四不思议句：

一、四应不思议句，一应发不思议菩萨愿，二应修不思议菩萨行，三应受不思议菩萨教，四应知不思议菩萨顺烦恼行。简略地说此四应不思议句，也就是菩萨应发愿、修行、受教、知随顺烦恼行。

二、四知不思议句，一应知不思议菩萨离烦恼行，二应净不思议菩萨有为过，三应知不思议菩萨称赞涅槃甚深利益，四应知不思议如来功德。

三、四名不思议句，一不思议如来名称，二不思议涅槃名称，三不思议种种世法，四不思议除灭世法。

四、四行不思议句，一不思议妙行，二不思议语言，三不思议杂烦恼

① （北齐）那连提耶舍译《月灯三昧经》卷 5，《大正藏》第 15 卷，第 577 页下—581 页上。

行，四不思议灭烦恼行。

五、四不思议金刚句，一不思议妙行金刚句，二不思议语言金刚句，三不思议杂烦恼金刚句，四不思议灭烦恼金刚句。

六、四不思议秘密句，一不思议妙行秘密句，二不思议语言秘密句，三不思议杂烦恼秘密句，四不思议灭烦恼秘密句。

其中第五、六两种不思议句，显然从第四四行不思议句延伸而来，是关于菩萨不思议妙行、语言、杂烦恼、灭烦恼的四种金刚句和秘密句。

般若不思议句共四十六句，包括相应句、如理句、如量句、佛语句、了缘句、无碍句、无灭句、大舍句、不动句、一切不动句、无依止句、平等句、无难句、无高下句、实际句、不变易句、无著句、无住句、无所住句、对治句、寂静句、极寂静句、遍寂静句、无戏论句、无起句、即真句、不缺句、无余句、无际句、无对治句、最胜句、真实句、如如句、绝言句、不别异句、无彼此句、三世平等句、无三世句、不住五蕴句、不住六界句、不住十二处句、不住十八界句、依法句、依义句、依智句、依了义句。其中有不少句义与《月灯三昧经》相同相近，都称不可思议句，有一定的繁简关系。

该经《般若波罗蜜多品》说：菩萨所修胜行与智慧相应及不相应，无有分别，二智平等，不舍众生，恒起大悲，普覆一切，清净不动，如是修习是则名为般若波罗蜜多。这是说菩萨修行般若智慧，不论与之相应、不相应，不影响两者之间本来就存在的无分别关系，所以菩萨修行重在实际，为众生利益着想，从同情众生出发，所做利益覆盖一切众生，所做业行最为高尚，不为任何行为所动摇。

又说如是句义，是菩萨修行般若波罗蜜多不可思议，离言说故，真胜义故，不可思议故，无因喻故，无比量故，无有上故，自利利他故，大希有故，唯佛与佛能证能说，余无测知。何以故？般若波罗蜜多无性无相、无比无喻，唯佛如来方能究尽。① 这是说菩萨修行的般若智慧为什么是不可思议，概括起来无非就是离言说、真胜义、不可思议、无因喻、不比量、无有上、自利利他、大希有八条，这个真理唯佛与佛能证、能说。这是因为般若本身无性无相，无比无喻，也只有佛与佛才能认识。这都可以看出，此般若句义用尽一切论证、比喻，最终引向宗教神秘主义。

① （唐）般若译《大乘理趣六波罗蜜多经》卷9，《大正藏》第8卷，第910页上、中。

七 菩提句

1. 无分别菩提句

无分别菩提句，《大集·陀罗尼自在王品》所说，其异译本梁僧伽婆罗译《度一切诸佛境界智严经》称不破句，宋法贤译《大乘入诸佛境界智光明庄严经》、法护译《佛说大乘菩萨藏正法经》均称无差别句。无分别与无差别的意思相同，译不破者，破即是分，故不破就是不分。昙无谶译本说：夫菩提者无有分别，无有句义。此说既然没有分别，也就无所谓关于无分别的句义。僧伽婆罗译本说：菩提者无形相、无为，云何无形相？不可以六识识故。云何无为？无生住灭故，是谓断三世流转。此说无形相，即没有显现的相状，就无法用感官认识。没有产生、发展、灭亡，就不可能三世流转，无为即流转、运行、作用。法护译本说：菩提者是无差别句，由如是故，我成正觉。此说差别才表明事物的存在，而佛的正觉就是无差别存在。此诸以无分别或无差别、无句义说菩提句如下：

其一，无所住者名无分别，字不摄故名无句义。住指存在状态，事物的存在总是具体的，一事物之所以为一事物，就在于不同于他事物，故凡存在必然是分别的，不存在即无分别。字由音节构成，音节由因素构成。字与字构成词，词与词构成有完整意思的句。故没有组成因素的字就是字不摄，字既然不摄音节，词也不具备意，句当然无从构成意义。僧伽婆罗译不破句，无相是不破，如实是句。此说无相即无性相，无性相则是“如实”真理。法贤译谓无想是无差别，真如是句。[①] 想即印象，无印象则无从意识。法护译谓如所说名句，无住名无差别。[②]

其二，非有二故名无分别，不入法界名无句义。僧伽婆罗译无住处是不破，法界是句。法贤译无住是无差别，法界是句。法护译法界名句，无种种性名无差别。此不入法界名无句义者，句义就法界而言，故称法界是句义。无种种性，性即性别、类别，种种性即种种类别。

其三，无动摇故名无分别，不变易故名无句义。僧伽婆罗译不动是不破，空性是句。法贤译无种种性是无差别，实际是句。法护译实际名句，

---

① （宋）法贤译《佛说大乘入诸佛境界智光明庄严经》卷3，《大正藏》第12卷，第260页中。

② （宋）法护译《佛说大乘菩萨藏正法经》卷14，《大正藏》第11卷，第813页上、中。

无动性名无差别。动摇、变易、破同义，均指事物的变化，种种性由变化造成。

其四，不可说故名无句义，空故名无分别。僧伽婆罗译不得是不破，无相是句。法贤译无所缘是无差别，无动是句。法护译空名为句，无所得名无差别。无所缘、无所得，均指存在的条件。

其五，无觉观故名无分别，无相故名无句义。僧伽婆罗译不觉是不破，不作是句。法贤译空是无差别，无相是句。法护译无相名句，无寻伺名无差别。寻伺，寻求伺察，对条件的寻伺，静虑中粗缘称寻，细缘称伺，此说寻、伺行均属分别。

其六，不发故名无分别，无愿故名无句义。僧伽婆罗译不悕望是不破，无自性是句。法贤译无寻伺是无差别，无想是句。法护译无愿名句，无分位名无差别。

其七，知众生界同于虚空名无分别，无众生界名无句义。僧伽婆罗译众生无自性是不破，虚空是句。法贤译众生无自性是无差别，虚空是句。法护译虚空名句，无所得名无差别。

其八，不生故名无分别，无宅故名无句义。无宅，即无处所。僧伽婆罗译不可得是不破，不生是句。法贤译无所得是无差别，无生是句。法护译无生名句，无灭名无差别。

其九，不灭故名无分别，无为故名无句义。僧伽婆罗译不灭是不破，无为是句。法贤译无灭是无差别，无为是句。法护译无为名句，无所行名无差别。

其十，不行故名无分别，平等故名无句义。僧伽婆罗译不行是不破，菩提是句。法贤译无所行是无差别，菩提是句。法护译菩提名句，近寂名无差别。近寂，《如来不思议秘密大乘经·所缘品》说："有所缘心如火炽然，若无所缘及无所作即不炽然，不炽然法此名近寂。"①

其十一，知平等故名无分别，寂静故名无句义。僧伽婆罗译寂静是不破，涅槃是句。法贤译寂止是无差别，涅槃是句。法护译涅槃名句，无所转名无差别。无所转，即无所转移。

僧伽婆罗译、法贤译本又有一句：

---

① （宋）法护译《佛说如来不思议秘密大乘经》卷12，《大正藏》第11卷，第732页下—733页上。

其十二，僧伽婆罗译不更生是不破，不生是句。法贤译无众生名句，无众生自性名无差别。

法贤译本又有二句：

其十三，法贤译无求愿是无差别，无众生是句。

其十四，法贤译无所取是无差别，无生是句。

《大集》又说菩提真实句，夫菩提者名真实句，真实句者即是菩提，色亦如是，如是二句等无差别，受想行识、地水火风、眼界色界眼识界乃至意界、法界、意识界亦复如是，名法流布。真实觉知如是阴、入、界法，无有颠倒。不颠倒者，知过去法不生不灭，未来之法不生不灭，现在之法亦不生不灭，如是知已，名不颠倒，名真实句。真实句者，如一法、一切法亦如是，如一切法、一法亦如是。是真实句，凡夫不知，如来于此而起大悲，演说正法，为令知故。

2. 实性菩提句

实性菩提句，《大集·不可说菩萨品》所说。实性，即真实性，实性菩提即具有真实性的智慧，实性与智慧绝对相等。如说诸佛菩提清净寂静，大静无垢，无暗大光，真实如尔。其性平等，微妙甚深。无有觉观，远离诸垢。不可宣说，无字无句，无有音声……如一切佛真实知故，非不是如。何以故？一切众生皆悉得故，非异于如。何以故？一切众生悉平等故，其性是有。何以故？是实性故，其性是实。何以故？无有去、来、现在节故，无作无受，无色无心……若如是义名菩提者，即无变句，即无觉句等。[①] 共有六十二句：

无变句，无觉句，无贪句，无诤句，坚固句，不坏句，不动句，不作句，无身句，无生句，无智句，平等句，无二句，实句，有句，真句，第一义句，无分别句，一味句，一事句，一乘句，无尽句，三世平等句，分别三世句，空句，无相句，无愿句，无行句，寂静句，性句，如句，无生句，无出句，尽句，无屋宅句，法句，实性句，自身性句，无身句，无作句，无想句，无诤句，无断句，无常句，十二因缘句，可观句，定句，上句，胜句，无罪咎句，无上句，毕竟句，净句，无顶句，无胜句，无等句，无依句，念句，无相似句，胜一切世间句，无句句，一切句之所依句。

① （北凉）昙无谶译《大方等大集经》卷13，《中华藏》第10册，第155页下—156页上。

3. 不生菩提句

不生菩提句，亦称无差别生菩提句，《圣善住意天子所问经》所说。不生相对于生，凡无有生，而菩提不生。既不生，也就无所谓差别，故不生也称无差别。经中说，即便诸佛菩萨等概念，也是由贪、嗔、痴心产生，如同虚空中鸟的行迹随之消失一样。说彼鸟迹相，得言有行，不得言行。这是说能看到鸟的行迹说明有行迹，但行迹随鸟的飞行消失，行迹本身不存在。诸佛、如来、缘觉、声闻、不退菩萨，贪、恚、痴生，随于何处无依止生，无处可取。彼如是生，于何处所无差别生，于何处所无所依止，无处可取。无差别生，不平等生，无迹无句，不得言迹。① 诸佛、声闻、缘觉、不退转菩萨等概念，也因众生的贪嗔痴等错误认知而产生，实际上他们并没有任何可以能够存在的场所、环境，也无从可见可闻、可以感知。如说有生，那一定有一个生的处所和依据，一定可以感知和认识到，可是并没有其存在的条件。如一定说有生，那也是无差别生、不平等生。既无迹象，也无句义。这种否定性句义有二十句：

不得言句，如是言生。
不分别句，如是言生。
不他生句，如是言生。
无物体句，如是言生。
无物说句，如是言生。
以不来句，如是言生。
以不去句，如是言生。
以不生句，如是言生。
无受持句，如是言生。
以无记句，如是言生。
以微尘句，如是言生。
无忆念句，如是言生。
无物行句，如是言生。
不可说句，如是言生。
不破坏句，如是言生。

---

① （元魏）毗目智仙译《圣善住意天子所问经》卷2，《大正藏》第12卷，第125页上、中。

以无字句，如是言生。
以不执句，如是言生。
无阿梨耶句，如是言生。
以不取句，如是言生。
以不上句，如是言生。

前句是否定句，否定得、分别、他生、物体、物说、不生、受持等，后句是假设句，“如是言”，如果“是”的话，那就是“生”，有生就不符合般若的空性原理。

八 菩萨句

1. 无句

菩萨句，《般若经》所说，分无句义与清净句义两种，其中无句义，最早无罗叉译于《放光般若经》，鸠摩罗什再译于《大品般若经》，并在《大智度论》中加以解释。后来玄奘译《大般若经》，分别见于初分《菩萨品》、第二分《譬喻品》、第三分《善现品》。其《菩萨品》说菩萨是何句义？菩提不生，萨埵非有，故无句义是菩萨句义。如空中鸟迹句义、幻事等句义、真如等句义。又如幻士色相等句义、如来色相等句义，如是一切句义无所有、不可得。菩萨句义亦如是，菩萨于一切法皆无所有，无碍、无著。这是按菩萨的全称“菩提萨埵”解释，菩提不生，萨埵非有，故菩萨句义就是无句义，无句义如同空中鸟迹、幻化景象、如来色相等，并无实有。

菩萨句义的解释繁复，其中《放光般若经》最简洁，说菩萨句义是无所有句，举十种譬喻加以说明。说菩萨句义无所有，所以者何？道者无有句义，亦无我，菩萨义者亦如是。譬如鸟飞虚空无有足迹，菩萨义者亦如是。此譬喻，鸠摩罗什译譬如鸟飞虚空无有迹，菩萨句义无所有亦如是。

譬如梦幻、热时炎影，如来所化无所有，菩萨义者亦如是。此譬喻，鸠摩罗什译分为两个譬喻，其一譬如梦中所见无处所，菩萨句义无所有亦如是。其二譬如幻无有实义，如焰、如响、如影，如佛所化无有实义，菩萨句义无所有亦如是。

譬如法性及如、真际亦无所有。鸠摩罗什译：譬如如、法性、法相、法位、实际无有义，菩萨句义无所有亦如是。

譬如幻士五阴不可得、不可见，行般若波罗蜜菩萨其义亦如是。鸠摩罗什译分为二喻：一就五蕴译：譬如幻人色无有义，幻人受、想、行、识无有义。菩萨行般若时，菩萨句义无所有亦如是。二就六处以及因缘法译：如幻人眼无有义，乃至意无有义。如幻人色无有义，乃至法无有义。眼触因缘生受，乃至意触因缘生受无有义。菩萨行般若时，菩萨句义无所有亦如是。

譬如幻士行内、外空亦无所有，菩萨行般若波罗蜜，其义亦如是。鸠摩罗什译：如幻人行内空时无有义，乃至行无法、有法空无有义。菩萨行般若时，菩萨句义无所有亦如是。

譬如幻士行六波罗蜜、三十七品及佛十八法无所有，菩萨义者亦如是。鸠摩罗什译：如幻人行四念处，乃至十八不共法无有义。菩萨行般若时，菩萨句义无所有亦如是。

譬如佛五阴不可得，何以故？无有五阴故，菩萨行般若波罗蜜，不见菩萨之句义。鸠摩罗什译分二喻，一如色无有义，是色无有故，菩萨行般若时，菩萨句义无所有亦如是。一如受想行识无有义，是识无有故，菩萨行般若时，菩萨句义无所有亦如是。

譬如怛萨阿竭阿罗诃三耶三佛六情无所有，菩萨行般若波罗蜜，其义亦如是。鸠摩罗什译：如佛眼无处所乃至意无处所，色乃至法无处所，眼触乃至意触因缘生受无处所。菩萨行般若时，菩萨句义无所有亦如是。怛萨阿竭阿罗诃三耶三佛，梵文 tathagato rhaṃ samyaksaṃbuddhaḥ 的音译，意译如来、应供、正遍正觉，作为佛的三个称号，鸠摩罗什略译佛。

譬如佛行内外空，其际不可得见，行三十七品及佛十八法不可得见，菩萨其义亦如是，有为、无为性亦无有义。鸠摩罗什译分为二：一如佛内空无处所，乃至无法有法空无处所，菩萨行般若时，菩萨句义无所有亦如是。一如佛四念处无处所，乃至十八不共法无处所，菩萨行般若时，菩萨句义无所有亦如是。

譬如不生不灭、无所有、无作、无著、无断，其义亦无所有。[①] 鸠摩罗什译分三：一如有为性中无无为性义，无为性中无有为性义，菩萨行般若时，菩萨句义无所有亦如是。二如不生不灭义无处所，菩萨行般若时，菩萨句义无所有亦如是。三如不作、不出不得、不垢不净无处所，菩萨句

---

① （西晋）无罗叉译《放光般若经》卷3，《大正藏》第8卷，第18页中、下。

义无所有亦如是。

按鸠摩罗什译《句义品》，此菩萨句义之无句义有十六种譬喻，说无句义是菩萨句义，以菩提无有义处，亦无我故。[①] 又进一步问：何法不生不灭故无处所？何法不作不出不得、不垢不净故无处所？回答说：色不生不灭故无处所，受、想、行、识不生不灭故无处所，乃至不垢不净亦如是。入界不生不灭故无处所，乃至不垢不净亦如是。四念处不生不灭故无处所，乃至不垢不净亦如是，乃至十八不共法不生不灭故无处所，乃至不垢不净亦如是。菩萨行般若波罗蜜时，菩萨句义无所有亦如是。

如四念处净义毕竟不可得，菩萨行般若时，菩萨句义无所有亦如是。

如四正勤乃至十八不共法净义毕竟不可得，菩萨行般若时，菩萨句义无所有亦如是。

如净中我不可得，我无所有故，乃至净中知者见者不可得，知见无所有故。菩萨行般若时，菩萨句义无所有亦如是。

譬如日出时无有黑暗，菩萨行般若时，菩萨句义无所有亦如是。

譬如劫烧时无一切物，菩萨行般若时，菩萨句义无所有亦如是。

如佛戒中无破戒，菩萨行般若时，菩萨句义无所有亦如是。

如佛定中无乱心，佛慧中无愚痴，佛解脱中无不解脱，佛解脱知见中无不解脱知见。菩萨摩诃萨行般若时，菩萨句义无所有亦如是。

譬如佛光中日月光不现，佛光中四王天、三十三天、夜摩天、兜率陀天、化乐天、他化自在天、梵众天，乃至阿迦腻咤天光不现。菩萨行般若时，菩萨句义无所有亦如是。何以故？是菩提、菩萨、菩萨句义，是一切法皆不合不散、无色无形无对，一相所谓无相。如是，菩萨一切法无碍相中，应当学亦应当知。

《大般若经》对菩萨句义的说明更为繁复，《善现品》则作了简略的总结，说无句义是菩萨句义，何以故？菩提不生，萨埵非有，于其中理不可得故，无句义是菩萨句义。譬如空中实无鸟迹，菩萨句义亦复如是，实无所有。譬如梦境、阳焰、光影、响像、变化实无所有，菩萨句义亦复如是实无所有。譬如幻事实无所有，菩萨句义亦复如是实无所有。譬如实无所有，菩萨句义亦复如是实无所有。譬如真如句义、法界句义、法性句义

① （后秦）鸠摩罗什译《摩诃般若波罗蜜经》卷4，《大正藏》第8卷，第241页下—242页下。

实无所有，菩萨句义亦复如是实无所有。譬如不虚妄性、不变异性、平等性、离生性、法定、法住、实际句义实无所有，菩萨句义亦复如是实无所有。①

《初分菩萨品》则作了全面阐述，例句多达八十八句，加之进一步说明的四十七句，则达一百三十七句之多。说所言菩萨是何句义？无句义是菩萨句义，所以者何？菩提不生，萨埵非有故，无句义是菩萨句义。除以上譬喻之外，其余教理都作譬喻，诸如四圣谛句义无所有、不可得，菩萨行般若时，观菩萨句义无所有、不可得亦如是。十二缘起句义无所有、不可得，菩萨行般若时，观菩萨句义无所有、不可得亦如是。四静虑、四无量、四无色定、四念住、四正断、四神足、五根、五力、七等觉支、八圣道支句义，以及三解脱门句义、六度句义、五眼句义、六神通句义、十力句义，乃至四无所畏、四无碍解、大慈大悲、大喜大舍、十八佛不共法、一切智、道相智、一切相智句义无所有、不可得，菩萨行般若时，观菩萨句义无所有、不可得亦如是。最后问何以故？回答若菩提、若萨埵、若菩萨句义，如是一切皆非相应、非不相应，无色、无见、无对、一相，所谓无相。诸菩萨于一切法皆无所有，无碍无著，应学应知。

2. 清净句

清净句，即菩萨清净句义，清净为离垢义。《大般若经》第十会《般若理趣分》所说，共说四十一清净句。后来《金刚顶瑜伽理趣般若经》说十三清净句，取四十一清净句中的前七句和第十一句以及第十四句分为五种句义。《大乐金刚不空般若理趣释》说十七清净句，取前四句义作第一、六、七、八句义，取第六、七、八句义作第十、十一、十二、十三句义，取第十四句义作第十四、十五、十六、十七句义，其第二、四、五、九句义与《理趣分》不相应。《理趣释》以十七清净句义配属十七菩萨位，作为修证瑜伽三摩地。

《般若理趣分》之四十一清净句义，窥基《般若理趣分述赞》解释说，以此四十一清净句义解释菩萨句义，分为二部分，初有十门，说明菩萨修果清净句义，以显示菩萨所有句义。后有色蕴、空寂等三十一门，依诸法本性及所由空寂清净句义，以显菩萨所有句义。

初十门，复分为五，即菩萨修略之五种：集总修、无相修、无功用

① （唐）玄奘译《大般若波罗蜜多经》卷486，《中华藏》第5册，第815页上。

修、炽盛修、无喜足修。其中集一切总为一聚简要修习，初修行者诸恶皆断，诸善皆修，诸生皆度。或观一切为骨琐等，或观此身从头至足唯脓血等，名集总修。于离十相真法界中遣事差别而修习，故名无相修。渐修行者应观无相，为令此修纯熟自在，不假功力，任运现前，名无功用修。虽无功用，修有胜劣，为令增胜，说炽盛修。或虽炽盛，恐有少所得，便生喜足，谓且修此，余何用为？为令勿厌，乃至菩提，名无喜足修。今显菩萨得转依时，地前名为益力损能转，由习惭愧及胜解故，益圣道力，损二障能。亦可分得五修之果，十地正证，正行五修，今此十句显五修果。①

第二三十一门，依诸法本性及所由空寂清净句义，以显菩萨所有句义，于中分二，初有二十六门，明世俗、胜义法所依所从本性空寂清净句义，以显菩萨所有句义。第二善、非善下五对通染、净法差别本性空寂清净句义，以显菩萨所有句义。初中分三，初有九门唯明世俗法所依本性空寂清净句义，以显菩萨所有句义。次有十六门唯明胜义法所从本性空寂句义，以显菩萨所有句义。后有一门总明世俗及胜义法所依本性空寂清净句义，以显菩萨所有句义。此分别诸句义解释：

第一极妙乐清净句义，此即第一顺清净分，无所分别，无相现行，当来佛果名清净分。此能引彼故名顺，如佛轮王鲜白盖等，无所分别，无相现行。由得于此顺清净分，无分别故，悟极妙乐，即无漏智。地上正证，地前分得。若有分别，不顺清净，得苦恶果。今无分别顺清净分，故极妙乐，苦果永无。触无相乐故，此极妙乐非分别引生，故名清净。能诠此句，此句所诠即是菩萨句义。《大乐金刚理趣释》解释说，经云所谓妙适清净句是菩萨位者，妙适者即梵音苏啰多也。苏啰多者，如世间那罗那哩娱乐。金刚萨埵亦是苏啰多，以无缘大悲，遍缘无尽众生界，愿得安乐利益。心曾无休息，自他平等无二故，名苏啰多耳。由修金刚萨埵瑜伽三摩地，得妙适清净句，是故获得普贤菩萨位。其中音译苏啰多，梵文 surada。妙适清净句，梵文 surada-viśuddhi-pada。那罗那哩，梵文 nara-nārī，意为男女，指世间男欢女爱。

第二诸见永寂清净句义，第三微妙适悦清净句义，《理趣分述赞》解释，此中二句义，即五果中离种种想，得法苑乐。由见永寂故离诸相，诸

①（唐）窥基撰《大般若波罗蜜多经般若理趣分述赞》卷 2，《大正藏》第 33 卷，第 40 页中、下。

相多由诸见生故。由得法苑乐故，微妙适悦。诸见者五见等，地前、地上伏断无余，故言永寂。以法界为苑，于中游玩故，于此喜悦名法苑乐。证会名得，如王宫外上妙园苑游戏其中受胜喜乐。法界亦尔，求证正证，皆生乐故。按其中五果，即异熟果、等流果、离系果、士用果、增上果。按《显扬圣教论》的解释，有漏善法所招善趣报名异熟果，若由习不善故，乐住不善，不善增多。由修习善故，乐住于善，善法增多。又与前业相似后果随转，是名等流果。若由圣八支道诸烦恼灭是离系果，若诸异生由世间道诸烦恼灭，非究竟转故，非离系果。若诸世间于现法中随依一种工巧业处吉士夫用，谓营农、商贾、事王、书算、计数、造印等，由依此故苗稼成满，获商利等果法成就，是名士用果。眼识是眼根增上果，如是乃至意识是意根增上果。又诸众生身不散坏，是命根增上果。又二十二根一切各别增上力故，彼果得生，应知彼果皆名增上果。[1] 五见，即身见、边见、邪见、见取、戒取，其中身见指色、受、想、行、识五蕴，以五蕴为身，于中起见名身见。边见者执我为常或无常，邪见指外道六十二见，前取有二，一取前见为第一，二于生死中无乐净、计乐净独取前者。戒取有二，一以鸡、狗等戒为正道，一以邪见为正道。

第四渴爱永息清净句义，第五胎藏超越清净句义，第六众德庄严清净句义，《理趣分述赞》解释，此中三句，渴爱者谓贪欲由渴爱生，故名渴爱。谓如鹿渴，遥见阳烟，将以为水，而起贪求，奔走往趣。有情亦尔，由烦恼渴见不净物谓以为净，广起贪求，故名渴爱。此润生惑，以爱为先，或通发业，诸烦恼等贪为首故。此但举之，地前渐伏，地上能除故名永息。由因灭故，苦果不生。是故胎藏亦能超越，举一胎生意，离分段处变易故。此之生死因果既亡，遂得殊胜变易异熟。故于地前种相好因，化成八相，十地之位得诸相好，清净功德庄严其身。恶法既亡，胜果斯起，即是念念消融。一切粗重依止有漏身器，依止本识，鞕强不安，名为粗重，如痈疮等。三苦迫逼，不安稳故。若在地前由闻般若，修行无相，令闻熏增，消融本识，依上粗重，如大良药销众病块。若在十地正能断之，名销融也。粗重既灭故，渴爱息。胎藏超越，得无粗重。众德庄严，爱能润发。

第七意极猗适清净句义，第八得大光明清净句义，赞释，此中二句义

① （唐）玄奘译《显扬圣教论》卷18，《中华藏》第28卷，第582页上。

即是能正了知无量无分限相大法光明，得达法界等十方无边无分量相故极猗适，显照行故名法光明。既能广达，契会法性，证真妙理，意极猗适。能了此智，分明显照，名法光明。此二离垢，故名清净。

第九身善安乐清净句义，第十语善安乐清净句义，第十一意善安乐清净句义，赞释，此中三句即是第五为令法身圆满，成辨能正，摄受后后胜因。第十地名圆满，在佛地名成辨，感此之因最是殊胜，说为胜因。即是此中三业安乐清净之义。正由前位意善安乐，语、身二业助安乐故。后后法身圆满成辨，三业不净，逼迫现前，便无安乐，后后法身无由成辨。此上十句义，明菩萨修果清净句义，以显菩萨所有句义。此中清净，若是染者离过清净，若善者修习清净，菩萨句义不离此。故地前分得，地上正证，故益力转在地前位。

第十二色蕴空寂清净句义，受、想、行、识蕴空寂清净句义是菩萨句义，第十三眼、耳、鼻、舌、身、意处空寂清净句义，第十四色、声、香、味、触、法处空寂清净句义，第十五眼、耳、鼻、舌、身、意界空寂清净句义，第十六色、声、香、味、触、法界空寂清净句义，第十七眼、耳、鼻、舌、身、意识界空寂清净句义，第十八眼、耳、鼻、舌、身、意触空寂清净句义，第十九眼、耳、鼻、舌、身、意触为缘所生诸受空寂清净句义，第二十地、水、火、风、空、识界空寂清净句义。以上九门包含三句义，即五蕴、十二处、十八界三科法。如凡夫遍计所执色蕴等法本来空寂，空寂即清净，但有妄心，境都无故，依他门有，本性亦空。其空义如色等如聚沫，受喻浮泡，想同阳焰，行类芭蕉，识犹幻事。六根有取，各自境用，故立别名。六境为根，各别取故，所以名别。性义因义名之为界，故开六识，立十八界，亦通无为。为破有情识烦恼执对上中下三根差别，说此三科，三科并通有漏无漏。其中六触及六触所受缘生法是心所法，触谓触对，令心、心所同触于境，名之为触。触由根、境、识三和生，能和三种故名为三和。受能同触五三位别，近而相顺，但说六触为缘所生六种受数，不说一切。又此二法说为有支说，为异熟故同蕴等。六界中所言空者，即内身中空界之色，识谓八识。

第二十一苦、集、灭、道圣谛空寂清净句义，此说四谛空寂。第二十二因缘、等无间缘、所缘缘、增上缘空寂清净句义，此说四缘生法空寂。第二十三无明、行、识、名色、六处、触、受、爱、取、有、生、老死空寂清净句义，此说十二缘起法空寂。

自下有十六门，明胜义法所由本性空寂句义，以显菩萨所有句义。于中有三，一明行有六门，二明位有二门，三明德有八门。明行中有三：

一总六度行，即第二十四布施、净戒、安忍、精进、静虑、般若波罗蜜多空寂清净句义是菩萨句义。

二所观理行，即第二十五真如、法界、法性、不虚妄性、不变异性、平等性、离生性、法定、法住、实际、虚空界、不思议界空寂清净句义是菩萨句义，此中八名体一。真如，真谓真实，显非虚妄；如谓如常，表无变异，即是湛然不虚妄义，遮妄显常名真如。法界者三乘妙法所依相故，法性者一切诸法真实本体，不虚妄性者离妄颠倒不妄性也，不变异性者谓一切时不改转故，平等性者遍诸法故。离生性者，生谓生梗如生食等，此即虚妄有漏诸法，离此生梗坚强之性。又生者生灭，离生灭体名离生性。实际者无倒所缘故，实谓无颠倒，此处究竟故名为际，过无我性更无所求故。

三别修起行，于中有四，一禅无色行，二菩提分行，三解脱门行，四别对治行。禅无色行，即第二十六四静虑空寂清净句义是菩萨句义；菩提分行，即第二十七四无量、四无色定空寂清净句义是菩萨句义，第二十八四念住、四正断、四神足、五根、五力、七等觉支、八圣道支空寂清净句义是菩萨句义。解脱门行，即第二十九空、无相、无愿三解脱门空寂清净句义是菩萨句义。别对治行，即第三十八解脱、八胜处、九次第定、十遍处空寂清净句义是菩萨句义。

自下二句义明胜义位，于中有二，初大乘位，后三乘位。大乘位，即第三十一极喜地、离垢地、发光地、焰慧地、极难胜地、现前地、远行地、不动地、善慧地、法云地等十地空寂清净句义是菩萨句义。三乘位，即第三十二净观地、种性地、第八地、具见地、薄地、离欲地、已办地、独觉地、菩萨地、如来地等十地空寂清净句义是菩萨句义。

自下第三明所成德，依行入位成此德故。于中有八德，第一引生诸德：一是总持门，即第三十三一切陀罗尼门空寂清净句义是菩萨句义；二是等持门，一切三摩地门空寂清净句义是菩萨句义。第二观照化生德，即第三十四五眼、六神通空寂清净句义是菩萨句义。第三降伏不共德，即第三十五如来十力、四无所畏、四无碍解、大慈、大悲、大喜、大舍、十八佛不共法空寂清净句义是菩萨句义。第四相好殊异德，即第三十二相、八十随好空寂清净句义是菩萨句义。第五常记平等德，即第三十七无忘失法、恒住舍性空寂清净句义是菩萨句义。第六觉了空有德，即第三十八一切智、道相智、一切相智空寂清净句义是菩萨句义。

第七、第八二门明因果位，二满总德，即第三十九一切菩萨摩诃萨行、诸佛无上正等菩提空寂清净句义是菩萨句义。此上所说诸功德等若在因位名菩萨行，若在果位名佛菩提。菩提，觉义。其菩提智及菩提断一切，并名为菩提。故有为、无为一切功德随应皆摄在此二故。

第四十一切异生法、一切预流、一来、不还、阿罗汉、独觉、菩萨、如来法空寂清净句义是菩萨句义，总明世俗、胜义法所依本性空寂句义，以显菩萨所有句义。一切异生唯在凡位，以业烦恼轮回六趣。异圣者生故名异生，一切预流等并是圣位。

第四十一一切善非善法、一切有记无记法、有漏无漏法、有为无为法、世间出世间法空寂清净句义是菩萨句义，所以者何？以一切法自性空故，自性远离；由远离故，自性寂静；由寂静故，自性清净；由清净故，甚深般若波罗蜜多最胜清净。如是般若波罗蜜多，当知即是菩萨句义，诸菩萨众皆应修学。

并说如是菩萨句义般若理趣清净法功德：若有得闻此一切法甚深微妙般若理趣清净法门深信受者，乃至当坐妙菩提座，一切障盖皆不能染，谓烦恼障、业障、报障，虽多积集而不能染；虽造种种极重恶业而易消灭，不堕恶趣。若能受持日日读诵，精勤无间，如理思惟，彼于此生，定得一切法平等性金刚等持，于一切法皆得自在，恒受一切胜妙喜乐，当经十六大菩萨生，定得如来执金刚性，疾证无上正等菩提。

又依遍照如来之相，说般若波罗蜜多一切如来寂静法性甚深理趣现等觉门，谓金刚平等性现等觉门，以大菩提坚实难坏如金刚故；义平等性现等觉门，以大菩提其义一故；法平等性现等觉门，以大菩提自性净故；一切法平等性现等觉门，以大菩提于一切法无分别故。[1]

---

① （唐）玄奘译《大般若波罗蜜多经》卷578，《中华藏》第6册，第766页中—767页下。

第四节　陀罗尼诸法句

一　海印句

1. 海印句

海印句，《大集·海慧菩萨品》所说，宋译《海意菩萨问净印法门经》异译。所谓海印者，印现义，如大海印现上空一切形象。唐法藏《华严经探玄记》解释说："海印者从喻为名，如修罗四兵列在空中，于大海内印现其像。菩萨定心犹如大海，应机现异，如彼兵像故。《大集经》第十四云，喻如阎浮提一切众生身及余外色，如是等色海中皆有印像，以是故名大海印。菩萨亦复如是，得大海印三昧已，能分别见一切众生心行，于一切法门皆得慧明，是为菩萨得海印三昧，见一切众生心行所趣。"① 宋子璿《首楞严义疏注经》也解释说："言海印者，《大集经》云，阎浮所有色像，大海皆有印文，喻佛如来法身性海普现一切妙用之光也。"② 海印句共有三十六种法句，包括：

（1）一切诸法解脱印。

（2）一切诸法无二印。

（3）一切诸法无常断印，宋译一切法二边无边印所印，断常清净故。

（4）一切诸法无增减印，宋译一切法尽离贪印所印，尽门、尽际中无尽、无边际故。

（5）一切法等如虚空印，宋译一切法无高无下印所印，平等性实际清净故。

（6）一切诸法五眼道印，五眼指肉眼、天眼、慧眼、法眼、佛眼。

（7）一切法如虚空印，宋译一切法如虚空印所印，出过五眼道故。

（8）一切诸法无有分别如虚空印，宋译一切法住虚空印所印，法界即虚空界故。

（9）一切诸法入法界印，宋译一切法无分别印所印，法界涉入故。涉入，即相互拥有。

（10）一切法如印，宋译一切法法界印所印，法无分别相故。法界就

① （唐）法藏撰《华严经探玄记》卷4，《大正藏》第35卷，第189页上。

② （宋）子璿撰《首楞严义疏注经》卷4，《大正藏》第39卷，第880页下。

意味着涉入无别。

（11）一切诸法无去、来、现在如印，宋译一切法真如印所印，前后际如实故。

（12）一切诸法本性净印，宋译一切法实际印所印，本来清净故。

（13）一切法空印，宋译一切法空印所印，有为同等故。

（14）一切法无相印，宋译一切法无相印所印，远离差别诸所缘故。

（15）一切法无愿印，宋译一切法无愿印所印，离诸所求故。

（16）一切法无处无非处印，宋译一切法无常印所印，自性无性无相故。

（17）一切法苦印，宋译一切法苦印所印，五蕴善积集相故。

（18）一切法无我印，宋译一切法无我印所印，自性无我故。

（19）一切法寂静印，宋译一切法寂静印所印，毕竟无动故。

（20）一切法性无过咎印，宋译无。

（21）一切诸法第一义摄取印，宋译一切法诚谛印所印，普遍摄入胜义谛故。

（22）一切诸法如法性住印，宋译一切法无动印所印，种子无住故。

（23）一切诸法毕竟解脱印，宋译一切法不坏印所印，毕竟决定故。

（24）一切诸法无时印，宋译一切法如如印所印，前后际不断故。有时间单位就说明有时间，无前后边际，也就是无时间单位，则无时间可言，处于如如的状态。

（25）一切诸法过三世印，宋译一切法三世平等印所印，于一切处同一味故。过，超越。

（26）一切诸法味同一印，宋译与前合译。

（27）一切诸法性无碍印，宋译一切法无生印所印，自性无所有故。

（28）一切诸法性无生印，宋译一切法无灭印所印，自性无生故。既无生法，则自无灭法。

（29）一切诸法性无净印，宋译一切法不相待印所印，离增上慢故。

（30）一切诸法性无觉观印，宋译一切法无戏论印所印，一切寻伺无积集故。戏论指对法的肯定性表述、判断和定义，与空性相反，故称。

（31）一切诸法非色不可见印，宋译一切法明了无相印所印，无诸色相所表示故。

（32）一切诸法无屋宅印，宋译一切法无染印所印，依止断故。屋宅，依止之处。

（33）一切诸法无对治印，宋译一切法无成办印所印，对治不可得故。

（34）一切诸法无业果印，宋译一切法非业报印所印，一切无造作故。

（35）一切诸法无作无受印，宋译一切法无为印所印，悉离生灭诸分位故。

（36）一切诸法无出灭印，宋译一切法平等性印所印，诸法等虚空悉无差别故。[①] 出灭，即生灭。

2. 诸法光明句

诸法光明句，称菩萨法光明门，《宝积·被甲庄严会》所说。所谓法光明，光明相对于黑暗而言，法光明则相对于无明而言。《瑜伽师地论》说，光明有三种，一治暗光明，二法光明，三依身光明。其中法光明者，谓如有一随其所受、所思、所触，观察诸法，或复修习，随念佛等。法光明能治三种黑暗，由不如实知诸法故，于去、来、今多生疑惑，于佛法等亦复如是。此中无明及疑俱名黑暗。[②] 《华严经疏》说：法光明者，即是能破二无我智，又破众生暗为悲。法光明是智，悲智具故。[③] 《被甲庄严会》解释说，有诸菩萨法光明门，能出生诸法理趣善巧方便，亦能出生一切法印，能入一切法印之门，于一切法所应作者能了能入，于法光明能得、能说，以法光明随顺趣入诸法句门。但何者名为法光明门而能出生善巧光明？谓能了知异名教门、秘密教门、异名事门，摄取事门、诸差别门。云何于彼而得了知乃能出生三昧之门？一切法界理趣之门入于一义，能随解了诸法光明。这是说通过菩萨法光明印，能掌握进入佛教义理的巧妙方法，由此一门可以进入其他不同教理之门。所谓法光明门者，就是于种种教义体系都无不明之处，如光明观照，全无黑暗不解之地。所谓由此可以了知的异名教门、异名事门，指具有不同概念、术语表述系统的教义体系和修行体系，秘密教门则指不以语言、概念表述系统而以象征方法表

① （宋）法护译《佛说海意菩萨所问净印法门经》卷 12，《大正藏》第 13 卷，第 507 页中、下。

② （唐）玄奘译《瑜伽师地论》卷 11，《中华藏》第 27 册，第 429 页中、下。

③ （唐）澄观撰《大方广佛华严经疏》，《大正藏》第 35 卷，第 941 页中。

达的教派体系，摄事教门指示现诸菩萨住何等清净地、以何等方便于何境界中作所应作事等等。

诸法光明句包括二十五种印，每一种印表明由法光明印门进入其他的差别门，有的还说明其理由，如第二种以诸行印印一切法，于种种业、业所应作，起一切法智光明故，入一切诸行善巧印门；第三种以阿字印印一切法，无明所作，行得圆满，阿字为首，无明止息，无所作故，入无相印门。这样有说明的共八种，其中有三种印引入字门，字门与句门相合释义。二十五种由入印门及其所入印门句义如下：

（1）以菩萨印门印一切法，以此印门而应入于一切法。

（2）以诸行印印一切法，于种种业、业所应作，起一切法智光明故，入一切诸行善巧印门。

（3）以阿字印印一切法，无明所作，行得圆满，阿字为首，无明止息，无所作故，入无相印门。

（4）以榱阿可反字印印一切法，业异熟果，业所应作，业果和合，了知业果和合缘故，应入无业无果、无有和合无缘印门。

（5）以攘那可反字印印一切法，以么字助，施设名言与种种法而作相应，了知攘么而相助故，入无合、无助、无名印门。以上三种称字印，是字门与句门结合释义。

（6）以无边印印一切法，一切分别而不可得，离分别故，入无分别印门。

（7）以无际印印一切法，际不和合，尽于际故，入无寻无伺无言说印门。

（8）以无种种自性之印印一切法，以一自性起作之相，断除种种自性想故，入种种自性印门。

（9）以欲相应和合之印印一切法，现起有为，诸行圆满，离欲寂静无和合故，入尽欲智见无和合印门。

（10）以虚空印印一切法，入无著著印门。

（11）以空闲印印一切法，应入无二印门。

（12）以寂静印印一切法，应入止息印门。

（13）以无门印印一切法，应入不动印门。

（14）以无处印印一切法，应入无染印门。

（15）以性空印印一切法，应入无得印门。

（16）以无相印印一切法，应入善巧修习方便印门。

（17）以无愿印印一切法，应入善寂静愿光明印门。

（18）以无贪印印一切法，应入遍知分别如实印门。

（19）以无生印印一切法，应入生正智见无生印门。

（20）以寂灭印印一切法，应入离蕴印门。

（21）以尽相印印一切法，应入生尽印门。

（22）以法界印印一切法，应入显现法界善巧印门。

（23）以无念印印一切法，应入实无分别平等印门。

（24）以离性印印一切法，应入遍知一切自性印门。

（25）以涅槃印印一切法，应入如实寂静顺灭印门。

此诸印门及其所入门，其句义功德是为诸菩萨于一切法无障碍门、不和合门，超过一切断常见门、无边际门、前后际门，以厌离故，寂灭故，止息故，清凉故。说诸菩萨于此一切法印之门随学随入，以善修行此诸法门，得一切法海印三昧。此三昧者，如实相应，能摄诸法善方便智。是故诸菩萨于此印门应善修习，住一切法海印三昧，观一切法而能出生无量无边大法光明无边慧。譬如大海水乃无量而无有能测其量者，一切诸法亦复如是，终无有能测其量者。又如大海一切众流悉入其中，一切诸法入法印中亦复如是，故名海印，印一切法悉入诸法海印之中，于此印中见一切法同于法印。又如大龙及诸龙众、诸大身众能有大海，能入大海，于彼大海以为住处。诸菩萨亦复如是，而于无量百千劫中善修诸业，乃能入此三昧印门，于彼印门以为住处。为欲证得诸佛法故，善巧圆满一切智故，成就如是诸法印门。诸菩萨精勤修学此法门时，则能修学一切法门，见诸法门在此门故，而能发起诸法光明，入于一切法海之中，是故此法名一切法海印三昧。又如大海是大珍宝积集之处，此三昧者亦复如是，是一切法及法善巧积集之处。①

二　百八句

百八句，即一百〇八句义，《楞伽经》所说。《楞伽经》有三种译本，刘宋求那跋陀罗译《楞伽阿跋多罗宝经》，元魏菩提流支译《入楞伽经》，

① （唐）菩提流志译《被甲庄严会》卷5，《大宝积经》卷25，《中华藏》第8册，第615页下—617页中。

唐实叉难陀译《大乘入楞伽经》。百八句刘宋译在《一切佛语心品》，魏译在《问答品》，唐译在《集一切法品》。

一百八句问答，诸本中所问所答不尽一致，明宗泐、如玘《楞伽经注解》说："按今宋本正文，止得百单四句，于中加唐本四句方足。如'有品句非有品句'下，唐本作'有句非有句、无句非无句'。又'缘自圣智现法乐句非现法乐句'，唐本开作两句。又'起灭句、非起灭句'亦分作两句。又'说句非说句下'，唐本更有'决定句非决定句'，总加四句。此一百八义，文有三段，始则大慧请问，中则如来领释。然所问所领皆无伦次，故不可以定数开合而论之。至后乃结指显示一百八句，句句遣著，然而不多不少。数至此者，盖表对百八烦恼，成百八法门也。其为法也，有事有理、有性有修、有真有妄、有迷有悟、有教有行、有因有果、有体有用、有即有离、有亡有照，一经大旨举在是矣。"① 广莫《楞伽经参订疏》则说："此百八句，准今译，止有一百四句。准魏、唐二译，各有一百六句。而皆出没离合小殊，意显随拈一句，皆有百八见网，亦皆有百八三昧。所谓一句一切句，一切句一句，非一句非一切句，而一句而一切句。自心现量第一义境，随缘不变，不变随缘，法尔如斯，离一切相，即一切法，故劝令修学也。"②

现据三种译本对照，宋译本共一百〇六句，其中有三个相句非相句，其中两个必为重复句，实际上有一百〇四句，而所缺的四句正好是唐译本的心句非心句、无句非无句、灭句非灭句、决定句非决定句，如此就是完整的一百〇八句。

唐译一百八句，魏译作百八见，宗泐、如玘《楞伽经注解》认为"此百八句法，赅五法、三自性、八识、二无我，诸佛所说之法无出于此。自此以下结指诸句，一一令人破情遣著，故皆言非句。"③ 智旭《楞伽经义疏》解释说："此约一心真如门说，故百八句总云非也。破情不破法，以法体全妄即真，如全华即空，全冰水即湿性，无可破故。故魏译句字皆作见字，句是名句，从意言分别而有。遣句，正遣见耳。"④ 此说百

① （明）宗泐、如玘撰《楞伽阿跋多罗宝经注解》卷1，《大正藏》第39卷，第349页下。
② （明）广莫撰《楞伽经参订疏》卷1，《新纂卍续藏》第17卷，第492页下—493页中。
③ （明）宗泐、如玘撰《楞伽阿跋多罗宝经注解》卷1，《大正藏》第39卷，第348页下。
④ （明）智旭撰《楞伽经义疏》卷1，《新纂卍续藏》第17卷，第492页下。

八句都用遮诠法，采用否定句就是否定见，破除妄见。广莫《楞伽经参订疏》说：“如来约心真如门总答百八句义，故皆言非也。如《楞严经》云，本妙圆心，非心非色，乃至非常乐我净。又如《起信论》云，当知真如自性，非有相，非无相，乃至非一异俱相。其‘非’义与今经同。夫法相无量，而定言百八句者，以应众生百八烦恼，应知烦恼亦无量，此但举其大数耳。又言百八句者，盖取义足为句，非为言句之句也。”①

一百八句如下：

（1）生句不生句，宋译原作不生句生句，魏译生见非生见，唐译生句非生句。参订疏称：“今文倒置，应云生句不生句。凡答语每句中，皆上半句拈其问相，下半句随破之。依心真如门，破一切相，故皆曰非。下文凡字属破义者，唐译皆作非。今经或变他字，亦是破义。如无、如离、如不等字是也。又不生与生，是所诠义相，句字是能诠句身。”

（2）常句无常句，魏译常见无常见，注解云若计生法则有常，以无有生故曰非常。

（3）相句无相句，宋译另有两个相即非相句，魏译另有一个相句非相句，唐译另有标相句非标相句，宋明时人以为有三个不同的相句非相句，并加以区分，漫延句义。如宋代正受《楞伽经集注》云：“所答凡有三相句，前则名相之相，次则标相之相，今则占相之相也。世尊既以医道冠于上文，是必以卜术缀于下句矣。”② 但明代智旭《观楞伽经记》则说：“所答凡有三相句，旧注谓前乃名相之相，次则标相之相，此则占相之相，以医方冠于上文故。非也，然占相总在五明，而此医方句盖答前别有医方之问，乃喻佛应机之法，非世俗医方也。前解具明，是则此非占相之相明矣。然前大慧问义有三种相句，故此次第而答之耳。以初问何故刹土化相及外道等，乃通问十界依正圣凡名相之事因何而有，故此初答云相句无相句，意谓彼诸凡圣依正之相，本自无相故也。次问云何建立相，谓心既无相，云何建立我人众生寿命之相，故此答云标相句非标相句。以标即建立义，言彼建立亦本无建立之相也。后又问众生生诸趣，何相何像类。然相乃众生形状，而像乃支体像貌，故此答意云众生本无众生之相，又何

① （明）广莫撰《楞伽经参订疏》，《新纂卍续藏》第18卷，第8页下—9页上。

② （宋）正受撰《楞伽经集注》卷1，《新纂卍续藏》第17卷，第233页中。

支分之有？故云相句非相句，而下即云支分也。”① 广莫《楞严经参订疏》也引据说：相句重出者，前属法相，今属标义。标，即教也，所谓如标指月者是也。

（4）住异句非住异句，《楞伽参订疏》解释：住异，是生住异灭四相之二，问中不出，答文补之。

（5）刹那句非刹那句。

（6）自性句离自性句，魏译离自性见、非离自性见，唐译作自性句、非自性句。

（7）空句不空句。

（8）断句不断句。

（9）心句非心句，宋译无。

（10）边句非边句。

（11）中句非中句，《参订疏》：边中句，前问不出，今补而答之。凡问出答不出，答出问不出者，皆含于心量句中。

（12）常句非常句，魏译作变见非变见，唐译或作恒句非恒句。《参订疏》：常，魏译作变，唐译作恒。又常句重出者，古注云凡有三常，一计四大性常，二计业习气相续得果不断故常，三如来藏体真常故常。据古注因有三常，故经文重出。愚谓举一常，即三常备矣。若据三常，当三出之，列而为二，将安分属。今姑依魏译作变义解，乃变迁流注相续不断，系三常中之相续常也。则前常句，属余二常矣。

（13）缘句非缘句。

（14）因句非因句。

（15）烦恼句非烦恼句。

（16）爱句非爱句。

（17）方便句非方便句。

（18）巧句非巧句，唐译善巧句非善巧句。

（19）净句非净句，唐译清净句非清净句。

（20）成句非成句，成，魏译、唐译相应。

（21）譬句非譬句，譬，魏译、唐译譬喻。

（22）弟子句非弟子句。

---

① （明）智旭撰《观楞伽经记》卷1，《新纂卍续藏》第17卷，第335页下。

（23）师句非师句。

（24）种性句非种性句，魏译性见非性见。

（25）三乘句非三乘句，魏译乘见非乘见。

（26）所有句无所有句，魏译寂静见非寂静见，唐译影像句非影像句。

（27）愿句非愿句。

（28）三轮句非三轮句。

（29）有品句非有品句，魏译有无立见非有无立见，唐译有句非有句。

（30）无句非无句，宋译无，魏译有二见无二见。

（31）俱句非俱句，魏译无。

（32）缘自圣智见非缘自圣智见，宋译原作“缘自圣智”，有缺失，此补全文意。唐译自证圣智句非自证圣智句，魏译缘内身圣见、非缘内身圣见。

（33）现法乐句非现法乐句。

（34）刹土句非刹土句，唐译刹句非刹句，魏译国土见非国土见。

（35）阿㝹句非阿㝹句。唐译尘句非尘句，魏译微尘句非微尘句。

（36）水句非水句。

（37）弓句非弓句，弓，长度单位。《俱舍论·分别世品》解释说：二十四指横布为肘，竖积四肘为弓谓寻，竖积五百弓为一俱卢舍。[①]

（38）实句非实句，魏译四大见非四大见，唐译大种句非大种句。参订：实，魏、唐二译作四大，言四大实法也。

（39）数句非数句此物之数也，唐译算数句非算数句。

（40）神通句非神通句，宋译原作数句非数句此数霜缕切，魏译通见非通见，参订疏说宋译此名数之数也，神通是名数故。

（41）明句非明句，魏译、唐译无此句。

（42）虚空句非虚空句，魏译虚妄句非虚妄句，当误。

（43）云句非云句。

（44）巧明处句非巧明处句，唐译巧明句非巧明句。

（45）工巧技术明处句非工巧技术明处句，唐译技术句非技术句，魏译工巧见非工巧见，另有明处见非明处见。

---

① （唐）玄奘译《阿毘达磨俱舍论》卷12，《大正藏》第29卷，第62页中。

（46）风句非风句。

（47）地句非地句。

（48）心句非心句。

（49）施设句非施设句，唐译假立句非假立句，魏译假名见非假名见。

（50）自性句非自性句，唐译体性句非体性句。

（51）阴句非阴句，唐译蕴句非蕴句。

（52）众生句非众生句。

（53）慧句非慧句，唐译觉句非觉句，魏译智见非智见。

（54）涅槃句非涅槃句。

（55）尔焰句非尔焰句，唐译所知句非所知句，魏译境界见非境界见。三种译名同义，澄观《华严随疏演义钞》解释说："尔焰，梵语，此云智母，亦云智度，亦云境界，亦云所知，即所知障亦名尔焰。"① 又说："四地是焰慧故，亦云尔焰，亦云所知烧，于所知慧焰增故。"② 其《华严经疏》说："尔焰者，此云所知。《入大乘论》云尔焰地者，是第十地，此约尽断十种所知障故。"③ 智颤《仁王般若疏》亦说："言尔焰者，此云智母，谓此地中能生禅智，故云智母也。"④ 普光《俱舍论记》说："尔焰，此云所知，旧云知母，不然。彼犊子部立所知法藏，总有五种，谓三世为三，无为第四，不可说第五，即补特伽罗是不可说摄。彼宗立我，若在生死中，与三世五蕴不可定说一异。若舍生死入无余涅槃，又与无为不可定说一异，故说此我为其第五不可说法藏。"⑤

（56）外道句非外道句。

（57）荒乱句非荒乱句，魏译乱见非乱见。

（58）幻句非幻句。

（59）梦句非梦句。

（60）焰句非焰句，焰，唐译、魏译阳焰。

① （唐）澄观撰《大方广佛华严经随疏演义钞》卷89，《大正藏》第36卷，第693页下—694页上。

② （唐）澄观撰《大方广佛华严经随疏演义钞》卷38，《大正藏》第36卷，第289页下。

③ （唐）澄观撰《大方广佛华严经疏》卷60，《大正藏》第35卷，第956页中、下。

④ （隋）智颤撰《仁王护国般若经疏》卷5，《大正藏》第33卷，第283页下。

⑤ （唐）普光撰《俱舍论记》卷29，《大正藏》第41卷，第440页下。

（61）像句非像句，唐译影像句非影像句。

（62）轮句非轮句，唐译火轮句非火轮句。

（63）犍闼婆句非犍闼婆句，唐译乾达婆句非乾达婆句，译字不同而已。

（64）天句非天句。

（65）饮食句非饮食句。

（66）淫欲句非淫欲句。

（67）见句非见句。

（68）波罗蜜句非波罗蜜句。

（69）戒句非戒句。

（70）日月星宿句非日月星宿句。

（71）谛句非谛句。

（72）果句非果句，就四果而言。

（73）灭句非灭句，宋译无。

（74）灭起句非灭起句，魏译起灭尽定见非起灭尽定见。

（75）治句非治句，唐译医方句非医方句。

（76）相句非相句。

（77）支句非支句，唐译作支分句非支分句。

（78）禅句非禅句。

（79）迷句非迷句。

（80）现句非现句。

（81）护句非护句。

（82）族句非族句，唐译种族句非种族句，魏译族姓句非族姓句。

（83）仙句非仙句，魏译仙人句非仙人句。

（84）王句非王句。

（85）摄受句非摄受句，魏译捕取见非捕取见。

（86）宝句非宝句。

（87）记句非记句。

（88）一阐提句非一阐提句。

（89）女男不男句非女男不男句，魏译男女见非男女见。

（90）味句非味句。

（91）事句非事句，事，唐译、魏译“作”，事、作同义。

（92）身句非身句。

（93）觉句非觉句，唐译计度句非计度句。

（94）动句非动句。

（95）根句非根句。

（96）有为句非有为句。

（97）无为句非无为句。

（98）因果句非因果句。

（99）色究竟句非色究竟句。

（100）节句非节句，唐译时节句非时节句。

（101）丛树葛藤句非丛树葛藤句，唐译树藤句非树藤句，魏译树林见非树林见。

（102）杂句非杂句，杂，唐译、魏译作“种种”。

（103）说句非说句，唐译演说句非演说句。

（104）决定句非决定句，宋译、魏译无。

（105）毗尼句非毗尼句，魏译无，另有比丘尼见非比丘尼见。

（106）比丘句非比丘句。

（107）处句非处句，处，唐译、魏译作“住持”。

（108）字句非字句，唐译文字句非文字句。

三　种子句

种子句，也作鸡罗句，或联称鸡罗句种子句、鸡罗句及种子句，《诸法本无经》所说。但按字源，两者不同。鸡罗，梵文 jula 的音译，意译种性、种姓，有种类、类别之义。种子，梵文 bīja 的意译，与 jula 只在引申义——种类、种子上是近义词。该经中说此陀罗尼句名鸡罗句及种子句，以是法门故，令诸菩萨于诸法中当得明照，速于无生法中得忍。又说云何名鸡罗句、种子句法门？诸众生一心是种子句。何因是种子句？诸众生心皆无所有攀缘可得故，彼是此种子句。诸众生心皆同一量是种子句，诸众生心如虚空量，入于无著平等行故，彼是此种子句。诸众生一众生是种子句，说诸众生唯是其一，毕竟不生，远离于名，一、异不可得故，彼是此种子句。[1] 此与陀罗尼一法句的说法相同，且种子句与金刚句、智句

---

① （隋）阇那崛多译《佛说诸法本无经》卷中，《大正藏》第 15 卷，第 766 页下—767 页上。

以及寂静句形成一法句的异名句，只是种子句的句义更多。

种子句按类分别，如按三毒说：欲是鸡罗句，何因是鸡罗句？欲不可动于法界住，以不住故，彼不动摇，本性离故，彼是此鸡罗句。瞋是金刚句，何因是金刚句？瞋不可破，亦不可断，如彼金刚不破不断。如是如是，诸法亦皆不破不断，诸事不成就故，彼是此金刚句。痴是智句，何因是智句？即此诸法转灭于智，远离无智，如彼虚空非智具足，亦非无智具足。如是如是，诸法非智具足，亦非无智具足，智与无智及所应知，本性寂静故，彼是此智句。

又按五蕴说：色是鸡罗句，何因是鸡罗句？如彼天帝门橛不动不摇，以善住故。如是如是，诸法于法界住，以不住故。彼亦无去无来、无取无舍，亦不于他有所行作，以住无住处故，彼是此鸡罗句。受是寂静句，何因是寂静句？诸受本性寂静，不内不外，不东方不南方，不西方不北方，不下方不上方，不十方中。若乐受在内者，众生应一向乐。若苦受在内者，众生应一向苦。若不苦不乐受在内者，众生应一向痴。是故诸受不内不外，不东方不南方，不西方不北方，不下方不上方，不十方中可得，是故诸众生等皆似草本及壁，本性不生不灭故，彼是此寂静句。想是种子句，何因是种子句？分别起想，不如实生，空拳相似，如焰自相，本性离故，彼是此种子句。行是种子句，何因是种子句？不正思惟故而生于行，诸数已离，无数过数，如芭蕉实，如芭蕉实毕竟自无，以不可得本性不生，如是如是，诸法本性自离名，已离故，彼是此种子句。识是种子句，何因是种子句？识如幻相不生不出，空无相、无自、无状貌如虚空，以五指托画故，彼是此种子句。

按六境说：色是种子句，何因是种子句？不生诸色故，如影虽见而无所有。如是如是，诸色虽见而无所有，唯迷惑眼，唯迷惑心，虚妄不实法故，彼是此种子句。声是种子句，何因是种子句？诸法无种种无种种相，诸声无二所有语道，亦如山鸣响故，彼是此种子句。香是种子句，何因是种子句？诸法不嗅，本性顽钝，等于虚空，鼻香嗅者不可得故。味是种子句，何因是种子句？味界即不可思，味不可识，远离于识，本来自性离故。触是种子句，何因是种子句？诸法不可触，如虚空离故，善坏身故，触不起作故，触自离故。法是种子句，何因是种子句？诸法无心离心，自性不成，离名离相，如法界本性故。

按四大说：地是种子句，何因是种子句？诸法无坚无软，虚妄和合，人以为坚。水是种子句，何因是种子句？诸法无湿无杂无腻，如炎网故。火是种子句，何因是种子句？诸法无暖无热，其已舍离，自性寂静，无实无生，以颠倒分别故。风是种子句，何因是种子句？诸法无著无碍无急，行无自性，风道已过不吹动故。

按三宝说：佛是种子句，何因是种子句？诸法不作觉者，不觉不随，顺觉不等觉，以觉离故。法是种子句，何因是种子句？诸法不断不破，离断离破；无名无相，离名离相，亦无自性，语道已过故。僧是鸡罗句，何因是鸡罗句？不住圣众如法界际，持戒破戒平等故，定乱平等故，智无智平等故，解脱烦恼平等故，于诸法中无所安住，以处非处不可得故。

按诸法说：诸法境界是鸡罗句，何因是鸡罗句？诸法如虚空境界，不可思境界，诸境界断无诸事物，其中空虚断，不可得故。诸法无攀缘是鸡罗句，何因是鸡罗句？诸法无住处无依倚故。诸法不破是鸡罗句，何因是鸡罗句？诸法不可见，以无色不可见故，不可断不可破，不可得不可著，不可解脱故。诸法不取不舍是鸡罗句，何因是鸡罗句？诸法等归于如等合法界，彼不起取，彼不舍出，不求不愿诸愿已断，本性寂静等虚空故。诸法无咎是鸡罗句，何因是鸡罗句？诸法无垢亦无所有，清净光显，最善清净，如虚空清净故，罪不可得故无咎。诸法无住处是鸡罗句，何因是鸡罗句？诸法无事寂静，无住持故。诸法无学是鸡罗句，何因是鸡罗句？诸法无学，彼不应学，不应修，不应思，不应念，不应住，不应发，不应行，不应断，不应证，不应说，不应显，不应求，不施设名，不开不浅，不生不灭，不洗非不净，不分别说，不众言说，不攀缘，不执取，不脱不弃不舍，何以故？诸法毕竟已舍，本性不取常是弃舍。彼非智所行，非无智所行故。①

按诸众生说：诸众生得到菩提是鸡罗句，何因是鸡罗句？诸法不到、不普到，不顺到、已离到，非证时、非不证时，过智离到故。诸众生得到遍智是鸡罗句，何因诸众生得到遍智是鸡罗句？诸种诸处无诸众生，顺到遍智自性故，名得到遍智。其遍智者，无有得到相应现住。何以故？众生自性即遍智故，彼是此鸡罗句。诸众生具足遍智是鸡罗句，何因是鸡罗句？诸法无自、离自，无自性等顺至于如，遍智本性一性相故。诸众生无

① （隋）阇那崛多译《佛说诸法本无经》卷2，《大正藏》第15卷，第766页下—768页中。

量具足是鸡罗句？何因是鸡罗句？诸众生过算离数。若如是知彼不可量，如虚空量故。诸众生菩提场是鸡罗句，何因是鸡罗句？菩提场者是何句义？菩提场者诸法寂静场，诸法无生场，诸法无所有场，诸法不可取场，诸法无自性场。此是菩提场句义，诸众生不常入此场耶。诸众生得忍是鸡罗句，何因是鸡罗句？诸众生是无尽法无灭法不生法，名相已离，顺入平等忍故。诸众生无著辩是鸡罗句，何因是鸡罗句？若诸众生有如是辩，彼于十方皆无所有，无著无障，平等顺到。诸辩已离，自相不住故，彼无所著，以此因缘彼是此鸡罗句。诸众生得陀罗尼是鸡罗句，何因是鸡罗句？诸众生想持，诸众生色声香味触等不实颠倒，分别取相故。诸众生慈心是鸡罗句，何因是鸡罗句？诸众生非众生本性不瞋，于瞋与慈而不分别，平等得到故。诸众生大悲具足是鸡罗句，何因是鸡罗句？诸众生本性无作及无作者，如来平等不过大悲，自性具足故。诸众生得三摩地是鸡罗句，何因是鸡罗句？诸众生本性入定，无散乱、无略摄、无异缘，本性不生，毕竟入定，攀缘离故。若诸众生因于攀缘而有识知，彼攀缘中则无有识。何以故？其攀缘识念，念速灭故。彼是此鸡罗句，诸众生不种种分别思觉耶，诸思觉何处住？于中住虚空界，虚空界有散乱耶？虚空界无散乱。诸众生不行虚空界耶？若虚空界如彼诸众生如，若诸众生如彼虚空界如，然世尊诸众生如、虚空界如，此无有二，无二相故，彼是此鸡罗句。

按诸佛说：诸佛贪欲具足是鸡罗句，何因是鸡罗句？诸佛顺入贪欲平等，无染离染，舍离净竞，不过贪欲平等顺觉，贪欲自性故。贪欲即是菩提，何以故？顺觉贪欲自性说名菩提故。诸佛瞋恶具足是鸡罗句，何因是鸡罗句？佛说诸有为行过恶者，诸佛安住瞋恶平等，顺觉瞋恶自性故，说名瞋恶具足。诸佛愚痴具足是鸡罗句，何因是鸡罗句？诸佛能脱愚痴诸名诸著，安住愚痴平等，顺觉愚痴自性故。按诸佛诸佛身见具足是鸡罗句，何因是鸡罗句？诸佛安住身见，于诸法中不入不出，亦不入出，毕竟安住无住相故。顺觉身见不生不出，无自性故。诸佛邪见具足是鸡罗句，何因是鸡罗句？诸佛示现有为是邪，示现不实，示现离如，示现有为是空无虚妄法，顺觉邪见自性相故。诸佛住颠倒得菩提，诸佛住诸盖，住五欲，住欲、住瞋、住痴得菩提是鸡罗句，何因是鸡罗句？住处者即无住处句。无住处者是何句义？无住处者难住及以动震，即是凡夫小儿。又诸佛善住欲平等故，瞋平等故，痴平等故，五欲平等故，诸盖平等故，颠倒平等故。彼住欲自性处，如是证觉阿耨多罗三藐三菩提，彼住瞋、痴、五欲功德，诸盖颠倒自性处，如是证觉阿耨多罗三藐三菩提，是故诸佛住颠倒、盖、五欲、三毒，证觉阿耨多罗三藐三菩提是鸡罗句。[①]

四　秘密句

秘密句，《大乘随转宣说诸法经》所说，全称秘密陀罗尼章句，是对秘密句、橛句、金刚句、慧句四种法句的总称。说秘密句、橛句、金刚句、慧句，是名陀罗尼章句法门。此法门菩萨得一切法句发生，刹那刹那得忍辱法。云何名秘密句法门？秘密句真实章句，于一切法中心爱乐秘密句为第一，如文殊师利于一切菩萨中而得第一，秘密句亦复如是。秘密句如虚空，我身遍满虚空，一切法亦如是遍满虚空，一切菩萨现前不现前，都是一如，名真实秘密句。云何橛句？橛句不动贪法界，住一切法动不动大乘，不作种种世事，是名橛句。云何金刚句？金刚句，嗔众生长时有嗔，金刚能断一切法，是名金刚句。云何慧句？慧句，痴是学佛智，一切众生非学佛智，不到彼岸。若诸众生学佛智，一切慧具足，有慧无慧悉能了知，此是甚深，悉能了知众生无智，但乐诸恶，于一切法不能远离，是名秘密句。

云何秘密句识？识如幻化，妄生一切法，空无自性，无自相，如是五蕴如五指，不实如虚空，悉是假名，众生惛懵不能晓了，是名秘密句。

云何秘密句色？色一切法众生心痴眼痴，毁谤正法，不好勤学，爱乐于色，不知虚妄。于色尘悉能了知，是名秘密句。

云何秘密句声？声空发生不可得见，种种语言音响之声，耳识听受，是名秘密句。

云何秘密句香？香发诸尘不可得见，但识所闻，识亦无故，皆是虚妄，是名秘密句。

云何秘密句味？味无自性，妄生于舌，众生分别，爱乐贪著，是名秘密句。

云何秘密句触？触本无故，观想一切法如虚空，众生愚迷于境于身，种种贪著以为妙触，是名秘密句。

云何秘密句地？地性质实，于法思惟，无自体性，亦无自相，众生颠

---

① （隋）阇那崛多译《佛说诸法本无经》卷3，《大正藏》第15卷，第768页中—769页下。

倒妄执，为有种种恋著，是名秘密句。

云何秘密句水？观诸水性犹如阳焰，虚妄不实故，是名秘密句。

云何秘密句火？火性猛烈，苦恼众生，此法灭故，自性寂静，分别不生，最上极乐，是名秘密句。

云何秘密句风？风一切法不可得见，众生贪著动作往来风力所转，是名秘密句。

云何秘密句？佛亦如是，一切不善法十方诸佛，各各开说教诏众生，是名秘密句。

云何秘密句？法亦如是，一切法不可取不可舍，观想无我，无自相无自性，心不散乱，是名秘密句。

云何秘密句？僧亦如是，彼无数妙住法界，于三摩地平等持戒，修平等慧，平等解脱，于平等法中善安住故，余无所学，是名秘密句。

五　橛句

橛句，《大乘随转宣说诸法经》所说，橛即橛子，有木撅、金属橛，钉入地中做结界，称金刚橛，此以其坚定不动、一心不动为意。经中说不动贪法界，住一切法动；我不动大乘，不做种种世事，是名橛句。橛句共二十三句：

（1）云何橛句？虚空境界，一切法虚空境界，不思议境界，于诸境界不可取不可舍，不可住，无有住处，是名橛句。

（2）云何橛句？一切法住虚空，一切法不离虚空，住不生烦恼，住寂静故，是名橛句。

（3）云何橛句？一切法无分别心，一切法不学不问，不作不亲近，不发愿不生爱乐，寂静如虚空，是名橛句。

（4）云何橛句？一切法微妙，一切法离垢，安住清净，光自在妙圆满清净，虚空圆满清净，发生微妙身，安住于法，是名橛句。

（5）云何橛句？一切法安住虚空，一切法安住虚空不可见，一切法离垢安住亦不可见，是名橛句。

（6）云何橛句？一切法教诏学，一切法教诏众生，不来勤学，不学观想，不作意，昼夜六时不学，又不问邻座，不会解释，不能宣说，无有智慧，不能分别，亦不爱乐，不亲善友，我慢贡高，远离教诏，不得解脱，是名橛句。

（7）云何橛句？一切法最上远离，一切众生于诸善法而不肯学，唯造罪恶，不亲贤善，无有智慧，是名橛句。

（8）云何橛句？众生难教诏，若诸众生心不散乱，唯勤学法，亲近供养，自然往诣教诏，求法福慧乃生，若众生不学一切法，唯造恶业，欲求福慧无有，是名橛句。

（9）云何橛句？众生得一切智，一切众生勤求学法得一切智，发欢喜心，生大乘行，明了自性得一切智，是名橛句。

（10）云何橛句？众生得一切智智具足，一切众生自性，自性中于如来平等一切智慧，悉皆晓解一体性相，是名橛句。

（11）云何橛句？一切众生菩提道场，菩提道场唯求佛法，一切法寂静道场，一切法性道场，一切法求道场，言菩提道场、我一心，求法不求余相，一切众生一切人民常乐往彼求此菩提道场，是名橛句。

（12）云何橛句？一切众生得此忍辱，学法众生息念观想，净慧发生，于诸名相不生分别，得忍辱平等，是名橛句。

（13）云何橛句？一切众生善友说法，一切众生与十方天人诸小天人各各说法，希求菩提，心生欢喜，供养恭敬，除障平等，于无体相安住，是名橛句。

（14）云何橛句？一切众生得此陀罗尼，一切众生学观想色声香味触，任持甚深，圆满分别，圆满不分别，是名橛句。

（15）云何橛句？一切众生慈心具足，一切众生乐修慈心，了知一切法得平等慈，是名橛句。

（16）云何橛句？一切众生悲心具足，一切众生勤学如来平等大悲心，大悲体具足，是名橛句。

（17）云何橛句？一切众生不得三摩地，一切众生不修禅，不乐不喜，妄语颠倒，性恶刚暴，多诸障碍，非有智慧，无刹那顷爱乐禅定，是名橛句。

（18）云何橛句？一切众生贪具足，一切众生贪爱具足，烦恼多生，无欢喜心，不乐寂静，不行平等，而于贪性无有觉悟，不得菩提，是名橛句。

（19）云何橛句？一切众生嗔具足，一切众生嗔具足安住，嗔体性安住，悉皆具足，是名橛句。

（20）云何橛句？一切众生痴具足，一切众生不求佛法，一切慢一切行非梵行，痴平等住，痴体性住，不学菩提，是名橛句。

（21）云何橛句？一切众生痴身具足，一切众生身住痴一切法，不诵经典，不信不读，性恶憎嫌，不乐大乘，安住最上不善，是名橛句。

（22）云何橛句？一切众生邪见具足，一切众生邪见，皈依十身佛，不真实皈依，常作十恶，行十邪见，不悟邪见，体性爱乐，安住五欲中，安住贪嗔痴中，安住障，不得菩提，是名橛句。

（23）云何橛句？一切众生住处听法，一切众生一心恭敬听受，当为汝说，一切众生真实求法，一心不动，不生怕怖，佛福广大，愚夫不知，我有真实言教，不生恭敬，不安住听受，贪平等住，嗔平等住，痴平等住，五欲中平等住，障难平等住，爱乐平等住，不赞叹佛，有如是无上正等正觉，如是贪体性安住，嗔体性安住，痴体性安住，五欲中体性安住，障难体性安住，爱乐体性安住。不赞叹佛，有如是无上正等正觉解脱。如来正等正觉一切善法平等具足，如是师僧善友欢喜，学大乘教，行大乘行，有大势力，舍离于此，更无余事，专心发愿，求法最上，精勤专心，观想五智如来境界，如来境界无别境界，一切境界平等，昼夜如是学法，一心供养。若诸众生作如是求法，得佛菩提，了知善法，一切善法具足如是。若不学佛法，与诸禽畜实无有异。①

六　华严十法句

十法句，般若译《华严经·普贤行愿品》所说，称十种法门清净名句。说有不可说佛刹极微尘数清净名句微妙法门，以此十法句为其首，皆是如来智慧境界，非所能证知者。②

一、等虚空界如来所现，遍法界一切佛刹极微尘中一切诸佛出兴次第，及一切刹成坏次第法门名句。

二、等虚空界一切佛刹，尽未来际一切劫中赞叹如来殊胜功德法门名句。

三、等虚空界一切佛刹如来出世，显现无量菩提门海法门名句。

四、等虚空界一切佛刹，如来所坐最胜道场，菩萨众会圆满境界法门

① （宋）绍德译《佛说大乘随转宣说诸法经》卷中，《大正藏》第15卷，第777页下—779页下。

② （唐）般若译《大方广佛华严经》卷3，《大正藏》第10卷，第670页下—671页上。

名句。

五、一切毛孔于念念中出等三世一切诸佛变化身云，充满法界法门名句。

六、以威神力能令一身普现十方一切刹海，光明遍照诸佛世界法门名句。

七、以威神力能于一切诸境界中普现三世一切诸佛种种神变，如观掌中明了显现法门名句。

八、能令三世一切佛刹极微尘中普现三世一切佛刹极微尘数佛，显现种种神通境界，经于劫海相续不断法门名句。

九、能令一切毛孔出声演说三世一切诸佛大愿海音，尽未来际加持出生一切菩萨法门名句。

十、能令所处师子之座，量同法界，最胜觉解大菩萨众庄严道场，遍一切处，尽未来际，转于法轮，无间成熟，相续不绝法门名句。

第四章

大乘经陀罗尼品思想

第一节 般若经类的陀罗尼品

一 般若经类的陀罗尼品

1.《小品般若经》的陀罗尼品

陀罗尼作为大乘的一个法门，贯穿于大乘经典。在陀罗尼普遍流行的基础上，大乘经典中逐渐形成陀罗尼品。《陀罗尼品》是大乘经典中专设的章节，是以陀罗尼为中心内容的独立单元，这也是大乘经典的一个特点。虽不能说所有的大乘经典都有陀罗尼品，但早期产生的大乘经典——般若经类、宝积经类、华严经类以及大集经类、法华经类都有陀罗尼品，密教的陀罗尼经就是在早期大乘经典陀罗尼品的基础上发展而来，是大乘经陀罗尼品独立成经的结果。

大乘经的陀罗尼品分为两大类，一类以受持本经及其功德为内容的陀罗尼品，一类是持诵陀罗尼咒及其功德为内容的陀罗尼品，最早出现的是前一类，在此基础上进一步演变为后一类，晚出的大乘经中设置有两种类型的陀罗尼品。而早期的般若经类陀罗尼品兼有受持、诵咒两种内容，这也说明早期般若经的原始性。

最早编纂的般若经是《道行般若经》，也就是《小品般若经》，该经全称《道行般若波罗蜜经》，亦称《般若道行品经》，或称《摩诃般若波罗蜜道行经》，现存本10卷，历史上或作8卷，支娄迦谶初译，东汉光和二年（179）七月八日译于洛阳。支敏度《译经录》、僧祐《出三藏记集》著录。后来的支谦译《大明度无极经》、鸠摩罗什译《小品般若波罗蜜多经》、玄奘译《大般若经》第四会与之同本异译。

《小品般若经》最早设置陀罗尼品，支娄迦谶初译《道行般若经》10

卷 30 品，其第八品为《持品》。支谦次译《大明度无极经》6 卷 30 品，其第 3 品为《持品》，第 8 品则称《悉持品》。鸠摩罗什译《小品般若经》10 卷 29 品，其第 3 品作《明咒品》，无《持品》之名，但其内容在第 10 品《不思议品》。玄奘译《大般若经》第 4 会 28 卷 29 品，其第 10 品为《总持品》。“持”是总持、闻持、受持、持诵的略译，《持品》中这几种意思兼而有之，故支谦译《悉持品》，玄奘译《总持品》，悉、总都有全部的意思，符合本品包罗的内容。

该品一开首就开宗明义，说闻持、学习、受持、诵持、传持以及修行、信仰深般若波罗蜜的必要性和重要性及其功德，尤其强调总持甚深般若波罗蜜的内涵。这就是对把握、学习和修行深般若波罗蜜的任何执着的彻底否定，这一思想成为后世编纂《般若心经》的思想来源。按后来表述完整的玄奘译本所说：诸菩萨行深般若波罗蜜多时，若于色不住，亦不住此是色，是为学色；若于受、想、行、识不住，亦不住此是受、想、行、识，是为学受、想、行、识。若于色不学，亦不学此是色，是不住色；若于受、想、行、识不学，亦不学此是受、想、行、识，是不住受、想、行、识。是名菩萨行深般若波罗蜜多，亦名住深般若波罗蜜多，亦名学深般若波罗蜜多。如是般若波罗蜜多最为甚深，难可测量，难可执取，多无有限量。诸菩萨行深般若波罗蜜多时，若于色甚深性不住，亦不住此是色甚深性，是名学色甚深性；若于受、想、行、识甚深性不住，亦不住此是受、想、行、识甚深性，是名学受、想、行、识甚深性。若于色甚深性不学，亦不学此是色甚深性，是名不住色甚深性；若于受、想、行、识甚深性不学，亦不学此是受、想、行、识甚深性，是名不住受、想、行、识甚深性。①

支谦译《大明度无极经》第三《持品》，是将《功德品》一分为二，取其前半部分为《持品》。其内容有一个鲜明的特点，就是将般若波罗蜜比作神咒，也认为其具有神咒的功德。支谶译本称般若为极大祝般若波罗蜜、极尊祝般若波罗蜜、无有辈祝般若波罗蜜。说持是祝者，过去诸佛皆从是祝自致作佛，当来诸佛皆学是祝自致作佛，今现在十方诸佛皆起是祝自致作佛。还说是祝故出十诫功德，照明于天下，四禅、四谛、四神足、般遮旬照明于世间，菩萨也从般若波罗蜜中生十诫功德，悉遍至世间，四

① （唐）玄奘译《大般若波罗蜜多经》卷 545，《中华藏》第 6 册，第 443 页下。

禅、四谛、四神足、般遮旬悉照明于世间，等等。[1] 此“祝”即“呪”，以口诵神呪而改祭祀祝祷之“礻”旁为“口”，支谦译本即作“呪”，这也说明“呪”字取代“祝”的诵咒功能而流行是在汉魏之际。

支谦译本此段译作：“佛言（帝）释：是辈人或当过剧难之中，终不恐，无能害者，善士，当诵惟斯定，正使死至，若怨在中，欲共害者，如佛所语，终不横死；若兵刃向者，不中其身。所以然者，斯定诸佛神咒，咒中之王矣。学是咒者，不自念恶，不念人恶，都无恶念，是为人中之雄，自致作佛，为护众生。”[2] 显然支谦译强化了般若作为神咒的地位和功用，乃至改变了般若神咒的性质。前译只是说般若如同神咒，故称般若为极大祝、极尊祝、无有辈祝般若波罗蜜，而后译直接说般若是诸佛神咒，是咒中之王，其功能不仅三世诸佛自致作佛，而且直接产生消灾避难、刀枪不入的神咒功能，也不产生自他恶念，说学是咒者，不自念恶，不念人恶，都无恶念。此诸可见，支谦译本之所以分编《功德品》另出《持品》，显然诸多功德是由受持般若神咒之故。

鸠摩罗什译本在此基础上，更将品名改为《明咒品》，强化了般若功德的神咒性，直接说般若波罗蜜是大明咒、般若波罗蜜是无上咒、般若波罗蜜是无等等咒。为什么呢？因为过去诸佛因是明咒得阿耨多罗三藐三菩提，未来诸佛亦因是咒当得阿耨多罗三藐三菩提，今十方现在诸佛亦因是咒得阿耨多罗三藐三菩提。因是明咒，十善道出现于世，四禅、四无量心、四无色定、五神通出现于世。[3]

玄奘译本并没有另辟《持品》，这一段话在第 3 品《供养窣堵波品》，说：能于般若波罗蜜多至心听闻、受持、读诵、精勤修学、如理思惟、供养恭敬、尊重赞叹、书写解说、广令流布，一切毒药、蛊道、鬼魅、厌祷、咒术皆不能害，水不能溺，火不能烧、刀杖、恶兽、怨贼、恶神、众邪、魍魉不能伤害。何以故？如是般若波罗蜜多是大神咒，是大明咒，是无上咒，是无等等咒；如是般若波罗蜜多是诸咒王，最上最妙，无能及者，具大威力，能伏一切，不为一切之所降伏。是善男子、善女人等精勤修学如是咒王，不为自害，不为他害，不为俱害。是善男子、善女人等，

---

① （东汉）支娄迦谶译《道行般若经》卷 2，《大正藏》第 8 卷，第 433 页中、下。

② （吴）支谦译《大明度经》卷 2，《中华藏》第 8 卷，第 191 页下。

③ （后秦）鸠摩罗什译《小品般若波罗蜜经》卷 2，《中华藏》第 8 册，第 16 页下。

学此般若波罗蜜多大咒王时，于我及法虽无所得，而证无上正等菩提，由斯获得一切智智，观有情类心行差别，随宜为转无上法轮，令如说行得大饶益。何以故？过去、未来、现在菩萨皆学如是甚深般若波罗蜜多大神咒王，无所不得，无所不证，是故说名一切智智。若善男子、善女人等，书此般若波罗蜜多大神咒王，置清净处供养恭敬、尊重赞叹，虽不听闻、受持、读诵、精勤修学、如理思惟，亦不为他开示分别，而此住处、国邑、王都，人、非人等不为一切灾横疾疫之所伤害。若善男子、善女人等怖畏怨家、恶兽、灾横、厌祷、疾疫、毒药、咒等，应书般若波罗蜜多大神咒王，随多少分香囊盛贮，置宝筒中，恒随自身供养恭敬，诸怖畏事皆悉销除，天、龙、鬼神常来守护，唯除宿世恶业应受。①

《小品般若经》的陀罗尼品还有一个特点，就是记载般若经的流行情况，指出具体的流传地区，为研究般若经的编纂地点以及早期流传地理提供了重要依据。支娄迦谶译本说，如来去后，是般若波罗蜜当在南天竺，其有学已，从南天竺当转至西天竺。其有学已，当从西天竺转至北天竺，其有学者当学之。最后世时，是般若波罗蜜当到北天竺耶？当到北天竺。其在彼者当闻般若波罗蜜，复行问之，当知是菩萨作行已来大久远，以故复受般若波罗蜜。但北天竺当有几所菩萨摩诃萨学般若波罗蜜者？北天竺亦甚多菩萨少有学般若波罗蜜者。若有说者，闻之不恐、不难、不畏，是人前世时闻如来所说，多所度脱，等等。② 此说般若最早可能在南天竺，后来转到西天竺，再后转到北天竺，在此菩萨甚多，而少有学般若者，但此地若有说般若者，人们定会闻持学修，不恐不畏，因为此地前世就闻如来所说。这种从南到西再到北并正在北方流传的说法，恰恰说明北天竺是最初编纂《般若经》的地方。鸠摩罗什译本、玄奘译本也都如是说，唯独支谦译本的说法不同，且有具体地名。其《悉持品》说："如来去后，是法当在释氏国，彼贤学已，转至会多尼国。在中学已，复到欝单曰国。在中学已，却后我经但欲断时，我斯知已。尔时，持是明度最后有书者，佛悉豫见其人已，佛所称誉也。秋露子问佛：'欝单曰国当有几开士大士学斯定？'佛言：'少耳。是经说时，闻不恐不难，为疾近如来，其人前

① （唐）玄奘译《大般若波罗蜜多经》卷 540，《中华藏》第 6 册，第 391 页中、下。

② （东汉）支娄迦谶译《道行般若经》卷 4，《中华藏》第 6 册，第 391 页中—392 页上。

世闻如来已学，闿士至德，持戒完具，多所度脱。”[①] 此说般若学当在释氏国，从此转至会多尼国，再后又回到欝单曰国。释氏国当然是佛陀出生的迦毗罗卫国，正处北天竺范围。欝单曰，亦作欝单越，梵文 kuru 的音译，一般译作拘卢，称北拘卢洲，四大洲之义，地处苏迷庐山之北。四大洲属神话中地名，但被作为北方国度。会多尼国，不见记载，但《大集经·星宿摄受品》载有侯摩多尼国，[②]《大悲经》记载波离弗城有僧伽蓝名跋多尼，[③] 侯摩多尼以及跋多尼与之译音近似，且也在北方，也许真有些关系。从后世著名中观学者龙树从南印度北上雪山学习《般若经》，也可看出《般若经》编纂与北印度有关。

2.《大品般若经》的陀罗尼品

《大品般若经》有西晋无罗叉译《放光般若经》20 卷、竺法护译《光赞般若经》10 卷，后秦鸠摩罗什译《摩诃般若波罗蜜经》27 卷，唐玄奘译《大般若经》第 2 会、第 3 会共 137 卷。无罗叉译的《放光般若经》，最早三国魏甘露五年（260），汉地沙门朱士行西行到于阗国，写得此经正品梵书胡本十九章。到西晋惠帝元康元年（291），无罗叉等于陈留仓垣水南寺译出。[④] 竺法护译的《光赞般若经》，此前 5 年的太康七年（286）十一月二十五日先行译出。《放光般若经》译出虽晚，但取回较早，其内容也完整，共 90 品，其第 20 品为《陀邻尼品》，这是大乘经中最早以音译名设立的陀罗尼品。其内容说明何谓大乘，何谓大乘之“乘”，也就是大乘的基本教理，包括四意止、四意断、四神足、五根、五力、七觉意、八品道、三三昧、十慧、三根（三“五根”）、三三昧（三觉观）、十念、四禅、四等、四无形禅、八惟无禅、九次第禅、佛十种力、四无所畏、四无碍慧、十八法等，最后重点说四十二字门及其二十功德，说：“复有摩诃衍，所谓陀邻尼目佉是。何等为陀邻尼目佉？与字等，与言等，字所入门。”此陀邻尼是 dharaṇī 的最早汉文音译，这里也最早对陀罗尼字门作了定义，所谓与字等、与言等者，字指语音，包括元音和辅音；言指语词、概念；等即等同、相同，就是说陀罗尼字门与表述

① （三国吴）支谦译《大明度经》卷 3，《中华藏》第 8 册，第 204 页中。

② （北凉）昙无谶译《大方等大集经》卷 56，《中华藏》第 10 册，第 642 页中。

③ （北齐）那连提耶舍译《大悲经》卷 2，《中华藏》第 15 册，第 190 页中。

④ （梁）僧祐撰《出三藏记集》卷 2，《大正藏》第 55 卷，第 7 页中。

教义教法的语言以及书写文字等同，具有相同的价值和意义。为什么呢？“当知一切法譬如虚空，是字教所入皆是陀邻尼所入门。若有菩萨摩诃萨晓了是字事者，不住于言数便晓知言数之慧。”这是说佛陀的所有教法如同虚空一样，陀罗尼字门就是进入佛法虚空的大门，掌握了陀罗尼字门，即便没有系统学习经典，也能知晓经典的思想。其中所谓字教就是陀罗尼字门的教法体系，字事指具体的陀罗尼字门，言数指以数目构成教义的概念，诸如五蕴、四谛、十慧、十八法等。言数之慧，在此指般若经的智慧，尤指空性思想。本品还着重强调陀罗尼字门的功德，说“若有菩萨摩诃萨闻是四十二字所入句印者、持讽诵者，若复为他人解说其义，不以妄[①]见持讽诵者，当得二十功德。”此二十种功德有哪些呢？一者得强识念力，二者得惭愧羞耻力，三者得坚固行力，四者得觉知力，五者得辩才工谈语力，六者得陀邻尼不难力，七者所语不说不急之事，八者终不狐疑于经，九者闻善不喜、闻恶不忧，十者亦不自贡高、亦不自卑，十一者进止安详、不失威仪，十二者晓了五阴、六衰，十三者善于四谛、十二缘起事，十四者善知识因缘事，十五者善于法慧、能满具诸根，十六者知他人所念吉凶报应，十七者善于天耳彻听、自识宿命，十八者善知众生所生，十九者能消诸漏，二十者善于往来、处处教授。[②] 其中前六力是陀罗尼本身具有的功能，这也就是陀罗尼作为记忆术的主要功能，其一强识念力，即强大的识别能力和记忆功能。惭愧羞耻力是虚心、谨慎、认真态度的来源，也是积极进取、健康向上的心理状态的动力。坚固力就是记忆具有的牢固性，记住不再遗忘的能力。觉知力是感知能力和领会能力，辩才工谈语力则是敏捷、清晰的语言表达和交流能力尤其辩论能力，陀邻尼不难力指具有克服记忆困难的能力。第七至十一功德是由上六力引起的心理和行为，如所语不说不急之事，是对所说、没说的话沉着冷静，不急不躁。对所闻所学经典充满信心，坚定不移，从不疑惑。闻善不喜、闻恶不忧，不以得失荣辱左右自己。也不因此自贡高自大或自卑自弃，更不表现在行为举止上，进退自然，不丧失仪表尊严。第十二、十三说五阴、六衰、四谛、十二缘起等基本教义，其中五阴、六衰特指六根、六尘，《阿差末菩萨经》说：“其五阴者谓思六根，其六根者谓眼、耳、鼻、口、身、意所

① 妄，原作“望”，据《中华藏》校勘记改。

② （西晋）无罗叉译《放光般若经》卷4，《大正藏》第8卷，第26页中。

别。其六衰者，知色、声、香、味、细滑、法。不用见闻、心意识，此众业之所致也。”[①] 吉藏《胜鬘宝窟》解释说：“言六衰者，外六尘，六尘之贼衰耗善法，故名为衰。”[②] 第十四善知识因缘事，指以善知识因缘故，亲近善人，得听善法；能正思惟，得离恶罪。[③] 第十五至十八由此可以获得六种神通，鸠摩罗什译得巧分别众生诸根利钝、得巧知他心、得巧分别日月岁节、得巧分别天耳通、得巧分别宿命通、得巧分别生死通。[④] 第十九者能消诸漏，诸漏指有漏、无漏、无明漏等三漏。二十者善于往来、处处教授，鸠摩罗什译得能巧说是处非处，得巧知往来、坐起等身威仪。但鸠摩罗什译的《摩诃般若波罗蜜经》中四十二字门并不在陀罗尼品，而是在《广乘品》，其他内容也与《陀邻尼品》相同，只是介绍大乘教义较详而已。

鸠摩罗什译《摩诃般若波罗蜜》，后秦弘始五年（403）四月二十二日至六年四月二十三日译出。共 90 品，其第 34 品为《劝持品》，与《小品般若》的《明咒品》相当。其中说般若波罗蜜是大明咒、无上明咒、无等等明咒。何以故？是般若波罗蜜能除一切不善，能与一切善法。鸠摩罗什译本关于般若波罗蜜能除一切不善、能与一切善法的说法，后来就成为定义陀罗尼为持善遮恶、除恶与善内涵的主要依据。其第 45 品为《闻持品》，说明闻持、受持深般若波罗蜜的具体内容，与《小品般若》的《持品》相同。而玄奘译《大般若经》第 2 会音译此品为《陀罗尼品》，内容较以往译本更多。而陀罗尼字门分别出现在初会《辩大乘品》第十五之三、第二会《念住等品》第十七之二、第三会《善现品》第三之九，内容相同。

二　陀罗尼的地位和意义

般若经类中陀罗尼有较高的地位，以陀罗尼为菩萨必备的法门之一，陀罗尼与三昧、等忍作为菩萨特有的三大功德，以与小乘比丘相区别。如《大般若经·序品》中说，佛说法大会中，比丘众皆得阿罗汉，诸漏已

---

① （西晋）竺法护译《阿差末菩萨经》卷 1，《大正藏》第 8 卷，第 26 页中。

② （隋）吉藏撰《胜鬘宝窟》卷 2，《大正藏》第 37 卷，第 30 页上。

③ （后秦）弗若多罗译《十诵律》卷 2，《大正藏》第 23 卷，第 10 页中。

④ （后秦）鸠摩罗什译《摩诃般若波罗蜜经·广乘品》，卷 5，《大正藏》第 8 卷，第 256 页中。

尽，无复烦恼，得真自在，心善解脱，慧善解脱。而菩萨众则一切皆得陀罗尼门（dhāraṇīmukha）、三摩地门以及空、无相、无分别愿的等忍。[①] 或说菩萨众得无碍解陀罗尼门、三摩地门，神通自在。[②]《大智度论》解释陀罗尼、三昧、等忍三事是菩萨之所以为菩萨的必备条件，其中“得陀罗尼菩萨，一切所闻法以念力故，能持不失。复次是陀罗尼法常逐菩萨，譬如间日疟病；是陀罗尼不离菩萨，譬如鬼著；是陀罗尼常随菩萨，如善不善律仪。复次是陀罗尼持菩萨不令堕二地坑，譬如慈父爱子，子欲堕坑，持令不堕。复次菩萨得陀罗尼力故，一切魔王魔民魔人无能动、无能破、无能胜，譬如须弥山，凡人口吹不能令动。”[③] 陀罗尼既为菩萨所必备，因而陀罗尼门为菩萨大乘相之一。如《放光般若经》说：“摩诃衍者，六波罗蜜是。复有摩诃衍，所谓诸陁罗尼门、诸三昧门、首楞严三昧乃至虚空际解脱无所著三昧，是为菩萨摩诃萨摩诃衍。”[④]《大般若经·辩大乘相品》说：“菩萨摩诃萨大乘相者，谓诸文字陁罗尼门。”[⑤] 而此诸陀罗尼门往往与诸三昧门并论，《大智度论》就陀罗尼门、三昧门的同异关系说，三昧但是心相应法，陀罗尼亦是心相应，亦是心不相应。陀罗尼是心不相应者，如人得闻持陀罗尼，虽心瞋恚亦不失，常随人行，如影随形。是三昧修行习久后能成陀罗尼，如众生久习欲便成其性。是诸三昧共诸法实相智慧能生陀罗尼，如坏瓶得火烧，熟能持水不失，亦能令人得度河。又陀罗尼世世常随，菩萨诸三昧不尔，或时易身则失。[⑥] 其意是说三昧是心相应法，而陀罗尼亦是心相应法，但陀罗尼门或有心不相应者，须经三昧久习成性，闻持不忘，又须与诸法实相智慧共同作用，方能修行至佛，所以说得诸陀罗尼门、三昧门当习般若波罗蜜。

得诸陀罗尼门、三昧门当习般若波罗蜜，诸三昧门共诸法实相智慧能生陀罗尼，这又涉及陀罗尼与般若波罗蜜的关系。对此《大智度论》解释说：“如先陀罗尼中说诸文字法，皆因般若波罗蜜得，余闻持等诸陀罗尼亦皆从学般若波罗蜜得，菩萨得诸陀罗尼，已得种种乐说辩才，无量阿

---

① （唐）玄奘译《大般若波罗蜜多经》卷1，《中华藏》第1册，第3页上。

② （唐）玄奘译《大般若波罗蜜多经》卷1，《中华藏》第1册，第6页上。

③ （后秦）鸠摩罗什译《大智度论》卷5，《中华藏》第25册，第195页上、中。

④ （西晋）无罗叉《放光般若经》卷5，《中华藏》第7册，第60页上。

⑤ （唐）玄奘译《大般若波罗蜜多经》卷53，《中华藏》第1册，第531页下。

⑥ （后秦）鸠摩罗什译《大智度论》卷28，《中华藏》第25册，第579页中、下。

僧衹劫说一句义不可尽，是名三世诸佛真法，更无异法。”由此提出般若陀罗尼的概念，说“得是般若波罗蜜陀罗尼故，能持一切佛所说法。”闻持陀罗尼能持有数有量法，世间亦有或有忘失，但从般若得陀罗尼，广为受持诸法，终不忘失。① 此说从般若得陀罗尼终不忘失，故大乘佛教便有般若波罗蜜陀罗尼之名，这也是陀罗尼门为何学习般若波罗蜜的理由。《放光般若经》说：“般若波罗蜜者，皆是诸陁罗尼之门，诸菩萨欲学陁罗尼者，当学般若波罗蜜。诸有菩萨得陁罗尼者，悉为总持诸法之辩才。”般若波罗蜜者，是去来今佛法之所，其有受持般若波罗蜜讽诵学者，则为总持去来今佛之道。持般若波罗蜜者，则为总持一切诸法。②

三　实相陀罗尼

从般若陀罗尼门出发，般若经类区分陀罗尼为两大类，一者闻持陀罗尼，一者实相陀罗尼。《大智度论》解释说：“陀罗尼有二种，一者闻持陀罗尼，二者得诸法实相陀罗尼。读诵修习常念故，得闻持陀罗尼。通达义故，得实相陀罗尼。住是二陀罗尼门中，能生无碍智，为众生说法故，具足四无碍智。”③ 般若经类中所说的种种陀罗尼即是闻持陀罗尼，观陀罗尼门般若空义即是实相陀罗尼。般若经类所说闻持陀罗尼，如《大智度论》所说，陀罗尼有多种，若广说有无量陀罗尼门，略说则有五百陀罗尼门，诸如四十二字门、分别知陀罗尼、入音声陀罗尼、无碍陀罗尼等，入诸陀罗尼字门而知其字义，而实相陀罗尼则观其性空之理。

观陀罗尼门之性空，即入陀罗尼字门而不住、不著、不观、不可得，即作中道正观，如《大般若经》解释文字陀罗尼门所说：“字平等性，语平等性，言说理趣平等性，入诸字门，是为文字陀罗尼门。”所谓平等入诸文字陀罗尼字门，是就四十二字门的观法而言，以不可得为破除众相的方便，分别从四十二字义的相互推导中证悟假有性空的般若理趣。如初入阿字门即悟一切法本不生，最后入择字门悟一切法究竟处所不可得，中间四十字辗转推导，除如是字表法空外，更不可得。因如是字义不可宣说，不可显示，不可执取，不可书持，不可观察，离诸相故。譬如虚空为一切

① （后秦）鸠摩罗什译《大智度论》卷79，《中华藏》第26册，第411页中、下。

② （西晋）无罗叉译《放光般若经》卷15，《中华藏》第7册，第202页上。

③ （后秦）鸠摩罗什译《大智度论》卷85，《中华藏》第26册，第484页上。

物所归趣处，此诸字门亦复如是，诸法空义皆入此门方得显了。故入陀罗尼字门者，实以不入字门诸法为根本，即破除字门相。故《大般若经》有众法不入陀罗尼，即表此意。《现化品》说希有陀罗尼门，此希有者名众法不入陀罗尼门，此陀罗尼门过诸文字，言不能入，心不能量，内外法中皆不可得。当知无有少法能入此者，是故名为众法不入陀罗尼门。“所以者何？此法平等，无高无下，无入无出，无一文字从外而入，无一文字从内而出，无一文字住此法中，亦无文字共相见者，亦不分别法非法异。是诸文字说亦无减，不说无增，从本际来都无起作及坏灭者。如诸文字，心亦如是；如心，一切法亦如是。何以故？法离言语，亦离思量，从本际来无生无灭故，无入出，由此名为众法不入陀罗尼门。若能通达此法门者，辩才无尽。所以者何？通达不断无尽法故。若有人能入虚空者，则能入此陀罗尼门。”①

入陀罗尼字门而实无可入，亦无入处，由此证悟般若空性。《大般若经·无住品》说：修行般若菩萨不应住一切陀罗尼门，何以故？一切陀罗尼门性空，是一切陀罗尼门非一切陀罗尼门空，是一切陀罗尼门空非一切陀罗尼门，一切陀罗尼门不离空，空不离一切陀罗尼门，一切陀罗尼门即是空，空即是一切陀罗尼门。② 又如观一切智智，非于内一切陀罗尼门观一切智智，非于外一切陀罗尼门观一切智智，非于内外一切陀罗尼门观一切智智，亦非离一切陀罗尼门观一切智智。何以故？若内、若外、若内外、若离内外皆不可得故。③ 此说若内若外及若离内外皆不可得者，即是不执著法相，以陀罗尼自性空故。陀罗尼自性空者，犹如虚空，并无中边，前、后、中三际均不可得。

四　陀罗尼的咒术化

般若经类还最早宣传陀罗尼的功德，并将陀罗尼及其功能咒术化。东汉时支娄迦谶译的《道行般若经》设有《持品》，说持诵《般若经》的种种功德。后来鸠摩罗什译《小品般若经》时，竟将该品改作《明咒

① （唐）玄奘译《大般若波罗蜜多经》卷572，《中华藏》第6册，第709页上、中。该品初译见陈时月婆首那译《胜天王般若波罗蜜经》卷6，《中华藏》第8册，第166页下。

② （唐）玄奘译《大般若波罗蜜多经》卷37，《中华藏》第1册，第366页下。

③ （唐）玄奘译《大般若波罗蜜多经》卷37，《中华藏》第1册，第370页上。

品》，直接将陀罗尼与明咒等同起来。如前所说，“持”的原文是 dhāraṇī，“明咒”的原文是 vidyā，此称“持”为“明咒”，不仅完全混淆了陀罗尼与明咒的界限，而且还直称般若为大明咒，混淆了般若具有如同神咒一样的功能与般若作为神咒的功能！后来确也出现了“揭谛、揭谛、般若揭谛”的般若咒。鸠摩罗什译本说“般若波罗蜜是大明咒，般若波罗蜜是无上咒，般若波罗蜜是无等等咒”，还说“过去诸佛因是明咒得阿耨多罗三藐三菩提，未来诸佛亦因是咒当得阿耨多罗三藐三菩提，今十方现在诸佛亦因是咒，得阿耨多罗三藐三菩提。”① 此说般若是大明咒、无上咒、无等等咒，三世诸佛因此而得菩提，不仅将明咒的地位提高到无以复加的程度，也使明咒具有了佛教的内涵。可以说这种思想是惊天动地的，它对陀罗尼在后世的发展产生了极其强烈的影响。

不过陀罗尼的咒术化，在此之前的三国时期支谦所译《大明度经·持品》中已有倾向，如称陀罗尼为“咒”“神咒”“大明”，将般若比作神咒，称其为咒中之王，是诸佛神咒。说诵此大明“终不横死，若兵刃向者，不中其身，所以然者，斯定诸佛神咒，咒中之王矣。学是咒者，不自念恶，不念人恶，都无恶念，是为人中之雄，自致作佛。为护众生，夫学斯行者，疾成佛道。”由此称般若为大尊咒。又说：“过去、当来、今现在十方诸佛皆起是咒，自致作佛。”②

根据后世的梵文本，大神咒是梵文 mahā mantro 的意译，大明咒是 mahā vidyā mantra 的意译，无上明咒、无上咒是 anuttara mantra 的意译，无等等咒是 asama sama mantra mantra 的意译，可见神咒、咒是 mantra 的翻译，明咒是 vidyā mantra 的翻译，这里完全用 mantra 代替了 dhāraṇī。圆测《般若波罗蜜多心经赞》解释说：“般若波罗蜜多咒，即说咒曰：揭谛　揭谛　波罗揭谛　波罗僧揭谛　菩提　莎婆呵者，此即第二举颂结叹，于中有二，初长行标举，后以颂正叹。然释此颂诸说不同，一曰此颂不可翻译，古来相传，此咒乃是西域正音秘密辞句，翻即失验，故存梵语。又解咒中说诸圣名或说鬼神，或说诸法甚深奥义，言含多义，此方无言正当彼语，故存梵音，如薄伽梵。一曰诸咒密可翻译，如言南无佛陀耶等。释此颂句判之为三，初揭谛 揭谛，此云度、度。颂前长行般若二字，此显

① （后秦）鸠摩罗什译《小品般若波罗蜜经》卷 2，《中华藏》第 8 册，第 13 页。
② （三国吴）支谦译《大明度经》卷 2，《中华藏》第 8 册，第 191 页下。

般若有大功能，自度、度他，故云度、度。次波罗等句，即颂长行波罗蜜多，此云彼岸到，是即涅槃名彼岸也。揭谛言度，度到何处？谓即彼岸是度之处，故云波罗揭谛。言波罗者翻名如上，僧揭谛者此云到竟，言菩提者是彼岸体。后莎婆呵，此云速疾，谓由妙慧有胜功用，即能速疾到菩提岸。又解颂中有其四句，分为二节，初之二句约法叹胜，后有二句就人叹胜。就约法中先因后果，重言揭谛，此云胜、胜。因位般若具自、他利二种胜用，故云胜、胜。波罗揭谛言彼岸胜，由般若故得涅槃胜岸，故言彼岸胜。就叹人中先因后果，波罗僧揭谛此云彼岸僧胜，此叹因位一乘菩萨求彼岸人。菩提 莎婆呵，此云觉究竟，此叹果位三身果人。觉法已满，名觉究竟。或可四句，叹三宝胜。初之二句如次应知叹行果法，第三、四句如次应知叹僧及佛矣。"①

法藏《般若波罗蜜多心经略疏》解释说："故知般若是大神咒等，叹其胜能，略叹四德。然有三释，一就法释，一除障不虚名为神咒，二智鉴无昧名为明咒，三更无加过名无上咒，四独绝无伦名无等等咒。"② 又说其咒文："正说咒词，此有二义，一不可释，以是诸佛秘语，非因位所解，但当诵持，除障增福，亦不须强释也。二若欲强释者，羯谛者此云去也、度也，即深慧功能。重言羯谛者，自度、度他也。波罗羯谛者，波罗此云彼岸，即度所到处也。波罗僧羯谛者，僧者总也、溥也，即谓自、他溥度，总到彼岸也。言菩提者，至何等彼岸？谓大菩提处也。言萨婆诃者，此云速疾，令前所作速疾成就故也。"③

元晓《金刚三昧经论》也解释说："咒者祷也，如世神咒有大威力，诵咒祷神，福无不招，祸无不却。今此摩诃般若波罗蜜亦复如是，具前四德有大神力，内即无德不备，外即无患不离。若至诚心诵此名句，仰祷诸佛菩萨神人，随所求愿无不成办。由是义故，说名为咒，如天帝释诵此名句却修罗军之事，此中应说。"④

可以看出，这里早将鸠摩罗什译本的内容基本反映出来了，还将行般若门成佛改换为行陀罗尼门成佛的命题，提出持咒成佛的思想。西晋时无

---

① （唐）圆测撰《般若波罗蜜多心经赞》，《大正藏》第 33 卷，第 551 页下—552 页上。

② （唐）法藏撰《般若波罗蜜多心经略疏》，《大正藏》第 33 卷，第 554 页下。

③ （唐）法藏撰《般若波罗蜜多心经略疏》，《大正藏》第 33 卷，第 555 页上。

④ （唐）元晓撰《金刚三昧经论》卷 3，《大正藏》第 34 卷，第 994 页中。

罗叉译的《放光般若经·持品》中称般若波罗蜜为极大术、无上之术、无等之术，并说“是般若波罗蜜者已弃诸不善之法，总持诸善之本。”[①] 所谓术者，即是咒术。而此般若波罗蜜咒术为“弃诸不善之法，总持诸善之本”，则是后来以“持善遮恶”来解释陀罗尼的最早蓝本。后来鸠摩罗什译《摩诃般若波罗蜜经》，译《持品》为《劝持品》，同样说“般若波罗蜜是大明咒、无上明咒、无等等明咒，何以故？世尊！是般若波罗蜜能除一切不善，能与一切善法。”[②] 能除一切不善、能与一切善法，本来是般若的功能，在此不仅成了般若咒术的功能，也成了陀罗尼咒术的功能。《大般若经》此品内容在《摄受分》，称般若为般若波罗蜜多大咒王，其功能说得更加具体。[③] 这里虽说般若具有不可思议的功能是因为其空性，但类比于神咒并大肆宣扬其宗教功能，且直接称般若为大咒王，则导致了陀罗尼的咒术化，也使般若经类逐渐趋向密教化。

般若经类中陀罗尼的咒术化途径，主要是将持诵《般若经》的功能比作神咒，而为何比之于神咒，是因为咒术具有种种不可思议的功能，对世间有着很大的影响。《大智度论》对此解释说：何故名般若为大明咒？因诸外道圣人有种种咒术利益人民，诵是咒故，能随意所欲，使诸鬼神。诸仙人有是咒故，大得名声，人民归伏。贵咒术故，是以帝释白佛言：诸咒术中般若波罗蜜是大咒术，何以故？能常与众生道德乐故。余咒术乐因缘，能起烦恼，又不善业故，堕三恶道。余咒术能随贪欲、瞋恚，自在作恶。而般若波罗蜜咒能灭禅定、佛道、涅槃诸著，何况贪、恚粗病！又是咒能令人离老病死，能立众生于大乘，能令行者于一切众生中最大，是故言“大咒”。能如是利益故，名为“无上”。先有仙人所作咒术，所谓能知他人心咒，能飞行变化咒，能住寿过千万岁咒，于诸咒中无与等。于此无等咒术中，般若波罗蜜过出无量，故名“无等等”。又诸佛法名无等，般若波罗蜜得佛因缘故，言“无等等”。又诸佛于一切众生中名无等，是般若咒术佛所作故，名“无等等咒”。又经中自说三咒因缘，所谓是咒能舍一切不善法，能与一切善法。[④] 解释《宝塔校量品》时也说：“如外道

---

① （西晋）无罗叉译《放光般若经》卷 7，《中华藏》第 7 册，第 94 页上。

② （后秦）鸠摩罗什译《摩诃般若波罗蜜经》卷 9，《中华藏》第 7 册，第 419 页上、中。

③ （唐）玄奘译《大般若波罗蜜多经》卷 102，《中华藏》第 2 册，第 17 页上。

④ （后秦）鸠摩罗什译《大智度论》卷 58，《中华藏》第 26 册，第 93 页上、中。

神仙咒术力故，入水不溺，入火不热，毒虫不螫，何况般若波罗蜜是十方诸佛所因成就咒术！”[①]

比喻般若是神咒，在此解释得很清楚，但为何译陀罗尼为明咒，并没有解释，显然陀罗尼是被视为神咒的。最为典型的例子就是由般若是神咒衍生而来的般若咒。《般若波罗蜜多心经》不仅说般若波罗蜜多是大神咒，是大明咒，是无上咒，是无等等咒，能除一切苦，真实不虚。还咒曰：揭帝！揭帝！般罗揭帝！般罗僧揭帝！菩提！莎诃（gate gate pāragate pārasaṃgate bodhi svāhā）！[②] 显然此所谓神咒、明咒者完全是有实际内容的陀罗尼，可意译为：度！度！度至彼岸！度至究竟彼岸——觉悟！速疾！只是因为陀罗尼的神秘性而不作意译罢了，但说明般若神咒是被意指为陀罗尼的，于此陀罗尼与神咒完全结合为一，故有陀罗尼神咒之称。

般若经类中不止仅有此般若神咒，还有种种陀罗尼神咒。如《大般若经·陀罗尼品》说，有无边功德陀罗尼门、悦意陀罗尼门、无碍陀罗尼门、欢喜陀罗尼门、大悲陀罗尼门、月爱陀罗尼门、月光陀罗尼门、日爱陀罗尼门、日光陀罗尼门、妙高山王陀罗尼门、深广大海陀罗尼门、功德宝王陀罗尼门。并说其种种功德，说“总持犹妙药，能疗众惑病。亦如天甘露，服者常安乐”。“总持无文字，文字显总持。由般若大悲，离言以言说。”[③]《序品》中说有无碍陀罗尼以及分别众生陀罗尼、归命救护不舍陀罗尼等小陀罗尼。《胜天王般若经》中三世诸佛亦说陀罗尼及其功能，说众法不入陀罗尼的功能，[④]《大般若经·无所得品》说九十七字护正法陀罗尼，[⑤]《仁王护国般若波罗蜜多经》说陀罗尼三十六句，并说此陀罗尼能加持拥护，是一切佛本所修行速疾之门，等等。[⑥]

般若经类由宣传闻持陀罗尼字门进而宣传般若波罗蜜多陀罗尼，再由宣传持诵《般若经》的功能而称其为大明咒、无上咒、无等等咒乃至大咒王，直至出现陀罗尼神咒，不仅使陀罗尼与咒术在般若经类中结合在一

① （后秦）鸠摩罗什译《大智度论》卷57，《中华藏》第26册，第89页中。

② （唐）玄奘译《般若波罗蜜多心经》，《中华藏》第385页中。

③ （唐）玄奘译《大般若波罗蜜多经》卷572，《中华藏》第6册，第711页中。

④ （陈）月婆首那译《胜天王般若波罗蜜经》卷6，《中华藏》第8册，第186页中。

⑤ （唐）玄奘译《大般若波罗蜜多经》卷571，《中华藏》第6册，第698页下—699页上。

⑥ （唐）不空译《仁王护国般若波罗蜜多经》卷下，《中华藏》第65册，第985页下—986页上。

起，而且使般若经类逐渐走向密教化，最终有的《般若经》变成陀罗尼经乃至密教经轨，般若经中的一些极端思想也成为密教的核心思想。

五 般若经类的密教化

7世纪以后，般若经类逐渐密教化，如《实相般若经》逐渐被改造为密教的《大乐经》。有的般若经类径直改称陀罗尼经，如宋代施护译《圣八千颂般若波罗蜜多一百八名真实圆义陀罗尼经》，说般若波罗蜜多真实圆义陀罗尼，说此陀罗尼秘密章句，若常忆念受持读诵者，所获功德不可称计云云。[①]《佛说圣佛母小字般若波罗蜜多经》说圣佛母小字般若波罗蜜多真言十一句，并说此真言一切诸佛由是得菩提，观世音菩萨亦由是真言故得成无上正等菩提，三世一切诸佛由斯法故方得成佛。又说般若波罗蜜多陀罗尼二十四句，并说此胜妙法般若波罗蜜多陀罗尼是能出生一切诸佛菩萨之母，若有众生暂闻是法，所作罪障悉皆消灭。还说此法一切诸佛及众菩萨经百俱胝劫说其功德不能得尽，若能受持读诵此陀罗尼者，便同入一切曼荼罗中而得受灌顶。[②]

《大乘理趣六波罗蜜多经》也是密教化的般若经类，推崇密教至极，如分大藏为五分：一素呾缆、二毗奈耶、三阿毗达磨、四般若波罗蜜多、五陀罗尼门。此五种藏教化有情，随所应度而为说之。其中若彼有情乐习大乘真实智能，离于我法，执着分别，而为彼说般若波罗蜜多藏。若彼有情不能受持契经、调伏、对法、般若，或复有情造诸恶业，四重、八重、五无间罪、谤方等经、一阐提等种种重罪使得消灭，速疾解脱，顿悟涅槃，而为彼说诸陀罗尼藏。此五法藏，譬如乳、酪、生酥、熟酥及妙醍醐，契经如乳，调伏如酪，对法教者如彼生酥，大乘般若犹如熟酥，总持门者譬如醍醐。醍醐之味，乳、酪、酥中微妙第一，能除诸病，令诸有情身心安乐。总持门者，契经等中最为第一，能除重罪，令诸众生解脱生死，速证涅槃，安乐法身。[③] 其中还设有《陀罗尼护持国界品》，曼殊室利菩萨为首及普贤菩萨、大圣观自在菩萨、金刚萨埵等三十二金刚菩

---

① （宋）施护译《圣八千颂般若波罗蜜多一百八名真实圆义陀罗尼经》，《中华藏》第8册，第685页上。

② （宋）天息灾译《佛说圣佛母小字般若波罗蜜多经》，《中华藏》第8册，第853页上。

③ （唐）般若译《大乘理趣六波罗蜜多经》卷1，《中华藏》第8册，第868页中。

萨、六波罗蜜多菩萨、四大天王、执金刚菩萨及铃铎耳微那夜迦、阎魔罗王、诃哩底爱子母、摩利支天、迦噜拏王、真实迦噜啰、大自在天王等，为欲拥护国界及受持此经典者，为欲涤除一切障难，各个说陀罗尼秘密文句。[①] 可见此诸般若经以般若之名行陀罗尼之实，完全沦为密教附庸。

第二节　华严经类的陀罗尼

一　十地陀罗尼

华严经类并没有《陀罗尼品》，但陀罗尼内容贯穿其中，也有其独特的地位和意义。《华严经》说："讽诵经典，当愿众生，得总持门，摄一切法。"[②] 又说菩萨"具总持力，能以方便持一切义故。"[③] 是说陀罗尼是能够讽诵经典、摄持一切教义的方便法门，因而菩萨必须具备总持力。法藏《华严经传记》说："案此经是毗卢遮那佛法界身云，在莲华藏庄严世界海，于海印三昧内，与普贤等海会圣众，为大菩萨之所说也。凡一言一义、一品一会，皆遍十方虚空法界及一一微尘毛端刹土，尽因陀罗网微细世界，穷前后际一切劫海，及一一念具无边劫，常说、普说，无有休息，唯是无尽陀罗尼力所持，非是翰墨之所能记。"[④] 这就是说毗卢遮那佛所说《华严经》内容浩博，时空广大，唯有无尽陀罗尼力才能摄持。也因此之故，华严经类中有陀罗尼字门，有十法陀罗尼、十地陀罗尼，还有普门陀罗尼，都是用来把握《华严经》及其教法的。

华严经类中的菩萨十地，最早的《兜沙经》中已见提及，称"菩萨十法住""菩萨十地道"等。[⑤] 其后的《菩萨本业经》中已形成《十地品》，不久有了多种单行本的《十住经》或《十地经》，但尚未与陀罗尼发生关系。西晋时竺法护译的《渐备一切智德经》，另题名《十地经》，是华严经类中关于菩萨十地的专题性经典，其序文中明确指出金刚藏菩萨

① （唐）般若译《大乘理趣六波罗蜜多经》卷2，《中华藏》第8卷，第870—874页。

② （东晋）佛陀跋陀罗译《大方广佛华严经》卷6，《中华藏》第12卷，第58页中、下。

③ （唐）实叉难陀译《大方广佛华严经》卷18，《中华藏》第12册，第782页下。

④ （唐）法藏撰《华严经传记》卷1，《大正藏》第51卷，第153页上。

⑤ （东汉）支娄迦谶译《佛说兜沙经》，《中华藏》第13册，第652页下。

的诸功德之一是“逮总持门，无所破坏。”[①] 其意就是说以陀罗尼法门摄持经文字句无有差错，《十地论》所谓文句“前后不相违”，[②] 故实叉难陀译八十卷本《华严经》作“得无错谬总持故”。[③] 也在《渐备经》中首次将陀罗尼法门引入菩萨十住阶位的修行中，由此形成华严经类陀罗尼法的一个显著特点。

该经所说十地中，第五难胜地、第八不动地、第九善哉意地、第十法云地均与陀罗尼有关，尤其第九地中形成十法陀罗尼，并影响后来的十地修行。在第五、八、十地修行中，如第五难胜地，称菩萨以逮得总持而兴显德本，究竟清净。说难胜菩萨“在如来所弃舍家业，出为沙门，于诸如来听受经典，成为法师。又复重闻逮得总持，无数亿姟百千劫中兴显德本，究竟清净。又如佛子妙宝车璩，共合相近，转相照曜，菩萨如是住于难胜开士之地。”[④] 其中所说因逮得总持而兴显德本，究竟清净，是将陀罗尼的地位提到十地圆满的一个重要条件。兴显德本、究竟清净，是华严经类中菩萨修行十地的最终目的。所谓兴显德本，即开发并显现出诸佛本具的性德。究竟清净，即由初地进修，直至八地乃至究竟于十地，达到清净佛地。此意另有偈颂赞曰：“遵奉智慧业，道尊自严容；总持为苑囿，定意平等行。”[⑤] 此颂在后来的《华严经》中说得更丰富明了，说“惭愧无垢衣，净戒以为香，七觉为华鬘，禅定为涂香，智慧与方便，种种念庄严，如是则得入，陀罗尼园林。”[⑥] 是说在第五地菩萨以惭愧、净戒、七觉、禅定、智慧、方便等作为必备的条件，才能进入陀罗尼法门，再由陀罗尼法门方能进入第五地，可见陀罗尼在第五地的修行中具有的重要地位。

在第八不动地，菩萨以身口意所作，皆能集一切佛法，以十种智力方能坚住，十种智力之一即是陀罗尼力。说“将护一切众生之类，总持要

---

① （西晋）竺法护译《渐备一切智德经》卷1，《中华藏》第13册，第567页下。此语在鸠摩罗什译《十住经》作“善得陀罗尼门无分别故”，菩提流支译《十住经论》作“善得陀罗尼门不坏故”，佛陀跋陀罗译《华严经·十地品》作“善得陀罗尼门不可坏”。

② （北魏）菩提流支译《十地论》卷1，《中华藏》第26册，第699页上。

③ （唐）实叉难陀译《大方广佛华严经》卷34，《中华藏》第13册，第24页。（唐）尸罗达摩译《佛说十地经》作“善达无杂总持门故”，《中华藏》第66册，第380页中。

④ （西晋）竺法护译《渐备一切智德经》卷1，《中华藏》第13册，第568页下。

⑤ （西晋）竺法护译《渐备一切智德经》卷3，《中华藏》第13册，第596页中。

⑥ （东晋）佛陀跋陀罗译《大方广佛华严经》卷21，《中华藏》第12册，第255页。

力而得坚住。”[①]《十住经》及《华严经》译作“不忘所闻法故，善住陀罗尼力。”[②] 此陀罗尼力即是不忘所闻法的功德，《十地论》所谓不忘功德。

第九善哉意地，《渐备经》说还要选择至要总持等，才能进入菩萨地道。[③] 但在第九地不仅选择至要总持，而且建立诸种总持义句。说“逮得如来无极道藏为大法师，造立义器，为义之君，获致义句。”所谓义器，即盛放教义的器具，喻摄持义理的经典，此指摄持经义的陀罗尼。所获得的“义句”，即是陀罗尼义句。此陀罗尼义句，《渐备经》以八种总持为例。其中“玄妙总持，摄救三界。法主总持，取要言之，圣慧神通而用拔济。照明总持，照于十方。善意总持，摄一切意。如地总持，行犹虚空，威神难逮。帝主总持，之要无极法门。所向总持，所游无量。回转总持，周旋往来也。”[④] 此说八种总持，后来鸠摩罗什译的《十住经》和佛陀跋陀罗译的《华严经》中扩展为十一种陀罗尼，其名称也有所不同，分别为：众义陀罗尼、众法陀罗尼、起智陀罗尼、众明陀罗尼、善意陀罗尼、众财陀罗尼、名闻陀罗尼、威德陀罗尼、无碍陀罗尼、无边旋陀罗尼、杂义藏陀罗尼。此十一种陀罗尼虽名义有所不同，但也是围绕陀罗尼的中心意义而展开的，如玄妙总持或众义陀罗尼以及起智陀罗尼、杂义陀罗尼、种种义陀罗尼等，就总持佛法的义理而言。法主总持或众法陀罗尼，就所持之诸法而言。善意总持，就摄持意业而言。所向总持或无碍陀罗尼、回转总持或无边旋陀罗尼或无边际陀罗尼、名闻陀罗尼以及无尽乐说、种种义乐说陀罗尼等，均就陀罗尼及其字义的摄持形式而言。只有照明总持或众明陀罗尼、光明陀罗尼和帝主总持或威德陀罗尼、众财陀罗尼等超出陀罗尼固有的引申意义，赋予新的类似陀罗尼神咒的神秘功德。

第十法云地，经中说得至亿百千总持，神通无限。又说十住菩萨住此地道，雨法润泽，执持一切众生心意犹如佛子。而一一众生皆使博闻，逮得总持，悉为如来元首侍者也。[⑤]《十地经论》说此地令智觉满足，有八

---

① （西晋）竺法护译《渐备一切智德经》卷4，《中华藏》第13册，第611页下。

② （东晋）佛陀跋陀罗译《大方广佛华严经》卷21，《中华藏》第12册，第267页下。

③ （西晋）竺法护译《渐备一切智德经》卷4，《中华藏》第13册，第614页上。

④ （西晋）竺法护译《渐备一切智德经》卷4，《中华藏》第13册，第616页下。

⑤ （西晋）竺法护译《渐备一切智德经》卷5，《中华藏》第13册，第626页下—627页上。

分差别：一方便作满足地分，二得三昧满足分，三得受位分，四入大尽分，五地释名分，六神通力无上有上分，七地影像分，八地利益分。其中四入大尽分者，有五种大：一智大，二解脱大，三三昧大，四陀罗尼大，五神通大。又解脱大中有十种，其五法陀罗尼，即经中所说如来藏解脱门。陀罗尼大，即是经中所说亿百千总持或无量无边百千万阿僧祇陀罗尼。此事又依五种义分别应知，其中陀罗尼大依一切世间随利益众生义。第五地释名分者，解释何以称法云地，以闻持陀罗尼之力，一念顷悉能受持佛所大法云雨。[①] 第六神通力无上有上分者，有六种相应知，其一依内，是中有四种，一不思议解脱，二三昧，三起智陀罗尼，四神通。澄观《华严疏钞》谓此如上文大尽分中五种大，其中陀罗尼大即此起智陀罗尼，“合智及陀罗尼耳，以陀罗尼智为体故。”[②]

菩萨在第九地得到的十种陀罗尼，在有关十地的华严眷属经中发展形成十地陀罗尼，将十种陀罗尼与十地相对应。此华严眷属经即《庄严菩提心经》，有异译本《大方广菩萨十地经》，该经后来编入《金光明经》，[③] 真谛译本增为《陀罗尼最净地品》，[④] 隋代释宝贵编入《合部金光明经》第三卷，后来胜友藏译的《金光明胜王经》与之同本。唐代义净译本作《最净地陀罗尼品》，后来法成将之译为藏文。该经还编入《大宝积经》，菩提流志译名《无尽慧菩萨会》。《彦琮录》指出鸠摩罗什译的《庄严菩提心经》与吉迦夜译的《大方广菩萨十地经》属同本异译，《开元录》进一步指出此诸经属华严眷属经。[⑤] 此五种译本中，吉迦夜译本明

① （北魏）菩提流支译《十地论》卷12，《中华藏》第26册，第827页上。

② （唐）澄观撰《大方广佛华严经随疏演义钞》卷73，《大正藏》第36卷，第578页上。

③ 昙无谶最早翻译的《金光明经》中并无此品内容，无名氏的藏译本和今存梵文本亦无此品。

④ 彦琮《合部金光明经序》说真谛所译《金光明经》，“《三身分别》《业障灭》《陀罗尼最净地》《依空满愿》等四品，足前出没，为二十二品”。《中华藏》第16册，第337页上、中。又《开元录》亦说真谛“更出四品，谓《三身分别品》《业障灭品》《陀罗尼最净地品》《依空满愿品》，通前十八，成二十四，分成七卷”（卷7，《中华藏》第55册，第151页上）。表明《陀罗尼净地品》最早见译于真谛本。

⑤ 《开元录》针对《大周录》而言，说“《大周录》云是《华严·十住品》异译者，谬也。寻阅文句，义旨悬殊，但可为华严眷属耳”（卷11，《中华藏》第55册，第232页中）。又法藏《华严经传记》亦将吉迦夜译本与《十住经》等列在华严支流经下，并说出大《华严经》第六会，亦属错误。

确见称菩萨十地陀罗尼，称“菩提萨埵十地陀罗尼”。[①] 十种陀罗尼的名称，五种译本有所差异。

十地陀罗尼是十地所生功德，故其名义与十地相关。初地胜进陀罗尼，胜进者，胜前进后，[②] 于行位不退转之义。法藏《华严经探玄记》说：“就行位，以得位为胜进。”[③] 是菩萨于此得初地行位而由此进趣十地之意。二地不坏陀罗尼，与二地离垢地有关。《十地论》谓二地“离能起误心犯戒烦恼垢等，清净戒具足故，名离垢地。”[④] 而陀罗尼不坏义，在菩萨三昧身所摄八种功德中，第七辩才净，以净戒具足，离诸犯戒烦恼，即有不坏义，故此地陀罗尼名不坏陀罗尼。三地安隐陀罗尼，住三地观一切有为法如实相，趣佛智慧，至无畏城，不复退还，是故此地住处安隐。或称善住陀罗尼，善住者，于此地所住不复退还为善。四地难沮坏陀罗尼，称难当陀罗尼，按第四焰慧地以十法明门观察得入，即于如来家转有势力，得内法故，修习十种智，得生如来家，如真金庄严，难以沮坏。[⑤] 五地功德华种种庄严陀罗尼，或称功德华普集庄严陀罗尼，略称种种功德庄严。按第五难胜地地所修念处等，其功德如花环种种庄严。如颂文所说：“念处为弓根利箭，正勤为马神足车，五力坚铠破怨敌，勇健不退入五地。惭愧为衣觉分鬘，净戒为香禅涂香，智慧方便妙庄严，入总持林三昧苑。如意为足正念颈，慈悲为眼智慧牙，人中师子无我吼，破烦恼怨入五地。”[⑥] 如同弓箭、车马、铠甲庄严主人一样，十念处、六根、四正勤、四神足、五力等是菩萨所要庄严的，故有功德华种种庄严之称，普集即种种义。六地智圆明陀罗尼，或作智光明陀罗尼、圆满智陀罗尼。住第六现前地，观察十平等法，得明利随顺忍。此随顺忍，指随顺法性的观法，即逆顺观诸缘起，了知真谛，破除无明。随顺法性观察的认识为明利智慧，故称智圆明，圆明与无明相对，破无明，即圆明。七地增益陀罗尼，入第

---

① （北魏）吉迦夜译《大方广菩萨十地经》，《中华藏》第13册，第697页中。另外《十住断结经》中也有一种陀罗尼名“十地总持”，并说“菩萨得此总持者，恒说无住亦不见住”。竺佛念译《最胜问菩萨十住除垢断结经》卷8，《中华藏》第20册，第1003页中。

② （唐）栖复撰《法华经玄赞要集》卷10释“胜前进后，名胜进”，《新纂卍续藏》第34册，第400页中。

③ （唐）法藏撰《华严经探玄记》卷2，《大正藏》第35卷，第133页中。

④ （北魏）菩提流支译《十地论》卷1，《中华藏》第26册，第700页中。

⑤ （东晋）佛陀跋陀罗译《大方广佛华严经》卷20，《中华藏》第12册，第253页上。

⑥ （唐）实叉难陀译《大方广佛华严经》卷36，《中华藏》第13册，第47页中。

七远行地，修十种方便慧，起殊胜道，即能增益于众生。八地无分别陀罗尼，按第八地名不动地，以成就无生法忍之故，无生法忍即是无分别智。九地无边陀罗尼，按第九善慧地是修差别智，差别无边，差别智亦无边，故称无边陀罗尼。此地菩萨又常随四无碍智，无暂舍离，四无碍智即法无碍智、义无碍智、辞无碍智、乐说无碍智。[①] 四无碍智就差别智而言，差别无边，差别智亦无边，故称无边陀罗尼。十地无尽陀罗尼，或称无尽藏陀罗尼、出生无量陀罗尼。此称无尽或无量者，于十地得一切种一切智智受职位，住法云地，而如实知诸法界集、知诸烦恼行集，以一切智知一切集，[②] 一切诸佛所有智慧广大无量，此地菩萨皆能得入。故此称出生无量陀罗尼，就智慧广大无量。就法雨无尽无数，则称无尽陀罗尼、无尽藏陀罗尼。

十地陀罗尼在《金光明经》中又有相应的守护神咒，每一地有一首陀罗尼咒，咒文多少不同，但每一首陀罗尼咒都有相同的功能。如说初地陀罗尼咒："是陀罗尼名过一恒河沙数诸佛为救护初地菩萨，诵持此陀罗尼咒，得度脱一切怖畏，一切恶兽，一切恶鬼、人、非人等灾横诸恼，解脱五障，不忘念初地。"[③] 其中神咒防护恶兽、恶鬼、怨贼、水火等灾横、三七苦等五难，解脱烦恼、业、生、法、所知等五障，不忘念十地。第十地破金刚山陀罗尼，又称灌顶吉祥句。

二　十法陀罗尼

第九地陀罗尼从八总持到十一陀罗尼，再又回到十陀罗尼，反映了华严经类在数量上以十数法表示圆满广大的思想。类似以十数表现其陀罗尼思想的实例尚有不少，竺法护译的《等目菩萨所问三昧经》有十依住处，就第二依住处说十总持。[④] 该经后来被编入《八十华严》，其十总持即为《十定品》之十种持门，[⑤] 其中说法持门得十种陀罗尼光明力，此十种陀罗尼光明力见于《入法界品》。而此华严之十种陀罗尼光明力，与《大智

① （唐）实叉难陀译《大方广佛华严经》卷38，《中华藏》第13册，第64页。

② （唐）实叉难陀译《大方广佛华严经》卷39，《中华藏》第13册，第70页中。

③ （隋）释宝贵编《合部金光明经》卷3，并见义净译《金光明最胜王经》卷4，《中华藏》第16册，第366页上、第277页下。

④ （西晋）竺法护译《等目菩萨所问三昧经》卷中，《中华藏》第13册，第802页上。

⑤ （唐）实叉难陀译《大方广佛华严经》卷41，《中华藏》第13册，第88页中。

度论》所说五百陀罗尼中之一组同源。

《华严经》又有十种圆满陀罗尼，《入法界品》说以十行观察法界，增长善根，知佛奇特境界不可思议，以圆满陀罗尼为众生分别说法。此十种圆满陀罗尼，包括：一摄取一切诸法圆满陀罗尼，二持一切法圆满陀罗尼，三一切法云雷震圆满陀罗尼，四诸佛起住圆满陀罗尼，五转一切佛名号轮圆满陀罗尼，六分别演说三世诸佛大愿海圆满陀罗尼，七摄一切乘海圆满陀罗尼，八照一切众生业海灯藏圆满陀罗尼，九一切法现前旋流勇猛圆满陀罗尼，十一切智勇猛圆满陀罗尼。[①] 此十种圆满陀罗尼，以十千陀罗尼为眷属，故总称一万陀罗尼。以万陀罗尼为一切众生分别说法，亦有圆满之意。《八十华严》称此为十种大威德陀罗尼轮，轮即圆轮，威德广大，如轮子圆满。大威德陀罗尼，有《大威德陀罗尼经》，又有诸大威德陀罗尼神咒。此十种大威德陀罗尼名，与《六十华严》稍有差异，凡圆满陀罗尼均作"陀罗尼轮"，开首动词如摄取、摄、持、转、照及诸佛起住、分别演说等，均作普入、普说、普念等，如第一摄取一切诸法圆满陀罗尼，作普入一切法陀罗尼轮。[②]《四十华严》中，此在《普贤行愿品》，称十种广大威德陀罗尼轮，译文与《八十华严》基本相同，只增加海、藏、云等形容词。如第一一切法作一切法海，第二作一切法藏。[③]《法华经》亦有圆满陀罗尼，智𫖮解释说："得圆满陀罗尼，受持一切佛法，如云持雨。又住能从一地具足一切诸地功德，心心寂灭，自然流入萨婆若海。"[④] 后世密教中以秽迹真言为圆满陀罗尼，或称大圆满陀罗尼神咒。

《离世间品》又有十种陀罗尼，并说其功德。一闻持陀罗尼，不忘一切法故；二持正法陀罗尼，巧方便分别一切法如实故；三不生一切法陀罗尼，觉一切法无自性故；四法明陀罗尼，普照不可思议诸佛法故；五三昧陀罗尼，于现在一切佛所闻法不乱故；六音声圆满陀罗尼，究竟解了不可思议语言法故；七三世陀罗尼，分别说一切三世佛不思议法故；八种种辩才陀罗尼，分别解说无量无边诸佛法故；九出生无碍耳陀罗尼，不可说佛所说诸法悉能闻故；十持一切佛法陀罗尼，安住如来十力无畏故。[⑤] 其中

① （东晋）佛陀跋陀罗译《大方广佛华严经》卷 45，《中华藏》第 12 册，第 548 页上。
② （唐）实叉难陀译《大方广佛华严经》卷 71，《中华藏》第 13 册，第 364 页下。
③ （唐）般若译《大方广佛华严经》卷 22，《大正藏》第 10 卷，第 761 页上、中。
④ （隋）智𫖮撰《妙法莲华经玄义》卷 5，《大正藏》第 33 卷，第 734 页上、中。
⑤ （东晋）佛陀跋陀罗译《大方广佛华严经》卷 31，《中华藏》第 12 册，第 378 页下。

第二持正法陀罗尼，《八十华严》称修行陀罗尼，后世有《消除一切闪电障难随求如意陀罗尼经》，说正法陀罗尼神咒。第三称思惟陀罗尼，第四称法光明陀罗尼，第六称圆音陀罗尼。法藏《华严经探玄记》解释，此十种陀罗尼分别表示：一持修多罗法，二持阿毗达摩法，三持理法，四持慧法，五持定法，六持异方语法，七持三世异义，八持辩才法，九持无碍耳根法，十持果法。菩萨以此十种陀罗尼安住者，即是说与之相应。[①] 但慧苑的解释有所不同，其《续华严经略疏刊定记》说：于中初持教法，二持行法，三相同，四亦约法，先照用灭惑等。五同，第六异方语法释作持圆音说法，于一字中了一切字义故。七、八相同，第九又说持能闻一切佛，取说法耳根。第十释持一切佛法，住佛力无畏故。[②]

《十行品》也有十种陀罗尼，说在第九善法行得十种陀罗尼：一、得清净陀罗尼故，说法无障碍。二、得义陀罗尼故，义辩不可尽。三、得法陀罗尼故，法辩不可尽。四、得正语陀罗尼故，辞辩不可尽。五、得无障碍陀罗尼故，说义味不可尽。六、得佛甘露灌顶陀罗尼故，令众生欢喜辩不可尽。七、得自觉悟陀罗尼故，同辩不可尽。八、入同辩陀罗尼故，说种种义、名味、句身不可尽。九、得正语陀罗尼故，无量辩不可尽。十、得无量赞叹陀罗尼故，于三千大千世界，变身如佛，妙音具足。[③] 其中第四、第九均作正语陀罗尼，但其功用有所不同，前者作辞辩不可尽，后者作无量辩不可尽。第七自觉悟陀罗尼的功用同辩不可尽，应为第八同辩陀罗尼的功用。《八十华严》的译文与之有些差异，但意义表达比较完整和准确，其中第一作清净光明陀罗尼，其功用作说法授记，辩才无尽。第二作具足义陀罗尼，功用为义辩无尽。第三作觉悟实法陀罗尼，第四作训释言辞陀罗尼，第五作无边文句无尽义无碍门陀罗尼，功用为无碍辩无尽。第七作不由他悟陀罗尼门，其功用为光明辩无尽，原同辩无尽应为第八同辩陀罗尼的功用。第九作种种义身、句身、文身中训释陀罗尼门，即训释陀罗尼，其功用无量辩作训释辩无尽。第十无量赞叹陀罗尼作无边旋陀罗尼，功用作无边辩无尽。[④]

---

① （唐）法藏撰《华严经探玄记》卷17，《大正藏》第35卷，第424页上。

② （唐）慧苑撰《续华严经略疏刊定记》卷14，《新纂卍续藏》第3卷，第847页中、下。

③ （东晋）佛陀跋陀罗译《大方广佛华严经》卷11，《大正藏》第9卷，第471页上、中。

④ （唐）实叉难陀译《大方广佛华严经》卷20，《中华藏》第12册，第796页中。

《十无尽藏品》又有十二种（或作十一种）闻持藏，或称持藏，按增数说，也可视为十法陀罗尼。《大乘义章》谓：“于佛所说一切教法悉能忆持，不失一句，名闻持藏。”①《新译华严经七处九会颂释章》谓：“第九位于佛所说修多罗文句义理无有忘失，一生乃至不可说生总持不忘，于一佛号乃至不可说佛号广说，乃至一三昧乃至不可说三昧陀罗尼用无有休息，是业非一，是名持藏。”② 持藏为闻持藏之略，闻持藏又为总持藏的指称。总持藏在《普曜经》中为修习该经所得的八大藏之一，说得总持藏，一切所闻皆能识念。③ 按《六十华严》所说，第九甚深无尽闻持藏有十二种闻持藏：一、闻持一品修多罗，乃至闻持不可说不可说修多罗，未曾忘失一字一句；二、于一生中而不忘失，乃至不可说不可说生，未曾忘失一字一句；三、闻持一佛名号，乃至闻持不可说不可说佛名号；四、闻持一世界名字，乃至闻持不可说不可说世界名字；五、闻持一劫名字，乃至闻持不可说不可说劫名字；六、闻持一如来记，乃至闻持不可说不可说如来记；七、闻持一修多罗，乃至闻持不可说不可说修多罗；八、闻持一会名字，乃至闻持不可说不可说会名字；九、闻持一时说法，乃至闻持不可说不可说时说法；十、闻持一根，乃至闻持不可说不可说诸根；十一、闻持一烦恼，乃至闻持不可说不可说烦恼；十二、闻持一三昧，乃至闻持不可说不可说三昧。并说“此闻持藏，唯佛境界，余无能及。”④ 此十二种闻持藏，《八十华严》作十一种持藏，其中无“闻持一世界名”，故只有十种持藏。⑤

华严支分经《度诸佛境界智光严经》亦有十种陀罗尼，说信此如来功德智慧不可思议境界，度脱众语言法，所得功德胜彼无量。其中所得陀罗尼有：一、无边佛身色众具陀罗尼，二、智慧陀罗尼，三、清净音声陀罗尼，四、无尽藏陀罗尼，五、无边转陀罗尼，六、海印陀罗尼，七、莲华庄严陀罗尼，八、不诸入门陀罗尼，九、度分别辩陀罗尼，十、佛庄严受持陀罗尼。并说得如是等阿僧祇百千万亿那由他陀罗尼，到一切胜行，

---

① （隋）慧远撰《大乘义章》卷 14，《大正藏》第 44 卷，第 743 页上。

② （唐）澄观撰《新译华严经七处九会颂释章》卷 1，《大正藏》第 36 卷，第 715 页中。

③ （西晋）竺法护译《普曜经》卷 8，《大正藏》第 3 卷，第 537 页中。

④ （东晋）佛陀跋陀罗译《大方广佛华严经》卷 12，《大正藏》第 12 卷，第 478 页上、中。

⑤ （唐）实叉难陀译《大方广佛华严经》卷 21，《大正藏》第 21 卷，第 114 页中、下。

到一切诸法不由他知，到一切诸法无疑。[①] 此十种陀罗尼，后来的异译本《佛华严入如来德智不思议境界经》中，译名稍有不同。[②]《大方广入如来智德不思议经》减为八种陀罗尼。[③] 其中少莲花庄严陀罗尼和不著入门陀罗尼两种。《守护国界主陀罗尼经》亦作八种陀罗尼，称八陀罗尼门，但所略陀罗尼有所不同。[④] 其中所略者为第一佛身相陀罗尼和决定辩才陀罗尼。但另有《宝雨经》则扩编为十二种陀罗尼，[⑤] 其中除灌顶陀罗尼、决定入无碍陀罗尼之外，其余陀罗尼均同。无尽箧陀罗尼即无尽藏陀罗尼，辩峰陀罗尼应即度分别辩陀罗尼。无尽藏陀罗尼、海印陀罗尼，又见于《大般若经》，《陀罗尼集经》有般若无尽藏陀罗尼神咒。其中海印陀罗尼，《守护国主陀罗尼经》解释说，如大海水印现一切，谓四天下所有色相，于大海中平等印现，故说大海为第一印、最胜妙印。菩萨亦复如是，住此海印甚深三昧，得与一切众生身、语、心三平等印，十方世界诸佛语业转妙法轮，菩萨皆从海印所流，于口门中平等演说，随有所说皆与诸佛法印无违，亦无疑惑，能令法界一切众生皆悉悟解，故说此印诸印中上。[⑥]

华严眷属经《庄严菩提心经》又有十法陀罗尼，说得闻读诵是经，此人舍是身已，常见诸佛，且能于佛所转妙法轮，即得十种陀罗尼：一、无尽陀罗尼印，二、解一切众生心行陀罗尼，三、日光普照陀罗尼，四、净无垢陀罗尼，五、一切诸法不动陀罗尼，六、金刚不坏陀罗尼，七、甚深义藏演说陀罗尼，八、善解一切众生语言陀罗尼，九、虚空无垢游戏无尽印陀罗尼，十、诸佛化身陀罗尼。[⑦] 但此十法陀罗尼在异译本《十地经》中，分为二组六种不离陀罗尼，[⑧] 而另一种异译本《大宝积经·无尽

---

① （后秦）佚名译《度诸佛境界智光严经》，《中华藏》第 13 册，第 543 页上；《中华藏》第 10 册，第 927 页下。

② （隋）阇那崛多译《佛华严入如来德智不思议境界经》卷 2，《大正藏》第 10 卷，第 923 页中。

③ （唐）实叉难陀译《大方广入如来智德不思议经》，《大正藏》第 10 卷，第 927 页下—928 页上。

④ （唐）般若译《守护国界主陀罗尼经》卷 2，《大正藏》第 19 卷，第 532 页上。

⑤ （唐）达摩流支译《佛说宝雨经》卷 4，《大正藏》第 16 卷，第 301 页上。

⑥ （唐）般若译《守护国界主陀罗尼经》卷 3，《大正藏》第 19 卷，第 534 页下。

⑦ （后秦）鸠摩罗什译《佛说庄严菩提心经》，《中华藏》第 13 册，第 647 页上。

⑧ （北魏）吉迦夜译《佛说大方广菩萨十地经》，《大正藏》第 10 卷，第 965 页中。

慧菩萨会》中，又将两组陀罗尼合为一组，成为十一种陀罗尼。[①]

三 普门陀罗尼

华严经类还说另一类陀罗尼，称普门陀罗尼，以其涉及所有佛法内容而称。普门是普庄严门的略称，全称般若波罗蜜普庄严门，亦即用般若波罗蜜来装饰一切法门，其本意是说用般若波罗蜜作为贯穿一切教义的基本思想，或者说用般若智能普度众生也是《华严经》的宗旨。但华严经类中的般若只不过是装饰其门面的，其归趣点还在于本经所强调的思想上。普门陀罗尼原出《华严经·入法界品》，说善财童子参师子奋迅城时，慈行童女为之说般若波罗蜜普庄严门，并说其境界："入此般若波罗蜜普庄严门，随顺趣向，思惟观察，忆持分别时得普门陀罗尼，百万阿僧祇陀罗尼门皆悉现前。"[②] 故普门陀罗尼因说般若波罗蜜普庄严门而获得，其名亦由般若波罗蜜普庄严门简化而成。普庄严门略称普门者，以百万阿僧祇陀罗尼庄严普门陀罗尼故，《六十华严》因之译百万阿僧祇陀罗尼为眷属，眷属即有庄严之意。普门陀罗尼，《四十华严》译普遍出生陀罗尼门，澄观解释："普遍出生陀罗尼门者，旧云普门陀罗尼，一陀罗尼顿摄一切，名为普门故。"[③] 即一陀罗尼普摄百万阿僧祇陀罗尼门。净源则说："佛以称法性之总持，包摄一切总持，故云普门。"[④] 此法性之总持，指般若普庄严门，因普门陀罗尼以般若普庄严门而得，故疏家以智为陀罗尼体，而"能总持万法，一持一切持，故云普门。"[⑤] 可知普门陀罗尼是以一般若门普摄一切陀罗尼门，一一陀罗尼门即是一切陀罗尼门，陀罗尼门具有普遍性。普门陀罗尼也见诸其他品，如《世主妙严品》有可爱乐普照天王，得普门陀罗尼海所流出解脱门。慧苑解释："谓佛有世间海尘数普门陀罗尼多故云海，一一总持者，一切法门名普门。将彼总持海中普门义示教众生，名所流出也。"[⑥]《毗卢遮那品》有大威光太子，以昔所修善根力，证得十种法门，其中之一即一切佛法普门陀罗尼，慧苑以为"此

---

① （唐）菩提流志译《大宝积经》卷115，《大正藏》第11卷，第650页上、中。
② （东晋）佛陀跋陀罗译《大方广佛华严经》卷40，《中华藏》第12册，第487页中。
③ （唐）澄观撰《华严经行愿品疏》卷5，《新纂卍续藏》第5卷，第116页中。
④ （宋）净源撰《华严经疏注》卷7，《新纂卍续藏》第7卷，第665页上。
⑤ （宋）净源撰《华严经疏注》卷101，《新纂卍续藏》第7卷，第881页上、中。
⑥ （唐）慧苑撰《续华严经略刊定记》卷2，《新纂卍续藏》第3卷，第613页中。

总持能持诸佛普法”故。[1]

普门陀罗尼，《六十华严》列举118种，《八十华严》列举137种，《四十华严》则列举146种。澄观《行愿品疏》则说有150门，略分十位分别。初九总知，其一依正事理总持，分别九门陀罗尼。其二行愿总持，分别十门陀罗尼。其三诸业总持，分别十门陀罗尼。其四正受体用总持，分别六门陀罗尼。其五知自他心总持，分别八门陀罗尼。其六所化总持，分别十三门陀罗尼。其七能化总持，分别二十门陀罗尼。其八刹海自在总持，分别二十八门陀罗尼。其九佛海自在总持，分别二十九门陀罗尼。其十大心性相总持，分别十三门陀罗尼。

普门陀罗尼之名虽起于《华严经》，但此类集群陀罗尼早见于华严支分经《十住断结经》，称诸总持门。其《等慈品》中佛说97种总持，并说其含义以及功德。[2] 此按其名称及其含义和功德，以一、二、三、四、五、六门加以概括和分析。一习总持，二苦总持，二降魔总持，二道总持。三灭总持。四句总持，四法总持，四净总持，四明总持，四辩总持，四戒总持，四道总持，四圣总持，四止观总持，四无尽总持，四教戒总持，四化度总持，四智慧总持，四无碍总持。五意总持，五根总持，五说法总持。六度总持，六相好总持，六闻持总持。这种分类虽不尽合理，只不过以类相从，意在说明普门陀罗尼涉及各种教理，含摄一切教法。如前五种普门陀罗尼亦可称四谛总持，除二降魔总持外，即是苦、习、灭、道四谛。此四谛总持虽以早期佛教的教理为名，实则表现大乘思想。如无苦总持，以解苦无苦为苦谛，与原始佛教的苦谛义正相反。该经《法界品》亦说“四谛如尔法性，解苦无苦，不住于苦，入如此慧故，曰苦智。”[3]苦顺总持，顺与苦相对而言，凡佛所说法作平等观察，苦与顺并无分别。习谛亦称集谛，此生习总持，以意缘为习本，应是后来“三界唯心”思想的来源，反映华严经类的思想。灭尽总持以消灭烦恼，不再造业为灭尽。灭度总持，以生灭相应故，无灭的实质即是无生。难灭总持，以众生本性清净，是内虚寂；修行成道，则为外虚寂。圣道总持以安处无为、永

① （宋）净源撰《华严经疏注》卷18，《新纂卍续藏》第7卷，第739页下。

② （后秦）竺佛念译《最胜问菩萨十住除垢断结经》卷8，《中华藏》第20册，第1020—1024页上。

③ （后秦）竺佛念译《最胜问菩萨十住除垢断结经》卷8，《中华藏》第20册，第1012页中。

寂涅槃，是原始佛教道谛义。而趋向涅槃，则不作起灭想，本无生起，亦自无灭，是般若空义。四句总持，也看作四谛总持的补充，如深入总持，一一分别四句合义，是说四谛义体系的整体把握。诸法总持，玩习诸法，不失次绪，是由认知苦谛现象，到分析其原因的集谛，再到找出归趣，最后还要正确的方法，前后有一个逻辑关系。殷勤总持，方便所说，使入道捡，是说道谛殷勤修行，通过种种方便说法，把握其中的道理。进德总持，于诸法本悉无所有，是说四谛诸法的本质是无所有，并无自性。

华严经类中也有陀罗尼神咒，不过唯有《罗摩伽经》说具体的陀罗尼咒及其功能，共有三首。其一夜天所说蠡髻梵王顶法身印陀罗尼；其二夜天婆娑婆陀为诸狂乱谤法众生，说净调伏除无量阿僧祇劫罪业障陀罗尼；其三喜目说白宝莲华陀罗尼咒，并说诸陀罗尼种种功德。

第三节　法华经类的陀罗尼品

一　《法华经》的陀罗尼品

《法华经》，最早由竺法护译《正法华经》，太康七年（286）八月十日译出。共 10 卷 27 品，其第 24 品为《总持品》。至后秦弘始八年（406）夏，鸠摩罗什译《妙法莲华经》7 卷 28 品（原 27 品，后人补《天寿品》），其第 26 品为《陀罗尼品》。隋仁寿元年（601），阇那崛多译《添品妙法莲华经》7 卷 27 品，第 21 品为《陀罗尼品》。《法华经》另有 8 世纪中的藏译本，还有 11 世纪以来的梵文写本，其中原西藏萨迦寺、布达拉宫、罗布林卡收藏的 4 个梵文本都已转写出版。梵文本 27 品，其中第 21 品为陀罗尼品。其内容另有《金刚三昧经》，也设有《总持品》，其中说："若有众生持是经者，则于一切经中无所悕求。是经典法总持众法，摄诸经要；是诸经法，法之系宗。是经名者，名《摄大乘经》、又名《金刚三昧》、又名《无量义宗》。若有人受持是经典者，即名受持百千诸佛如是功德，譬如虚空无有边际不可思议。我所嘱累，唯是经典。"[①] 又有《大乘方广总持经》，隋毗尼多流支译，与竺法护译《济诸方等学经》同本异译，虽名译总持，却无陀罗尼内容。

《法华经》的《陀罗尼品》，与以往的陀罗尼品不同，陀罗尼咒及其

① （北凉）失译《金刚三昧经》，《大正藏》第 9 卷，第 374 页上。

功德成为主题。陀罗尼本非咒语，但自从般若经类以咒语比喻般若，引进天龙八部等鬼神信仰，随之引入神咒明咒及其拥护功能，导致陀罗尼与咒语的逐渐融合，遂有陀罗尼咒的流行。大乘经中的陀罗尼品，也从劝持、字门为主过渡到以陀罗尼咒及其护持功德为中心内容，较般若经类晚出的《法华经》就设置了这类典型的陀罗尼品。该品一开首就说听闻、受持、书写、流通《法华经》可获得无数的福报，如同供养无数佛得到的福报一样多，即便持诵、书写、解义其中的一首四句偈颂，也能得到很多福报，甚至超过供养诸佛的功德，说："甚哉！法之供养，最为第一。"① 而且还能得到菩萨、天王乃至鬼神以其神咒拥护。如说药王菩萨"当拥护如是等辈诸族姓子及族姓女，受此经者、斯法师等，以义宿卫，长使无患，诵总持句。"② 由此该品共说五首陀罗尼咒及其功德，分别为药王菩萨陀罗尼咒、勇施菩萨陀罗尼咒、毗沙门天王陀罗尼咒、持国天王陀罗尼咒、十罗刹女陀罗尼咒。其中说药王菩萨陀罗尼咒的来源及其功德："是总持句，六十二亿恒江河沙诸佛所说。假使有犯此咒言者，若复违毁此等法师，为失诸佛世尊道教，""若族姓子说总持句为众生故，愍念拥护，多所安隐。"③

三种译本内容一致，只是详略有出入，音译、意译不同，竺法护译本采用意译陀罗尼的方法。现将三个汉译本与梵本作一对勘比较如下：

药王菩萨陀罗尼咒，梵文本共 49 句，其中有 nirghoṇi、vakkule 以及末句 svāhā 共 3 句无汉译。鸠摩罗什译本标注 43 句，但有阿玮、阿卢伽婆娑苏奈反共 2 句没有断标，实则 45 句。阇那崛多译本标注 40 句，但有目讫跢都箇檐都滥迷、秇乌合,鼻、糁磨、奢安羯、跋卢优、曼祢奴夜奈多夜共 6 句没有断标，开首多 1 句，实则 47 句。鸠摩罗什译本与阇那崛多译本比较，鸠摩罗什译本无阇那崛多译本第 1 句怛都割姪地夜他和第 16 句"憩歙债颐"，阇那崛多译本无鸠摩罗什译本第 38 句"邮楼哆"。

竺法护译本意译陀罗尼，共 33 句：奇异所思，意念无意，永久所行，奉修寂然。澹泊志默，解脱济渡，平等无邪，安和普平。灭尽无尽，莫胜玄默，澹然总持。观察光耀，有所依倚，恃怙于内，究竟清净。无有坑

① （西晋）竺法护译《正法华经》卷 10，《中华藏》第 15 册，第 727 页下。
② （西晋）竺法护译《正法华经》卷 10，《中华藏》第 15 册，第 727 页下。
③ （西晋）竺法护译《正法华经》卷 10，《中华藏》第 15 册，第 728 页上。

坎，亦无高下，无有回旋，所周旋处，其目清净，等无所等，觉已越度。而察于法，合①众无音，所说解②明，而怀止足，尽除节限。宣畅音响，晓了众声，而了文字，无有穷尽，永无力势，无所思念。③

药王菩萨所说陀罗尼咒，此据梵文本与鸠摩罗什译本、阇那崛多译本对照校勘如下：

表 13　　药王菩萨所说陀罗尼咒各版本对勘表

句数	1	2	3	4	5	6
法护译		奇异所思	意念无意	永久所行	奉修寂然	澹泊志默
罗什译		安尒$_{\text{一}}$	曼尒$_{\text{二}}$	摩祢$_{\text{三}}$	摩摩祢$_{\text{四}}$	旨隶$_{\text{五}}$
崛多译	怛$_{\text{都割}}$姪$_{\text{地夜}}$他$_{\text{一}}$④	安涅$_{\text{如帝，二}}$	曼$_{\text{莫安涅三}}$	末泥$_{\text{奴羝，四}}$	磨$_{\text{莫贺}}$磨泥$_{\text{五}}$	质羝$_{\text{六}}$
梵文本		anye	manye	mane	mamane	cite
句数	7	8	9	10	11	12
法护译	解脱济度	平等无邪	安和普平	灭尽无尽	莫胜玄默	澹然总持
罗什译	遮梨第$_{\text{六}}$	赊咩$_{\text{羊鸣音七}}$	赊履$_{\text{冈雉反}}$多$_{\text{八}}$	膻$_{\text{输千反}}$帝$_{\text{九}}$	目帝$_{\text{十}}$	目多履$_{\text{十一}}$
崛多译	折$_{\text{之热}}$唎羯$_{\text{七}}$	摄迷$_{\text{八}}$	摄寐多$_{\text{九}}$	鼻奢$_{\text{舒迦}}$安羯$_{\text{十}}$	目讫羯$_{\text{十一}}$	目讫路$_{\text{都箇}}$檐$_{\text{都滥}}$迷⑤
梵文本	carite	same	samitā	visānte	mukte	muktatame
句数	13	14	15	16	17	18
法护译	观察光耀	有所依倚	恃怙于内	究竟清净	无有坑坎	亦无高下
罗什译	娑履$_{\text{十二}}$	阿玮　娑履$_{\text{十三}}$	乘履$_{\text{十四}}$	娑履$_{\text{十五}}$	叉裛$_{\text{十六}}$	阿叉裛$_{\text{十七}}$
崛多译	糁$_{\text{稣滥}}$迷$_{\text{十二}}$	秫$_{\text{乌合，鼻}}$⑥钐迷$_{\text{十三}}$	糁磨⑦	糁迷$_{\text{十四}}$	社$_{\text{时夜}}$颐$_{\text{余羝，十五}}$	憩$_{\text{歆债}}$颐⑧$_{\text{十六}}$

① 合，《中华藏》校勘诸本作“令”。

② 解，《中华藏》校勘诸本作“鲜”。

③ （西晋）竺法护译《正法华经》卷 10，《大正藏》第 15 册，第 727 页下—728 页上。

④ 怛$_{\text{都割}}$姪$_{\text{地夜}}$他，梵文本、鸠摩罗什译本无，按其对音，当梵文 tathāgata 的音译，意译“如来”。

⑤ 按鸠摩罗什译本及梵本，此处当断句。

⑥ 鼻，原作正文，此据梵本改注音。

⑦ 按鸠摩罗什译本及梵本，此处当断句。

⑧ 憩歆$_{\text{债颐}}$，鸠摩罗什译本无。

续表

句数	19	20	21	22	23	24
梵文本	same	av ṣame	sama	same	kṣaye	jaye
法护译	无有回旋	所周旋处	其目清净	等无所等	觉已越度	而察于法
罗什译	阿耆腻十八	羶帝十九	赊履二十	陀罗尼	阿卢伽婆娑苏奈反①	簸蔗毗叉腻二十二
崛多译	恶憩颐十七	恶敧祢奴皆，十八	奢安羯②摄寐十九	陁逻腻奴寄，二十	阿长声卢迦婆挒二十一	钵啰谦都夜鞞刹驱察腻二十二
梵文本	akṣiṇe	sānte	samite	dhāraṇi	ālokabhāṣe	pratyavekṣaṇi
句数	25	26	27	28	29	30
法护译	合众无音	所说解明	而怀止足	尽除节限	宣畅音响	晓了众声
罗什译	祢毗剃二十三	阿便哆都饿反逻祢履剃二十四	阿亶哆波隷输地途卖反逻二十五	沤究隶二十六	牟究隶二十七	阿罗隶二十八
崛多译	鼻鼻嗒二十三	秅便扶延哆逻你奴弃鼻瑟齿都皆逻二十四	頞乌割颠跢波唎秫鼠出啼二十五	郁於竹究犁二十六	目究犁二十七	颂逦第屠皆，二十八
梵文本	nidhiru	abhyantar-aniviṣṭe	abhyantara-pārisuddhi	mutkule③	mutkule	araḍe
句数	31	32	33	34	35	36
法护译	而了文字	无有穷尽	永无力势	无所思念		
罗什译	波罗隶二十九	首迦差初几反三十	阿三磨三履三十一	佛驮毗吉利袠帝三十二	达磨波利差猜离反帝三十三	僧伽涅瞿沙祢三十四
崛多译	钵逦第二十九	恕鼠注迦敧三十	頞糁磨糁迷三十一	勃地鼻卢吉袧三十二	达磨钵离器袧三十三	僧伽涅瞿杀妳三十四
梵文本	paraḍe	sukāṅkṣi	asamasame	buddhavilokite	dharma-parīkṣite	saṃghanirghoṣaṇi

① 按阇那崛多译本及梵本，此处断句。

② 按鸠摩罗什译本及梵本，此处当断句。

③ Mutkule，与汉译“沤”“郁”不对音。

续表

句数	37	38	39	40	41	42
法护译						
罗什译		婆舍婆舍输地三十五	曼哆逻三十六	曼哆逻叉夜多三十七	邮楼哆三十八	邮楼哆憍舍略来加反，三十九
崛多译		跋耶余哥跋夜余箇输达泥三十五	曼窒都结㖭三十六	曼怛逻憩夜羁三十七		护路跢憍俱昭舍利颇三十八
梵文本	nirghoṇi①	bhayābhay-avisodhani	mantre	mantrākṣayate	rute	rutakausalye
句数	43	44	45	46	47	48
法护译						
罗什译	恶叉逻四十	恶叉冶多冶四十一		阿婆卢四十二	阿摩若荏蔗反那多夜四十三	
崛多译	恶叉夜三十九	恶叉跋奈奴箇多夜四十		跋卢优四十一	曼祢奴夜奈多夜四十二	
梵文本	akṣaye	akṣayavanatāye	vakkule②	valoḍa	amanyanatāye	svāhā③

勇施菩萨陀罗尼咒，鸠摩罗什译本13句，阇那崛多译本14句，多首句“怛姪他”。梵文本15句，多第4句tukke和末句svāhā。竺法护意译，共6句：晃耀大明，炎光演晖，顺来富章，悦喜欣然住此，立制永住，无合无集。其诵持功德说：若有奉持此经典者，授总持句，将护如此诸法师等，令无伺求得其便者，鬼神诸魅、溷厕众鬼、突鬼、厌鬼、饿鬼、反足，虽欲来娆，无能得便。又说是总持句，恒河沙等诸佛所说，咸共劝助。若违如来，如是比像诸法师教，还自危亡。④ 此汉译诸本与梵文本对勘比较如下：

表14　　勇施菩萨陀罗尼咒各版本对勘表

句数	1	2	3	4	5	6
法护译		晃耀大明	炎光演晖	顺来富章	悦喜欣然住此	立制永住

① nirghoṇi，汉文无对译。

② vakkule，汉文无对译。

③ svāhā，汉文无对译。

④ （西晋）竺法护译《正法华经》卷10，《中华藏》第15卷，第728页上。

续表

句数	1	2	3	4	5	6
罗什译		痤誓螺反一隶	摩诃痤隶二	郁枳三		目枳四
崛多译	怛姪他一	涉皤菩播犁二	莫诃涉皤犁三	郁鸡四		目鸡五
梵文本		jvale	mahājvale	ukke	tukke	mukke
句数	7	8	9	10	11	12
法护译	无合无集					
罗什译	阿隶五	阿罗婆第六	涅隶第七	涅隶多婆第八	伊缴猪履反柅女氏反九	韦缴柅十
崛多译	频第六	频荼屠迦皤底都弃，七	涅唎致都寄颐八	涅唎致耶跛底九	壹郅都笔你十	比扶必郅你十一
梵文本	aḍe	aḍāvati	nṛtye	nṛtyāvati	iṭṭini	viṭṭini
句数	13	14	15	16		
法护译						
罗什译	旨缴柅十一	涅隶墀柅十二	涅犁墀婆底十三			
崛多译	质郅你十二	涅唎哲都八你十三	涅唎咤都家反跛你十四			
梵文本	ciṭṭini	nṛtyani	nṛtyāvati	svāhā		

毗沙门天王所说陀罗尼咒，鸠摩罗什译本 6 句，阇那崛多译本 7 句，即多首句。梵文本 8 句，多第 2 句 taṭṭe，无汉译。竺法护译本意译，共 4 句，作：富有！调戏无戏，无量无富，何富？其功德，说该总持句“拥护诸法师等，百由旬内无敢犯触，宿卫将顺。诸族姓子，如是比像至学法师乃能受持，以是拥护，常获吉利”。① 现对勘梵文本与鸠摩罗什译本、阇那崛多译本如下：

表 15　　毗沙门天王所说陀罗尼咒各版本对勘表

句数	1	2	3	4	5	6
法护译		富有	调戏无戏	无量无富	何富	
罗什译		阿梨一		那梨二	㝹那梨三	阿那卢四
崛多译	怛姪他一	频𫌀都皆，二		捺奴割𫌀三	讷奴骨捺𫌀四	案那厨拏句，五

① （西晋）竺法护译《正法华经》卷 10，《中华藏》第 15 卷，第 728 页上、中。

续表

句数	7	8	9			
梵文本		aṭṭe	taṭṭe	naṭṭe	vanaṭṭe	anaḍe
法护译						
罗什译	那履五	拘那履六				
崛多译	那稚徒寄,六	抯俱运奈奴箇稚				
梵文本	nāḍi	kunaḍi	svāhā			

持国天王陀罗尼神咒，鸠摩罗什译本有 9 句，阇那崛多译本亦有 9 句，梵文本 11 句，其中末尾 2 句无汉译。竺法护译本将持国天王称作顺怨天王，说此总持句，四千二百亿诸佛所说。以此总持，拥护供养诸学经者，令无伺求得其便者。其意译咒文 5 句，作无数有数，曜黑持香，凶咒大体，于器顺述，暴言至有。其咒文对勘如下：

表 16　　持国天王陀罗尼神咒各版本对勘表

句数	1	2	3	4	5	6
法护译		无数有数	曜黑持香	凶咒大体	于器顺述	暴言至有
罗什译		阿伽祢一	伽祢二	瞿利三	乾陀利四	旃陀利五
崛多译	怛姪他一	恶揭其羯祢奴皆	揭祢二	瞿唎三	犍伽安陀唎四	旃荼徒家利五
梵文本		agaṇe	gaṇe	gauri	gandhāri	caṇḍali
句数	7	8	9	10	11	12
法护译						
罗什译	摩蹬耆六	常求利七	浮楼莎柅八	頞底九		
崛多译	摩登祇渠弃,六	北羯肆七	僧句犁八	部噜萨利九		
梵文本	mātangi	pukkasi	saṃkule	vrūsali	sisi	svāhā

十罗刹女陀罗尼咒，由十罗刹女以及鬼子母及其子及眷属所说咒，十罗刹女译名及梵名一名蓝婆 lambā，二名毗蓝婆 vilambā，三名曲齿 kūṭadantī，四名华齿 puṣpadantī，五名黑齿 makuṭadantī，六名多发 keśinī，七名无厌足 acalā，八名持璎珞 mālādhārī，九名睪帝 kuntī，十名夺一切众生精气 sarvasattvojohārī，鬼子母梵名 harītī。十罗刹陀罗尼咒，鸠摩罗什译本 19 句，少一“楼醯”句，阇那崛多译本 21 句，每组 5 句，共 4 组，加

注说明，又多开首句。梵文本 21 句，多末句 svāhā。竺法护意译本作 10 句：

于是于斯，于尔于氏，极甚无我，无吾无身，无所俱同，已兴已生已成，而住而立，亦住嗟叹，亦非消头，大疾无得加害。

并说其功德，说持诵此总持句，凡诸鬼神等类眷属，令无所犯，拥护法师。消除鬼神、诸魅、饿鬼、溷神突鬼、蛊道符咒、痴狂颠鬼，化是像来，若鬼神形及非人像，二日、三日若至四日，若常热病，若复夜卧，值恶梦者，若现男女大小诸像，我等拥护，令无伺求，何得其便者。

表 17　　　十罗刹女陀罗尼神咒各版本对勘表

句数	1	2	3	4	5	6
法护译		于是于斯	于尔于氏	极甚无我	无吾无身	无所俱同
罗什译		伊提履一	伊提泯二	伊提履三	阿提履四	伊提履五
崛多译	怛姪他一	壹底都弃迷	壹底都弃迷	壹底都弃迷	壹底都弃迷	壹底都弃迷
梵文本		iti me	iti me	iti me	iti me	iti me
句数	7	8	9	10	11	12
法护译	已兴已生已成	而住而立	亦住嗟叹	亦非消头	大疾无得加害	
罗什译	泥履六	泥履七	泥履八	泥履九	泥履十	楼醯十一
崛多译	你奴弃迷	你奴弃迷	你奴弃迷	你奴弃迷	你奴弃迷	护嚕醯呼甁
梵文本	nime	nime	nime	nime	nime	ruhe
句数	13	14	15	16	17	18
法护译						
罗什译	楼醯十二	楼醯十三	楼醯十四		多醯十五	多醯十六
崛多译	护嚕醯呼甁	护嚕醯呼甁	护嚕醯呼甁	护嚕醯呼甁	萨跢都个醯	萨跢都个醯
梵文本	ruhe	ruhe	ruhe	ruhe	stuhe	stuhe
句数	19	20	21	22		
法护译						
罗什译	多醯十七	兜醯十八	㝹醯十九			
崛多译	萨跢都个醯	萨跢都个醯	萨跢都个醯			
梵文本	stuhe	stuhe	stuhe	svāhā		

十罗刹还发誓祝祷犯此咒语者：

犯头破七分，犹如华菜剖，
当致杀母罪，亦得害父殃。
其有犯法师，皆当获此衅，
世世不得安，不与诸佛会。
破坏佛寺罪，斗乱圣众殃，
如合众麻油，麻油聚一处。
放火皆燋然，消尽无有余，
其有犯法师，当获此罪殃。
犹如称载峻，罪垢之所聚，
其有犯法师，当获此重衅。①

该品还说诸鬼神等咸护如是，比像诸法师等，使常安隐，除去怨敌，周匝宿卫，令无伤害。若有行毒，毒为不行。该品另说佛说是总持品时，六万八千人逮得无所从生法忍。

二 陀罗尼的地位和意义

法华经类与般若、华严经类一样，陀罗尼与三昧、等忍仍然被视为菩萨必备的三大条件。《法华经》一开始就说菩萨八万人皆于菩提不退转，皆得陀罗尼，乐说辩才，转不退转法轮。又说八十万亿那由他菩萨皆是阿惟越致，转不退法轮，得诸陀罗尼——闻持陀罗尼、百千万亿无量旋陀罗尼、得解众生语言陀罗尼、法音方便陀罗尼、无碍陀罗尼、无阂陀罗尼等。并设《陀罗尼品》，说诸陀罗尼神咒及其功德。《金刚三昧经》亦设《总持品》，并说是经典总持众法，摄诸经要。② 还说该经"总持诸德，该罗万法，圆融不二，不可思议！"更说陀罗尼等同于般若神咒，采用般若经的说法，说"当知是法即是摩诃般若波罗蜜，是大神咒，是大明咒，是无上咒，是无等等咒。"③《大乘方广总持经》还以"总持"名经，以"方广总持"为其法门。《不退转法轮经》说诸菩萨调伏诸三昧，总持正法智，皆于诸陀罗尼门成就大忍。如不学般若波罗蜜，不修陀罗尼诸经之

① （西晋）竺法护译《正法华经》卷10，《中华藏》第15册，第728页下。
② （北凉）失译《金刚三昧经》，《大正藏》第9卷，第374页上。
③ （北凉）失译《金刚三昧经·真性空品》，《大正藏》第9卷，第371页中。

王，难可解悟。[①]《佛说维摩诘经》也说神通菩萨“不失辩才，其念及定，总持诸宝，悉成其所”。譬喻“总持为苑囿，觉华甚奇快，厥实度知见，彼树法林大。”并说如来以戒定慧解度知见，说法度人，是故名为等正觉、如来、佛。并说此三句者其义甚广，上智多闻，得念总持，为一切人说此三句之义，穷劫未能竟。[②]《无量义经》亦说菩萨得一陀罗尼，又得二陀罗尼、三陀罗尼、四陀罗尼乃至五、六、七、八、九、十陀罗尼，又得百千万亿陀罗尼，又得无量无数恒河沙阿僧祇陀罗尼，皆能随顺转不退转法轮，无量众生发菩提心。还说入大总持门，得勤精进力，速越上地，善能分身，散体遍十方国，拔济一切二十五有极苦众生，悉令解脱。[③]《佛说阿惟越致遮经》说如来赞扬菩萨总持之法，是因菩萨于此存于佛道而不退转，所可总持常处不动，不有依立。顺于总持，不专经本，此所现义亦善权方便，云云。[④]

陀罗尼在法华经类中的意义和地位，注疏家们作了义理上的阐释，天台、三论、唯识诸家各有不同。梁法云《法华经义记》解释序品说，陀罗尼是菩萨内德，辩才是菩萨外德。并说“陀罗尼是外国语，此间译为总持，十方诸佛所说妙法皆能总持也。”[⑤]天台智𫖮《维摩经略疏》也说：“总持者，即叹陀罗尼德，此言能持、能遮，持善不失，遮恶不起，故名遮持。亦名总持，持诸善法不漏失也。”[⑥]此按《大智度论》所说持善遮恶而论。在《法界次第初门》中也有类似解释，并说：“陀罗尼又翻为总持，随有若名、若义、若行地功德，皆悉能持，故名总持。今此五百并有持遮、总持之义，故通名陀罗尼。陀罗尼者，略说则有五百，广明则有八万四千，乃至无量，悉是菩萨诸佛所得法门，名义皆不与二乘人共也。”[⑦]此说五百陀罗尼及八万四千陀罗尼等，就《大智度论》所说而言，能持、能遮也是《大智度论》对陀罗尼的解释，但明确分陀罗尼为遮持、总持

① （北凉）失译《不退转法轮经》卷1、卷3，《大正藏》第9卷，第231页中—226页下，第243页上。

② （三国吴）支谦译《佛说维摩诘经》卷上，《大正藏》第14卷，第519页上；卷下第533页下—530页上。

③ （南齐）昙摩伽陀耶舍译《无量义经》，《大正藏》第9卷，第387页上—388页下。

④ （西晋）竺法护译《佛说阿惟越致遮经》，《大正藏》第9卷，第204页下。

⑤ （梁）法云撰《法华经义记》卷1，《大正藏》第33卷，第580页下。

⑥ （隋）智𫖮撰《维摩经略疏》卷1，《大正藏》第38卷，第576页上。

⑦ （隋）智𫖮撰《法界次第初门》卷3，《大正藏》第46卷，第692页上、中。

两种意义并加以区别，还从名、义、行三义规定总持，则都是智𫖮的思想。《请观音经疏阐义钞》中另说：“以陀罗尼是梵语，翻就此方名遮持也，三义即持名、持行、持义。”① 其中三义即指《智论》闻持、分别知、入音声三陀罗尼。智𫖮还认为陀罗尼之持义有多种，略说有五种持。在《维摩经略疏》中解释地持菩萨时说：“持义多途，略有五种。一遮持，二总持，三闻持，四住持，五任持。四教皆有此五种持，但三权一实。今约圆教明五种持，一遮持者，菩萨得实相真明，能遮法界烦恼，生死苦报。二总持者，一切万行自利利他功德，如完器盛水，无有漏失。三闻持者，十方诸佛说法乃至十界所有言辞一闻便忆，如云持雨，不忘失也。四住持者，住持十方诸佛法门，兴隆不绝。五任持者，无缘大慈，荷负一切，保任不舍。”② 其中遮持、总持、闻持三种是陀罗尼义，而任持之义，亦如《佛地经论》所说：“陀罗尼者，增上念慧，能总任持无量佛法，令不忘失。”③ 后来窥基以此概括为“能总任持，名为总持。”④ 唯有住持之义，智𫖮另说：“定法持心不动，故名住持。”⑤ 又说：“为欲住持佛法，正内眷属此须念持，令不忘失，念力若强，则无遗漏。”⑥ 则持心不动，念持不忘，是住持亦有陀罗尼义。又智𫖮注释《维摩诘经》总持为苑囿的譬喻，⑦ 说佛住道品，如住园持树果，是住持亦有总持之义。如此陀罗尼有闻持、总持、遮持、住持、任持五种意义。

吉藏著《法华义疏》，也认为陀罗尼有持善不失、遮恶不生之义，并提出“总持为众德之本”，说“总持二义，一持善令不失，二持恶使不生。”⑧ 如以“栏楯以譬总持，持内物不失为栏，遮外物不侵如楯。总持亦然，持众德令不失，遮众恶令不生。普持众德，遍遮众过，义言周匝，此既是众德之本。”⑨ 吉藏对陀罗尼的体性，也提出中道正观的看法。又引《地持论》，认为总持包括法、义、咒、忍四种持，分别与闻慧、思

① （隋）智𫖮撰《请观音经疏阐义钞》卷1，《大正藏》第39卷，第977页下—978页上。
② （隋）智𫖮撰《维摩经略疏》卷6，《大正藏》第38卷，第644页上。
③ （唐）玄奘译《佛地经论》卷5，《大正藏》第26卷，第315页下。
④ （唐）窥基撰《说无垢称经疏》卷1，《大正藏》第38卷，第1009页中。
⑤ （隋）智𫖮撰《释禅波罗蜜次第法门》卷3，《大正藏》第46卷，第493页下。
⑥ （隋）智𫖮撰《维摩经略疏》卷5，《大正藏》第38卷，第628页上。
⑦ （隋）智𫖮撰《维摩经略疏》卷1，《大正藏》第38卷，第571页上、中。
⑧ （隋）吉藏撰《法华义疏》卷1，《大正藏》第34卷，第462页上。
⑨ （隋）吉藏撰《法华义疏》卷6，《大正藏》第34卷，第527页下—528页上。

慧、修慧、行慧相应。说有四持："一法持，谓闻慧。二义持，谓思慧。三咒持，因禅起咒，谓修慧。四忍持，是入证行慧。"并说"四持位者，《地持》云：闻、义、咒三，初地成就者必不退，尔前得者不定，忍持起自解行地，成在初地"。至于陀罗尼在法华中的地位以及在大乘中的地位，吉藏认为陀罗尼有二义，一者陀罗尼是能持，下诸德是所持，故《净名》云总持为园苑，即是其证。二者小乘法中不说陀罗尼，因小乘人畏生死苦，速欲证涅槃，不欲广修诸行，是故不说。菩萨既遍度众生，备修诸行，欲令终身不失，历劫逾明，故佛为说此陀罗尼法。

窥基著《法华经玄赞》，也对陀罗尼及其体性作了阐释。他尽管也说陀罗尼是"御诸恶而不生，摄众善而不散，"但又以"御外不入，摄内不出"为四总持。[①] 并进一步说："陀罗尼者，此云总持，总持有二：一摄，二散。摄者持也，此即闻持，闻于文义，任持不忘，即所闻之能持，名之为摄。闻即总持，体念、慧也。《十地经》云，八地以上菩萨于一切法能堪、能思、能持。彼论解云：堪谓闻慧，思谓思慧，持谓修慧，于一修慧分三用故。散者施也，此有四种，一法，二义，三能得菩萨忍，四明咒，施与众生故。此中二种，初是能持，即闻持是。后是所持，余四种是。复分为二，一自利，闻持等也。二他利，法、义等四。因、果别故。"[②] 以摄、散或持、施来解释陀罗尼，是窥基独特的阐释，如说摄、持还有总持意味的话，那么散、施则全无总持的原义，散施众生与法、义、忍、咒之总持纯属窥基的发挥。窥基对陀罗尼意义的阐释，也颇具思想个性。说："梵云陀罗尼，此云总持，念慧为体，以少略密无义文字，神力加持，威灵莫匹，摧邪殄恶，树正扬善，故名陀罗尼。"[③] 此以"摧邪殄恶、树正扬善"解释陀罗尼，比"持善不失、遮恶不生"的意义演绎得更远。

三　法华三陀罗尼

法华经类所说的陀罗尼，主要有三种，此称法华三陀罗尼，即《法华经》所说旋陀罗尼、百千万亿旋陀罗尼、法音方便陀罗尼，意译回转

① （唐）窥基撰《妙法莲华经玄赞》卷5，《大正藏》第34卷，第751页上。

② （唐）窥基撰《妙法莲华经玄赞》卷2，《大正藏》第34卷，第672页中—673页上。

③ （唐）窥基撰《妙法莲华经玄赞》卷10，《大正藏》第34卷，第850页上。

总持、百千亿周旋总持、一切诸音总持。[①] 三陀罗尼见于《法华经·普贤菩萨劝发品》，其中说："受持读诵《法华经》者，得见普贤菩萨身，转复精进，即得三昧及陀罗尼，名为旋陀罗尼、百千万亿旋陀罗尼、法音方便陀罗尼。"[②] 慧思《法华经安乐行义》以此解释菩萨行相，说菩萨一心专念法华文字，是名文字有相行，即见普贤金刚色身及见十方三世诸佛，得三种陀罗尼门，一者总持陀罗尼，具足菩萨道慧，肉眼天眼清净。二者百千万亿旋陀罗尼，具足菩萨道种慧，法眼清净。三者法音方便陀罗尼，具足菩萨一切种慧，佛眼清净。是时即得具足一切三世佛法，或一生修行得具足，或二生得，极大迟者三生即得。[③]

《大智度论》亦说闻持、分别知、入音声三陀罗尼，[④] 智𫖮分别称名持、义持、行持三陀罗尼，他在《法界次第初门》中阐释说："一闻持陀罗尼，得此陀罗尼者，一切语言诸法耳所闻者皆不忘失，所谓十方诸佛及弟子众有所演说，一时能闻，忆持不忘，故名闻持陀罗尼，即是名持。二分别陀罗尼，得是陀罗尼，诸众生、诸法、大小好恶，分别悉知，故分别陀罗尼，即是义持。三入音声陀罗尼，得此陀罗尼者，闻一切语言音声，不喜不瞋，一切众生如恒沙等劫寿恶言骂詈，心不增恨；一切众生如恒沙等劫赞叹供养，其心不动、不喜、不著，是为入音声陀罗尼，即是行持也。"[⑤] 其中闻持陀罗尼称名持者，以名而闻。分别知陀罗尼称义持者，具分别智，知诸法之差别相。唯入音声陀罗尼称行持者，以心行寂定不为音声所动，其解释似有勉强。故即便其义会通，《智论》所说者仍可称智论三陀罗尼。

旋陀罗尼（dhāraṇyāvartā）及百千万亿旋陀罗尼，如前所说，旋即旋转自在，转相解释，阐发陀罗尼义。由一字出生一切字，一切字转释一字义，回转无边，不可尽原，遍一切处，故称百千万亿旋陀罗尼，亦称无边旋陀罗尼。法云《法华经义记》解释说："旋陀罗尼者，是周遍总持。"[⑥] 闻达《法华经句解》解释说："名为旋陀罗尼，周旋解了，无所不通。百

① （西晋）竺法护译《正法华经·乐普贤品》卷10，《大正藏》第9卷，第133页上。
② （后秦）鸠摩罗什译《妙法莲华经》卷7，《中华藏》第15册，第594页上。
③ （陈）慧思撰《法华经安乐行义》，《大正藏》第46卷，第700页上、中。
④ （后秦）鸠摩罗什译《大智度论》卷5，《中华藏》第25卷，第195页中。
⑤ （隋）智𫖮撰《法界次第初门》卷3，《大正藏》第46卷，第692页上、中。
⑥ （梁）法云撰《法华经义记》卷8，《大正藏》第33卷，第672页上、中。

千万亿旋陀罗尼，从于一法演出无数百千万亿陀罗尼门。法音方便陀罗尼（sarvarutakauśalya），于法音中善解方便。”[①]《法华经》注疏中对三陀罗尼的解释，以智𫖮一心三观的判释最具特点。其《法华经玄义》解释说：“旋陀罗尼是旋假入真，百千旋陀罗尼是旋真入俗，法音方便正是伏道，未得入中。”[②] 但《维摩经略疏》此谓旋陀罗尼转假入空，得入真谛；百千万亿陀罗尼，即是从空入假。法音方便陀罗尼，即是二观为方便，得入中道。[③]《维摩经文疏》的表述更具体，说：“《法华经》明三陀罗尼，一者旋陀罗尼，二者百千万亿旋陀罗尼，三者法音方便陀罗尼。旋陀罗尼者，旋转义也，从假入空观，能旋转观假入空，即转破界内外诸见爱，得入空真谛。若但破界内，即是通教陀罗尼。一心圆破界内外故，即是圆教陀罗尼。百千万亿旋陀罗尼者，即是从空入假，旋转分别，入界内世谛、界外世谛，旋转破尘沙界内外无知，显恒沙佛法。若别破界外无知，则别教陀罗尼也。今一心圆破界内外无知，即是圆教陀罗尼也。法音方便陀罗尼者，即是二观为方便道，得入中道第一义谛。若断无明，次第入中道，犹是别教陀罗尼。不断无明，一心圆入中道，即圆教陀罗尼也。所言法音方便陀罗尼者，得此陀罗尼，解一切言音也，亦能一音说法，令众生随类得解。菩萨得此三陀罗尼，即入无碍陀罗尼，具足一切陀罗尼也。”[④] 此旋陀罗尼从假入空，百千万亿旋陀罗尼从空入假，法音方便陀罗尼得入中道，即是空假中一心三观。湛然《法华玄义释签》进一步解释说：“《疏》云旋者转也，转一切法皆悉入空。言百千万亿者，以从数故，故名为假。中道法音能作内体，方便故也。此三只是一心三观，持一切法通名总持，此中即是相似三总持也。”[⑤] 此谓转一切法悉入空则称空，从空入一切法

---

① （宋）闻达撰《法华经句解》卷8，《新纂卍续藏》第30卷，第629页上。

② （隋）智𫖮撰《妙法莲华经玄义》卷5，《大正藏》第33卷，第735页下—736页上。

③ （隋）智𫖮撰《维摩经略疏》原文作：“《法华》明三陀罗尼，一旋陀罗尼，二百千万亿旋陀罗尼，三法音方便陀罗尼。旋者，旋转也，转假入空，得入真谛。但破界内，即属通教。一心圆破，即属圆教。百千万亿者，即是从空入假，旋转分别破尘沙惑，显出恒沙佛法。若别破界外无知，则是别教。一心圆破，即圆教也。法音方便者，即是二观为方便，得入中道。次第断入中，是别教意。不断无明，一心圆入中道，即圆教也。又法音方便者，得此陀罗尼，即解一切言音，亦能一音说法，随类得解。得此三陀罗尼即入无碍陀罗尼，具足一切陀罗尼也。”卷1，《大正藏》第38卷，第576页上。

④ （隋）智𫖮撰《维摩经文疏》卷4，《新纂卍续藏》第18卷，第484页上。

⑤ （唐）湛然撰《法华玄义释签》卷11，《大正藏》第33卷，第891页上。

则称假，而以空、假为法音方便，即称中道。智𫖮破除界内外知见，以藏、通、别、圆四教判释，但破界内者为通教陀罗尼，一心圆破界内外者为圆教陀罗尼，别破界外无知者为别教陀罗尼，一心圆破界内外无知者为圆教陀罗尼。

智𫖮在《法华经文句》中又说："陀罗尼者，空观是旋陀罗尼，假观是百千旋陀罗尼，中观是法音方便陀罗尼。又空观观心，但有名字，即闻持陀罗尼。假观观心，无量心心、心数法皆是法门，即行持陀罗尼。中观观心，心即实相，即是义持陀罗尼。假观观心，具十法界法，即法无碍辩。中观观心，十法界皆入实相，即义无碍辩。空观观心，十法界但有名字语言，即辞无碍辩。观一心即三心，三心即一心，一界一切界，旋转无碍。"① 其中闻持、行持、义持三陀罗尼，智𫖮在其《法华经玄义》亦作结持不零落释，如就"经"字说："含结鬘者，结教行理，如结华鬘令不零落。世界悉檀，结佛言教不零落。为人对治，结众行不零落，第一义结义理不零落。束此为法门者，结教成口无失，结行即身无失，结义即意无失。亦是三种共智慧行，亦是三陀罗尼，教不零落是闻持陀罗尼，行不零落（是）行陀罗尼，义不零落即总持陀罗尼。"② 不零落，就是《智论》所谓不散失，总而持之，义不零落。行陀罗尼即行持陀罗尼，总持陀罗尼以义不零落故，亦称义持陀罗尼。闻持、义持、总持（行持），亦作持名、持行、持义，总称陀罗尼三义。③

《维摩经略疏》前谓得此法华三陀罗尼，即入无碍陀罗尼，如此则具足一切陀罗尼。又说此经叹补处菩萨，横广细极，竖深穷源，即是补处无碍陀罗尼。按无碍陀罗尼，见于般若、华严、陀罗尼诸经。《大智度论》说其地位：一切诸陀罗尼中，无碍陀罗尼最大，如一切三昧中以王三昧最大，又如人中之王、诸解脱中之无碍解脱。有小陀罗尼，如闻持陀罗尼、分别众生陀罗尼、归命救护不舍陀罗尼等，转轮圣王、仙人等亦所得，余人亦有。但无碍陀罗尼，外道、声闻、辟支佛、新学菩萨皆悉不得，唯无量福德、智慧大力诸菩萨独有。是菩萨辈自利已足，但欲益彼，说法教化

① （隋）智𫖮撰《妙法莲华经文句》卷2，《大正藏》第34卷，第22页中、下。
② （隋）智𫖮撰《妙法莲华经玄义》卷8，《大正藏》第33卷，第775页下。
③ （宋）智圆撰《请观音经疏阐义钞》卷1，《大正藏》第39卷，第977页下—978页上。

无尽，以无碍陀罗尼为根本，以是故诸菩萨常行无碍陀罗尼。[①] 智顗在《请观音经疏》中亦引用《智论》此语，以解释陀罗尼之地位。

后世解法华三陀罗尼，或以玄意解释，或以帝网譬喻，或以《起信》一心真如阐发。如宋慧洪《法华经合论》以互摄归一释旋，以得意忘言释方便。如说："此经谓之旋陀罗尼、法音方便陀罗尼，旋者，旋转互摄而归一也。方便者，得意忘言，不滞于名相、算数之迹也。得此二陀罗尼，则法华三昧照然现前矣。"[②] 又如清通理《法华经指掌疏》另说："旋陀罗尼者，因此知彼，因彼知此，彼此互相旋摄，名之为旋。总持此义，故名陀罗尼。然此但是单旋单摄，如两镜相对。若更能因一知多，多中举一亦然，一多互相旋摄，如帝网珠重重无尽，则为百千万亿旋陀罗尼。若更能形容此义，曲尽所得，令他解悟，则名法音方便陀罗尼。"[③] 明代德清据《大乘起信论》，以一心真如为旋陀罗尼，以假名无实为百千万亿旋陀罗尼，以一切法无相为法音方便陀罗尼。其《法华经击节》说："陀罗尼名为旋陀罗尼、百千万亿旋陀罗尼、法音方便陀罗尼，此究竟之实证也。梵语陀罗尼，此云总持，谓总一切法，持无量义，乃一心真如之异称也。《论》云'心真如者，即是一法界大总相法门体，所谓心性不生不灭，一切诸法唯依妄念而有差别，若离心念，则无一切境界之相。是故一切法从本已来离言说相，离名字相，离心缘相，毕竟平等，无有变异，不可破坏，唯是一心，故名真如。'此所谓旋陀罗尼也。又云：'一切言说假名无实，但随妄念不可得故，'此所谓百千万亿旋陀罗尼也。又云：'言真如者，亦无有相，谓言说之极，因言遣言，此真如体无有可遣，以一切法皆同真故。以一切法皆同如故，当知一切法不可说、不可念，故名真如。'此所谓法音方便陀罗尼也。"[④]

法华三陀罗尼的功德利益，智顗引用药草七益为喻，也作了阐释。《法华经玄义》说："得陀罗尼，能旋假入空，即是下中上药草等益，亦是小树益。得百千旋陀罗尼，即大树益。得法音方便陀罗尼，是相似实益。若有须臾闻，即得究竟三菩提，即是真实益。"[⑤]

---

① （后秦）鸠摩罗什译《大智度论》卷5，《中华藏》第25卷，第197页下。
② （宋）慧洪撰《法华经合论》卷1，《新纂卍续藏》第30卷，第370页下。
③ （清）通理撰《法华经指掌疏》卷7，《新纂卍续藏》第33卷，第692页中。
④ （明）德清撰《法华经击节》卷1，《新纂卍续藏》第31卷，第523页上、下。
⑤ （隋）智顗撰《妙法莲华经玄义》卷7，《大正藏》第33卷，第763页上、中。

四　陀罗尼与十地

法华注疏家还将三陀罗尼与十地相联系，《法华经》序品中有说：菩萨皆于菩提不退转，皆得陀罗尼，乐说无碍辩才，转不退转法轮。《分别功德品》又说如来寿命长远时，六百八十万亿那由他恒河沙众生得无生法忍，复有千倍菩萨得闻持陀罗尼门，复有一世界微尘数菩萨得乐说无碍辩才，复有一世界微尘数菩萨得百千万亿无量旋陀罗尼，复有三千大千世界微尘数菩萨能转不退法轮；复有二千中国土微尘数菩萨能转清净法轮，复有小千国土微尘数菩萨八生当得菩提云云。[①] 法云《法华经义记》就此解释说：世尊正受记中有三种授记，第一举增道授因地记，第二举损生授果地记，第三授外凡夫发心记也。但授因地记中，凡有六种记，即是授六地记也。第一得无生法忍；二得闻持陀罗尼门者，此明初地菩萨闻说寿量，得登二地；三得乐说无碍辩才者登三地。四无量旋陀罗尼，此明三地菩萨闻说寿量，得登四地。旋陀罗尼者，是周遍总持。五能转不退法轮者得登五地，六能转清净法轮者得登六地，六地菩萨有般若波罗蜜光明现在前。如此法门颁类不同，各举一种法门配六地。[②] 此说二地菩萨得闻持陀罗尼，四地菩萨得无量旋陀罗尼。

吉藏的说法与此相同，并解释何以闻持陀罗尼在二地及无量旋陀罗尼在四地。其《法华义疏》中说："依《法华论》以初地为无生法忍也，第二得闻持益，此是得无生法忍，更闻胜法，持而不失。无生即是方便实慧，闻持谓实方便慧。实方便慧既是巧用，即胜于无生，故在第二。第三得乐说无碍辩才，闻持是自解，乐说谓化他，其义转胜，故在第三。第四得无量旋陀罗尼，于法门中圆满具足，出没无碍，胜前乐说，故在第四。"[③] 此说闻持陀罗尼为实方便慧，以巧用胜于无生之方便实慧。按："功用之慧，名为方便，实慧名智。"[④] 无量旋陀罗尼于法门中圆满具足，出没无碍，故又胜于化他乐说。

智𫖮《法华经文句》的解释有所不同，认为经中此说千倍菩萨得闻

① （后秦）鸠摩罗什译《妙法莲华经》卷5，《中华藏》第15册，第568页上。

② （梁）法云撰《法华经义记》卷8，《大正藏》第33卷，第672页上、中。

③ （隋）吉藏撰《法华义疏》卷10，《大正藏》第34卷，第610页下—611页上。

④ （隋）吉藏撰《胜鬘宝窟》卷2，《大正藏》第37卷，第57页中。

持陀罗尼门，是指入十行位。得乐说辩才，入十回向位。得无量旋陀罗尼，方入初地。得转不退法轮，则入二地也。得清净法轮，入三地，乃至八生入四地，以至二生入十地，一生入等觉金刚心。[①] 另又说二地得陀罗尼，“初地名欢喜，喜其不退堕二边，入中道，获三不退，故知叹初欢喜地也。皆得陀罗尼，叹二地，二地名离垢，亦名离达。离遮诸恶，达持众善，即陀罗尼义，故知叹离垢地也。”[②] 此二地离垢、离达，释作离遮诸恶、达持众善的陀罗尼，是智𫖮颇具创发性的解释。

世亲《法华经论》只说第八地中无功用智，第九地中得胜进陀罗尼门，具足四无碍自在智，第十地中不退转法轮，得受佛位，如转轮王之太子，云云。[③] 吉藏《法华义疏》以为依《法华论》，皆得总持、乐说之辨，叹于九地，以九地菩萨得胜进陀罗尼及十种四无碍智，堕大法师位。[④] 又说于第九地中释九地功德，得胜进陀罗尼，则摄上皆得陀罗尼。又依《仁王经》五忍义，皆得陀罗尼、乐说辩才，叹九地功德。[⑤] 窥基《妙法莲华经玄赞》以唯识解释，于九地中得胜进陀罗尼门，具足四无碍解自在故。九地得闻持等满，名为胜进。具足七辨等，为他说法。前第三地虽得闻持，犹未圆满，今说满位。[⑥] 栖复《法华经玄赞要集》认为，言于九地中得等者，得胜进陀罗尼，具四碍辩自在故，胜前进后，名胜进。此摄两句，经谓皆得陀罗尼，摄法无碍、义无碍解也。乐说辩才，此一句摄词无碍解辩、才无碍解也。缘第九地菩萨具四无碍辩，所以论主配两句，经每句各摄两辩。[⑦]

另外，《法华经》中有二品说陀罗尼神咒，都是用来守护本经持诵者。《普贤菩萨劝发品》说普贤菩萨守护咒，《陀罗尼品》说药王菩萨、勇施菩萨、多闻天王、持国天王、十罗刹女等 5 首神咒。其中普贤菩萨陀罗尼咒，鸠摩罗什译本标注 20 句，未断 1 句，实则 21 句。阇那崛多译本 16 句，第 10 句不完整，比鸠摩罗什译本少 6 句，多首句。梵文本 25 句，

---

① （隋）智𫖮撰《妙法莲华经文句》卷 10，《大正藏》第 34 卷，第 136 页下。
② （隋）智𫖮撰《妙法莲华经文句》卷 2，《大正藏》第 34 卷，第 21 页下。
③ （北魏）菩提流支译《妙法莲华经忧波提舍》卷 1，《大正藏》第 26 卷，第 2 页中、下。
④ （隋）吉藏撰《法华义疏》卷 1，《大正藏》第 34 卷，第 462 页中。
⑤ （隋）吉藏撰《法华论疏》卷 1，《大正藏》第 40 卷，第 791 页下—792 页上。
⑥ （唐）窥基撰《妙法莲华经玄赞》卷 2，《大正藏》第 34 卷，第 674 页中。
⑦ （唐）栖复撰《法华经玄赞要集》卷 10，《新纂卍续藏》第 34 卷，第 400 页中、下。

比鸠摩罗什译本多4句，比阇那崛多译本多9句，少首句。竺法护译本意译14句：无我除我，因我方便，宾仁和除，甚柔软，柔弱句，见诸佛因诸总持，行众诸说，盖回转尽集会，除众趣无央数，计诸句三世数等，越有为，举诸法，晓众生音，师子娱乐。

表18　《法华经》二品说陀罗尼神咒各版本对勘表

句数	1	2	3	4	5	6
法护译		无我除我	因我方便	宾仁和除	甚柔软	柔弱句
罗什译		阿檀地途卖反，一	檀陁婆地二	檀陀婆帝三	檀陀鸠舍隶四	檀陀修陀隶五
崛多译	多上侄他	阿坛茶徒皆反	坛茶直下反钵底	坛茶跋啰上多上你	坛茶上矩舍始迦反，上犁	坛茶稣上陀唎上
梵文本		adaṇḍe	daṇḍapati	daṇḍāvartani	daṇḍaku sale	daṇḍasudhāri
句数	7	8	9	10	11	12
法护译	见诸佛因诸总持	行众诸说	盖回转尽集会	除众趣无央数	计诸句三世数等	越有为
罗什译	修陀隶六	修陀罗婆底七	佛驮波膻祢八	萨婆陀罗尼	阿婆多尼九	萨婆婆沙阿婆多尼十
崛多译	稣上陀啰上	陀啰上跋底	勃驮钵膻泥	陀啰上尼奴移反	阿跋啰上怛你	阿啰怛你
梵文本	sudhāri	sudhārapati	buddhapa syane	sarvadhāraṇi	āvartani	sarvabhāṣ-yāvartane
句数	13	14	15	16	17	18
法护译	举诸法	晓众生音	师子娱乐			
罗什译	修阿婆多尼十一	僧伽婆履叉尼十二	僧伽涅伽陀尼十三		阿僧祇十四	僧伽波伽地十五
崛多译		僧伽上跛啰上绮羯	僧伽上你伽多上泥			
梵文本	su－āvartane	saṃgha-parīkṣaṇi	saṃghanirghātani	saddharmas-uparīkṣite	asaṃge	saṃgāpagate
句数	19	20	21	22	23	24
法护译						

续表

句数	19	20	21	22	23	24
罗什译	帝隶阿惰僧伽兜略卢遮反阿罗帝婆罗帝十六	萨婆僧伽三摩地伽兰地十七	萨婆达磨修波利刹帝十八	萨婆萨埵楼驮憍舍略阿㝹伽地十九	辛阿毗吉利地帝二十	
崛多译			达啰上磨上跛𠼝上绮羯	啰上婆上娑上多上婆上户噜多上憍俱照反舍始迦反罗耶阿上努伽上羝	谳伽上鼻上抧𠼝驰上羝	
梵文本	tṛ -adhvasaṃ-gatulya prāpte	sarvasaṃ-gasamatikrānte	sarvadharma-suparīkṣite	sarvasattvarutak-au salyānugate	siṃhavikrīḍite	anuvarte
句数	25	26	27			
法护译						
罗什译						
崛多译						
梵文本	vartani	vartāli	svāhā			

对《法华经》说诸陀罗尼神咒，以及神咒的意义，注疏家也作了解释。如吉藏《法华义疏》认为，《法华经》说神咒，是就秘密门说法华，以闻神咒而悟无生法忍可知，此亦是法华一乘。① 智𫖮《妙法莲华经文句》解释说：陀罗尼此翻总持，总持恶不起，善不失。又翻能遮、能持，能持善，能遮恶。此能遮边恶，能持中善。众经开遮不同，或专用治病，如那达居士。或专护法，如此文。或专用灭罪，如《方等》。或通用治病、灭罪、护经，如《请观音》。或大明咒、无上明咒、无等等明咒，则非治病，非灭罪，非护经。若通方者，亦应兼。②

① （隋）吉藏撰《法华义疏》卷12，《大正藏》第34卷，第462页上、中。

② （隋）智𫖮撰《妙法莲华经文句》卷10，《大正藏》第34卷，第146页中—147页上。

第四节　宝积经类的陀罗尼品

一　《阿阇世王经》的陀罗尼品

方等经类包括方等、宝积、大集三大类，其中方等经亦称方广经，起源于部派佛教，为十二部经之一，属于大众部经，进而成为大乘经的通称。但方等经也作为一类大乘经的名称，有的经名中表明“方等”“大方等”字样，有的经则在经录中指明出自方等部、方等经。如《道安录》最早指出有十多部经出自方等部、方等经，而《僧祐录》中《宝积》《大集》经名前均有方等字样，如著录支娄迦谶译小部宝积标明“方等部古品”，曰《遗日说般若经》，[①] 昙无谶译《大集经》作《“方等”大集经》或《“大方等”大集经》。但后世经录中宝积、大集独立成部，与般若、华严、涅槃并称大乘经五大部，而《开元录》在五部之外又另立一类，其中除法华、密教经类之外，也正是方等经类，这也与现代编纂的《大正藏》经集部相当。至于宝积、大集经类，也都由一系列大乘经组成，其经名就有汇集法宝的意思，其性质和思想倾向也基本相同，不少经典则内容相同。总之这三类经典都与密教关系密切，方等经类反映早期的大乘陀罗尼，宝积经类则反映鼎盛时期的大乘陀罗尼，而大集经类属于晚期的大乘陀罗尼，方等经类与陀罗尼密教相始终，其思想、其信仰对后来的密教产生了重要影响。

《阿阇世王问经》是最早译出的方等经类，也是最早译出的大乘经陀罗尼经类。东汉支娄迦谶初译，分上、下 2 卷，其下卷第一部分即说陀罗尼。后至西晋太康七年（286）十二月二十七日竺法护异译《文殊支利普超三昧经》，略称《普超三昧经》《普超经》，即以这一部分陀罗尼为主要内容，独立成品。该经分上、中、下 3 卷，共 13 品，其中第 6 品即《总持品》。宋代法天又异译《佛说未曾有正法经》，分为 6 卷，其中第 3 卷最后一部分内容为陀罗尼。该品三种译本内容基本相同，只

① 《长房录》据《祐录》说：“《古品遗日说般若经》一卷，出方等部，一名《佛遗日摩尼宝经》，一名《摩诃衍宝严经》，《一名大宝积经》。”（卷 4）《开元录》据僧祐、长房二录注明：“《佛遗日摩尼宝经》一卷，安公云出方等部，初出，与《宝积 · 普明菩萨会》等同本。一名《古品遗日说般若经》、一名《大宝积经》、一名《摩诃衍宝严经》。”

是文字表述有详略不同，支谶译本与法护译本稍略，竺法护译本较详。该品概括了陀罗尼所含有的内容，竺法护译标注为50句，此将三种译本对照如下：

表19　《阿阇世王问经》中的陀罗尼译本对照表

顺序	竺法护译本	支娄迦谶译本	法护译本
1	所以总持，统御诸法一	言解一切诸法故	乐欲趣证总持法门者
2	心未尝忘二	其意无所望故	当住正念
3	所至无乱三	所作无有异	心不散乱
4	其心未尝有舍废时四	所念应时足	离诸痴恚
5	学智慧业五	所知如智慧	于一切法智慧通达
6	精核诸法，审谛之义六	其法者悉知其本	行如来道
7	分别正慧七	所语如谛	得辩才门
8	得果证者但文字耳八	自护不堕	
9	度至寂然九	用转上故	住于无相
10	条列一切诸法章句一十	悉入诸法行	入一切法总持智门
11	揽贤圣要一	陀邻尼者则道之元	相续圣道
12	不断佛教二	不断佛元	而能任持三宝
13	不违法令三	持法之元	
14	摄取一切贤圣之众四	总持僧之元	
15	于诸经法部分典籍五	于诸法无有殆	有所言论无有滞碍
16	入于一切殊绝智慧六	在人之所问，即能知报答	善解一切众生语言
17	不著众会，亦不怯弱七	见众而不却	若有论难而为分别
18	游步众会，宣扬经典，无所畏惮八	所以者何？无所畏故	于大众中心无怖畏
19	出诸天音，料简明智九	欲教化诸天，随天之所欲而悉教之，令各各得解	

续表

顺序	竺法护译本	支娄迦谶译本	法护译本
20	于天、龙、神、阿须伦、迦留罗、真陀罗、摩休勒探畅其音而为说法二十	及龙、阅叉、阿须伦、迦留罗、真陀罗、摩休勒、人、非人及释梵，下至一切诸虫兽、鸟兽，各各知其意，随其所欲而悉教化，令得其所	所有一切天、龙、夜叉、乾闼婆、阿修罗、迦楼罗、紧那罗、摩睺罗伽、人、非人、乃至帝释、梵王，下至傍生、异类之属，种种言音差别，而能随彼种种言音而为说法。
21	出释、梵音一		
22	觉了平正，知诸根原二	悉晓了有功德无功德者	善知众生根性利钝，随类得解，诸根清净
23	识练邪见诸所立处三		离诸邪见
24	总持观察一切众生根原所趣四	尽知一切人之行住	平等安住总持法门
25	所住等心五	其心譬如地	圆满一切出世善法
26	于世八法而不动转六	于世不以八事中有	不著世间八种违顺之法
27	具足一切真正之法七	顺何所作功德	
28	随其罪福报应果证而为说法八	不离于道教照于人	为诸众生说其行业、因缘、果报，令其得大安乐
29	兴发众生所造志业九	随其所乐令一切皆蒙其恩	
30	立诸群黎处于禁戒三十	所作戒令一切悉在中	
31	其慧普入一	其慧无所不遍入	于一切处智慧通达
32	为诸众庶代负重担二	为一切之所重	能令众生去除重担
33	不以勤劳而有患厌三	而不以为勤苦	心无忧恼
34	解脱诸法，本性清净四	其心无有异	知法自性
35	以斯本净而为人演五	其法者知	随根演说应病之法
36	以本净慧解说道谊六	而本所教化	菩萨心生欢喜，不望果报
37	慧无罣碍七	承其教	求一切智
38	习设法施八	常以法而施与不以为厌	普为利乐一切众生
39	其心坚固，未尝懈惓九	所说法不望当得	令起精进
40	有所说者无有疑结四十		所有善根但为回向一切智故
41	不贪一切供养利人一	其复不断菩萨善根本	获诸善利

续表

顺序	竺法护译本	支娄迦谶译本	法护译本
42	而不忘舍诸通慧心二	用萨芸若故	
43	力励集累，众行基靖三	所以者何？以精进而养成其根故	
44	布施无厌而每劝助，于诸通慧四	所施与不以为厌足，所以者何？恭敬一切人故	于六度行悉能成就——施行圆满，回向一切智
45	禁戒无厌，以斯劝化一切众生五	以戒不以为厌足	戒行圆满，回向众生，令其安乐
46	忍辱无厌求佛色像六	忍辱不以为厌足，便逮得佛身故	忍行圆满，得佛相好，庄严具足
47	精进无厌，积众德本七	以精进不以厌足，合会诸功德故	精进圆满，成熟一切善根
48	一心无厌，修行专精，使无众冥八	以禅不以为厌足，无所悕望故	禅定圆满，得相应法，自在无碍
49	智慧无厌入一切行九	以慧无厌足，所以者何？无所不念故	智慧圆满，通达一切法
50	以道法业，于此一切而无所生五十	以法为奉禄，而自依为得活，一切无所豫	于自在，离诸过失

以上陀罗尼的内容，主要是大乘的基本教义，包括戒定慧、佛法僧、六度行、罪福报应、教化众生、清净解脱等，由此可以看出陀罗尼作为总持者，其义就是全面掌握佛法。但除了基本教义之外，还有大乘特有的教义，故品中继续阐释般若学说，说总持就是摄持诸法，那么何谓总持诸法呢？就是空、无相、无愿三解脱，说揽执诸法一切皆空、揽执诸法一切无想、揽执诸法一切无愿。而其中心则是总持诸法性空。如说离诸所行，寂寞无形；悉无所有，亦无所觉；亦无所行，无有处所；亦无所生，亦无所起；亦无所趣，亦不灭尽；无来无往，亦无所坏；亦无所度，亦无所败；亦无所净，亦无不净；亦无所严，亦无不严；亦无所著，亦无所有；亦无所见，亦无所闻；亦无所忘，亦无所教；亦无有漏，亦无想念，亦不离想。无应不应，亦无颠倒，亦无满足；无我无人，无寿无命；亦无放逸，亦无所受，亦无所取；亦无殊特，犹如虚空；无有名闻，亦无所获；无所

破坏，亦无有二。审住本际，一切法界、一切诸法，住于无本，是谓总持。魏晋时期，对诸法自性空的理解，用中国传统的玄学概念，故称最高的存在为“本无”。

该经以摩羯陀国阿阇世王向佛决疑弑父诸罪因缘，佛请文殊菩萨为其入宫说法，因名《阿阇世王问经》。文殊菩萨初夜请来东方常名闻佛刹大菩萨两万人，先于自室说陀罗尼法。这是密教与文殊菩萨发生关系的最早故事，也是后世密教尊崇文殊为祖的缘由。至于该品的核心思想，主要有以下几点：

1. 道元总持

道元，即道之元，是支谶译本对陀罗尼的定义，说“陀邻尼者，则道之元”。元，即原、本原。道之元，即道的本原。道元总持，即以道为陀罗尼的本原。而所谓“道”，指佛、法、僧三宝，说“道之元，不断佛元，持法之元，总持僧之元。”[①] 以佛、法、僧为道的本原，则陀罗尼总摄一切佛法。法护本此译“相续圣道而能任持三宝，”[②] “任持三宝”者，其义与之相同，相续圣道与不断佛元同义。竺法护本译道之元为“揽贤圣要”，即总揽贤圣之要。贤圣指佛、菩萨，贤圣之要，即是佛法核心，以掌握佛法核心为根本。而于三宝则说“不断佛教，不违法令，摄取一切贤圣之众。”[③] 此以弘传教法，不违反戒律，担当菩萨责任。

至于道元总持的具体内涵，涉及大乘佛教的主要内容，而以闻持、智慧为中心，正如宋译所总结：“得此法门已，无所忘失，总能任持一切智故。”并将菩萨行的有关内容包罗到陀罗尼中，故晋译以五种十法加以阐发，包括总持诸法、弘扬佛法、行出世间法、智慧解脱、利益众生等，范围很广。其五种十法为：

一，总持统御诸法$_{\text{一}}$，心未尝忘$_{\text{二}}$，所至无乱$_{\text{三}}$，其心未尝有舍废时$_{\text{四}}$，学智慧业$_{\text{五}}$，精核诸法审谛之义$_{\text{六}}$，分别正慧$_{\text{七}}$，得果证者但文字耳$_{\text{八}}$，度至寂然$_{\text{九}}$，条列一切诸法章句$_{\text{一十}}$。支谶本此译：“名陀邻尼者，言解一切诸法故，其意无所望故，所作无有异，所念应时足，所知如智慧。其法者悉知其本，所语如谛，自护不堕，用转上故，悉入诸法行。”

① （东汉）支娄迦谶译《阿阇世王经》卷下，《中华藏》第18册，第420页上。

② （宋）法护译《佛说未曾有正法经》卷3，《中华藏》第67册，第202页下。

③ （西晋）竺法护译《文殊师利普超三昧经》卷中，《中华藏》第18册，第343页下。

法护本译："乐欲趣证总持法门者，当住正念，心不散乱，离诸痴恚。于一切法智慧通达，行如来道，得辩才门，住于无相，入一切法总持智门。"从三译对比，第一句就总持诸法的全体而言，第二、三、四句就总持的心念定力而言，第五、六、七句就总持智慧而言，第八、九、十句就总持菩提行而言。

二，揽贤圣要[一]，不断佛教[二]，不违法令[三]，摄取一切贤圣之众[四]，于诸经法部分典籍[五]，入于一切殊绝智慧[六]，不著众会亦不怯弱[七]，游步众会、宣扬经典无所畏惮[八]，出诸天音，料简明智[九]，于天、龙神、阿须伦、迦留罗、真陀罗、摩休勒探畅其音而为说法[二十]。自第五句支谶译："于诸法无有殆在人之所问，即能知报答，见众而不却。所以者何？无所畏故。欲教化诸天，随天之所欲而悉教之，令各各得解。及龙、阅叉、阿须伦、迦留罗、真陀罗、摩休勒、人、非人及释梵，下至一切诸虫兽鸟，各各知其意，随其所欲而悉教化，令得其所，悉晓了有功德无功德者。"法护此译："有所言论无有滞碍，善解一切众生语言。若有论难而为分别，于大众中心无怖畏。所有一切天龙、夜叉、乾闼婆、阿修罗、迦楼罗、紧那罗、摩睺罗伽、人、非人，乃至帝释、梵王，下至傍生异类之属，种种言音差别，而能随彼种种言音而为说法。善知众生根性利钝，随类得解。诸根清净，离诸邪见，平等安住总持法门。"按三译所说，初句为总持道元，第二、三、四句为总持佛、法、僧三宝，第五、六、七句为通达三藏、慧解义理、辩才无碍。第八、九、十句为天龙八部说法，随其语言，各得所解。

三，出释梵音[一]，觉了平正知诸根原[二]，识练邪见诸所立处[三]，总持观察一切众生根原所趣[四]，所住等心[五]，于世八法而不动转[六]，具足一切真正之法[七]，随其罪福报应果证而为说法[八]，兴发众生所造志业[九]，立诸群黎处于禁戒[三十]。支谶此译：尽知一切人之行，住其心，譬如地，于世不以八事中有顺何所作功德。不离于道教照于人，随其所乐，令一切皆蒙其恩。所作戒令一切悉在中。法护此译：不著世间八种违顺之法，圆满一切出世善法，为诸众生说其行业因缘果报，令其得大安乐。其中第一句为说法用如来美妙梵音，第二、三、四、五句善知众生行为、思想、意志。第六句不为世间八法所左右，所谓世间八法，即八种违顺之法，包括得利与失利，善称与恶名，赞誉与诽谤，快乐与痛苦。第七句具备出世间善法，第八、九句为诸众生说因果报应，使其受益，身心安乐。第十句为众生规定禁戒，使其遵守。

四，其慧普入[一]，为诸众庶代负重担[二]，不以勤劳而有患厌[三]，解脱诸法，本性清净[四]，以斯本净而为人演[五]，以本净慧解说道谊[六]，慧无罣碍[七]，习设法施[八]，其心坚固，未尝懈惓[九]，有所说者无有疑结[四十]。支谶此译：其慧无所不遍入，为一切之所重。而不以为勤苦，其心无有异。其法者知而本所教化，承其教。常以法而施与，不以为厌，所说法不望当得。法护此译：于一切处智慧通达，能令众生去除重担。心无忧恼，知法自性。随根演说应病之法，令起精进，获诸善利。菩萨心生欢喜，不望果报，所有善根但为回向一切智故，求一切智。

五，不贪一切供养利入[一]，而不忘舍诸通慧心[二]，力励集累众行基靖[三]，布施无厌而每劝助于诸通慧[四]，禁戒无厌，以斯劝化一切众生[五]，忍辱无厌，求佛色像[六]，精进无厌积众德本[七]，一心无厌修行专精，使无众冥[八]，智慧无厌入一切行[九]，以道法业于此一切而无所生[五十]。所谓总持，摄取一切不可思议诸法要谊，持诸法无所行、无行，故曰总持。支谶此译：其复不断菩萨善根本，所以者何？以精进而养成其根故。所施与不以为厌足，用萨芸若故。以戒不以为厌足，所以者何？恭敬一切人故。忍辱不以为厌足。便逮得佛身故。以精进不以厌足，合会诸功德故。以禅不以为厌足，无所悕望故。以慧无厌足，所以者何？无所不念故。以法为奉禄而自依为得活，一切无所豫。法护此译：普为利乐一切众生，于六度行悉能成就。施行圆满，回向一切智；戒行圆满，回向众生，令其安乐；忍行圆满，得佛相好，庄严具足；精进圆满，成熟一切善根；禅定圆满，得相应法，自在无碍；智慧圆满，通达一切法，于自在离诸过失。显然第五种十法以六度为主要内容，

2. 性空总持

性空总持，即以性空为陀罗尼的性质，宋译所谓持一切法自性空者，晋译所谓住于无本者。支谶译本阐释其义说：陀邻尼者，悉总持诸法故。云何持？空、无想、无愿，无欲、无所著、无所见故。以是持无所生，无所造。为作是持，法亦不来，亦不去，亦不住，亦不乱，亦不趣、亦不坏，亦无所持、亦无所掌。于脱不想脱，亦无所住，亦不当住，亦无吾、亦无我、亦无寿、亦无人，亦无所执、亦无放，亦不诚、亦不虚，亦无所闻、亦无所见，亦如虚空，无所称举，亦无所触、亦无所觉，持一切诸法，故曰陀邻尼。复有陀邻尼者，持诸法如幻，譬若如梦、野马，譬若水

中聚沫，如水泡，譬若化，悉持诸法，故曰陀邻尼。

竺法护此译：其总持者，摄持诸法，何谓总持诸法？揽执诸法一切皆空，揽执诸法一切无想，揽执诸法一切无愿；离诸所行，寂寞无形；悉无所有，亦无所觉；亦无所行，无有处所；亦无所生，亦无所起，亦无所趣，亦不灭尽，无来无往；亦无所坏，亦无所度，亦无所败，亦无所净，亦无不净；亦无所严，亦无不严；亦无所著，亦无所有，亦无所见，亦无所闻，亦无所忘。亦无所教，亦无有漏；亦无想念，亦不离想；无应不应，亦无颠倒，亦无满足；无我无人，无寿无命；亦无放逸，亦无所受，亦无所取；亦无殊特，犹如虚空，无有名闻，亦无所获。无所破坏，亦无有二；审住本际，一切法界、一切诸法住于无本，是谓总持。一切诸法譬若如幻，而悉自然。总持诸法，自然如梦，自然如野马，自然如影。自然如响，自然如化，自然如沫，自然如泡，自然如空，分别诸法而如此者，是谓总持。

法天译：总持法门复能受持一切法，所谓了一切法空、无相、无愿，无动无作，离其分别；不生不灭，非断非常，非有非无，不来不去，非成非坏，非聚非散，非有性非无性，非有想非无想，离其戏论，非我人众生寿者补特伽罗，无取无舍，非见非闻，非觉非知，是名受持一切法。

又总持法门，谓持一切法自性空故，如梦所见，如水泡，如阳焰，如虚空等。又能持一切法，苦空、无常、无我、寂灭等，自性无作，无乐无苦，无得无证。

3. 如地总持

如地总持，以地为譬喻，总有十种譬喻，说明陀罗尼的任持功德。

一、如说复有陀邻尼，以无常持诸法，若所见无我而寂，诸法根本悉脱其中，于法无所净，亦不堕，亦无期，以是持一切诸法，故曰陀邻尼。法护此译：又总持法门，譬如大地能持世间，无大无小，悉能持之，亦不懈倦。菩萨摩诃萨得总持法门亦复如是，为众生故发菩提心，摄诸善根，不令散失，虽经阿僧祇劫，无暂懈退。

二、譬若如地，无所不持，不以为勤剧。菩萨以逮得陀邻尼者，为一切作本，阿僧祇劫诸所作功德，悉能合会，发萨芸若。心无所不持，亦不放，亦不以为烦。所以者何？若地为一切之所载仰。菩萨以逮得陀邻尼者，饶益于一切，若树木万物因地而生。菩萨以逮得陀邻尼者，悉生诸功德法。竺法护此译：譬如地之所载，无所不统，不增不减，亦无所置，不以为厌。假使菩萨得总持者，则能利益一切众生，恩施救济无央数劫，众德之本，至诸通慧心，而总统持亦无所置，不以为厌。法护译：譬如于斯地上，一切众生而仰得活，两足、四足靡不应之。菩萨大士得总持者亦复如是，于群生类多所饶益。

三、譬若如地，亦不动，亦不摇，亦无所适，亦无所憎。竺法护译：譬如地之所载，亦无所置，亦不忧戚，不动不摇，不以增减。菩萨如是亦无所置，不以忧戚，不增不减，亦不动摇。法护译：又如大地不增不减，任持万物，无高无下。其得总持菩萨心亦如是，不增不减，任持众生，无怨亲想。

四、譬若如地，受一切雨亦无厌极。菩萨以逮得陀邻尼者，一切诸佛、菩萨、声闻、辟支佛所问法，亦无厌足。为一切说法，亦无厌极。竺法护译：譬如于斯地上，悉受天雨不以为厌。菩萨如是逮总持者，悉受一切诸佛典诰，及诸菩萨、一切缘觉、声闻之法。余正见士平等行者，沙门梵志、一切众生、天上世间闻其说法，不以为厌，听所说经不以为惓。法护译：又如大地，受其甘雨终无厌足。其得总持菩萨爱乐听受佛菩萨法，曾无厌足。

五、譬若如地，含果诸种皆得时出。菩萨以逮得陀邻尼者，悉含果，诸功德法种亦不失时。辄如时具足诸法，乃坐佛树，不离萨芸若。菩萨以得陀邻尼者，勇猛如将，兵中之率无所不伏。菩萨以逮得陀邻尼者，坐于佛树降伏众魔，故曰陀邻尼。竺法护译：譬如药草树木、百谷众果皆因地生。假令菩萨逮得总持亦复如是，便能兴阐一切德本诸佛之法。法护译：又如大地能育养万物，得总持菩萨能化利一切众生故。法护译：又如大地，能生草木，滋养众生。其得总持菩萨，能生一切善法，利益众生。

六、又复陀邻尼者，于诸法无所持，何以故？于有常无常故，亦无乐亦无苦，有身无有身，无有人无有常。一切诸法无所持，所以者何？无有二心故。竺法护译：譬如捡一切法有常无常，若微妙者安隐非我，及计无常，及诸瑕秽，及苦非我。所以者何？已离二故，则谓总持。法护译：又当知一切法自性无忘，无所记念，是常无常，是苦是乐，是净不净，是我无我，是有情非有情，是寿命非寿命，是补特伽罗非补特伽罗等。总持法门亦复如是，亦无记念，诸法离二相故，亦无所忘。

七、譬若如地，不持空，陀邻尼，一切诸法无所持。竺法护译：譬如地之所种，皆以时生，不失其节，亦不违错，应时滋长。菩萨如是逮得总持，统摄一切诸功德法，不侵欺人，亦不失时，具足所行，坐于佛树，处在道场，至诸通慧。法护译：又如大地能持一切种子，依时生长，终无休息。其得总持菩萨能持一切善法种子，依时生长，亦无休息。

八、譬若空，不持有、所有。陀邻尼者，于诸法亦无所持。竺法护译：譬如虚空无不受持，亦非总持，亦无不持。菩萨如是得总持者，揽摄一切诸法之要。法护译：又总持法门如虚空，任持大地，无所持想。总持一切法，无所持相。

九、譬若水，不持诸垢浊。陀邻尼者，于诸法亦无所持。竺法护译：譬如一切诸法及诸邪见，皆悉为空，悉总持之。菩萨如是得总持者，无所不揽，总持如是救摄一切诸法之谊。法护译：又如众生能持一切烦恼种，终无散失。总持法门能持一切法，亦不散失。

十、譬若有所至，无处所故。陀邻尼，无所持故。法护译：又如日光照曜一切相，总持能观照一切法。

晋译、宋译另有勇士譬喻，竺法护译：譬如勇猛高士在于邦域而入战斗，降伏怨敌，无不归依。菩萨如是得总持者，处于道场，坐于佛树，降伏众魔。法护译：又如世间勇猛之士，威力强盛，能伏他军。其得总持菩萨具大精进，神通威德，能伏魔军。

法护译又有心轮说：又如诸佛菩萨记心轮，能转一切众生心意，而无能转相。总持法门持一切法，亦无能持相。

陀邻尼者，不可尽，无有尽，不可度故，无所不入。无所不入故，是为空界。陀邻尼与空等。竺法护译：是为计总持者无有尽时，已无有尽则无放逸，已无放逸则处中间，已等处者，即无有身则虚空界，已如虚空，虚空及地则无有二。法护译：所说种种譬喻无有穷尽，诸法无穷尽，总持法门亦无穷尽，无量无边，如虚空故。

二　《海龙王经》的陀罗尼品

《海龙王经》4 卷，竺法护初译于西晋太康六年（285）七月十日，僧祐录著或作 3 卷。昙无谶再译于北凉玄始七年（418），或称《新海龙王经》，竺道祖、河西录、僧祐录等著录，但隋代已缺本。《长房录》另著录 1 卷本《海龙王经》，西晋帛法祖译，亦失。《开元录》著录该经两译（竺法护译与昙无谶译），一存一缺。现存竺法护译《海龙王经》共 20 品，广说菩萨行。其中第 5—7 品即《总持品》《总持身品》《总持门品》为陀罗尼专品，第4品虽称《无尽藏品》，但内文说无尽藏陀罗尼，并称该品“名曰所说无尽故，号无尽法藏为总持门也。”

1. 无尽藏总持

无尽藏总持，即含藏无量佛法功德之总持。无尽藏，亦称无尽法藏、无尽法、无尽句，梵文 akṣayakośa。藏，含藏、摄藏义；法藏，含藏诸法，法、句，均指含藏的教法。《佛地经论》解释说：“陀罗尼者，增上念慧，能总任持无量佛法，令不忘失。于一法中持一切法，于一文中持一切文，于一义中持一切义，摄藏无量诸功德故，名无尽藏。”①

《无尽藏品》说无尽藏总持包含四层意思：一、一切文字诸所言教皆名佛言，菩萨入此言教，晓了众慧，是谓菩萨分别道义。道义即教义，分别道义，即对教义的分别认识。二、不坏法界，志一味慧，是谓菩萨分别经本。味慧，即一味慧，即无分别智慧，指对契经本义的无分别认识。三、其有如应顺于法慧，是谓菩萨分别顺寂。法慧，对五阴以及业报诸法的否定性认识。竺法护同译《光赞经》解释说：“何谓晓了法慧？谓于五阴所造罪福断绝为慧。”② 顺寂，即随顺、寂静，九种住心的二种。四、其有说慧无处无著，是谓菩萨分别晓了。无处无著，处指十二处，不以感官及其对象来认识，即无处；无著，无所执著，指无特定的认识。掌握无尽藏的这四层含义，也就认识到诸法的旨趣。说若菩萨解此四义，晓了文字言说诸所归趣，身有所在莫不诱进，皆入佛教。总之，“一切无著，本无所住，于百千劫有所言说无能制者，明其所以者何，是名曰无尽之藏总持门。”③

不尽，与“尽”相对而言。不尽者，谓八难音声诸法无有尽，如来说法亦无有尽。而尽者有十七种可尽的问题，即反问是否可尽：因果报应是否可尽耶？经典顺普可尽耶？顺普，随顺普入，指顺从经典所说是否可尽。心之所入可尽耶？因缘愚迹可尽耶？顺在爱欲可尽耶？发于所持可尽耶？说乘所处可尽耶？分别法处可尽耶？深妙杂句可尽耶？至于究竟可尽耶？逆顺之言可尽耶？名字之训可尽耶？叹佛法众可尽耶？说正谛可尽

① （唐）玄奘译《佛地经论》卷5，《中华藏》第27卷，第45页上。

② （西晋）竺法护译《光赞经》卷7，《大正藏》第8卷，第194页下。

③ （西晋）竺法护译《佛说海龙王经》卷1，《中华藏》第20卷，第772页中、下。

耶？佛道法品可尽耶？罪福所应可尽耶？讲度无极可尽耶？[①] 意谓佛说八难音声诸法无尽，譬喻、智慧、三世诸说无尽，因果报应等十七种可尽之法亦无有尽。所说诸法无尽，即号无尽藏为总持法门。由是总持，后当来世是离垢总持所流布处，皆是如来之所建立八万四千法藏。是总持门为首面也，八万四千行皆来归于总持，八万四千三昧皆从总持，八万四千总持无尽之藏以总持为本原。

该经还是诸多无尽藏，其中有四无尽藏总持，即四种无尽藏总持法，共为十六种四事法，称十六种无尽之教、无尽之藏。分别有：一、四法无尽：分别无尽、慧无尽、明智无尽、总持辩才无尽。二、四难摄无尽：其性难摄、道心难摄、入法难摄、入众生行难摄。三、四坚固无尽：所愿坚固、奉行坚固、立忍坚固、度于因缘所造坚固。四、四所说无尽：讲诸至诚、讲诸缘起、讲众生行、讲诸乘本无慧。五、四光无尽：照于法界，照于智慧，照于慧明，照于如应之所说法。六、四上曜无尽：精进为上、禁戒修行勤力为上、求积功德为上、合集求慧为上。七、四无穷极无尽：求诸度无极而无穷极、不厌生死而无穷极、开化度人而无穷极、求诸通慧而无穷极。八、四无厌无尽：佛前听经而无厌足、为人说经而无厌足、求诸德本而无厌足、供养如来而无厌足。九、四无能胜无尽：一切尘劳亦无能胜、一切诸魔亦不能胜、诸外异道亦不能胜、一切怨敌亦不能胜。十、四无习无尽，不习声闻缘觉之乘，不习一切供养之利，不习一切诸所著求，不习一切诸凡夫行。十一、四无得无尽，不得所生，不得开化恶戒之人，不得说经在于有为为上大乘，不得乞求。十二、四力无尽：忍力——忍于一切所作，众恶慧力——蠲除一切众生疑结，神通力——见一切众生心之所念，善权力——为一切人如应说法。十三、四大藏无尽：不自侵欺而断

① 此诸问题，同见于竺佛念所译《最胜问菩萨十住除垢断结经·梦中成道品》，有 26 个问题，作：菩萨应寻其本性而复演说有报应耶？说除八难音声无响有报应耶？究尽众生推寻根原有报应耶？顺从经典蠲除结使有报应耶？正使如来不染三世、正法开化未曾唐捐有报应耶？正使诸法有报应果复可尽乎？心识周旋入出无碍复可尽乎？或履权慧顺从爱欲复可尽耶？威仪礼节顺而不犯复可尽耶？三乘教化皆令充满复可尽耶？思惟法本不舍总持复可尽耶？解了诸法章句清净、深了妙法章句分明、观四意止诸佛定意复可尽耶？分别意断未曾舍离、演法无穷不以为难复可尽耶？神足无碍山河石壁通达无碍复可尽耶？一一分别五根圣典非是外耶所能沮坏复可尽耶？如来神力审言正法、不起狐疑是非之想、七觉意华以自璎珞、处在大众不怀怯弱、论说三十七贤圣之道、永离外耶复可尽耶？讲说逆顺正受三昧、或复分别名身句义复可尽耶？苦习尽道至道印封三十二相、相相受报复可尽耶？卷 10，《大正藏》第 10 卷，第 1040 页下—1041 页上。

三宝，入于无量之法，得一切心而随其所志，慧等如空。十四、四无极无尽：博闻无极，智慧无极，所愿无极，顺众生说法无极。十五、四事不自侵无尽：说法不自侵，说至诚不自侵，顺法行不自侵，得至道极不自侵。十六、四事得无所畏无尽：不畏恶趣，不畏众会，不畏决疑，不畏失佛道。四事无尽藏总持的功德，说其德无量，入无极慧，集菩萨行，所可由慧。光曜庄严菩萨所求，菩萨财宝所入法藏。入总持门，分别言教，严身口意，得净诸国，合集自在。护念正道，入众生敷慧，化导正法。力精进具，诸度无极，严净道场，逮诸佛法，是谓无尽之藏总持。

诸法无尽藏总持，即诸法之假号名数之无尽藏总持。说其有文名字号之数及法诸数，游于正法，皆来归斯无尽之藏为总持。游于正法者，对于佛说名相、法数的含义有正确的理解，于诸文字无所分别。诸法无尽藏，亦称文字缘会无尽藏总持，缘会即因缘会和，指相互关联的名号法数，此诸无尽藏法数有很多，此举 40 种，诸如诸法清白，不坏本净故。乐一切法，不侵乐法故。究竟诸法，所志诸法，亦无侵欺故，等等。诸法无尽藏总持的要领，菩萨得是无尽藏总持，能分别一切文字之缘由，知文字不可尽，诸法所说亦不可尽。譬如文字亦不从身出、不从心出，诸法如是，不可知处，不住在身，不住在心。譬如文字无所依倚，而求解说尘劳之事，亦无所净。菩萨已得无尽藏总持，虽说尘劳，不著尘垢，究竟本净。譬如文字不合在身，然为他人有所解说，等等。

身无尽藏总持，《总持身品》所说，以身体及其环境譬喻法数，开启密教象征修行方法。说总持文字是力，归趣文字是身，灭尽像是色，入法门是顶，观瞻是额，慧眼是眼，天耳是耳，说名字是鼻。又制乱意，眉间阙庭也；摄一切心，面也；解喻一切可众生心，舌根也；调定其心，齿也；师子观奋迅，髭也；藏匿空语，唇也；观一切法，咽也；勉出众生令其欢悦，肩也；端正所谓，脾也；察诸法等，腹也；入于深门，脐也；入左右路，掌也；合会诸法，臂也；十善之句为善救护，指也；清净法铜，爪也；来致虚无之念，胁也；次第讲法，脊也；说不侵时无所为度，尻也；具足寂观，髌也；趣审谛法，膝也；晓知一切，踹也；心意寂然，足趺也；游到十方，足心也；次第说谛，步也；知羞惭耻，衣也；法鬘庄严，傅饰也；法华若乾，卧具也；说种种法，枕也；不瞋不诤，涂香也；所行如应无所不了，杂香也；入深戒，说香也；于诸法自在，眷属也；嗟叹梵迹，则亲友也；得安隐众，知识也；断诸结缚开化众人，则亲昵也；

晓了诸事，家室也；其心清净，母也；一切巧便无所依信，慧父也；诸通慧心，从等也；施度无极，浆食也；戒度无极，泰安也；忍度无极，庄严也；精进度无极，作善克办也；一心度无极，饱满也；智度无极，随时顺也；善权度无极，二句合义也；道品身支，党也。讲说至诚，未曾侵欺，一切世间尊豪自由，于法自恣，是为无尽之藏总持，无色像身也。

声无尽藏总持，即诸佛国土音声无尽藏总持。说其有菩萨住无尽之藏总持门者，则可谓入佛之道场。如大海含受众宝诸珍苑府，无尽之藏总持如是，包弘诸法道宝箧藏，如无数香箧令无量人恣意所欲。菩萨已住无尽之藏总持门者，以真妙言开化一切，令各得所。是总持者，入一切声。

行无尽藏总持，即无尽藏总持行，菩萨学十五种总持行，可称无所畏惧。一、一切无行为总持行，即六根、十二处、十八界诸法之生、灭、处均无行。二、色空但心不空色为总持行。三、痛、想、行、识之识空，但心不空识，是应总持行。四、其无想色行，不念无想行，是应总持行。五、痛、想、行、识亦复如是，其无想识行，不念无想识行，是应总持行。六、其不断色行，于色行无行，不色生行，不色起行，不色寂行，色如谛行，色如本净行，亦不念色如谛、本净行，是应总持行。七、痛、想、行、识亦复如是，其不断识行，于识行无行，不识生行，不识起行，不识寂行，识如谛行，识如本净行，亦不念识如谛、本净行，是应总持行。八、于种由法界行，不想法界行，不想法界诸入本净空行，不想本净空，是应总持行。九、若一切法缘起之行，不想缘起，是应总持行。不著诸法行，不猗不著行，是应总持行。十、诸法如本无行，不坏诸法本无之行；若于诸法住本际行，不念本际住诸法行，是应总持行。十一、其知贪欲行，不于法界想念贪欲行，是应总持行。十二、其知瞋恚行，不于法界想瞋恚行，是应总持行。十三、其知愚痴行，不于法界想愚痴行，是应总持行。十四、其等分行，不于等分行于法界有所坏行；若于八万四千诸所修行，入于法界无若干行，是应总持行。十五、若行、若合行，于行、合行而无所行，亦无不行。所以者何？其行无量亦无所度，亦无所想，是故彼行为平等行。于平等行亦无所毁，亦不有为，亦不无为，亦不受，亦无不受，无处无住，故曰平等行。菩萨行如是，则得无尽藏总持之门也。

2. 六十二事法句

六十二法句实际上就是六十二句陀罗尼，此意译陀罗尼文句，其功能就是护持无尽藏总持。

缘应意　随顺意　欣乐迹　直意　越度　无尽句　次第　曜面　光目　光英　志造　净意　行步入　勇力　济冥　所持　为上　寂门　入寂　灭尘　离居　居善　随顺　离次　无所至　所住　无所住　至处　无至处　要御　速慧　智根　转本根　月光　日转焰　光善离垢　无垢　净诸垢　觉所建立　诸天佑　护诸魅　告乘　梵知化　释咨嗟　四天护　众圣爱　仙人归　诸姓修行　解牢狱缚　天人所摄　舍诸尘劳　破坏众魔　降伏外道　摄欲明智　开化自大　不犯法师　不乱众会　悦可乐法　护于法音　不断三宝　慈愍众生　赞慕德义

经中说是诸法句，为护无尽之藏总持。其有法师受此六十二事章句，若讽诵者，得三十二无所畏。包括博闻无畏，咨嗟他人；处处无畏，言无缺短；如应无畏，弃捐郑重；而无所畏，随音所入；辩才无畏，无所罣碍；其心无畏，奉受道心；其志无畏，欢悦众人；行步无畏，速决狐疑；觉意无畏，观察众人；无阙无畏，言行相应；无缺无畏，戒禁清净；心面无畏，忍辱清净；坚强无畏，于审谛愿而不转还；所处无畏，心不谬乱；辩慧无畏，能悦众会；智慧无畏，知深妙法；降化无畏，离于调戏；师子无畏，伏诸外道；无受无畏，无衣食悦；无瑕无畏，降伏众贼，令住正见；无愆无畏，智者不毁；导御无畏，不乱众经；说等无畏，随时而教；无谄无畏，言行相应；离慢无畏，见一切人；谦顺无畏，无尽句本行修善；发遣所问无畏，开化一切无量法教；随众无畏，己身净故；降魔无畏，除诸尘劳；大慈无畏，心不怀害；大哀无畏，将护众生；智慧无畏，以法治国。

经中还说假使不断是三十二无畏，稍稍渐成如来四无所畏、佛之所有无所畏。能于诸天、人前为师子吼，恣听一切所可欲问，都无有人能来穷极如来之智，亦不敢断佛所说。

三　《密迹金刚力士经》的陀罗尼

《密迹金刚力士经》，竺法护译，共 7 卷，西晋太康九年（288）十月八日译出。[①] 编入《大宝积经》第三会，称《密迹金刚力士会》。宋代法护译《佛说如来不思议秘密大乘经》20 卷，为其异译本，译于 11 世纪上

① 太康九年说，见僧祐《出三藏记集》（卷 2），费长房《历代三宝纪》（卷 6）则说太康元年（280），并据支敏度及竺道祖《晋世杂录》，《开元录》（卷 2）同此说。

半叶。前后两译，相隔700余年，基本内容一致，但也有一定差异。7卷本《密迹金刚力士经》不分品目，20卷本《如来不思议秘密大乘经》分25品，包括：菩萨身密品、菩萨语密品、菩萨心密品、震吼音声菩萨来会品、持国轮王先行品、菩提道品、如来身密不思议品、如来语密不思议品、如来心密不思议品、称赞金刚手菩萨大秘密主功德品、菩萨苦行超胜以受食缘成熟众生品、菩萨诣菩提场品、降魔品、转法轮品、所缘品、金刚手菩萨大秘密主授记品、无二无说品、入旷野大城受食品、护世品、去来品、勇力菩萨先行品、阿阇世王问答品、贤王天子品、总持功德赞说譬喻无尽品、嘱累正法品。从此品目，可大致了解该经内容。

又智旭《阅藏知津》介绍该经内容，说佛游灵鹫山，与四万二千比丘、八万四千菩萨及天龙八部四众人等说大士业，法名净济，金刚密迹称叹方便、智度二业，当成佛道。寂意菩萨请密迹敷演如来秘要，佛亦敕之。密迹诫众勿恐勿怖，先说四不思议。寂意入定，散华作供。密迹乃说诸菩萨密，引古帝释善自在化作仁良虫，以身肉普救国人病，明身秘密。次明言密，引古寂然梵志答楼夷仙树叶多少之数，楼夷即舍利弗，寂然即释尊也。次说心密竟，大众获益，地动雨华。雷音菩萨以神通力，先于天乐赞叹法门，次来礼佛，传雷音王佛问讯之命。众会乃问密迹夙因，佛具述千佛探筹，楼由最后。及法意、法念二弟，一愿作金刚力士，侍卫千佛；一愿作梵天，劝请千佛转法轮，今密迹即法意也。次说行佛道业三十二事，寂意复问如来三密。密迹先说身密，引应持菩萨不见佛顶事证。又明佛不受食，诸天取去济苦众生等事，大众获益，天乐自鸣，世尊摩顶赞印。次说口密，具明六十种音，引大目连穷佛音声不得边际事证，及说咒二十二首，广明如来言辞不可限量，大众获益。次说心秘要，现瑞获益。又地裂出水，高洒世界，表持经瑞。寂意复请密迹具说如来苦行、庄严道树、降魔受供、转法轮事，众复获益，佛赞印之。寂意又问寂然惔怕等义，佛详答之，众又获益。欲知密迹何时成佛，佛为授记。密迹请佛于旷野国七日受供，佛于毗沙门宫应病演法，令各获益。又为护世四王说十法、八法、六事、四事、二事，为密迹说菩萨十事无瞋恚法、八法心无恐惧、四事而得自在、四事入于法门、八力致开士行。密迹宣咒，诸天偈叹。佛还灵鹫，阿阇世王来见，佛为说密迹夙因。密迹以金刚著地，王及帝释、目连皆不能举。因为王说有十大法，逮得大力。及说仁和八法，往来周旋四法。又答世王信坐之问，答贤王天子寂然之义，赞其从阿閦国来，入法室总持。密迹请佛建立法典，佛周观四方，说颂建立，并述往事以结成之。[①]

该经是《宝积经》类中较早出现的一部经典，也是原始密教中具有标志性的一部经典，对后世密教产生了重大影响，是后世密教理论的重要来源。其中塑造的密迹金刚力士形象在后世密教中逐渐形成一类神祇——金刚菩萨，尤其在金刚乘中成为一类主要神祇，其执持的金刚杵也因此成为密教标志性的法器。悲面神祇、执持契印成为密教神祇的一个形象特征。而其中提出的三密概念，更成为后世密教组织教义的一个基本的框架性理论结构。密教之所以称秘密之教者，正是因为有身、语、意三密之说故，后世也以三密定义密教。

1. 总持菩萨与密迹金刚

首先《密迹经》塑造了两个重要的密教神祇形象，总持菩萨和密迹金刚。前者具有密教菩萨行的一般特征，赋予陀罗尼以菩萨形象，使陀罗尼密教有了具象化的表达。后者具有鲜明的个性特征，开启了密教金刚神的先例，为密教树立了以秘密主金刚手为首的一类新的神祇形象——金刚菩萨。

以菩萨形象表达陀罗尼，是《密迹经》在陀罗尼密教表达方式上的一次突破。它的意义在于以陀罗尼为名塑造菩萨形象，使陀罗尼从闻持经文、总持佛法层面进而发展到信仰神祇层面，为原始密教向早期密教演变铺平了道路。《密迹经》中最早提出总持菩萨，说逮得总持菩萨圣慧，一切万物皆归无常，引喻说相皆能堪任云云。所谓“逮得总持菩萨圣慧”者，即得到圣慧的总持菩萨。总持菩萨，法护译文三称陀罗尼菩萨，更加凸显了陀罗尼菩萨的形象特征。竺法护另译《普曜经》，也同样译有总持菩萨之名，由此陀罗尼菩萨之称越来越普遍，见于诸多经轨。《佛说观普贤菩萨行法经》以称诵诸佛名号、烧香散花、悬缯幡盖以及发愿、忏悔并能现世见佛身等，视为陀罗尼菩萨的功德，因说与一切陀罗尼菩萨共为眷属。《法华经》进一步说听受经法者，可转身与陀罗尼菩萨共生一处，是以陀罗尼菩萨闻持经法，具足“利根智慧”。宋人闻达《法华经句解》明确说“陀罗尼菩萨，即获总持开法大士，与是同生，彰报胜也。”[②] 慧

① （明）智旭撰《阅藏知津》卷2，《大正藏》第31卷，第800页上、中。
② （宋）闻达撰《法华经句解》卷6，《新纂卍续藏》第30卷，第588页上。

洪《法华经合论》也解释“转身得与陀罗尼菩萨共生一处，则知闻持之力胜。”[①] 闻持是陀罗尼最初也是最基本的含义，由此引申出总持佛法之义，至《密迹经》扩展到菩萨行，以修菩萨行为总持行菩萨。

《密迹经》正是以总持行规定总持菩萨的功德，有三无碍、三清净、三无尽、三无住处、三卒决对、三疾得归慧。其中三无碍，即总持无所罣碍、辩才无所罣碍、道法无所罣碍。菩萨得到总持，称总持行菩萨，总持行有诸多功德，《密迹经》列举了总持行的具体内容，包括：其心性，心以离垢，其心清净。严和其明，其性超越。所住安详，智慧无失。其愿力，所愿坚固，所当度者魔不能坏，诸外异业无不摧伏。其威德，降消尘劳，除诸怨贼，其身力盛，心无怯弱。其辩才，辩才无尽，所说无量，所归无限。其智慧，慧无罣碍，入乎觉意，其明甚远。其说法，班宣深妙真正之辞，其所博闻，犹如江海。其定力，斯三昧定，如须弥山处在大海。在于大众，若如师子，不倚俗法，犹若莲花，不著尘水。无所憎爱，心若如地，百谷草木因其得生，万民得安，等等。总持行是菩萨行在密教中的进一步延伸，也是密教的菩萨行，这也是《密迹经》提出的重要概念。

密迹金刚，全称密迹金刚力士，或称密迹力士，或称金刚力士。后世译金刚手秘密主或秘密主金刚手，略称秘密主或金刚手。秘密主，或称大秘密主。金刚手，或译执金刚、持金刚，略称金刚。其梵文名 vajrapāṇiyakṣa，意为执金刚杵的夜叉，vajra 译金刚，指金刚杵；pāṇi，译手、执、持，即以手执持义；yakṣa，译秘密、密迹。《大日经疏》解释说：“金刚手秘密主者，梵云播尼（pāṇi），即是手掌，掌持金刚，与手执义同，故经中二名互出也。西方谓夜叉（yakṣa）为秘密，以其身口意速疾隐秘，难可了知故。旧翻或云密迹，若浅略明，义秘密主，即是夜叉王也。执金刚杵（vajra），常侍卫佛，故曰金刚手。”[②] 其中夜叉译为秘密、密迹，就其行迹而言，直译能啖，意为能啖人之鬼；伤者，意为能伤人者。按慧琳《音义》解释“阅叉以拙反，或云夜叉，皆讹也，正言药叉，此译云能啖人鬼。又云伤者，谓能伤害人也，”又解释“药叉，旧曰阅叉，或云夜叉，或云野叉，皆讹转也，即多闻天王所统之众也。”[③] 多闻天王为印度神话

---

① （宋）慧洪撰《法华经合论》卷6，《新纂卍续藏》第30卷，第412页中。
② （唐）一行撰《大毗卢遮那经疏》卷1，《大正藏》第39卷，第582页上。
③ （唐）慧琳撰《一切经音义》卷9、卷12，《大正藏》第54卷，第357页上—380页中。

中居于须弥山的四大天王中的北方天王，所统率的部众为夜叉鬼神。而另译秘密为密迹者，玄音《音义》解释说："密迹，以知佛三密功德故也。案梵本都无'迹'义，当以示迹为神，故译经者义立名耳。"[①] 此知称密迹者是因为其秘密有行迹可以示现，有行迹方能表明其神性。又译勇健、轻健、暴恶者，《翻译名义集》解释说："夜叉，此云勇健，亦云暴恶。旧云阅叉，《西域记》云药叉，旧讹曰夜叉，能飞腾空中。什曰：秦言贵人，亦言轻健。有三种，一在地，二在虚空，三天夜叉。地夜叉但以财施故，不能飞空。天夜叉以车马施故，能飞行。肇曰：天夜叉居下二天，守天城池门阁。"[②] 此知多闻天所统之夜叉为天夜叉，以据守城池门阁为天职。至于称秘密者，如一行所说以其身、口、意速疾隐秘，难可了知故。但佛教中赋予其新的秘密含义，以如来三密为其秘密义。如《智度论》所说，如来三密一切诸天人皆不解不知，可见秘密就如来三密为不解不知而言，密迹金刚以知解如来三密而称秘密主，即主如来身、口、意三密。

密迹金刚力士作为佛的侍卫，最早见于阿含经类，三国时支谦译的《须摩提女经》中，密迹金刚力士手执金刚杵，在如来左右做护持，且以武力收服桀骜不驯者，如说佛至乌持国，恶龙王见密迹力士而自归命。[③] 支谦译的另外一部经《佛开解梵志阿飑经》，也说佛三问阿飑不作答，金刚力士举金刚杵加以警告。[④] 此事《长阿含经》第三分《阿摩昼经》中，佛直接声称如不速答，"密迹力士手执金杵在吾左右，即当破汝头为七分"。密迹力士遂当头举杵，摩纳恐怖，求佛救护，如实作答云云。[⑤]《撰集百缘经》也有类似的故事，长爪梵志来劝外甥舍利弗，与佛论议，也被金刚密迹于虚空中以金刚杵拟梵志顶使其归服出家。[⑥]《增一阿含经·六重品》第10经也有类似的说法，密迹金刚力士手执金刚杵，警告尼健

① （唐）玄音撰《一切经音义》卷20，《大正藏》第54卷，第432页中。

② （宋）法云撰《翻译名义集》卷2，《大正藏》第54卷，第1078页下。

③ （吴）支谦译《须摩提女经》有三处提到，其异译见《增一阿含经·须陀品》第三经，卷22，《大正藏》第2卷，第661页下。

④ （吴）支谦译《佛开解梵志阿飑经》，《大正藏》第1卷，第260页中。

⑤ （后秦）佛陀耶舍译《长阿含经》卷13，《大正藏》第1卷，第83页上。

⑥ （吴）支谦译《撰集百缘经》卷10，《大正藏》第4卷，第256页上。

子不报论者，当破其头作七分。[①]《杂阿含经》第110经亦说此事，称金刚力鬼神持金刚杵，猛火炽然，萨遮尼犍子见金刚神，得大恐怖云云。[②]由此可见，密迹金刚力士不仅为佛陀侍卫，且以武力为佛陀驯服刚强难化者，佛陀的教化方式在此一改往日苦口婆心的说教，武力成为佛陀教化的另一种手段，密教的悲面神祇就是沿着这一模式塑造起来的。密迹金刚作为佛的近侍，也进入到佛的传记中，后来的佛陀传记中都有密迹金刚的侍卫故事。

《密迹经》在阿含经类的基础上，专门塑造了密迹金刚力士的高大形象，大大提高了密迹金刚力士在佛教神祇中的地位和作用。该经中不但强化了密迹金刚的大力士形象，而且更重要的是密迹金刚作为佛的近侍，承佛威神，颁宣圣旨，为会众宣说菩萨密和如来秘要，辩才广大，功业深厚，宿殖德本。经中说密迹金刚力士执持金刚杵，其重量之大，下着地时，三千大千世界六反震动，阿阇世王以大力士尽势举之，不能摇离地上如毛发。号称执持金刚拘翼的天帝释，以无限神力，极阐神足，欲举其金刚，了不能举。佛声闻弟子号称神足第一的大目犍连，以无极力摇动，也不能摇动金刚大如毛发。密迹金刚力士自举是金刚，以己右手举取金刚，投于虚空，在于虚空七反回旋，还立右手而住。佛说是金刚者，入在重德，不可用阿阇世王被铠力士及象力而举移，不可以帝释比阿须轮三百三十六万里身在所可投，亦不可以大目犍连举掷三千大千世界之神足力所能撼动，须弥山王尚且不如此小小金刚重。密迹金刚力士以是金刚击铁围山、大铁围山及金刚山，令碎如尘。[③]

大目犍连曾问佛，密迹有如此之力，是父母遗体之力还是凭借神足力，佛说是父母遗体之力。此事亦见于《分别功德论》，说瓶沙王曾见优头槃比丘在如来右，密迹力士在如来左，问佛左右者是何等人乃尔高大，有答右者是优头槃比丘，左者是阅叉鬼金刚力士。又问是何国人有此差别，回答是摩竭国人。又问为是神足身还是父母遗体身。回答是父母遗体身之力，非神足力。诸释子因之说，如来神德不可思议，乃令罗刹恶鬼高

---

① （后秦）佛陀耶舍译《长阿含经》卷30，《大正藏》第2卷，第716页上。

② （刘宋）求那跋陀罗译《杂阿含经》卷5，《中华藏》第32册，第673页中。

③ （西晋）竺法护译《密迹金刚力士会》之六，《大宝积经》卷13，《中华藏》第8册，第511页下—512页上。

大之人在其左右。[①] 据法显游历印度时记载，释迦牟尼涅槃之地，尚有密迹金刚力士放置金刚杵之处。《高僧传》记载："拘夷那竭城城北双树间希连禅河边，世尊于此北首而般泥洹及须跋最后得道处，以金棺供养世尊七日处，金刚力士放金杵处，八王分舍利处，此诸处皆起塔，有僧伽蓝，今悉现在。其城中人民亦希旷，止有众僧民户。"[②]

但密迹金刚力士之所以轻而易举举取金刚杵，正在于其"入在重德"，累世"殖重德本"之故。经中因说密迹金刚往世种种功业，说过去善见劫庄严世界有无量勋宝锦净王如来时，其佛土有快见大城，中有清净城，其转轮圣王勇郡王拥有七宝，主四天下，供养如来，听受大乘，奉无极法，勤守戒律，殖众德本，宫太子及其眷属皆发无上正真道意。勇郡王为过去定光如来，其千太子为贤劫千佛，其正夫人不移生太子法念为梵天，正夫人不损所生太子法意为密迹金刚力士。[③] 法意太子曾发愿："吾自要誓诸人成得佛时，当作金刚力士，常亲近佛在外威仪，省诸如来一切秘要，常委托依，普闻一切诸佛秘要密迹之事，信乐受憙，不怀疑结。"[④] 这是密迹金刚为佛侍卫的缘起，为密迹金刚找到了一个佛家正统的出身，也是密迹金刚为外侍诸佛威仪、内省如来秘要的理由，为密迹金刚赋予了掌握如来三密的象征意义。

密迹金刚称为秘密主，或认为来自夜叉 yakṣa。按夜叉在吠陀中为幽冥界之王 kubera 神的侍者，属于半神类。密迹金刚的侍卫身份，最初或

① 《分别功德论》卷 5，《大正藏》第 25 卷，第 50 页上、中，《长房录》著录，入失译录。《大周录》作西晋竺法护译，并说"释《增一阿含》义，出《达摩欝多罗录》。"卷 10，《大正藏》第 55 卷，第 434 页中。《开元录》（卷 13）入后汉失译录，并说"此一论释《增壹阿含经》义，从初序品至弟子品过半，释王比丘即止。《法上录》云竺法护译者不然，此中牒经解释文句并同本经，似与《增一阿含》同一人译，而余录并云失源，且依此定，《僧祐录》云迦叶阿难撰者，此亦不然，如论第一卷中引外国师及萨婆多说，故知非是二尊所撰"。《大正藏》第 55 卷，第 621 页中。

② （东晋）法显撰《法显传》，章巽校注本，中华书局 2008 年 11 月版，第 76 页。

③ 定光如来，宋译作燃灯如来。法念太子，宋译作法思童子，无毁宫女坐中化生，即是金刚手神力所化。法意太子，宋译作法慧童子，无比宫女坐中化生，即是尸弃梵王。

④ （西晋）竺法护译《密迹金刚力士会》之二，《大宝积经》卷 9，《中华藏》第 8 册，第 470 页中。宋译并无此愿，法思童子仅称："诸仁者，我与汝等皆如金刚手菩萨相续胜行，不离一切如来无上秘密，不离一切佛法听受信解"。法慧童子则言："今我诸兄具胜愿力，愿我与汝悉证菩提。成菩提已，我皆劝请转妙法轮。"《佛说如来不思议秘密大乘经》卷 5，《中华藏》第 69 册，第 166 页上。

来自于此。但本经中密迹金刚并非幽冥王的侍卫，而具有旷野界鬼王的身份和地位。说密迹金刚在旷野鬼神王国土，有密迹宫殿及其眷属，请如来降临其宫，为诸旷野鬼神妖魅以及反足诸鬼说法受供，并命其太子密兵（金刚兵）广邀诸天梵众到会，四天王等供养受法，于是其五百子逮得无所从生法忍，其地鬼神妖魅以及反足诸鬼皆归命佛密议道法。

密迹金刚还有菩萨本生故事，说往世不移劫选主世界息意如来时，曾为勇力菩萨，与佛议论菩萨行，说善权方便，使不可计人发无上正真道意。佛说“此正士身坚强精进，被弘誓德无极大铠，巍巍如是。供养诸佛，不可称限，光光若斯，无以为喻。”① 密迹金刚力士具有菩萨法身，能够自在变化，开化众生，自称“曾为菩萨从锭光佛授决以来，致于密身清净之体，正使菩萨口有所宣，悉无言说。又有寂意，如来所说随时之宜，因其想念，说菩萨密身之寂静。从是转进而得拔济，所至无际，所谓菩萨身之秘密由得自在。”②

密迹金刚力士不仅有菩萨法身，还有往世成佛的本生故事。经中说密迹金刚力士曾在妙乐世生阿闳佛土，阿闳佛为其宣说一千八百印，至时归于道义，往返周回，见不可计无数如来，稽首自归，净修梵行，然后来世。经过如此劫数，积累德本，逮致无上正真之道，于严净劫普净世界，得成最正觉金刚步佛。其普净世界丰炽安隐，天人炽盛，菩萨众多，七宝庄严，无有恶趣三苦之毒，亦无八难不闲之处，所有诸业一如兜率天，诸天人民唯志佛道。金刚步世尊说不退转菩萨大法，宣大乘无极大道，应时会中二万人皆发无上正真道意，并诸来会者皆心念愿生其土，得佛授决，当成无上正真之道为最正觉。③

由于受密迹金刚力士形象的影响，以金刚为名的神祇在佛教中逐渐增多，最终在持明密教中形成一类神祇。《密迹金刚力士经》中就有金刚意菩萨、金刚步菩萨，有金刚兵天子。《宝积经》类中还有金刚菩萨、金刚智菩萨、金刚智威德菩萨、金刚眼菩萨、金刚幢菩萨、金刚志菩萨，有金

① （西晋）竺法护译《密迹金刚力士会》之六，《大宝积经》卷13，《中华藏》第8册，第511页中。

② （西晋）竺法护译《密迹金刚力士会》之六，《大宝积经》卷13，《中华藏》第8册，第456页上、中。

③ （西晋）竺法护译《密迹金刚力士会》之五，《大宝积经》卷12，《中华藏》第8册，第499页。

刚催天子，还有金刚不坏佛、金刚光佛。称佛法身为金刚身，称佛智慧为金刚智，称佛坚固道场为金刚场，遍至三昧所坐之地名金刚处。陀罗尼有名陀罗尼金刚句、金刚山烦恼陀罗尼，菩萨不毁律仪称金刚甲胄，安住不动定意为金刚定。后来的大乘经典中，金刚类神祇逐渐增多，形成一类金刚神祇，以金刚神为主后来形成金刚乘。

2. 菩萨三密与如来三密

《密迹经》提出三密的概念，对后世密教产生了重大影响。三密分菩萨三密与如来三密。菩萨三密，是菩萨行的秘密，也就是菩萨开化众生的秘密。菩萨三密中，身密指菩萨为开化众生而自在变化的身行威仪礼节。所谓身行威仪礼节，就是菩萨身体力行的行为举止。身密分为密行与密身，密行是菩萨的秘密行为，密身则是菩萨的秘密身体。密行有菩萨顺从的五种行为，称菩萨五行。一菩萨无有谀谄，二不为匿让，三不自贡高，四现相应时自在变化，五以自在心不计邪佞非法之业。[①] 不奉承谄媚、不隐瞒欺诈、不傲慢自大是菩萨密行的基本要求，但随时示现出自在变化，以自在心不计较邪佞、非法之事，却是菩萨密行的特殊要求。开化众生，趣向菩提，是菩萨的根本任务。所以菩萨根据众生的具体情况，随时随地示现身行变化，以开化、诱导、训诲众生，还能以自在心对待那些奸佞之人、非法之事。如此“谨慎身行威仪礼节，开化众生。口无所说，不妄有辞，菩萨威仪不可限量”。此说如认真履行这些身行威仪礼节，就能开化众生，不开口说话，不费言辞，便事半功倍，效果自显，可知菩萨威仪的作用不可限量。

密身也称法身，指菩萨能够自在变化的身体本质，所谓菩萨金刚不坏之身。如说：“身所行众密坚固牢强，不可破坏，犹如金刚。其身散以众人，所学从志律故，虽欲毁之，不能破坏。”能够密行而聚散不坏的身体，是经菩萨志愿自律形成的，想破坏都是破坏不了的。如说“其菩萨身，身顺法律，调化众生。其菩萨心，不以寂然，不怀妄想”。所谓身顺法律，是指菩萨身体力行，顺从菩萨五行，以调化众生为志愿的。如“众生以学从学，法住一切不坏，所宣言教，火不能烧，刀不能伤。其身

① （西晋）竺法护译《密迹金刚力士会》之一，《大宝积经》卷8，《中华藏》第8册，第456页下。

坚强，要不可毁。”[1] 之所以众生也能坚强其身，是因为就身体的本质来说，一切众生身悉本无，己身亦复本空。本无，即以无为本，与现有相对而称，是现有的本质。本空，是本无、现有的总相、全体，无分别状态。可知本无就是等无有异，平等而没有差别，法身平等，自身亦平等。本无形像而普现众像，如来像是本无之像，菩萨像是所现之像，本无像与所现像等无有异。法身本无而成立诸身，法身与诸身等无有异。所以在菩萨的实践活动中，“若菩萨奉行法身，假使众生淫怒痴盛，男女大小欲相慕乐，即共相娱，贪欲尘劳悉得休息。以得休息，于内息想，谓离热欲，因斯受化，皆是菩萨所愿具足。”[2] 此说菩萨用的是法身，就不怕三毒炽盛，可与男女大小共相娱乐，以贪欲之行浇灭贪欲之火，贪欲熄灭了，内心的欲望自然平息，就脱离了热欲，因此众生得以受化。这种思想就是后世密教大欲大乐、以欲伏欲思想的源头。如此，若菩萨行中善修法身者，斯诸菩萨身则是法身，其体充实或断食，其力不增损。菩萨法身清净而现起密行身业，是菩萨身密所在。

菩萨言密，指菩萨说法的清净言语，所谓清净言语，就是不可思议的神变言语，即随众生而自在变化的各种言语，包括语言、歌声、音乐、声响等声音形态。菩萨一音演说，普入一切众生，各以其言，各得其闻，各使悟解。如说：“何谓言密？其言清净，随众生类堕畜生中多少限数，菩萨亦现若干音响言语。其察音响现若干辞，顺其众生章句言语而演言教，随时颁宣而与谈语，说其苦乐善恶之处。其菩萨音一切普入，靡所不达。或有歌戏、幻化、瞋喜演其音句，随其众生言辞音响而入训诲。因其一切身意所信，心所好乐，菩萨悉解而分别之，各使闻了。”[3] 众生能够听法的语言形式不同，或用语言，或用音响，菩萨也随之用不同的声音表达方式，而且还得用众生乐于接受的语言方式进行开化。故说菩萨所化音响，“从其众生一切音响。又菩萨音所顺无限，犹如众生所生之处心念各异，五趣音辞各各不同，不可称计。菩萨如是各从音辞，亦无言辞，是则名曰

---

① （西晋）竺法护译《密迹金刚力士会》之一，《大宝积经》卷 8，《中华藏》第 8 册，第 458 页下。

② （西晋）竺法护译《密迹金刚力士会》之一，《大宝积经》卷 8，《中华藏》第 8 册，第 459 页中、下。

③ （西晋）竺法护译《密迹金刚力士会》之一，《大宝积经》卷 8，《中华藏》第 8 册，第 460 页中。

随众生音无不达之，晓无所有”。各从言辞，亦无言辞；音无不达，晓无所有，正是菩萨言密的不可思议之处。又言无穷极，不可思议、不可喻尽、不可计响，也是菩萨言密的神变之处，故能随众生上、中、下声及其粗细、好丑之不同而能演示音响。菩萨使用的言语有多种形式，或以言教方式，以经典训诲；或以柔软和调，动之以情；或以歌唱雅颂，陶冶心情；或以音乐，感染情绪。消弭瞋恚贪欲，除去痴慢自大。以此宣传之故，众生皆能悦可，因得听闻，殊异言教，在世发意，当成佛道。菩萨言密还须言行相应，提出语言禁忌21种，与语言相关的行为禁忌有66种。

菩萨心密，指菩萨清净心行，心行即意业。菩萨意业本性清净，但又不失神通，能造立慧业，故菩萨心密不仅心行清净，而且能示现神通、造立慧业。经中说：“何谓心密？心行清净，不失神通，造立慧业。”① 心行清净，是心之行业清净，心业清净，在于心性本净。心性本净，即是“其心平等，犹如虚空”。而心行“住其平等如虚，不随欲界，不处色界，不著无色。若以一切悉无所著，无誉无毁。其无誉无毁，谓一切法”。“以是之故，一切诸法不可得也。其能解畅，分别诸法，本无所处，三界悉虚，乃能解畅，悉以分别，是为心密。”② 可见心密以分别诸法，而又本无所处、三界悉虚为基础。神通变化是菩萨心密的一个特点，菩萨通过神通来建立菩萨行业。说“神通自娱，在所示现，正住神通，建立大哀无极之业。”③ 所谓大哀无极之业，就是菩萨对众生的无限同情之心，同情心、慈悲心是菩萨行的心理基础，有此心理才能成就菩萨事业。成就菩萨事业，必须有神通，通过示现神通，才能化导众生。但菩萨神通与慧业相结合，建立慧业，称为慧通或神通慧。“以神通化无央数变，一切普显，以诚谛通，智慧为室，现目睹见一切诸法，是则菩萨正真之法。”故“慧通无极，普御一切。”就色像而言，“其神通慧皆显众像，解畅诸色，本无有色。”就音响而言，“其以神通普入诸音，等本音响”。就心念而

① （西晋）竺法护译《密迹金刚力士会》之二，《大宝积经》卷9，《中华藏》第8册，第464页上。

② （西晋）竺法护译《密迹金刚力士会》之二，《大宝积经》卷9，《中华藏》第8册，第464页下。

③ （西晋）竺法护译《密迹金刚力士会》之二，《大宝积经》卷9，《中华藏》第8册，第464页上。

言，其神通“皆能观察一切众生心念诸行，因见本净，常见一切，随时开化。”就度世业而言，“其神通明尽一切漏，晓了随时，不失其节，现生死难，示度世业，所察玄远。”就修道业而言，“其神通明皆超声闻、一切缘觉，深入微妙，坐佛树下，降伏魔官，解畅一切诸佛道法，而转顺时道法圣轮，开化一切十方众生，使入法律，至阿维颜，转一切法。寂意欲知，是为菩萨心密之业。”① 心密智慧，并不停留于般若智慧，进而一步，不起法忍，菩萨心密与众生心行相应。菩萨心趣入众生心，即是菩萨心行，而菩萨心行是菩萨行之所以建立的基础，这个基础就是般若空观。如菩萨行慈愍，以不计吾我故。菩萨行悲哀，以无有众生故。菩萨行欢喜，则以无命故。菩萨行济护，以无寿故。行四布施，心无悭故。奉行禁戒，调和其心故。斯忍辱行，尽心之业故。如此有三十九种菩萨行与三十九种心行观。

如来秘要，是如来本然的秘密，与菩萨密有所不同。“如来常定，如来至真，无出入息，无所思念，亦无所行，无复思想，悉无所行。虽口所宣，无想无行。如来所行，无应不应，无言无说。”② 就是说如来是永恒的、绝对的、普遍的，但就其业行而言，如来秘要不行而无不行，无应而无不应。相对于菩萨密而言，“如来善权众生无限，不可计量，所行不同，便为颁宣若干品法。又以众生在于我所，面现相值，如来所说悉遍入心，随其本行宣布道业，各解入道，是则名曰如来秘要。若有菩萨入如来秘要，是等不知，谓于如来至真演有为之门，而如来法悉是无为。”③ 此说菩萨密随缘应化，虽行清净，却是有为法。如来秘要善权无限，无应而无不应，无为而无不为，是无为法门。

如来三密，即如来三秘要，说如来秘要有三事，所谓身密、口密、意密。其中身密指称如来普现一切威仪礼节的行为能力。《大智度论》概括说：“有一会众生，或见佛身黄金色、白银色、诸杂宝色，有人见佛身一丈六尺，或见一里、十里、百千万亿，乃至无边无量遍虚空中，如是等名

① （西晋）竺法护译《密迹金刚力士会》之二，《大宝积经》卷9，《中华藏》第8册，第464页中。

② （西晋）竺法护译《密迹金刚力士会》之三，《大宝积经》卷9，《中华藏》第8册，第477页中。

③ （西晋）竺法护译《密迹金刚力士会》之三，《大宝积经》卷10，《中华藏》第8册，第477页中。

身密。"[①] 此说随众生所见之如来身为身密。本经说"何谓身密？如来于斯无所思想，亦不惟念，普现一切威仪礼节。或有诸天人民自喜经行，见睹如来经行之时，诸天人民心自念言：世尊为上，斯等逮见如来身密。佛之所念亦不思望，一切众生睹见如来至真妙德威仪。若诸天人喜坐，见如来坐。若诸天人喜卧，见如来卧。若喜听经，见如来说经。若憙寂静，见如来默然。若喜禅思，见如来三昧。若天人民目视不眴者，见如来目未曾眴。若意自在有喜光者，便见如来光无所阂。喜紫金色者，亦见紫磨金色"云云。[②] 此说如来身密就是如来无思无想而能普现的一切威仪礼节的行为，宋译"所谓如来于无思惟无分别中而能示现诸威仪相"。[③] 如来普现一切威仪礼节，并非有意所为，如来无思无想，也无一定目的，完全取决于诸天人民的喜闻乐见，其行住坐卧、讲经说法、声色形象，随众生心行而得睹见。故诸"天人民心志无量，品色各异，亦见如来若干品种功勋德色。""正使江河沙等诸佛世界满中众生有含命类，展转相爱，展转相生，皆使罪毕，得为人形。从思想生其中一人，正使所生亦犹如彼一切众生，如来亦见若干品色威仪礼节，心所好乐，不可限量，悉欲察知本末言行，亦复如是。[④] 如来至真，有以是缘，各于众生现如来像威仪礼节，言行使（亦）然。犹如一人心得解脱，不与二人俱共同也。欲宣至实，心得解脱，乃至乎道。如来至真，乃能可悦一切众生。以悦众生显示色像、威仪礼节，言行亦然。犹如清净明镜，随其色貌，以往照之，则现其像，不失本类，等示无异，未曾变改。明镜照形，亦无想念，如来如是，虽以法济一切众生，无有想念，无利养心，可悦一切众生心行，随上中下深浅之法，开化度脱三界迷惑，是为如来身行秘要。"[⑤] 此说如来显示色像威仪礼节，可悦一切众生心行，随众生根机开化度脱，其意在于说如来与众生等无有异，如来至实至真，其所至之实、之真者，唯有众生而已。众生以明镜自照其形，所见所睹者也唯有如来而已。所以说如来施于众生

① （后秦）鸠摩罗什译《大智度论》卷10，《中华藏》第25册，第266页下。

② （西晋）竺法护译《密迹金刚力士会》之三，《大宝积经》卷10，《中华藏》第8册，第473页下。

③ （宋）法护译《佛说如来不思议秘密大乘经》卷1，《中华藏》第69册，第168页上。

④ 如是，据《中华藏》校勘丽藏补，见本卷校勘记，《中华藏》第8册，第842页上。

⑤ （西晋）竺法护译《密迹金刚力士会》之三，《大宝积经》卷10，《中华藏》第8册，第473页下—474页上。

而身无所归，没有众生也就没有如来，如来为众生而有。如来至实、至真、至尊，全在于其本无。如来本无，只有众生现有。又如来之身无像而现像，无痛而现痛，无想而现有想，无种而现身，正是如来身业的秘密。如来法身非色身，自无生命功业，但如现色像，则为满足众生妄想，随众生心而自现。

如来口密，或语密，亦称如来口秘要、如来言辞秘要、如来口言秘要，指称如来无思无行而施一文字以能颁宣无限义理、散一音声以能周遍众生所想的语言能力。《大智度论》概括说："语密者，有人闻佛声一里，有闻十里、百千万亿、无数无量遍虚空中。有一会中或闻说布施，或有闻说持戒，或闻说忍辱、精进、禅定、智慧，如是乃至十二部经八万法聚，各各随心所闻，是名语密。"① 此说众生随心所闻之佛说法声是语密。按本经所说："何谓为如来口秘要？其夜如来逮无上正真道，成最正觉，至无余界、泥洹之界，灭度日夜，于其中间，施一文字以能颁宣，一一分别无数亿载，讲演布散无限义理。所以者何？如来常定，如来至真，无出入息，无所思念，亦无所行，无复思想，悉无所行。虽口所宣，无想无行，如来所行无应不应，无言无说，不想有人。"② 此说如来之所以能够做到施一文字就能于无数亿载分别讲演布散无限义理，也是因为如来常定，如来至真，无所思念，无所行动，却无应而无不应，无言而无不说，如来言语的秘密正在于此。所谓如来常定，就是如来超越一切禅定、止观境界，全无意念，虽说文字而无思想，虽发音声而无心念。又如来讲经说法，随众生之所想而颁宣文字，随众生之心念而发出音声，说众生之所乐闻，讲众生之所乐意。即便如来说法的音色，也是众生悦耳的声音。经中说"如来言辞出六十品，各异音声。"所谓吉祥音、柔软音、可乐音、悦意清净音、离垢音、显曜音、微妙音，等等。"其如来音，普通十方诸佛世界，可悦一切众心性行。"如来之音悦可众生，是由众生感官而入，随众生心分别而说，使其各得开解。说如来至真，所宣法典"随众生根所行精进，从所乐法而令入道。"即如来所说，随众生感官的正向感受，从众生所乐之法为切入口。乐法音响"从如来口出，以各各说法，随心别异，

① （后秦）鸠摩罗什译《大智度论》卷10，《中华藏》第25册，第266页下。

② （西晋）竺法护译《密迹金刚力士会》之三，《大宝积经》卷10，《中华藏》第8册，第476页中、下。

言行应时，各各闻法而得开解，是则名曰如来口密要也。”区别不同的心理，不失时机开化众生，是如来说法的秘密所在。又说“若有想知如来至真，闻其音响，随其所好，诸根厚薄，从其应度而开化之。”凡众生好恶不同，诸根厚薄有差，如来从其应度而开化，总是具体的、个别的、特殊的。又众生宿缘不同，如来所说也有所别，如来针对的永远是特殊，如来的权威性也正于对众生的特殊性。但如来之音无从所出，犹如“呼声之响，其音远彻，其音所出不在于内，亦不处外，不在中间。如来若斯宣音，训诲众生之心，其辞言教不从身出，亦不从心，不内不外，不从中间。”正因为如此，如来音声无所从出而无不遍在，无所不适。“犹如大海之中如意明珠，演其光曜，可一切众。若宝明珠系在幢头，遍照城市，从众生心所欲志愿。其明月珠出宝，众人各得所欲，斯明珠宝亦无想念。如来若斯，其有宝心，志存清净，执大哀幢，从众生性根，无所不应，各使开解，虽显是教，亦无想念，是则如来所宣秘要。”① 无想念而说法开解，随众生性根而无所不应，是如来口宣之秘密。

如来心秘要，或称如来意密，分为如来神识与如来慧识两种，神识即清净心，亦称如来圣慧、圣心。慧识，亦作识慧、道慧、道心。心密指称如来神识不转不变而其慧识有生灭寿量的清净意业，说：“何谓为如来心秘要？其业清净，所以因缘，一切诸天子所生，以一识慧，寿八万四千劫。又其神识不转不变，以为余识乃至定意还得寿命，从彼终没，因其所行，受身而生。”② 识慧，原指识慧天，四天之一，故说一切诸天子所生。《人本欲生经》说，以过无有量识，从慧受意止，为第六识止处。③《光赞经·行空品》说“观于空慧、识慧、无用慧、有想无想，过是四天，修三十七品，行大哀”云云。④ 余识乃至定意，指七识住以及八定、四意止等，均依据不转不变的神识而得寿命，因其所行。如来神识不转不变，思维没有转换，意识没有变化，处在绝对不动的状态，所以如来从其夜得成佛道至灭度日，于其中间，并没有出现四十一种意识活动以及心理现象和

---

① （西晋）竺法护译《密迹金刚力士会》之三，《大宝积经》卷10，《中华藏》第8册，第477页下—478页上。

② （西晋）竺法护译《密迹金刚力士会》之四，《大宝积经》卷11，《中华藏》第8册，第484页上。

③ （后汉）安世高译《人本欲生经》，《大正藏》第1卷，第245页上。

④ （西晋）竺法护译《光赞经》卷2，《大正藏》第8卷，第156页中。

情绪状态，诸如思虑迟疑和反复、思维活动、思绪波动、意志坚定、思虑集中或分散、心理散乱和转移、心思的放任或引导、思维停止、思维失序、高兴或生气等，也没有眼、耳、鼻、舌、身、意六种感官的感觉活动及其感觉对象。所谓如来无疑，亦不回转，心无思行，心无所合，心不依法，心无乐处亦不非乐，心不住内外，心不观过去、当来、现在等等。只有如来圣心，心清净巍巍，不造罪福之业，于一切法慧无罣碍而普示现。如来圣心，即如来神识，就是清净心。也正因为其心清净，不见他人心不清净，其所见者亦无所见，永无所见。如来神识所见，亦不肉眼视，不天眼睹，不慧眼察，不法眼看，不佛眼观，不合天耳听，不合观他心。乃至不杂念识过去世事，不依神足而为变化，不倚所有，诸漏已尽，于一切法悉无合会，于一切法无所罣碍，无吉祥，无有众业，永无所行。但如来慧识以之受身而生，因其所行，发生实际作用。故说慧无罣碍而普示现，普造一切诸佛道事。只因“如来至真，处于一切众生志性，显仁慈慧，无所伤害，救济危厄”。即使讲经说法，化导众生，“是如来秘要若有所入，其所班宣无不普达”，“如来秘要不可限量，所宣秘密不可得底。”① 神识不转不变，而示现慧识皆作佛事，正是如来意业的秘密。

3. 禅慧辩持四门与字门神咒

陀罗尼神咒在《密迹经》中也占有重要的位置，经一开首就说聚会菩萨皆得无生法忍、逮得总持、辩才无碍、神通自娱，陀罗尼成为菩萨必备条件之一。并说弃诸外学、降伏众魔、消诸怨敌，是本经的主要任务。经中也将陀罗尼与禅思、智慧、辩才并列为菩萨所入四大法门。其中入总持门，不仅是菩萨的功德业，也是菩萨智慧业的前提。说逮得总持菩萨圣慧，一切万物皆归无常，所说皆无口辞，亦无所说。若有菩萨未得总持，无有言教所造因缘，无有罣碍，不兴辩才，这是因为“佛所建立逮总持门故有所说”。可知智慧、辩才诸法以入总持门为先，故菩萨也有三无碍，所谓总持无所罣碍、辩才无所罣碍、道法无所罣碍。经中因有总持行菩萨之称，还有总持行诸菩萨德。经中还说陀罗尼字门，称法室总持，说贤王天子获得的陀罗尼字门。贤王天子从阿闳佛土生妙乐世界，见闻如来秘要经典，逮入法室总持。说“所云得至逮法室总持者，入于聪慧文字

① （西晋）竺法护译《密迹金刚力士会》之四，《大宝积经》卷 11，《中华藏》第 8 册，第 484 页下。

无尽。一切诸法皆入此室，于一切法悉无所作。解了法室，奉行法室，于诸文字宣以音响，口之所说。作屋舍事，不舍事，亦不知之，宣布一切音响之事，是则名曰入于法室总持之业。”① 此说入于聪慧文字，聪慧即智能，入于智能文字，即于诸文字记持不忘。记持之文字无尽，即一切诸法以文字说，文字无尽，智能亦无尽。入总持称法室者，总持如同内室容纳人物，引喻陀罗尼摄持一切诸法。但对持法以及所持法，作中道观，智无罣碍，所谓一切法皆入此室，而于一切法悉无所作。引喻为法室，也作中道观，譬作屋舍事，不譬作屋舍事，亦不知之，但宣布一切音响之事，都无罣碍。又法之所入以及所入之法，亦作不可得的空观。入者无入可入，无所入处，也无所从来，无所现出。对文字、说法以及起灭、心数、法数等，亦作中道观。如此则“入于法室总持之业，入众生心，以入众生心，随众生心，应当度者而为说法。”② 此说入法室总持之业，即是入众生心。入得众生心，才能随众生心而说法度人，这是总持行菩萨的任务和方法。

法室总持，《如来不思议秘密大乘经》译法相陀罗尼，其字门陀罗尼的特点更加突出，说云何名为随入一切法相陀罗尼？随入法相者，即是文字无尽随入之智，谓阿字门随入一切法故。又阿字者是即诸法出生之门，又阿字者是即诸法初生后际，又阿字者，于一切处成办事业，随起语业，无所了知、非无了知，以阿字门随入一切法故，此说是名随入法相陀罗尼门。其中所说诸法出生之门，即是出入陀罗尼字门观法，诸法初生后际，初生即阿字，后际指字门最后一字，如般若四十二字门吒字。随入者，如般若四十二字门由阿字本初不生义入罗字门一切法离垢，由罗字门入波字门一切法第一义故等。但从本质上说，所言随入者于一切处无有少法如微尘许可出可入，以无文字故。从何所来、复从何入、中亦何住，以其文字中无住故，而即无出何方而去。又以文字无和合故，即无文字而可记说，亦非无说无增无减。以无文字故，无有是法，亦无非法而可分别。以无文字故，无法可生、无法可灭，无法可成、无法可坏。

当知如是文字算数，即是心之算数。如心算数，即是一切法算数。如

① （西晋）竺法护译《密迹金刚力士会》之七，《大宝积经》卷14，《中华藏》第8册，第517页上。

② （西晋）竺法护译《密迹金刚力士会》之七，《大宝积经》卷14，《中华藏》第8册，第517页上、中。

一切法算数，即非算数。何以故？法无算数可得故。以无算数法可算数故，即一切法算数不可得。如是即能随入法相，本来如是随入无生，若入无生亦复无起，此即无有少法可入，是故诸法无入而入。若能如是入诸算数，即于辩才而不能断。何以故？法性无断故。若如是通达，即能随应为他说法，随有所说现前作证。由如是随入诸法相故，即是随入众生相。以其随入众生相故，即如所信解善说诸法。

并说陀罗尼字门的诸多功德，说得陀罗尼菩萨其心离垢，意乐清净，正行洁白，其心高胜，所行善住，妙慧最上，而获神通坚固圆满，不为魔军之所破坏，降伏外道，制诸烦恼，解除怨结，身有力势，心无疲倦，辩才无尽，演法无边，善说无际，胜智无碍，具深妙慧，善说深法，多闻如海，住三摩地如须弥山，所有众会如师子王，世法清净如彼莲花，长养众生如其大地，息烦恼爱犹如大水，成熟众生犹如大火，于一切众生起平等心犹如妙月，破烦恼痴暗犹如大日，除烦恼怨如勇力者，心善调伏犹如大龙，高振法音如大云吼，普施法雨如澍大雨，疗治众生诸烦恼病如大医王，作大法王如王自在，善护世法如护世天，善观天人如帝释天主，心得自在具增上力犹如梵王，无所系着犹如飞鸟，怖诸愦闹犹如猴鹿，于一切众生忍伏诸恶犹如慈母，教授艺能开诸学门犹如慈父，施诸法宝流注无尽如毘沙门天王。得福庄严具诸相好，人所乐观见者欢喜，具七珍财无贫乏苦，摄诸无智称赞智者，具智慧故离诸过失，善护诸天、善护诸龙及夜叉等，说法自在神通无碍，了知一切众生意乐，随入一切众生根性。听法无厌，不求一切名闻利养说法无吝。无染著故具戒清净，无怨害故忍力清净，善能成办诸事业故精进清净，得自在故禅定清净，洁白智故胜慧清净，梵行最上故具四无量，善修出世静虑等持，成就无上菩提圣道。以具如是诸相功德故，当得无上法王灌顶。当知得陀罗尼菩萨尚获如是无量功德，若复如来神力加持，诸有事业皆得陀罗尼菩萨功德，经百千岁称赞譬喻而不能尽。①

经中还将陀罗尼神咒纳入如来语密，说如来密要随其音声而为众生说法开化，斯三千大千世界设若干种，如来至真宣布训诲，从其音辞以不可计诸有名号，化立至诚，若往无业，斯则名曰苦习尽道。这是说如来随众

① （宋）法护译《佛说如来不思议秘密大乘经》卷19，《大正藏》第11卷，第747页中—748页上。

生音声为其说法开化，以其不同言辞名号说四谛神咒。苦、习、尽、道是对苦、集、灭、道四谛的早期译法。此宋译在《如来语密不思议品》，译作当知如来语秘密智，随入一切众生宣说诸法。所有三千大千世界一切众生种种生处，如来随入一切众生语言音声，以种种名字安立四谛。如其所说，苦、苦集、苦灭、向苦灭道谛。《密迹经》说地神四谛咒和二十六天四谛咒，其中地神（地居诸天）四谛咒作：阿禅　阿婆牟黎　加阿呵那移　阿迦优头，其功德为护一切，是神咒乃名曰苦习尽道（宋译此作所有地居诸天四谛咒：珂吠、珂嚩牟梨、珂嚩那曳、珂嚩度噜，即是此说苦、苦集、苦灭、向苦灭道谛）。虚空中一切诸天（空居诸天）四谛咒：活知　阿活知　阿活咤迦弥　阿和尼抳黎（宋译：多哩帝　阿嚩哩帝　阿嚩哩多尾诫弥　阿嚩哩多你萨多啰尼），其功德救一切，是则名曰苦习尽道。以其他诸天言辞所说四谛咒及其功德者有二十五天（宋译二十一天），包括四天王诸天、忉利天诸天、焰摩诸天、兜率天、乐无慢天（化乐天）、他化自在诸天、诸梵天、梵身诸天（梵众天）、梵满诸天（梵辅天）、梵度着诸天（梵会天）、大梵诸天、光曜诸天、少光诸天、无量光诸天、光音诸天、约净诸天（少净天）、无量净诸天、净难逮诸天（遍净天）、广果天、御辞天、离辞诸天、假使诸天、善见诸天、一究竟诸天、净居四天等。宋译另有魔众天、无烦天、无热天等。诸天护一切四谛咒，晋译大多意译，如忉利天咒译：回转　贯习　主灭尽　为尽不相举要，兜率天咒：独犯面触　固转种畜业，乐无慢天咒：所度　俱所度　护所度　主度女，诸梵天咒：有事业　事业种　因缘树以因缘度，梵身诸天咒：清明　造清净　清净风　动清净，少光诸天咒：是取去　不将去　不使去　无所至，光音诸天咒：以断终　自在断　顺从和　常清净，约净诸天咒：所至趣　所可归　近所到　以近所到，少净诸天咒：清净　清净氏　净复净　归清净，无量净诸天咒：无我氏　无吾我氏　非贡高归自大，应果天、御辞天咒：以无作无所作除所作 所作　究竟。

经中密迹金刚说佛成道是降魔咒，音译：醘黎　休留休留，意译：其强飙聚　各罗眼动摇归救　忍力力尽　寂怕作角。又音译：鸰伊犁　佉丘　佉犁佉犁，意译：护无择　住胜生往还无曲　以慈受之　调和成　施持已。宋译有二首陀罗尼，其一金刚手说佛曾在阿波逻罗龙王宫中及大菩提场初成道时宣说秘密大明章句 31 句，其二菩提道场降魔大明章句 41 句。该经最后一部分又有金刚手所说佛神咒，但晋译没有译出，宋译译有两首，其中密护正法咒55句，护持法宝藏咒15句。宋译又有呼召四大天王大明章句5句，呼召帝释天主大明章句6句，摄伏诸魔大明章句5句。

四　《菩萨见实经》的陀罗尼

1. 实际与陀罗尼

《菩萨见实经》，北齐天保八年至天统四年（557—568）那连提耶舍译于邺城天平寺，共16卷、26品，后编入《大宝积经》为第十六会。其异译本为宋代日称译《父子合集经》，20卷、27品。此译经名为“父子”者，以佛陀化导其父王净饭王故事为缘起集结。而北齐译以“见实”者，即见实际义，就是见诸法与佛法、诸法与真如无分际的实际，故称无有一法而非实际，诸法即是实际。实际，即真实际、真实之际。际，分际，分别，也就是界限之意。《化乐天授记品》说“一切诸法是真实际”，其具体内涵规定为：真实际就是“无边际、无碍际、无住际、无尽际、不二际、非际实际”。其中“所言实际者，不颠倒故。无边际者，无限量故。无碍际者，离对治故。无住际者，离自性故。无尽际者，无有生故。不二际者，谓一味故。言非际者，是非有故”。所以“彼实际者，遍一切处，无有一法而非实际。”此所谓实际者，完全消除实际与诸法之间的任何分别，菩提与一切法，乃至五无间业与无余涅槃之间也无任何分别。故说：“谓菩提者亦是实际，世尊，何者是菩提？一切法是菩提，离自性故，乃至五无间业亦是菩提。何以故？菩提无自性，五无间业亦无自性，是故无间业亦是菩提。世尊，言菩提者，如无余涅槃性，亦如无间业性。何以故？一切法即是无余涅槃性，亦是无间业性，是故无余涅槃界即是菩提。世尊，若有众生住生死者可求涅槃，于实际中无住生死求涅槃者。何以故？实际无二故。”① 无二就是一实，实际亦无可得，乃至实与际亦无分别。真如、如来亦同于实际，与一切法无分际。如《广果天授记品》说：“世尊，真如者即是如来，一切诸法即是真如，是故一切法即是如来。世尊，实际者即是如来，一切诸法即是实际，是故一切法即是如来。世尊，

① （北齐）那连提耶舍译《菩萨见实会》，《大宝积经》卷67，《中华藏》第8册，第997页中。

随所法中即有如来，于其法中即有一切法，是故一切法即是如来。”① 此说一切法即是佛法，一切法即是如来，则一切众生即是佛，佛即是如实见众生，如实见众生，即是见实际，实际即是法界。《四转轮王品》亦说此意，说：何谓佛法？一切诸法皆是佛法。但若一切法是佛法者，一切众生亦应是佛？若不颠倒见众生者，即是其佛。故所言佛者，如实见众生。如实见众生者，即是见实际，实际者即是法界。②

《四转轮王品》以此实际为陀罗尼门，从六十七种范畴的否定法规定陀罗尼门，诸如无动无摇、无取无舍、无生无灭等，以不颠倒取相的实际为陀罗尼门。说一切法无生是陀罗尼门，何以故？此名陀罗尼门，于此一切法无动无摇，无取无舍，是名陀罗尼门。一切诸法不灭是陀罗尼门，何以故？于中一切法无动无摇，无取无舍。彼陀罗尼门无有相貌，无有自性，无可施设，无作无造，无来无去，无众生无命，无人无养育，非对治，无形无状，无缠无离，无秽无净，无爱无憎，无缚无解，无命者，无出无退，无得无住，无定无乱，无知非无知，非见非不见，非戒非犯，非悔非不悔，非喜非不喜，非猗非不猗，非苦非乐，非定非不定，非实非倒，非涅槃非不涅槃，非爱非离爱，非见非不见，非解脱非不解脱，非智非不智，非视非不视，非业非不业，非道非不道。大王，应当以此六十七法门入一切法。所谓色受想行识之体性非曾有、非当有、非今有，如镜像、响声、阳焰、聚沫、梦境、石女、虚空等亦无有生灭，乃至涅槃界、法界、来境界等亦无生无灭云云。③

2. 阿字门陀罗尼

以实际为陀罗尼门，该经的异译《父子合集经·净饭王信解品》称阿字陀罗尼门，说“所言佛者，或名真如，或名实际，或名法界，但依俗谛推求诠表，非胜义谛作是说也。一切诸法本无生灭，此名阿字陀罗尼门。”并说“若能入解此阿字门，则能入解一切诸法”云云。④ 但《大宝积经》中的阿字陀罗尼门则在《紧那罗授记品》，该品称实际为佛的秘密

① （北齐）那连提耶舍译《菩萨见实会》，《大宝积经》卷67，《中华藏》第8册，第1014页上、中。

② （北齐）那连提耶舍译《菩萨见实会》，《大宝积经》卷67，《中华藏》第9册，第51页下。

③ （北齐）那连提耶舍译《大宝积经》卷67，《中华藏》第9册，第51页中—52页下。

④ （宋）日称译《父子合集经》卷20，《中华藏》第69册，第978页上。

教、秘密语、秘密说，而以阿字陀罗尼门为其义。说："一切诸相皆一相，所谓无相应当知，若能解入于一字，我为智者说菩提，一切诸法皆无作，此说阿字总持门。"如此又说阿字总持门，一切菩萨之所行无边之相，一切诸法皆寂灭，一切诸法无分别，一切诸法无自性，一切诸法无有边，一切法无尽，一切诸法无有门，一切诸法无所趣，一切诸法无有来，一切诸法无自性，一切诸法不可得，一切诸法离思念，一切诸法无障碍，一切诸法无有生，一切诸法无有比，是故一相无有相。譬如虚空无有等，一切诸法无增减，非一非二非燋恼，亦非是冷复非热，以非有故不可见。无有曲相及直相，亦复无有明暗相，亦无见闻诸相等，是无所有陀罗尼。① 此说阿字义无相、无作、无分别、无自性、无有生、无有等，等等，将中道空观归结于阿字陀罗尼门。

3. 无量门陀罗尼

该经《广果天授记品》说无量门陀罗尼，说有陀罗尼名无量门，若有菩萨修集是陀罗尼者，当知得彼不断辩等，于一切境界中心不迷惑，是诸境界无有一法非陀罗尼。又说是菩萨得是陀罗尼时，于诸法中悉得陀罗尼，解辩才无碍。若菩萨住是无量法门陀罗尼时，入五阴、十二入、十八界，入于诸根，入四谛，入十二因缘，入于众生、入及非众生等等，入如是一切处，得不坏辩才。是菩萨于阴入中得陀罗尼，所谓色阴者即非成就，因无有少色法得成就者。如是色非成就，以非成就故。色非有法故，是故不可得。若色不生者，即是不灭，以不生灭故，即不可说。是故色阴非是可说，受想行识亦复如是，是故阴入即是陀罗尼入。以陀罗尼入故，阴不可得。以阴不可得故，陀罗尼亦不可得。以陀罗尼入不可得，唯是但名、但用、但假，但是世俗，但是言说，但是施设，非阴、非色，亦非色入，亦非陀罗尼体性可得。②

五 《无边庄严经》的陀罗尼品

《无边庄严经》是一部通论陀罗尼密教的经典，概括和总结陀罗尼密教的性质、地位、义理、功德，提出陀罗尼密教的重要概念。该经为菩提流志译，《大宝积经》第二会，分为《无上陀罗尼品》《出离陀罗尼品》

① （北齐）那连提耶舍译《大宝积经》卷67，《中华藏》第8册，第985页中—986页中。

② （北齐）那连提耶舍译《大宝积经》卷67，《中华藏》第8册，第1011—1012页上。

和《清净陀罗尼品》三品，通过无边庄严菩萨与佛对话的形式表达陀罗尼义理，故称《无边庄严会》。其中《无上陀罗尼品》分上、下两卷，上卷说大智善巧门，下卷说差别智善巧门，即从总相和别相分别讨论般若智慧与陀罗尼方便善巧之间的关系，以此阐明陀罗尼密教的性质和思想特点。所谓无上陀罗尼，亦称无上清净陀罗尼，无上、清净，是对诸法性空的中道认识，也是本经对陀罗尼文句及其句义所作的性空中道观，无上就是最高的认识，无上陀罗尼就是对陀罗尼本质的中道认识。《出离陀罗尼品》主要讨论陀罗尼作为语言文字的性质，出离即与“入”相对而称，陀罗尼是语言文字法，出离一切文字印法，即是一切诸法悉入其中，出、入无别，其性平等。《清净陀罗尼品》说陀罗尼的自性清净性，包括如来性、如来无畏、虚空性、善不善法。统此三品，故说此法门名陀罗尼王，亦名陀罗尼印，亦名三品所摄善巧。此三品还说种种陀罗尼及其功德，还说陀罗尼法门在此经中的地位，如说此经开示如来法藏陀罗尼，此陀罗尼能摄一切所有广大真实之法、能摄一切契经等法，诸佛所说，皆悉从此无边陀罗尼门流出。

1. 陀罗尼契经与秘密教

《无边庄严经》提出陀罗尼契经、秘密教两个重要概念，其中陀罗尼契经的概念在密教经典分类上具有重要意义。经中称“于此契经陀罗尼门，演说诸法差别总持”云云。“此陀罗尼契经之门亦复如是，入于一切诸法之中而得安住，一切诸法皆从此生，亦从此灭。”① 此称“契经陀罗尼门”或“陀罗尼契经之门”，是以契经陀罗尼或陀罗尼契经自称其经。大乘经典多有《陀罗尼品》，原始密教中由此形成“陀罗尼经”。陀罗尼经有两种类型，一种是“陀罗尼咒经”，另一种就是此称之“陀罗尼契经”。陀罗尼咒经，亦作陀罗尼神咒经，以陀罗尼神咒为中心构成经典内容，包括经序、神咒及其功德三大部分，篇幅较短。陀罗尼契经则以义理为中心构成经典内容，或说陀罗尼，或不说陀罗尼，多连篇累牍，篇幅较大。虽题陀罗尼经，却与契经的形式相同，故称陀罗尼契经。《方等陀罗尼经》《法炬陀罗尼经》《宝星陀罗尼经》等就是典型的陀罗尼契经，宝积、大集经类中的不少经也属于陀罗尼契经，《庄严菩萨会》本身就是一部陀罗尼契经。

① （唐）菩提流志译《大宝积经》卷5，《中华藏》第8册，第429页中。

契经，梵文 sūtra 的汉译，一般略称“经”，但使用“契经”或“经”，在汉语文中还是有所不同的，“契经”往往特指三藏之一的佛说经，说“经”时则通指三藏经典，因称“一切经”，甚至超出佛教经典范围，凡儒释道经典乃至所有宗教经典均以“经”相称。密教经轨早期通称“经”（sūtra），后期则称“教王经”（tantra），虽含义相同，其意却在于区别传统经典。早期密教也为了与显教经典相区别，其经典称“陀罗尼经”，但陀罗尼经大多说神咒及其功能，并不能阐发义理，有一定的局限性。因此发展出另一类阐发密教义理的经典，这就是陀罗尼契经。陀罗尼契经与陀罗尼字门关系密切，陀罗尼字门通过特定的陀罗尼字来阐发密教义理，是密教表达教义的一种形式。但字门就一字阐释，其释义的程度毕竟有限，也无法解决密教义理表达的完整性和充分性，于是契经式的文字表达就成了陀罗尼经的必然选择。陀罗尼契经的编纂及其概念的提出，就在于弥补陀罗尼经的这一不足。所以陀罗尼契经概念一经提出，也很快被接受，《释摩诃衍论》就采纳了这种说法。论中举出数种陀罗尼契经，有清净心地无垢陀罗尼契经、慧明陀罗尼契经、金刚陀罗尼契经、文殊师利圆满因海大总持契经、文殊师利欢喜陀罗尼契经、大证得陀罗尼契经等，亦有泛称总持契经、大总持契经者。该论说其依据的契经有百部，其中第七十五者为总持经。《释摩诃衍论》被定性为伪经，但流行于唐代，有人作了注疏，与《大宝积经》的编译同时代，至少表明陀罗尼契经的概念已为唐人所用。

该经提出陀罗尼密教的另一个重要概念——秘密教，称陀罗尼为诸佛秘密语言，以陀罗尼法门为秘密言教，并由此称陀罗尼法门为如来秘密法门、秘密教、如来密教，这是陀罗尼法门之有密教名称的确切说法。如《无上陀罗尼品》说：“菩萨能证陀罗尼门理趣方便，由证入故，无有诤论，无有忘失，随入无断秘密语言陀罗尼门。譬如有龙名无热恼，降澍大雨，流澍无断。”也以秘密来规定陀罗尼，认为陀罗尼不过是表达诸法秘密的方便假名而已，说“陀罗尼者，即是随顺诸法秘密方便假名。”又称本品为“陀罗尼秘密方便法门品”，[①] 其中说“彼陀罗尼门理趣差别智慧善巧，令诸菩萨得陀罗尼善巧方便，由证此故，当能了知随法秘密善巧理

① （唐）菩提流志译《大宝积经》卷4，《中华藏》第8册，第421页下。

趣。"[①]"于此演说陀罗尼门甚深方便法品之中，所有诸法为欲摄取诸菩萨故，开示发起，我今当说，令诸菩萨普遍开悟，善能摄取秘密言教。"[②]秘密言教，略称之，即"密教"。密教是以教而论，若以法门论，即是秘密法门。若以诸法论，即是秘密法。如说"如是如来秘密法门难解难入，唯除汝等能于长夜修行善法而得了知。"[③]"入于如来秘密之法，随得法门陀罗尼门。"[④]其他会中也频频出现密教的称谓，如《大乘十法会》中有如来秘密之教、如来密教、秘密教之称。如说菩萨成就十法是行大乘、住大乘，其中九者善解如来秘密之教。[⑤]如来密教不应在声闻法中求得，菩萨于大乘法中善巧所知甚深秘密法教示现之事，名为善解如来密教。并总结说：善巧知秘密，远离诸疑惑。善知诸佛说，所有秘密教。[⑥]由此可知，所谓密教就是如来秘密之教，就是诸佛所说秘密教，秘密在于善巧所知顿渐法门、善巧所知菩萨示现、善巧所知佛说陀罗尼。《紧那罗授记品》中以佛所说教理为秘密教、秘密语、秘密说，此教理即是中道空观，称真实际，而此真实际亦以阿字总持门概括。《授幻师跋陀罗记会》说胜解秘密教是菩萨的四个基本要求之一。又说陀罗尼法门包括多闻、恭敬供养多闻者、说陀罗尼真实义、能正趣入陀罗尼之秘密教义。此四法包含了佛法的所有内容，即深入了达早期佛教之缘起法，正确了知陀罗尼法门的秘密义理，正确理解大乘之法性诸说，了达般若法门的中道空义。该经类还将陀罗尼经称为"秘密修多罗"，如《披甲庄严会》说"秘密修多罗，汝闻当忆念，于斯理趣中，勿复有疑惑。"[⑦]秘密修多罗就是秘密经，密教经轨也多称秘密经。

2. 陀罗尼三义

《无边庄严经》提出陀罗尼三义，重新定义陀罗尼，即从秘密之方便假名、遍持之业、语言之句三方面定义陀罗尼。说"陀罗尼者，即是随

① （唐）菩提流志译《大宝积经》卷4，《中华藏》第8册，第422页中。
② （唐）菩提流志译《大宝积经》卷5，《中华藏》第8册，第427页下。
③ （唐）菩提流志译《大宝积经》卷5，《中华藏》第8册，第431页下。
④ （唐）菩提流志译《大宝积经》卷6，《中华藏》第8册，第437页上。
⑤ （元魏）佛陀扇多译《大宝积经》卷28，《中华藏》第8册，第636页中。
⑥ （元魏）佛陀扇多译《大宝积经》卷28，《中华藏》第8册，第644页下。
⑦ （唐）菩提流志译《大宝积经》卷24，《中华藏》第11卷，第133页下。

顺诸法秘密方便假名，即是随念遍持之业，即是说法语言之句。”① 这是从三个方面定义陀罗尼：

其一，从陀罗尼与般若的关系上定义，陀罗尼即是随顺诸法秘密方便假名。《宝积经》的中心思想是根本正观，也就是从般若角度观察诸法，离空观、实有二边，以中道正观一切法。从中道来正观陀罗尼，陀罗尼就是随顺诸法秘密的方便假名，诸法秘密实际上指般若。以中道观察，陀罗尼是随顺般若的方便假名，也就是表现般若秘密的方便法，表达诸佛法性的假名。究竟与方便、法性与假名、智慧与善巧，是反映事物本质与现象的两个方面，陀罗尼就是反映诸法秘密本质的方便、假名、善巧。

其二，从陀罗尼的业用上定义，陀罗尼即是随念遍持之业。遍持，与陀罗尼的闻持、总持、能持、遮持等含义有所不同，是《宝积经》对陀罗尼所作的新定义。经中多处使用遍持的概念，称陀罗尼为遍持法门、遍持善巧、遍持方便等，如《无上陀罗尼品》自称“此是陀罗尼清净善巧遍持法门”，“如来说此大陀罗尼遍持方便”。遍持，遍即普遍，持即摄持，遍持就是普遍摄持。唐末密宗高僧智慧轮对陀罗尼的解释与此相同，其《明佛法根本碑》说：“当知陀罗尼者，遍持三身大功德，法佛之法性，法住法界，总持诸法也。”② 陀罗尼的常用定义是闻持、总持，遍持与之相近，甚至可以互相指代。但总持从统一性而言，遍持从普遍性而言，总有总括、汇聚、统一之义，遍有普遍、全体之义。摄持、把握，就诸法的统一性而言，称总持；就诸法的普遍性而言，称遍持。从中道来观察，总持、遍持超越能所，都无可得。

其三，就陀罗尼的表达方式上来说，陀罗尼即是说法语言之句。语言之句，此指陀罗尼字门，《无上陀罗尼品》说：“此陀罗尼而能遍入一切诸法，所谓语言演说谈论。一切语言演说谈论，皆由文字表示宣说。是中文字，阿字为初，荷字为后，犹如入胎、受胎、持胎以母为先；又如种子长养，以父为先；如蕴积集，以生为先。次后建立余分差别，六处诸根次第成熟。如是字母为先，一切文字差别和合。如是字母为先，光发长养。所谓阿字为先，荷字为后，诸余文字在其中间，随彼相应和合而转，此即

① （唐）菩提流志译《大宝积经》卷4，《中华藏》第8册，第421页中。

② （唐）智慧轮撰《明佛法根本碑》，《大正藏》第46卷，第988页下。

能入演说语言陀罗尼门。”[①] 其中所谓阿字为先，荷字为后，指梵文字母体系中开首为元音 a 阿字，末尾为气音 h 荷字，其中元音与辅音相互拼读，形成字词语句，陀罗尼字门对能够拼读成文字的字母加以解释，阐发义理，故说陀罗尼是说法的语言之句。

3. 等法陀罗尼

《无边庄严经》的核心思想是等法陀罗尼，所谓等法，就是平等法，从平等观来认识陀罗尼，就是等法陀罗尼。该会从根本正观阐发陀罗尼的本质特征，也就是从中道来观察陀罗尼的性质。经设《无上陀罗尼品》，称陀罗尼之“无上”者，就是指根本正观。从根本正观来阐释陀罗尼，陀罗尼法门具有无上性。该品从陀罗尼异门说明中道正观，阐释般若智慧与陀罗尼方便善巧的关系，分为大智善巧门与差别智善巧门。大智即般若智慧，指对诸法共性的中道认识。差别智即诸法智慧，指对诸法具体特性的认识。善巧，亦作方便，与般若相对而言，此指陀罗尼。善巧被称为诸佛秘密语言，亦称如来无比词句，即指陀罗尼文句，故又有秘密语言陀罗尼门之称。所谓诸佛秘密语言，被认为如来之智慧所摄，用来表现如来智慧，故称善巧。大智善巧门和差别智善巧门，就是分别从事物的共性与个性来认识陀罗尼法门。

以此等法观察陀罗尼门，悟入根本正观，称为等入陀罗尼门。所谓等入，就是了知无明等诸有为法，领悟智见等诸无为法，认识到诸法的普遍清净性，由此证入一切有为、无为无戏论智。如以数为例，非数而能入数，非数而能住数，以随顺如是非数法故，证入无为清净法门，获得遍持光明智慧。以等入陀罗尼门观察，于诸法无所执著，称为无执著陀罗尼门。以等法观察陀罗尼形相，称无明随顺明智力聚法门。随顺明，与无明相对而言，于两者作平等观察，即是智力聚，聚此智力，称智聚力。一切法有形相者，所说形相即非形相，不作不坏，不爱不恚，是故形相门者则为非门。门清净故，由是能得入无形相清净法门。以等法观察陀罗尼理趣方便，称为随入无断秘密语言陀罗尼门。如说菩萨能证陀罗尼门理趣方便，由证入故，无有诤论，无有忘失，随入无断秘密语言陀罗尼门。以等法观察陀罗尼文句，对陀罗尼文字、句义取得平等如实的认识。《出离陀罗尼品》说陀罗尼语言文字的性质，所谓出离陀罗尼，即出离诸法之陀罗尼门，具体指

① （北凉）昙无谶译《大宝积经》卷 4，《大正藏》第 11 卷，第 23 页中、下。

出离一切文字、语言，因陀罗尼文句涵括、表达一切诸法之故。对陀罗尼句义，亦作平等观察，称如实句。经中说知此如实句，诸菩萨等当得近于佛智，能速证获陀罗尼门。由证陀罗尼故，以少功力而能受持光明照耀清净法门。光明照耀者，喻指普遍义，普遍清净法门，即是中道等法。

以等法、等入认识陀罗尼门，还不止于此，其强调般若空性的平等，以至于极端，称无间等，即无间平等。以无间等观察，即有无间菩提等、无间不可思议等、无间无分别等。如说菩萨住于空性、无相、无愿三解脱门，于一切法无所分别，不生不灭，不堕不起，不来不去不住，不染不净，亦不怯弱，无有障碍，无有所得。内离迷惑，善了于外，见闻觉知所不能摄，了知诸法皆悉平等。如实入于如来法中，以不虚妄，无有变异，安住真如，此即名为诸菩萨等所入般若波罗蜜门。住此般若门，则能成就无边智慧，由是慧力，能使入于不思议智——一切智智，及诸如来秘密言说——陀罗尼文句。由此于诸法门能得照曜，于此陀罗尼品能得光明。此无间平等法，为诸众生除灭一切有障碍法，授予一切无障碍法，这种智慧称为无碍智、清净智、金刚智。菩萨以金刚智摄受善巧，则于此陀罗尼法教悟入甚深，住无所得甘露灌洒。所谓甘露灌洒，谓烦恼魔、蕴魔、天魔所不能损，纵于死时虽有死魔，亦得自在，不起死想。于前后际得清净智，能遍记别而能随念中道之性，及能证得无生法忍，能证缘起，愿殊胜性及于诸愿能遍清净，当能遍持不共一切法智善巧。

由此还说一切诸法皆是佛法，以于诸法能善了知，名为佛法，因为诸法本性与佛法等，是故诸法皆是佛法。由能了知法、非法之故，说能了知一切诸法，能了知诸法者，即能了知陀罗尼门。进而认为一切诸法悉是真如，称世尊说一切法悉是真如，一切法如与佛、真如无二无别，非一非异。如来安住无分别法，非遍计故。如来说法终不超过一切诸法，何以故？无有少法可超过故。如来于彼某时证得无上正等菩提，然于彼时实无有法而可得者。以一切法及诸随法不可得故，不起分别，亦复不起法与非法及作意想。于彼本性清净法性，而不安住，亦不建立。如是了知简择法时，亦无了知及简择者。

六　《出现光明经》的陀罗尼

1. 陀罗尼智

《出现光明经》5卷，菩提流志译，《大宝积经》第十一会。该经有三大主题：一、光明，说明佛具有种种光明及其成就因缘。二、神变，说明佛的神通变化力及其功业。三、陀罗尼，以空性说明陀罗尼智及种种陀罗尼行，还提出贪欲即总持、三毒即佛道的极端思想。

其中所谓陀罗尼智，或译称总持智，即陀罗尼智慧，赋予陀罗尼以智慧的内涵。经中说："复有诸菩萨，积集施资粮；成就不思议，陀罗尼智慧。以无量偈颂，演说于总持；一切无罣碍，不失于本义。"[①] 此所谓一切无罣碍而不失本义者，是就陀罗尼智慧而言。无罣碍，就是无执著，对一切法不执著，这是陀罗尼智的本义。一切法，包括六根、六境、六识、五蕴、四大以及色心、世法等。于一切法不执著，就是对诸法尽其性相，了达空性，乃至于空性亦不可执著，方为陀罗尼智。如就眼根而言：若人能了眼尽性，于眼空性常通达，彼则能生总持智，乃至无上无著智。尽性就是穷尽诸法的性相，于其一切相，尽其空性，则陀罗尼亦无所有。如说："总持实无有，乃至我亦无。若我自性空，总持亦无有。总持自性空，愚者计为有，由是妄分别，不闻生忧恼。若分别贪性，及以总持空，如是二分别，毕竟不可得。若了空性空，总持亦非有，乃至菩提分，三摩地亦空。"[②] 该经对空性往往用边际来说明，了达空性往往说尽边际，所谓空无边际，故尽性就称为无边总持智。如说："若于眼尽得决定，成就法身不为难，若能成就胜法身，当获无边总持智。"[③] 此所谓尽得决定，决定指对法性的确定认识，诸法的法性也就是空性。按无边是空性，有边是诸相，穷尽性相称为尽边，尽边实际上是无边，并非有可尽之边。有边可尽，无边则无可尽之边。若不了达眼根性质，就会产生有可尽之边的错误认识。若能了达眼根，则知眼无我、无众生，也无迁移变化，无一定色相，亦无文字，无生性，无寂灭。寂静无所住，自性亦无所住，自性离名相，诸佛无能说，无有能思惟、受持及演说。仍以眼根为例，于眼尽边、生边、边际如实善了知，就其空性而言，尽边即无边，生边即有边，边际即边际本身，无边、有边乃至边际本身，其性空。而眼根的寂静与流转、无有与无生乃至于寂灭，其性亦空，空性即是总持性。尽边、生边、边际以及寂静与流转、无有与无生、寂灭，是分析无

① （唐）菩提流志译《大宝积经》卷34，《中华藏》第8册，第690页上。
② （唐）菩提流志译《大宝积经》卷34，《中华藏》第8册，第692页上、中。
③ （唐）菩提流志译《大宝积经》卷33，《中华藏》第8册，第679页上、中。

边空性的几个范畴，如实知其空性，则能达到究竟，成就总持门。如就眼根的变异相而言，若于眼变异如实知尽边、生边、边际、寂静、流转、无有、寂灭，则于总持门究竟能成就。就眼根的无变异相而言，于眼之诸际、尽边、生边、边际以及寂静与流转、无有与无生、寂灭，也是如此，无取无分别，是住总持门。其他耳、鼻、舌、身、心，六尘并四大，乃至世生名，一切皆如是。

陀罗尼智对诸法空性的认识，还不止于诸相的无取无分别，尚须从中道正观来认识，如即便是情绪烦恼以及善恶之业，也要在其不生亦不灭、不去亦不来、不动亦不异、非作亦非行等六十二种范畴中来认识。如说："贪瞋痴忿慢，嫉诳悭忧恼，过失垢毒箭，暴流黑白业，不生亦不灭，不去亦不来，不动亦不异，非作亦非行，非明亦非暗，非流舍暴流，无尽及无住，非行非不行，非字非攀缘，非出亦非入，分别妄想等，六十二诸门，各随其义理，一切皆如是。"还就边际的前后、左右以及上下以及寂静与流转、无有与无生、寂灭来分析，也无取无分别，尽其空性，是住总持门。六根等如是，四大也如此，对其变异不变异、无生无灭、证入与出离、无愿与无住、无边与无尽，相应与不相应，离名字与计度，观察与流转，无有与修治，无言说与表示等范畴中，也无取无分别，中道正观，是成就总持门。再以"我"的概念为例，于我之无入无出、无相无愿无住、无生无灭以及我之语言文字及其概念，亦无取无分别，以中道正观，是成就总持门。

再就说法、思法、修法而言，也要舍离生灭、断常、来去、一异诸法，无取无分别，方为眼之自性空。眼根如此，眼所对色相亦如此，乃至六根、六尘并四大等无不如此，即便所趣之菩提目标，也作空性观。演说如此空性之时，亦不分别说法之因、寂静、道、空、事物、积集、摄取、处界诸相，方为陀罗尼空性；反之，了达空性，于说法及其字句文色及其自性无取无分别，方为善说法。了知诸法性空，处众而说法，能够调伏众生，一切皆信受。① 总之，陀罗尼智之中道空性，于眼前后际，尽边无尽边，若生若无生，边际非边际，寂静不寂静，流转非流转，无有及无起，寂灭并无我，无人无寿者，乃至无众生，如是无量门，一切皆解了。而如

① （唐）菩提流志译《大宝积经》卷34，《中华藏》第8册，第692页上—964页上。

来了知眼性空，故能成就总持智，以能成就总持智，出现如来无量光。①

总持智，也见于其他经典，如《华严经》称陀罗尼智坚如金刚，能破无明。《寂照神变三摩地经》说，了达种种言音支分，能随悟入陀罗尼智。《佛说未曾有正法经》称诸菩萨皆具大智，得大总持，具无碍辩，悉证无生法忍，入三摩地总持智门。并说“云何名总持法门？所谓乐欲趣证总持法门者，当住正念，心不散乱，离诸痴恚，于一切法智慧通达，行如来道，得辩才门，住于无相，入一切法总持智门”，又说“得此法门已，无所忘失，总能任持一切智故。”② 此说“总能任持一切智”为总持智。

2. 成就陀罗尼行与三毒即佛道

陀罗尼行，即修行陀罗尼，成就陀罗尼。行，与“住”相对而言，行至究竟处便能安住，安住经修行方能达到。住就目标而言，行就途径而言，通过修陀罗尼行，方能住于陀罗尼智。就根、境、界、蕴诸法，尽其性相，究其边际，称为安住于究竟。如经中说，于眼根尽边，生边边际，达到寂静乃至寂灭，究竟安住。但安住并非止住于尽头，而是清净无住，离诸文字、音声乃至色心，究竟清净。于有漏无漏，若义若利，皆悉空寂，究竟清净。故总持三昧无去无来，非善不善乃至无记，自利利他，如是诸相究竟清净，亦不安住。声闻凡夫、诸佛之法，亦不安住。若生不生，是苦是乐，称赞毁谤，皆悉舍离，究竟清净，究竟照明。如此解了空陀罗尼之所，即是住佛所行之处，住佛游戏之处，安住诸佛神通，安住诸佛智慧。修陀罗尼行至于究竟清净之处，即是陀罗尼智。

修陀罗尼行，有种种法，其中如以六度力达到究竟，如以布施力究竟摄取，以持戒力究竟成就，以忍辱力究竟庄严，以精进力究竟发起，以智慧力究竟宣说。离诸文字语言音声乃至色心，究竟清净。又如以尽边力、生边力、边际力，乃至寂灭力安住诸法，是陀罗尼成就如来殊胜之力，是陀罗尼成就如来威德之力。入诸如来一切行处，住诸如来一切境界。再如修习供养法，从陀罗尼的空性，无取无分别，进而至于自性无差别，提出贪欲即佛道、贪欲即总持的极端思想。如说：

---

① （唐）菩提流志译《大宝积经》卷 31，《中华藏》第 8 册，第 665 页下。

② （宋）法天译《佛说未曾有正法经》卷 3，《中华藏》第 67 册，第 202 页下—203 页上。

是人能了知，贪欲即佛道，
自性无差别，于贪无所染。
一切诸佛道，当于烦恼求，
知性无差别，是入总持门。
说贪是总持，总持即是贪，
知性无差别，是学总持门。
如是供养贪，即为供养佛，
以供养佛故，成就总持门。

由自性无差别，而说贪欲即佛道，于烦恼求佛道，在教理上说并无不可，但由此说贪是总持、总持是贪，供养贪即为供养佛，并入总持门、学总持门、成就总持门，在实践上容易造成混乱，这也导致后来的密教修行走向极端。贪欲与佛道相即如此，瞋恚与佛道、愚痴与佛道亦相即如此。如说：

是人能了知，瞋恚即佛道，
自性无差别，于瞋无所染。
瞋即是总持，总持即是瞋，
知性无差别，是学总持门。
如是供养瞋，亦为供养佛，
以供养佛故，成就总持门。

又说：

是人能了知，愚痴即佛道，
自性无差别，于痴无所染。
若如实了知，痴性之边际，
是则修佛道，成就总持门。
痴即是总持，总持即是痴，
知性无差别，是学总持门。

从三毒即佛道，进而说供养痴即为供养三宝，供养痴即为供养诸法，诸法包括戒、精进、赞叹、佛法、法性、真如、无生、无灭、无尽、无有、无边、三有、寂静、流转、无转、无起、寂灭、不来、无行、有为、苦等、苦智、集智、灭智、道智、法智、类智、无生智、尽智等二十九种法,[①] 以及正断、念住、神足并五根、五力、七觉、八道支兼奢摩他、毗般舍那等九种法，共三十八种法。其中说供养三宝：

如是供养痴，即为供养佛，
以供养佛故，成就总持门。
如是供养痴，即为供养法，
以供养法故，成就总持门。
如是供养痴，即为供养僧。
以供养僧故，成就总持门。

《出现光明经》修陀罗尼行，也有种种智慧功德。其中如实知修习禅定，于离烦恼亦能了知。以能了知离烦恼故，是人则为见于如来，彼人亦能成就眼前际智、眼无住智、眼无生智、身律仪智、声清净智、眼遍知智等 30 种智。如实知神通威力，于虚空中现变化身发净信智、于诸如来乐尊重智，于离欲法乐修习智，于诸圣众乐供养智等也成就等 30 种智。[②]

第五节　大集经类的陀罗尼品

一 《陀罗尼自在王菩萨经》的陀罗尼

《陀罗尼自在王菩萨经》，5 卷，昙无谶译，《大集经》本分。其梵文本有记载，《究竟一乘宝性论》简称《陀罗尼自在王经》，曾引据其说，称《陀罗尼自在王菩萨修多罗》。[③] 修多罗是“契经” sūtra 的音译，意译即《陀罗尼自在王菩萨经》。其汉文初译本为竺法护译的《大哀经》，据其译记载，该经于“元康元年（291）七月七日，炖煌菩萨支法护手执胡

① 原有三十种法数，其中“无有”重复。
② （唐）菩提流志译《大宝积经》卷 34，《中华藏》第 8 册，第 683 页中—984 页中。
③ （元魏）勒那摩提译《究竟一乘宝性论》卷 3，《大正藏》第 31 卷，第 833 页上、中。

经，经名《如来大哀》，口授聂承远，道真正书晋言，以其年八月二十三日讫。护亲自覆校，当令大法光显流布。其有揽者，疾得总持，畅泽妙法。”[①] 其中支法护即竺法护，以其祖籍月支（氏）国人称姓支，世居敦煌，曾求法西域，带回大量胡经，故所译《大哀经》属于胡本，与后来昙无谶译的梵本有些差异。此载“其有揽者，疾得总持，畅泽妙法，”说明《大哀经》被时人看作陀罗尼密教经典。该经以“陀罗尼自在王菩萨”为题，也说明经典的密教性质。陀罗尼自在王菩萨，《大哀经》译为“总𢾾王菩萨”，总𢾾王，应为“总持王”的异译，𢾾，或作敖、𢾾教，表示“自在”之意。该经初品也明确说“世尊班宣法门，名曰生诸菩萨”，“睹诸菩萨咸来集会，欲演如来诸持法藏。”[②] 所谓诸持法藏，就是诸多总持法门。第二《叹会品》也说，世尊“寻时讲说诸菩萨行，当所立趣，又有经典名无盖门，净菩萨道诸佛法力，成就宝身圣明屋宅，于一切法而得自在，入总持中分别解说”云云。[③] 其意说从总持门分别解说诸菩萨行。

该经以“陀罗尼自在王”为菩萨之称，更凸显陀罗尼之自在性与权威性。自在，即于诸法通达无碍，于一切陀罗尼门皆通达无碍，即陀罗尼自在王，“王”表示自在的程度，有最大、最高之义。陀罗尼自在王菩萨，同见于各种经论，如《佛说华手经》《十住毗婆沙论》《大方广如来藏经》《无量义经》《观察诸法行经》《佛说首楞严三昧经》《大宝积经·善住意天子会》《佛说佛名经》《大乘密严经》《大乘本生心地观经》《守护国界主陀罗尼经》等，并有其本事授记等，影响颇大。

王古《大藏圣教法宝标目》介绍《大哀经》说，该经是《大集经》初《陀罗自在王菩萨品》异译（卷初至第五卷半），此与大集经互有广略。佛放光明，十方佛刹诸大菩萨来集，佛说无尽法门，戒定光明庄严，大悲哀愍众生，无量劫来教化度脱，无有厌倦。如来三十二事业，菩萨八大总持等法，智积菩萨问何谓智本、何谓慧业？佛为分别解说。十方佛刹六返震动，及记魔波旬，至佛法灭时生大欢喜，堕阿鼻地狱，受大苦故。

---

① （西晋）佚名撰《如来大哀经记》，《出三藏记集》卷9，《中华藏》第63册，第959页中。

② （西晋）竺法护译《大哀经》卷1，《中华藏》第11册，第603页上。

③ （西晋）竺法护译《大哀经》卷1，《中华藏》第11册，第608页上。

念佛教故，心得净信，即于地狱命终，生三十三天。复积善根，以至涅槃。[①]《陀罗尼自在王菩萨经》共分四个部分，其中之一、之四说陀罗尼法，之一说菩萨四璎珞庄严，一一璎珞又各有增一至十的义项。之四广说八陀罗尼、宝炬陀罗尼以及慧聚根业。

1. 菩萨四璎珞庄严

菩萨四璎珞庄严，最早见于竺法护译《大哀经·庄严法本品》，称菩萨四事庄严，一曰戒庄严，未曾毁禁；二曰定意庄严，至未曾乱；三曰智慧庄严，心无蔽碍；四曰总持庄严，所闻不忘。[②] 昙无谶译《大集经·陀罗尼自在王菩萨品》，译菩萨四璎珞庄严，一者戒璎珞庄严，二者三昧璎珞庄严，三者智慧璎珞庄严，四者陀罗尼璎珞庄严。后来又有般若译《守护国界主陀罗尼经·菩萨璎珞庄严品》，同译菩萨璎珞庄严，或译四璎珞戒为璎珞、定为璎珞、慧为璎珞、陀罗尼门以为璎珞。[③] 庄严，即严饰、装饰、装扮，以众花严饰称杂华庄严，以众宝装饰称七宝庄严，以璎珞装扮称璎珞庄严。璎珞是一种玉石，七宝之一，常用作颈饰或装扮身体。所谓菩萨璎珞庄严，是以璎珞譬喻菩萨功德，说明菩萨法身具有的种种功德。如《菩萨璎珞本业经》有铜宝、银宝、金宝、琉璃宝、摩尼宝、水晶宝等六种璎珞为菩萨功德庄严，《乐璎珞庄严方便品经》有菩萨八种璎珞庄严，《菩萨璎珞经》有十德璎珞、六根璎珞、众智璎珞、光明璎珞、戒品璎珞、五法璎珞等众多菩萨璎珞法门。《陀罗尼自在王菩萨品》以戒、定、慧、陀罗尼为菩萨四事璎珞庄严，是将陀罗尼与戒、定、慧三学等量齐观，成为戒、定、慧、持四学，表明陀罗尼在大乘佛教中地位的提高。

戒、定、慧、持四学尽管是在传统的三学基础上提出的，但其理论建构自成体系，其内涵也有所不同，从一至十的方法也有新意。经中陀罗尼自在王菩萨说诸佛如来不可思议，菩萨所行无有边际，是故欲问如来无上法王大慈悲众，为利众生问甚深义。云何名为菩萨之行？以何璎珞庄严菩萨，能令菩萨所行清净。云何能坏愚痴诸暗？云何能断疑网之心？云何菩

---

① （元）王古撰《大藏圣教法宝标目》卷2，《乾隆大藏经》第143卷，新文丰出版社1991年版，第543页上。

② （西晋）竺法护译《大哀经》卷2，《中华藏》第11册，第615页下。

③ （唐）般若译《守护国界主陀罗尼经》卷7，《大正藏》第19卷，第557页中。

萨为诸众生修慈悲心？云何菩萨拥护众生？云何菩萨真实能修菩萨之业——善业、不诲业？此共有六个问题，四璎珞庄严就是回答第一个问题，即菩萨行及其具体内容，以此包含所有大乘学说，如说：

> 四庄严璎珞，能端严大乘，
> 所谓戒定慧，无上陀罗尼，
> 能令三业净，一切人所爱。

戒璎珞庄严，着重从大乘戒律角度规范菩萨行，共有10项55条。三昧璎珞庄严，也称定璎珞庄严，或定意庄严，共有10项25条。智慧璎珞庄严，共有10项53条。陀罗尼璎珞庄严，则有10种55条菩萨行内容，其中主要涉及语言。其中第一种具有念心，即具备记忆力，能记念而不忘。第二种具有受持能力，一者先受，二者毕竟能持，《守护经》谓文持、义持，也就是先能接受文字，然后掌握文字义理。第三种具备三知，一者知义，二者知字，三者知说。知说指知晓陀罗尼的说法背景，也就是因缘关系。第四种有四语，一者正语，二者了语，三者无碍语，四者不谬语，即所说语言的正确性与透彻性。第五种五依，一者依义不依于字，二者依智不依于识，三者依了义经不依不了义经，四者依法不依于人，五者依出世不依于世。第六种三言三语，一者如说而持，二者所言诚实，三者发言人所乐闻；四者怜愍语，五者生善芽语，六者时语。第七种有七语，一者利语，二者庄严语，三者无碍语，四者无滞语，五者无二语，六者先知而语，七者了语。第八种有八语，一者知方俗语，二者知鬼神语，三者知诸天语，四者知诸龙语，五者知乾闼婆语，六者知阿修罗语，七者知金翅鸟语，八者知畜生语。第九种有九语，一者无畏语，二者无缩语，三者无难语，四者知解说语，五者知如法答语，六者知广说语，七者知次第语，八者说无常语，九者无尽语。第十种有十语，一者坏疑网语，二者开示界语，三者开法门语，四者开智慧语，五者破暗冥语，六者解一一字语，七者赞叹佛语，八者呵烦恼语，九者分别根利钝语，十者开佛功德妙语。

2. 八陀罗尼

八陀罗尼，《大哀经》译八总持，《大集经·不眴菩萨品》作八陀罗尼门，内容基本相同。其一净声光明陀罗尼，净声，即说法的清净音声。

光明，指随说法音声所至之处的法身光明。净声光明陀罗尼，就是说法的清净音声遍满十方世界，随所说法即得遍闻，闻之者受持不忘，善解字句及其义味，而自说法时及听佛说法各不妨碍，于一字中说一切法。其一字者，就是阿字。阿字为诸字之首，说阿字时即能演说一切诸法，阿字之中说无量义。无量义包括阿字之无，无即是一切法无根、无生、无初、无尽、无作、无来无去、无住、无性、无出无行、无增无减、无主无用，等等，113 种否定义。净声光明陀罗尼有种种功德，如菩萨于此一字说一切法，于此一字之中说无量义，无有错谬，不坏法界，不失字义。又说菩萨得是陀罗尼，身口意清净，举动进止，众生乐见，是名身净。凡所演说，众生乐闻，是名口净。修集慈悲喜舍之心，是名意净。还说菩萨得是陀罗尼，能净二施，即财施和法施；还能净二十一种，能净于六度、六根、六处等。

其二无尽器陀罗尼，器，指物质性的色，无尽器就是说色之无常、无我等不可穷尽，无尽器陀罗尼就是说色之如是不可穷尽，有无量无边不可说分，分此一分以为千分，于如是千分之中唯说一分犹不能尽。说色之如是不可穷尽，即说色之无常不可穷尽，说色是苦亦不可尽，说色无我、说色如沫、幻、水月、梦、响、影、焰亦不可尽，说色无性亦不可尽。说色无相、空、不可说、不可愿求、不可造作、不生不灭，非是过去、未来、现在，非内非外，非净非秽，非我我所，等等。总之，色非色，色之非色亦不可穷尽。《大哀经》称无尽藏总持、无尽法藏总持。经中总结说："举要言之，五阴六衰、诸法诸名、身形句迹、径路偏章及诸识身，悉入一音之所显曜。说无尽慧，计是四大宝藏之箧，所咨启慧亦不可尽。其宝藏箧圣法经典，亦复游入于无尽慧所颁宣智，是为无尽法藏之总持也。[①]

其三无量际陀罗尼，际，即分际、分界，指分别的概念，无量际就是分际的名色概念无量无边。如说无量者所谓微尘，际者所谓地水火风，是名无量际陀罗尼。具体来说，如说际者所谓常见、断见，无量者谓十二因缘。又际者所谓无明、行、识，乃至老死、众苦聚集，无量者所谓生死轮回等。又复际者谓无始终，无取舍，无出无灭，无污无净，其性净故。又复际者所谓可见，所谓名色，有为无为。又复际者所谓三世内外业果，无业无果，善及不善，有漏无漏业及烦恼，我以无我生死涅槃，等等。其功

① （西晋）竺法护译《大哀经》卷 7，《中华藏》第 11 册，第 668 页中、下。

德，说菩萨住是陀罗尼已，无量劫中为众说法，而其所说字句义味不可穷尽。

其四大海陀罗尼，《大哀经》称海印意总持，亦见于《胜天王般若经》，亦称深广大海陀罗尼。[①] 以大海称名陀罗尼，是说陀罗尼犹如大海，印现天空山川一切形色相貌一样，十方世界一切众生身口意业一一印现于菩萨身中，所有众生所有口业悉于菩萨口中印现，故称大海陀罗尼。其功德如《大哀经》所说，“菩萨若住此海印意总持，等印一切众生之身，亦复等演文字之教，以等心印而印众生，十力诸佛口演所宣无极大法，此典皆从菩萨口出。”[②]

其五莲花陀罗尼，《大哀经》称莲花严总持、莲花严入总持，以莲花说法之音清净无严饰而称。说菩萨所说法处常出七宝净妙莲花以为法座，菩萨坐上宣说法化，又复多雨无量莲花，是诸莲花亦出种种清净法音，其音深广，多诸方喻十二部音、清净之音、断烦恼音。是诸莲花亦出种种无量光明，一切众生皆见菩萨坐诸花台施作佛事，是名莲花陀罗尼。

其六入无碍门陀罗尼，《大哀经》称入无碍总持门，以菩萨说法之数量、字义、时地等无碍遍入而称。说菩萨说一法时无有罣碍，若说二法、三法、四法乃至百千无量无边恒沙等法，如四天下微尘等法，乃至三千大千世界微尘等法、恒河沙等诸佛世界微尘等法，于字、句、义亦无罣碍，是名入无碍门陀罗尼。

其七四无碍智陀罗尼，所谓四无碍智，指法无碍智、义无碍智、辞无碍智、乐说无碍智。《大智度论》解释说：四无碍智通达无碍，如“义无碍智者，用名字、言语所说事，各各诸法相，所谓坚相，此中地坚相是义，地名字是法，以言语说地是辞，于三种智中乐说自在是乐说。于此四事中通达无滞，是名无碍智。湿相水，热相火，动相风；心思相，五众无常相，五受众无常、苦、空相，一切法无我相。如是等总相、别相，分别诸法亦如是，是名义无碍智”[③]。但此所说不同，说东方无量世界众生有问法者，菩萨随以法无碍答。南方有问义者以义无碍答，西方有问辞者以

① （陈）月婆首那译《胜天王般若波罗蜜经》卷6，《大正藏》第8卷，第720页中；（唐）玄奘译《大般若波罗蜜多经》卷572，《大正藏》第7卷，第957页上。

② （西晋）竺法护译《大哀经》卷7，《中华藏》第11册，第669页中。

③ （后秦）鸠摩罗什译《大智度论》卷25，《中华藏》第25册，第532页下。

辞无碍答，北方问乐说者以乐说智答，是名四无碍智陀罗尼。

其八佛璎珞庄严陀罗尼，《大哀经》称建立佛庄严总持，即菩萨以佛庄严自身，悉作佛事，念佛所念，以佛四智调伏众生。说若有菩萨得此陀罗尼，其顶髻上有佛像现，其色真金，有大光明，三十二相八十种好。尔时菩萨身口意等悉作佛业，其所思念如佛所念。菩萨具足如是佛业，能知大众种种之心，知已随意而为说法。若一日若二日，乃至无量百千万岁，不能尽其所知法门文字句义。又复具足四种智慧，一者知众生心，二者知诸字句，三者知所说无尽，四者知于真实。

3. 宝炬陀罗尼

宝炬陀罗尼，《大哀经·往古品》称宝曜总持。宝，即法宝，指佛说教义。炬即火炬，曜即光耀，均指照耀法界之佛法光明。湛然《止观辅行传弘决》解释说："《大集》云三十七品是菩萨宝炬陀罗尼，即无作道谛，具足佛法名之为宝，遍照法界名之为炬，总持一切名陀罗尼。"[①] 宝炬陀罗尼原出《宝炬陀罗尼经》，《大日经疏》记载说，有《宝炬陀罗尼经》，说百心成佛，甚深微细，但"此经未度东国也。"[②] 此知《大哀经》《大集经》所说为其中内容，但也有可能《宝炬陀罗尼经》据《大哀经》等编纂。宝炬陀罗尼思想的意义在于，扩展了陀罗尼的内涵，将大乘佛教的主要教义纳入其中，尤其三十七道品等成为陀罗尼的内容，产生了重要影响。

该经中宝炬陀罗尼是照明劫善离垢世界离垢光如来为光首（顶）菩萨所说，离垢光如来亦作净光明佛，其佛世界无有日月，唯离垢光如来身出大晖，遍诸佛土，晨夜常明，昧爽不别。莲花合者则知为冥，莲花开者则知为明。其佛土地不闻异学，无有异乘，唯修大乘，世尊唯演空慧、空无相之教。其土众生唯学三度，一曰禁戒，习诸通慧，心念不舍，弃捐诸行。二曰守心，住于定意，逮得神通；三曰学智，住智度无极，得分别辩。有光首菩萨请问何谓陀罗尼，以何陀罗尼能执持诸佛所说法，并能为众生演说能令欢喜，于是佛为光首菩萨说宝炬陀罗尼。

宝炬陀罗尼共有十九种义：其一，清净无垢为宝炬陀罗尼，说"远离一切诸烦恼，清净无垢犹真实"。其二，心作大光明为宝炬陀罗尼，光

---

① （唐）湛然撰《止观辅行传弘决》卷4，《大正藏》第46卷，第261页中。

② （唐）一行撰《大毗卢遮那成佛经疏》卷15，《大正藏》第39卷，第738页中、下。

明是清净的象征。其三，修集大慈心，三业寂静平等为宝炬陀罗尼。说：身口意业悉寂静，犹如秋月之明净，修集大慈心平等，是名宝炬陀罗尼。其四，作中道正观为宝炬陀罗尼，说：其心无有诸觉观，悉得远离于二见，亦非有想非无想，是名宝炬陀罗尼。二见指身见、边见。其五，成就念意慧为宝炬陀罗尼。其六，于三有得解脱为宝炬陀罗尼。其七，除灭三毒无明为宝炬陀罗尼。其八，随众生音声说法为宝炬陀罗尼。其九，不执著于我及我所为宝炬陀罗尼。其十，具足成就四依法、四无碍智、四禅八定为宝炬陀罗尼，其中四依法指行、法、人、说四依，行四依即行人所行四依，一粪扫衣，二常乞食，三树下坐，四腐烂药。法四依，一依法不依人，二依了义经不依不了义经，三依义不依语，四依智不依识。人四依，即末世弘经，人天依止四种人，一具烦恼性之人（即三贤四善根），二须陀洹（即预流果），斯陀含（即一来果）之人，三阿那含（即不还果）之人，四阿罗汉之人。其十一，分别第一义、具足四梵行、修集五神通为宝炬陀罗尼。其十二，受四念处、得四正勤、成四如意为宝炬陀罗尼。其十三，以五根、五力、七觉分为宝炬陀罗尼。其十四，以定慧、八正道为宝炬陀罗尼。其十五，践行菩萨道为宝炬陀罗尼。其十六，以大光明能净三种清净眼为宝炬陀罗尼。其十七，观察五阴、净除一切烦恼魔业为宝炬陀罗尼。其十八，以调伏众生、永离六根为宝炬陀罗尼。其十九，住陀罗尼、说字义、解诸佛微妙语为宝炬陀罗尼。并说宝炬陀罗尼广摄无量陀罗尼，成就无量陀罗尼。

还说以此总持力，能入无量诸禅定及得无量诸神通，是故名为持中王，如万川归趣大海，诸法众流皆悉归趣是总持海。但获得此陀罗尼，须得身无边、意无尽，能广分别说法界，成就无量功德。由此若得如是微妙持，即得三十二相好，其色殊胜上种性，多饶财宝得自在，于诸有中得无生，能广分别诸法义，安住不动不退地。菩萨若欲修菩提，得是持已修道易，能演说法调众生。以得如是陀罗尼，于无量劫说法时，字义二法不可尽，能净众生诸烦恼，能转无上正法轮，能令众生脱众苦，能进众生无上道。

二　《虚空藏菩萨经》的陀罗尼

《虚空藏菩萨经》，5卷，昙无谶译，《大集》本分第八品。原题《方等王虚空藏经》，或题《大虚空藏经》。其异译本有西秦圣坚译《虚空藏经》8卷，《开元录》题《方等主虚空藏经》，亦云《虚空藏所问经》，一名《劝发菩萨庄严菩提经》，或作5卷。不空译《大集大虚空藏菩萨所问经》8卷，有潜真注疏4卷。

该经说25种菩萨行，其中第17种菩萨行即陀罗尼行。陀罗尼行，全称陀罗尼行菩萨行，或称一切陀罗尼门行菩萨行、陀罗尼菩萨行，是菩萨行的一种，依陀罗尼修行的菩萨称陀罗尼菩萨。陀罗尼行，也见于其他大乘经典，如《般若经》有引发文字陀罗尼行菩萨行、悟入文字陀罗尼行菩萨行、悟入无文字陀罗尼行菩萨行。《华严经》十种无尽藏中有究竟诸力陀罗尼行，《大集・宝髻菩萨品》菩萨二十一法中，第十八法为共住陀罗尼行，第十九法为陀罗尼共无碍智行。《宝积经》中佛于虚空说诸陀罗尼行，《刷护经》说以菩萨信受讽诵学而知深经智慧故得陀罗尼行。

菩萨陀罗尼行标明有32种，实际上有33种，其中：第一修于得法为陀罗尼，修于得法，即修菩萨行取得一定成就。不空译作求法，求正智及求解脱。[①]《大乘义章》解释："言正智者，了法缘起，无有自性，离妄分别，契如真照，名为正智。"[②] 第二修于欲法，欲，即欲乐，此指欲乐于法，不空译爱乐法故。大集本品说："欲法者，为不著五欲及离烦恼所摄。"[③] 五欲，即色、声、香、味、触，五根感受的对象。第三修于尊法，尊法，按《大乘集菩萨学论》引《法集经》，说法无处所，即在自心，自心即是菩提，本无过咎，只有成坏之功德。第四修于向法，向，即预流向，声闻乘修道初位，与预流果并为最初圣果，声闻四果第一。不空此译随法流，即随法流转。第五修敬仰法，即向佛敬仰，不空译随顺法。第六修于乐法，按《宝积・大乘十法会》所说，菩萨性自乐法，喜法润法，大智求法。[④] 第七修求法无厌，求法无厌是菩萨精进心，以防憍慢、懈怠。第八修亲近供养多闻智慧，多闻智能与受持禁戒是对比丘的基本要求，佛陀弟子阿难正是因为多闻智慧而被树为比丘楷模，菩萨也以为推求多闻智慧、修持净戒则能满足菩萨行。第九修于和上阿阇梨所无憍慢心，尊重给侍。不空译常于和上及阿阇梨无有我慢，恭敬供养。恭敬供养和上

---

① （唐）不空译《大集大虚空藏菩萨所问经》卷7，《大正藏》第13卷，第640页中。

② （隋）慧远撰《大乘义章》卷3，《大正藏》第44卷，第523页上。

③ （北凉）昙无谶译《大方等大集经》卷17，《中华藏》第10册，第224页中。

④ （元魏）佛陀扇多译《大宝积经・大乘十法会》卷28，《大正藏》第11卷，第152页下—153页中。

及阿阇梨，是菩萨敬信三宝的表现。第十修如来教诲无所拒逆，不空译于教授者随顺不逆。第十一修于说法人所生世尊想不求其短，不空译于说法者敬爱如佛不求其短。此说法亦见于昙无谶译《悲华经》，《宝积经》的菩萨行中也有此说。第十二修于受持正法开示解说，不空译于所闻法悉皆受持不懈怠。第十三修所得法无所悋惜，不空译于法不悋。第十四修无悕望而行法施，不空译所行法施无悕望。第十五修求智慧根栽，不空译于所闻法如理作意。第十六修如所闻法善顺思惟，不空译于所闻法善观察。第十七修于诸法坚固受持，不空译求于多闻无齐限。第十八修于梵行无有休息，不空译常于梵行无休息。第十九修乐远离行阿练若行，不空译无此一种，另有于六染法常弃舍一种。第二十修心常寂静，不空译常乐远离心寂静。第二十一修勤行诸念，不空译常勤修习六随念。第二十二修顺行六和敬，不空译于六和敬恒不舍故。第二十三修于诸长宿无调慢行。第二十四修于一切众生中生无碍心，不空译于一切有情起无碍心。第二十五修缘生法得修顺忍，不空译于缘生法修顺忍。第二十六修三脱门正观心无惊怖，不空译于三脱门作意观察不惊怖。第二十七修四圣种顺行不惊疑，不空译不舍圣种杜多功德。第二十八修勤受持诸佛正法，不空译护持正法心无下劣。第二十九修为众生行于大慈，不空译观于众生起大悲。第三十修受持正法不惜身命，不空译求于正法不惜身命。第三十一修大智行不生憍慢，不空译修大智行离愚惑。第三十二修常教化众生而无厌惓，不空译成就有情不懈倦。

陀罗尼菩萨行的功德，说能总持一切诸佛所说，不忘不失陀罗尼者，具体则有 29 种，例如：于所闻法不忘不失，以念而念，以意分别，以进能觉（不空译以舍觉悟，以慧照了）。于诸文字入无边崖，于诸言音随类善解，言辞辩说无有滞碍（无滞智）。于不了义经善能进入（入理趣智），于了义经进入微觉（入理趣智）。于世谛有分别智（无尽说智），于第一义谛知无言说（不断说智）。于诸谛有分别智，于四念处有不忘智，于四正勤等无坏智，于四神足有游戏智，于诸根门有差别智，于诸力中得无胜智（无动智），于七觉分觉一切法如性智（开悟智），于八圣道无退没智（入理智），于定法中得善住心（心住智），于慧法中得遍至智（法抉择智）。于明（智）解脱得随顺智，于诸辩中得深入智，于诸神通得生起智，于诸波罗蜜得分别智，于四摄法得方便智（随机智），于讲法处授不及智，于诸经义得无分别智，于诸文字得无尽智，于一切众生得称足智

（欢喜智），随所受解得说法智（于求法者得称根说法智），于一切文字得所因辩智（入词句智），于一切垢净得如实觉智，于一切法得无障翳明智，于正断精进得无退智，于佛所说得念总持智，于决定法得抉择智，于诸音声得语路智，于诸业缘得悟果报智。还说得陀罗尼平等心者，去离憎爱，能堪受法雨，断一切结使热恼，顺诸助道法，是为陀罗尼菩萨。住此陀罗尼故，常行无失，是为菩萨得陀罗尼终不失念。

三 《宝幢经》的陀罗尼品

《大集经·宝幢分》共3卷、13品，至唐初波颇译为《宝星陀罗尼经》，分10卷、13品。两种译本内容基本一致，只是凉译简略，唐译较详，题名陀罗尼经。该分既为《大集经》的一个部分，其自身也是由多个小经组合而成，其中一些品目早已编纂翻译，如《宝唱录》著录的《魔女问得男身经》，三国吴赤乌年（238—250）由康僧会译出，编入《大集经·宝幢分》为《往古品》，《宝星陀罗尼经》作《本事品》。《僧祐录》以及隋代经录、唐代经录都曾指明有不少经出自《大集经》的抄经，《开元录》明确指出有10部经为其中《宝幢分》的异出经，包括《太白魔王坚信经》，出《宝幢分》抄第十七卷；《佛弟子化魔子诵偈经》，出第二十卷《宝幢分》；《开化魔经》《魔王入苦宅经》出《宝幢分》抄第十九卷；《宝幢咒经》《魔王变身经》出第二十二卷，是《宝幢分》中《授记》一品，四纸，新编上；《光味仙人睹佛身经》《光味菩萨造七宝梯经》《梵王变身经》等，亦属其中分出内容。① 可见《大集经·宝幢分》是由许多单篇经编辑而成，《宝星陀罗尼经》将其重加扩编，且定性为陀罗尼经。该经尚存梵文本和藏译本，梵文本于1931年出土于中亚吉尔吉斯斯坦，梵名Ratnaketuparivarta，意译即《宝幢分》，但其中缺少第7、8、9三品，1978年由Y. Kurumiya博士编注，在日本出版。② 藏译本有甘珠尔本，有敦煌写本，

---

① （唐）智昇撰《开元释教录》卷16，《中华藏》第55卷，第39页下。

② 根据Y. Kurmiya博士的介绍，吉尔吉斯写本的大部分由N. Dutt发布在《吉尔吉斯写本》第4卷，1979年在加尔各答出版。写本的另外三部分碎片分别保存在尼泊尔国家档案馆、伦敦的印度事务部图书馆和不列颠图书馆。Y. Kurmiya博士编辑并注释的转写本 *RATANAKETUPARIVARTA*，*SANSKRIT TEXT*，由日本HERRAKUJI-SHOTEN出版社1978年在京都出版。

甘珠尔本由Śilendraboddhi、Ye-śes sde①译，敦煌写本由 Dron mchog dbal ź es bya ba'i gzuṅs 译。藏译本梵题 Ārya-Mahāsannipataratnaketudharaṇīnāma-mahāyānasūtra，意译即《圣大集宝幢陀罗尼大乘经》。两种藏译本，也由 Y. KURUMIYA 博士对勘编注，于 1979 年在日本出版。② 以“宝幢”称名，盖因宝幢陀罗尼门，故宝幢分即是宝幢陀罗尼分，与宝星陀罗尼称名相同。宝幢、宝星均为梵文 ratna-ketu 的不同翻译，既是陀罗尼的名称，也是三昧的名称，还是东方佛的名称，故《大日经疏》说东方宝幢佛亦名宝星佛。③ 该经以佛魔对立为主题展开，宣扬四谛、般若、涅槃等思想。其中与陀罗尼密教相关者，第二《往古品》说宝幢陀罗尼门，第三《魔调伏品》、第六《陀罗尼品》、第八《授记品》、第九《悲品》、第十一《四天王护法品》、第十二《旷野鬼品》都说陀罗尼神咒及其功德。

《宝幢经》的具体内容，《阅藏知津》介绍如下：第一《魔苦品》，世尊在宝坊中重述初成道时，优波提舍及拘律陀遇见马宿比丘，闻法见谛，魔不能扰之事。第二《往古品》，仍述魔众发心问法，答以四法。不近恶友，速得菩提。于是地意菩萨请问不可说义可觉知否？佛言不可说智即一切智。因反问以佛智，十五菩萨各各答已。乐欲菩萨复与文殊问答，佛赞印之。魔众得无生忍，大会获益。佛为说过去业，谓往古香功德佛，说宝幢陀罗尼门，华目比丘，化无量众，善行大臣，发恶誓愿，华目今成世尊，善行今为波旬，还得受记。第三《魔调伏品》，魔尽其力，欲害于佛。舍利弗、目犍连、富楼那、须菩提入城四门，各调五百魔子。佛现莲华，说偈远闻。魔被五缚，诈心皈依，七走不脱，至心听法。第四《三昧神足品》，佛欲入城，诸天竞阻。佛以大声慰之，心游首楞严定，令诸众生各见所事之像。光味仙人与五百弟子，闻佛说偈，皆得宝幢三昧，赞佛得记。第五《相品》，佛入三昧，令王舍城有十二门，门一如来。诸魔天神，各兴供养。于香花中，说偈周闻。佛又入佛庄严珞璎三昧，令界清净，十方云集，说偈普益。次登光味所造宝梯，坐莲华上，劝发波旬，生

---

① 此藏译者据《西藏大藏经总目录》，Y. Kurmiya《藏译宝星陀罗尼经序》作 ' Dus pa chen po rin po che tog gi gzuṅs.

② *'DUS PA CHEN PO RIN PO CHE TOG GI GZUṄS'DUS PA CHEN PO DKON MCHOG DBAL Z ES BYA BA'T GZUṄṠ* bing the Tibetan translation of the RATNAKETUPARIVARTA, edited by Y. KURUMIYA, PH. D. HEIRAKUJI-SHOTEN, KYOTO. 1979.

③ （唐）一行撰《大毗卢遮那成佛经疏》卷 16，《大正藏》第 39 卷，第 749 页下。

欢喜心。波旬吐恶歔佛，佛变其气成须曼华，遍供十方诸佛，集十方佛及诸菩萨。第六《陀罗尼品》，十方诸佛同声说大集金刚法心因缘自在陀罗尼，月光童子菩萨亦说神咒。菩提自在梵王正语梵天，皆现女身说咒。佛又说咒，以加护之。第七《护品》，善系意菩萨变现八万四千色身，调伏众生，佛与授记。第八《授记品》，庄严华魔王，誓以女身广度众生，说咒护法。吉意菩萨述其本事，佛皆与记。第九《悲品》，十方诸佛为庄严华及吉意二大菩萨说咒，二人受持。佛复劝谕波旬发心，波旬不发。第十《护法品》，佛以正法付嘱国王，诸天各发弘愿。第十一《四天王护法品》，梵王帝释四王各说一咒，疑心菩萨问魔悉来集否？佛言都集。又问有信心否？佛言皆有信心。唯除波旬眷属千人，当来破坏三宝，至法灭时，乃得信心，亦当成佛。次有太白魔天说咒动地，护持佛法。第十二《旷野鬼品》，五百菩萨以大愿力，现鬼畜身，调伏鬼畜，说二神咒。第十三《还本品》，十方诸佛欲还本界，动地雨花。月香如来答梵天问，成就十法，能护正法。[①]

1. 宝幢陀罗尼门

宝幢陀罗尼门是关于转女身的陀罗尼法门。宝幢，慧沼《金光明最胜王经疏》解释说："宝幢者表菩提智高出二乘等故。"[②] 智圆《请观音经疏阐义钞》解释："贵极名宝，超出曰幢。"[③] 此称宝幢陀罗尼者，也以此陀罗尼有功德殊胜，有高出诸法之意。宝幢陀罗尼句数，或 70 句，或 95 句，或百句，诸本有差。佛为降伏魔王波旬属下五百妓女而说，五百魔女因此即转女身为丈夫形，又有无量人天诸女，亦受男子身，及得不退菩提之心，永断一切决定女业。天龙夜叉夫人闻是持已，所将八万四千女人亦转女身得男子身，复有无量人天妇女亦转女身得男子身。因此经中称其巧方便，说其功德得离女身，能坏女业，乃至得阿耨多罗三藐三菩提，终不复受女人之身。若有能修宝幢陀罗尼者，得离女身，净身口意，远离三障。若有闻是陀罗尼名，即离女身，受男子身，得具足身微妙智慧，净身口意，乐于善行，具足多闻，远离恶业及受苦报，能灭五逆无间重罪。若有人能读诵此经乃至一偈，如是之人终不复更受女人身，亦得不退菩提

① （明）智旭撰《阅藏知津》卷 4，《大正藏》第 31 卷，第 812 页上、中。
② （唐）慧沼撰《金光明最胜王经疏》卷 2，《大正藏》第 39 卷，第 209 页下。
③ （宋）智圆撰《请观音经疏阐义钞》卷 4，《大正藏》第 39 卷，第 1000 页上。

之心。宝幢陀罗尼的缘起，经中说是过去世香功德佛所说，过去无量诸佛之所演说，为破恶业、增长善法之故，十方现在无量诸佛亦共说之，未来之世十方诸佛亦共说之，十方现在无量诸佛悉共赞叹是陀罗尼。[①]

但宝幢陀罗尼还有其他功德，说若刹利王所领国土，若有如是陀罗尼名赞叹受持，读诵书写，则为十方现在诸佛世尊护念赞叹，乃至阿迦尼咤诸天亦复护念而赞叹之，是王行住坐卧之处亦有无量天龙夜叉悉共护念，令其国土和安无诤，无有疫病，兵革不起，无恶风雨，不寒不热，谷米丰熟，诸恶鬼神及恶禽兽悉怀喜心，不生恶想。其土若有恶星不祥、恶想恶病，皆悉除灭。若刹利王兴兵攻伐，专念是经，能伏强敌，令已得胜。还说二王俱念此陀罗尼，可化敌为友，二兵和同，不相侵害。若有国土城邑村落人，若畜生有疫病者，当书写此陀罗尼，安著幢头，其土不祥疾疫悉皆除灭。若有法师持戒精进，月十五日净自洗浴，以妙香华供养三宝，升师子座，赞是陀罗尼，是人能护所住国土，所有恶相寻即消灭，亦能调伏教化众生，得阿耨多罗三藐三菩提。

按佛教的教义中，女身往往作为爱欲的代表，而爱欲被认为是烦恼之源，因此转女身的思想流行较广。本经《陀罗尼品》也有转女身的案例，说有菩提自在梵王自变其身而为女像，端严殊特，逾于人天，以妙璎珞而自庄饰，在西方佛阿弥陀前请求世尊加以神力，使其以一音遍满娑婆世界，以陀罗尼咒护持说法者及听法者。有高持帝释信以为真，称其为姊，并责备其以女身戏弄如来。阿弥陀佛指出是女人者即大丈夫，已于无量诸如来所久修善本，为欲庄严此大众故，现为女身，实非女也，即是菩萨摩诃萨身。于是高持帝释向自在梵王忏悔，佛说如不悔过，当受恶口果报，当于八万四千世中常受女身，其形丑陋，臭秽不净。[②] 会中又有一正语梵天亦现女像，佛前誓言至心护法，乃至释迦如来灭后亦当护持。释迦如来遂为其说陀罗尼十三句，正语梵天说今所以现此女身，为欲调伏一切女人。若有女人欲生男者，当读是持。读是持已，即得生男，厌儿息者便不复生。若有受持读诵之者，我当至心营卫拥护云云。[③]《授记品》有庄严华魔王现七宝首而为女像，说三十五句陀罗尼，誓言是陀罗尼流布之处调

① （北凉）昙无谶译《大方等大集经》卷19，《中华藏》第10册，第247页上。

② （北凉）昙无谶译《大方等大集经》卷21，《中华藏》第10册，第273页中、下。

③ （北凉）昙无谶译《大方等大集经》卷21，《中华藏》第10册，第274页下—275页上。

伏众生，悉令具足无上佛道。会众赞叹其能以是女人之身护持如来无上正法，调伏众生，修行具足六波罗蜜，演说无量诸佛功德。有吉意菩萨说是人已于贤劫之初迦罗鸠孙陀佛所发大誓愿，愿以女身教化成就无量众生，亦令远离四百四病故，说四百四善方便。以本愿力故，常以女身持种种药，给施一切病苦众生。世尊告吉意菩萨，汝于当来莲华世界得成为佛，号曰善见，如吉意女。诸天亦复如是，皆是菩萨现受女像，为调伏众生。是等女天悉得授记，当成菩提，所以现为女像教化，为令众生转女身故。若转男身得女身易，若转女身为男则难，是故以此女身教化。

《大集·日密分》亦说转女身陀罗尼，《四方菩萨集品》说有莲花持，若女人能至心听闻受持读诵此陀罗尼，即转女身得男子身，于菩提无有退转，乃至证得大般涅槃，终不更受女人之身。曾有八万四千女人闻是持已，寻转女身得男子形。[①] 宝积经类中也多说转女身法，如《菩萨藏会·如来不思议性品》说，若有女人出世作佛，无有是处。但转女身已，即可出世作佛。[②]《妙慧童女会》说女人之相了不可得，于文殊师利土中大众身皆金色，女身变成男子，妙慧菩萨转女成男，如三十岁知法比丘。佛告文殊师利，此妙慧菩萨于当来世成等正觉号殊胜功德宝藏如来。[③]《无畏德菩萨会》亦说有无畏女、德增女转女身事，[④]《净信童女会》还说转女身法，说有八法能转女身，一者不嫉，二者不悭，三者不谄，四者不瞋，五者实语，六者不恶口，七者舍离贪欲，八者离诸邪见。又有成就八法能转女身，一者尊重于佛，深乐于法；二者恭敬供养戒、忍、多闻沙门、婆罗门；三者于夫男女及以居家不生爱著；四者受持禁戒，无所缺犯；五者于一切人不生邪念，六者增上意乐，厌离女身；七者住菩提心大丈夫法，八者观世家业如幻如梦。[⑤]

其他大乘经也多说转女身法，其中《小品般若·恒伽提婆品》说恒

---

① （北凉）昙无谶译《大方等大集经》卷 31、卷 35，《大正藏》第 13 卷，第 217 页中—218 页上。

② （唐）玄奘译《菩萨藏会》卷 4，《大宝积经》卷 38，《大正藏》第 11 卷，第 216 页中。

③ （唐）菩提流志译《妙慧童女会》卷 30，《大宝积经》卷 98，《大正藏》第 11 卷，第 548 页下—549 页中。

④ （元魏）佛陀扇多译《无畏德菩萨会》卷 32，《大宝积经》卷 99，《大正藏》第 11 卷，第 555 页中、下。

⑤ （唐）菩提流志译《净信童女会》卷 40，《大宝积经》卷 111，《大正藏》第 11 卷，第 626 页中、下。

伽提婆女人，当于来世星宿劫中而得成佛，号曰金花，今转女身，得为男子，生阿闳佛土。于彼佛所常修梵行，命终之后，从一佛土至一佛土，常修梵行，乃至得菩提，不离诸佛。① 《大智度论》解释说：恒伽提婆女福德因缘，生于富家，闻佛法信乐故，能以金银宝华金缕织成上下衣，并庄严自身璎珞具，用供养上佛。佛报以受记，观是女人宿世所行，以小因缘而起大事，于阿闳佛国转女身，说“世间五欲难断，女人著欲情多故，虽世世行诸福德，不能得男子身，今得受记，诸烦恼折薄，是故于阿闳佛国方得男子身”。有人言此女宿世以人多轻女人故，愿女身受记。如是等因缘，不转女身而得受记。② 经中又说女人有五碍，不得作释提桓因、梵王、魔王、转轮圣王、佛。《大智度论》解释说：闻是五碍不得作佛，女人心退，不能发意。或有说法者，不为女人说佛道。是故佛此间说，女人可得作佛，非不转女身也。③ 女人五碍事，亦见于《佛说超日明三昧经》，说有长者女慧施与五百女人俱诣佛所闻佛说斯超日明定，欲转女像，疾成正觉，度脱十方。时有比丘上度谓慧施曰，不可女身得成佛道也，所以者何？女有三事隔、五事碍。三事隔，一少制父母，二出嫁制夫，不得自由，三长大难子。五事碍，一曰女人不得作帝释，以勇猛少欲乃得为男，而女人杂恶多态故。二曰不得作梵天，以奉清净行，无有垢秽，修四等心，若遵四禅，乃升梵天，而女人淫恣无节故。三曰不得作魔天，以十善具足，尊敬三宝，孝事二亲，谦顺长老，乃得魔天。而女人轻慢不顺，毁疾正教故。四曰不得作转轮圣王，以行菩萨道，慈愍群萌，奉养三尊先圣师父，乃得转轮王，主四天下，教化人民，普行十善，尊崇道德，为法王教。而女人匿态有八十四，无有清净行故。五曰女人不得作佛，以行菩萨心，愍念一切，大慈大悲，被大乘铠，消五阴，化六衰，广六度，了深慧，行空无相愿，越三脱门，解无我人、无寿无命，晓了本无，不起法忍，分别一切如幻如化，如梦如影、芭蕉、聚沫、野马、电焰、水中之月，五处本无，无三趣想，乃得成佛。而女人著色欲，淖情匿态，身口意异故。④

---

① （后秦）鸠摩罗什译《小品般若波罗蜜经》卷7，《大正藏》第8卷，第568页中。

② （后秦）鸠摩罗什译《大智度论》卷75，《中华藏》第26册，第350页下。

③ （后秦）鸠摩罗什译《大智度论》卷56，《中华藏》第25卷，第76页上、中。

④ （西晋）聂承远译《佛说超日明三昧经》卷下，《大正藏》第15卷，第541页上—542页中。

《阿惟越致遮经·师子女品》说女人贪于尘劳，为欲所惑，致生女人身。女人尘劳者，以女人见他妇女端正姝好，宝璎珞庄严其身，自观己身如秽厕，心不乐欲，若贪乐是，则受女身。又计女人多怀嫉妬，心口各异，而不相副，不应前后。虽见比丘，但求名闻，不用经法，多怀瞋恚。喜会人客，未尝利求如此像经。若读诵者，心在著求，其志愦乱，游于尘埃。以是之故，受女人形，不能除罪。若此以女人设除爱欲，不兴邪想，受此经本，持讽诵读，则除女尘色，可转女身。[①]《大般涅槃经·憍陈如品》说如来有大陀罗尼，能转女身，自识宿命。若受五事，一者梵行，二者断肉，三者断酒，四者断辛，五者乐在寂静，至心信受，读诵书写是陀罗尼，即得超越七十七亿弊恶之身。[②]《大方等无想经》还说转女身成佛的案例，说有天女者，常于无量阿僧祇劫为众生故现受女身，当知乃是方便之身，非实女身。虽受女像，心无贪著，欲结不污。并说是天女未来之事，说佛涅槃之后七百年，南天竺有一小国名曰无明，有河名曰黑暗，南岸有城名曰熟谷，其城有王名曰等乘。其王夫人产育一女，名曰增长，其形端严，人所爱敬，护持禁戒，精进不倦。其王国土以生此女故，谷米丰熟，快乐无极，人民炽盛，无有衰耗、病苦、忧恼、恐怖祸难，成就具足一切吉事，邻比诸王咸来归属。其王崩亡后，诸臣即奉此女以继王嗣。女既承正，威伏天下，阎浮提中所有国土悉来承奉，无拒违者。女王自在摧伏邪见，为欲供养佛舍利故，遍阎浮提起七宝塔，赍持杂彩上妙幡盖，栴檀妙香周遍供养。见有护法持净戒者，供养恭敬。见有破戒毁正法者，呵责毁辱，令灭无余。具足修习十波罗蜜，受持五戒，拯济贫穷，教导无量一切众生，说《大云经》以调其心。若闻大乘方等经者，恭敬供养，尊重赞叹。满二十年，受持、读诵、书写、解说是《大云经》，然后寿尽。是时乃当转此女身，为众生故，示大神通。为欲供养无量寿佛故，故生彼界。是女王者，未来之世过无量劫，当得作佛，号净实增长如来。此娑婆世界尔时转名净洁浣濯，有城名曰清净妙香，其城纯以七宝庄严，最胜无上，犹忉利宫。其城凡有九万亿人，土地平正，无有荆棘、土沙砾石。其土人民不生邪见，爱重大乘，无有声闻缘觉之名，一切纯是菩萨大

---

① （西晋）竺法护译《佛说阿惟越致遮经》卷3，《大正藏》第9卷，第223页中—224页中。此见《不退转法轮经·安养国品》卷4，《大正藏》第9卷，第251页上—252页上。

② （北凉）昙无谶译《大般涅槃经》卷40，《大正藏》第12卷，第602页上、中。

士。修习慈悲喜舍之心，成就忍辱寿命无量。若有众生得闻彼佛如来名号，不堕三恶，转生人天云云。[①]

还有《转女身经》，说成就十法得转女身，速成男子。一女人成就一法，深心求于菩提，若有女人发菩提心，则是大善人心、大丈夫心、大仙人心、非下人心、永离二乘狭劣之心、能破外道异论之心、于三世中最是胜心、能除烦恼不杂结习清净之心。若诸女人发菩提心，则更不杂女人诸结缚心。以不杂故，永离女身，得成男子，所有善根亦当回向无上菩提，是名为一。二女人成就二法者，除其慢心，离于欺诳，不作幻惑。三法者，一身业清净，持身三戒；二口业清净，离口四过；三意业清净，离于瞋恚、邪见、愚痴。成就四法者，一不恚害，二不瞋恨，三不随烦恼，四住忍辱力。成就五法，一乐求善法，二尊重正法，三以正法而自娱乐，四于说法者敬如师长，五如说修行。成就六法，一常念佛，愿成佛身；二常念法，欲转法轮；三常念僧，欲覆护僧；四常念戒，欲满诸愿；五常念施，欲舍一切诸烦恼垢；六常念天，欲满天中之天一切种智。成就七法，一于佛得不坏信，二于法得不坏信，三于僧得不坏信，四不事余天，惟奉敬佛；五不积聚悭惜，随言能行；六出言无过，恒常质直；七威仪具足。成就八法，一不偏爱己男，二不偏爱己女，三不偏爱己夫，四不专念衣服、璎珞，五不贪着华饰、涂香，六不为美食因缘，犹如罗刹杀生食之；七不悋所施之物，常追忆之而生欢喜；八所行清净，常怀惭愧。女人成就九法，所谓息九恼法，憎我所爱，已憎、今憎、当憎；爱我所憎，已爱、今爱、当爱；于我已憎、今憎、当憎。女人成就十法，一不自大，二除憍慢，三敬尊长，四所言必实，五无嫌恨，六不粗言，七不难教，八不贪惜，九不暴恶，十不调戏。

又说若有女人能如实观女人身过者，生厌离心，速离女身，疾成男子。女人身过者，所谓欲、瞋、痴心并余烦恼重于男子；又此身中有一百户虫，恒为苦患、愁恼因缘，是故女人烦恼偏重。应当善思观察此身便为不净之器，臭秽充满，亦如枯井、空城、破村，难可爱乐，是故于身应生厌离。又观此身犹如婢使，不得自在，恒为男女、衣服、饮食、家业所须之所苦恼，必除粪秽、涕唾不净。于九月中怀子在身，众患非一，及其生

---

① （北凉）昙无谶译《大方等无想经》卷6，《大正藏》第12卷，第1106页下—1107页中。

时受大苦痛，命不自保，是故女人应生厌离女人之身。又复女人虽生在王宫，必当属他，尽其形寿，犹如婢使随逐大家，亦如弟子奉事于师，又为种种刀杖、瓦石、手拳打掷，恶言骂辱，如是等苦不得自在，是故女人应于此身生厌离心。又此女身常被系闭，犹如蛇鼠在深穴中，不得妄出。又女人法制不由身，常于他边禀受饮食、衣服、花香、种种璎珞严身之具、象、马、车乘，是故应当厌离女身。又此女身为他所使，不得自在，执作甚多——捣药、舂米，若炒、若磨大小豆麦，抽毶、纺迭——如是种种苦役无量，是故女人应患此身。

欲求永离如是众苦，当以二十种法观察此身。常念如来所言诚实，赞叹出家，能报佛恩。当发此心，愿离女身，速成男子。于佛法中出家修道，不复贪求花鬘、璎珞、游戏、园林、衣服、饮食严身之具。当观自身及侍立眷属，犹如机关木人，筋牵屈申，举下而已。此身虚伪，血肉所成，不久坏灭。此身如厕，九孔流出种种不净。此身愚小之人于中起著，而恒四大所成。此身诸阴犹如怨家。此身虚伪中无坚实，如空聚落。此身无主，从父母生，复以行业而严饰之。此身不净，纯盛臭秽。此身即是屎尿之器，不久弃捐，无可贪处。此身归死，出息、入息必当断故。此身无我，如草木、瓦石。此身无作者，从因缘生。此身是众鸟、狼、狗、野干之食，弃冢间故。此身是苦聚，四百四病之所困故。此身恒为风寒、冷热等分众病之所坏散，恒以药力得存立故。此身不知恩，以饮食养之，无止足故。此身无知，内无作者故。此身是后边，必当死故。是故女人应当如是观察此身，生厌离心，修行善法。

又有十六法若能修行，随所愿求，皆得从意。一戒清净，二心清净，三空清净，四无愿清净，五无相清净，六无作清净，七知身业如影，八知口业如响，九知意业如幻，十知缘起法，十一离二边见，十二善知因缘，十三观法如幻，十四知法如梦，十五相法如炎，十六深心寂静。①

《舍利弗阿毗昙论》说不转女身者有七共染，何谓七共染？若女人自思惟女身、女形、女相、女服饰、女欲、女音声、女璎珞。女人乐染此物已，复思惟外男身、男形、男相、男服饰、男欲、男音声、男璎珞。女人乐染此物，思惟和合，缘和合故，生喜乐贪著。爱乐女身，乐和合。以如

---

①（刘宋）昙摩密多译《佛说转女身经》卷下，《大正藏》第14卷，第918页下—921页下。

是故，常不欲转女身。男子自思惟，若男身乃至常不欲转男身亦如是，是名七共染。何谓欲染？即便梵净行者虽不与女人交通，然受女人澡浴衣服，按摩调身，以为喜乐，以为气味，是谓共欲染，非清净梵行。如亲近女人，言说戏笑调弄，以为喜乐，以为气味，亦谓共欲染，非清净梵行，有荒缺垢秽，未脱于生老病死忧悲苦恼，众苦聚集，我谓此未脱于苦。如与女人对目相视以为喜乐，以为气味，是谓共欲染。若障外闻女人音声歌舞、语笑啼哭，以为喜乐，以为气味，是谓共欲染。或忆念女人曾共从事戏笑言语相娱乐时，以为喜乐，以为气味，是名共欲染。若见长者或长者子以五欲具足相娱乐时，以为喜乐，以为气味，是名共欲染。如愿生天上故，行梵净行，我以此戒，以此道，以此苦梵净行，令我作天王，或作辅臣，以为喜乐，以为气味，是谓共欲染。此七共欲染，我观于内心，设当七共欲染，未断我，亦不自说有正梵净行婆罗门。以我七共欲染断故，说有正梵净行，得无所畏，是名七共欲染。①

2. 大集陀罗尼

大集陀罗尼，全称大集金刚法心因缘自在陀罗尼，以五方佛大集会而称。《陀罗尼品》出现五方佛，婆娑世界释迦如来说法，东西南北四方佛集会，说大集金刚法心因缘自在陀罗尼。说东方有安乐世界阿閦佛、西方安乐世界无量寿佛、南北二方佛及其无量神通菩萨来至娑婆世界释迦如来大集之处，坐化莲华上。《宝星陀罗尼经》指明南方为宝星佛，北方为鼓音佛，又增加上下二方佛，下方为毗卢遮那佛，上方为智光佛，并说诸菩萨及声闻众于化莲花台向佛而坐，六方佛也于莲花微妙法座向释迦佛而坐，形成一个释迦佛居中、四方佛或六方佛及其眷属围绕的大集会场面，这是密教曼荼罗的最初形态。一佛居中，诸佛围绕，形成诸佛集会的圆满道场，犹如车轮毂辐具足，故称曼荼罗，梵文 maṇḍala 的原义为圆形物，引申为诸佛集会、功德圆满。本品即称五方佛集会场景为诸佛集会、大集会，《宝星陀罗尼经》称普集会。

诸佛集会，释迦说法，称为能坏一切疑网心的大宝幢，皆得供养十方佛的大宝塔，宝幢、宝塔由此成为诸佛集会处所的象征。诸佛菩萨到婆娑世界集会的目的，是因此婆娑国土有恶众生不信佛事，故此显示大神通，宣说正法，以破除一切烦恼魔业。释迦如来此说正法，称金刚法心因缘自

① （后秦）昙摩耶舍译《舍利弗阿毗昙论》卷 19，《大正藏》第 28 卷，第 653 页上、下。

在陀罗尼，《相品》有大涅槃金刚法心因缘自在陀罗尼，《陀罗尼品》有大集金刚法心因缘自在陀罗尼。大涅槃者，如《大般涅槃经》所说“大涅槃者，即是诸佛如来法界。”① 又“大涅槃者，则名常住，常住之法不从因缘。”② 不从因缘，即是因缘自在。大集，即诸佛大集会，智顗《维摩经玄疏》说：“以集一切佛法，故名大集，是大涅槃名，名诸佛法界，佛性涅槃，含一切佛法也。”③ 此知大涅槃、大集同义，两品也均说该法三世诸佛异口同声，共同宣说，故称大集陀罗尼、大陀罗尼，意译大持。金刚法，以此法如金刚智慧，破除烦恼怨敌，故称此法入种智门、如来智慧方便。心，即三十七品心陀罗尼，以此陀罗尼含摄三十七道品。三十七品，亦称三十七道品，即四念处、四正勤、四如意足，五根、五力，七觉支，八正道。《大乘义章》解释说：“三十七品心为体性，心有三重，一者事识，谓六识心。于此分中心外有法，法外有心，心于外境分别观察为道品观。二者妄识，谓七识心。于此分中心外无法，一切诸法皆从妄想自心所现，如梦所睹，于己自心所现法中推求观察为道品观。三者真识，谓八识心。于此分中心外无法，法外无心，心与法界同体义分。以同体故，将心摄法，一切皆是一心中法。随法分心，广备法界微尘数心。心于彼法从来无障，而为妄染说为隐覆，令息妄染，内照实性名道品观。彼小乘中但有初门事识之观，说为道品。大乘法中初为事观，次破情相为妄识观，后息妄想为真识观。”④ 因缘自在，即不从因缘而起灭，如来智慧方便，随诸因缘而功用自在。

《宝星陀罗尼经》译称金刚法等因缘法心建立摧碎陀罗尼印句入差别记法门、金刚法等因缘法心建立摧碎陀罗尼印句差别门记大持法门，等因缘法，等即平等，等因缘法，即因缘平等法，亦即上之因缘自在，自在与平等同义。摧碎，即摧伏、摧坏，摧伏烦恼魔业义。差别记，即分别授记，指诸佛分别音声而同说此陀罗尼印句，印句，即陀罗尼句。

《相品》此又称法印句门入陀罗尼，法指金刚法。并说其功德，说娑婆世界释迦如来欲为具足五滓众生，演说法要，所谓法印句门入陀罗尼。

---

① （北凉）昙无谶译《大般涅槃经》卷4，《中华藏》第14册，第42页上。

② （北凉）昙无谶译《大般涅槃经》卷21，《中华藏》第14册，第229页中。

③ （隋）智顗撰《维摩经玄疏》卷1，《大正藏》第38卷，第522页下。

④ （隋）慧远撰《大乘义章》卷16，《大正藏》第44卷，第779页下。

说此陀罗尼能坏一切魔境界力，开显一切佛功德力，竖大法幢，不断佛种，能令一切善法增长，能坏一切邪见众生，能坏一切恶梦不祥，能断疾病刀兵饥馑斗讼等事，复能调伏一切天龙乾闼婆人，炽然慧炬，示导一切平等之道。能令一切远离恶见，能断一切诸恶种性，能令一切同于一性，能护一切城邑、聚落沙门、婆罗门，能知一切星宿运度，能学一切世间诸事，能令一切远离恶口，获无碍辩。观一切法通达其性，如法而住。能说大乘安慰菩萨，悉令能得不退转心。能施无上甘露法味，能令获得无生法忍，转正法轮，利益调伏无量众生。悉令得住六波罗蜜，能令众生见无上道，能降法雨，示诸佛事，过四魔界，入大涅槃金刚法心因缘自在陀罗尼。将欲演说如是等法，如过去佛、未来诸佛之所宣说，现在十方诸佛世尊住世说法，教化众生，皆是金刚法心因缘自在陀罗尼也。

大集陀罗尼长达206句，《宝星陀罗尼经》及梵文本、藏译本则185句。《陀罗尼品》说其功德：

> 说是无上陀罗尼，为坏种种诸魔力。
> 十方诸佛说是持，为不断绝三宝性。
> 能和一切诸忿诤，亦能增长无上忍，
> 增益众生诸善根，消灭国土诸恶相，
> 能破众生三恶业，亦令远离诸恶见。
> 如来说是无上持，为欲显示无上道，
> 亦为具六波罗蜜，真实修于菩提道。
> 是持即是善方便，亦能增长无阂智。
> 摄取一切诸善法，是故名为无上持。
> 具修三十七道品，是名无垢菩提道。
> 能断一切疑网心，及断众生诸烦恼，
> 是持即是真实语，了了睹见菩提道。
> 我今欲说陀罗尼，是则名为无上胜，
> 为欲拥护说法师，及以听受是持者。
> 其谁欲受欲听者，我今当说勿生疑，
> 无上无胜陀罗尼，即是最上之智慧。

并说如得闻此大陀罗尼，能坏一切魔境界力，绍三宝性，断魔罗网，得诸善法，具足佛事。为如是等说是大持，为诸众生著心封印，印诸众生阴入界法，乃至获得大般涅槃。

该品另有 4 首陀罗尼，其一为月光童子所说陀罗尼 31 句，其功德说四众升于法座说是陀罗尼，无有众生能起恶事以加之者。身心不浊，四大清净，身诸病苦皆得远离。如是法师若有过去业因缘病，悉皆消灭。听此法者亦复如是，灭过去业因缘病苦。

其二为菩提自在梵天所说陀罗尼 29 句,[①] 说其功德，若有不能调伏恶鬼，闻是持已即便能调。若有受持如是咒者，随所住国，信心诸王一切男子女人，若大若小、若天若人，皆于是王不能起恶。若有起恶，首为七分，其心干焦，身被癞病，有神通者即便还失，暴风所吹，身陷入地。随是持咒流布之处，亦护令得远离一切诸恶，受者听者不乏衣食、卧具、医药等资生所须。

其三为正语梵天现女像所说护国土陀罗尼 12 句，说其至心护法，乃至释迦如来灭后亦护佛法，随是持咒流布之处，护其国土。说者听者令离魔业一切恶事，若有法师欲说法者，为调众生先当读诵是陀罗尼，当以天耳当往听之，闻已身往在其会中，令诸会者远离诸恶，令法师逮无碍辩，得无所畏。听法之人远离病苦及疑网心、饥渴寒热、兵革怨敌、虎狼毒兽等一切诸恶。

其四为释迦如来所说护法陀罗尼 13 句，说以如是持咒力，能调伏一切众生。梵天所以现此女身说咒，为欲调伏一切女人。若有女人欲生男者，当读是持，读是持已即得生男，厌儿息者便不复生。若有受持读诵之者，当至心营卫拥护。

《授记品》说庄严华魔王转女身陀罗尼 35 句，《悲品》中诸佛为庄严华、吉意菩萨说护法陀罗尼咒 35 句，其功德为四众受持是咒，亦无有能于是四众起恶心者。《四天王护法品》说 7 首陀罗尼咒，其一梵天说陀罗尼 8 句，其功德为随是经典流布之处都邑、聚落，至心拥护，令其地无诸兵革及诸恶事；其二释提桓因所说陀罗尼 8 句，东方天王提头赖吒所说陀罗尼 6 句，南方天王毗留勒叉所说陀罗尼咒 5 句，西方天王毗留博叉所说陀罗尼咒 5 句，北方天王毗沙门所说陀罗尼咒 8 句。说梵释四天王等所说陀罗尼咒能护持正法随是经典流布之处，至心护持。娑婆世界万二千大鬼

---

① 今本末附 1 句陀罗尼。

将军亦护此世界，复有四万四千小将成就大力及大功德当于未来世亦随护，有听法者，当为坏其种种魔业，护说法者令得增长一切善法，当劝诸王大臣长者施其衣食种种资生所须之物，亦令其土无有兵革寇难之事及恶风雨。又说太北魔王陀罗尼 38 句，说太白魔王于未来世至心拥护，令释迦法久住不灭，令诸魔众不得其便。若未来世善男子善女人修立三业，绍三宝性，为坏三界诸恶烦恼，修行正道，能坏众生三恶道苦，一切魔众无能为，以此咒坏一切恶魔眷属。

《旷野鬼品》说陀罗尼咒 2 首，其一金刚槌咒 61 句，其二调伏咒 53 句。该品说有旷野菩萨现鬼身，散脂菩萨现鹿身，慧炬菩萨现猕猴身，离爱菩萨现羖羊身，尽漏菩萨现鹅王身，乃至五百诸菩萨等各各现受种种诸身，其身悉出大香光明，一一菩萨手执灯明，供养十方诸佛。旷野鬼说其因缘，往古过去九十一劫毗婆尸如来时，与如是等同一父母共为兄弟，受持五戒，勤修精进，聪明智慧，心乐善法，种种供具供养彼佛，皆发菩提心，为欲调伏一切众生。散脂大士于彼佛前立大誓愿，愿来世以鬼神身教化众生，若有弊恶恶鬼众生，当演说三乘之法而调伏之，乃至无量恒河沙等恶鬼恶兽悉令调伏，然后乃成就菩提。亦有一万二千大鬼于此世界发大誓愿调伏众生，旷野大士复发大誓愿，若有恶鬼欲坏如来正法，当治之，是故受如是鬼身云云。若有恶鬼能杀众生，令其心乱。恶心杀害，深著邪见，能令刹利、婆罗门、毗舍、首陀乱心作恶，于国土中移转日月，错易年岁，使国荒乱。寒暑失所，变改时节，降恶风雨，谷米不登，及坏一切树木果子。愿悉能调伏教化，令住三乘，亦不害夺其命根，同其受身，与共软语，言谈戏笑，以三乘法而教化之，令离恶道。若有众生远离善法，行身口意不善之业，舍是身已，生三恶道。或有杂作善恶诸业，是人舍命则受鬼身。是故尔时恶鬼滋多，善鬼尠少，是故欲调伏恶鬼，现受是身。以金刚槌咒力，一切恶鬼于彼四姓不能为恶，若有都邑城村聚落有是咒处，一切恶鬼无能为害，是处众生皆修慈心，远离一切不善之事、恶病恶雨、亢旱斗诤，乃至鸟兽皆生善心，远离一切诸恶怖畏云云。

四　《日藏经》的陀罗尼

《日藏经》，昙无谶译《日密分》，共 4 品，隋那连提耶舍译《日藏经》13 品，属同本异译，但前略后详，合编为《大集经》第六、七分。该经通过小乘教法来说明陀罗尼法门，并广说陀罗尼神咒。该经虽被编入大集经类，固然掺杂大乘思想，但其基本思想却表现出小乘特点，具有小乘陀罗尼密典的性质。该经开首的《护法品》就表明如来于此先说四圣谛行，后续说诸菩萨行，认为成就具足法陀罗尼，声闻乘者即是大乘，大乘者即声闻乘，如是二乘无有差别。并强调声闻法说："若有能行六波罗蜜，即能自知心所行处，是人终不念声闻乘，虽复修行无量诸行，未得其边，亦不怖畏退堕声闻、辟支佛地。若诸菩萨不能修集四无量者，如是菩萨于菩提道则为有退，是名不得清净六根，是名于法有贪有悭。如是名为行于他行，不行自行，是名不能成就七财，不能度脱一切众生于生死海。是故我说如是行者，即是声闻辟支佛行。我初演说四圣谛行，后复续说诸菩萨行，尔时一切大众咸作是念，如来将欲说声闻乘，不说大乘耶？将非如来不乐如是菩萨众耶？如来不欲断三宝种性耶？何故不说大乘妙法？为诸天人得信心故，未发菩提心者为发心故，已发心者得增长故，为诸众生得信心故。"①

该品还说菩萨护戒精进，持佛密藏，读诵书写，分别教诏，是名众僧怜愍众生、利益众生云云。② 密藏即是陀罗尼藏，经中最初说陀罗尼密藏的是东方五功德佛无量国的日密菩萨，因称《日密分》，隋译作日行藏菩萨，因称《日藏经》。实则四方菩萨各说陀罗尼，东方五功德佛遣日密菩萨说真陀罗尼及莲华陀罗尼，南方山王佛遣香像王菩萨说随空三昧陀罗尼及大行陀罗尼，西方高贵德王佛遣光密功德菩萨说断业陀罗尼及大神良咒，北方德华密佛遣虚空密菩萨说净陀罗尼，故称四陀罗尼。

1. 四谛陀罗尼

四谛陀罗尼，全称四谛顺忍陀罗尼，简称四陀罗尼。该经说释迦牟尼佛婆娑世界所有众生烦恼坚牢，系缚深重，其形丑秽，多起憍慢，恶口两舌，远离实语。其实愚痴而现智慧相，多起悭贪而现舍离相，多有谄曲却现质直相，心多浊乱却现清净相，多有嫉妬却现柔软相，乐离别人却现和合相，多起邪见却现正见相，众人随女人语，断绝善根，增三恶道。总之，婆娑世界的众生可以用一个"欲"字来概括，故四方如来授予四菩萨的也是欲法，或称与欲法。经初就说世尊在欲色二界中间大宝坊中，为一切大众欲法无厌而说法。故欲法是《日藏经》所说的主题，称其陀罗

① （北凉）昙无谶译《大方等大集经》卷31，《中华藏》第10册，第396页下—397页上。

② （北凉）昙无谶译《大方等大集经》卷31，《中华藏》第10册，第397页上。

尼为坏欲大陀罗尼。因而四方四菩萨所说的陀罗尼称为四谛陀罗尼，所谓四谛，就对治欲欲、色欲、触欲、解欲等四欲，照见苦、集、灭、道四谛，现见涅槃。称四谛随顺忍陀罗尼者，以断除四欲，随顺得无生法忍，故又称四谛顺忍陀罗尼。

其实所谓四谛陀罗尼，不过是称名四谛的数种陀罗尼神咒，昙无谶译本说 7 首陀罗尼，那连译本说 8 首陀罗尼。一谛随如真忍陀罗尼，亦称随如真实陀罗尼、真陀罗尼，那连译日藏法行坏龙境界焰品尽一切众生恶业陀罗尼欲。其陀罗尼咒 45 句，那连译 41 句。又说莲花陀罗尼 34 句，那连译大力日眼莲花陀罗尼、日眼莲花陀罗尼、莲花陀罗尼 46 句。

二谛随顺空忍陀罗尼，亦称随顺空忍断业陀罗尼、断业陀罗尼随顺空门、如空空行陀罗尼，42 句，那连译或作空顺忍陀罗尼、顺空陀罗尼，41 句。又说大行陀罗尼 51 句，那连译无尽根大授记陀罗尼，61 句。

三谛随空三昧陀罗尼，亦称随无愿定陀罗尼，29 句，那连译无愿顺陀罗尼，30 句，《菩萨使品》28 句。其功德说成就具足无量功德，能断欲贪、色无色贪，憍慢、慢慢、我慢，乃至尽智、无生智。又说大神良咒 47 句，那连译智慧依止大授记陀罗尼，说 2 首陀罗尼，一首 16 句，一首 52 句，《菩萨使品》说一首 48 句。

四谛净陀罗尼 38 句，那连译奢摩裴多悉致蔓多罗大授记陀罗尼，42 句。那连译又说灭一切恶及诸恶梦陀罗尼 28 句，《菩萨使品》称昏睡陀罗尼。另外，那连译《日藏分送使品》说八龙王光明照耀陀罗尼，《念佛三昧品》说四禅地依止心念陀罗尼 9 句，《济龙品》说实净眼陀罗尼 21 句，《护塔品》说大闻持陀罗尼 18 句。

四谛陀罗尼，不仅是陀罗尼神咒，各有具体的功德，主要的还是一种止观法，断除欲贪，就四谛陀罗尼中的莲花陀罗尼、大行陀罗尼（无尽根陀罗尼）、无神良咒陀罗尼（智依止陀罗尼）、净陀罗尼（恶睡眠众生陀罗尼）四首加以止观。

其一观莲华陀罗尼，说莲华陀罗尼是十八不共法行，唯佛能说，唯佛能听，难知难解。说莲花陀罗尼还是无想行、调伏行、解脱行、分别生死行、断三宝行、大慈大悲行、一切智解脱行、破坏四魔恶邪论行、尽智无生智行、毕竟入涅槃行。能令诸菩萨不乐三界，证无相解脱门，入无行解脱门。

其二观大行陀罗尼，亦称如空空行陀罗尼、空行陀罗尼、顺空陀罗尼，说触欲解脱法。所谓触欲，即双方身体接触欲望而产生的乐、苦以及生死烦恼等因缘关系，触欲解脱就是通过白骨观认识到身体的实质，从而断除贪恋触欲的思想根源。说：“言触欲者，二身共合，因身合故则生于触，因触生乐，因乐生苦，苦因缘故，生死苦恼从是而生。”如同毒蛇有见、嘘、啮、触四因缘而能害众生一样，众生的欲也因为有见、闻、念、触四缘，致使诸众生远离一切诸善根本，于生死中受大苦恼。触欲解脱的方法，就是观白骨，思惟色身为四大所造，四大所造即是无常，性无坚牢，属离散之法，其皮毛肉血身中如何能产生净好相。作是观已，悉于一切十方净色实时获得不可乐相，则得断除一切烦恼生老病死，是名舍摩他。若如此观足骨乃至头骨，是名毗婆舍那。然后观息出入，见息出时，思惟如是风者从何处来？去至何处？如是观时，远离身相，生于空相，不见内法，是名内空。不见我所及外色相，是名外空。观内外色空，又思惟我今修集入息相已，作大利益，能坏一切内外诸色。我坏如是内外色相，皆是入息观因缘。以是因缘，令我不见内外诸色。我无色相，即是空力，我今定知一切诸法无有去处，无有来处。作是观已，所有觉观一切永断。复观是识，知是一切觉观因缘，我当远离心意识行。何以故？若有生者当知定灭。作是观时，得须陀洹果乃至阿罗汉果，或有获得如法忍者，或得菩提。若观觉观是灭相者，即得灭定，是名不共凡夫如空陀罗尼。并说是持成就无量功德，永断无量诸大苦恼。

其三欲随无愿陀罗尼，那连译无愿顺陀罗尼，此观无愿解脱法门。此念欲欲、色欲及无色欲、触欲、解欲，知是诸欲因觉观，生诸行因缘。如是诸行无有作者，无有受者，因风而生。我身口行亦复如是，因风而生。因是风故，身得增长。因是风故，口得增长。如我观风，即入出息，谛观一切身诸毛孔从风因缘。复观一切不净之物，复观是身命终之时，是尸更无风息入出。复作是念：我身口行因缘于风，若无风者，无身口行因缘。是故尔时得空三昧，修集增长。因修集故，能断欲贪乃至触欲。作是观已，得须陀洹果乃至阿罗汉果，或有发菩提心。若声闻人修不净相，得成三相。若为破坏欲贪之结，修不净相，系心眉间，自观身骨，是名一相。若观自身及以他身，是名二相。又观一切悉是不净，是名三相。是人能观苦、集尽净，名舍摩他，得暖法相。是人如是观白骨时，见智如灯，观身四行乃至微尘，是名顶法。观四真谛，是名声闻不净观。成就获得舍摩他定，是名白骨观相。观是相时，得八正道，因八正道，得须陀洹果乃至阿罗汉果。光明佛土声闻之人，观如是法即得道果。

其四观欲净陀罗尼，对治此土众生四倒，作无我观，破颠倒我想。观无我法，观身六根、六识、十二因缘为四大、名色所造，如虚空实无有我，而四大、名色亦无有我，如此得空三昧门，成就四果。如观身谛知无我，我身以和合故。复次观眼根等亦无有我，四大合故。若眼转瞬，即是风力，如是风者，因于虚空去来回转。而虚空性性无所有，亦不可说。若无所有不可说者，即是无我，是故虚空实无有我。是空中风亦复无物，不可宣说，是故无我。如观风，地、水、火亦如是，地等亦无物，不可宣说，是故无我。而眼之四大亦复无物，不可宣说，是故无我。

2. 如实陀罗尼

如实陀罗尼，即凡夫如实陀罗尼，分为共凡夫如实陀罗尼与不共凡夫如实陀罗尼，《日密分·分别品》所说。如实，即如实观察，认识真实，观察、认识有与凡夫所共者，也有与凡夫不共者。观察、认识真实，从与欲法始，与欲法就是爱欲法。

爱欲法，包括爱与欲两种，爱有两个三种，一所谓欲爱、色爱、无色爱，二所谓有爱、断爱、法爱。其中欲爱名为放逸，放逸因缘则为贪触，以触因缘则生乐想，乐想因缘则焦身心，焦身心故乐行十恶，十恶因缘则能增长三恶道苦。若受人身贫穷困苦，以贪因缘故，五道受生，如生在羊中多受苦恼。虽受是苦，心无惭愧，不生悔恨。若因少善，还得人身，爱心增长。爱增长故，身口不净，造作无量诸重恶业，乃至五逆。以是因缘，复于地狱受大苦恼，故知一切受苦皆因爱心。如此知生死轮回的欲爱根源，则观欲爱如同果实、如大毒树，如毒盆行厕、如刀、如贼，如旃陀罗、如热铁丸，如恶雹雨、如恶暴风，如毒蛇怨家、空野罗刹，如杀害人，如粪如冢。若有人能作如是观，是人所有爱之与贪，包括爱腻、爱著、爱宅、爱热、爱憎等法寻即除灭。灭已则念法、乐法、学法、受法、取法、勤求于法、财法、藏法、净法、行法，归依于法。是人临死获得法念，因法念故，寻得闻于十方诸佛宣说法要，教化众生。既闻法已，心生欢喜。生欢喜故，即得睹见诸佛色身，是人舍身生净国土，无三恶道。常与善人游止，共俱具足智慧，舍施精进，修集慈悲。调伏众生，断烦恼习，具足无量庄严功德。

欲也有四种，一者色欲，二者形欲，三者天欲，四者欲欲。色欲，即四大造色。凡夫不见无我众生，生颠倒想，见男女想，上下色想，是色可爱，是色可恶。因是颠倒见男女相故，令贪欲未生便生，生已增长。是人因是远离善根及善知识，不能善护身口意业，是故名为恶法之聚。为什么呢？不能观察欲解脱故。以是义故，增三恶道，受于地狱、饿鬼、畜生，无量世中受大苦恼，皆由贪欲，贪欲因缘令欲增长。

断除爱、欲，有五种断烦恼法门。一观察女色，见其不净相，皮肤、肌肉、筋骨、血脉之不净，便会心乐修集，想男身亦尔，近远者亦如是，彼此者亦如是，自他亦如是。是人若能修集是心，即于贪爱疾得解脱。二观察是身骨、筋节相连，心随身行，尔时系心在于额上，如枣许处。心乐修集如是相已，身得寂静，不见恶相，不见恶事，不见恶缘，是则名为奢摩他（止），名心寂静。复观是人入定，灭于入息，既无入息，又无出息，是则名为身心寂静。身心寂静，即舍摩他之因缘。三观察是人现身所有骨节离散如沙，为风所吹，即生空无物想，观于虚空，是则名为身心寂静，是名因于舍摩他定而得解脱。四观察虚空相，想是有为相、无为相，若为有为相，为是自相还是他相？若能观察一切法界及有为界，是名为自相。何以故？若能观察色寂静者，即见佛身。所以者何？若人观骨能令如沙，为风所吹，是人能破色贪、色欲。能深观察色之实性，是人所见皆如虚空。而虚空之性无有作者，自无有灭。如言虚空者，无有觉观，无物无数，无有相貌，无出无灭，一切诸法亦复如是。

作是观时得阿那含果，是阿那含悉断一切贪欲之心，唯有五事未能除断，一者色爱，二者无色爱，三者掉，四者慢，五者无明。是人若得见如来身，便念我当知数，观少见少，观多见多。复念如是诸佛从何处来？复念如是诸佛无所从来，去无所至。我三界心是心因身，我随觉观，欲多见多，欲少见少，诸佛如来即是我心。何以故？随心见故，心即我身，我即虚空。我因觉观见无量佛，我以觉心见佛知佛。心不见心，心不知心。我观法界性无坚牢，一切诸法皆从觉观因缘而生。是故一切所有性相即是虚空，虚空之性亦复是空。若有初发菩提心者，当观无量诸法因缘，是人若发求声闻心，尔时即得无相三昧，令彼无明永灭寂静，亦复获得随顺空忍。是人若见虚空是空，尔时即得身心寂静，是则名为空解脱门，取阿罗汉则为不难。若复修行灭定解脱，为灭无量诸法因缘。

观如实陀罗尼有九种共凡夫与不共凡夫陀罗尼。其一，观自身死尸相，进而观骨作离散相，又自观身轻漂如风，复入火光三昧，复游入焰摩迦定，念诸佛无所从来，去无所至，我三界心是心因身，我随觉观，欲多见多，欲少见少，诸佛如来即是我心，随心见故。心即我身，我即虚空。我因觉观见无量佛，我以觉心见佛知佛，心不见心，心不知心。我观法界性无坚牢，一切诸法皆从觉观因缘而生。是故法性即是虚空，虚空之性亦复是空。我因是心，见青黄赤白杂色虚空。如此作神变已，所见如风，无有真实，是则名为共凡夫人如实陀罗尼。

其二，复作是念，若有虚空，即是无取，无有觉观，不可宣说。如我心离观虚空相，亦观心相不作远离，离一切作，不作发心。设发寻灭，以心缘灭故，是心便灭。净身口意，修集灭定，是人长夜系心在定。从灭定起，舍其寿命，入于涅槃，是名不共凡夫如实陀罗尼。

其三，若有能作如是思惟，我随意观，色即是见，色即是我心，我心即色。如我远离一切色相，观虚空相，是人尔时修虚空相，是则名为共凡夫人如实陀罗尼。若有能作如是观，色即是虚空，我以如是色因缘故得观虚空，虚空之性名无障碍，是风住处。如是风者因四大生，我是色相，亦复如是，因四大起，虚空、风、色等无差别。一切法性，性自空寂，观自、他性亦复如是。虚空者，即是无生无灭。作是观时，系念如来。作是念已，见虚空中有无量佛，实时获得阿那含果，是名不共凡夫如实陀罗尼。

其四，复作是念，言虚空者即是我也，即是净，我即是我心，我者无色，如空无边，我亦如是，是名共凡夫如实陀罗尼。若有能观一切法中无我、无我所，言空处者即是无我色、无有我，若念如来、若观如来即是我也。我见佛已，得沙门果乃至阿罗汉果，是名不共凡夫如实陀罗尼。

其五，若观净我者即是空处，空即我心。若能永断一切烦恼，即是净心。若能修集八直正道是名净心。能如是修，即能获得须陀洹果乃至阿罗汉果，是名不共凡夫如实陀罗尼。

其六，复有观色，观色相者即分别相，分别相者即是瞋相，瞋恚相者即生死相，我今为断生死相故，观心相空，是名共凡夫如实陀罗尼。又复观我即是寂静，我今亦未断于觉观。若我观我，我如虚空，我、我者即是苦，苦所从生即名为集。如是苦集是可断法，是名为灭。观苦集、灭是名为道，得须陀洹果乃至阿罗汉，是名不共凡夫如实陀罗尼。

其七，又复念言，我何以故观于虚空？空者即我，我若远离虚空观者，次观识处如虚空观，识观亦尔。如空无边，心亦如是，是名共凡夫如实陀罗尼。若能观识即是苦者，知苦所从名之为集。若集可断，是名为灭。观苦集灭是名为道，得须陀洹果乃至阿罗汉果，是名不共凡夫如实陀罗尼。

其八，若观识处即是觉观疮疣烦恼，如我远离空处、识处，修无想处，是人修无想已，得无想定，是名共凡夫人如实陀罗尼。若观识处即是疮疣苦恼之法，如我远离，观于识相。次观无想相，言无想者即是无我、无我所相。作是观已，即得须陀洹果乃至阿罗汉果，是名不共凡夫如实陀罗尼。

其九，若有能观无想处者即是细想，如我远离是无想处，观非有想、非无想处，是名共凡夫人如实陀罗尼。若观非想、非非想处即是大苦，是处可断，可得解脱。作是观时，得须陀洹果乃至阿罗汉果，永断一切欲贪、色贪，离凡夫名，得圣人号，永断一切三恶道因，是名如实陀罗尼。

五 《金光明经》的陀罗尼品

《金光明经》前后有五译一合，即昙无谶 译4卷18品、梁真谛译7卷22品、北周耶舍崛多译5卷18品、唐义净译10卷31品，隋宝贵合经8卷24品。其中昙无谶初译于北凉玄始三年至十年（414—421），竺道祖《河西录》及《僧祐录》著录。真谛于梁承圣元年（552）于正观寺及杨雄宅第二译，与愿禅师等20余人参译，新译四品，即《三身分别品》《业障灭品》《陀罗尼最净地品》《依空满愿品》，通前昙无谶译18品，成22品，分成七卷。北周武帝时（561—577），耶舍崛多于长安旧城四天王寺及北胡坊归圣寺第三译，智迁笔受，续译《寿量品》及《大辩品》陀罗尼咒法，并补充其他品有关内容，通前昙无谶译，成5卷本《金光明经》。隋开皇十七年（597），大兴善寺沙门释宝贵请阇那崛多新译《银主陀罗尼品》及《嘱累品》（费长房笔受，彦琮复校），并合编前三译，通成8卷24品合本《金光明经》。唐武周长安三年（703）十月四日，义净于西明寺译10卷31品，沙门波仑、惠表笔受，另题《金光明最胜王经》。智昇编纂《开元释教录》，昙无谶译4卷本、真谛译7卷本、耶舍崛多译5卷本，均入删繁录，但存昙无谶译增补为31品的4卷本，和释宝贵合部本，以及义净译另题的10卷本。

义净译本，中唐时法成（Ḥgos Chos ḥgrub）转译为藏文，17世纪由索尔吉再由藏文转译为蒙古文。宋夏时期，义净译本还转译为回鹘文和西夏文。赤松德赞时（755—797），胜友（Jinamitra）等（Śīlendrabodhi、Ye-śes sde）从梵文译为藏文《圣金光明最胜王大乘经》10卷29品，比法成转译本少第 29《菩提树神赞欢品》和第 30《大辩才天女赞欢品》，14 世纪由西绕僧格将此藏译本转译为蒙古文，以及满洲文。另有藏文失译《圣金光明最胜大乘经》，5 卷 21 品，当与昙无谶本相当。藏译本，均入《甘珠尔》密教部。

该经还有两种梵文本，一种是尼泊尔传世的梵文本，共 21 品，与昙无谶译本相当。1931 年日本南条文雄、泉芳璟校印。一种是新疆发现的梵文残片，于阗文书写，残存《梵品》至《忏悔品》，又有《除病品》《流水长者品》的一部分。

《金光明经》中共有 10 品说陀罗尼，包括《最净地陀罗尼品》《金胜陀罗尼品》《四天王护国品》《无染著陀罗尼品》《如意宝珠品》《大辩才天女品》《大吉祥天女品》（或称《功德天品》）、《坚牢地神品》《僧慎尔耶药叉大将品》（或称《散脂鬼神品》）、《长者子流水品》，占全经品目的三分之一多，其中专题的陀罗尼品有三品。但从昙无谶译本至义净译本，陀罗尼的内容前后有变化，如昙无谶译本仅见于《功德天品》，耶舍崛多译本增加《大辩天品》陀罗尼，真谛译本增加《陀罗尼最净地品》，阇那崛多译本增加《银主陀罗尼品》，并增广《四天王品》《大辩天品》的陀罗尼内容，其他品的陀罗尼则在义净译本中多有增加，说明该经的密教色彩越来越重。《金光明经》中说菩提心、三身，说护国、忏悔、供养、赞叹及其神祇系统，也与后来的密教有关，因此该经有被后世看作密教经典者，藏文大藏经就直接归入密教部类。本经中也说是经“甚深佛行处，诸佛秘密教，千万劫难逢”。义净译本还说该经“敷演秘密之法”，是义净也将该经看作密教经典。但是《金光明经》流传时期，也是陀罗尼密教流行之际，真谛译、耶舍崛多及阇那崛多译经的南北朝后期，持明密教也开始汉译，至义净翻译该经时，持明密教早已广泛流行，其中加入陀罗尼神咒以及像法等，反而受早期密教经典影响所致。

1. 最净地陀罗尼

最净地陀罗尼，即最能清净菩萨十地的陀罗尼，净地是菩萨地的异称，与佛地相对而言，称菩萨净地。慧沼《金光明最胜王经疏》解释说：所谓最净地，“令得生长故名为地”；“净谓清净，离二障故，菩萨十地能除二障；极净名最，即最净之地。”又十地“功德体，离二障名为最净，最净即地，名最净地。”“由此净地得此陀罗尼，在此陀罗尼能净此地。”“以陀罗尼令离五障，得名净地故。若取十度等，但名最净地。若取陀罗尼，名最净地陀罗尼。”① 其中二障，指烦恼障、所知障。五障，又业障、生障、法障，均是菩萨修道中的障碍。

修行最净地陀罗尼，从发菩提心开始，但什么是菩提心？菩提与菩提心是什么关系？如何能得菩提心？这是菩萨修行的先决条件，是“菩提秘密事业”。该品认为就菩提心的实质而言，菩提很微妙，在事业造作中都得不到。但若要离开菩提，菩提心也得不到。所以菩提是不可以说的，心也是不可说的，既无表现的色相，也无可以做的事业，一切众生都无法得到。为什么呢？这是因为菩提及心同真如一样，能证、所证皆平等无分别，并不是没有诸法而可以了知的。菩萨如有这样的认识，就可称得上通达诸法，善于说菩提及菩提心的人。又菩提心，并非过去，也非未来，更非现在，心也是这样，众生也是这样，其中心与众生二种相实际上都得不到。为什么呢？这是因为一切法从来都没有产生过，菩提得不到，菩提的名称也得不到，众生、众生的名称也不可得，声闻、声闻名不可得，独觉、独觉名不可得，菩萨、菩萨名不可得，佛、佛名不可得，行、非行不可得，行、非行名不可得。正因为不可得，所以在一切寂静法中而能够得以安住，依靠一切功德善根而得生起。

能够生起菩提心，有十种菩提心因，亦称十波罗蜜因，简称十因、十度。这就是布施、持戒、忍辱、勤策、静虑、智慧、方便、愿、力、智。而此十因波罗蜜，菩萨各以五种法成就，如菩萨成就布施所依的五法为信根、慈悲、无求欲心、摄受一切众生、愿求一切智智。成就持戒的五法为三业清净、不为一切众生作烦恼因缘、闭诸恶道并开善趣门、过于声闻独觉之地、一切功德皆悉满足，等等。但什么是波罗蜜呢？波罗蜜有十七种义，诸如修习胜利、满足无量大甚深智、行非行法心不执著，等等。因修十波罗蜜，得入十地，有十种相显现，如初地菩萨见三千大千世界无量无边种种宝藏无不盈满，二地菩萨见三千大千世界地平如掌，无量无边种种妙色清净珍宝，庄严具足，三地菩萨见自身勇健，甲仗庄严，一切怨贼皆能摧伏，等等。菩萨见十地相，进修十地，其中第三地名明地，无量智慧三昧光明不可倾动，无能摧伏，闻持陀罗尼以为根本，是故三地名为明地。十地进修中，每一地都出现二种无明障碍，须得克服。如三地有未得、今得爱著无明，能障殊胜总持无明，此二无明障于三地。菩萨于十地

① （唐）慧沼撰《金光明最胜王经疏》，《大正藏》第39卷，第252页上、中。

行十波罗蜜，菩萨有十种发心，摄受能生十种三摩地。

菩萨于十地得十种陀罗尼，即十地陀罗尼，华严经类早已提出，《法华经》也有十地陀罗尼，但该经将十地陀罗尼进一步化为陀罗尼神咒，成为十地陀罗尼神咒。此按义净译本与梵文本对照如下，表20—29。

表20　　初地功德力陀罗尼神咒

句数	1	2	3	4	5	6	7	8
义净译	怛侄他	晡喋你	曼奴喇剃	独虎	独虎	独虎	耶跋	苏利瑜
梵文本	Tadyathā	pūrṇi	mantrate	tuhu	tuhu	tuhu	yava –	sūrya
句数	9	10	11	12	13	14	15	16
义净译	阿婆婆萨底丁里反	耶跋	旃达啰	调怛底	多跋达	喀叉	漫	惮荼
梵文本	avabhāsati	yava –	candra	cukuti	tavata	rakṣa	maṃ	caṇḍa
句数	17	18	19					
义净译	钵唎诃嚂	矩噜	莎诃					
梵文本	pariharaṃ	kuru	svāhā					

此陀罗共19句，其中第17、18句耶跋、苏利瑜，按梵文也可合为一句 yava-sūrya。其因缘及功德，经中说此陀罗尼是过一恒河沙数诸佛所说，为护初地菩萨故。若有诵持此陀罗尼咒者，得脱一切怖畏，所谓虎、狼、师子恶兽之类、一切恶鬼、人非人等怨贼、灾横及诸苦恼，解脱五障，不忘念初地。

表21　　第二地善安乐住陀罗尼神咒

句数	1	2	3	4	5	6	7	8
义净译	怛侄他	嗢篅入声哩	质哩	质哩	嗢篅罗	篅罗引	喃	缮睹
梵文本	Tadyathā	untali	siri	siri	untali	tan	naṃ	jantu
句数	9	10	11	12	13			
义净译	缮睹	嗢篅罗	虎噜	虎噜	莎诃			
梵文本	jantu	untali	huru		svāhā			

此陀罗尼义净译13句，梵本12句，少第12重复句。其因缘及功德

除为不同阶地菩萨所说对象不同之外，均同上，以下略。

表 22　　第三地难胜力陀罗尼神咒

句数	1	2	3	4	5	6	7	8
义净译	怛侄他	惮宅枳	般宅枳	羯喇擻	高喇擻	鸡由哩	惮擻哩	莎诃
梵文本	tadyathā	tantaki	pautaki	karati	kaurati	keyuri	tantili	svāhā

此陀罗尼共 8 句，汉梵对译相同。

表 23　　第四地大利益陀罗尼神咒

句数	1	2	3	4	5	6	7	8
义净译	怛侄他	室唎	室唎	陁弭你	陁弭你	陁哩陁哩你	室唎室唎你	毗舍罗
梵文本	tadyathā	siri	siri	damini	damini	daridarini	siri －sirini	vicara
句数	9	10	11					
义净译	波世波始娜	畔陀弭帝	莎诃					
梵文本	paci-pacina	pandamite	svāhā					

此陀罗尼共 11 句，其中第 7、9 句亦可各分 2 句，共 13 句。

表 24　　第五地种种功德庄严陀罗尼神咒

句数	1	2	3	4	5	6	7	8
义净译	怛侄他	诃哩	诃哩你	遮哩	遮哩你	羯喇摩引你	僧羯喇摩引你	三婆山你
梵文本	tadyathā	hari	hariṇi	cari	cariṇi	karamaṇi	saṃkra-maṇi	sambasuni
句数	9	10	11	13	14			
义净译	瞻跋你	悉耽婆你	谟汉你	碎阎步陛	莎诃			
梵文本	cambani	stanvani	mohani	sijabuhe	svāhā			

此陀罗尼共14句，汉梵对译相同。

表25　　第六地圆满智陀罗尼

句数	1	2	3	4	5	6	7	8
义净译	怛侄他	毗徒哩	毗徒哩	摩哩尼		迦哩	迦哩	毗度汉底
梵文本	tadyathā	vitori	vitori	mariṇi	mariṇi	kiri	kiri	vitohanti
句数	9	10	11	12	13	14	15	16
义净译	噜噜噜噜	主噜	主噜	杜噜婆	杜噜婆	舍舍	设者	婆哩洒
梵文本	rururururu	curu	curui	duruva	duruva	sa sa	saccha	vari sa
句数	17	18	19	20	21			
义净译	莎入悉底萨婆萨埵喃	悉甸睹	曼怛啰	钵陀你	莎诃			
梵文本	svastisa-svasattv-ānāṃ	siddhy-antu	mayam-antra	padāni	svāhā			

此陀罗尼共21句，其中汉译少第5重复句。

表26　　第七地法胜行陀罗尼神咒

句数	1	2	3	4	5	6	7	8
义净译	怛侄他	勺诃上	勺诃引噜	勺诃	勺诃	勺诃噜	鞞陆枳	鞞陆枳
梵文本	tadyathā	jaha	jaharu	jaha		jaharu	viduke	viduke
句数	9	10	11	12	13	14	15	16
义净译	阿蜜㗚哆	唬汉你	勃哩山你		鞞噜敕枳	婆噜伐底	鞞提呬枳	频陀
梵文本	amṛta	khaṇi	vṛṣaṇi	vairu caṇi	vairucike	varuvatti	vidhibike	bhandin
句数	17	18	19	20	21			
义净译	鞞哩你	阿蜜哩底枳	薄虎主愈	薄虎主愈	莎诃			
梵文本	variṇi	amṛtike	bahūjayu	bahūjayu	svāhā			

此陀罗尼共21句，其中第5句梵本缺，第12句汉译缺。

表 27　　第八地无尽藏陀罗尼神咒

句数	1	2	3	4	5	6	7	8
义净译	怛侄他	室唎	室唎	室唎你	蜜底	蜜底	羯哩	羯哩
梵文本	tadyathā	siri	siri	siriṇi	mite	mite	kari	kari
句数	9	10	11	12	13	14		
义净译	醯噜	醯噜	主噜	主噜	畔陀弭	莎诃		
梵文本	heru	heru	curu	curu	vandani	svāhā		

此陀罗尼共 14 句，汉梵对译相同。

表 28　　第九地无量门陀罗尼神咒

句数	1	2	3	4	5	6	7	8
义净译	怛侄他	诃哩	旃荼哩枳	俱蓝婆喇体天里反	都刺死	跋咤	跋咤死	室唎
梵文本	tadyathā	hari	caṇḍarike	kulamā-bhate	torisi	bata	batasi	kari
句数	9	10	11	12	13	14		
义净译	室唎迦	室哩迦	必室唎	莎苏活反悉底	萨婆萨埵喃	莎诃		
梵文本	siri	siri	kapi siri	svasti	sarva-sattvānāṃ	svāhā		

此陀罗尼共 14 句，其中第 9、10 句汉译“室利迦”梵文本缺后缀“迦”。

表 29　　第十地破金刚山陀罗尼神咒

句数	1	2	3	4	5	6	7	8
义净译	怛侄他	悉提去	苏悉提去	谟折你	木察你	毗木底	庵末丽	毗末丽
梵文本	tadyathā	sidhi	susidhe	mocani	mokṣaṇi	vimukti	amale	vimale
句数	9	10	11	12	13	14	15	16
义净译	涅末丽	忙揭丽	呬喇若揭鞞	曷喇怛娜揭鞞	三曼多跋侄丽	萨婆频他	娑惮你	摩捺斯

续表

句数	9	10	11	12	13	14	15	16
梵文本	nirmale	mogale	hiranya-garbhe	ratnaga-rbhe	samanta-bhadre	sarvānte	sthāni	manasi
句数	17	18	19	20	21	22	23	24
义净译	莫诃摩捺斯	频步底	频窒步底	阿嚩誓	毗喇誓	频主底	庵蜜嘌底	阿嚩誓
梵文本		ambuti	antibuti	acare	virase	anṇti	amṛta	arase
句数	25	26	27	28	29	30	31	
义净译	毗喇誓	跛嚂谜	跛啰蚶(火含)么莎(人)嘛	晡喇你	晡喇娜	曼奴喇剃	莎诃	
梵文本	virase	brahme	brahmane	pūrṇī	puraṇā	mautrate	svāhā	

此陀罗尼亦称灌顶吉祥句，共31句，其中第17句梵本缺。

又有十种无尽无减诸陀罗尼门，说若得听闻此《金光明最胜王经》者，获得如是胜陀罗尼门无尽无减，所谓无尽无减海印出妙功德陀罗尼，无尽无减通达众生意行言语陀罗尼，无尽无减日圆无垢相光陀罗尼，无尽无减满月相光陀罗尼，无尽无减能伏诸惑演功德流陀罗尼，无尽无减破金刚山陀罗尼，无尽无减说不可说义因缘藏陀罗尼，无尽无减通达实语法则音声陀罗尼，无尽无减虚空无垢心行印陀罗尼，无尽无减无边佛身皆能显现陀罗尼。

如是等无尽无减诸陀罗尼门得成就故，是菩萨能于十方一切佛土化作佛身，演说无上种种正法，于法真如不动不住，不来不去，善能成熟一切众生善根，亦不见一众生可成熟者。虽说种种诸法，于言辞中不动不住，不去不来，能于生灭证无生灭。以何因缘说诸行法无有去来？由一切法体无异故。

2. 无染著陀罗尼

无染著陀罗尼，真谛译题银主陀罗尼，窥基疏释：“梵云佽跢黎沙，此云无染著，旧云银主者非也”。此说梵云佽跢黎沙，当即akliṣṭa、asaṃkliṣṭa，有无染污、无染著之义。窥基说：“所弘之法从最清净法界平等所流，复由咒力能令离染，无所住著故，云无染著。”① 以陀罗尼咒力能令诸法无所染著，故称无染著陀罗尼。无染著陀罗尼法门，从最清净法界平等流出，平等即是其句义，所谓非方处、非非方处。其具体内容如说：陀罗尼者非方处、非非方处，非法、非非法，非过去、非未来、非现在，非事、非非事，非缘、非非缘，非行、非非行，无有法生，亦无法灭。于处、法、时、事、缘、行、生七事平等无别，即是无染著陀罗尼义。

经中说此陀罗尼是过去诸菩萨所修行法，过去菩萨所受持，故称菩萨母。又说此陀罗尼是过去诸佛母、未来诸佛母、现在诸佛母，故称诸佛母。此陀罗尼的功用，说正道理趣，势力安立，即是诸佛功德，诸佛禁戒，诸佛所学，诸佛秘意，诸佛生处，故名无染著陀罗尼最妙法门。又说其功德，若诸菩萨能安住者，于无上菩提不复退转，成就正愿，得无所依，自性辩才，获希有事，安住圣道，皆由得此陀罗尼故。甚至说若有菩萨得此陀罗尼者，应知是人与佛无异。若有供养尊重、承事供给此菩萨者，应知即是供养于佛。若有余人闻此陀罗尼，受持读诵生信解者，亦应如是恭敬供养，与佛无异，以是因缘获无上果。

另有金胜陀罗尼，也说三世佛母欲求亲见过去、未来、现在诸佛，恭敬供养者，应当受持此陀罗尼。持此陀罗尼者具大福德，于过去无量佛所殖诸善本，今得受持，于戒清净，不毁不缺，无有障碍，决定能入甚深法门。还说若有善男子善女人持此咒者，能生无量无边福德之聚，即是供养恭敬尊重赞叹无数诸佛，如是诸佛皆与此人授阿耨多罗三藐三菩提记。若有人能持此咒者，随其所欲，衣食、财宝、多闻、聪慧、无病长寿，获福甚多，随所愿求无不遂意。

《长者子流水品》说十二缘起相应陀罗尼，说妙法明咒，生福除众恶，十二支相应，我等亦说咒，拥护如是法。

3. *五方佛与坛场供养法*

该经中说法，出现五佛集会境界，序品中释迦如来说法，有四方四佛护持：东方阿閦佛，南方宝相佛，西方无量寿佛，北方微妙声佛。其中阿閦佛，梵文 akṣobhya，意译不动佛。宝相佛，梵文作 ratnaketu，ratna 即宝、宝物、珍宝义，ketu 有光明、容貌、标帜等义，译相、旗、幢、髻、顶、炬等。故宝相佛异译宝幢佛，如义净译本《吉祥天女增长财物品》。

① （唐）慧沼撰《金光明最胜王经疏》卷5，《大正藏》第39卷，第296页下。

微妙声，义净译本作天鼓音，梵文 dundubhiśvarā，dundubhi 有鼓、大鼓、天鼓、妙鼓、妙法鼓之义，śvarā 有音、声响之义。故微妙声、天鼓音，在此为同一义。

《寿量品》中五方佛境界出现在菩萨三昧中，且四方佛亦说法。说信相菩萨思惟释迦如来寿命以不杀、施食二因缘得长时，其室自然广博严事，天绀琉璃种种众宝，杂厕间错，以成其地，犹如如来所居净土。有妙香气过诸天香，烟云垂布，遍满其室，其室四面各有四宝，上妙高座自然而出，纯以天衣而为敷具。是妙座上各有诸佛，所受用华众宝合成，于莲华上有四如来。东方名阿閦，南方名宝相，西方无量寿，北方微妙声。是四如来自然而坐师子座上，放大光明，照王舍城及此三千大千世界，乃至十方恒河沙等诸佛世界，雨诸天华，作天伎乐。尔时三千大千世界所有众生以佛神力，受天快乐，诸根不具即得具足。举要言之，一切世间所有利益，未曾有事悉具出现。时四如来将欲宣畅释迦文佛所得寿命，欲、色界天诸龙、鬼神、乾闼婆、阿修罗、迦楼罗、紧那罗、摩睺罗伽及无量百千亿那由他菩萨摩诃萨，以佛神力，悉来聚集信相菩萨摩诃萨室，尔时四佛于大众中略以偈喻说释迦如来所得寿量。

另外该经中也出现十方佛及其他诸佛，如义净译本《金胜陀罗尼品》礼敬十方一切佛，按释迦牟尼佛、东方不动佛、南方宝幢佛、西方阿弥陀佛、北方天鼓音王佛、上方广众德佛、下方明德佛排列，形成释迦牟尼佛居中，四方上下方诸佛拱卫的曼荼罗境界。诸佛集会及礼敬场合，按一定顺序排列，也具有曼荼罗形式。《灭业障品》中如余诸佛坐于道场菩提树下，住于无尽法藏陀罗尼首楞严定，真谛译本在高丽藏中按每行三佛排列：

无量寿佛　胜光佛　妙光佛
阿閦佛　功德善光佛　师子光明佛
百光明佛　网光明佛　宝相佛
宝炎佛　炎光明佛　炎盛光明佛
安吉上王佛　微妙声佛　妙庄严佛
法幢佛　上胜身佛　遍可爱色佛
光明遍照佛　梵净王佛　上性佛

其中也有四方佛，如西方无量寿佛、东方阿閦佛、南方宝相佛、北方微妙声佛，又有光明遍照佛，是毗卢遮那佛的意译。其实合部中也将四方佛另起行排列，如序品作：

东方阿閦　南方宝相　西无量寿

北微妙声

《寿量品》亦如：

东方名阿閦　南方名宝相

西方无量寿　北方微妙声

诸佛具有三十二相、八十种好，但一般经典中较少对其相好进行描述，该经则多有赞叹描述，一如后世密教经轨。

该经中持诵陀罗尼神咒，还伴之于坛场、供养诸法，已见密法雏形。但昙无谶译本中最为简略，合部增加神咒以及坛场供养诸法，而义净译本增加大量坛场供养诸法。如昙无谶译本中《四天王品》只说宫宅内一种香汁持用洒地，散种种华，敷大法座师子之座，兼以无量珍琦异物而为校饰，张施种种无数微妙幢幡宝盖。当净洗浴，以香涂身，着好净衣，缨络自严，坐卑小座，不自高大，除去自在离诸放逸，谦下自卑除去憍慢，正念听受如是妙典云云。也只有《功德天品》说坛场供养法，说受持读诵者，七日七夜受持八戒，朝暮净心，香华供养十方诸佛，常为己身及诸众生回向，具足菩提，誓愿令所求皆得吉祥。自于所居房舍屋宅净洁扫除，若自住处、若阿兰若处以香泥涂地，烧微妙香，敷净好座，以种种华香布散其地，以待于天女。尔时如一念顷，入其室宅，即坐其座，从此日夜令此所居，若村邑、若僧坊、若露地，无所乏少，若钱若金银若珍宝、若牛羊若谷米，一切所须即得具足，悉受快乐。如《四天王品》中持诵如意宝珠陀罗尼时，以白线咒之七遍，一遍一结，系之肘后。取诸安息、栴檀、龙脑、苏合多、揭罗熏陆诸香，皆须等分和合一处，手执香炉，烧香供养。并清净澡浴，着鲜洁衣，于一静室可诵神咒。

诵薜室罗末拏天王如意末尼宝心咒时，先诵千遍，然后于净室中，瞿摩涂地，作小坛场，随时饮食一心供养，常燃妙香，令烟不绝。诵前心咒昼夜系心，惟自耳闻，勿令他解。时有薜室啰末拏王子名禅腻师，现童子形来至其所。问言：何故须唤我父，即可报言：我为供养三宝，事须财物，愿当施与。时禅腻师闻是语已，即还父所。白其父言：今有善人发至诚心供养三宝，少乏财物，为斯请召。其父报曰：汝可速去，日日与彼一百迦利沙波拏（义净注云：此是根本梵音，惟目贝齿而随方不定，或是贝齿，或是金银铜铁等钱。然摩揭陀现今通用一迦利沙波拏有一千六百贝齿总数可以准知，若准物直，随处不定。若人持咒得成就者，获物之时自知其数。有本云每日与一百陈那罗，即金钱也。乃至尽形日日常得，西方求者多有神验，除不至心也）。其持咒者见是相已。知事得成，当须独处净室，烧香而卧。可于床边置一香箧，每至天晓，观其箧中获所求物。每得物时，当日即须供养三宝，香花饮食，兼施贫乏，皆令罄尽，不得停留。于诸有情起慈悲念，勿生瞋诳谄害之心。若起瞋者，即失神验。常可护心，勿令瞋恚。又持此咒者，于每日中忆多闻天王及男女眷属称扬赞叹。恒以十善共相资助，令彼天等福力增明，众善普臻，证菩提处。彼诸天众见是事已，皆大欢喜，共来拥卫持咒之人。又持咒者，寿命长远，经无量岁，永离三涂，常无灾厄。亦令获得如意宝珠及以伏藏，神通自在，所愿皆成。若求官荣，无不称意，亦解一切禽兽之语。

又若持咒时，欲得见多闻天身现者，可于月八日或十五日，于白迭上画佛形像，当用木胶杂彩庄饰，其画像人为受八戒，于佛左边作吉祥天女像，于佛右边作我多闻天像，并画男女眷属之类，安置座处，咸令如法。布列花彩，烧众名香，燃灯续明，昼夜无歇。上妙饮食，种种珍奇，发殷重心，随时供养。受持神咒，不得轻心，请召天王时应诵此咒。

天王若见此诵咒之人，复见如是盛兴供养，即生慈爱欢喜之心。即变身作小儿形，或作老人苾刍之像，手持如意末尼宝珠，并持金囊，入道场内，身现恭敬，口称佛名。语持咒者曰：随汝所求，皆令如愿。或隐林薮，或造宝珠，或欲众人爱宠，或求金银等物，欲持诸咒，皆令有验。或欲神通寿命长远及胜妙乐，无不称心。我今且说如是之事，若更求余，皆随所愿，悉得成就。宝藏无尽，功德无穷，假使日月坠堕于地，或可大地有时移转，此实语终不虚然，常得安隐，随心快乐。

《大辩才天女品》还说咒药洗浴法，说于此经典乐听闻者，说其咒药洗浴之法，彼人所有恶星灾变与初生时星属相违、疫病之苦、斗诤战阵、恶梦鬼神、蛊毒厌魅、咒术起尸，如是诸恶为障难者，悉令除灭。诸有智者，应作如是洗浴之法，当取香药三十二味，皆等分，以布洒星日。一处捣筛，取其香末，当以此咒咒一百八遍。同时作八肘坛场：坛场方八肘，应涂牛粪作其坛，于上普散诸花彩，当以净洁金银器，盛满美味并乳蜜。于彼坛场四门所，四人守护法如常，令四童子好严身，各于一角持瓶水。于此常烧安息香，五音之乐声不绝，幡盖庄严悬缯彩，安在坛场之四边。复于场内置明镜，利刀兼箭各四枚，于坛中心埋大盆，应以漏版安其上。

用前香末以和汤，亦复安在于坛内。既作如斯布置已，然后诵咒结其坛。

诵结界咒后，方入于坛内，咒水三七遍，散洒于四方。次可咒香汤，满一百八遍，四边安幔障，然后洗浴身，咒水咒汤。若洗浴讫，其洗浴汤及坛场中供养饮食，弃河池内，余皆收摄。如是浴已，方著着衣。既出坛场，入净室内，咒师教其发弘誓愿，永断众恶，常修诸善，于诸有情兴大悲心。以是因缘，当获无量随心福报。复说赞吉祥天女颂：

敬礼敬礼世间尊，于诸母中最为胜，
三种世间咸供养，面貌容仪人乐观。
种种妙德以严身，目如修广青莲叶，
福智光明名称满，譬如无价末尼珠。
我今赞叹最胜者，悉能成办所求心，
真实功德妙吉祥，譬如莲花极清净。
身色端严皆乐见，众相希有不思议，
能放无垢智光明，于诸念中为最胜。
犹如师子兽中上，常以八臂自庄严，
各持弓箭刀矟斧，长杵铁轮并羂索。
端正乐见如满月，言词无滞出和音，
若有众生心愿求，善事随念令圆满。
帝释诸天咸供养，皆共称赞可归依。
众德能生不思议，一切时中起恭敬。

《大吉祥天女增长财物品》还说若人诵持吉祥天女神咒请召，即至其所，令愿得遂。是灌顶法句，定成就句，真实之句，无虚诳句，是平等行于诸众生，是正善根。若有受持读诵咒者，应七日七夜受八支戒，于晨朝时先嚼齿木，净澡漱已，及于晡后香花供养一切诸佛，自陈其罪。当为己身及诸含识回向发愿，令所悕求速得成就。净治一室，或在空闲阿兰若处，瞿摩为坛，烧栴檀香而为供养。置一胜座，幡盖庄严，以诸名花布列坛内。应当至心诵持前咒，尔时即便护念观察是人，来入其室，就座而坐，受其供养。从是以后，当令彼人于睡梦中得见，随所求事，以实告知。若聚落空泽及僧住处，随所求者，皆令圆满，金银财宝、牛羊谷麦、饮食衣服，皆得随心，受诸快乐。既得如是胜妙果报，当以上分供养三宝，及施与天女广修法会，设诸饮食，布列香花。既供养已，所有供养，货之取直，复为供养。

《僧慎尔耶药叉大将品》也说，若持此咒时，应知其法，先画一铺僧慎尔耶药叉形像，高四五尺，手执铧镩。于此像前作四方坛，安四满瓶蜜水或沙糖水，涂香、粖香、烧香及诸花鬘。又于坛前作地火炉，中安炭火，以苏摩芥子烧于炉中。口诵前咒一百八遍，一遍一烧，乃至我药叉大将自来现身。问所求者，于所求事皆令满足，或须金银及诸伏藏，或欲神仙乘空而去，或求天眼通，或知他心事。于一切有情随意自在，令断烦恼，速得解脱，皆得成就。

第六节　唯识经论的陀罗尼

一　任持诸法及不共陀罗尼

陀罗尼作为一种法门，其内涵究竟是什么，佛教诸派各有不同看法和定义，原始佛教以闻持定义，部派佛教以总持诸法定义。大乘佛教中，《智度论》赋予持善遮恶的内涵，宝积经类赋予秘密方便假名、遍持之业、语言之句三种内涵。唯识经论则以任持定义陀罗尼，赋予总能任持无量佛法的内涵，也颇具有本派的特点。如《佛地经论》说：“陀罗尼者，增上念慧，能总任持无量佛法，令不忘失。”① 能总任持，实际上是“总持”的演绎，即能总而持之任意，所谓任持自在。但任持诸法与总持诸法，虽一字之差，却表现了法相唯识家的思想特点。任持是法相唯识经论常用的一个重要概念，如《大乘阿毗达摩杂集论》以十八种任持解释六波罗蜜，窥基《辩中边论述记》以闻慧为任持，以思慧为印持，以修慧为别持。并解释说：“任持者谓闻慧，任持文教令不忘故。”② 唯识经论亦以任持解释陀罗尼，于佛法任持自在，即是“于一法中持一切法，于一文中持一切文，于一义中持一切义，”故陀罗尼“摄藏无量诸功德”，因名无尽藏。但“云何唯于一法等中普能任持一切法等？谓佛菩萨增上念慧不思议力，自心相分一法相中现一切法，文、义亦尔。又能示现无量无尽功德法门，见分自体亦具无边胜功能故，任持一切令不忘失，如是念慧

① （唐）玄奘译《佛地经论》卷5，《中华藏》第27册，第45页上。

② （唐）窥基撰《辩中边论述记》卷3，《大正藏》第44卷，第44页上。

不思议力，名陀罗尼。”[①] 于相分现一切法，于见分持一切法，即是任持自在的具体阐发，是法相唯识家解释陀罗尼的特点。中土窥基《说无垢称经疏》也说：“总持者，陀罗尼也。念慧为体，能以少功广含多义。能总任持，名为总持。”[②] 窥基另以摄散定义总持，也颇具特点。其《妙法莲华经玄赞》说：“陀罗尼者，此云总持。总持有二，一摄二散。摄者持也，此即闻持，闻于文义，任持不忘，即所闻之能持，名之为摄。闻即总持，体念慧也。《十地经》云，八地以上菩萨于一切法能堪、能思、能持。彼论解云，堪谓闻慧，思谓思慧，持谓修慧，于一修慧分三用故。散者施也，此有四种，一法，二义，三能得菩萨忍，四明咒，施与众生故。此中二种，初是能持，即闻持是。后是所持，余四种是。复分为二，一自利，闻持等也；二他利，法、义等四，因果别故。”[③]

能总任持之说，亦见诸《般若经》，《大般若经·辩大乘品》说：“若住此三摩地时，能总任持诸定胜事，是故名为具总持三摩地。”[④] 此以总持三摩地为一个意义单位，或作总持胜定、总持定门，也影响到法相唯识学说。如护法在《成唯识论》中解释第三发光地时说：“成就胜定大法总持，能发无边妙慧光故。”[⑤] 该论又联系闻思修三慧，解释三地闻持障说：暗钝障谓所知障中俱生一分，令所闻思修法忘失。彼障三地胜定总持，及彼所发殊胜三慧，入三地时便能永断。圆满闻持陀罗尼愚，即是此中能障总持闻思慧者。[⑥] 窥基《成唯识论述记》由此说：“此地所治迟钝性，于三慧有忘失障。今此地无忘彼法，名大法之总持。法谓教法，殊胜之教名为大法。此定及总持为因，能发无边妙慧光故。总持以念慧为性，谓以闻、思、修三慧照了大乘法故。因得定断障，闻、思转胜，非由定力亲能起二。《十地》云，随三慧等照法显现故，名明地。”[⑦] 又说：论以圆满闻持、愚能障闻思慧者，“以闻思与闻持相近故偏说之，非不障修慧，然从

---

① （唐）玄奘译《佛地经论》卷5，《中华藏》第27册，第45页上。

② （唐）窥基撰《说无垢称经疏》卷1，《大正藏》第38卷，第1009页中。

③ （唐）窥基撰《妙法莲华经玄赞》卷2，《大正藏》第34卷，第672页中—673页上。

④ （唐）玄奘译《大般若波罗蜜多经》卷52，《中华藏》第1册，第521页上。

⑤ （唐）窥基撰《成唯识论》卷9，《中华藏》第30册，第766页下。

⑥ （唐）窥基撰《成唯识论》卷9，《中华藏》第30册，第769页上、中。

⑦ （唐）窥基撰《成唯识论述记》卷10，《大正藏》第43卷，第575页中。

胜障故别分二，非一障体，义说二障。”[①] 智周《大乘入道次第开决》亦说：由得胜定及殊妙教等者，胜定即是等持、等至，妙教即是法大乘教。“以此为因能起三慧者，由因定故能发修慧，因殊妙教发闻思慧，复因总持离忘失障，令心明达于所缘境，故为三慧总别因也。”[②] 如理《成唯识论疏义演》也说：“以闻思与闻持相近者，闻持即是总持，总持能发闻思二慧，故云相近。”[③]

而其中大法总持以闻思修三慧照了大乘法者，是以总持为大乘殊胜功德。《摄大乘论释》说：论以善入大乘句义为菩萨者，“已得陀罗尼等功德，由此功德，于文句及义善能摄持。”[④] 又说以十义总摄大乘所有要义，彼义能显此论体性。善入大乘者，或依德迹，或共了知，显此已得诸陀罗尼、辩才功德，于大乘义能持能阐，故依此义说如是名。[⑤]

陀罗尼为大乘菩萨功德义，且亦与外道、二乘不共，因称不共外道陀罗尼义，或作不共外道、二乘陀罗尼相。[⑥]《解深密经》说：“世尊为诸菩萨略说契经、调伏、本母、不共外道陀罗尼义，由此不共陀罗尼义，令诸菩萨得入如来所说诸法甚深密意。”此甚深密意，即佛所说密意言辞，能善悟入。“若杂染法，若清净法，我说一切皆无作用，亦都无有补特伽罗。以一切种离所为故，非杂染法先染后净，非清净法后净先染。凡夫异生于粗重身执着诸法，补特伽罗自性差别，随眠妄见以为缘故，计我、我所。由此妄见，谓我见我闻、我嗅我尝、我触我知、我食我作、我染我净，如是等类邪加行转。若有如实知如是者，便能永断粗重之身，获得一切烦恼不住，最极清净，离诸戏论，无为依止，无有加行，是名不共陀罗尼义。”[⑦] 此说不共陀罗尼义主张无为依止，无有加行，染净诸法都无作用。

道伦《瑜伽论记》解释说：不共陀罗尼义，“初言染净法皆无作用等者，即破吠世师等立实作用，及破实性计实有我，非无假用，及假设数数

① （唐）窥基撰《成唯识论述记》卷10，《大正藏》第43卷，第587页上。

② （唐）智周撰《大乘入道次第开决》，《大正藏》第85卷，第1209页下—1210页上。

③ （唐）如理撰《成唯识论疏义演》卷12，《新纂卍续藏》第49册，第872页下。

④ （梁）真谛译《摄大乘论释》卷1，《大正藏》第31卷，第155页上。

⑤ （梁）真谛译《摄大乘论释》卷1，《大正藏》第31卷，第380页上、下。

⑥ （北魏）菩提流支译《深密解脱经》卷5，《大正藏》第16卷，第687页上、下。

⑦ （唐）玄奘译《解深密经》卷5，《大正藏》第16卷，第710页中。

趣者。又于佛法中初修学者执苦集杂染，于先定有，执灭道法后得。如彼构画，是遍计所执，毕竟无体，有何先后？若就依他，因缘染净，非无先后。次言凡夫异生乃至邪加行转者，异生五蕴带于烦恼，不调柔，名粗重身。于粗重身执着人法自性差别，由彼宿习随眠种子及妄见为缘故，计我、我所能见闻等。若有如实已下者，次明若知妄计，即能永断粗重之身。获得一切烦恼不住等者，涅槃名为烦恼不住。”① 其中吠世师指印度六派哲学中的胜论派，佛法中初修学者指大众部、化地部等。

神泰《俱舍论疏》释云：“外道有论名吠世师，旧经论中真谛师云鞞世师，罗什师云卫世师，言讹也。吠世师此云胜论，有说六句义，一实、二德、三业、四同异、五有、六和合。实有九种，谓地、水、火、风、空、时、方、我、意。复有十八种，谓色、声、香、味、触、数、量、名、合离、此彼、智、苦乐、欲、嗔、功力、业。有六种，谓举、下、屈、申、行动、同异。”②

胜论立实作用，即其六句义之首的实句义，主张实为诸法本体，诸法是实体所生的作用。窥基《杂集论述记》说：“论一切外道执诸法有实作用，有实能生用。是相者中有三故，第一破吠世师立诸法有实作用，即有作用句。是第二句彼外道大自在天体实遍常，能生诸法，余亦复如是，非佛为遮当来大众部等故作此说，大众部、化地部等立缘生是常。第三句破一因生论，即外道执一大自在天。有此三义，一者有实能生作用，二者因常，三者一因生一切物。然《缘起经》亦有此三相，《十地论》亦有能引所引，与瑜伽《缘起经》不同。”③

二　陀罗尼与十地修行

陀罗尼在十地修行中的地位与作用，大乘经类各有不同说法，法相唯识经论也有其主张，其中涉及第三地、第九地以及第十地。

《深密解脱经》说有四种清净、十一分摄诸地义，其中四种清净摄诸地，以增上清净摄初地，增上戒清净摄二地，增上心清净摄三地，增上慧清净摄四地乃至上上胜妙，从四地乃至佛地。《大乘阿毗达磨集论》谓四

① （唐）道伦撰《瑜伽论记》卷 21，《大正藏》第 42 卷，第 790 页上。

② （唐）法宝撰《俱舍论疏》卷 5，《新纂卍续藏》第 53 册，第 48 页上、中。

③ （唐）窥基撰《杂集论述记》卷 6，《新纂卍续藏》第 48 册，第 94 页上。

清净者，一依止清净，二境界清净，三心清净，四智清净。其中智清净者，谓依止静虑于随所欲陀罗尼门任持具足中，若定若慧。陀罗尼门任持具足者，谓于四十二字中随思惟一字，以此为先，便能证得一切法差别名言善巧。[①] 四十二字，即《般若经》所说四十二字门，称般若四十二字门，又有华严四十二字门。

十一分所摄诸地，从菩萨起信行地，修行十种信心，能善思惟菩萨乘。彼信行地行过彼信地，入于定聚，满足彼分。彼诸菩萨虽满彼分，于微细行中而犹不能如实修行，彼诸菩萨不满彼分。为满足故，修行进求，得满彼分。虽满彼分而犹不能如实满足世间三昧三摩跋提，及未满足闻持陀罗尼，彼诸菩萨不满彼分。为满足故，修行进求，得满彼分。虽满彼分如菩提分，而犹不能如实修行，心不能舍三昧爱法，彼诸菩萨不满彼分。为满足故。修行进求，得满彼分云云。[②] 此玄奘译《解深密经》作：十一种分能摄诸地，谓诸菩萨先于胜解行地，依十法行极善修习，胜解忍故，超过彼地，证入菩萨正性离生。彼诸菩萨由是因缘，此分圆满，而未能于微细毁犯误，现行中正知而行。由是因缘，于此分中犹未圆满。为令此分得圆满故，精勤修习，便能证得。彼诸菩萨由是因缘，此分圆满，而未能得世间圆满等持、等至及圆满闻持陀罗尼。由是因缘，于此分中犹未圆满，为令此分得圆满故，精勤修习，便能证得。[③] 按圆测《解深密经疏》解释，十一分即十一分位、十一住，与十一地相应。如说“虽十一分与十一地分位无别，而义有异。故《瑜伽》云：由能摄持菩萨义故，说名为地。能为受用居处义故，说名为住。《庄严论》云乐住名住。解云：分者□□义，谓十一住，分段各别，义说为分。”[④]

经说“未能得世间圆满等持、等至及圆满闻持陀罗尼，由是因缘，于此分中犹未圆满”。辨第三分摄发光地，于中初明二地后行未满，后明自地修令圆满。此初谓彼菩萨虽已圆满增上戒分，而未能得第三地中胜定所摄等持、等至及彼圆满闻持陀罗尼。言等持者，梵音三摩地，此云等持，离沉浮故，名之为等。持心令住一境，故名等持。梵音三摩钵底，此

① （唐）玄奘译《大乘阿毗达磨杂集论》卷14，《大正藏》第31卷，第760页上、中。
② （北魏）菩提流支译《深密解脱经》卷4，《大正藏》第16卷，第680页上、中。
③ （唐）玄奘译《解深密经》卷4，《大正藏》第16卷，第703页上、下。
④ （唐）圆测撰《解深密经疏》卷8，《新纂卍续藏经》第21册，第357页下。

云等至，至谓至极，谓彼寂静至极处故，名为等至。如是二种皆有漏故，可破坏故，名为世间。言陀罗尼者，此云总持，念慧为体。然此陀罗尼略有四种，如《瑜伽论》广说。此中意说等持、等至，是修慧因，陀罗尼者是闻思慧因，然彼菩萨未得等持及等至，发三慧因，由是因缘，于此增上心分未圆满也。

经说“为令此分得圆满故，精勤修习，便能证得，彼诸菩萨由是因缘此分圆满”。明其自分勤修圆满，谓第三地证得等持、等至及陀罗尼因缘力故，此分圆满。梁论释云：“菩萨于二地未有胜能，未得四定、四空、三摩跋提及闻持陀罗尼具足念力。所以未得者，由三障故。一欲爱无明，二具足闻持陀罗尼无明，此二无明所感方便生死，名粗重报。为灭三障故，修正勤。因修正勤，灭三障已，入第三地，得八种转胜清净及四定等，乃至通达法界胜（流）义。由此分故，三地圆满。”[①] 此引梁论，即真谛译《摄大乘论释》。[②]

其中涉及诸地无明障碍，三地有无明障碍者，菩提流支译《深密解脱经》说，第三地依无量智光明照曜，照诸三昧及闻持陀罗尼而得自在。能作光明，是故第三名光明地。诸地中有无明、障碍，共有二十二种无明、十一种障碍。其中第三地中有求欲法无明、满足闻持陀罗尼无明，迷没彼二，是故名障。于第九地中，无量说法、无量名句上上乐说智慧陀罗尼无明、乐说辩才自在无明，迷没彼二，是故名障。[③] 此玄奘《解深密经》译无明作愚痴，译障碍作粗重。如说第三地由彼所得三摩地及闻持陀罗尼，能为无量智光依止，是故第三名发光地。于第三地有二愚痴，一者欲贪愚痴，二者圆满闻持陀罗尼愚痴，及彼粗重为所对治。于第九地有二愚痴，一者于无量说法、无量法句文字后后慧辩陀罗尼自在愚痴，二者辩才自在愚痴，及彼粗重为所对治。[④]

《成唯识论》对此解释说：二地说断二愚及彼粗重，其粗重暗钝障，谓所知障中俱生一分，令所闻思修法忘失。彼障三地胜定总持及彼所发殊胜三慧，入三地时便能永断。由斯三地说断二愚及彼粗重，一欲贪愚，即

---

① （唐）圆测《解深密经疏》卷 8，《新纂卍续藏经》第 21 册，第 359 页上—360 页上。

② （梁）真谛译《摄大乘论释》卷 10，《大正藏》第 31 卷，第 226 页上。

③ （北魏）菩提流支译《深密解脱经》卷 4，《大正藏》第 16 卷，第 680 页上—681 页上。

④ （唐）玄奘译《解深密经》卷 4，《大正藏》第 16 卷，第 703 页中—704 页下。

是此中能障胜定及修慧者。彼昔多与欲贪俱，故名欲贪愚，今得胜定及修所成，彼既永断，欲贪随伏，此无始来依彼转故。二圆满闻持陀罗尼愚，即是此中能障总持闻思慧者。第八地以上纯无漏道，任运起故，三界烦恼永不现行。第七识中细所知障犹可现起，生空智果，不违彼故。九利他中不欲行障，谓所知障中俱生一分，令于利乐有情事中不欲勤行，乐修已利，彼障九地四无碍解，入九地时便能永断。由斯九地说断二愚及彼粗重，一于无量所说法、无量名句字、后后慧辩陀罗尼自在愚。于无量所说法陀罗尼自在者，谓义无碍解，即于所诠总持自在，于一义中现一切义故。于无量名句字陀罗尼自在者，谓法无碍解，即于能诠总持自在，于一名句字中现一切名句字故。于后后慧辩陀罗尼自在者，谓词无碍解，即于言音辗转训释，总持自在，于一音声中现一切音声故。二辩才自在愚，辩才自在者谓辩无碍解，善达机宜，巧为说故。愚能障此四种自在，皆是此中第九障摄。①

其中第三地，《成唯识论述记》解释说：此地中成胜定，定谓三摩地、三摩钵底。无性云：谓静虑名等持，诸无色名等至。或等持者，心一境相。言等至者，正受现前。陀罗尼，此名总持，总持有四，一法，二义，三咒，四能得忍。此地所治迟钝性，于三惠有忘失障。今此地无忘彼法，名大法之总持。法谓教法，殊胜之教名为大法。此定及总持为因，能发无边妙惠光故。总持以念惠为性，谓以闻、思、修三惠照了大乘法故。因得定断障，闻思转胜，非由定力亲能起二。《十地》云：随三惠等照法显现，故名明地。②

《摄大乘论释》说："云何修方便不修正道？未入二地则无此智，由迷此义故称无明。若不断此无明，则不得入二地，故此无明为二地障。心迟苦无明，闻思修忘失无明，是三地障。未至智根位为迟，未得菩萨微妙胜定为苦，以障根及修故称无明障。闻持等陀罗尼不得成就，令所闻思修有忘失故称无明。若不断此无明，不得入三地，故此无明为三地障。"③菩萨于八地未有胜能，未得于正说中具足相别异、名言品类等自在，未得善巧说陀罗尼。所以未得者由三障故，一无量正说法、无量名句味、难答

① （唐）玄奘译《成唯识论》卷9，《中华藏》第30册，第769页上—770页中。
② （唐）窥基撰《成唯识论述记》卷10，《大正藏》第43卷，第575页中。
③ （梁）真谛译《摄大乘论释》卷10，《中华藏》第29册，第924页上。

巧言自在陀罗尼无明，二依四无碍解决疑生解无明，此二无明所感有生死名粗重报。为灭此三障故，修正勤，因修正勤，灭三障已，入第九地，得八种转胜清净及于正说中得具足相自在等，乃至通达法界智自在依止义，由此分故，九地圆满。①

《摄大乘论》及其论释还在第十地涉及陀罗尼，《摄大乘论本》说第十地中由业自在依止义，陀罗尼门、三摩地门自在依止义。何故十地说名法云？由得总缘一切法智，含藏一切陀罗尼门、三摩地门，譬如大云能覆如空，广大障故，又于法身能圆满故。② 佛陀扇多译《摄大乘论》说：何故第十地名为法云？杂念一切法智，一切陀罗尼、三昧门藏故。如云如虚空，上烦恼障灭故，法身满故。③ 真谛译《摄大乘论》说：于十地由业自在依止义，由陀罗尼门、三摩提门自在依止义。云何十地名法云？由缘通境，知一切法、一切陀罗尼及三摩提门为藏故，譬云能覆如虚空，粗障故，能圆满法身故。④《摄大乘论释论》解释说："何故十地名法云者，一切法总相缘智如云，陀罗尼、三摩提等门如水，即以此智为藏，如云藏水，又如云障覆虚空。此一切法总相缘智，覆诸粗重障亦尔。及圆满法身故者，如云普遍虚空，菩萨身中法身圆满亦尔，圆满者即是普遍。"⑤ 就十地业自在依止，解释说：通达法界，为作众生利益事，若得诸佛三业及得陀罗尼门、三摩提门，则能通达如来一切秘密法藏，得入十地。又释通达法界为业自在依止，通达法界为陀罗尼门、三摩提门自在依止，由此通达，为化度十方众生，得三身，三业故，名业自在。由得陀罗尼门、三摩提门，如来一切秘密法藏如意通达，故名自在。此三自在并以真如为依止，由观此义得入十地。⑥

另外，《大乘庄严经论》释菩萨第十地名偈曰："二门如云遍，雨法名法云"。论解释说，菩萨于十地中由三昧门及陀罗尼门摄一切闻熏习因，遍满阿梨耶识中，譬如浮云遍满虚空，能以此闻熏习云，于一一刹那、于一一相、于一一好、于一一毛孔雨无量无边法雨，充足一切可化众

---

① （梁）真谛译《摄大乘论释》卷10，《大正藏》第31卷，第226页下。

② （唐）玄奘译《摄大乘论本》卷3，《大正藏》第31卷，第145页下。

③ （北魏）佛陀扇多译《摄大乘论》卷2，《中华藏》第30册，第19页上。

④ （梁）真谛译《摄大乘论》卷3，《中华藏》第29册，第779页中、下。

⑤ （梁）真谛译《摄大乘论释论》卷7，《大正藏》第31卷，第303页上、中。

⑥ （梁）真谛译《摄大乘论释》卷10，《大正藏》第31卷，第222页下—223页上。

生，由能如云雨法，故名法云地。①

三　陀罗尼与妙观察智

唯识经论以陀罗尼与五智相联系，其中以妙观察智任持陀罗尼门，开后世瑜伽密教以五智配属五方佛之先。

《佛说佛地经》说："有五种法摄大觉地，何等为五？所谓清净法界，大圆镜智，平等性智，妙观察智，成所作智。"其中"妙观察智者，譬如世界持众生界，如是如来妙观察智任持一切陀罗尼门、三摩地门，无碍辩说诸佛妙法。"②

《佛地经论》解释说：五智"由四相安立佛地，一由数故，二由摄故，三由名故，四由抉择差别义故。""一由数者，谓有五种法，其数自显，何故说数？为决定故，唯有五法不增不减，法者即是持自相义，非与可爱果异熟义。"

二由摄者，谓摄大觉地，大觉是佛，具三种身，一者自性，二者受用，三者变化。地谓大觉所依、所摄、所行境界，安立自相所缘差别，以一切法为境界故。安立所缘，言摄一切，安立自相，唯摄自体，合为一故。大觉地中无边功德，略有二种，一者有为，二者无为。无为功德净法界摄，净法界者即是真如无为功德，皆是真如体相差别。有为功德，四智所摄，无漏位中智用强故，以智名显一切种心、心所有法及彼品类。若就实义，一一智品具摄一切功德法门。若就粗相，妙观察智摄四念住，观察一切身等法故。平等性智摄四正断及四无量，以四正断虽用精进为其自性，而由如来平等性智所摄受故，无高下相。四无量者，平等行故，此智所摄。四如意足，以三摩地为自性故，观察智摄。任持一切陀罗尼门，三摩地门。如是其余静虑解脱等持等至，陀罗尼门、三摩地门，无诤愿智，通无碍解，如来十八不共佛法、力无畏等，多分摄在妙观察智。

三由名者，谓清净法界，广说乃至成所作智。其中妙观察智不共所依，如是名为平等性智。妙观察智者，谓于一切境界差别，常观无碍摄藏一切陀罗尼门、三摩地门、诸妙定等，于大众会能现一切自在作用，断一

---

① （唐）波颇译《大乘庄严经论》卷13，《大正藏》第31卷，第659页上、中。

② （唐）玄奘译《佛说佛地经》，《大正藏》第16卷，第721页上—722页上。

切疑雨大法雨，如是名为妙观察智。[①]

又解释经中所说譬如世界持众生界，如是如来妙观察智任持一切陀罗尼门、三摩地门，无碍辩说诸佛妙法等，说此中显示建立因相，譬如世界持众生界者，如诸有情自心所变，下风轮等诸世界相，能持自心所变眼等诸有情界。如是如来妙观察智能持一切陀罗尼门，广说乃至诸佛妙法，与彼相应及能引故。

陀罗尼者，增上念慧，能总任持无量佛法，令不忘失，于一法中持一切法，于一文中持一切文，于一义中持一切义，摄藏无量诸功德故，名无尽藏。此陀罗尼略有四种，一法陀罗尼，二义陀罗尼，三咒陀罗尼，四能得菩萨忍陀罗尼，如《瑜伽论》广说其相。

云何唯于一法等中普能任持一切法等？谓佛菩萨增上念慧不思议力，自心相分一法相中现一切法，文、义亦尔。又能示现无量无尽功德法门，见分自体亦具无边胜功能故，任持一切，令不忘失。如是念慧不思议力，名陀罗尼。

三摩地者，谓增上定，即健行等诸三摩地，能胜一切世、出世间诸三摩地，余不能胜故名健行。又佛菩萨健士所行故，名健行，唯第十地菩萨及佛得此定故，余三摩地随经所说应释其名，即陀罗尼及三摩地俱说名门，如空、无愿、无相三门，以能通生无量同类异类德故。无碍辩说即四无碍，法、义、词、辩，由此四种能为众生辩说妙法故，名辩说。诸佛妙法即是如来力无畏等无量佛法，一切之言，一一应说。妙观察智转意识，得作用宽广故，能任持一切功德。此智相应第六意识，普与一切功德相应，及能引发诸功德故，说能任持。[②]

《佛地经论》又说：妙观察智能观自证陀罗尼门、三摩地等，能观有情根、欲、性等，说妙法药名善巧业，其余二智及净法界，与诸功德为所依止，能起种种利有情事，名方便业。经曰“定及总持门，无边二成就”者，有义此显四智所摄眷属功德，有义此显六种相中相应之相，定门即是八万四千三摩地门，总持门者八万四千陀罗尼门，是二种通生一切有为功德，通显一切无为功德，通引一切神力作用，利众生事，故名为门。[③]

---

① （唐）玄奘译《佛地经论》卷3，《大正藏》第26卷，第302页上。

② （唐）玄奘译《佛地经论》卷5，《大正藏》第26卷，第315页下—316页上。

③ （唐）玄奘译《佛地经论》卷7，《大正藏》第26卷，第325页中。

《成唯识论述记》解释妙观察智说：神用莫方，称之为妙；具缘诸法自共相等，名为观察。筹量境相，妙用胜故，摄、观无量总持、定门者，总持门者陀罗尼门，定门者三摩地门。虽余三智非无此德，入出诸禅，总持差别，胜余三智。此智能摄藏故，名为摄。亦常观察此总持、定门故，名为观。①

后世瑜伽密教以五方佛象征五智，以西方阿弥陀佛智慧受用身象征妙观察智，另以东方阿闳佛金刚坚固自性身象征大圆镜智，以南方宝生佛功德庄严聚身象征平等性智，以北方不可成就佛变化身象征成所作智，而以中方毗卢遮那佛清净法身象征法界体性智，亦即清净法界智，此亦表明后世密教继承了原始密教中的陀罗尼思想和法相唯识经论五智中关于妙观察智任持陀罗尼门的学说。

① （唐）窥基撰《成唯识论述记》卷10，《大正藏》第43卷，第599页上、中。

第五章

陀罗尼契经思想

第一节　小型陀罗尼契经

一　《无量门微密持经》

陀罗尼经是在大乘陀罗尼品的基础上逐渐形成，也就是先有陀罗尼品，后有陀罗尼经。大乘经中有关陀罗尼法门发展到一定程度后，逐渐向独立的方向发展，形成陀罗尼密教，其标志就是陀罗尼经的编纂。所谓陀罗尼经，从广义上来说，凡标其名为陀罗尼者均可称陀罗尼经。但从狭义上来说，只有以陀罗尼为中心内容的经才是陀罗尼经。这种严格意义上的陀罗尼经，又大分为两类，一类是陀罗尼契经，一类是陀罗尼咒经。陀罗尼契经是说理型的经典，以阐释陀罗尼的意义以及陀罗尼法门的思想为主要内容。陀罗尼咒经则是持诵型的经典，以陀罗尼神咒的持诵法及其功德为主要内容。而有的陀罗尼咒经属于仪轨，除了说陀罗尼神咒及其功能之外，还有一定的行法，诸如供养、道场等。

《微密持经》是最早形成的陀罗尼经，也是翻译次数最多、流行时间最长的一部陀罗尼经，从汉魏至唐宋，翻译次数多达12次，[①] 还有2次藏译，可为译经之最。该经是一部最具典型意义的陀罗尼经，其中既包括契经的内容，又包括咒经的内容，蕴含了两种陀罗尼经的形式和内容。从某种角度上可以说，陀罗尼经的两种形式就是从该经分化出来，其中说理的部分演变为陀罗尼契经，说咒的部分演变为陀罗尼咒经。从经文形式到基本内容，再到陀罗尼的前后变化，集中反映了陀罗尼经典形式及其思想

---

① 拙著《中国密教史》原作16次，误。按汤用彤《魏晋南北朝佛教史》支谦有会译之说，此不取，更正为12次。

变化的过程，从中可窥一斑而知全豹。

《微密持经》是最早汉译的陀罗尼经，据梁僧祐《出三藏记集》卷四著录，支谦译，一卷，并注“或云《无量门微密持经》”。其译经时间在吴黄武初至建兴中（222—253）。《祐录》卷七另有《合微密持经记》一卷，卷目署“支恭明作”，卷内亦署“支恭明”。① 记文作：

> 《合微密持》《陀邻②尼》《总持》三本，上本③是《陀邻④尼》，下本是《总持》与《微密持》也：《佛说无量门微密持经》《佛说阿难陀目佉尼呵离陀邻尼经》⑤《佛说总持经》⑥一名《成道降魔得一切智》⑦，二本后皆有此名，并不列⑧出耳。⑨

据此汤用彤《汉魏两晋南北朝佛教史》认为支谦既有自译本，又有会译本，会译以失译的《陀邻尼经》为正本，附注《总持经》与《微密持经》。但按其所列译本和下文昙斐记以及僧祐著录、后世经录来看，此中恐有误会。所谓魏吴失译的《陀邻尼经》，指《祐录》卷四著录的失译缺本《陀邻尼目佉经》，《总持经》指同为失译缺本《无端觝持经》。但《陀邻尼目佉经》，《长房录》据竺道祖《晋世杂录》著录，乃安法钦于太康年（280—289）在洛阳译，并注该经“与《微密持经》本同名异。”⑩ 后世经录以安法钦译为第三译，第二译则为《无端底持经》。该经《祐录》注“《旧录》云《无端觝总持经》”，《长房录》《开元录》等入魏吴失译录。按昙斐所记之《无端底门总持之行》，显然就是《无端底总

① 支恭明，《中华藏》校勘丽本作“支恭明作”。

② 邻，《中华藏》校勘《资》《碛》《普》《南》《径》作“以”，误，以意改。

③ 本，原作“子”，据《中华藏》校勘丽本改，下同。

④ 陀邻，原作“地以”，据《中华藏》校勘《碛》《普》改。

⑤ 《佛说阿难陀目佉尼呵离陀邻尼经》，原作注文，此据文意改。

⑥ 《佛说总持经》，原脱，据《中华藏》校勘《资》《碛》《普》《南》《径》补。

⑦ 一名《成道降魔得一切智》，原作正文，此据文意改。

⑧ 列，《中华藏》校勘《资》《碛》《普》《南》《径》作“别”。

⑨ （梁）僧祐撰《出三藏记集》卷7，《中华藏》第53册，第930页中、下。苏晋仁校注本，中华书局1995年版，第279页。参见汤用彤《汉魏两晋南北朝佛教史》上册，中华书局1983年版，第93页。

⑩ （隋）费长房撰《历代三宝纪》卷6，《大正藏》第49卷，第65页上。

持经》。如此说来，《祐录》著录的两个失译缺本，只有《无端底持经》是失译经，但并非缺本，梁时为昙斐所见，且两个译本的翻译时间都在支谦译之后。又同列或附注的异译本《佛说阿难陀目佉尼呵离陀邻尼经》，《祐录》题《阿难陀目佉尼呵离陀经》，入失译经，但《长房录》及后世经录作刘宋时求那跋陀罗译，这都表明《合微密持经记》并非支谦作，而是支谦之后的人所记。或者就是昙斐所记，故明代梅鼎祚辑录《释文纪》时，就将《合微密持经记》置于昙斐名下。其实前段合记形式也非说明性文字，只是罗列经名并附注而已，其引起的下文才是说明性合记、合序文字。

按昙斐，与僧祐为同时代人，《高僧传》立有传记，知其俗姓王，会稽剡（今浙江省绍兴嵊州）人，居于乡邑法华台寺，史称其在寺“讲说相仍，学徒成列”。而“神情爽发，志用清玄，故于《小品》《净名》尤成独步”。但最初于“方等深经皆所综达，老庄儒墨颇亦披览。后东西禀访，备穷经论之旨。”① 可知昙斐擅长大乘经典，曾到处寻访，搜求经论，《微密持经》即其搜罗所得，故对其各种译本很熟悉，写了记文。《祐录》称“又别剡西台昙斐记云”，是说另外剡山西台的昙斐又记录说。此疑支谦之后有人编辑《微密持经》的合本，并作了《合微密持经记》，僧祐搜集到这个合本及其记文，但没有搜集到所合的两个本子并研究其有关情况，故用了昙斐写的记。

按佛经合本出现的时间在西晋，时有支慜度合《维摩诘经》三本，合《首楞严经》五本，并作《合首楞严经记》《合维摩诘经序》，后至东晋时又有道安关于《大品般若经》的合解本。按《合微密持经记》前小段著录求那跋陀罗译本来看，前段合记必定出现于求那跋陀罗译经（435—453）之后。又合经之记，就一经有多译而言，合经之人未必是译家，且合经与合译、会译完全是两个概念，将多个同本异译合成一经，与以不同版本的胡文梵经合译、会译为一个经典，两者性质不同。《合微密持经记》是合经之记，而非一般的“译记”，更非就“合译”“会译”而言。

如此按昙斐记文说：此经凡有四本，三本并各二名，一本三名。其中：

一本一名《无量门微密之持》，二名《成道降魔得一切智》，此一本名行于世，为常旧本。

---

① （梁）慧皎撰《高僧传》卷8，汤用彤校注本，中华书局1992年版，第341—342页。

一本一名《阿难陀目佉尼呵离陀罗尼》，二名《疾使人民得一切智》。

一本一名《无端底门总持之行》，二名《菩萨降却诸魔坚固于一切智》。

一本一名《出生无量门持》，二名《一生补处道行》，三名《成道降魔得一切智》。

可知第一本《无量门微密之持》指支谦初译本《无量门微密持经》，题注“一名《成道降魔得一切智》”，流行于世，故称常旧本。第二本《阿难陀目佉尼呵离陀罗尼》，是第三译安法钦译《陀邻尼目佉经》的异译本，即求那跋陀罗译《阿难陀目佉尼呵离陀经》，内称经名《阿难陀目佉尼呵离陀邻尼》，又称《疾使人民得一切智》。第三本《无端底门总持之行》，即第二失译《无端底总持经》，记称一名《菩萨降却诸魔坚固于一切智》，说明其本当时尚见存。第四本《出生无量门持》，即是佛陀跋陀罗译本《出生无量门持经》，经末称：“此经之要名《出生无量门持》，亦名《一生补处道行》，亦名《成道降魔得一切智》。”按《长房录》据《道祖录》著录，该经由佛陀跋陀罗在东晋元熙年（419—420）译于庐山，《内典录》说译于扬都。《开元录》说该经“或云《新微密持经》，于庐山译，第五出，与支经《无量门微密持经》等同本，见祖、祐二录。祐、房等录别存《新微密持经》，误也。”①

以上四本，昙斐比较后说，其标题“四本各标前一名于经首，第二、第三名不以题经也。后舍利弗请名、佛说名，皆备如前列”。而其内容，各本间则“文句参差，或胡或汉音殊，或随义制语，各有左右。依义顺文，皆可符同。所为异处，后列得法利、三乘阶级、人数及动地雨华、诸天妓乐供养多不悉备，意所未详。”②

按《祐录》著录东晋佛陀跋陀罗译《出生无量门持经》一卷，今本佛陀跋陀罗译本《佛说出生无量门持经》末文，与《昙斐记》所说最后一本之名相符，则《出生无量门持》即佛陀跋陀译本。《祐录》又著录佛陀跋陀译《新微密持经》一卷，缺本，此《长房录》亦作别本。唐智昇《开元录》认为此经即是《出生无量门持经》，《祐录》《长房录》作别本，是误会。这个意见应该说正确，因为僧祐并未见到题有这样经名的本

① （唐）智昇撰《开元释教录》卷3，《中华藏》第55册，第55页上。

② （梁）僧祐撰《出三藏记集》卷7，中华书局1995年标点本，第279—280页。

子，而佛陀跋陀罗译出的经与支谦本相同，所以当时就称其为《新微密持经》了。按《长房录》引竺道祖《晋世杂录》，佛陀跋陀罗译于东晋安帝隆安二年（398）。

《祐录》著录宋功德直译《破魔陀罗尼经》一卷，或云《无量门破魔陀罗尼经》，大明六年（462）译出。今本末题《无量门总持陀罗尼》，亦名《摧破一切众魔总持陀罗尼》，亦名《菩萨一分超意总持陀罗尼》，亦名《一分得一切智总持陀罗尼》。

《昙斐记》所录《阿难陀目佉尼呵离陀罗尼》，一名《疾使人民得一切智》。按《长房录》《开元录》均作宋求那跋陀罗译，前者说见于别录，后者说为第六译。其本今存，内题《阿难陀目佉尼呵离陀邻尼》，并副题《疾使人民得一切智》，似与昙斐所录为同本。但题中“陀罗尼”译字稍异，“罗”作“邻”（经录中陀邻尼作“陀”，应属脱字）。又，今本文字属后来风格，内容中也并没有动地伎乐诸事，与佛陀跋陀罗本接近，故《昙斐记》所录，亦可另作一译。也就是说该经又有求那跋陀罗译本，译于宋元嘉年间（424—453）。

同名经又有元魏佛陀扇多译本，《法经录》著录，题《阿难陀目佉尼呵离陀邻尼》，与支谦译、佛陀跋陀罗译、功德直译、《舍利弗陀罗尼经》五本属同本异译。《彦琮录》《静泰录》亦著录，并与隋阇那崛多译《一向出生菩萨经》等六本同本异译。《开元录》作第八出，北魏孝明帝正光六年至东魏孝静帝元象二年（525—539）译，其本今存。

《长房录》新著录五种译本。安法钦译本，题《阿难目佉经》，引据竺道祖《晋世杂录》。《开元录》著录与此相同，西晋太康年（280—289）译于洛阳。白法祖译本，题《无量破魔陀罗尼经》，《开元录》作第四出，《长房录》载晋惠帝时（290—307）译出。此本与功德直译本只差“门”字，二录并没有引据前代经录，似有可疑之处。僧伽婆罗译本，题《舍利弗陀罗尼经》，《开元录》作第九译，梁天监五年至普通元年（506—520）译，其本今存。阇那崛多译本，题《一向出生菩萨经》，《开元录》作第十译，隋开皇五年（585）译，其本今存。

《开元录》新著录一本，即智严译本，题《出生无边门陀罗尼经》，开元九年（721）译，与以上诸译同本异译，为该经之第十一译，[①] 其本

① （唐）智昇撰《开元释教录》卷12，《中华藏》第55册，第252页中。

今存。

《贞元录》新著录一本，即不空译本，题《出生无边门经》，内题《出生无边门陀罗尼经》，今存本与此相同，并见《不空表制集》（卷3），译于唐肃宗乾元元年至代宗大历六年（758—771）。另据空海《御请来目录》等，不空并据经本编译《出生无边门陀罗尼经仪轨》一卷。按其今存经本所说八字观法，出于《大日经》，并非此经译本。

综上所考，该经按道安《合微密持经序》，支谦初译《无量门微密持经》，后又有四种译本的《合微密持经》。按《昙裴记》新著录《阿难陀目佉尼呵离陀罗尼》《无端底门总持之行》2种。按《祐录》，并著录东晋佛陀跋陀罗译本、宋求那跋陀罗译本2种。《长房录》新著录晋安法钦译本和白法祖译本、元魏佛陀扇多译本、梁僧伽婆罗译本、隋阇那崛多译本共5种，《开元录》新著录智严译本，《贞元录》新著录不空译本，共计13种译本。其中三国吴支谦译《佛说无量门微密持经》第一译，魏吴失译《无端底总持经》第二译，西晋安法钦译《阿难目佉经》第三译，西晋白法祖译《无量破魔陀罗尼经》第四译，东晋佛陀跋陀罗译《出生无量门持经》第五译，刘宋求那跋陀罗译《阿难陀目佉尼呵离陀经》第六译，刘宋功德直译《无量门破魔陀罗尼经》第七译，元魏佛陀扇多译《阿难陀目佉尼呵离陀邻尼》第八译，梁僧伽婆罗译《舍利弗陀罗尼经》第九译，隋阇那崛多译《一向出生菩萨经》第十译，唐智严译《出生无边门陀罗尼经》第十一译，唐不空译《出生无边门经》第十二译，另计佚名《合微密持经》共有十三种版本，实则12种译本。其中佚失4种，即魏吴失译本、安法钦译本、帛法祖译本、佚名合本。今存9种译本，即支谦译本、佛陀跋陀罗译本、求那跋陀罗译本、功德直译本、佛陀扇多译本、僧伽婆罗译本、阇那崛多译本、智严译本、不空译本。

该经在南北朝时还有人作注，据《高僧传》记载，著名高僧法瑗在刘宋孝武帝时（453—464），曾庐居方山（今属南京江宁区），注《胜鬘经》及《微密持经》，论议之隙谈《孝经》丧服。[①] 此知《微密持经》也为讲经说法的义学僧看重。

另外，该经还有藏译本2种，其一 Prajñāvarma（智铠）、Ye-śes sde 译本，题名Ḥphags-pa sgo mthaḥ yas-pas bsgrub-pa shes bya-baḥi gzuṅs，梵题

① （梁）释慧皎撰《高僧传》卷8，汤用彤校注本，中华书局1992年10月版，第313页。

Ārya-Anantamukhasadhaka-nirhāra nama-dharaṇī，大谷大学本北京版《西藏大藏经总目录》汉译《最胜修习无量法门陀罗尼》，标明与汉译《舍利弗陀罗尼经》等同本，入甘珠尔密教部。东北帝国大学版《西藏大藏经总目录》此作失译，日文译《圣成就无边门陀罗尼》，标明与汉译《出生无边门陀罗尼经》等同本。其二失译本，题名Ḥphags-pa sgo mthaḥ yas-pa sgrub-pa shes bya-baḥi gzuṅs，梵题 Ārya-Anantamukhasadhaka-nama-dharaṇī，大谷大学本北京版《西藏大藏经总目录》标注同上，东北帝国大学本德格版《西藏大藏经总目录》标注同上，均入《甘珠尔》经集部。

1. 四持门

从汉末至唐代中后期，《微密持经》不断传译，先后达12次之多，这在中国译经史上是少见的。这部经之所以屡被传译，其中最主要的原因是该经宣扬陀罗尼的巨大功效，正如其经题所标：疾使人民得一切智、成道降魔得一切智、菩萨降却诸魔坚固于一切智、摧破一切众魔总持陀罗尼、无端底门总持之行、一生补处道行、出生无量门持等，以为为人们趣入菩提道提供了一条捷径。经中说如何于诸法中道正观而趣入菩提呢？说最有效的方法就是持诵陀罗尼。掌握总持门，“以此陀罗尼力故，一切法藏诸行相好，种姓资粮，善巧方便，速得成办，超过一切魔业境界。”“若菩提真实得入此无边陀罗尼门者，毕当得至不退转地，速到无上正真等觉。”但陀罗尼何以有如此神通力呢？说：“当知此中即是决定一切诸佛、一切法诸功德藏故，复能出生一切众生分别之行。”① 就是说总持法中本来含藏着产生种种佛法功能的决定因素，只要掌握它，就能将其种种功用发挥出来。为此该经又讲了陀罗尼法的种种具体功用，说“持此陀罗尼，菩萨得无畏，于诸十方佛得闻殊胜法，能知胜妙法，诸义文相应，犹如日耀”。“由持陀罗尼，八十俱胝佛临命终时现，伸手接彼人”。“由持陀罗尼，千俱胝劫中，先作众罪业，一月皆清净。由持陀罗尼，菩萨福德聚，俱胝劫积集，一月超于彼。由持陀罗尼，三界诸有情，假使尽为魔，不能为障难。由持此经故，念行及智慧，得殊胜闻持，常转于舌端，乃至证菩提。”② 该经还说诵此陀罗尼而获得种种功效的故事，又说有十

① （隋）阇那崛多译《佛说一向出生菩萨经》，《中华藏》第20册，第369页下、第371页上。

② （唐）不空译《佛说出生无边门陀罗尼经》，《中华藏》第65册，第387页中、下。

方诸佛所念，又有雪山八大夜叉常来护念。《长房录》在僧伽婆罗译本《舍利弗陀罗尼经》题下特标“此咒大有神力，若能持此者，雪山八夜叉常来拥护，所欲随心”数语。① 该经还说入陀罗尼门的一些必要条件，即三个四法，如不贪著、不生嫉怀、修习善法、入八字义等。这部陀罗尼密典极力宣扬陀罗尼密教的神通力，对中国人的信仰产生了很大影响。

该经题目或音译，或意译，或一经多名，最早支谦译《无量门微密持经》，其中无量门，后来译无边门、无端底门，或作出生无量门、出生无边门以及一向出生，指其陀罗尼法门的名称。无量、无边、无端底，是说其数量之众多无尽。门，即口门、入口、门径、途径，此指法门。出生，与“入”同义，表示出入于门。出生无量门，即出入于无量门，亦即出生于无量门或者进入无量门。此出入之门指陀罗尼，或者说以陀罗尼为出入之门。出生无量陀罗尼门，即是从陀罗尼之门出生无量无边之佛法，或者说进入陀罗尼之门有无量无边的佛法。持，即总持、闻持，音译陀邻尼、陀罗尼，表明该经性质为陀罗尼经类，或以此略作《佛说总持经》。微密，梵文作 guhya，是“秘密”的异译，指明陀罗尼所属范围，因此亦称“微密之持”，后来或以此称其“如来方便密教”，这也是“密教”最早的名称，也是以陀罗尼为密教的范例。该经作为陀罗尼密教形成的标志性经典，标立门户，宣告“弘大持之门，一切是得向。”其称“大持之门”，也是高举陀罗尼教派旗帜，以大总持法门相标榜，表明并非只是一般陀罗尼法门。

该经还有副题，题注“一名《成道降魔得一切智》”，经末亦同。成道，智严译本作“能达菩提陀罗尼”。降魔，或作摧破一切众魔、除一切诸魔、降伏一切魔怨、摧坏魔众。得一切智，或作“疾使人民得一切智”。阇那崛多译本作“决定趣向一切智”。不空译本作“决定得萨婆若智”。佛陀跋陀罗译本另名“一生补处道行”，功德直译本作“菩萨一分超意总持陀罗尼”，不空译本作“决定出生菩萨”。这些名称都是从该经的陀罗尼功德出发所称，成道、能达菩提是本经陀罗尼的最终目标，降魔、得一切智、菩萨补处道行则是该陀罗尼的现实功德。

该经标题直陈核心，标举陀罗尼及其名称，后来成为陀罗尼经典的通式，凡陀罗尼经类均标明陀罗尼经字样。陀罗尼经都要确立陀罗尼的定

① （隋）费长房撰《历代三宝纪》卷 11，《中华藏》第 54 册，第 296 页中。

义，该经从四个方面定义陀罗尼，或者说有四种陀罗尼门，称四持门：一曰如文行入持门，二曰内深忍入持门，三曰解人根德入持门，四曰知行报善入持门。[①] 其中如文行入持门，诸译有所不同，此译与阇那崛多译“字入门陀罗尼门”相同，指进入陀罗尼文字门，亦即由陀罗尼文字之门进入诸法之义。如文行，如随顺、依照义。如文行，即随顺文字之义而行，也就是顺着文字而行知其义，实际上就是指陀罗尼字门。该经也是最早建立陀罗尼字门的，有八字门。佛陀跋陀罗此译出生无量门持，不空译入出生无尽陀罗尼门，均与标题意思相同，入陀罗尼门中无量无尽之义，也与上两译相同。功德直译得无尽宣说善入陀罗尼门，僧伽提婆译无尽受持陀罗尼门，智严译受持无尽陀罗尼门，其义重心在于陀罗尼门无尽义的宣说、受持上，意思接近。而求那跋陀罗和佛陀扇多均译“陀邻尼目佉因世名色使疾得净法”，与诸译意思不同，陀邻尼目佉，即总持门的音译，所谓因世名色使疾得净法，实际上就是该经副标题或经末题名“疾使人民得一切智”的翻版，净法即一切法清净，一切智就是对一切法清净性的认识。因世名色使疾得净法，就是说将世俗的名色认识迅速转化为出世间的净法智慧。四持门中，此一持门是该经赋予陀罗尼的根本内涵，也体现该经的核心思想。陀罗尼原有闻持佛经之义，陀罗尼法门中赋予总持诸法之义，至此进一步赋予由其文字进入其无量无边之义，也就是发展形成字门观，其重心在于文字所蕴含的无限义理，而非文字本身，这样陀罗尼经赋予陀罗尼以超越传统文字学的范畴，使其成为一门义理学，探寻陀罗尼文字背后的无限义理成为陀罗尼的新内容。

四持门的后三个陀罗尼门，诸译相同，其中第二门内深忍，佛陀跋陀罗、不空译甚深法忍，即是通行的译法，此持一般称忍陀罗尼。忍即认，认许、认可、认信之义，所谓信难信之理而不惑为忍，于法不可得为法忍，即对所说的法确信不疑，亦即对真理有确定的认识，称为法忍。如对苦谛认信不疑，即称苦法忍，菩萨于初地见道信认无生之理，即称无生法忍，一般所谓甚深法忍，即指无生法忍。《大智度论》解释说：“法忍者，于内六情不著，于外六尘不受，能于此二不作分别。何以故？内相如外，外相如内，二相俱不可得故。一相故，因缘合故，其实空故，一切法相常清净故，如真际法性相故，不二入故，虽无二亦不一。如是观诸法，心信

① （吴）支谦译《佛说无量门微密持经》，《中华藏》第20册，第333页下。

不转，是名法忍。"① 又说："无生法忍者，于无生灭诸法实相中信受通达，无碍不退，是名无生忍。"② 但求那跋陀罗译、佛陀扇多译"忍辱"有误，忍辱，六度之一，其原文与法忍之忍同为一词 kṣānti，音译羼提，但在汉译文中忍辱是忍受侮辱而无恚恨之义，与法忍之忍其义大相径庭。另外，智严译通达深法陀罗尼门，也没表达出法忍的意思。第三门解人根德，其他译本多作入众生诸根及一切思想等。第四门知行报善，或译知有为业报、入一切所为善恶之法等。表明第三门就知悉众生的所有心理情感和思想意识而言，第四门就知悉众生的一切行为及其善恶业报而言。

2. 持要句

持要句，即总持句之要领，或者说陀罗尼文句的要点，是《微密持经》对陀罗尼核心思想的概括。持句，即总持句，或陀罗尼句、陀罗尼章句。持要句，即总持的主要句子，或总持的关键语句、核心句子。总持句，音译陀罗尼句，略作陀罗尼，后来转译为陀罗尼咒、陀罗尼神咒，由此说《微密持经》的持要句是陀罗尼咒的最早称谓，持要句也就是陀罗尼咒的最早形态。持要句在支谦《微密持经》中不过是表达陀罗尼内容的一些关键性句子，到东晋佛陀跋陀罗译本尚称持句，但到刘宋求那跋陀罗译本以及元魏佛陀扇多译本时，持要句、持句首次被称作神咒，并称神咒四十八句。稍后的刘宋功德直译本不仅称其为陀罗尼咒、陀罗尼咒神妙章句，而且陀罗尼咒文完全音译，至此有文有义的持要句完全变成神秘不可解的陀罗尼咒语，一部《无量门微密持经》前后汉译本的变化，反映出陀罗尼咒文演变的历史轨迹。这也说明陀罗尼咒原来是有意义的，后来才逐渐变为神秘不可解的咒文，不仅采用音译的办法，即便是梵文原文也逐渐变成不可解读的文字，完全与巫术中的咒语结合为一。

该经的陀罗尼，现存汉译有 9 种译本，支谦译本、佛陀跋陀罗译本、求那跋陀罗译本，均意译（其中佛陀跋陀罗本个别句子音译），佛陀扇多本则音、意两译，僧伽婆罗本音译。以上诸译的篇幅及内容相当，求那跋陀罗译和佛陀扇多译称作 48 句。其中佛陀扇多译本和求那跋陀罗译本最接近，只有佛陀扇多译本第 23 句（无住）、求那跋陀罗译本第 28 句（作合会）两本互无，功德直本音译 58 句，但实际篇幅及内容与以上诸本相

① （后秦）鸠摩罗什译《大智度论》卷 15，《中华藏》第 25 册，第 365 页上。

② （后秦）鸠摩罗什译《大智度论》卷 50，《中华藏》第 25 册，第 891 页中。

当。阇那崛多本音译72句，智严本音译89句，不空本音译79句，三本篇幅及内容相当。与以上6本比较，此三译句子意义比较完整，文字内容也稍多，但基本思想相同。藏译本2种，其中失译本62句，与功德直译、僧伽提婆译句数相当。智铠藏译本作79句，与不空汉译本的句数相同。但藏文转译与汉译本对音差异较大。

《微密持经》的持要句共21句，其意译文如下：

无为无向，如正意解。为应为灭，内明顺道。为履上迹，如微妙行。不动寂静，无量无上。微密无垢，清净自然。[①] 惟无惟无，所著明光悦怿，果而大勇为美誉。动无动以正动，近道因，能善与游，无罣碍。入诸法门，强而有势，光大照远，解等意，无不入，不断持实。

可以看出，该经的所谓持要句其实就是一篇完整的具有实际内容的偈颂，前六句说菩萨入持要句的性质，此持行看起来是有所作为，趋向菩提，其实则无为无向，起灭变化，顺道而行，如同在虚空中行走，难以留下脚印一样奇妙。中间十一句说持要句的本质，也就是菩提涅槃的境界，归结起来就是不动寂静，无量无尽，秘密不显，自性清净，一切皆空，无所罣碍。认识这些特征，就会有光明悦怿和大勇无畏的美誉。后六句说入持要句的功德，入总持法门，得到强大的势力，如同光明照亮旅行的远途，获得平等智慧，于总持之门无所不入，由此总持法门流传不断。

佛陀跋陀罗译持句共38句，增加了第五、六、七、八、九句和最后两句的内容，其中坚固伊罗、伊梨伊罗、悉帝旃贰三句采用音译的方式，是持要句向音译方向变化的前奏。最后两句强调持句为诸佛所住，也增强了陀罗尼句的圣神性。

佛陀跋陀罗译文：

无向正向，普向成就。[②] 乐说光明，顺道善分别，究竟分别。坚固所说，坚固伊罗，伊梨伊罗，悉帝旃贰。为履上迹，不动寂静。离诸怨敌，炽然永灭。出生无垢，清净自性。巧说诸有者无所有，无所著。善能降伏，光明离垢。善自摄持，果而大勇，得大名称。动无动以正动，难坚固。善住安隐，游无阂著。开诸法门，随顺所应。强而有势，精进勇猛，得方便力。火光普照，明曜无垢。意解平等，普无不入，事无不逝。此善

① “清净自然”，原无“清”字，据《中华藏》校勘资等七本补。

② 无向正向普向之“向”，《中华藏》校勘资等七本均作“句”。

妙持，诸佛所住。

求那跋陀罗译本从句子上来说，虽称四十八名，实际上将句改为名，一句变成了二名，形式有了大的改变，内容并无多大变化。但称神咒，则改变了陀罗尼文句的定位和性质，一个个不相连贯的词也无形中增强了文字的神秘性。

求那跋陀罗译文：

无为　不为　普门　精勤　寂灭　照光　顺教　常念　所念　妙御　妙句　有心　无意　心无所心　解脱　行者　无动　他余　无脱　无生　无垢行　严净　名闻　有无　无碍　调定　长光明　作合会　甚勇　大勇　嗟叹句　不可动　不动　等动　次坚　谛住　无碍行　普尊　精勤行　须弥　住疏　坚强力　得强力　大光明　长照明　至一切护　无断　无有总持门

佛陀扇多译本将有意义的名词降为附注，而将音译文作为正文，使陀罗尼文字成为名副其实的神咒，陀罗尼的神秘性建立起来了。同时，功德直译本完全采用音译的方式，称其陀罗尼咒神妙章句，完成了陀罗尼咒从句到名、由意到音的转变过程，也贯彻了陀罗尼不翻的原则，神秘的陀罗尼咒语由此得以建立。

佛陀扇多音译意注文：

阿歧$_{\text{无为}}$　默歧$_{\text{不为}}$三曼陀目歧$_{\text{普门}}$　悉提$_{\text{精勤}}$　尼律提$_{\text{寂灭}}$　波罗捭$_{\text{照光}}$　伊隶$_{\text{顺教}}$　劫卑$_{\text{常念}}$　劫般陀离$_{\text{所念}}$　沙离$_{\text{妙术}}$　沙罗颰离$_{\text{妙句}}$　嘻罗$_{\text{有心}}$　嘻隶$_{\text{无意}}$　嘻栗隶$_{\text{心无所念}}$栴提$_{\text{解脱}}$遮罗泥$_{\text{行者}}$　颇遮泥$_{\text{无动}}$　阿兰泥$_{\text{他余}}$　涅勿提$_{\text{无脱}}$　涅誓提$_{\text{无生}}$　尼阿罗捭末离$_{\text{无垢行}}$　输他泥$_{\text{严净}}$　波罗纥陀颰泥$_{\text{无往}}$　暴披捭之兮$_{\text{名闻}}$　阿霜祇$_{\text{离有}}$　昙弥$_{\text{无碍}}$　维弗罗佉揩捭$_{\text{调定}}$　僧揭栈$_{\text{长光明}}$　经提离$_{\text{甚勇}}$　摩诃经提离$_{\text{大勇}}$　夜蛇披提$_{\text{嗟叹句}}$　颎遮离$_{\text{不可动}}$　末遮离$_{\text{不动}}$　三末遮离$_{\text{等动}}$　提罗删提$_{\text{次坚}}$　羞絺提$_{\text{谛往}}$　阿霜迦捭呵离$_{\text{无碍行}}$　三曼陀目歧$_{\text{普尊}}$　尼呵罗述提$_{\text{精勤行}}$　须弥$_{\text{须弥}}$耽披颰提$_{\text{住遮}}$瓶罗獐弥$_{\text{坚强力}}$　獐摩颰提$_{\text{得强力}}$　摩诃佉揩子$_{\text{大光明}}$捭富罗赖弥$_{\text{长照明}}$　萨和吕毚揭提$_{\text{生所护}}$　阿那叱祇$_{\text{无断}}$　陀邻尼目佉贰那提$_{\text{无有}}$

功德直音译文陀罗尼咒神妙章句58句，比佛陀扇多译本增加10句。

阿祢$_{\text{奴市反一}}$阿企$_{\text{遣祇反二}}$摩企$_{\text{三}}$三曼跢$_{\text{都我反}}$目企$_{\text{四}}$育帝$_{\text{都紊反五}}$尼陆帝$_{\text{六}}$尼陆底$_{\text{都矢反七}}$斯鞞$_{\text{蒲诣反八}}$嘻$_{\text{许耆反}}$隶$_{\text{九}}$劫臂$_{\text{脯迷反十}}$劫波伺$_{\text{十一}}$娑隶$_{\text{十二}}$婆罗跋帝$_{\text{十三}}$嘻罗嘻利$_{\text{十四}}$嘻隶嘻犁隶$_{\text{十五}}$嘻罗嘻隶$_{\text{十六}}$遮$_{\text{主何反}}$帝$_{\text{十七}}$遮槃祢$_{\text{十八}}$遮罗遮罗祢$_{\text{十九}}$遏

恒帝二十阿兰祢二十一涅未题徒隶反二十二涅跋多祢二十三昵阇殊何反帝二十四祢呵二十五毗摩隶二十六输檀祢二十七跛罗卢可反讫帝都至反提般祢二十八婆 啵蒲饿反毗婆跋祢二十九阿僧祇三十陀迷莫计反三十一毗富罗斯鞞蒲诣反三十二三迦厘沙祢三十三提隶提隶三十四摩呵提提隶三十五耶耆跋帝三十六遮隶三十七阿遮隶三十八摩陀隶三十九三苏暂反摩遮隶四十致驮珊地四十一颂轶瓮质反帝四十二阿僧伽毗呵隶四十三阿僧伽尼呵隶四十四毗呵逻毗摩隶四十五腻呵逻输檀腻四十六致苓苏寐四十七吔弥四十八吔摩婆帝四十九摩呵斯鞞五十三曼哆斯鞞五十一毗富罗斯鞞五十二毗富罗刺卢辖反弥五十三三曼多目企五十四萨婆哆糯女留反竭帝五十五阿那眵姝支反豉五十六陀罗尼陀罗尼五十七尼陀那刧低莎波诃五十八

后来的译本均作音译，且不断增加句子，僧伽提婆译本 48 句，阇那崛多译本 72 句，智严译本多达 89 句，不空译本也有 80 句。此将汉文音译诸本及藏文转译本对照如下：

《微密持经》诸译本陀罗尼对照表（见表 30）。

3. 无畏持义

持要句虽有 21 句，但菩萨陀罗尼行不受句数的约束，说行持菩萨非有数，行无数法，为不以知故。此佛陀跋陀罗译说，行持菩萨于数、无数不以分别，亦无所得。非有数、不分别、无所得，即是无为。可知无畏即无为，不以特定内容为总持的义理，按胜义解者称无畏。即对持要句的含义，不能被这些句子的具体内容所限定，要有通彻诸法的般若空观，如观察诸法不作常断分别，不见诸法之离合，不见诸法之起灭，不见诸法之去来现在，亦不知诸法之已成未成。又观念诸佛相好境界，随佛念行，不念佛之相好形色，不念佛之种姓眷属，不念佛之方土果报。智严译本于此增加了大量内容，甚至以观佛相好取代了无畏持义的其他内容，还另外增加了两大段有关内容，全异于其他译本。再观察人法我净，达到中道正观的认识。说非智非不智，非说法非不说法，非我净非他净，非众生净亦非众生不净，非自利非他利。进一步观察戒定慧三学以及解脱知见，也要达到否定性的认识。佛陀跋陀罗译本增加许多新内容，其他译本也有所增加，功德直译本还增加有关十二因缘法以及蕴处界、三业清净等早期佛学内容。

表 30 《微密持经》诸译本陀罗尼对照表

句数	佛陀扇多译	功德直译	僧伽提婆译	阇那崛多译	智严译	不空译	智铠藏译	佚名藏译
1	阿歧无为	阿祢奴市反,一	脩尼一	阿妳莫妳一	写陀提耶反体昙一	怛你也二合佗阿宁尼经反,一	tadyatha	tadyatha
2		阿企遣祇反,二	脩 二	阿企莫企二	阿拏么拏二	阿嵠二	ane ane ane	oṃ aṇe mahairaṇe
3	默歧不为	摩企三	摩 三	娑蔓多慕企三	阿豀么豀三	么嵠三	mukhe mukhe mukhe	akhe
4	三曼陀目歧普门	三曼跢都我反目企四	沙万多母 四	萨知耶啰米苏米四	娑蔓多目豀四	目嵠四	samanata mukhe	mukhe
5	悉提精勤	育帝都綦反,五	育底五	喻吉帝五	娑低低耶反逻咩五	三曼多目嵠五	jyotisome	mukhe
6	尼律提寂灭	尼陆帝六	尼育底六	尼 吉帝六	扫咩六	素迷六	satyārāmi	samanata mukhe
7		尼陆底都矢反,七	尼鹿底七	尼卢吉帝百罗陛七	欲讫低二合,七	婆底丁以反也啰迷七	sautiyugati	saumesa
8	波罗捭照光	斯鞞蒲诣反,八	婆罗鞞八	伊隶迷隶醯隶八	泥噜讫低二合,八	扫底欲讫低二合,八	nerugati	sauryarame
9	伊隶顺教	嘻许耆反隶九	喜吴音隶九	你噜讫谛二合,九	泥噜讫多二合钵鞞九	你噜讫谛二合,九	nerugati	nirugatiprabhehelehile
10	劫般陀离所念	劫臂脯迷反,十	柯罗波十	脚落弊九	翳 咩嚟醯 十	你噜讫底二合,十	nerugati	kalabekalaba
11		劫波伺十一	柯罗波死十一	脚洛波弟十	舸立箪二合,十一	钵啰二合陛十一	brabhe	sisale
12	沙离妙术	娑隶十二	娑隶十二	脚洛波细十一	舸立谤二合泥十二	呬黎十二	hili hili	sarabati
13	沙罗飏离妙句	婆罗跋帝十三	婆罗婆底十三	娑啰活帝十三	舸立跛二合捿十三	呬里迦 鞞二合,十三	kalabe kalabe	hilehile
14	嘻罗有心	嘻罗嘻利十四	喜罗喜履十四	醯洛醯隶十四	娑嚟去娑梨去啰唎低十四	迦 波二合私娑引黎十四	sisāri sarabati	hilehilili
15	嘻隶无意	嘻隶嘻犁隶十五	喜隶喜履隶十五	醯隶醯隶隶十五	醯啰醯黎十五	娑啰 底二合,十五	buddhabati	mahānilele

续表

句数	佛陀扇多译	功德直译	僧伽提婆译	阇那崛多译	智严译	不空译	智铠藏译	佚名藏译
16	嘻栗隶心无所念	嘻罗嘻隶十六	喜罗喜隶十六	醯罗醯隶十六	醯礼黎十六	呬黎十六	hili hili	canaṭicabanecaracaraṇi
17	梅提解脱	遮主何反帝十七	际吴音底十七	真地之活帝十七	醯逻醯礼黎十七	呬黎十七	hile hile	adule
18	遮罗泥行者	遮槃祢十八	遮婆弥十八	遮隶遮罗妳十八	战提十八	呬黎十八	hile hile	macāla
19	颇遮泥无动	遮罗遮罗祢十九	遮罗遮罗祢十九	遮啰遮啰妳十九	遮喃低十九	呬黎十九	mahāhilile	anaṃte
20		遏恒帝二十	遏多底二十	阿遮隶二十	者黎遮啰拏二十	呬黎二十	hilidunaṭe	anaṃtamukhe
21	阿兰泥他余	阿兰祢二十一	阿罗祢二十一	安帝安多帝二十一	遮啰遮啰拏二十一	呬黎二十一	canaṭe	anaṃtagate arṇe
22	涅勿提无脱	涅末题徒隶反,二十二	尼摩第二十二	迦啰妳阿啰妳二十二	阿者嚟二十二	呬里黎二十二	caracaraṇa	niramalade
23	涅誓提无生	涅跋多祢二十三	尼跋多祢二十三	阿膻帝二十三	按低二十三	摩诃呬呬黎讚妳二十三	acale macale	nirabadhanate
24	尼阿罗捭末离无垢行	昵阇殊何反帝二十四	尼持耶底二十四	涅利莫地二十四	按多低二十四	遮嚩泥二十四	ananategate	dharmadhare
25		祢呵二十五	尼诃隶二十五	涅利槃利多泥二十五	舸啰拏二十五	折啰引遮嚩泥二十五	ananatagate	nirahare
26		毗摩隶二十六	比摩隶二十六	涅模利脚帝二十六	阿啰拏二十六	阿折黎二十六	arane	gimilesīmabisadhani
27	输他泥严净	输檀祢二十七	输婆祢二十七	腻攃利涅诃隶二十七	阿散低二十七	么折黎二十七	nidamara	nirahari
28	波罗纥陀飚泥无往	跋罗卢可反讫帝都至反提般祢二十八	婆罗尼履底雉波祢二十八	尼呵啰毗摩隶二十八	涅缦泥二十八	阿难帝二十八	nirabhabati	prakritidhibane
29	暴披捭之兮名闻	婆婆蒲饿反毗婆跋祢二十九	婆婆毗呵婆祢婆二十九	输檀泥二十九	涅鞅哆泥二十九	阿难多蘖底二十九	nirabartate	bhababebhabane
30	阿霜祇离有	阿僧祇三十	阿僧祇三十	输槃泥三十	涅目讫低二合,三十	阿啰佇三十	niradanate	asaṃgiasaṃgi
31	昙弥无碍	陀迷莫计反,三十一	陀弭三十一	尸洛输但泥三十一	涅殿低三十一	涅么泥三十一	dharmadhare	bihare
32	维弗罗佉措捭调定	毗富罗斯鞞蒲诣反,三十二	毗富蜡婆罗鞞三十二	波啰脚利帝三十二	涅陀提耶反嚟三十二	涅嚩波泥三十二	nihari nihari	damesame

续表

句数	佛陀扇多译	功德直译	僧伽提婆译	阇那崛多译	智严译	不空译	智铠藏译	佚名藏译
33	僧揭栈长光明	三迦厘沙祢三十三	僧柯罗里沙祢三十三	槃利妳三十三	涅诃嚟三十三	涅鞢怛佇三十三	bhimalebhi-sodhane	bimale
34	绖提离甚勇	提隶提隶三十四	地隶地地隶三十四	波啰脚利底题波泥三十四	涅诃啰伏么黎三十四	涅弹帝三十四	mātileli	bimalaprabhe
35	摩诃绖提离大勇	摩呵提提隶三十五	摩诃地地隶三十五	婆婆毗婆槃泥三十五	涅诃啰烧驮泥三十五	达磨驮嚟三十五	hiledunaṭi	sāṃkaraṣaṇe
36	夜蛇披提嗟叹句	耶耆跋帝三十六	耶奢婆底三十六	阿僧祇阿米三十六	烧跋泥三十六	你引呵嚟三十六	caṇaṭe caṇaṭe	dhiredhidhire
37	颈遮离不可动	遮隶三十七	珊遮隶三十七	毘脯罗百陛三十七	尸罗烧驮泥三十七	涅宁逸反呵黎三十七	caracaraṇa	mahādhidhire
38		阿遮隶三十八	阿遮隶三十八	僧脚利史妳三十八	钵吉低二合鞢泥三十八	微么黎三十八	acalemacale	yeṣebiyaṣobita
39	末遮离不动	摩陀隶三十九	摩遮隶三十九	地㗚地地㗚三十九	钵吉低二合泥跋泥三十九	尸罗尾戍驮宁三十九	ananategate	cale aduli
40	三曼陀目跂普尊	三苏暂反摩遮隶四十	婆摩遮隶四十	摩诃地地㗚题波泥四十	婆去喇伏婆喇泥四十	钵啰二合讫里二合底你引波宁四十	ananatagate	macale
41	提罗删提次坚	致驮珊地四十一	地履陀地四十一	婆槃泥摩诃槃泥四十一	阿僧倪四十一	皤去嚩尾皤嚩宁四十一	arane	samacale
42	羞绨提谛往	颈秩窥质反帝四十二	宿婆耻底四十二	迦梨吒泥摩诃迦唎吒泥四十二	娜咩四十二	阿僧蜺四十二	niramara	ṭadhiṭudhasanadhisthira
43	阿霜迦捭呵离无碍行	阿僧伽毗呵隶四十三	阿僧伽毗诃隶四十三	耶舍簿帝四十三	縒娑可反咩四十三	阿僧俄尾呵嚟四十三	nerabhabane	asaṃgeasaṃge
44	三曼陀目跂普尊	阿僧伽尼呵隶四十四	阿僧伽尼诃隶四十四	遮隶阿遮隶四十四	微晡罗钵鞞四十四	娜迷四十四	nirabartane	bihare
45	尼呵罗述提精勤行	毗呵逻毗摩隶四十五	尼诃罗毗摩隶四十五	莫遮隶四十五	桑葛屣拏四十五	微么黎四十五	niratanate	asaṃganirahare
46	须弥须弥	腻呵逻输檀腻四十六	尼诃罗输颇尼四十六	娑蔓遮隶四十六	姪嚟四十六	啰二合鞞四十六	dharmadhare	nirahara
47	耽披飏提住遮	致芩苏寐四十七	持梨他须弭四十七	陀利拏膻地四十七	姪姪嚟四十七	微么罗钵僧迦哩洒二合你四十七	niharenihara	bimaleśirahaṭa

续表

句数	佛陀扇多译	功德直译	僧伽提婆译	阇那崛多译	智严译	不空译	智铠藏译	佚名藏译
48	瓶罗瘅弥 坚强力	咃弥 四十八	娑他弭 四十八	苏私须帝 四十八	摩诃娷娷嚟 四十八	地黎 四十八	bhimaleb-śodhane	sodhani
49	瘅摩飏提 得强力	咃摩婆帝 四十九	婆他摩婆底 四十九	阿僧伽尼诃隶 四十九	泥般泥 四十九	地地嚟 四十九	sīlaboṣhana	ṭadhisome
50	摩诃佉揩子 大光明	摩呵斯鞞 五十	摩诃波罗陛 五十	尼诃啰毘摩隶 五十	婆去唎伏婆去唎泥 五十	摩诃地地嚟 五十	prakritadībane-bhabane	sthiresthime
51	捭富罗赖弥 长照明	三曼哆斯鞞 五十一	娑曼多婆罗陛 五十一	尼诃啰输檀泥 五十一	婆唎泥 五十一	也世 五十一	bhababi	sthamabati
52		毗富罗斯鞞 五十二	毗富罗波罗陛 五十二	陀利荼萨地 五十二	摩诃婆唎泥 五十二	也戍嚩底 五十二	bhabini	mahābrabhe
53		毗富罗刺 卢辖反 弥 五十三	毗富罗赖沙弥 五十三	苏米苏磨槃帝 五十三	讫吒泥 五十三	者黎 五十三	asaṃgabihare	samanatabrabhe
54		三曼多目企 五十四	娑罗多木昬 五十四	私汤米 五十四	摩诃讫吒泥 五十四	阿者黎 五十四	dameśame	bibulabrabhe
55	萨和吕瓮揭提 生所护	萨婆哆糯 女留反 竭帝 五十五	萨婆多罗阿瓮伽底 五十五	私汤磨槃帝 五十五	耶赊唎低 五十五	么者黎 五十五	bimale	bibularasmisaṃbhabe
56	阿那叱祇 无断	阿那眵 姝支反 敢 五十六	阿那支第 五十六	私多婆槃帝 五十六	者黎 五十六	三么者黎 五十六	bimapradhe	samanatamukhe
57	陀邻尼目佉贰那提 无有	陀罗尼陀罗尼 五十七	陀罗尼陀罗尼 五十七	陀利荼私汤米 五十七	阿者黎 五十七	涅哩 二合 荼 上 散地 五十七	saṃgara-sanidhir-edhidhire	sarbatrayabugate
58		尼陀那动低莎波诃 五十八	尼柁多瞿谛隶 五十八	私汤莫波啰钵帝 五十八	摩者黎 五十八	苏悉体 听以反 嚟 五十八	mahādhidhire	chedyayanatachedyapratib-hane
59			莎呵	摩诃百啰陛 五十九	娑摩者黎 五十九	阿僧鲵 五十九	yaśeyaśebate	dharaṇe

续表

句数	佛陀扇多译	功德直译	僧伽提婆译	阇那崛多译	智严译	不空译	智铠藏译	佚名藏译
60				娑蔓多百啰陛六十	姪荼散泥六十	阿僧　微诃嚟阿僧涅哩二合呵引黎六十	cale acale	ṇịanedharmanidhanagotra
61				毗布罗鹤啰睒寐六十一	速思体二合低七十	你引呵啰微么黎六十一	macalesacama-cale	samanatabhadrai
62				娑蔓多慕企六十二	阿僧伽鞞呵嚟六十二	你呵啰戍驮泥六十二	ṭeṭhasanadhi	sarbatathāgatahridaya adyi ṣ thīna adhiṣthiti svāhā
63				萨拔多啰奴伽帝六十三	阿僧伽泥呵嚟六十三	涅哩二合荼苏迷六十三	susthare asage	
64				阿那車耶迟六十四	娑蔓多目豁六十四	迷体二合嚟六十四	asaghabihare	
65				百罗坻娑泥六十五	涅诃黎六十五	娑他二合迷六十五	samaghani-rahare	
66				陀啰腻你陀泥六十六	涅诃啰欲讫低二合,六十六	迷他二合么鞢底六十六	niraharanibi-male	
67				陀啰腻慕佉奴散地六十七	涅诃啰伏么黎六十七	摩诃钵啰二合鞞六十七	niraharabh-ṡodhani	
68				佛陀六十八	涅诃啰烧驮泥六十八	三曼多钵啰二合陛六十八	ṭịhasomesthara	
69				题熙啅帝六十九	姪荼散泥六十九	微补罗钵啰二合陛六十九	sthamasthama	
70				腻陀那七十	速思体二合低七十	微补罗啰湿迷七十	batimahābrabhe	
71				瞿多利七十一	扫咩宋摩唎低七十一	三曼多目嵈七十一	samanatabrabhe	

续表

句数	佛陀扇多译	功德直译	僧伽提婆译	阇那崛多译	智严译	不空译	智铠藏译	佚名藏译
72				苏婆呵七十二	思荡二合咩七十二	萨　怛啰二合，引努蘖低七十二	bibulaprabh-ebibularas misaṃbhabe	
73					思汤二合摩喇低七十三	阿那砌泥七十三	samanatamukhe	
74					思贪二合婆喇低七十四	驮啰抳七十四	sarvaātrānugate	
75					侄荼思侻二合咩七十五	达磨你驮那愚于句反七十五	ananacedya-pratibana	
76					思汤二合摩钵卑低七十六	怛嚟二合三曼多皤捺黎二合，七十六	dharanīdhaṇe	
77					摩诃钵鞞七十七	萨　怛他蘖多地瑟咤二合那地瑟耻二合谛七十七	dharmanidhani-tre	
78					娑蔓多钵鞞七十八	三曼多皤捺娑　二合诃引，七十八	samanatabhadre	
79					鞞摩罗钵鞞七十九		sarvatathāgata adhiṣthana adhiṣthaniti svāhā	
80					鞞摩罗啰湿咩二合，八十			

续表

句数	佛陀扇多译	功德直译	僧伽提婆译	阇那崛多译	智严译	不空译	智铠藏译	佚名藏译
81					娑蔓多目谿八十一			
82					萨婆怛啰二合女揭低八十二			
83					阿乌可反那去揞陀提耶反钵啰二合低婆去泥八十三			
84					驮啰尼泥驮泥八十四			
85					驮罗尼目抗奴散泥八十五			
86					萨婆勃陀婆去瑟低八十六			
87					萨婆勃驮娪瑟耻二合低八十七			
88					泥驮那遨低嚓二合，八十八			
89					莎诃八十九			

这种无畏总持的观法有多种名称，说于一切法行无受者名为念佛，为一切法之正归者是无畏持义之藏。无畏持义之藏句，佛陀跋陀罗译名为一切诸法所入无畏持门微妙句义，复名为第一义辩最胜无碍陀罗尼门，僧伽提婆译亦名修行第一义，不空译得名无畏陀罗尼住持胜义。

无畏持义有诸多功德，如一切诸愿皆得满足，一切所欲皆悉具备，一切三昧皆得随顺，一切功德自然成就。

对无量门微密之持诸句的功德，佛陀跋陀罗译作不由他得，种性相好，因自法生，名为正觉，度诸魔事，是为菩萨出生无量门持。阇那崛多译作：决定直趣佛菩提故，一切善根无能伏者，以此陀罗尼力故，一切法藏诸行相好，种姓资粮，善巧方便，速得成办，超过一切魔业境界。最后不退转句及得持句，佛陀跋陀罗译作：其有闻是持者，皆于阿耨多罗三藐三菩提得不退转。所以者何？从是持究竟一切诸佛功德，悉能分别一切众生之所行处，得无所得故，名出生无量门持。功德直此译：此陀罗尼名说无量法门，是诸行者皆当获此甚深义利，疾得无上菩提之道。所以者何？是陀罗尼名为诸佛决定大乘一切功德甚深法藏，是处名破一切众生生死之行无染法戒陀罗尼门。阇那崛多译：若菩萨真实得入此无边陀罗尼门者，毕当得至不退转地，速到无上正真等觉。何以故？当知此中即是决定一切诸佛，一切法诸功德藏故，复能出生一切众生分别之行。虽复决定出生如是功德，然此陀罗尼穷其体相，无得实者。

4. 菩萨四法行

菩萨修行陀罗尼，称陀罗尼行，而菩萨陀罗尼行包括诸多四法，有三组四事行，三组四法行，一组四德行。其中四事行，包括四总持、四清净、四愿悦，四清净即人、法、慧、佛国四清净，佛国严净，佛陀跋陀罗译作辩才净。四愿悦即身、言、意、灭四愿悦，四愿悦或四和悦、四悦意、四念、四微妙，第四灭愿悦或生悦意、生念或作方便和悦、方便善巧微妙。四事行、四清净、四陀罗尼，称总持十二微妙法门，如此身口意和悦之外，第四生、灭、方便和悦，不仅意思不同，且有相反的意思。

菩萨四法行，其一，一厌恶于爱欲，二无贼害于众生，或作不生疾心，或作不说他人长短。人亦不得其便。三以一切有而为布施，四以无疲厌昼夜乐法。其二，一能习山泽居内，二行深法忍，三不慕彼利养，或作若有馈遗者不以喜，四行无量施，不惜躯命。其三，一入八字义，八字即迹、敏、惟、弃、悲、调、灭、忍八字门。二诵说常以调意，三内性合是法要，四劝行大道之行。佛陀跋陀罗译：一曰八字义，二曰善书此经，执持不舍。三曰半月半月诵习此经，四曰常当供给供养持此经者。求那跋陀罗译：一者有八品字，二者若书是经当谛书之，三者若持是经当谛持之，作是谛持读至十五日。四者当如法行念八品字。

菩萨四德：一曰常念诸佛，二曰不有邪行，三曰疾除行盖，四曰得入无量门微密之持。佛陀跋陀罗译称四功德利，一者十方诸佛所念，二者离诸魔事，三者恶罪业障疾得清净，四者无碍断辩才皆悉成就。求那跋陀罗译其三者宿命诸罪皆为消尽，四者初不断至诚之说，诸所问皆能发遣。

5. 拥护神祇

该经也最早宣传陀罗尼功德，说行持陀罗尼必有菩萨以及天王、鬼神前来拥护，成为后世陀罗尼经的通式。经中说菩萨行陀罗尼时，有八大神在雪山中共视护之，其名一曰勇决神（佛陀跋陀罗译勇健神），二果强神（强力神），三饶裕神（自在神），四雄猛神，五体行神（知行神），六清洁神（鸠摩罗神），七难胜神，八多安神（善臂神）。经中并说斯诸大神必来，常当澡浴，净其被服，正色经行，慈念众生，思是法要，神面不远，必安定诵。雪山八大神，也称雪山八大夜叉，这也是夜叉鬼神最早被纳入密教神祇体系，八数也因此成为密教神祇的一种数位。

该经还说复有欲行天的八天常当存念，其名无爱天、悦可天、智光天、怀金天、积习天、愿满天、星王天、行审天。佛陀跋陀罗分别作照明十方天子、离欲行天子、慧光天子、如日天子、真谛天子、愿满天子、星王天子、知行天子。功德直译本开始，天子改称菩萨，称众光菩萨、智光菩萨、日光菩萨、问难菩萨、一切愿满菩萨、大力菩萨、星王菩萨、妙意菩萨。僧伽提婆译本作光明菩萨、慧光明菩萨、日光明菩萨、教化菩萨、令一切意满菩萨、大自在菩萨、宿王菩萨、行意菩萨。此处不仅天子也被作为菩萨，由此又有了八菩萨的数位。

二　《无崖际总持法门经》

1. 无崖际总持门

《无崖际总持法门经》，或作《无崖际持法门经》，简称《无崖际经》。崖，亦作崕、涯。经录上该经有三种译本，西秦圣坚初译，刘宋求那跋陀罗次译，北齐万天懿再译，但求那跋陀罗译本存疑。据《长房录》载，该经最早见录于《始兴录》，《开元录》载亦见录于《法上录》。《长房录》著录《无涯际持法门经》一卷，标注一名《无际经》，一名《上金光首女所问经》。[①] 其一名《上金光首女所问经》者当有误，《上金光首女所问经》为竺法护译《大净法门经》的经名全称。按载，该经东晋孝武帝时（372—396），沙门圣坚于河南国为乞伏乾归译，圣坚，亦称法坚，尊称坚公。其所译经，一经江陵出，一经见《赵录》，十经见《始兴录》，《始兴》即《南录》。据《靖迈录》载，沙门法坚或云坚公，"器量弘普，利物戒心。"以乞伏西秦太初年间（388—400），于河南国为乞伏乾归译14部18卷，其中"如《须大拏经》等在江陵辛寺译，庾爽笔受。余十部见《始兴录》，非唯西秦译也。"[②] 此说圣坚译经见录于《始兴录》（编纂于广东始兴，今韶关），则未必都在西秦境内（今甘肃天水至兰州一带）译。《僧祐录》也著录《无崖际持法门经》，注明或云《无崕际经》，但入新集续撰失译杂经录，并未见其本。《长房录》另著录同名经于求那跋陀罗译经下，宋文帝元嘉十二年（435）入扬都，先后在扬州祇洹寺、荆州辛寺译经，其中辛寺正是圣坚译《须大拏经》之处，圣坚译《无崖际持经》又为《始兴录》著录，则求那跋陀罗是否别译该经，值得怀疑，实际上求那跋陀罗译只见于经录，大藏经中并未见其存本，也说明并无求那跋陀罗译本。

万天懿异译《尊胜菩萨所问经》，《长房录》著录，注明一名《入无量门陀罗尼经》，《大周录》《开元录》等作《尊胜菩萨入无量门陀罗尼经》。《长房录》载："周武帝时（560—578），高齐居士万天懿于邺城（今河北邯郸临漳县西南）译。懿元是鲜卑姓万俟氏，少而出家，师事婆罗门，甚聪哲，善梵书，语工咒术、医方，故预翻译焉。"[③] 万天懿译本与圣坚译本内容相同，只是经名、人名等译法不同而已，如无崖际，译为无量门，经题《尊胜菩萨入无量门陀罗尼》，[④] 胜怨菩萨译为尊胜菩萨。而总持多音译为陀罗尼，尤其183种总持法门全作音译。

该经名无崖际者，即无边际之义，与无量门同义，为总持法门名称。经中以对话菩萨名胜怨，该经中通过东方世界大力国土的集大力如来与胜

① （隋）费长房撰《历代三宝纪》卷9，《中华藏》第54册，第265页上。

② （唐）靖迈撰《古今译经图纪》卷3，《大正藏》第55卷，第360页上。

③ （隋）费长房撰《历代三宝纪》卷9，《中华藏》第54册，第270页上。

④ （北齐）万天懿译《尊胜菩萨入无量门陀罗尼经》，《中华藏》第20册，第396页上。

怨菩萨（即尊胜菩萨）的对话，阐释无涯际总持法门的思想。胜怨菩萨问佛一切诸法终始根原、名字相貌，说有无崖际总持，持之可得无崖际微妙之辩，能普持一切诸佛所说法。并说得无崖际总持法门，还能普持法界，悉知入处，究竟了达微妙法性。其中入处包括五蕴、十二处、四谛、缘起、习缚、无明诸法，法性包括诸法之无性以及我想与无我想、空性与不空性、表识与无表识、愿与无愿、我与无我、所依与无所依仰、所起与无所起等。[①] 佛以胜怨菩萨所说无崖际总持法门的功德，因说无崖际总持含摄的 183 种法门。此 183 种法门后来万天懿作音译，成为陀罗尼咒的形式。

经末称，本经名曰一切无崖际诸法总持门，言诸法者，就此一百八十三法门而言。按其名称涉及范围很广，其中具有否定性认识的法门最多，诸如无极名、无极德、无垢、无动、寂灭、无品、无所游、无隐、无恶、无谄、无作、止无念、无所将至、无所来、无面、无虚伪、不藏偎、无谄呓言辞、不以言辞相伏、无求望、无亲爱、不轻举、无眴、无疑、无却、无竟乐、无烦恼、入无缺减、入离垢、无所芸锄、无恐畏、无意步、无颠倒、无惊惕、不忘惊、无所著、无所扪摸、无睡眠、无根，以及舍离、离忧、离生、离爱、离疑、离时、离浊、离坏罗网、离数、离芸锄、离极巢窟、离乐巢窟、离美、离大界尘、如是舍离众疑见、离重担、离众恐，以离众恐、离度、离害、离愿、离恶道、离言性、离合聚亲友，还有绝巢窟、舍疑、散疑、破散睡眠、除无崖际苦等法门。可见，该经主要表现诸法空性思想。

其次是有关定意的法门，诸如净意、法意、广意、宝意、调伏意、法性意、如来意、唱令意、意无变、意无断绝、意无碍、定意具足、意足法门，以及有关八部众和星空界的法门，如天意、龙意、夜叉意、乾闼婆意、阿修罗意、迦楼罗意、紧那罗意、摩睺罗伽意、大龙意、人意、非人意、月意、日意、星意、虚空意、将意等法门。

有关喜悦善法的法门有快从、快称、快哀、快来、快美、善来、善像、善从、善步、善胜、善称、法自善以及好名德、好聚、成就、知足、长益、审谛自成、坚固、珍重等法门。

有关游行的法门有游无崖际、游无垢、游极长、游趣知足、香熏游、

---

① （西秦）圣坚译《佛说无崖际总持法门经》，《中华藏》第 20 册，第 389 页上。

都游、游自调、游藏隐、游影、游空净、高游、以香熏游、游无数以及行及离后、入步最胜、净行、哀步、伏步、王步、如步、金行等法门。

有关趣向的法门有等趣、趣数、面趣出家、趣朋友、将趣最、知数、等法门，有关进入的法门有入隐、入明、入宝光、入坚固法门等。

有关佛菩萨神格的法门有威神、威神称、大威、大雄相、普明、宽广、大音等。

其他法门还有喻花、生气、轻举、软性乐、一事、目削、所持、疑随、审谛偶、轻驰、如莲花无污、轻想、自然合偶、众宝、广无崖际、知时宜、如剑已度、喜像、好像、多楼泥竭哼、境界、舍求、处闲静、初始唤、报恩、弘广等。

该经认为修持无崖际总持法门具有三方面的功德，其一具有修道功德，说若菩萨得此诸总持之门，最解正隐，而于正隐如是隐，无隐离隐，牢固极牢固。所谓正隐，与正显相对，隐与显互为条件，正隐即是无隐、离隐，破除隐显的概念，达到认识的纯粹真实，故说牢固极牢固。

又说得此无崖际总持法门可趣向十七种意趣，即上意、名称意、功德意、所将意、极高意、言语意、解散意、规行意、无知意、极坚意、坚慧意、无散意、如性意、不二意、坚执意、龙步意、无呵意。

可行二十二步，妙善步、极远步、无欲意步、动摇步、无足步、无意步、舍担步、安庠步、无怨步、无患步、泥洹步、如如步、不倒步、知行步、善将步，如法步、坚固步、心意步、执意步、佛觉步、如是无能坏步、法性极微无能坏步。

可得九种离，离浊秽、离迷惑、离憍慢、离言辞、离忧想、离强伏弱、离缺失、离非时、离不坚固。如此成就入坚固，无能破坏，坚如金刚。

又能深入诸三昧门，悉入诸佛法门，如觉三世等解诸佛极微妙德。

其二具有行法功德，说若菩萨已得此陀邻尼门，悉能总持一切诸佛之法。能以神足飞到十方一切世界，供养无量诸佛世尊。亦能总持声闻、缘觉所说之法，亦能总持道俗经典。悉知一切俗智、道智、诸禅智业。又能慧解三世而无罣碍，悉能总持一切言辞，悉能了知一切众生心之所念。能入一切无量深法，极精微义亦无所不达。悉知一切诸所归趣，将接成就，皆使应法。持心摄念，所言诚谛，不失威仪、皆悉能得一切菩萨方便之力，能以足指振动十方诸佛世界，其中众生无能觉知而生恐怖。一念之顷，能知三世一切诸法，无所罣碍，皆悉平等，无不通达。其人终无余行，亦无异意，终不跪拜于余天神。极深微意，所思不谬，能得无数亿千诸三昧门。所生之处常识宿命，常得化生，不由胞胎。生诸佛刹莲华之中，永离三涂八难之处。

其三具有出生佛国、化度众生、辩才记持功德，说若有讽诵此总持者，世世生处天人所敬，禀受身体，终无诸虫。在所生处常见诸佛，终不生于无佛世界。其人两手如摩尼珠，常出七宝而无穷尽。能净佛国，成就众生。如应化度，悉得其志。随意入化，各得其所。亦能降伏外道异学，裸形尼揵悉使入正。答难言辞，功巧无比。所说无穷，辩才无碍。一语能报万亿之音，其义不谬。得无极才智慧之宝，名称普至，周闻十方无量世界，一切诸佛所说之法悉持不忘，得陀邻尼，皆悉逮得无所恐畏。解了通达一切法性犹如虚空，而于无量诸佛世界一切微尘，尽知其数，悉持不忘，得总持门。通达法性犹如虚空，而于一切诸佛世界诸大海水，以一毛端欲渧知其数，为得几渧尽知其数，悉持不忘，得总持门。通达法性犹如虚空，而于无量诸佛世界草木丛林、须弥大地尽烧为灰，欲知灰尘之数，悉知其数，忆持不忘，得总持门。解达法性犹如虚空，而于诸佛一切世界以足一指，普令振动，无不倾摇，能使还住不忘所持，得总持门。解深法性犹如虚空，而于诸佛一切世界能以一手悉遍覆之，亦以一毛之端周遍普覆，不舍所持。逮得如是无量无边，一切诸佛悉在目前，总念忆持，悉无所忘，得总持门。（万天懿译本：得乐说方便，得无尽藏陀罗尼，得善喜陀罗尼，得波罗蜜陀罗尼，得无量称陀罗尼，得一切闻持陀罗尼，得无畏陀罗尼）

其四具有祛难消灾的现实功德，说持是陀邻尼者，得百千诸总持门，无数百千诸三昧门。其有讽诵此总持门，常令通利，执览在心而不忘者。众鬼魍魉、夜叉等辈，无能恐怖，得其便者。一切诸魅及旷野鬼、师子虎狼、食噉人兽、诸恶虫等，亦复不能恐怖其人。其人若行，远涉长途，径由险路，设遇贼难，衣毛不竖，无恐怖想。其有讽诵是总持者，于一切恐怖悉得解脱，若人为诸鬼魅所病，夜叉罗刹一切恶鬼之所执持者，悉得解脱。此总持门，若在家中，若在空闲处，悉于其中而作大护。外道蛊鬼，若起死人鬼，若冢间鬼，若空闲鬼，其持此总持者，一切恶鬼无能得便。此总持名所至之处，若在郡县、村落、国邑、塔寺、房舍之中，若经行处，所至之处，皆于其中而作大护。不为国王、大臣、君主所见恐怖，及余军马、一切恐怖水火之中悉得解脱。持是总持者，若比丘比丘尼、优婆塞优婆夷，若余俗人，常当净洁身体，香汁澡洗，着净衣服。着净衣服已，用好香华供养十方一切诸佛及诸菩萨，常当至心忆念一切诸佛世尊及诸菩萨。若有重病之人，当行此真言，用加持病人，若人头痛、若壮热若风、若冷若热，如此三病合为一病。若一日热，若二日，若三日，若四日，若复常热，若得眼痛，若牙齿痛，若腹内痛，若背脊痛，若复黑痈一切恶疮，若彼痴颠，若从日月星宿随所得病，用此总持而加持之，无不得愈。

其五具有诸佛菩萨以及夜叉神拥护功德，说若有得闻是总持经 192 遍者，此诸人等重病恐怖无不除愈。所以者何？过去诸佛皆用是真言拥护一切众生，当来诸佛亦用是真言拥护一切众生。今现在诸佛亦用是真言拥护一切众生。此尊总持威神功德所感如是，多所利益无量众生。其有讽诵此总持经执持不忘者，八十亿夜叉众皆当拥护诵总持人，一切伺求不得其便。还说奢腊夜叉王与六万夜叉众拥护读诵此总持者，取大雪山大药树王威神德药王之精日日持来，密著诵总持人身中，令诵持总持者永无众病，令其欢乐，无复忧恼，终不值遇诸恶之难。还说四王天上诸天子、忉利诸天、炎天、兜术天、化乐天、他化自在天求佛道者，将诸眷属往到彼所守护宿卫持总持者。

2. 五阴种总持门

五阴种，即色、受、想、行、识五蕴及其种类，五阴种总持门，即是对五阴空性的观察认识，破除对其概念以及性质有执著，称为“无所成就”，也就是对五阴不持有规定性的认识和态度。如就色阴无所爱乐，色阴由地、水、火、风四大构成，无色阴的成就，也就是说只有色阴之名，并无色阴之实。因为在地的概念中寻求其性质以及形式中都不可得。所以说以其无自性故，就无所成就。如是水、火、风种亦复如是，无所成就。色的过去中没有色，色的当来、现在中也没有色，因为色的性质和概念名等一概无从知道，所谓一无念知故，归一空故。若其无性则无所成就，如是地性以及水、火、风性，其性质也无从说起，也无从开始，没有开始，也就没有终灭，自然也就没有可以言说的。色阴聚集形成，求其本性都不可得，就不可能有它的过去、当来、现在色。同理，受、想、行、识诸阴，也只有空名而已，并无实际的坚固性。如是入五阴种，即入于总持。若入于总持，则入于五阴。故说观五阴种性空，则得陀罗尼。

而对这种陀罗尼也作空性的观察，所名陀邻尼，求亦不可得，是故但假名字耳。种种陀罗尼数也只有称呼而已，称呼也不过是声音而已，凡所称名者，都不过是音声。五阴也是如此，只是称呼的声音，也不入色种，也不入陀邻尼，也不能得陀邻尼性。这是何故呢？因为此事亦无有作者，只有音声为色，也无能作四大之性，不能得其聚集，也无所谓有聚集的色阴，只有五阴的概念而已。其他事物也无不如此，譬如若干众事集会，乃至成起宫殿城郭、楼橹埤堄、栏楯窗户，前后围绕，是名为城。但此等诸事一一分散，皆悉令尽，求索其城，都不可得。如是若干众事而共集会者，名曰色种，求其本性亦不可得。所以然者，本性极微，故不可得。何以故？眼性，眼中求之不可得。何以故？由本无性故。

一切诸法若无本性，则无所有。若无所有，则无所成就。若无所成就，亦无起灭。无起无灭故，则于三世无所言说。若无三世言说，则无有名字，亦无无相，亦无无愿，亦无无数言教，亦无谄语，亦无众事。亦无无所从来，亦无无所至。亦无无所自称，亦不往来得道。亦不于声闻中住，亦不于缘觉中住，亦不于菩萨中住，亦不于佛中住。亦不在住中，非不在住中。法性如是，非不如是。

诸法如是，本性自空。本性空者，则无有相。已无有相，则无有愿。已无有愿，则无游步。已无游步，则无游戏。亦无戏过，亦无调戏。解达诸法，如是不久当得总持法门。

三　《金刚上味陀罗尼经》

1. 金刚上味陀罗尼

《金刚上味陀罗尼经》，《长房录》明确著录，北魏正光六年（525）佛陀扇多于洛阳白马寺译。靖迈《图纪》载，佛陀扇多，此言觉定，北印度人。其人“神悟聪敏，内外博通。特善方言，尤工艺术。”① 该经有异译本《金刚场陀罗尼经》，《长房录》等著录，开皇七年（587）六至八月阇那崛多译，沙门僧琨等笔受，沙门彦琮制序。

金刚上味陀罗尼，或译金刚场陀罗尼。上味、场，均梵文 maṇḍala 的意译，此译“场”，即道场义。上味即最上味，也就是最上好的味道，此译“上味”者，比喻无上佛法，以曼荼罗承载佛法故。金刚上味、金刚

① （唐）靖迈撰《古今译经图纪》卷 4，《大正藏》第 55 卷，第 364 页中。

场，即梵文 vajra-maṇḍala。金刚比喻最高、圆满的智慧，即无上意味，指无上正等正觉。金刚上味，即破除烦恼的最高智慧，此指无分别的认识。金刚场，即菩提场的异名，菩提场以成就菩提而称，成就菩提以智慧金刚摧坏烦恼魔军为前提，故此以金刚场表示清净法门。上味的说法早见于《阿含经》《方广大庄严经》《般若经》以及《智度论》，但何以把 maṇḍala 译为“上味”，《大日经疏》作了精辟的解释，说：“梵音漫荼罗，是攒摇奶酪成苏之义。漫荼罗是苏中极精醇者浮聚在上之义，犹彼精醇，不复变易，复名为坚。净妙之味共相和合，余物所不能杂，故有聚集义。是故佛言极无比味、无过上味，是故说为漫荼罗也。以三种秘密方便，攒摇众生佛性之乳，乃至经历五味，成妙觉醍醐，醇净融妙，不可复增。一切金刚智印同共集会，于真常不变甘露味中最为第一，是为漫荼罗义也。”①

该经所谓金刚上味陀罗尼，就是对诸法的无分别认识，也就是诸法空性的认识，故经中开首便从胜义谛说，金刚上味陀罗尼法门中既无菩提，也无诸佛法。此诸佛法列举 13 种：其一，诸菩萨欲成正觉，而金刚上味陀罗尼中无菩提，无菩提觉者分别。其二，此诸菩萨怖畏世间，欲入涅槃，而金刚上味陀罗尼中无世间、涅槃分别。其三，此诸菩萨求觅善法，而金刚上味陀罗尼中无善、不善分别。其四，此诸菩萨欲度彼岸，而此法门中无此岸、彼岸及到彼岸者分别。其五，此诸菩萨欲净世界，而此法门中无净世界分别。其六，此诸菩萨欲降伏魔怨，而此法门中无魔、无魔怨能障分别。其七，此诸菩萨欲灭阴魔、烦恼魔、死魔，而此法门中无阴、界、入的名字分别。其八，此诸菩萨欲过声闻、缘觉境界，而此法门中无声闻、缘觉分别。其九，此诸菩萨欲度一切众生，而此法门中无众生、无众生分别。其十，此诸菩萨欲除贪、瞋、痴等烦恼，而此法门中无贪、瞋等烦恼分别。其十一，此诸菩萨欲灭除暗，而此法门中无明、无暗分别。其十二，此诸菩萨欲学上上智，而此法门中无上、不上智分别。其十三，此诸菩萨欲除烦恼，而此法门中无烦恼垢，亦无有清净。除此之外，还包括六度、四摄、四念处、四正勤、四如意以及三乘等法，说金刚上味陀罗尼法门中无调不调，无此无彼，无慈无悲，无喜无舍；无施无悭，亦无持戒，亦无破戒；无忍无瞋，无进无怠，无定无乱，无慧无痴，无犯不犯；亦无声闻，亦无缘觉，亦无如来。乃至无法非法，以及法之若浅若深，智

① （唐）一行撰《大毗卢遮那成佛经疏》卷 4，《大正藏》第 39 卷，第 625 页中。

慧之无智非智等种种差别，乃至亦无证智差别。亦无世间，亦无涅槃，乃至亦无菩提分法以及无诸根力，无四念处，无四正勤，无四如意足。

就修行实践而言，金刚上味陀罗尼中，凡夫法与佛法也无分别，不应证，不应舍，不应过，不念起，不修不舍，不求乐而往，无护。不应于凡夫法生于染相，不起施相，能离佛法，更无有见诸凡夫法。《金刚场陀罗尼经》说：诸佛法不离凡夫法，凡夫法不离诸佛法，亦不建立声闻辟支佛法，亦不在诸佛法。不舍凡夫法，不得护诸凡夫法，不得无动住诸佛刹，不得舍诸大愿。该陀罗尼法门中无有分别，一切平等，欲、瞋、痴法一切平等，男女相同，天龙夜叉等一切法平等，差别相同故。佛、法、僧，声闻、辟支佛一切法平等同故，地狱、饿鬼、畜生平等同故，水大、风大、火大、地大、虚空大一切法平等同故，眼、耳、鼻、舌、身、意乃至一切法平等同故。东方所有虚空、南西北方所有虚空及上下方所有虚空皆悉平等同故，所谓虚空一体平等。如是此陀罗尼法中一切众生平等同故。《金刚上味陀罗尼经》此作顺向一切法，顺向贪嗔痴、顺向诸女丈夫，顺向天龙八部、六道众生、四大、六根、十方虚空界。

2. 不生陀罗尼句

不生陀罗尼句，全称本不生陀罗尼句，简称不生句，即诸法本不生义。诸法以贪嗔痴法为例，广及一切诸法。一切诸法从客体称本不生句，从主体称无明句。如说云何贪是陀罗尼句？言贪欲者，彼贪不从东方而来而染众生，非南、西、北、上、下方来而染众生，不从内生而染众生，不从外来而染众生。故所有诸法不去不来，非内非外，无有住处。贪欲、瞋、痴皆是内心分别故生而见有染净，若有除染净者，则无有彼证、不证法。瞋是陀罗尼句，瞋从诤竞起，但彼诤竞者非过去、非未来、非现在。若是过去法有生不可坏者，应是常法，而实无常法。若是未来，诸缘未集，无法可生。若是现有，诸缘无所住故，灭坏故。故所有诸法本来不生，亦无过去、未来及现在生，如是为三世清净。痴是陀罗尼句，痴从无明生，不依地、水、火、风及虚空界乃至识界，诸法无所依著，亦无染净，如同虚空无住无障碍。故所有无明无著处、无移处、无坏处、无现处，无碍不可见，无缚无解，无边无自性。无明者，如来所说，本来无有故名无明。此无明句，前际不可得，后际不可得，现在际亦不可得。故所有诸法无有有者，不可得者，不可见者，无有知者。

3. 一法陀罗尼句

一法陀罗尼句，亦称一法门陀罗尼句，即一法句，以一法为陀罗尼句。所谓一法者，一切法处于寂灭状态，诸法唯有此一法而已。或称一字陀罗尼句、一字法门陀罗尼句、一字法门句、一字句。所谓一字者，如陀罗尼字门以一字门诠释百千字门，诸字门唯有一字而已。故经中说菩萨成就彼法门故，则能通达一切诸事，喻如一字诠百千字，而于彼字不可尽。随彼法门而说诸法，如是现诸法门。虽现如是无量法门，而不能尽无碍辩才。以得无尽乐说辩才，是故能现无尽辩才。于一法门句中令入一切诸法门句，一切法门句中令入一法门句。如以天龙八部为例，从天句门入龙、夜叉、乾达婆、阿修罗、迦楼罗、紧那罗、摩睺罗伽诸句门，反之亦然，于一切法住寂灭定故，即是入天相法门陀罗尼句；一切法毕竟不生故，即入夜叉相法门陀罗尼句；于一切法过诸算数、过于虚空故，即入乾闼婆相法门陀罗尼句。如此于一切法不起、不住、无作无求、寂灭性不生故，即入阿修罗、迦楼罗、紧那罗、摩睺罗伽诸句义。其他如妇女门、丈夫门，亦以一切法皆虚妄，一切法毕竟永灭，即入妇女、丈夫相法门陀罗尼句。

4. 地狱门陀罗尼句

地狱门陀罗尼句，以地狱为喻，揭示诸法虚妄分别。如人梦堕地狱，身受火烧汤煮诸苦，心生怖畏，待梦醒后方知一切虚妄不实。故经中以地狱门譬喻诸法虚假如幻，一切诸法皆由妄念产生，自作系缚，生诸烦恼，如同地狱。说彼地狱从何所起？一切法是自念起相，自妄念故，一切凡夫而自系缚。以系缚故，则是地狱。虽非是有，而令受者受彼苦故。经中举例说，譬如有人于睡梦中而见自身堕于地狱，堕地狱已，而见百千万火所烧，见捉其身，掷镬汤中。彼人见身大受苦恼，见有大火之所烧逼而生怖怕，而口出言极苦极苦。彼人诸亲来问其言，汝何所痛？彼人答言：我受地狱极大苦恼，大火烧我，复掷我身著镬汤中。彼如是语，瞋诸亲言，我受地狱，受大苦恼，云何诸人而问我言有何苦耶？诸亲语言：汝今勿怖，汝以睡眠，汝今实不从此至彼，亦不从彼而至于此。彼人闻已，方自生念，我是睡梦，此是虚妄，非是真实，虚假如幻。如是知见，身心得安。又举例说，如彼非有而说言有，而自说言我堕地狱，如是一切诸凡夫人颠倒虚妄，实不系缚而生女想。生女想已，见身共行。作如是言：我是丈夫，彼是妇女。彼是我妇，我是彼夫。彼人以起贪瞋痴等诸烦恼故，自心生于有所作想。以此因故，有斗诤等诸非法事。彼人如是起斗诤已，生大嫌恨。彼以如是颠倒想故，命终之后堕地狱中，于无量劫受诸苦恼。又如彼人诸亲来言：是汝睡眠不去不来，一切凡夫亦复如是，有四颠倒妄见而说，而实于中无有丈夫，亦无女人，无有众生及无命等，一切诸法皆是不实虚妄故。见一切法空，本性不生而不可见，不可分别，亦不可著。一切诸法如梦如幻，如水中月。一切法中无有可染，无不可染。一切诸法皆是虚妄，虚妄生故，是故如来说一切法离我、我所，远离一切地狱门故。

5. 不二门陀罗尼句

不二门陀罗尼句，全称菩提不二法门陀罗尼句，简称菩提句或不二句。不二，就菩提与诸法而言，彼此无分别，无分别即是平等句义，一切诸法平等如一，故又称平等随顺法门。经中说菩萨入不二法门，则得一切诸法不二，是入一切诸法平等随顺法门。菩萨得此法门，于一切诸烦恼中见诸佛法及得辩才，善能说法。

此陀罗尼句义，经中举十二缘起法说明不二句义，如无明与菩提不二句义，说无明是菩提，以无无明故说无明，若无无明，则亦无生。若无生者，彼则无烦恼。无烦恼者是名菩提，菩提本性清净，无有住处，无有生处。以是故不得无明，以是故菩提、无明不二，是名无明陀罗尼法门。

又如行与菩提无二句义，行是菩提，以一切法离一切算数相，无量无边，不见边际。顺善或不善，均令入地狱、饿鬼、畜生。而实则不从此处至于彼处，亦不从彼处至于此处，一切法不去不来，无所至、无所到，此是菩萨入行相法门陀罗尼句。再如识与菩提无二句义，识是菩提，识如幻化，以颠倒故生。幻化者，从分别起，从和合起。依无实而分别故，起诸幻化相。而菩提亦从分别生，从和合生。以为显示诸佛法，执著诸法相，以为未来世当作佛，当教化诸众生，当得世间最胜。而菩提相犹如虚空，从分别生，于是起慢心，欺凌他人。而佛坐道场时无有法可证，亦无所谓佛法、声闻法、缘觉法、凡夫法，是故名识是陀罗尼法门。

其三，名色是菩提，名者但假声言，无有真实。色者无有作者，无前、无中、无后，其中亦无有我，无有我所，是菩萨入名色相法门陀罗尼句。

其四，六入是菩提，此诸入等皆是入相，皆是空相，是寂静相，非诸众生眼见色已而言我见。如是耳、鼻、舌、身、意等亦复如是，其中非有我见能分别一切诸法，非以眼识知耳境界，非以耳识知眼境界。如是意知诸法境界，一切诸法非意境界。如此六入之间相互矛盾，一切诸入都无有识，各各无觉，各各自体空，一切法空。若一切法毕竟空者，即是菩提相。

其五，触是菩提，所言触者，是色、声、香、味、法触诸相。若法有触，则彼有缘。若有缘，则有生，分别攀缘。攀缘者犹如幻化，彼即颠倒。若颠倒，即无有。若无有，即不生。若不生，即无灭。若无灭无生，即是菩提。

其六，受是菩提，受者是三受，谓苦受、乐受、不苦不乐受。受不在内，亦不在外，不在中间。彼受若不在内，若不在外、不在中间者，彼中有众生生苦受、乐受想。一切凡夫颠倒系缚，而于不实法中生乐受、苦受。一切法如幻，一切受性不生不灭，是故说受是菩提。

其七，爱是菩提，因爱是能生烦恼因，如有人实未得子而作生子想，然彼人子为非内生、非外生、非中间生，彼人有不？彼人本无子，云何起子想？于后彼人成大丈夫，而和合故方生于子。爱从何生？为从前际、中际、后际？为内生耶？为外生耶？和合生耶？爱不在内，亦不在外，乃至无有诸方差别。此法谁说为方所觉？又复是爱谁造谁作？爱离所作而无作者。以四颠倒系缚，一切凡夫众生即起虚妄。于意云何？若法有者，为有为无。若是诸法毕竟无者，彼法云何有染有净？不也。诸法若有，诸方性相而不可见，亦不从内，亦不从外，不染不净。此是菩提，此是菩萨入爱相法门陀罗尼句。“爱者非是一切烦恼根耶。佛言：‘于汝意云何？如人未有子时，爱子之心为在内、为在外、为在他方？’文殊师利言：‘世尊，彼人尚未有子，云何得有爱子心耶？’佛言：‘文殊师利，是人后时，若因妇女和合生子，然后彼人生爱子心。于汝意云何？如是爱子之心，为从东方来？南、西、北方、四维、上下来？为在内、为在外？’文殊师利言：‘世尊，彼爱子心，不从十方及内外来，’佛言：‘文殊，如是爱者，谁之所作？造者是谁？’文殊师利，言：‘世尊，如是爱者，无有人作，亦无造者，但诸凡夫颠倒因缘，强生分别，故：有是爱。’佛言‘文殊，若无实者可名有耶？’文殊师利言：‘不也，世尊。’”①

取是菩提，此是陀罗尼门。常说一切诸法无缚无解，是诸凡夫何所取耶？一切众生系著色声香味触等，及取五欲。于汝意云何？色能生声不？不也。于意云何？颇有一法能令与法、能令法住、能作障耶？不也。一切

① （元魏）佛陀扇多译《金刚上味陀罗尼经》，《中华藏》第20册，第412页上、中。

诸法毕竟不生，无有障阂，彼法不作，迭互相生，迭互相语，而无有业，而有彼说，以彼诸法毕竟痴故。以是义故，我说此取是菩提相陀罗尼门，此是菩萨入取相法门陀罗尼句。

有是菩提，此是陀罗尼门。如来本为灭诸有故说声闻法，有是有法，我所说者是力士相，是故我说是有法门。若见一切诸法非事如虚空相，则不复念一切佛法。是故我说有是菩提陀罗尼句，此是菩萨入有相法门陀罗尼句。

生是菩提，此是陀罗尼门。如来本以为过生故而说诸法，所言生者，菩萨求此生法而不可得，以其不生亦不转故。是故说生是菩提陀罗尼句，此是菩萨入生相法门陀罗尼句。说菩提故，诸菩萨速得辩才，利疾辩才，无障辩才。

世尊为住何地菩萨而说此法？若诸菩萨不求菩提，不喜菩提，不发菩提心，不证佛法，不清净佛世界，不动贪瞋痴。若心不欲过于世间，亦不起心度诸众生。不降伏魔，不欲说法。而于彼法不作二相者，唯为住如是地诸菩萨等说此法门。

若有菩萨能受持此金刚上味陀罗尼法门，若读若诵，广为他说，如是之人得几许福？若诸菩萨于此金刚上味陀罗尼法门，若受若持，若读若诵，为他说者，如是之人如一切佛，以一切佛常以舍故，一切天龙、夜叉、乾闼婆等，常以供养而供养之。此金刚上味陀罗尼法门具足成就无量功德，此金刚上味陀罗尼法门不可穷尽。

第二节　大型陀罗尼契经

一　《大法炬陀罗尼经》

《大法炬陀罗尼经》，略称《法炬陀罗尼经》，共20卷、52品。该经不仅是陀罗尼契经中篇幅最长的一部经典，也是陀罗尼密典中篇幅最长者，可为陀罗尼密典之最。其称大法炬陀罗尼，也以其篇幅之长而居于陀罗尼经之首的缘故。以法炬称“大”者，譬喻其法门广大，关照一切佛法。法炬譬喻佛法照著无明，犹如火炬照亮黑暗。如智颉《金光明经文句》所释：“然大法炬者，炬能自照，亦能照他，譬佛说法，令自他双益。如千年暗室一灯能了，又如一灯然百千灯，闻法之力自他俱益亦复如是。”① 陀罗尼法门为如来大法炬，能照著三乘教法，引导众生，了达诸佛秘密境界。诚如《大乘本生心地观经》所说：“了达诸佛秘密境界，然大法炬，引导众生。”② 本经亦有譬喻，如来随众生堪受力，说一句义，譬如燃少草为明，未设众炬。如秉一炬，未悬千灯。但由一句趣入无量法句，犹如燃大法炬，千灯照明，照著一切无明黑暗。

《大法炬陀罗尼经》，据《长房录》等著录，隋代于长安大兴善寺禅堂内译出，由阇那崛多主译，沙门达摩笈多以及高天奴、高和仁兄弟等助译，沙门道邃等笔受，沙门明穆、彦琮重对梵本，再更覆勘，整理文义。自开皇十二年（592）四月始译，至十六年（596）六月告终，历经四年有余。

1. 陀罗尼门契经

陀罗尼门契经，音译陀罗尼门修多罗，简称陀罗尼契经，与“陀罗尼咒经”相对而言，是陀罗尼经典的一种类型，以契经的方式说陀罗尼法门，故音译“陀罗尼门修多罗”，也就是陀罗尼法门中的契经。《大法炬陀罗尼经》就是典型的陀罗尼契经，其中就以陀罗尼门修多罗自称，或以陀罗尼修多罗法门自称。以契经称陀罗尼法门，是以陀罗尼法门中包罗了契经的内容。契经，梵文 sūtra，狭义指称早期佛教三藏中的经藏，也就是阿含经类。如本经《忍校量品》所说：“世间无有语言及义、文句、名字而能离此陀罗尼门修多罗者，所有诸修多罗，或祇夜，或授记、一切他所问者，或有此三十七助菩提法所摄，乃至显说行者，皆悉入此妙陀罗尼深法门中。”③ 其中所谓所有修多罗，包括九分教、十二部经，所谓祇夜、授记、他所问等是其中的一些体裁。实际上陀罗尼法门修多罗中也包括了论典和大乘经，如《缘起品》所说：“此陀罗尼妙法门中出生一切诸修多罗、一切章句、一切分别义、一切诸波罗蜜，故名为门。”④ 其中一切章句指陀罗尼咒经，一切分别义指对法论典，一切诸波罗蜜指大乘经典。

另外该经也把戒律纳入陀罗尼契经法门之中，《缘起品》中有善威光

① （隋）智𫖮撰《金光明经文句》卷4，《大正藏》第39卷，第72页下。

② （唐）般若译《大乘本生心地观经》卷1，《大正藏》第3卷，第291页上。

③ （隋）阇那崛多译《大法炬陀罗尼经》卷5，《中华藏》第21册，第682页下。

④ （隋）阇那崛多译《大法炬陀罗尼经》卷1，《中华藏》第21册，第470页下。

天子向佛有四问：其一云何众生得知法律，于佛功德随顺修学，依世尊教如法奉行。其二云何众生得不懈惰，勤修经典，总持文义，随顺义趣如法思惟，速疾读诵，因法获力。其三云何众生得入诸字根本智慧法门，住法门已能分别觉知，因此知故，入初思惟门得诸法义，乃至得入甚深十二因缘法。其四云何众生不生倦心、不起乱心，解于自心攀缘境界，善知胜法能随顺入。其中第一问所谓法律，即指戒律，第二问总持经典文义者指陀罗尼，第三问诸字根本智慧法门即慧学，第四问于自心攀缘境界不起乱心者即三昧定学。这四个问题实际上就是戒、定、慧、持四学，包罗了佛教的全部学说，其自称“大法炬”者，也以其自诩涵盖四学之故。当然，本经虽涉及的问题很广，但也不可能讨论所有问题，这里不过是说如何用陀罗尼法门来掌握佛教的全部学说。所以经中说放光如来为诸菩萨及声闻等说此陀罗尼甚深经典，然此陀罗尼门则能总摄诸余经典。若有人能学此最上陀罗尼门者，诸余佛法自然增长，不用多功。如此，持学是进入戒定慧三学的途径和方法，如同四谛中的道谛，由此也可将戒、定、慧、持看作密教的四谛。

2. 任持陀罗尼

该经对持学的定义也有特点，就是与传统的总持义有所不同，以“任持”来定义陀罗尼。说“陀罗尼者，悉能任持一切法故。”所谓任持者，即是负荷、承载之义，故引申作“地”，如大地能够负荷万物。故经中说陀罗尼者“亦名为地”，“如此大地建立，出生一切众宝，即能任持。又能出生一切药草、卉木、树林、花果种类，悉皆任持。又出一切小山大山、诸池河水乃至大海，悉能任持。又亦能有四生之类，二足、四足人鹿鸟兽亦皆任持。”① 任持，与陀罗尼的传统定义——“总持”的意义基本相同，但总持强调其维系性，任持的重心则在负荷性，两者有一定的差异，故该经说陀罗尼“任持一切法”，是对“总持诸法”的陀罗尼传统定义作了一定的修正。而称陀罗尼为法门者，该经也有一定新解。说“所言门者，即是如来藏门出生一切诸法宝藏不可思议，”“此陀罗尼妙法门中，出生一切诸修多罗、一切章句、一切分别义、一切诸波罗蜜，故名为门。”其中诸修多罗指四阿含契经，一切章句指诸陀罗尼神咒，一切分别义指论义，诸波罗蜜指大乘菩萨经典。此说陀罗尼中出生一切大小乘经论

① （隋）阇那崛多译《大法炬陀罗尼经》卷1，《中华藏》第21册，第470页下。

以及神咒，故称陀罗尼法门。门既是出入之处，菩萨修道，经此出入；又是出生之处，内藏法宝，由此出生，故称陀罗尼门。

3. 陀罗尼言教

（1）一言教句

一言教句，亦称一法句、一法门，又称一句义、一句门，属于陀罗尼句门。所谓一言教句，即是说陀罗尼一法句中包含无数契经的真实义理，或者说无量契经的义理都被包罗到一法句中。如《缘起品》中说："此陀罗尼一法句中，总摄无量亿数修多罗，是决定义。"[①] 并说诸佛世尊有无量威德力，有无量精进行，若使如来尽力说者，一切众生则不能受，亦不能持。故一切众生随其堪受力，但听如来一力所说。如此大地东西南北不可称量，如来诸力无量数劫、无量功德善根所熏，以是义故，一切众生不可得知，不可得量。但此陀罗尼修多罗一句门中，则能总摄佛说无量修多罗句义。而无量修多罗义，亦入斯一句义。

此一句义，即是智慧句，按音译称般若波罗蜜句，被作为陀罗尼根本句。该品说"一句义者，所谓般若波罗蜜句。若入般若波罗蜜现在前，是名一切入，是为诸佛世尊不空法具足无缺。若一心思惟，无间念者，如一举手时即得无量无边波罗蜜义。此智慧句，则是陀罗尼根本句。"[②] 此称一句义为陀罗尼根本句，赋予其很高的地位。而称入智慧句即名入一切法，为诸佛不空法，这与通常所说的般若空义正好相反，说般若句而主张不空，也正是此陀罗尼法门的特点。此一句门被认为唯是诸佛最上胜妙不思议智之所证知，是诸如来以自证智觉知之实法，故陀罗尼法门方便中以入智慧法门为首。若于般若波罗蜜大句义中，思求大智胜光明者，是人于一弹指顷能解无量亿数诸句义门，并决定了知，无有疑惑。故说此陀罗尼名为大事，能为一切诸法根本。为诸佛根本者，以此一法句出生无量句，所以称大总持，以为通说诸法义理。如此可以使一切众生容易理解。又以一句难解知故，引用很多譬喻，使用各种方便言辞，也让人得悟如是诸法悉不可见自体本空。此所谓不可见自体本空者，就是自体不空，是智慧句不空法的内涵所在。

作为陀罗尼根本句的一法句，实际上就是阿字，以阿字包含其余法

① （隋）阇那崛多译《大法炬陀罗尼经》卷1，《中华藏》第21册，第471页中。

② （隋）阇那崛多译《大法炬陀罗尼经》卷1，《中华藏》第21册，第472页上。

句。说陀罗尼根本句义凡四十句，是中最初句者其名曰阿，当知此句摄余三十九句皆入阿中。并说如是诸句摄入阿已，凡是一切世间语言及以义趣，药草林木乃至所有口业教诲音名、说相种种诸类，亦皆入中。又彼一切众生种类，包括有足无足、二足、四足乃至多足之飞鸟走兽及胎、卵等水陆之属，以及人与非人等一切入中。彼摄入已，诸是口业方便、语言音声及以文字粗妙、广略所说等，一切皆从摩得勒伽藏（梵文 mātṛka，意译本母、智母，指论藏）字本中生。字本为首，即是摩得勒伽藏之所摄。譬如阿那婆达多龙王能于一弹指间兴云，普覆七千由旬，降微细雨，遍阎浮提。又如彼龙所住大池出四种河，周流四方，入于四海，自余小河陂池沟渎，随须润泽，悉能充满。此说陀罗尼根本句义凡四十句者，指梵文语音体系中的四十个音，亦即梵文四十个字母，包括元音和辅音字母，其中第一个字母即元音阿字。学习梵语文及其文献，先从元音字母阿字开始，再学辅音字母以及其他元音。故此说阿字是一切世间语言音声以及文字及其义趣的字本之首，也就是一切语言音声的开首之音。以梵语文为例，凡元音都被视为阿音的变化，凡辅音发声，须以元音阿 a 音相拼才出声，而字母排列也以阿字开首，故说一切语言音声乃至经律论三藏语言皆从字本中生，而字本以阿字为首。因此陀罗尼法门中赋予阿字以最高的地位，以此一字为四十句根本，也为所有陀罗尼的根本句。

梵语元音分长短音，阿字短音为恶/ə/字，长音为阿/a/字，所以初句阿句义也称陀罗尼二法门，二即指阿字的长短音。入其他法门，由此二法门趣入。如说观陀罗尼句义，于此义中恶、阿二字常须相续，随顺不断。并恒念如来，亦因语言教义具足，满彼诸波罗蜜。复应当知不断教义，方便随顺，义得增明故。虽身有大暗，散灭无余。如是方便不断绝故，增长佛法，得开陀罗尼门。

又阿字与辅音首字迦/k/拼读为 ka 字，则阿、迦二字也是趣入之门。表达教义的诸法句皆从字本元音开始产生，可知由音知义。而说一句法门时，也同样得知自余诸法平等无二，由此于是字本应知十二因缘等法。若诸众生入此道，分合十二因缘，专念一事陀罗尼门法句，阿、迦二字相同虚空，能善持者，彼人如一弹指顷，即能受持二千句陀罗尼文义，无有忘失。故入陀罗尼门，应当知阿、迦二字句义是初方便，随顺得入十二因缘。次第知已，彼人虽更识余法句，皆因初二，此称一句等智聚法门。

此一言教句，又称如来藏。如来藏，即如来法藏，法藏以法为宝藏，就法的功德而言。《忍校量品》说，此陀罗尼法门宽大无边，是如来方便密教。譬如商主入大海求宝，知大海深阔无边，不可期以时月岁数而克回还。此陀罗尼甚深法门亦宽大无边，如来以大方便为诸菩萨众开发大智慧忍，其功德无量，即此陀罗尼一法句。以一句门为如来藏，从其性质来说，如来藏是佛平等法门，具足圆满，无有损减，终不能尽。[①] 又如来法藏如虚空，不可作、不可见、不可闻、不可触、不可证知，无增无减。[②] 如来藏于了义法中皆平等，不可证说。一切皆从虚空所出，住于虚空。语言教诏、讲说谈论，犹如虚空离诸染著，无有住处，无有边际，亦无有对及以语言。以虚空性本来清净，无垢无染，离诸障碍。如来亦尔，无言无对，无染无著，离诸障碍。譬如涅槃本性寂静，假以无量言辞演说，求其体相，了不可得。如此说者，当知即是如来方便微密法要。若知如来微密教者，是则名为得大利益。如来智同于虚空，以种种譬喻。如来智或喻以涅槃，或喻以实际，然而彼智及与涅槃俱无可说，无有分别，无相无念，无名无字，去、来、现在三世皆无。乃至世间一切诸法亦同涅槃，不可见说，不可证知。[③]

（2）三言教藏

三言教藏，亦称三业藏言教、三言教方便业藏，简称三言教、三业藏、三法藏、三方便，即三种言教藏。三种言教藏，指人言教藏、天言教藏、非人非天言教藏三种。言教即用来教化的语言音声等方式，藏即法藏，由言语音声形成的系统。言教属于口业，故称三种业藏。言教也是一种用于表达的方便法门，故称三种言教方便业藏。言教分为人、天、非人非天三种，其中所谓人言教，表现为语言相，亦即用语言的方式表达其思想。所谓天言教，表现为事相，亦即通过事件来表现其不同的意图。故说天言教者"事相异故，得有见闻"。对事件的见闻，以一心摄念力，达到"如实不异"的认识，则得清净智，是名最上清净天言教。所谓非人非天言教藏者，表现为众苦相，亦即通过对非人非天的六道众生所受种种苦难状态的观察，心生大慈悲，一心拔济，利益彼等故，亦称其为言教。此教

① （隋）阇那崛多译《大法炬陀罗尼经》卷21，《中华藏》第21册，第572页上、中。
② （隋）阇那崛多译《大法炬陀罗尼经》卷18，《中华藏》第21册，第615页中、下。
③ （隋）阇那崛多译《大法炬陀罗尼经》卷2，《中华藏》第21册，第480页下—481页上、中。

总摄三言教，出三乘道及一切法，是故名为藏。此教方便又依大悲果，遍一切处观于恶道诸众生等唯有众苦，一心拔济，无异思惟，故名大悲，利益故言言教。[①] 此说三种言教，人以语言相，天以异事相，非人非天以众苦相，针对三种言教所设的陀罗尼方便道，即是三言教方便业藏法门。

该经《三法藏品》专论三种业藏，指出其性质、功德、途径。就其性质，以般若空义观察，说三种业藏如同风从虚空生而无所依住，无有方所，但遍一切处。三种业藏言教方便也是这样，无有方处，无所从来，亦无所去，无生无灭。此法唯佛智能知，诸佛菩提无有住处，亦无依止，乃至行业因缘体性无所从来，亦无至处。若能知此，即知业藏无有住所，无量无边。如以人身业缘为例，受生本来无实，唯有虚妄，因缘和合而生。一切身分支节皆无所从来，无有住所，悉从因缘和合而有。以十二因缘相续力故，色、受、想、行、识等和合而生。如是此三种言教方便业藏无有方所，无有边际，亦无去来。当知此法无生无灭，无有根本，不可穷极。

就其功德及其途径来说，若善思三法藏之义，则能得入一切法门。若人愿乐成就此法，应当依善知识深心勤学，譬如妙宝置池水边，能令其水同于宝色。何以故？以此宝珠清净力故，遥相映发，能令彼水随逐宝色。如是一切众生近善知识，其事亦尔。又彼水中随投余物亦作宝色，此宝威光能变余色，异此宝外不能变也。今此三种方便业藏亦复如是，若人自学，若教他学，一切人天无能坏者。《智成就品》说其功德，说若诸法师得此三种业藏义者，则能解知一切众生诸心差别，亦能解知众生业行善恶不同。若彼法师解此三种方便藏门，即知众生心行所趣，知彼众生有种种疑，有种种问能种种答。即便不问者，法师也能知彼心意有信不信，从其初心乃至多心，都能次第了知。《持经功德品》亦说其种种功德，说如来所说诸余经典种种法相，终无离此陀罗尼门三教藏。又说此三种藏乃是诸佛如来言教，一切所有吐发语言、音声词辩、论难解义及诸譬喻，皆悉从此三教藏生。若人受持三藏义者，终不为一切外道邪论之所破坏，也不为四天下众生论议问难所能屈。假使一切大论议师尽持佛经典及外道书籍咸来一时问难，也都能对答无有滞碍，以由佛法中先经学此三方便故。

入三业藏之方便，即是三字门。所谓三字，即阿字、迦字、那字，分别为梵文 a、ka、na 三个字母，分别代表人、天、非人非天三言教。其中

---

① （隋）阇那崛多译《大法炬陀罗尼经》卷 6，《中华藏》第 21 册，第 514 页上。

阿 a 字既为一切前缀，也为元音首字，元音称音，十四个元音即称十四音。迦 ka 字为辅音首字，辅音称声，二十一个辅音称二十一声。那 na 字为鼻音之首，有五个鼻音，分属五组辅音，故以非音非声作为非人非天言教的代表字母。学习语言音声，由此三种门径进入，故以为三方便。《三字门品》说，言阿字者是人言教，言迦字者即天言教，言那字者即非人非天言教。三字门为三种言教方便，简称三方便。《供养法师品》说，行者于阿字门入第一方便藏，即第一因入初言教。于迦字门入第二方便藏，即第二因入次言教。于那字门入第三方便藏，即第三因入后言教。是中因教化藏三句和合，令彼阿字、迦字、那字与人言、天言、非人非天言相应。是三种事皆入彼陀罗尼中，第一言教事当成初方便，第二言教事当成相业方便，第三言教事当成不坏尽至方便。是中尽至方便者，是彼法师所成就业。此所谓三言教和合者，以元音与辅音相拼，和合成字，由字称名，由名成句，由句成文，由此形成法藏之义。与人、天、非人非天言相应者，分别趣入三法藏，与空、无相、无愿三解脱门相应。故说如是人、天、非人非天三种言教法藏门中，初一言教名曰空门，第二言教即无相门，第三言教是无愿门。其中令三种和合相应者，即是说阿等元音、迦等辅音、那等鼻音三字句门和合，构成完整的语音体系和语义体系。三字又分别与三解脱门和合，以分别陀罗尼字义。

分别陀罗尼字义，即观三字门以及四十二字门，如观阿字为我，那字非我，入阿字门知阿者无相、无明，非实解脱，诸句和合用乃相应，如罗鸟网众缕和合，相应系缚，当如是持。从三言教方便证知空、无相、无愿三解脱义，又证知我、非我等义，更由三言教证知十二因缘义、百门义等。如《劝证品》举小儿初习文字例，又知因缘法及无相法。《证涅槃品》例证百法门义。

三业藏的持诵法及其功德，《劝修行品》说六日六夜心念阿字，又于六月当念迦字，复于六年念彼那字。复次憍尸迦。彼菩萨摩诃萨若于六日六月六年专心念是阿迦那等三字法门，所获功德超胜于彼，亿数劫中行一切施。

三字门的观法，《说听功德品》说，应观阿、迦、那等三字法门，彼阿字门为十四句，中间分齐，是三言教方便生处，以阿字门方得入故。彼迦字门以二十一字为境，而得说三言教故，乃至彼那字门于七句中而为境界，通达业藏尽摄取故。彼章所有四十二字义句门者，此即名为世间心中出入息事。是中丈夫四十二息，从一一息依数取之，智者应当分别解释。

4. 陀罗尼法门

(1) 虚空法门

虚空法门，全称法性虚空门，经中所谓修多罗藏法性虚空陀罗尼门，《问法性品》所说。该品说一切诸法同于虚空，但有三问：一问虚空名义有无？二问虚空诸法同异？三问虚空平等无差。其中就第一问，经中提出虚空就是如来，说虚空者名为如来，亦名应供正遍觉。但如来以何义故名虚空？所谓虚空者，即无所有，以无所有故名虚空。既然如来即是虚空，那么如来与虚空有何区别呢？经中认为此是大智所行境界，难知难证。若能解知，则于法性三世平等，无复疑惑。此用四个譬喻说明：

其一，如彼大池水性清净，底有金沙与泥土和合，唯有智者取池底泥沙，以水洗濯，用功陶炼，除去沙石，得净妙金，堪任为用。如是如来离贪瞋痴，灭除尘垢一切烦恼及诸习气，成就清净无碍智慧，出过一切天人众生，最为第一，世称上首。

其二，譬如明镜见诸色像，如是如来无有恶行谄曲、烦恼秽浊、嫉妬诤竞、垢污淤泥染著，唯有无碍无边智慧辩才所可示现，言教方便皆为开发世间众生。由此可知，一切皆从虚空所出，住于虚空。语言教诏、讲说谈论，犹如虚空离诸染著，无有住处，无有边际，亦无有对及以语言。以虚空性本来清净，无垢无染，离诸障碍。如来亦尔，无言无对，无染无著，离诸障碍。

其三，譬如涅槃本性寂静，假以无量言辞演说，求其体相，了不可得。如是虚空义者，当知即是如来方便微密法要。若知如来微密教者，是则名为得大利益。当思如来何见、说何等法是如来性？复说何等是如来智同于虚空？今于如是如来教中方便略说。复以种种譬喻喻如来智，或以涅槃，或以实际。然而彼智及与涅槃俱无可说，无有分别，无相无念，无名无字，去来现在三世皆无，乃至世间一切诸法亦同涅槃，不可见说。当知是中实无凡夫能得知见，言凡夫知者无有是处。但诸凡夫以愚痴故，自心所见，言我证知。故了义法句无证处，如是所说不在彼此，不在两间，是平等中无证知者。既于三世皆平等，不可证说。

其四，譬如一切后身菩萨从兜率陀天降入母胎，是后身菩萨从天来者，非取法故入于母胎。如是一切诸法皆无所取，但从妄想分别故生。如是虚空本无依止，但为凡夫设有依止法，因若离依止则不能知，亦不可说有无名字。若有虚空不依事现者，则无名字，以依事故得有名字，与事和合入于数相。但何等虚空与事和合，则有名字入于数中？今此身依止地界，地依水界，水依火界，火依风界，如是四种及与识界悉依空，是谓虚空依止入于数中。此即如来为诸凡夫譬喻方便，开示教授。因于名字，令其得知，是故名为虚空依止。

此知虚空法性平等，而为诸法依止，是虚空、平等、诸法为此法门三种义。此三种法虽难说闻，但知是处，有所依止，亦非依止。诸法平等，前以譬喻显示虚空诸有智者，知此譬喻言教方便示现平等，远离依止，言说分别故。又如空界无边，佛法亦尔。如是法界皆依平等，无有别异。如彼虚空无有依处，法与非法亦无依处，当知是中悉皆平等。彼虚空譬方便示现，此乃但为智者所知，非是一切凡夫境界。

（2）尽际法门

尽际法门，《证涅槃品》所说，称尽际门、尽际法门。尽际，即尽至于际，际即界限、边际，此指实际，尽至于实际者，就是涅槃境界，故尽际是涅槃的异名。《大集虚空藏所问经》解释不生句时说："此不生句义，即是一切诸法自性，所谓无生。而此无生亦无自性，无自性者无有所住，无所住际是一切法际，住一切法际名为实际，亦名边际际，遍一切处故。由是证得一切法实际，犹如虚空平等，无有限齐，彼法实际亦无限齐。若限齐际者，不名一切法实际。如是平等一切法实际则我际，知我际则知一切有情际。若知一切有情际，则知一切法实际。是实际是我际，是一切有情际，是一切法际，是名尽际。夫尽际者，涅槃之谓也。证此理者，名得涅槃。"① 此说一切法实际即是我际、一切有情际，就其无限齐的实际而言，与本经尽际法门的思想一致。本经说何等名为尽际法门？所谓名字从虚空生，此言教法犹如虚空，无有边际，终不可说虚空边量。如是入义从虚空生，还依虚空，如彼风界依止于空。如是二法无有边量，亦无住处。不可得见，亦不可说。以二因缘故，有言说乃至一切动摇去来，如彼虚空毕竟无有可作之相。

所有法数次第名字，彼四大和合，亦此五阴依止及六入处，此亦皆从虚空所生。但由妄想分别故，有名色四大等分和合。宣说此义，当知是中但为摄受愚痴诸众生故，说阴入等，譬如小儿初教学时，而彼父母将付其

① （唐）不空译《大集大虚空藏菩萨所问经》卷6，《大正藏》第13卷，第637页上、中。

师。先通章本，然后教余。如是如来为彼愚痴诸众生等故，先分别此四大义为最初处，次第说彼众生诸阴。先说名字，后说阴事，当知是中但宣说色等五法合聚为阴，不说实有色等聚也。如是如来说阴其义亦尔，所言色者，一切五阴于分别中初说此义，故立为阴。虽言色阴，但色自阴，不得心等，是故第二更立受阴。色、受虽定，犹不得想。故次第三更立想阴。色、受、想三虽次第说，犹须第四更说行阴。虽说行已，彼行一切不可得见。如是行阴既不可见知，云何得入五阴数也？是以于中更立识阴为第五也。如来如是种种方便，譬喻言辞，开示假名，但为一切愚痴众生得证真法，故为世间置立名字假言说耳，为彼智人亦假名说故。汝谓彼色住何处耶？当知彼色无有住所，何以故？彼色既无，云何住处！多有如是方便譬喻，次第说已，不能证知。彼法既无，云何可证。当知是中但灭尽义，是灭尽义谁有证者？此灭尽义亦是如来，为诸圣智如是说也。

（3）著铠甲法门

著铠甲，譬喻荷负大重担，不为烦恼魔军所中伤，能利益众生。《证涅槃品》说，于三种言教业藏中观察百门义，证得八分圆满解义辩才，即能受持六十亿言教方便法门。于百亿数中集诸法句，能问能答，终无恐怖。又于百亿众中最为尊胜，世间疑惑皆能断除，是为菩萨所当荷负大重担。此大重担即是一切世间、出世间智。当为世间诸众生等作大论师，凡是疑诤，皆乘此智而为除断，如是菩萨于阿字门世无过者。若诸菩萨欲求是智，应勤修习，莫生疲倦，远离怖畏，勿舍重担。当知如来欲作大利益，亦应为诸众生而作利益。菩萨常怀悲愍，但为利益一切众生故，躬自荷负铠甲重担，是为希有大不思议，当知此大铠重甲。

如是铠者，非余物造，非身所著，实是心铠，庄严于心，是故此铠牢固精密，非诸刀鈇所能破坏。诸菩萨等被铠甲已，然后乃能入如是等亿数众生烦恼阵中斗战决胜。入此法门，即入二际法门，心无怖畏，东西往来自在无碍，于一切处无能胜者。如是菩萨入二际门，得超过已，即见大宫殿法门，名曰高明，而此菩萨于二际门已得解脱。是宫殿中众事具有，不假人功，常有光明，无黑暗处，远离烦恼，清净微妙犹如虚空，除灭一切诸患相。入彼宫殿，获得寂静，住无难处，是为初入阿字门。时有如是相，如前所说功用之事，由是方便得入此门。于中菩萨依前际行，虽得阿字门，然尚未得入那字门，以是更须着大铠甲，得天言教所作自在，具大威德，乃能入是大宫殿门。

所言二际，第一际者名曰断见，当知即是无明为本；第二际者名曰常见，与六十二见为缠缚源。如是二际前后难知，于中修行断一切见，著如是铠，然后得过。《劝证品》亦说：若入边中及宫殿所，汝于其间莫生执著。若不执著，则灭爱憎。所言边者，即是断常。如是断常，无有终始。应觉知彼过去事，知前际已，即灭常边。若见未来，知后际已，则除断边。汝等既得通达三世，远离二边已，更当为人具宣中道。

过彼际已，能入天宫。何者天宫？所谓空门。如是空门，无有罣碍，他不能障，如手摸空，无可执处。一切功行亦复如是，同于虚空故，彼天宫相貌如是。入此宫殿无异念求，以是因缘故名宫殿。所言宫殿，即大涅槃，涅槃义者本来自有，非人所为，故名涅槃。夫涅槃者，所谓一切世间及出世间，乃至若有若无，如是一切悉名涅槃。若取相分别，则非涅槃。无所有者名为证知，云何证知？如无所有。如是证知，谓证知者亦无证知。于无所有亦不应取无所有相。若人取彼无所有相，当知是人则不离相。若人起作无所有相，则更生相。相若更生，当知彼则不能灭相。相若不灭，是则更成生死相也。有生死相，则于无生而有生相。若无生法有生相者，云何得有无生忍也？无生相者，于阴、入、界三处不生名为无生。既无生处，何处得有诸行和合？诸行既无，毕竟亦无聚集处也。是故阴、入、界毕竟不可见，但是妄想颠倒因缘，于如是等阴、入法中思惟分别故。执言有、诸行生灭，是中皆因分别所作，往来育养、一切事业皆无真实，所有一切语言谈说亦归空寂。一切诸法无有生灭，若法无生则亦无灭，既无灭事则尽处亦无。尽处既无，乃至不见有尽灭处。既已不见生灭尽处，则见诸法皆是真实。当知非以受故能得知见，若以受事得有知者，当知是受即无明使及以贪使骄慢使等。是三种使和合因缘故，能造作彼诸行业。

二　《大方等陀罗尼经》

1. 摩诃袒持陀罗尼

《大方等陀罗尼经》，略题《方等陀罗尼经》，或题《方等檀持陀罗尼经》，或略题《檀持陀罗尼》，四卷，北凉高昌郡沙门法众译。《僧祐录》著录，东晋安帝时（396—418）高昌郡沙门释法众译出。《长房录》据竺道祖《晋世杂录》说，晋安帝世高昌郡沙门释法众于张掖为河西王沮渠氏译。但法众、彦琮《众经目录》均载于高昌郡译，《大周录》引《宝唱录》同作高昌郡译，《开元录》作北凉永安年（401—411）中译。

该经有五品，包括《序分》《授记分》《梦行分》《护戒分》《不思议莲花分》。该经与阐发义理的传统陀罗尼契经有所不同，除了宣扬陀罗尼及其功德之外，还说陀罗尼道场行法，这使原始密教具有了初步的密法，为后世密教开创了密法先河；又提出陀罗尼戒行，这也使原始密教具有了戒律，为后世密教奠定了戒律基础，因而该经成为陀罗尼密教向具备密法体系的持明密教过渡的一类密典。

该经宣扬陀罗尼法门的殊胜，说诸陀罗尼门不仅于一切世间最胜，也于正法中最胜，还于诸天中最胜。此说最胜诸陀罗尼门，列举 19 种陀罗尼名字，包括摩诃袒持陀罗尼、摩诃离婆帝陀罗尼、宝幢陀罗尼、宝焰陀罗尼、宝盖陀罗尼、金刚盖陀罗尼、金刚曜陀罗尼、诸色庄严陀罗尼、金刚色身陀罗尼、重庄严陀罗尼、跋睺陀罗陀罗尼、毗伽陀罗陀罗尼、水光陀罗尼、三昧陀罗尼、华聚陀罗尼、决定陀罗尼、常住陀罗尼、众华香陀罗尼、种种光明陀罗尼等。其中以摩诃袒持陀罗尼为首，故经题《方等檀持陀罗尼经》。方等即摩诃之义，檀持即袒持的异译。摩诃袒持陀罗尼是东方宝王如来为华聚菩萨降服魔王袒荼罗所说，缘起于西方婆娑世界比丘雷音在祇陀林修入禅三昧，为魔王袒荼罗所扰，求救于诸佛，遂有东方宝王如来荐举华聚菩萨往救，以诸佛秘法敕彼袒荼罗，告华聚菩萨当以摩诃袒持陀罗尼章句伏此魔王波旬，增彼比丘善根。并说所说诸佛秘法莫妄宣传，如是妙法当以神明为证，如是当有十二梦王，见此一王者乃可为说。佛说摩诃袒持陀罗尼章句曰：

南无 崛崛 绖写$_{\text{一}}$蹄蹄提易勤$_{\text{二}}$那伽移弥$_{\text{三}}$莎呵$_{\text{四}}$

nomo kuku ṭiśa　thithi ikṣiṃ　nakṣayami svāhā

多绖咃$_{\text{一}}$蒲耆廪婆$_{\text{二}}$爵波多毗耶$_{\text{三}}$蒲耆廪婆$_{\text{四}}$劣破罗$_{\text{五}}$阿毻那多绖咃$_{\text{六}}$阿毻那多绖咃$_{\text{七}}$

tadyathā hukṣilimpa yobadhabhyaḥ hukṣilimpa lophala anunatyata　anunatyata

复得究追$_{\text{八}}$蒲耆廪婆$_{\text{九}}$莎诃$_{\text{十}}$①

buddhakoṭi hukṣilim phaṭ svahā

摩诃袒持陀罗尼有二组，前一组共 4 句，后一组共 10 句。随后华聚

① （北凉）法众译《大方等陀罗尼经》卷 1，《中华藏》第 22 册，第 340 页上。

菩萨又重复说十句陀罗尼（同前）。

诸魔王亦说发菩提心陀罗尼言十二句：

南无摩诃浮陁卑$_{一}$南无摩诃离婆浮陁卑$_{二}$南无华聚陀罗尼$_{三}$毗舍阇室牧$_{四}$郁伽林$_{五}$檀咤林$_{六}$穷伽林$_{七}$恒伽噤$_{八}$阿隶$_{九}$那隶$_{十}$那罗隶$_{十一}$莎呵$_{十二}$

namo mahābuddhaka　mamo mahālikabuddhaka　mamo hvaṭudharaṇi biś acatriśu　yokaliṃ haṃkaṭiṃ　kṣuṃkaliṃ haṃkaṭiṃ　arinarinarari　svahā

诸魔王以诸衣服供养华聚菩萨，并发愿受持是摩诃袒持陀罗尼章句，复富供养受持经者，如是人等若遭苦厄时，当称十二神王之名，受持读诵陀罗尼经，十二大王当摄救行者，令其坚固三菩提心，令获善利。

又说受行实法陀罗尼章句二十句，并说其行法，说若有愿欲闻者，当梦中住其人前，当现其身，是人若见其身，当教行如是实法。七日长斋，日三时洗浴，着净洁衣，作佛形像，作五色盖，诵此章句百二十遍，绕百二十匝。作已却坐思惟，思惟讫已，复更诵此章句。如是七日，男子要用月八日、十五日行此法。

2. 十二梦王及其行法

十二梦王，亦称十二神王，① 经中所说十二大魔王，其为首者名袒荼罗梦王，第二斤提罗梦王，第三茂持罗梦王，第四乾基罗梦王，第五多林罗梦王，第六波林罗梦王，第七檀林罗梦王，第八禅多林罗梦王，第九穷伽林罗梦王，第十迦林罗梦王，第十一穷伽林罗梦王，第十二婆林罗梦王。该经说欲求陀罗尼经者，当求教十二梦王，若得见一王者，当教授七日行法。

梦中见十二梦王，以其梦中形象判别，如梦见修神通能飞，悬缯幡盖者，即知是第一袒荼罗梦王。于其梦中若见舍利塔庙、大众僧聚者，即知是第二斤提罗梦王。于其梦中见国王、大臣着净洁衣，单乘白马者，即是第三茂持罗梦王。于其梦中若见乘象渡于大江者，即是第四乾基罗梦王。于其梦中乘于骆驼上高山者，即是第五多林罗梦王。于其梦中于高座见转于《般若经》者，即是第六波林罗梦王。于其梦中见树下戒坛上受具足

① 十二神王，另见于《大灌顶经》，但具体称名与此不同。《药师如来念诵仪轨》亦有十二神王之称，《三宝感通录》载，隋初有天竺僧昙摩掘叉远至东夏礼谒阿育王塔，在益州北雒县大石寺塔所感梦，有十二神王随来拥护，为之图形云云（道宣《集神州三宝感通录》卷 1，《大正藏》第 52 卷，第 408 页中），说明十二神王是流行于印度的守护舍利塔神祇。按道宣创立关中戒坛，周围布列十二神影，列出护佛塔神名，并考诸经典。

戒者，即是第七檀林罗梦王。于其梦中见坐佛形像、请召众僧、施设供具者，即是第八禅多林罗梦王。于其梦中见华果茂盛树下入禅三昧者，即是第九穷伽林罗梦王。于其梦中见带持刀剑游行四方者，即是第十迦林罗梦王。于其梦中见有诸人持诸水瓶洗浴其身、坌种种香、着净洁衣者，即是第十一穷伽林罗梦王。于其梦中见有夫人乘羊车入于深水、其水中有诸毒蛇者，即是第十二婆林罗梦王。

十二梦王七日行法，每日于道场，悬缯幡盖，以杂色庄严道场，以涂香、末香、栴檀香、沉香、熏陆香、海渚岸香供养《摩诃袒持陀罗尼经》，求其所愿，至心祈祷，即见诸佛菩萨与无量大乘围绕，乘宝莲华降临道场，赞叹行者供养本经，并随其根量满足其愿。但随众生至心或见闻或不见闻。初日有华聚菩萨、观世音菩萨以及文殊菩萨在虚空中乘宝莲华，与无量大众前后围绕，说众生修行受持《摩诃袒持陀罗尼经》，展转相授，得出三界，随意所愿。第二日有宝王如来及与释尊身从灵鹫山来至道场，随道场行者根量差别而为说法。第三日有维卫佛、虚空藏菩萨来至道场，放大光明，行者皆发菩提心。第四日式佛来至道场，放大光明，众生目睹斯光者，于诸法性无不了达。凡道场行人不谄伪者，未曾犯毁根本罪者，顶礼足下，得式佛右手摩顶，并言不久趣菩提树，破诸魔怨，伏诸外道，当获总持，与我无异。第五日当念何时得随陀罗尼门，当何时离于三有恶、五盖、十缠、诸憍慢及诸愚习等难，有随叶佛在于虚空乘宝莲华，为无量大众说诸法要。道场行者了了闻佛所说章句，悉在心怀，明了不忘。其或目睹或不见者，皆由先世罪业深浅决定。第六日当有拘那含牟尼佛及其无量大众从余四天下来至道场。行人了见拘那含牟尼佛及见七佛在于虚空，异口同音赞行人能于遗法受持读诵本经，并言不久当离三恶道分，救摄众生，在于人天究竟快乐。第七日至心礼敬《摩诃袒持陀罗尼经》，莫作余念，但当至心谛听谛受，当有十方一切诸佛世尊在虚空大集会。尔时大众互相睹见，皆有三十二相，身如阎浮檀金，一一佛土各现其前，以种种珍宝间错庄严，一切诸国未有得。佛与文殊师利及无量大众前后围绕，往至道场，随其根量而为说法，令其行人了见佛身，加其威神，令悉得见在虚空坐及诸净国，见净国已，欢喜踊跃，得未曾有，即发菩提心而不退转，于七日中得随意生。

隋朝天台智𫖮亦修十二梦王七日行法，其《摩诃止观》说，其行法半行半坐，亦先方法，次劝修。方法者，身开遮，口说默，意止观。此出二经，《方等》云旋百二十匝，却坐思惟。《法华》云其人若行若立，读诵是经。若坐思惟是经，我乘六牙白象现其人前，故知俱用半行半坐为方法也。《方等》至尊，不可聊尔。若欲修习神明为证，先求梦王。若得见一，是许忏悔。于闲静处庄严道场，香泥涂地及室内外。作圆坛，彩画，悬五色幡。烧海岸香，然灯，敷高座。请二十四尊像，多亦无妨。设肴馔，尽心力。须新净衣、鞻屦，无新浣故。出入著脱，无令参杂。七日长斋，日三时洗浴。初日供养僧，随意多少。别请一明了内外律者为师，受二十四戒及陀罗尼咒，对师说罪。要用月八日、十五日，当以七日为一期，决不可减。若能更进，随意堪任。十人已还，不得出此。俗人亦许，须办单，缝三衣，备佛法式也。

口说默者，预诵陀罗尼咒一篇使利，于初日分异口同音。三遍召请三宝、十佛、《方等》、父母、十法王子，召请法在《国清百录》中。请竟，烧香运念，三业供养。供养讫，礼前所请三宝。礼竟，以志诚心悲泣雨泪，陈悔罪咎。竟起，旋百二十匝。一旋一咒，不迟不疾，不高不下。旋咒竟，礼十佛、《方等》、十法王子。如是作已，却坐思惟。思惟讫，更起旋咒。旋咒竟，更却坐思惟。周而复始，终竟七日，其法如是。从第二时略召请，余悉如常。

意止观者，经令思惟，思惟摩诃袒持陀罗尼，翻为大秘要，遮恶持善，秘要秖是实相、中道、正空。经言吾从真实中来，真实者寂灭相，寂灭相者无有所求，求者亦空。得者、著者、实者、来者、语者、问者悉空，寂灭涅槃亦复皆空，一切虚空分界亦复皆空其一。无所求中，吾故求之。如是空、空真实之法，当于何求？六波罗蜜中求其二。此与《大品》十八空同，大经迦毗罗城空，如来空，大涅槃空，更无有异，以此空慧历一切事，无不成观。

方等者，或言广平，今言方者法也。般若有四种方法，谓四门入清凉池即方也，所契之理平等大慧即等也，令求梦王即二观前方便也，道场即清净境界也。治五住糠，显实相米，亦是定慧用庄严法身也。香涂者即无上尸罗也，五色盖者观五阴免子缚起大慈悲，覆法界也。圆坛者即实相不动地也，缯旛即翻法界上迷生动出之解。旛坛不相离，即动出、不动出不相离也。香灯即戒慧也，高座者诸法空也，一切佛皆栖此空。二十四像者，即是逆顺观十二因缘，觉了智也。肴馔者，即是无常苦，酢助道观也。新净衣者，即寂灭忍也，瞋惑重积称故，翻瞋起忍，名为新。七日即七觉也，一日即一实谛也。三洗即观一实，修三观，荡三障，净三智也。一师者，即一实谛也。二十四戒者，逆顺十二因缘，发道共戒也。咒者嘱对也，璎珞明十二因缘有十种，即有一百二十支。一咒一支，束而言之，秖是三道，谓苦、业、烦恼也。今咒此因缘，即是咒于三道。而论忏悔，事忏，忏苦道、业道。理忏，忏烦恼道。文云犯沙弥戒乃至大比丘戒，若不还生，无有是处，即忏业道文也。眼、耳诸根清净，即忏苦道文也。第七日见十方佛闻法，得不退转，即忏烦恼道文也。三障去，即十二因缘树坏，亦是五阴舍空，思惟实相正破于此，故名诸佛实法忏悔也。劝修者，诸佛得道，皆由此法，是佛、父母、世间无上大宝。若能修行，得全分宝。但能读诵，得中分宝。华香供养，得下分宝。佛与文殊说下分宝所不能尽，况中、上耶。若从地积宝至梵天，以奉于佛，不如施持经者一食充躯，如经广说云云。①

3. 陀罗尼戒行

（1）二十四重戒

该经因持诵陀罗尼时有七日行法以及持守戒律要求，而被称为“实法陀罗尼”。持诵此陀罗尼，守七日长斋，三时洗浴，着净洁衣，作佛形像座，并五色伞盖，诵实法陀罗尼章句一百二十遍，围绕佛像一百二十匝。然后静坐思惟，复更诵此章句。如是七日，男子要用月八日、十五日行此法。

七日行法时，都有戒律要求。若众生犯五逆罪（害佛、杀罗汉、破和合僧以及违反父母），身有白癞尚未痊愈者，均不得行法。若优婆塞犯三自归（皈依佛法僧）至于六重戒（戒杀、盗、邪淫、妄语、两舌、饮酒），若不悔过自新，亦不得行法。若菩萨犯二十四戒、沙弥十戒、式叉沙弥尼戒、比丘戒、比丘尼戒等，则须一一至心忏悔，重新做人，否则不得行法。

其中二十四重戒是本经提出的菩萨戒，因称方等二十四戒、菩萨二十四戒。所犯二十四戒：

第一重戒，若有菩萨见饥饿众生来求饮食卧具而不随意者为犯戒。

第二重戒，若有菩萨淫欲无度、不择禽兽者为犯戒。

第三重戒，若有菩萨见有比丘畜于妻子而随意说过者。

① （隋）智𫖮撰《摩诃止观》卷 2，《大正藏》第 46 卷，第 13 页上—14 页中。

第四重戒，若有菩萨见有人忧愁不乐、欲自丧身而不顾，更以己意增他瞋恚，败他命根，犹若有人以火悉烧一切物者。

第五重戒，若有菩萨出精舍到旷路，得值财宝而随意取者。

第六重戒，若有菩萨见他瞋恚，欲害他命，更以美言赞他瞋恚者。

第七重戒，若有菩萨见他瞋恚，若闻瞋恚欲烧僧坊，若不尽心谏彼恶人者。

第八重戒，若有菩萨见闻有人犯重罪，不唤来劝谏使其悔过还生至三次者。

第九重戒，若有菩萨闻见有人犯五逆，而不至其所告知彼所行非正法、非梵行并劝阻其行者。

第十重戒，若有菩萨见闻他人欲兴大善事，更起瞋恚，坏他善慧者。

第十一重戒，若有菩萨见有他人耽饮嗜酒，当以己情往呵他人，除自因缘，此非梵行。

第十二重戒，若有菩萨见闻有人淫他妇女，往他正夫所言此人犯汝，汝可睹之者。

第十三重戒，若有菩萨视他怨家作怨家想者。

第十四重戒，若有菩萨见他视怨如赤子想，往彼人所言善哉善哉，何能视此人如赤子，此非吉相者。

第十五重戒，若有菩萨见他聚斗，往至其所，佐助气力，挝打诸人者。

第十六重戒，若有菩萨见有他人伏匿之事，发舒诽说，语诸四辈，彼人不喜使他瞋恚者。

第十七重戒，若有菩萨见闻他善事都不得言者。

第十八重戒，若有菩萨行于旷路，见有他人营诸塔庙，若复有人营诸精舍，若不佐助者。

第十九重戒，若有菩萨见闻有人离善知识，亲近恶友，终不赞言汝为善吉，离彼恶友，亲近善友者。

第二十重戒，若有菩萨于栴陀罗处、若恶人处、若恶狗处、声闻二乘人处，如是诸难悉不得往，除己急事。

第二十一重戒，若有菩萨见闻疑杀，即自思惟，食此肉者，断大慈种，当获大罪，言不见闻疑，杀食都无患者。

第二十二重戒，若有菩萨见闻疑杀作不见闻疑杀，若食此肉者，即遗三世诸佛宝藏，亦遗三世诸佛之恩，以此为尊者。

第二十三重戒，若有菩萨解于方便，知众生根，若谓不说，当获罪报者。

第二十四重戒，若有菩萨持此戒时，若见华聚、虚空藏、观世音、文殊等一一诸菩萨者，或不见及余诸见，悉不得向人说。若言见者，此人现身得障道法，得白癞病。或时愚痴，或时青盲，或时目眩。妄想分别诸佛法要，得愚痴病，谤此戒者殃负如是。

本经菩萨二十四戒不仅是传统戒律的继承和延伸，而且主要还在于表现大乘和密教戒律的特点，突出表现菩萨利他思想，因为大部分戒条涉及如何处理与他人犯过的关系，尤其在家菩萨如何对待出家比丘的关系。传统戒律以约束自身行为为主，在家居士最初以五戒、十戒为限，本经禁戒也大致在此范围，只是对某些戒条进行了扩展，同时也对禁戒的宽严程度作了一定的调整。第七、八重戒反映对传统戒律的态度，凡犯重罪和五逆罪者，有义务和责任进行告知、劝谏乃至阻止其行为，使其悔过自新。第二十一、二十二重戒涉及杀戒，不仅不杀生，而且不得食肉，即便见闻疑杀食肉乃至不见闻疑杀食肉，同样犯杀戒，这是强化传统戒律的条例。第二、三、十二重戒，就自身戒淫而言，作为在家菩萨的禁欲限度最低化，仅就淫欲无度、不择禽兽为犯戒。而对比丘蓄妻也不得随意说过，也就是容忍比丘蓄妻，这也许成为后世密教阿阇梨蓄妻生子的依据。见闻他人奸淫他妇时，则不能告知其夫捉奸，致使事件更加恶化。第十一重戒，对他人的耽饮嗜酒行为，也不能以自己有禁戒而随意谴责，这表现了对不在禁戒范围内人的尊重和宽容。第五重戒对旷野路途值遇财宝时，不能随意取得，这也与早期佛教不得储蓄财物的戒条有一定差距。第二十重戒不得往栴陀罗等贱民以及恶人、恶狗处所，与不能往声闻二乘人处相提并论，反映了狭隘的大乘观念。反映大乘思想的戒条，如第一重戒是满足饥饿众生饮食卧具的请求，这也是大乘六度之首——布施的最低要求。与之有关的第十、十七、十八、二十三重戒，见闻他人做善事不但不瞋恚坏事或说妨碍的话，相反加以帮助，成其好事，见闻他人营造寺塔精舍，则还要赞助辅佐。又自己有特长方便，掌握他人利害关系而不加告知说明者，也获得罪报。但这类对他人犯过所应采取的立场和态度以及付诸行为的戒条较多，都从积极的态度出发，引导他人向有利有益的方向发展。如第四、六、七重戒对悲观自害或嗔忿害他者，不能加以鼓动、怂恿，火上浇油，不能施加负面影响。第十九重戒，见闻他人离善知识而交恶友，明知其害而沉默不语者，亦属犯戒。而见闻他人聚众斗殴，严加禁止参与。最后一重戒，则是针对本经而言。

（2）忏悔净律法

忏悔净律法也是具有密教特色的忏悔净戒法，即通过持诵陀罗尼来忏悔四重、八重罪，以达到住清净戒的目的。经中说若比丘毁四重禁、若比丘尼毁犯八重禁，若菩萨以及沙弥、沙弥尼和优婆塞、优婆夷毁一一诸戒，若有恶律仪比丘毁四重禁而不改悔，仍受檀越供而必受地狱苦者，提出当以陀罗尼为良药救彼比丘重病。毁四重禁，羞不发露者，有陀罗尼六句：

离婆离婆谛一仇呵仇呵帝二陀罗离帝三尼呵罗帝四毗摩离帝五莎呵六

ripha riphati　guha guhati　dharaṇiti　niharati　bhimariti　svahā

说此陀罗尼为三世十方不可计不可数七佛宣说，以救摄众生。以此陀罗尼经能救摄未来世恶律仪比丘，令其坚固住清净地。若有比丘毁四重禁，至心忆念此陀罗尼经，诵一千四百遍，乃一忏悔，请一比丘为作证人，向佛形像前，自陈其罪。如是次第，经八十七日，诸戒根还生，坚固菩提心，当知得清净戒。若其梦中见有师长手摩其头，若父母、婆罗门耆旧、有人等给予饮食、衣服、卧具、汤药，当知是人住清净戒。若见如是一一相者，应向师说如法除灭如是罪咎。若比丘尼毁八重禁而除灭者，先请一比丘了知内外律者，陈其罪咎，彼比丘应如法而教此内外律。持诵陀罗尼五句：

阿隶离婆其罗帝一罗帝婆二摩罗帝三阿摩罗帝四莎诃五

ariliphakṣerati　ratipha　marati　amarati　svahā

读诵受持此陀罗尼，如法修行九十七日，日诵四十九遍乃一忏悔，随师修行，是诸恶业尽行除灭。如梦中见佛略说昔日犯戒因缘，闻空有声谓推求此陀罗尼典，见有诸佛罗列在前，一一诸佛手摩头，听其悔过所犯八重禁，当知彼比丘尼住清净地，具清净戒。

若有菩萨受八重禁而毁坏，狂乱心热，欲自陈说，无所归趣，无能灭其罪咎时，应住一空静室，涂治极令内外鲜净。请一比丘了知内外一部律者，应自陈过，向此比丘作言，僧今摈我来至此间，我今请师亦来此间。此师应教净律之法，说陀罗尼9句，并说如是陀罗尼者即是三世诸佛之所护持，亦是三世诸佛之所秘藏。此陀罗尼应诵600遍乃一忏悔，当忏悔时应请一比丘，在其前立，口自陈罪，必令得闻。如是次第经六十七日，占其梦想，如上所说，更无有异。若得是相，知是菩萨住清净地，具清净戒。复次若有沙弥沙弥尼优婆塞优婆夷毁诸禁者，亦应请一比丘了知内外律者，向形像前，若尊经般若前，自陈其过，向此比丘。此比丘应教净律之法，说陀罗尼 17 句。

如是陀罗尼者，为慈愍一切众生故说。若有下劣沙弥沙弥尼、优婆塞优婆夷亦应读诵，修行此陀罗尼，诵四百遍乃一忏悔，如是次第四十七日。当忏悔时，应自陈过，令彼了闻。如是次第四十七日已，如上所说梦中得见一一事者，当知是沙弥沙弥尼、优婆塞优婆夷住清净地，具清净戒。

（3）七科五事

七科五事是补充性戒律，属于行业范畴，故说此七组五事是行者业，不犯戒性，为护戒境界。

第一，不犯陀罗尼义，不谤方等经，不见他过，不赞大乘、不毁小乘、不离善友，常说众生妙行。

第二，不说上界所见，亦不说己所行好丑之事，亦应日日三时涂地，亦应日诵一遍，日一忏悔。

第三，若有比丘行此法者及与白衣不得祭祀鬼神，亦复不得轻于鬼神，亦复不得破鬼神庙，假使有人祭祀鬼神亦不得轻，亦不得与彼人往来。

第四，不得与谤方等经家往来，不得与破戒比丘往来，亦不得与破五戒优婆塞往来，不得与猎师家往来，不得与常说比丘过之人往来。

第五，不得与脑皮家往来，不得与蓝染家往来，不得与养蚕家往来，不得与压油家往来，不得与掘伏藏家往来。

第六，不得与劫贼家往来，不得与偷盗家往来，不得与烧僧坊人往来，不得与偷僧祇物人往来，不得与乃至偷一比丘物之人往来。

第七，不得与畜猪羊鸡狗家往来，不得与星历家往来，不得与淫女家往来，不得与寡妇家往来，不得与沽酒家往来。

其中第一科就佛教内部关系而言，第二科就其他宗教关系而言，其余五科就往来社会关系而言。

三　《大威德陀罗尼经》

《大威德陀罗尼经》，或略作《威德陀罗尼经》，共20卷，不分品目，但文中提到《陀罗尼品》《食分别品》以及《三轮品》《语言品》《一发品》等，说明梵文分品目及有品名。据《长房录》著录，该经由阇那崛多译于长安大兴善寺禅堂，沙门僧琨等笔受。开皇十五年（595）七月始译，十六年（596）十二月译讫。

《大威德陀罗尼经》也是一部陀罗尼契经，经中也自称修多罗句陀罗尼法本、陀罗尼修多罗文字。但与一般的陀罗尼契经有所不同，以名数表现其陀罗尼思想，具有浓厚的小乘佛教特点，也就是唯一的一部小乘陀罗尼经典。该经序言中也采用小乘经典的表述方式，说世尊在舍婆提大城祇树给孤独园说法，对话者是长老阿难，集会者也是诸大比丘众以及天龙八部、四部大众等。并说有陀罗尼法本，是过去诸佛已曾显示，此略广解释，为诸侍者及以众生受安乐故，怜愍世间诸天人等广利益故等等。从序文中关于陀罗尼法本的缘起及其说法的对象和目的，也可看出其部派经典的特点。当然从思想内容来说，该经所具有的部派佛教色彩也很明显，不仅以部派佛教特有的方式——围绕名数展开讨论，而且经中反复强调和颂扬声闻乘，而大乘菩萨及其般若思想往往只是用来装潢门面而已。

1. 陀罗尼名言

但该经既然被改造成陀罗尼密典，纳入到密教经典体系中，当然也表现出本经陀罗尼的一些特点。该经原本有《陀罗尼品》，译本中的陀罗尼集中在第三、五、七卷，其中第三卷中有“受持此《陀罗尼品》”的话，说明该卷本为《陀罗尼品》。陀罗尼还散见于第四、六、十卷，可见该经前十卷中分布比较广。该经的陀罗尼有多种名称，其来源也复杂，并非只是传统的陀罗尼和神咒。其中第三卷中陀罗尼称圣谛、四圣谛，称如来为被众生施设圣谛。第一首陀罗尼七句，称为八种法则。第二、三、四首陀罗尼均称“言”，亦作圣谛、四圣谛。说其功德，如说第四句功德，如来为彼众生作如是说此“四圣谛”，如来慈念，此为阎浮提界北方城娑婆伽提舍难可降化，以边地恶王于彼处中，如来说圣谛，如此言苦、苦集、苦灭、苦灭道，而彼处言伊荼施荼伽卢那婆陀等四种圣谛。如来为彼城诸人说此法时，六十九千众生远尘离垢，于诸法中得法眼净。此四圣谛如来前后顺序不尽一致，或先说苦道，后说苦、苦集、苦灭，或为众生先说苦灭圣谛，然后说苦集，后说苦灭道，后说苦圣谛等。

如此等卷三共说 27 首陀罗尼，说四谛的对象有不同众生，语句多少不一，并非实际都说四谛句以及有关的陀罗尼语句，但第十一、十五首注明为四谛的音译。如第十一说：

阿何萨致迦（隋云苦）波何萨迦（隋言苦集）阿那槃那（隋云苦灭）娑陀槃那（隋言苦灭道）

ahasaciga　pahasaga　anapanasadapana

第十五首为三十三天所说四谛：

阿那婆奴（苦）娑陀婆奴（集）比求虱咤（苦灭）钵啰鼻粟谛车驮（苦灭道）

anapanu　sadhapanu　biguśaga　prabṛtikṣada

与此说四谛陀罗尼相关，该经卷七说八正道陀罗尼，说于彼之中八圣道分名字言语，于此阎浮提中以名字唤。如此处言正见、正思惟、正语、正业、正命、正勤、正念、正定。然此北方边地之处有恶行人城，彼城实大，纵广二由旬。如此处言正见乃至正定，即彼处言：

弥多罗拔题（一）偷罗奴佛提（二）婆罗拔都（三）那那颇（四）斯呵那陀（五）奚罗奴呜（六）毗伽罗呵波题（七）三摩多阐奴（八）。

midalapati　dulanuputi　salapatu　nanabha　sihanada　bikrabati　samandhakṣanu

又于此南方城嘶途娑题嚧、东方城阿那婆兔、四大天王处、孙陀罗龙王及阿那婆达多龙诸龙王，以及摩伽陀处城名普熟等广大处，说如来八圣道分。并说如是善行事，言观察事，断事，毗尼印事，名行转智。知彼名字如世间处所有语音、所有言语、各各言说、语业授记音声，此名字言说，如国土方俗名字，应当证知名字语言。于彼处中诸事句持印，如彼所有名字语言印应当知，当令得彼不住之眼，所有疑行当令除断，所说圣喻应当证知，当善受持。

但卷四说大乘义理，广说长达 40 句的智名，说若人能知此智是名智眼，诸菩萨所有智眼皆因般若波罗蜜故。并说般若波罗蜜者，菩萨摩诃萨之所学处。菩萨所住学已，当住十地，当至胜处，至胜色处，至般若胜处，至智胜处，至戒胜处。于一切法得不退转菩提，当速觉悟菩提，于多众生善巧解脱。又说诸菩萨摩诃般若波罗蜜，一般若波罗蜜，二般若波罗蜜，三般若波罗蜜，乃至无量般若波罗蜜，乃至有诸众生各各诸根，各各相续，云云。[①]

卷三从第19首陀罗尼开始，说阎浮提北方苏名、油名、蜜名、盐名、沙糖名、妇女名、衣名、国名、处所名，并说如来悉知北方人所有声音、言语、名字，一切处世间语言、世间名字。以种种事物名称为陀罗尼，也颇具特点，也有宗教以外的研究价值。如第19首说苏名16种，第20首说如来悉知北方油名11种，第21首陀罗尼说如来悉知种种北方蜜名11种，第22首陀罗尼为如来悉知之北方乳名14种，第23首为如来悉知之北方沙糖名7种，第24首为如来悉知之北方人所称盐名9种，第25首为如来悉知之北方人所称酪名13种，第26首为如来悉知北方人色名19种，第27首说睡名10种，并说若有四众知如是处，知如是事、如是名身、如是句身，当知彼人不至乱地，具足成就清净口业。卷六还说113种丈夫名（男性名字）陀罗尼，以及更多的妇女名、商主名、佛名、帝王名、星宿名等。卷七说种种树名及树名陀罗尼、鸟名陀罗尼、兽名陀罗尼、水族陀罗尼、吸血蚊虫名陀罗尼，卷十说各地爱名。此诸可见，该经以事物名称作为陀罗尼，将陀罗尼的称名发展到极端，这也成为该经陀罗尼的一个重要特点。

2. 陀罗尼名门

该经所说陀罗尼法本，并非一般所谓陀罗尼经本，而是特指以陀罗尼名数构成的佛法之本。法本，亦即法数之本，也就是构成“法”的基础。陀罗尼法本，即以陀罗尼为法数之本。法数，亦即名数，是表述法的名相概念，由一系列数目名称和概念组成，在此也被纳入陀罗尼法门，成为陀罗尼修多罗句的一个重要组成部分，因称修多罗名、修多罗名陀罗尼，意为这种陀罗尼称为修多罗名，简称陀罗尼名。广而言之，此陀罗尼名可与陀罗尼字门、陀罗尼句门形成一个陀罗尼文字体系。陀罗尼字门以陀罗尼字及其释义构成，陀罗尼句门也以陀罗尼句及其释义构成，而陀罗尼名同样也以陀罗尼名及其释义构成。陀罗尼字指字母，陀罗尼句指概念，陀罗尼名则指名称，可称陀罗尼名门。如此字、名、句共同构成一个完整的陀罗尼文字表达体系。其中除陀罗尼字具有特定含义之外，陀罗尼句的含义比较广，而陀罗尼名的含义则相对固定，只是其数目多少不一。

当然，陀罗尼名数尚未形成一个成熟的名门体系，本经虽说陀罗尼名

---

① （隋）阇那崛多译《大威德陀罗尼经》卷4，《中华藏》第21册，第668页上。

数，却没有建构一个陀罗尼名门的理论体系。但名数构成名门体系，名门的概念早就出现。如《菩萨璎珞本业经》以贤圣名字为名门，并说名门摄一切功德行，佛及菩萨无不入此名门，一切神通、一切因果、一切境界亦入此名门。是名门十方诸佛所说道同，不增不减，决定师子吼说，云云。[①] 此说名字为名门，与本经以名字为名数一致。经中既有贤圣名字，也有一般名词，还有名相概念。名数包括种种言辞、种种名字、种种音声、种种语言名字，世人所有语言唤呼名字。名字者，不过是名称，称之于名，即是表达句子的基本单位。本经中说："有世辩名曰怖轮，习慧成熟。如来知已，此陀罗尼修多罗文字句中之所系属。若比丘持已，巧知言辞，知众如法，亦知时节，知语言住处，以此语言当令安住。"又说："何者世辩，如如来于此修多罗句中之所宣说，为庄严彼义故，降伏外道故。"[②] 此说陀罗尼修多罗文字之言辞，均就语言辩论中运用的名数而言。

但从般若观来说，名字句义空义。如说一切诸法不得名字，语言亦不可得，于中不可名及与语言，此岂非名字语言耶！谓一切诸法不可得名者，一切法不可得也。颇有一微细法，若色耶？受耶？想耶？行耶？识耶？所有常耶？不动耶？自在耶？不变易法耶？当和合不破坏及有命者，其沙门释子得是难已。有自体性应作是答，无有是色，若色常者、不动者、不自在者、不变易法者，亦无彼受、想、行、识，若常者、不动者，自在者、无变易法者。又颇有是色，若色声得名者言无。如彼色、若色声可得名者，无彼受想行识。如彼识若识声可得名者，应语彼言如是。无彼色可得者，若常若不动，若自在若不变易法，彼亦无耶，谁是彼色若受想行识乃至略说？以是义故色空。谁有是色？色者亦空。色之音声名字亦空，受想行识亦空。谁有彼识？彼识亦空，随彼所有受之名字亦复空耶。如是义故，诸法毕竟空，汝应为我当如是解，一切诸法不可得耶，更于诸见中无有诤论。取得边际，所谓无也。何以故？如来已说有无见处。我意欲令一切诸法无成就者，一切诸法既不成就，于彼之中无有有无，是故我等当有正见。[③] 就此而言，该经也受到大乘般若思想的影响。

---

① （后秦）竺佛念译《菩萨璎珞本业经》卷1，《大正藏》第24卷，第1011页中、下。

② （隋）阇那崛多译《大威德陀罗尼经》卷5，《中华藏》第21册，第656页下、第657页上。

③ （隋）阇那崛多译《大威德陀罗尼经》卷8，《中华藏》第21册，第710页中、下。

3. 陀罗尼名数

陀罗尼名数采用十数位，自一至十，每数位递进，但同数位多少不一。如一自在，二分别生，三种得因缘。又一学行，二种净戒，三种圣教。其释义或只列举名称，或名中附释，或另句释义，不一而足。举名不释者，如一神通、一欲具足、一种不欲、一种印、一种观察、一种勇健、一道七处等。名数自释义者，如一爱著瞋恚，一真实谓如来教，一朋友不可破，一伴可共入怖处，一智者而言无智等，或如入一欲故入恶处，入二三四五欲故入地狱中，一善根不能断故入般涅槃，兴造诸业而不失坏。又如一切众生，释一切众生自在非善知识，一切众生具自在难不信发行，一切众生本性破坏，一切众生共同一行，一切众生不得爱故与爱为奴，一切众生自过不见故不入涅槃，一切众生各相障碍不得解脱，一切众生非众生。一切众生化一切众生无有疑。又一切，一切意无意，一切声作已无有，一切无实病，一切病非语言道，一切语道苦，一切苦无智，一切无智盲，一切盲非眼，若无眼于中无智。

又一数作为名字，也有多种解释。说于中何者名为一？其一者，非二非三，此是阎浮提人，一作因缘。又言一者无续，此是欝单越人一作因缘。又言一者非此作，此是弗婆提人一作因缘。又言一者二种作相，此俱耶尼人一作因缘。又言一者灭可爱，此是沙门释子一作因缘。又言一者善生面，此覆钵足夜叉一作因缘，等等。二名数，如二见具足，解释见有二见不入涅槃，所谓断见及以常见。复有二见不入涅槃，谓于我见、烦恼著见。又如二事，所指多达三十余条，如说应知二事，如应知俗事及与执著世俗言辞，应知事及与非事，应知有为事及无为事，等等。三数名，如说妇女人三法具足，不知厌足而命终也。何者为三？自身庄严，于丈夫边所受欲乐，哀美言辞，此为三种。如是四、五、六、七、八、九、十数，不胜枚举。其中以五数列举最多，有五根名，五趣名、五修道名以及比丘名、多闻名等等。其中如五根名，根有能生之义，也有增长之义，就是产生、生长之处，此指感觉器官，有眼、耳、鼻、舌、身五根，加之意为六根。五根感觉外界色、声、香、味、触为五境，加之法为六境或六入，与六根统称十二处。五根感知五境，产生五识，加之意识为六识，与十二处统称十八界，这是小乘佛教的基本教义。但根的引申义很多，以阴阳、信性、利钝、正扶、善恶、有漏无漏等划分，根名繁多。但以根相而称，所含范围更广，泛称根相名数。根相也不止于五数名所限，如二数、三数、四数、六数、七数、八数、九数乃至十数等，其中以五数根名列举最多。如五喜根（五喜生处，五食道，五耳疑，五眼根疑，五法具足舌根薄）、五善根、五速根，等等。其中以五官相貌判定其出家的戒律规定，有诸多五种根相具足而不得出家，如一眼不得出家，可畏眼不得出家。五种根相具足，赤眼不得出家，大赤眼不得出家，山羊眼、睆（土莽反）眼、小不瞬眼、瞖（一玦反）眼、极深眼等55种眼睛的人不得出家，等等。分别来说，身根五虫名，有五病名、五痛名、五恶名、五法名。五趣名、五处分别名、五入名等。修道名有五教示、五种得禅道等，进修名有五忍名、五力名、五时名、五三摩耶名、五摩喉律多名，等等。

4. 陀罗尼四种食

（1）十种四食

四种食，简称四食，即四种食物。食，梵文 āhāra，音译阿贺罗，意为增益身心者，表明此食物不仅指食用的食物，也包括心理的和精神性的食物。《杂阿含经》第 371 经说："有四食资益众生，令得住世，摄受长养。何等为四？谓一粗抟食，二细触食，三意思食，四识食。"所谓资益众生者，是说四食为众生赖以生存的条件，以摄受食物而得以维持生命、延长寿命。其中粗抟食者，即是用口之食物。细触食者，即是用眼、耳、身触之食物，也就是可眼视、耳听、身触之色声形物。意思食者以意来思念之食，亦即以想要得到愿望为食。识食者，以本然的识体为食物，也就是生存的客观依据。该经并解释说："此四食何因、何集、何生、何触？谓此诸食爱因、爱集、爱生、爱触。此爱何因、何集、何生、何触？谓爱受因、受集、受生、受触。此受何因、何集、何生、何触？谓受触因、触集、触生、触触。此触何因、何集、何生、何触？谓触六入处因、六入处集、六入处生、六入处触。六入处集是触集，触集是受集，受集是爱集，爱集是食集。食集故，未来世生、老、病、死、忧、悲、恼、苦集，如是纯大苦聚集。如是六入处灭则触灭，触灭则受灭，受灭则爱灭，爱灭则食灭。食灭故，于未来世生、老、病、死、忧、悲、恼、苦灭，如是纯大苦聚灭。"① 此说四食以爱为因，爱以受为因，受以触为因，触以入为因，入以集为因，集触、受、爱为食集，因食集而聚集大苦，故入、触、受、爱灭则食灭，食灭则苦灭。食与苦是生命两端的原因和表现，故说四食的

① （刘宋）求那跋陀罗译《杂阿含经》卷 15，《大正藏》第 2 卷，第 101 页下—102 页上。

意义在于灭苦灭食，而食的讨论范围，本经则超出传统的说法，作为一种陀罗尼法门，衍生出十种四食和十种别四食说。

十种四食，初四种食：抟食，或粗大或微细，触为第二，意思念为第三，识为第四。其中言触食者，又色是眼食，声为耳食，香为鼻食，味为舌食。触食犹如火，是圣声闻所不喜念，以无我想故。言意思食者，彼如来说无有形色，亦复无善。何以故？以思所生一切诸法是意境界，所有意者彼即是识。若得想者，彼即生受，若乐若苦、不乐不苦，乃至为彼所牵。若意所生诸法，是则彼名为诸有食，是故邪见，取流转故，是名为食。二四种食：四种食，于真实中违行为食，离师宿住无所依止为食，毁谤和上为食，破戒者作布萨业为食，其中破戒食有十种破戒。三四种食：承事尊重者是为食，摩诃罗所作业者是为食，调戏是为食，覆藏者是为食。四四种食：此岸欲去者不去，彼岸难度，摄取名字而说，如彼还尔如前所说后复尔。五四种食：舍勤精进，此由法宝不摄取故，弃舍远离，不正威仪，故名为食也。六四种食：观察般若是名为食，呼唤法是名为食，修正梵行是名为食，住于障碍患中是名为食。七四种食：依欲界为食，依色界为食，依无色界为食章中有四列名，梵本中少一是为四种食。八四种食：噉毒箭为食，胜住处为食，弃舍钩钓为食，染著为食，是为四种食。九四种食：五种苦行为食，不谄曲为食，相似故说为食，净信瞋恨为食。十四种食：不和合为食，高下不平等为食，迷惑为食，赞叹生趣为食。

（2）十种别四食

一别四种食：行住处为食，秽相为食，行步为食，行净为食。二别四种食：少爱，离著，取锁，一切想。三别有四种食：浊是食，不浊是食，海是食，有顶是食。四别四种食：作限梵行为食，得道为食，得财是为食，迷惑为食。五别四种食：破瓨作，各别想，浊病，无有处染著。六别四种食：牢鞹缚为食，别离为食，世间思为食，发起为食。七别四种食：无畏处恐怖相，恐怖处无畏相，懒惶者，我者。八别四种食：阿娄哆侯娄多食。阿罗呵谟呵都食，宿忌利波食，怨雠系缚食。九别四种食：和合为食，暗为食，灾怪为食，业果报为食。十别四种食：如法所得为食，施物为食，施法是为食梵本脱一种食。

第六章

陀罗尼咒经思想

第一节　陀罗尼咒经的类型

一　章句型陀罗尼咒经

陀罗尼咒经，亦称陀罗尼神咒经，简称神咒经、咒经，指狭义的陀罗尼经，这是陀罗尼经典中篇幅最小、数量最多的一类经。陀罗尼咒经，顾名思义，就是以陀罗尼咒为主组织起来的经文，一般由序文、陀罗尼咒及其功用三部分组成。其中陀罗尼咒是陀罗尼的一种类型，也称小陀罗尼，指称具有类似咒语性质的陀罗尼，或者指进入佛教中的神咒。从咒术的角度来说，陀罗尼咒也是咒术的一种类型，或者说陀罗尼咒是佛教特有的一类咒语，也就是佛教的咒语。严格来说，陀罗尼（dhāraṇī）本身并非咒语，但陀罗尼往往被当作咒语，或称神咒（mantra），或称明咒（vidya），陀罗尼自身也演变为咒语的形式，甚至也与咒语结合为一体。因此陀罗尼、陀罗尼咒、神咒、明咒在实际运用中往往混淆在一起，难有明确的界限，这样也引起后来的密教以真言、明咒的概念来取代陀罗尼的笼统用法。

陀罗尼咒经，从其来源上可分为两类：一类是出自陀罗尼的咒经，也就是以陀罗尼为咒的经典。这类经典多见于魏晋时期的译经，具有佛教经典的一般形式，其功能也多与佛教修行有关，其陀罗尼咒也有意译者。另一类是借用婆罗门教以及民间咒术的咒经，或者说被改造为陀罗尼的咒经，仅有佛经的一些形式，有的甚至没有佛经的色彩，其功用则完全是实用性的咒术。但从陀罗尼咒经的类型上划分，大致有三种类型：第一类是章句型陀罗尼咒经，其陀罗尼咒由具有一定意义的陀罗尼词句组成。第二类是名号型陀罗尼咒经，其陀罗尼咒由佛菩萨以及天龙鬼神的各种名号及其誓言组成。第三类是符号型陀罗尼咒经，其陀罗尼咒由音声符号即所谓的秘密号组成，被赋予神秘的功用，并无可以解读的字面意思。这三种类型的咒经中，有一部分咒经附带有陀罗尼行法，诸如结缕、烧香、散花等，后世密教编纂的陀罗尼经中还有更多的密法内容。

章句型陀罗尼咒经是陀罗尼咒经的主流类型，其中陀罗尼咒往往称为陀罗尼章句。所谓章句，就是具有一定格式的语句，而陀罗尼章句则是特定的陀罗尼语句，也就是说陀罗尼章句具有一定的意义。这类经虽称陀罗尼咒经，其实就是陀罗尼经的主体，即狭义的陀罗尼经。其陀罗尼以“咒”相称者，仅仅就其形式而言，相对于契经的说理形式以及可以解读转释的陀罗尼字门、句门而言。所以陀罗尼章句经仍然保留着陀罗尼教义的一些内容。说陀罗尼咒语者也以佛说为主，菩萨以及佛弟子是主要的对话者，其功用则偏重于拥护佛法，僧侣安隐。这类陀罗尼咒经出现最早，流行时间也持久，直至晚期密教时仍有编纂，但魏晋南北朝时期最为盛行。大乘经典中的《陀罗尼品》大多也属于这种类型，其陀罗尼与本经有密切关系。

章句型陀罗尼咒经，其格式有数种，此举例（1）《佛说吉祥咒经》（竺法护编译《生经》卷2，第21经）：

闻如是：一时佛在舍卫城，是名曰转法轮莫能踰者，是地广普，若有娆者，佛皆说之。今当讲诵，大人圣贤具足归彼。时佛告贤者阿难：“吾为汝说神咒之王，汝当持之！诸佛所说，至诚行、趣道行、十二因缘行、月行、日行、贤者行、日月俱行。谛听，善思念之！”阿难言：“受教而听。”如是：

休楼　牟楼　阿迦罗　锲罗　莫迦垣罗飚提　波罗铃　波刍　阿尼呵　耶提　阿尼　耶提　阿提　耶提　頞祢　末祢　卢卢　罗罗　飚提　摩那罗罗波夷咤 suru muru ākarabīra meghadharapati barale bakṣu aniha yadi ane yati ate yati ate mati rura rura bati maṇṭalabāyaṭa①

无量总持诸印之王，诸佛所说，为至诚行，为修道行、平等迹行、日行、月行、如日月行。佛语阿难：“此总持句为佛之句，为尊上句，为学句、圣贤之句、得利义句、所怀来句、无兵仗句。若族姓

① 梵文转写，参见林光明主编《新编大藏全咒》，台北：嘉丰出版社2001年版，下同。

子、族姓女，若入此句，入无数解百千之门，能分别说。”

佛告阿难：“雪山南胁有大女神，名设陀怜迦醯晋名摄声，有五百子及诸眷属。彼闻此经，即自起往，举声称怨：‘呜呼！痛哉！呜呼！何以剧乎！吾身本时，取若千百众生人精以为饮食，害命服之。于今不堪，不能复犯。沙门瞿昙为四部众而设拥护，所以者何？若善男子、善女人，受是神咒，童男、童女入于郡国、县邑、聚落，持是吉祥咒，若讽诵说，无能娆者。所以者何？今沙门瞿昙所说神咒，遣逐非人，灭除众患，常住于此，而现于魔宫。’诸弊魔言：‘天王欲知，沙门瞿昙以空汝界，今者天王当共被铠，将诸群从暂勒兵众。譬如菩萨初坐树下，魔被以铠甲及诸兵众往诣佛所。’”

于是世尊告阿难曰：“是大女神设陀罗迦醯止于雪山之南，与五百子俱遥闻如来说是神咒，总持印咒，恐怖怀懅，衣毛为竖。”及于诸魔一切官属及余众魔，于时彼魔被其铠翰，与眷属俱往诣世尊，恶心欲诣沙门瞿昙。彼时有菩萨名曰降弃魔，降魔及官属，还诣佛所，稽首圣足，叉手归佛。白世尊言：“已摄制于此弊魔及诸官属，发遣诸兵，并设陀迦醯大女神而制伏之，不敢为非，亦不敢娆比丘比丘尼、清信士清信女，不敢中害，无所妨废。善哉！世尊，愿说总持法印，为四辈众令皆得拥护，使得安隐。唯佛加哀，普及人民，令得安隐。”于是世尊为是神咒，应时欣笑。

阿难问佛：“世尊何故笑？笑当有意。”佛告贤者阿难：“汝宁见降弃魔菩萨道行殊特，降魔官属，设头迦醯大女神技术皆以坏败，心怀忧戚。于彼忽然没而不现，到斯说是总持之印。”

尔时世尊思此总持印王，摄伏一切诸恶鬼神及诸妖魅，除一切娆。

伏鸠伏鸠　休浮休楼　阿祇提

如是总持印王咒，其有鬼神、女神、鸠桓、龙、金翅鸟及诸弊兽、一切众魅，至意有意，在道断他怀来，为食为句迹，甘尝为月，动摇善震，动意为心，何况细微无不微也。其大德总持无择无冥，而无所断其心，诵其十事，读于今笑，当所作者亦无所选。

佛告阿难：“是无择句、总持句、无所选句、安隐句、拥护句、于诸众人无所娆句、无所害句、禁制句、讽诵者句，为四部众则设拥护，人与非人不能犯也。若卧出时，所在寤寐，无敢娆者。况佛所说，其闻此咒，莫不安隐。”

佛说如是，欢喜而去。

该经中说二首陀罗尼咒，第一首被称为神咒之王，是诸佛所说的无量总持诸印之王，以此可为八种陀罗尼行，所谓至诚行、趣道行（修道行）、十二因缘行、平等迹行、贤者行、月行、日行、如日月俱行。该经虽称其陀罗尼咒为神咒，但显见由陀罗尼脱胎而来，且说陀罗尼句门，很有特色。按其句门为一法句，吉祥咒实为吉祥句，具备七种句义，即吉祥句，为佛之句，为尊上句，为学句，圣贤之句，得利义句，所怀来句，无兵仗句。其中佛句者，以诸佛所说故。尊上句，以其为神咒之王、诸印之王故。学句者，以其至诚修道、学习十二缘起法、无我平等法等。圣贤句，以佛说此法为大人圣贤具足归依故。利义句，此持句可除众患，不为魔扰，安隐修行。怀来句，能使雪山女神设陀伶迦醯及其魔属恐怖怀来归服。无兵仗句，以此持句不动兵仗而摄伏雪山弊魔及一切恶鬼等。当然，吉祥句的句义尚不止于此，经中说，若入此句，入无数解百千之门，能分别说。第二首陀罗尼咒也称为总持印王，作为一法句，具备十句，即印王句、无择句、总持句、无所选句、安隐句、拥护句、于诸众人无所娆句、无所害句、禁制句、讽诵者句，以其功德为句义。摄伏魔王鬼神并加以利用是所有陀罗尼咒的最大功用，此经也不例外，以摄伏雪山女神为吉祥咒的功德。雪山鬼神是密教经典中最常见的一类鬼神，往往被收服后用来拥护四众弟子。该经中降伏雪山女神的是一位降弃魔菩萨，具备殊特的道行，降伏魔官属，设头迦醯大女神的技术皆以坏败告终。

例（2）失译《华积陀罗尼神咒经》：

如是我闻：一时佛在阿耨达池龙王宫中，与大比丘五百人俱，及菩萨摩诃萨具足一千。悉得一切陀罗尼，余一生在住十住地，次当作佛。如王太子，俱于十方皆成佛道，具大庄严，不疑如来一切功德。天龙八部一时俱会。

尔时师子威菩萨从座而起，右膝着地，合掌向佛，而白佛言：“世尊！若善男子、善女人于如来所而修供养，功德多不？”佛告师子威：“勿作是语‘若善男子、善女人于如来所而修供养功德多不’，何以故？如来无量戒、定、慧、解脱、解脱知见之所成就，若善男子、善女人于如来所若存若亡而修供养，师子威！当知是人终必于三乘中，随其因缘而得解脱。复次，师子威！若复有人见佛世尊，心生欢喜，尊重赞叹，以诸供养施于如来。又复有人于如来灭后，若见舍利，心生欢喜，是二功德等无有异。复次，师子威！若在家菩萨，以诸珍宝积如须弥，供养声闻及辟支佛，不如出家菩萨发菩提心，以一金钱供养如来。复次，师子威！若复有人于千万岁亲近世尊，备修供养。若复有人如来灭后发菩提心，以一香华入僧伽蓝，举足下足作如是言：南无世尊！以此深解殷重信心，供养如来舍利宝塔。不以求报，不以疑惑，未得解脱中间，若千万亿劫，不堕恶道。师子威！谛听！有陀罗尼名曰“华积”，我今当说，为诸天人多所饶益。若善男子能于华积陀罗尼咒，受持读诵，亲近依行，功德胜彼。是人世世得一闻持，不堕诸恶险棘道中，离诸艰难，常见妙宝，常见诸佛，诸根常具，不生下贱卑隶人家，常得不离菩萨弘心，常得种种无量慧辩，为无量十方诸佛如来之所知见。乃说咒曰：

但施(峙耶反)他(一)杜罗祢(二)拖罗祢(三)拖罗尼(四)拖罗尼(五)侔尼(六)波罗婆(负荷反)娑祢(七)悉谛(八)栴褅(九)那侔纸(十)嬉诃(引)唎(狸遮反，十一)鲁伽婆底(十二)佛陀婆底(十三)底唎(狸遮反，十四)柯罗知(胝遮反，十五)罗竖波伽知(胝遮反，十六)知(胝遮反)杜婆底(十七)毗舍罗佛地(十八)达摩婆徙(十九)恶叉耶葛俾(二十)葛波毗伽知(胝遮，二十一)阿媚多葛波休多大多祢(二十二)阇波底(二十三)哆嬉(微耶反)沙摩憙(吴音反)知(胝遮反，二十四)蜀伽罗婆底(二十五)陟沙挐佛朕(持引反)地耶佛地琐诃(引，二十六)

tad yathā turami turami dharaṇi dharaṇi muniprabhasvare siddhi caṇḍe nināmacini nirahare arogati buddhamatidhirye oṃ karate gagarate rajvapati tejopati bibulabuddhi dharamā ababhāse akṣaya-kalpe kalpabati amṛtakalpe hūṃ nā ś ana tejobati nittyasaṃhite tejograbati ṣ ṭ hendrena ti ṣ ṭ handrayabuddhi svāhā

师子威！当知若善男子能于此华积神咒，若读若诵，是人当于三月、四月、九月，从八日至十五日，一心忆念如来相好。夜中三诵华积神咒，日中亦三。至月圆时，当以香华、灯烛于形像前而修供养，并诵华积陀罗尼咒。其人是夜梦见如来，相好具足，坐莲华座，为众说法。亦得华积陀罗尼咒，于现世中常得强记，智慧深信。从今身乃至涅槃，常一闻持，一切闻见，一切经教，一切学解，一切技艺，通达无碍。于一切三昧深得清净，解四圣谛无上法轮。”说是经已，师子威等、天龙八部、一切大众，欢喜奉行。

《僧祐录》入失译经，《长房录》据《宝唱录》作支谦译。其异译本有东晋失译《华聚陀罗尼经》《师子奋迅菩萨所问经》，后至宋代，又有施护译《华积楼阁陀罗尼经》。据《长房录》记载阇那崛多的口传：于阗东南二千余里有遮拘迦国，彼王纯信敬重大乘，王宫自有《摩诃般若》《大集》《华严》三部大经，并十万偈。此国东南二十余里有山甚崄，其内安置《大集》《华严》《方等》《宝积》《楞伽》《方广》《舍利弗陀罗尼》《华聚陀罗尼》《都萨罗藏》《摩诃般若》《八部般若》《大云经》等，凡十二部，皆十万偈，国法相传，防护守视云云。[①] 此以该经作为大乘十二部经之一，可见其西域、北印一带的影响，当与《舍利弗陀罗尼经》（《无量门微密持经》）作为密教的代表经典。

该经所说陀罗尼咒也保留了陀罗尼原义的一些特征，如最后说其功德，得华积陀罗尼咒，能于现世中常得强记，常一闻持，便于一切闻见、一切经教、一切学解、一切技艺通达无碍。还具备智慧深信，于一切三昧深得清净，解四圣谛无上法轮。当然，华积陀罗尼咒还有其他功德，其中最重要的是，使人世世得一闻持，不堕诸恶险棘道中，离诸艰难，还能常见妙宝，常见诸佛。也有世俗的功德，就是生来诸根常具，不生下贱卑隶人家。也素具菩萨心，常得种种无量慧辩，为无量十方诸佛如来之所知见。

该经还附有陀罗尼行咒法，规定了诵持神咒的时间、遍数，忆念如来相好，香花灯烛供养佛像前。其功德中还有梦见如来相好，并为之说法的说法。

该经另一个重要的思想，就是提出供养佛舍利的重要功德，说在佛所修行固然能在三乘中终得解脱，但生前亲见佛世尊，欢喜赞叹并供养，与佛灭后见舍利，心生欢喜，是二功德等无有异。又说在家菩萨以诸珍宝积如须弥，供养声闻及辟支佛，不如出家发菩提心，以一金钱供养如来。与其于千万岁亲近世尊，备修供养，不如如来灭后发菩提心，以一香华入僧伽蓝，举足下足称南无世尊。还说以此深解殷重信心供养如来舍利宝塔，不以求报，不以疑惑，未得解脱中间，若千万亿劫不堕恶道。供养舍利宝

① （隋）费长房撰《历代三宝纪》卷12，《中华藏》第54册，第311页上。

塔，不坠恶道的说法，也是该经流行的一个重要原因。

例（3）玄奘译的《六门陀罗尼经》：

如是我闻：一时薄伽梵在净居天上依空而住，众妙七宝庄严道场，与无央数菩萨众俱。尔时世尊告诸菩萨：“善男子，若欲利益安乐众生，汝当受此六门陀罗尼法。谓：‘我流转于生死中诸所受苦，勿令众生同受斯苦。诸有所受富贵世乐，愿诸众生同受斯乐。我所作恶若未先悔，终不发言称无上法。我诸所有众魔之业若未先觉，终不举心缘无上法。我诸所有波罗蜜多所摄一切世及出世广大善根，愿诸众生皆当速证无上智果。我证解脱，亦愿众生皆得解脱，勿令住著生死涅槃。陀罗尼曰：

忏谜忏谜莫闭反　羼谛羼谛　跋迭丽跋迭丽　稣跋迭丽稣跋迭丽　谛誓谛誓 战迭丽战迭丽　战迭逻伐底丁履反低殊伐底　达磨伐底　萨缚结隶铄　毗输达你　萨缚阿刺托　莎达你　末诺僧输达你 莎诃’

tad yathā oṃ kṣame kṣame kṣame kṣame dame dame dānte bhadre bhadre subhadre subhadre tejateja candre candre sucandre sucandre candra kiraṇe candra bati tejobati yaśobati darama bati pramhabati sarvakleśabiśodhani sarva arthasādhani sarva arthapraśamani paramārthasādhani kāyabiśidhani bagabiśodhani manaḥ sam śodhani svāhā

若有清信善男子、善女人，能于日夜六时，读诵如是六门陀罗尼者，此人所有一切业障皆悉消灭，疾悟阿耨多罗三藐三菩提。”时薄伽梵说是经已，一切菩萨摩诃萨及诸天众，闻佛所说，皆大欢喜，信受奉行。

属于篇幅较短的一类经，内容简洁明了。按《六门陀罗尼》，唐贞观十九年（645）七月十四日玄奘于弘福寺翻经院译，沙门辩机笔受，为玄奘创译开篇四部经论之一，当日译毕，皇太子亲笔抄写。其作创译开篇之经，具有代表密教经典的象征意义。另外三部为大乘概论性经典《菩萨藏经》和唯识经论《佛地经》与《显扬圣教论》。该经篇幅很短，但有世亲菩萨的《六门陀罗尼经论》，还有智威尊者的《六门陀罗尼经论广释》。其论及其广释，有敦煌出土译本，末注“癸丑年十月上旬八日于沙州永康寺集译讫故□之也”。

该经陀罗尼称六门陀罗尼，六门，即六句门，以具有六句义而称。该经篇幅短小，经初有愿文，说若欲利益安乐众生，当受此六门陀罗尼法。所谓六门陀罗尼法，即是表现菩萨克己利人的六种大乘精神。其一，愿我流转于生死中诸所受苦，勿令众生同受斯苦。其二，诸有所受富贵世乐，愿诸众生同受斯乐。其三，愿我所作恶若未先悔，终不发言称无上法。其四，愿我诸所有众魔之业若未先觉，终不举心缘无上法。其五，我诸所有波罗蜜多所摄一切世及出世广大善根，愿诸众生皆当速证无上智果。其六，我证解脱，亦愿众生皆得解脱，勿令住着生死涅槃。①

该经的世亲之论及其广释，其论将此六愿分别释为六义：一慧圆满，二慈力清净，三自性清净，四令知他所作障，五摄一切菩提资粮，六彼果正智及真如。其论释说：论言一慧力圆满者，当知证得了于真如。是故经曰谓我流转于生死中诸所受苦，于诸有情愿证平等。言一切有情平等者，谓一切有情真如之性。彼所受苦无知之相，作如是说，愿勿无知，明了证悟。论言二慈力清净者，慈即力故，故言慈力。彼清净者，谓对治品不屈伏故。尔时于自所有诸乐愿乐施他，乃可名为慈力清净。非唯愿乐，离苦解脱。论言三自性清净者，谓自心清净，当知尽于恶趣染污及尽于业。经所言无上忏悔者，当知即是无所得心。论言四令知他所作障者，谓他所作、近所作也。令知所作障者，知彼于我作如是障。经言无上觉知者，即如诸佛及诸菩萨如理知也。众魔业者，当知即是而能障于善法者也。论言五摄一切菩提资粮者，谓是无上正等菩提一切资粮，即是因也。摄彼一切者，谓修习也。经言波罗蜜多所摄一切者，谓与波罗蜜多相依故也。所有波罗蜜多回向无上正等菩提乃能成故。论言六彼果者，谓彼菩提资粮果也。言正智及真如者，示彼果也，依等流果及离系果而宣说故。如经我证解脱亦愿有情皆得解脱。勿令住着生死涅槃。随次应知。此中离障智者，谓是解脱，愿速证得远离烦恼所知障智。有此意趣，不住生死及涅槃者，当知即是真如之性。彼于生死及以涅槃无别异故，如经说言生死真如、涅槃真如，于真如界无有差别，当知彼则是诸如来清净法身，是故建立彼，即是其诸波罗蜜多果，除彼更无余果故也。②

---

① （唐）玄奘译《六门陀罗尼经》，《大正藏》第21卷，第878页上。

② （唐）失译《六门陀罗尼经论广释》，《大正藏》第21卷，第879页上、中。

对六门陀罗尼义，世亲论又从三种异门解释。其一，一于苦时摄取有情界，二于乐时摄取有情界，三于自断资粮障，四于他断资粮障，五积集一切资粮，六所集资粮为自利满及显利他满也。其二，复有异门从正遍知而退还者，有其六因：一弃背有情于生死苦不能安受，二于世富乐有执着心，三而积诸障，四随顺恶友之所倾动，五不集资粮，六而于诸有圆满等法有习近心及未著心。对治彼故，随其次第而说六门。其中第一、第二而则显其苦分位不舍有情、成熟有情，第五即能成熟佛法。第三、第四断除障故，即能成就自彼之二。第六显示声闻、独觉不共之果，清净法身无超过故，而能行于利生行故，是名住于尽生死际。其三，复有异门以四净心开示：一了法无我故，颠倒有情及流转苦而不倾动，二于富盛时而不起于有情之见迷等杂染，三与不清净因粗重之果能生之力而不随顺，四而能断除彼增长因。复说六加行清净，由六加行而说六功德，此诸广释进一步讨论。世亲《六门陀罗尼经论》解释有数重六句义，其正门六句义为：一慧圆满，二慈力清净，三自性清净，四令知他所作障，五摄一切菩提资粮，六彼果正智及真如。

该经六门陀罗尼共 12 句，其名即作陀罗尼，并未译称陀罗尼咒或陀罗尼神咒，也可见出玄奘不以陀罗尼为咒语的思想。该经的功德思想，除了消灭一切业障、疾悟菩提之外，利益众生的菩萨思想具有鲜明的特点。其中就与众生的关系而言，即使自己流转于生死中受苦，也勿令众生同受斯苦。但诸有所受富贵世乐者，愿诸众生同受斯乐。就于个人的解脱而言，自己所作恶若未先悔，终不发言称无上法。自己诸所有众魔之业若未先觉，终不举心缘无上法。自己证解脱，亦愿众生皆得解脱，勿令住著生死涅槃。这种先人后己的思想，最具菩萨精神，也是典型的大乘思想。

经中所说六门陀罗尼曰：

忏谜忏谜莫闭反　羼谛羼谛　跋迭丽跋迭丽　稣跋迭丽稣跋迭丽　谛誓谛誓　战迭丽战迭丽　战迭逻伐底丁履反低殊伐底　达磨伐底　萨缚结隶铄　昆输达你　萨缚阿剌托　莎达你　末诺僧输达你　莎诃

tad yathā oṃ kṣame kṣame kṣame kṣame dame dame dānte bhadre bhadre subhadre subhadre tejateja candre candre sucandre sucandre candra kiraṇe candra bati tejobati yaśobati darama bati pramhabati sarvakle śabiśodh-ani sarva arthasādhani sarva arthapraśamani paramārthasādhani kāyabiśidhani bagabiśodhani manaḥ samśodhani svāhā

说其功德，能于日夜六时读诵如是六门陀罗尼者，此人所有一切业障皆悉消灭，疾悟阿耨多罗三藐三菩提。

例（4）《决总持经》，亦题《决定总持经》，西晋泰始元年至永嘉二年（265—308）竺法护译于长安，《僧祐录》著录。其异译《谤佛经》，北魏宣武帝、孝明帝时（500—528）菩提流支译于洛阳。两种译本内容相同，竺法护译本篇幅稍多，陀罗尼采用意译法，其中陀罗尼咒文也意译。

其名《决总持经》者，决即决断、判决以及决定之意，此有断惑决疑之义，表示佛说总持法门为十族姓子断惑决疑，故称其法为决总持门，称其经为《决总持经》。经中说一时佛在罗阅祇耆阇崛山中为千二百比丘、八万菩萨等说法，有高等种姓男子十人随闻如来宣决总持法门，出家修行，直至七年而不得成就，遂不复修学总持之门，乃至舍道还俗，重操旧业。于时佛为阿阇世王决虚妄疑，已除犹豫，七日寂然，则演圣威，因令其王不为放逸，心怀诤讼，解散王结，一切调戏、诸所见缚。竟七日已，阿阇世王与七亿人往诣佛所，欲启受法。此十族姓子求圣短处，毁谤佛法者，亦侍从王侧。时会中有无怯行菩萨已得总持，成就法忍，通晓无思议总持门品，向佛请教十族姓子不成就的原因，于是佛说斯诸族姓子，乃往过去久远世时，谤毁佛法，不肯听受，以用谤毁越佛法故，由是所致，不得疾获无上大道。并说过去佛光世音如来时，有辩积菩萨逮得总持，执权方便，进退随宜，开化一切，而为人说法，适处高座。时有月施国王爱乐道法，渴仰经义，以法自娱，遂供养法师辩积菩萨，与其中宫贵人、婇女之众大作伎乐，宝华、檀香及细妙衣服供养，昼夜七日住不敢坐，奉以所安，随其所宜不失时节。但其时此诸十人往生于大豪贵长者之子，诽谤横枉辩积菩萨法师，言毁法戒，不随禁业。以是罪故，堕于地狱，满九万岁；生于人间，五万世中堕在边地夷狄之中，迷惑邪见，罪盖覆蔽；六百世中常当生盲，喑哑无舌，不能言语；出家为道，作沙门来，七百世殷懃精修，不惜身命，不得总持。今复来生于我之世，意数数乱，不能专定。以是之故，宿命余殃，罪盖所蔽，而今此辈诸族姓子不得总持，是故贤者嘱累汝等，郑重告敕，闻是经典，面见法师，为人班宣，咸共供养，不当愁忧，心怀毒害，况复遥闻，生恶心耶！因此十人违犯诸佛、诽谤经典之故，异译本称其经名为《谤佛经》。

该经说此十族姓子以违犯诸佛、诽谤经典而不得总持法门的故事，其用意在于强调尊崇总持门法师的重要性，以月施王为榜样，称“其敬法师最为无上，巍巍之尊福无过者。”这是陀罗尼密教尊崇法师的先例。但由此故事推论出来的结论更是惊人，加害法师者罪不可赦，敬崇法师如同敬崇于佛！说：“族姓子，假使有人皆取众生挑其两眼，斯罪虽重，尚可堪任劫数尽竟。若有害意向于法师，罪之劫数复过于彼。假使有人皆取众生好斗诤者，和谐别离，广令安隐；若见法师一心住前，是诸功德过于和合众生斗诤令得安隐百倍、千倍、万倍、亿倍、巨亿万倍，不及悦颜住菩萨前。所以者何？其有诽谤法师者，则谤如来。欲得供养于如来者当奉法师；欲敬如来，当顺法师；欲礼如来，当礼法师。所以者何？诸菩萨等皆从法生，从诸菩萨成一切智，因一切智成佛世尊。”① 这就将法师的地位提高到与佛等同，供养、敬顺、敬礼法师等于供养、敬顺、敬礼诸佛，其理由不过是法师菩萨从法生，从诸菩萨成就一切智。

但敬礼法师如佛尚且不够，还要讽诵总持章句：

修清澄　鲜洁句　清且凉　无所授
亦无造　无所得　遵速疾　取新生
奉精进　礼行步　勤修行　智晓了
主观察　无所起　去患难　游慕便
举轻便　普清净　无不净②

此总持章句共19句，《谤佛经》音译陀罗尼作20句，称其名净恶业陀罗尼，其文曰：

多轶他台逻反，是长音，不言长者尽是短音句 阿制句 阿车婆坻句 阿那长音 毗丽句 阿施黎杀诗债反，句 阿讫吏帝句 阿那由系句 阿系句 阿毗何长音 离句 陁婆重音，不言重者悉是轻音 婆句 头楼唐鹅磨句 由多若多长音 纳波啰颇閅句 尼伽地持债反，句 忧伽啰系句 俟侯迷无诣反，句 遮波丽句 娑迟摩细句 三摩提句 余长音 知句 那耶波离舒长音 池重音 帝句③

syād yathedan adcche adchabati anabile eśeṣe akrite anāyūhe ape abijarita bamagama dhurudhaṃemo yudadñabacitta prakṣige nigaṭe ugrahe huhume cabale sade same samade yoti nayo bariśoti

① （西晋）竺法护译《佛说决定总持经》，《中华藏》第19册，第176页上、中。
② （西晋）竺法护译《佛说决定总持经》，《中华藏》第19册，第176页下。
③ （北魏）菩提流支译《谤佛经》，《中华藏》第19册，第192页上、中。

此等十人以讽诵是总持章句，而于七日修恩德，无所下使无色，不怀瞋恚，安详不久，游无所作，无瑕秽心，平等舍所有，离五阴，释不净意念佛。并说设能如是奉遵道教，十方世界各有千佛，示现其前令自见之，克心自责，归命圣尊，罪殃可除，逮成道慧。此十族姓子时闻佛教，等顺法律，即舍家业，出为沙门，讽诵此总持章句，如圣所诲，昼夜七日精进奉行。竟七日已，辄见十方各有千佛，分别为说消罪之业。应时皆得修普智行总持之门，超三十六劫生死之难，逮不退转，当成无上正真之道。最后说明月施国王者今现阿弥陀是；其辩积者，阿閦如来是；十长者子，今此十人族姓子是。故其有志学菩萨乘者，殷勤奉修如佛所教，住于正法，舍其无明，慎无伺求他人之短。

讽诵总持章句、勤求此总持者，还需要修行三、四种四事法，可疾得佛道。其一，一奉行空事，常有慈心，无害众生；二愍敬同学，不为轻慢；三为人说法，以轻惠施，无所希望；四志常专一，不怀供养衣食之心。其二，一爱乐明经，好于大乘；二远离爱欲，不习放逸；三常修济贫匮供以所乏；四能兴法财，七业施人。其三，一常行大慈，哀诸群生；二常行大哀，为之雨泪；三常行大喜，和颜悦人，视于众生；四常行大护，救度三界生死之患。其四，复遵修四事威仪，一礼节周正，志不懈废，以若干种诸所供具，奉养法师，笃信三宝。二常怀恭敬，谦逊卑顺，未曾懈厌，常行精进，无有谀谄、邪行之业。三心之所念常不离佛，意所遵修，解无所有，已无所有，无所想念。四皆能晓了众生性行，勤自谨敕，心口相应，爱乐诸佛，请问咨受，悔过守节，劝助德本，威仪礼节不违道教；无应不应，闻非人声不以恐怖，不畏蛇蚖毒螫之虫，奉敬师长，修此经典，未曾懈惓。

例（5）《佛心总持经》，该经竺法护初译，题《心总持经》，编入《生经》卷二，为第 19 经。后秦弗若多第二译，《僧祐录》著录，指出“与《生经》所出《心总持经》大同小异”。

该经说佛心总持法，佛心，意为佛说的陀罗尼为精要之法，此指陀罗尼所包含的清净法。其具体内涵，如经中阐释说：“无垢，离垢，造一切义，皆已逮得。”① 此就佛心总持的本质而言，无垢指佛心法的本质为清

① （西晋）竺法护译《佛说佛心总持经》，《生经》第 19 经，《中华藏》第 34 册，第 751 页上。下引同。

净，离垢指不为烦恼所染污，但又出生一切法，所有义理无不成就。“所作诸德无有边际，三世平等，一切十方具足诸慧，示现一切诸所有藏，诸法自在，具足成就，所作通达，普了周匝，除一切眼，皆于三界普至十方。”此就佛心总持的功德和特点而言，诸德无际、三世平等、具足智慧、诸法自在、普至十方等，都是佛心总持具有的普遍性特点。“寂然憺怕，获诸脱门。分别法界，究竟猗著，皆念一切，诸所作为，超度余心，已得解脱。除结缚法，普于虚空，本性清净无垢，劝化三处。过去、当来、现在平等三世，断除无余，离于所有。第一度证，所行如言，所作成就，一切大慈，而兴大哀于一切人，而无所度。”这些实际上是大乘菩萨的修行功德。

至于诵持佛心总持的功德，说是佛心总持法，为四辈说求菩萨乘，其有讽诵，怀在身心，谛晓了识。持此经者，怀诸思想，譬若如来立在于顶，思则得见。其有能见，若有闻者，能说经法。若有持者，未曾有忘，究竟于学。当复得住，于道所住，说经寂然。以故讲经，所持当持，未曾忽疑。以是之故，能忍总持一切所闻，所得如海，逮不起法忍，于一切法而得自在，无所罣碍，至解脱门。如意具足，于现在法，于我法教，当受重任，弃诸重担，此族姓子，则为见佛。若睹此等，当从听受，当观其法，莫察其形，不当毁呰而轻易也！

经中说陀罗尼二首，其一为有意义的章句，作：

跎饥梨尼　跎饱梨尼　师比丘　跪罗陀　蔺偈陀　沙瑜投陀沤阿夷比兜波　昧瘴翅那旃　跪离那波罗翅提尼陀槃尼　尼披散尼　摩呵曼那毵陀梨那

ṭakkijaḥ ṭāpuruṇṇasya bikṣu gaurāthaḥ sucitta sāyo ttutoñ yurbidyu pāṇidaṇṭi natam̩ kūlāna paracchedi nitāpani nibāsani mahāmantra anudhariṇa

此陀罗尼章句意译则为：

其有于是，于我空耗，所有财宝，令逮得之。若过去则，以是神咒，当以手授，重其手足。拥护于膝，重于膑（骨），常皆见重，为胁见重。使下见重，令颈见重，使心见重，令四部众。皆使见重，悉令平等，所从来处，风散其华。

其二为不可译的陀罗尼咒，作：

沤那提奴　沤那提陀　沤弥提屠　沤提屠取披鞬陀　吡阇吡者 朱陀阇陀　波沙提　波沙檀尼耶醯迦弥仇弥遮罗翅　朱罗铃摩尼　阿提陀　浮

弥羡那伊俞罗头　那翅祇谛弥　比阐谛弥　萨披那楼　弥檀㲉南模　摩迦尼　阿谛比耶

utthito utthitaḥ amitāca atiśca saudhi gandhiḥtrasa trasa cuta cata paśyati paśyataniya he game game cara khe cara nemite atitābhumiḥsena yoratuya kṣiti temi bidyantime sarvatra me dhānu namo makani āsabhyāhāḥ

其义为：令所祝吉！梵天劝助！

二　咒术型陀罗尼咒经

咒术型陀罗尼咒经是数量最多的一类陀罗尼经，即一般所称陀罗尼咒经，简称咒经。它带有浓厚的巫术性质，具有陀罗尼万能思想。这类咒经大量来自于印度教－婆罗门教神咒以及民间禁咒，附带有行咒法，陀罗尼在这里完全被咒术化。

这类咒经中，《摩登伽经》是密教咒术和占星术的鼻祖，由于该经的宣传，咒术堂而皇之地进入佛教，取得合法的地位，也影响了陀罗尼发展的方向。《摩登伽经》二卷，三国时竺律炎译于吴国，其异译本《舍头谏经》一卷，全称《舍头谏太子二十八宿经》，一名《虎耳经》，《僧祐录》入失译经，《长房录》作安世高初译，竺法护再译，即为今本。《摩登伽经》共七品，其中《度性女品》通过旃陀罗女追求阿难的故事，说明佛教也有咒术，且佛说咒力之大，尽可断灭所有咒术。经中说有旃陀罗女，爱恋阿难，欲为婚姻，其母使用咒术，令阿难自来婚配。其母使用的旃陀罗咒术，即自舍内牛粪涂地，布以白茅。于此场中燃大猛火，以一百〇八枚妙遏迦花诵咒一周，辄以一茎投之火中。[①] 其令阿难来咒曰：

阿磨利　毗磨利　鸠鸠弥　三磨祢　移那　婆头赐　频头弥　车养提　菩跋利　沙提毗地踰多　提揭阇提　毗三磨耶　磨罗阇　三磨提　跋陀夷阇[②]

---

① （三国吴）竺律炎译《摩登伽经》卷上，《中华藏》第34册，第449页下。（西晋）竺法护译《舍头谏太子二十八宿经》此说：“以牛屎涂舍中庭，因便然火，化造屋舍，储八瓶水，示十六两，应而生诸华。持华转咒，以一一华散于水中。”《中华藏》第34册，第405页中。

② （三国吴）竺律炎译《摩登伽经》卷上，《中华藏》第34册，第449页下—450页上。《舍头谏经》此译：阿遮犁　莫摩犁　维摩犁　句鸠摩　鸠摩门那非头　闭头摩遮弥　蹄和陂沙提　祇牟多迦伽耶比舍波摩呼罗闭　抄慢头陀提波菩。意译：若大神，天及揵陀罗，急志神明，其最暴卒，唐突无理。各以威神化阿难，来令至此间。《中华藏》第34册，第405页中。

amale bimale kukuma samamaneye yena bandhosmi binduna icuyāde pobirśa ṣatibidyo tetagaraja tibibhyoganadharabebhyaḥ śikikhrigraha devābiśikigraha doba anandāsy agamanāya kramaneya juhomo svāhā

并祝祷说："若天！若魔！若乾闼婆！火神！地神！闻我是咒，及吾祠祀，宜应急令阿难至此！"于是阿难心即迷乱，不自觉知，身不由己，便行至栴陀罗舍，将被旃陀罗母女迎为婚姻。但阿难既到其舍，悲咽哽塞，泣泪而言："我何薄佑！遇斯苦难。大悲世尊！宁不垂愍加威护念、令无娆害？"尔时如来以净天眼观见阿难为彼女人之所惑乱，为拥护故，即说安隐众生咒曰：

悉捸帝　阿朱帝　阿尼帝①

sthiti racuti nisvati sarvaprñaṇibhyaḥ serabrasanaṃni rtośaṃ sarvatobayaṃ itayo yatra śāsyantabhayani calitāni cataṃbete bānama śyati sarvasiddhacayogini atena satyabākyena sevastya anandaya bikṣabe

佛并说誓愿："吾以斯咒安隐一切怖畏众生！亦欲利安诸苦恼者！若有众生无归依处，我当为作真实归依。"尔时阿难以佛神力及善根力，栴陀罗咒无所能为，即出其舍，还祇洹林。于是旃陀罗女母告之："沙门瞿昙必以威力而护念之，是故能令吾咒断坏。"并说："沙门瞿昙，其德渊广，非是吾力所可为比。假令一切世间众生所有咒术，彼若发念，皆悉断灭，永无遗余。其有所作，无能障碍。以是因缘，当知彼力为无有上。"其中不仅佛说咒语，且其咒力更大，再无有上者，乃至发念之倾，所有咒术顿失效力，皆悉断灭，永无障碍。这就是说咒术是合理合法的，不论外道咒术还是佛教咒术都具有同样的性质，只是咒力大小不同而已。

不过这里使用咒术不过是以其人之道还治其人之身而已，随后佛向阿难说了另一首咒：

耶头多　安荼利　槃荼利　抧由利　他弥曷赐帝　萨罗结利毗槃头摩帝大罗毗沙　脂利　弥利　婆膩邻陀　耶陀三跋兜　罗布罗波底　迦谈必罗耶

tadyathā aṇḍare paṇḍare keyure dhame hasti sarage begabanhamati dhari biṣacila milisātanayusna thaya saṃbhagīlā golabasti kadaṃ cila

---

① （西晋）竺法护译《舍头谏经》意译，同前咒："若大神天及揵陀罗，急志神明，其最暴卒，唐突无理，各以威神，化阿难，来令至此间。"《大正藏》第21卷，第410页下。

这就是六句咒，说其力殊胜，悉能拥护一切众生，能灭邪道，断诸灾患。受持读诵者用自利益，亦可安人。若比丘比丘尼、优婆塞优婆夷欲利安已，饶益众生，皆当受持六句神咒。还说此咒皆为过去六佛所共宣说，今释迦牟尼佛亦说是咒，大梵天王、释提桓因、四天王等皆悉恭敬受持读诵。这样六句神咒的适用范围就被普遍化，其功用也超出了解除他咒的局限，悉能拥护一切众生，能灭邪道，断诸灾患，可以自安，亦可饶益众生。该咒还被说成在现实生活中有实际作用，说临应刑戮，以咒力故，轻被鞭挞，而得免脱。若当鞭挞，以此咒因缘，呵责得免。若应呵责，由此神咒威德力故，永无呵毁，坦然安乐。

另外，《摩登伽经》还提出并论证种姓平等思想，集中反映了佛教的社会思想。《明往缘品》明确说“姓皆平等”，不同的社会地位、经济生活、智力水平，均有个人业力决定，并非梵天创造，也无关乎种姓。说：“一切众生随业善恶而受果报，所谓端正丑陋、贫贱富贵、寿命终夭、愚痴智慧，如此等事，从业而有。若梵天生，皆应同等，何因缘故如是差别？”其实世界所有的事情无不如此，经中驳斥婆罗门说：“夫世界者由众生业而得成立，何有梵天能办斯事？汝等痴弊，横生妄想而言尊胜，人无信受。又婆罗门命终已后独得生天、余不生者，是则为胜。而汝经中修行善业，皆生天上。若修善业便生天者，一切众生悉能行善，皆当生天，何故余人而独卑劣？”故“法无二相，悉皆同等。”所谓四大种姓，“虽一父所生，皆同一姓而有四名差别之异，世间四姓亦复如是，虽同业报，烦恼、性欲而有四名，言婆罗门乃至刹利、毗舍、首陀，名虽不同，体无贵贱。”① 而真正有贵贱荣辱差别者，是以所做善恶事业为标准。如《众相问品》说：“先说一切众生贵贱不定，虽有尊贵而为恶者，犹名下贱。若卑贱人能为善事，便名豪胜。是故一切称尊贵者，由修善业，不以种族名为胜人。”②

因《摩登伽经》的故事，六字神咒被另编为咒经流行开来，东晋时有失译《六字咒王经》《六字神咒王经》，梁代有失译《六字大陀罗尼咒经》，宋代施护译《圣六字增寿大明陀罗尼经》《佛说圣六字大明王陀罗尼经》，以及法天译《佛说大护明大陀罗尼经》等，都是由此改编而成的

① （吴）支谦译《摩登伽经》卷上，《大正藏》第21卷，第402页下—403页上。

② （吴）支谦译《摩登伽经》卷下，《大正藏》第21卷，第404页中。

咒经。其中六字神咒的功用不断扩大，乃至于无所不能，咒文也不断增加，且与观世音菩萨联系起来。如《六字咒王经》说，有人读持此六字大咒王经，假使咒枯树可得还生枝叶，何况人身。使某甲得寿百岁，得见百秋。诸佛所说，阿难所传，若人读诵通利，悉皆自护，众恶不著身。若咒他者，能除彼患。诵者断五辛，至心鲜洁，然后乃能行之南无观世音菩萨摩诃萨，礼彼大士，然后说此神咒，愿此神咒常吉，观世音照我身，观我身，怜愍我故。[①] 宋译经典中如来与帝释天主、四大天王同说，称六大威德师。说此六字大明章句有大威力，若复有人王法难中惊怖，大水难中惊怖，大火难中惊怖，贼劫难中惊怖，冤家难中惊怖，众恶难中惊怖，斗战难中惊怖，恶曜难中惊怖，如是诸难害身之时，一心称念大明章句，拥护某甲令得解脱，作是语已，是诸众难速得消除。甚至说若诸有情患诸疼痛：头痛、项痛、眼耳鼻痛、牙齿舌痛、唇口颊痛、胸胁背痛、心痛、肚痛、腰痛、胯痛，遍身疼痛，及泻痢、痔瘘、风、黄痰、瘾诸恶重病，如前称念大明章句，佛大威德令一切日月星曜、罗汉圣贤发真实言，与某甲弟子应作拥护，息除灾患，令得安乐。所有刀剑、毒药、虎狼师子、蚖蛇蝮蝎、诸恶禽兽，皆不为害。痁病不著，亦不中夭，乃至阿波娑摩啰部多、毗舍左、鸠槃荼等一切鬼将悉皆远离，不敢为患。[②]

类似的经还有《佛说护诸比丘咒经》《持句神咒经》《佛说护诸童子陀罗尼咒经》《佛说檀特罗麻油述神咒经》《阿咤婆拘鬼神大将上佛陀罗尼》《集法悦舍苦陀罗尼经》等。其中《持句神咒经》为失译经，其异译有《陀邻尼钵经》《陀罗尼章句经》《东方最胜灯王陀罗尼句》，后来阇那崛多又译《东方最胜灯王如来经》，直至宋代尚有施护译为《圣最上灯明如来陀罗尼经》。《佛说护诸童子陀罗尼咒经》，北魏菩提流支译。《金刚秘密善门陀罗尼》，东晋失译经，其异译本又有失译《善法方便陀罗尼经》，宋代有法贤译《延寿妙门陀罗尼经》，唐代菩提流志译《护命法门神咒经》以此基础扩编而成。《阿咤婆拘鬼神大将上佛陀罗尼》，梁代失译经，后至唐代改变为仪轨，风行一时。

陀罗尼咒经流行很广，也不断被重译，许多小型的咒经以及零散的神咒还被抄集汇编，《七佛八菩萨所说大陀罗尼神咒经》就是一部抄集的咒

---

① （东晋）失译《六字咒王经》，《大正藏》第 20 卷，第 39 页上。

② （宋）施护译《圣六字增寿大明陀罗尼经》，《大正藏》第 20 卷，第 46 页下。

经，共四卷，其中抄集陀罗尼咒 113 首。而《陀罗尼杂集》是一部抄集两晋十六国及南北朝初期流行的陀罗尼及其咒经的总集，集中反映了另一种类型的陀罗尼咒经的思想。其抄集的陀罗尼咒经则达十卷之多，抄集陀罗尼咒经 139 篇，咒文多达 271 首，其中第一至第四卷《七佛八菩萨神咒经》，与以上咒经的内容相同。又有《种种杂咒经》，也辑录咒文 23 首。

三　名号型陀罗尼咒经

名号型咒经中，有小型经典，也有大型经典。如《八吉祥神咒经》《阿弥陀鼓音声王陀罗尼经》《孔雀咒王经》《请观世音菩萨消伏毒害陀罗尼咒经》《十二佛名神咒校量功德除障灭罪经》《一切如来名号陀罗尼经》《大吉祥天女十二名号经》等属于小型名号经。《大灌顶经》长达十卷，属大型名号咒经。其中《八吉祥神咒经》由三国时支谦译，历代都有异译。所谓八吉祥者，就是八如来，其名吉祥，并诵其名为咒，故称八吉祥。此所谓八吉祥咒的名号为：东方去是一恒沙满所愿聚世界佛名安隐嘱累满具足王如来至真无所著最正觉，去是二恒沙慈哀光明世界佛名绀琉璃具足王如来无所著最正觉，去是三恒沙欢喜快乐世界佛名劝助众善具足王如来无所著最正觉，四恒沙一切乐入世界佛名曰无忧德具足王如来无所著最正觉，五恒沙满一切珍宝法世界佛名药师具足王如来无所著最正觉现今说法，六恒沙满香名闻世界佛名曰莲华具足王如来无所著最正觉，七恒沙一切解说音声远闻世界佛名算择合会具足王如来无所著最正觉，八恒沙一切解脱世界佛名解散一切缚具足王如来无所著最正觉。经中说闻八佛及国土名，受持奉行讽诵，广为他人解说其义者，具有种种功德，还有八菩萨前来拥护，寿命欲终时，八人便当飞往迎逆之。

《大灌顶经》除后两卷为《净土经》和《药师经》之外，前十卷大多称咒经，但所念诵的咒大多是神的名号，称灌顶章句，或灌顶章句神王名字，或称神王灌顶章句，同时称神王名号、灌顶章句为神咒、法咒。如卷一《灌顶七万二千神王护诸比丘咒经》说十六神王名号：神名阿波竭证证竭无多萨，神名嘻迟比迟沾波沾，神名波迦罗睺捼无因输无，神名脂输无因台罗宋和罗，神名琛林罗波耶越罗罗，神名檀特罗沙罗佉羊驮。佛告比丘："此十六神王与其眷属五千之众各以己之威神，为诸比丘辟除鬼神凶恶之变。昔我子罗云树下禅思，为鬼神所娆惊起，明日来到我所，我即语言，当为汝说辟鬼神咒，即为说此十六神王。"佛语罗云："若四辈弟子为鬼神所娆者，当为说此十六神王灌顶章句，令离诸横，获吉祥之福。”① 说十九神王名号：神名阇离摩呵阇离，神名阇罗尼郁企目企，神名三波提摩诃三波提，神名颎提拔提鸠坻铁离，神名莎罗波提安那波提，神名半那波提阇那波提，神名迦偷尼摩诃迦偷尼，神名波沙檀尼耶醯迦弥。佛告比丘：“他方国土世界号华积，佛号最上天王如来至真等正觉，遣二菩萨，一号无量光明，二曰大光明。遣二菩萨献此十九神王神咒，作是言：娑婆世界一切人民行善者少，为恶者多，是故献此十九神王以佐世尊，令诸众生调伏信解。今我为汝等辈说彼佛所献神咒十九王，此诸鬼神三万六千以为眷属，当为汝等设诸拥护，度厄难苦，令获吉祥，普入法门。”②

第二节　陀罗尼咒的类别与意义

一　陀罗尼咒的类别

陀罗尼咒，可从不同的角度分为不同的类别，从陀罗尼的功用区分为专用咒、通用咒两大类，其中专用咒又分为治病、护法（经）、灭罪三种者，实际上还有增益、降伏、修法、祈愿等等。智𫖮《法华经文句》从陀罗尼的功用分为四种，说因“众经开遮不同，或专用治病，如那达居士。或专护法，如此文。或专用灭罪，如《方等》。或通用治病、灭罪、护经，如《请观音》”。其中那达居士专用治病的说法，后世疏著均未检出处，但其典故当出自《大涅槃经》。其中有女居士摩诃斯那达多，请命众僧，奉施医药，曾为一身婴重病、须以肉药可治的比丘，自取刀割其髀肉下药，比丘病即得差。但因此患疮苦恼，不能堪忍，即发声言：“南无佛陀！南无佛陀！”佛闻其声，持良药涂其疮上，还合如本。遂即为其说种种法，闻法欢喜云云。③ 那达居士应即优婆夷摩诃斯那达多的简称，陀罗尼咒之专治病者，如同那达割肉入药以及发声“南无佛陀”而佛为之涂药治疮的典故。这类专用于治病的陀罗尼咒以小咒为多，小咒就是民间禁咒，两晋南北朝时期流行的抄集经《陀罗尼杂集》中就汇集了很多治

① （东晋）失译《佛说灌顶经》卷1，《大正藏》第31卷，第800页上、中。

② （东晋）失译《佛说灌顶经》卷1，《大正藏》第21卷，第496页上。

③ （北凉）昙无谶译《大般涅槃经》卷16，《大正藏》第21卷，第458页上、中。

病的咒，有的经题中明确标明其咒所治之病。如佛说小儿中人恶眼陀罗尼、咒牙齿痛陀罗尼、咒蛇蝎毒陀罗尼、咒卒得重病闷绝者陀罗尼、诵咒手摩眼除一切痛陀罗尼、咒盐水饮腹痛者陀罗尼、除卒中毒病欲死者陀罗尼、除一切颠狂病陀罗尼、善护除病陀罗尼、咒肿陀罗尼、咒痈疮中恶陀罗尼、治热病陀罗尼、佛说止女人患血至困陀罗尼、佛说咒时气病陀罗尼、咒疫病文、咒痈肿文等。其中有关观世音菩萨所说治病的咒最多，如观世音说治五舌喉塞咒土涂之陀罗尼、观世音说除一切肿陀罗尼、观世音说除身体诸痛陀罗尼、观世音说除卒腹痛陀罗尼、观世音说除中毒乃至已死陀罗尼、观世音说除卒病闷绝不自觉者陀罗尼、观世音说除五舌若喉塞若舌缩陀罗尼、观世音说除种种癞病乃至伤破咒土陀罗尼、观世音说除病肌生陀罗尼、观世音说咒土治赤白下痢陀罗尼、观世音说咒草拭一切痛处即除愈陀罗尼、观世音现身施种种愿除一切病陀罗尼等。有的病有多重治疗咒，如治疟疾的有佛说治疟病陀罗尼、那罗延天说治疟病陀罗尼，治热病的有观世音说治热病陀罗尼、观世音说除热病邪不忤陀罗尼。这些专用治病的咒中还有通用治病的咒，如有咒名治百病诸毒陀罗尼，婆视罗仙人说救一切病种种方法陀罗尼，七佛所说大陀罗尼神咒中的第一首惟越佛所说陀罗尼名苏卢都呵晋言决定，说有一万八千病，以此一咒悉治之。

专护法之文，即《法华经·陀罗尼品》所说药王菩萨等所说诸陀罗尼咒5首，说是咒拥护读诵、受持、修行《法华经》者。此可见所谓护法就是护经法，这种咒是专用来护持经典以及诵读、受持、修行该经典者，大乘经典中大多设有《陀罗尼品》，其主要功用就是用来护持本经，陀罗尼契经中也有《陀罗尼品》，同样表明用于护持本经及其持诵人。而护持本经最早由记诵本经内容转化而来，有的陀罗尼品中仍然保留了诵陀罗尼有记诵本经功能的说法。很多陀罗尼从护经护法转而护持诵人、修行人，乃至护国护土，尤其拥护国土陀罗尼广为流行，护法与护国功相得益彰。

专用灭罪的《方等》陀罗尼咒，即昙无谶译的《大方等陀罗尼经·护戒分》所说灭犯重戒罪的四首陀罗尼咒。灭罪是陀罗尼咒的主要功能，其范围也广，包括消除现实灾难、各种心理障碍、今生犯罪、往世积业等。有的陀罗尼咒名中就标明其灭罪功能，有的标明其祈福功能。如《陀罗尼杂集》中辑录的《日藏经》中除罪见佛陀罗尼、佛说除一切恐畏毒害伏恶魔陀罗尼、佛说除产难陀罗尼、佛说除灾患诸恼毒陀罗尼、佛说灭罪得入初地陀罗尼、结带禁兵贼陀罗尼、除瞋恚陀罗尼、观世音除业障陀罗尼、观世音说诸根不具咒草摩之陀罗尼、咒谷子种之令无灾蟥陀罗尼、咒蛇蝎毒陀罗尼、观世音说除一切颠狂魍魉鬼神陀罗尼、救阿难伏魔陀罗尼、观世音说灭一切罪得一切所愿陀罗尼、除障灭病至获道果陀罗尼、胜敌安退并治毒啮及肿陀罗尼、辟贼陀罗尼、佛说集法悦舍苦陀罗尼、乞梦知吉凶陀罗尼、除怖畏陀罗尼等、结缕除睡蒙护陀罗尼、咒苏除睡不饥益乳陀罗尼。有的陀罗尼咒流行很广，其原因就是具有灭罪功能，如佛顶尊胜陀罗尼咒，其名就称为净除一切恶道陀罗尼，其功能就是能除一切罪业等障、能破一切秽恶道苦，能为一切地狱畜生阎罗王界众生得解脱故，临急苦难、堕生死海中众生得解脱故，短命薄福、无救护众生、乐造杂染恶业众生得饶益故。若人能书写此陀罗尼安高幢上，或安高山，或安楼上，乃至安置窣堵波中，于幢等上或见或与相近，其影映身，或风吹陀罗尼幢等上尘落在身上，彼诸众生所有罪业、应堕地狱畜生阎罗王界饿鬼界阿修罗身等恶道之苦，皆悉不受，亦不为罪垢染污。① 与之相应地也有增益兴福的陀罗尼咒，因为灭罪也意味着增益，消业同时意味着兴福，所谓此消彼长，后世密教中以此专作增益法。陀罗尼密教中有诸多增益的陀罗尼咒，诸如见一切诸佛从心所愿陀罗尼、观世音说随心所愿陀罗尼、观世音说随愿陀罗尼、获果利神增善陀罗尼、进果获证修业陀罗尼、见佛随愿陀罗尼、念观世音求愿陀罗尼等、阿逸多王菩萨说饶益善利色力名誉陀罗尼、文殊师利菩萨说饶益善利色力名誉陀罗尼、释迦牟尼佛说大饶益陀罗尼、正语梵天说应现满愿陀罗尼、摩尼跋陀天王说称愿陀罗尼、佛说乞雨陀罗尼、降雨并系龙陀罗尼等。

具有通用功能的《请观音》陀罗尼咒，即竺难提译的《请观世音菩萨消伏毒害陀罗尼咒经》所说四首消伏毒害陀罗尼咒。② 该陀罗尼全称破恶业障消伏毒害陀罗尼咒，因五夜叉在毗舍离国吸人精气，造成人民眼赤如血、两耳出脓、鼻中流血、舌噤无声、所食之物化为粗涩、六识闭塞犹如醉人等大恶病流行，大悲观世音菩萨因说救苦神咒，说闻此咒者众苦永尽，常得安乐，远离八难，得念佛定，现前见佛。又观世音菩萨说消伏毒

① （唐）佛陀波利译《佛顶尊胜陀罗尼经》，《中华藏》第20册，第323页上。

② （西晋）竺难提译《请观世音菩萨消伏毒害陀罗尼咒经》，《大正藏》第20卷，第35页中。

害陀罗尼咒，说诵持此咒者，常为诸佛诸大菩萨之所护持，免离怖畏、刀杖、毒害及与疾病，令得无患，也因此毗舍离人平复如本。说救护怖畏陀罗尼咒，一切怖畏、一切毒害、一切恶鬼虎狼师子闻此咒时，口即闭塞，不能为害。破梵行人作十恶业，闻此咒时荡除粪秽，还得清净。设有业障浊恶不善，称观世音菩萨诵持此咒，即破业障，现前见佛。受持观世音菩萨名、诵念消伏毒害陀罗尼者，身常无患，心亦无病。设使大火从四面来焚烧己身，诵持此咒故龙王降雨，即得解脱。设火焚身节节疼痛，一心称观世音菩萨名号，三诵此咒，即得除愈。设复谷贵、饥馑、王难、恶兽、盗贼、迷于道路、牢狱系闭、杻械枷锁被五系缚、入于大海黑风回波、水色之山夜叉罗刹之难、毒药刀剑临当刑戮、过去业缘现造众恶，以是因缘受一切苦，极大怖畏，应当一心称观世音菩萨名号，并诵此咒一遍至七遍，消伏毒害、恶业、恶行、不善、恶聚。如火焚薪，永尽无余。以是因缘，此观世音菩萨所说神咒名施一切众生甘露妙药，得无病畏、不横死畏、不被系缚畏、贪欲瞋恚愚痴三毒等畏，是故此娑婆世界皆号观世音菩萨为施无畏者。称观世音名号，诵大吉祥六字章句救苦神咒，若行旷野，迷失道径，观世音菩萨大悲熏心化为人像，示其道路，令得安隐。若当饥渴，化作泉井、果蓏、饮食，令得饱满。设复有人遇大祸，亡失国土、妻子、财产，与怨憎会，大悲者化为天像及作大力鬼神王像，接还本土，令得安隐。若复有人入海采宝，空山旷野逢值虎狼师子、毒虫蝮蝎、夜叉罗刹、拘槃荼及诸恶鬼噉精气者，即得解脱。若有妇人生产难者，临当命终，即得解脱。遇大恶贼，盗其财物，三称观世音菩萨名号诵持此咒，贼即慈心，复道而去，等等。①

其他通用咒还有般若咒，说“或大明咒、无上明咒、无等等明咒，则非治病、非灭罪、非护经，若通方者亦应兼。”根据《般若心经》的说法，此咒的功用是能除一切苦，所谓“能除一切苦，真实不虚”。但该咒既为通用，智者何以说非治病、非灭罪、非护经呢？这不仅是因为该咒非此类专用咒，主要还是因为该咒通过般若智慧来对治烦恼之故。故《心经》说菩萨：“依般若波罗蜜多故，心无罣碍。无罣碍故，无有恐怖，远

① （东晋）竺难提译《请观世音菩萨消伏毒害陀罗尼咒经》，《大正藏》第20卷，第35页中。

离颠倒梦想，究竟涅槃。”① 这类以掌握义理而产生通用功德的陀罗尼咒，是另一种通用咒。

从陀罗尼咒的性质区分为降伏鬼魅的神王名号、相互应合的秘密号、密默治恶的暗示性偈颂、诸佛的秘密语等四种。智𫖮说：“诸师或说咒者是鬼神王名，称其王名，部落敬主，不敢为非，故能降伏一切鬼魅（其一）。或云咒者如军中之密号，唱号相应，无所诃问。若不相应，即执治罪。若不顺咒者头破七分，若顺咒者则无过失（其二）。或云咒者密默治恶，恶自休息。譬如微贱从此国逃彼国，讹称王子。彼国以公主妻之，多瞋难事。有一明人从其国来，主往说之。其人语主，若当瞋时说偈。偈云：‘无亲游他国，欺诳一切人；粗食是常事，何劳复作瞋。’说是偈时，默然瞋歇，后不复瞋。是主及一切人但闻斯偈，皆不知意。咒亦如是，密默遮恶，余无识者（其三）。或云咒者是诸佛密语，如王索先陀婆，一切群下无有能识，唯有智臣乃能知之。咒亦如是，秖是一法遍有诸力，病愈罪除，善生道合（其四）。为此义故，皆存本音，译人不翻，意在此也。恶世弘经，喜多恼难，以咒护之，使道流通也。”②

其中以鬼神王名为陀罗尼咒者，最为典型的如文头娄法（神印法），《大灌顶经》说：有诸邪恶鬼神所娆，恐怖毛竖，当存念五方大神。说此五方之神各有眷属，一神王者有七万鬼神相随逐，五方共有三十五万诸鬼神，悉来左右扶佐病者，令免危厄，过度诸难。此鬼神王为人作护，令诸邪恶不得妄行。若后末世四辈弟子危厄之日，取上五方神王名字及其眷属。写著员木之上，为文头娄形，若有疾病危难、恐怖邪鬼往来中伤娆人者，当如前法存思三想，及五方之神形色相类，使一一分明如对目前，如人照镜，表里尽见。如此成就，无余分散，专心一意，病者除愈，恐者安隐，邪鬼恶神无不辟除。③

相互应合的密号，此说《法华经·陀罗尼品》十夜叉女神咒，警告其鬼神眷属“宁上我头上，莫恼于法师”，“若不顺我咒，恼乱说法者，头破作七分，如阿梨树枝。”④ 他如《佛说护诸比丘咒经》所说，佛见诸

① （唐）玄奘译《般若波罗蜜多心经》《中华藏》第 8 册，第 385 页中。
② （隋）智𫖮撰《妙法莲华经文句》卷 10，《大正藏》第 34 卷，第 146 页中、下。
③ （东晋）失译《佛说灌顶经》卷 7，《大正藏》第 21 卷，第 515 页上、中。
④ （后秦）鸠摩罗什译《妙法莲华经》卷 7，《中华藏》第 15 册，第 591 页下。

比丘各各驰散，纷扰不安，若鱼畏网。知其遇诸贼盗、鬼神罗刹、诸象及龙、饿鬼师子及诸妖魅、鬼魅非人、熊罴诸邪、沟边溷鬼、蛊道巫咒，为之说三首陀罗尼咒加以救济拥护，令安吉祥无患，护四百里周匝，贼盗、鬼神罗刹、蛊道符咒无敢娆者。其不恭顺而犯是咒者，头破七分云云。①

诸佛密语的譬喻出自《大涅槃经》，说先陀婆一词有四种用法，盐、器、水、马都称先陀婆，故亦名四实，只有智臣才善于领会国王在何种情况下以此所指称的器物。诸佛密语也如此，大乘智臣应当善知如来微密语，如大乘经有四无常（无常、无我、苦、空）等，不同经典针对不同众生所说，并非相互抵牾。②

吉藏《金光明经疏》也认为神咒不外乎四种，但以赞叹诸佛功德、说第一义谛、指明药草名字、唱鬼神名字为四种类别，与智𫖮所说有些差别。吉藏说："神咒所诠凡有四种，一叹诸佛功德，二说第一义谛，三明药草，四唱鬼神名字。"③ 其中赞叹诸佛功德中也包括赞叹菩萨功德，明药草者指说明幻觉的药草。这两种区分分类中，赞叹诸佛功德、说第一义谛、密默治恶的偈颂等多属章句型陀罗尼咒，唱鬼神名字者多属名号型陀罗尼咒，而相互应合的密号、诸佛秘密语则多属咒术型陀罗尼咒。

从陀罗尼咒的主体区分，陀罗尼咒分为诸佛所说神咒、菩萨和金刚所说神咒、声闻以及缘觉二乘所说神咒、天神及天王所说神咒、夜叉及鬼王所说神咒五种，其中前三者称为圣者神咒，第四种称诸天神咒，第五种称地居者神咒，地居者指天龙八部中除天众之外的其他七部，包括龙众（nāga，为畜类，水属之王）、夜叉（yakṣa，飞行空中之鬼神）、乾闼婆（gaṇḍharva，意译香阴）、阿修罗（asura，意译非天）、迦楼罗（garuḍa，译作金翅鸟）、紧那罗（kiṃnara，意译非人、歌神）、摩睺罗迦（mahoraga，意译大蟒神）。一行《大日经疏》说："大判真言略有五种，谓如来说，或菩萨、金刚说，或二乘说，或诸天说，或地居天说，谓龙、鸟、修罗之类。又前三种通名圣者真言，第四名诸天众真言，第五名地居者真

---

① （西晋）竺法护译《生经》卷2，《中华藏》第34册，第752页上。

② 此典故昙无谶译本在《如来性品》，慧严本编在《菩萨品》卷9，《大正藏》第12卷，第421页上、中、下；第662页中、下。

③ （隋）吉藏撰《金光明经疏》卷1，《大正藏》第39卷，第168页中。

言，亦可通名诸神真言也。”① 其中圣者真言与天神地居者真言有性质上的不同，圣者真言之间也有差别，即便同一个字的真言也如此。以阿字为例，若佛说真言中有阿字，则于一字之中具无量义。阿字自有不生、空、有三义。梵本阿字有本初声，若有本初，则是因缘之法，故名为有。又阿者是无生义，若法揽因缘成，则自无有性，是故为空。又不生者即是一实境界，即是中道，故龙树云因缘生法亦空亦假亦中。又《大论》明萨婆若有三种名，一切智与二乘共，道种智与菩萨共，一切种智是佛不共法。此三智其实一心中得，为分别令人易解故，作三种名，即此阿字义。若诸菩萨真言有阿字者，当知各于自所通达法界门中具一切义，非于普门法界中具一切义。若二乘真言有阿字者，当知只约尽无生智寂灭涅槃明不生义。若梵天所说真言有阿字者，是约出离五欲，觉观不生明义。若帝释护世真言有阿字者，是约十不善道及灾横不生明义。一行是根据后来的密教解释的，实际上陀罗尼密教中圣者真言来自于陀罗尼，佛、菩萨所说陀罗尼是陀罗尼章句为主，天神天王所说的则是神咒 mantra，地居天所说的则是明咒 vidya。

从陀罗尼咒的格式区分，陀罗尼咒分为无格式与有格式两大类，大部分陀罗尼咒并无特定的格式，但大都以章句的形式表现，也就是以词以及词组组成，或名号排列，非散文格式。有格式的陀罗尼咒，或是偈颂体，或是有固定格式的章句体，如以莎诃（svahā）结尾的格式，或以阿（a）开首、以莎诃（svahā）结尾的格式，或以唵（oṃ）开首、以吽（hūṃ）结尾的格式。陀罗尼本非神咒，并无特定的格式，但陀罗尼与神咒、明咒融合后，吸收神咒以及明咒的格式，陀罗尼反倒有了一定的格式。

二　陀罗尼咒的意义

陀罗尼咒是一种具有特定宗教内涵的符号系统，一般来说是不可解读的，这由陀罗尼咒的宗教神秘主义性质所决定，因为它被定义为神的秘密号，具有特殊的意义，所以翻译时大都采用音译的方法，更增强了它的神秘性。玄奘总结历代翻译经验，提出五种不翻理论，其中首先一条就是

---

①（唐）一行撰《大毗卢遮那成佛经疏》卷 7，《大正藏》第 39 卷，第 649 页上—650 页上。

“秘密故不翻，陀罗尼是。”[①] 此说陀罗尼因为其意义具有秘密性，所以不能意译。智𫖮上文中说不翻的具体原因是陀罗尼有神王名、密号、暗语、密语等四种不同，是则“为此义故，皆存本音，译人不翻，意在此也。”[②] 吉藏《法华义疏》说诸经之所以不翻咒，是因为“咒语多含，此间无物以拟之。若欲翻之，于义不尽，又失其势用。如此间禁咒之法，要须依咒语法而诵之则有神验，不得作正语而说。”[③] 栖复《法华经玄赞要集》说：所持咒法“言少略密等，一句之中含得无量字，名少略也。受持人不知，诸佛菩萨知，名密。或是鬼神名字，或三宝名字，或是深法名字。问何不翻就唐言？答：此秘密故不翻。若翻，恐人闻著会生轻慢心，便无功効也，故存梵本不翻也。乍闻不会不得义，故名无义文字。不是实无义，即是无汉地之义。”[④] 宝臣《注大乘入楞伽经》说：“咒文自古不翻，有五意：一是诸佛秘密语法，唯佛能知。二是总持门，含多义故。三或是鬼神名，呼之敕以守护修行人故。四或是诸佛秘密印，如王印信，所往无不遵奉。五不思议力所加持故，受持密诵，灭罪生福。”[⑤]

尽管陀罗尼咒的意义秘密，翻译时一般不意译，但从语言文字上来说，陀罗尼咒还是有其具体内容的，也是可以解读的，尤其章句型陀罗尼咒以及名号型陀罗尼咒，与其文字表达的意义紧密相关，只是其宗教神秘内涵不限于文字表面的意思而已。从陀罗尼咒的原始形态来说，陀罗尼章句本身就是有意义的词句，往往充当关键句、关键词的作用，《微密持经》的陀罗尼咒早期译作持要句、持句，并作意译，就充分说明了这一点。从翻译史上来看，魏晋时期的翻译家对陀罗尼咒大多作意译，不仅对陀罗尼的名称意译，也对陀罗尼咒作意译，其中典型的例子就是竺法护的译作，意译表明陀罗尼咒是有意义的。从注疏家的情况来看，尽管陀罗尼咒被音译，一般不作解读，但仍有不少注疏家对一些陀罗尼咒作了注疏，解读其中的含义。

《陀罗尼杂集》中辑录的陀罗尼咒名乃至咒大都作了意译，并解释其意义，如随叶佛所说神咒名蜜耆兜，晋言金鼓，其意为众生所有业障报障

---

① （宋）法云撰《翻译名义集》卷1，《大正藏》第54卷，第1057页下。
② （隋）智𫖮撰《妙法莲华经文句》卷10，《大正藏》第34卷，第146页下。
③ （隋）吉藏撰《法华义疏》卷12，《大正藏》第34卷，第629页下。
④ （唐）栖复撰《法华经玄赞要集》卷35，《大正藏》第34卷，第920页上、中。
⑤ （宋）宝臣撰《注大乘入楞伽经》卷9，《大正藏》第39卷，第498页中。

垢重烦恼，悉能摧灭无余。阿难比丘所说神咒梵语名支富敷，晋言生死长眠，今得醒悟义。梵语乌啄支富敷，晋言众生五欲淤泥中卧，提拔令出三界义。梵语卑梨帝囊支富敷，晋言众生为无明贪欲瞋恚所中，我今拔出。普贤菩萨所说大神咒名支波啄，晋言决定。毗尼波啄，晋言断结。乌苏波啄，晋言生尽。文殊师利所说神咒拔济众生，除其淫欲本。有咒名乌苏咤，晋言除淫欲，却我慢。定自在王菩萨有咒名求稚兜，晋言名照明，却黑暗罪，除慧眼垢。妙眼菩萨有神咒名沤耆波置卢，晋言众累都尽，具足三明及六神通及八解脱。功德相严菩萨有咒名陀摩卢具低，晋言成就相好，庄严功德，断除习结，灭障道垢。善名称菩萨有咒名云若蜜兜，晋言拔诸行人罪垢根本，摩洗拂拭，令得鲜白。宝月光明菩萨有咒名乌耆，晋言除禅定垢，却障道罪，诸魔邪鬼悉能灭之。北辰菩萨妙见有大神咒名胡荧波，晋言拥护国土，作诸国王消灾却敌，莫不由之。太白仙人有咒名阿那呼咤卢，晋言欲护国土及阎浮提十方众生故。荧惑仙人大神咒名具咤呼卢兜，晋言拥护国土，济拔诸王难，消伏诸奸非，疗治众生病祆祷及毒气。大梵天王有陀罗尼呼卢钵都，晋言治众生病，覆育三界，济诸贫穷。大自在天王有陀罗尼名呵利楼，晋言拔众生苦，济众厄难。化乐天王大陀罗尼名阿那耆富卢，晋言法忍，柔顺法忍，堪任荷负三界众生，譬如大海其量难知，悉能救接漂流众生度三界海。兜率陀天王大陀罗尼名耆蜜屠苏兜，晋言救诸病苦，赈给贫穷，令诸行人速得二乘圣果，如天降雨，令诸农夫多收果实。炎摩天王大神咒名求低胋苏多，晋言美妙音声。忉利天王大神咒名胡苏兜那，晋言去除垢秽，慈悲拯济，拔众生苦。摩醯首罗天王神咒名拘多咤咒，晋言慈悲忍辱。八臂那罗延神咒名阿波卢耆兜帝梨置，晋言护助佛法，消诸奸恶，摧灭邪见，建立法幢。

竺法护意译的陀罗尼咒，如《决定总持经》中无怯行菩萨问佛如何消除罪殃得至道，佛说勤讽诵斯总持章句可成道，其总持章句意译作：

修清澄，鲜洁句，清且凉。无所授，亦无造，无所得。遵速疾，取新生。

奉精进，礼行步，勤修行。智晓了，主观察，无所起。去患难，游慕便，举轻便。普清净，无不净。

此十九句陀罗尼章句就是对全文的总结，前一段阐明总持法门的原理，其中初三句说明该总持法的判定，清澄、鲜洁、清凉指自性清净。其次三句说明清净性的特点，也就是空性。最后二句说明该法功能，不仅速度快，超越劫数，而且取菩提道不复退转。后一段说菩萨行的具体内容，要求修行与思虑相结合，所谓止观双修，还要度化众生。故最后两句说普遍清净才是真正清净。

《海龙王经·总持门品》所说无尽藏总持，亦称六十二法句，就是表明由六十二个词句组成的陀罗尼，其内容也是对该经菩萨行所作的概括。其总持句说：

缘应意，随顺意，欣乐迹，直意越度，无尽句。次第曜面，光目光英，志造净意。行步入，勇力济冥，所持为上。寂门入寂，灭尘离居，居善随顺离次。无所至，所住无所住，至处无至处。要御速慧，智根转本根。月光日转焰，光善离垢，无垢净诸垢。觉所建立，诸天佑护，诸魅告乘，梵知化，释咨嗟。四天护，众圣爱，仙人归。诸姓修行，解牢狱缚，天人所摄，舍诸尘劳。破坏众魔，降伏外道，摄欲明智，开化自大。不犯法师，不乱众会，悦可乐法，护于法音，不断三宝，慈愍众生，赞慕德义。①

此总持句第一段说无尽藏总持法菩萨行，随缘应意、顺意、直意并欣乐越度的就是无尽句，无尽句即无尽藏总持法门，亦即无尽藏品、总持品所说内容；第二段接着说总持身品内容，于自身像次第观察诸法，如观面摄一切心，光目为慧眼，光英为法鬘庄严，净意即其心清净为母；第三段说无尽藏总持行，第四段说总持行最终达到的目的及其途径，第五段说终极目的的性质，第六段说大乘智慧，第七段说智慧的性质，第八、九、十、十一段分别说总持行的护持功德。

该经《嘱累持品》说遮诸妨碍神咒：

无畏离畏　净诸恐惧　施无畏　度于灭度。无所乱　净所乱　无所净　不斗讼　无怀瞋　无以殁。净威神　威神迹　大威神寂灭　趣慈心　除于瑕。　示现谛　无蹉踖　其同义　吉祥义　甘露句。　见于要　以导御　无所怀；　行次第　无所尽。　光无生　清净生　鲜洁光照句　等顺于等心　至无上。　佛所建立戒清净　无所犯　无所负　制魔场　降外径　光耀法明　摄以法施　开法藏。②

此神咒正如其名所示，克服畏惧才能灭度，故第一段说无畏、离畏，

① （西晋）竺法护译《佛说海龙王经》卷2，《大正藏》第15卷，第141页中。

② （西晋）竺法护译《佛说海龙王经》卷4，《大正藏》第15卷，第156页下—157页上。

净诸恐惧，只有施无畏，才能度越至灭度彼岸。至于如何度越，如第二段所说首先恪守戒律，如第三段所说其次清净自心，威神即有我，灭威神即无我。再次发菩提心，正确领会四圣谛以及诸吉祥句、甘露句（均指佛说教义），并次第践行，趣向无生法忍，无想、无愿、解脱，达到无上正等觉。其中以清净戒降魔王、伏外道，光大佛法，普施法藏。

竺法护译《正法华经》，其中《陀罗尼品》中6首陀罗尼咒也作了意译，此与鸠摩罗什音译本和现存梵文本对照，也从意译与音译的对应关系上看出陀罗尼咒所具有的意义。其中药王菩萨陀罗尼咒：

（1）安尔一曼尔二摩祢三摩摩祢四旨隶五遮梨第六赊咩羊鸣音，七赊履冈雉反多玮八膻输千反帝九目帝十

anye manye mane mamane citte carite same samitāvi śānte mukte

奇异所思，意念无意，永久所行，奉修寂然，澹泊志默，解脱！

（2）目多履十一娑履十二阿玮娑履十三桑履十四娑履十五叉裔十六阿叉裔十七阿耆腻十八膻帝十九赊履二十陀罗尼二十

muktatame same avṣame sama same kṣaye śānte samite śānte sami dhāraṇi

济渡平等，无邪安和，普平，灭尽，无尽，莫脱，玄默，澹然，总持！

（3）阿卢伽婆娑苏奈反簸蔗毗叉腻二十二祢毗剃二十三阿便哆都饿反逻祢履剃二十四阿亶哆波隶输地途卖反，二十五

ālokabhāṣepratyavekṣaṇi nidhiru abhyantaraniviṣṭe abhyantarapāriśuddhi

观察光耀，有所依倚，恃怙于内，究竟清净。

（4）沤究隶二十六牟究隶二十七阿罗隶二十八波罗隶二十九首迦差初几反三十阿三磨三履三十一佛驮毗吉利袠帝三十二

mutkule mutkule araḍe paraḍe sukāṅkṣi asamasame buddhavilokite

无有坑坎，亦无高下，无有回旋，所周旋处，其目清净，等无所等，觉已越度。

（5）达磨波利差猜离反帝三十三僧伽涅瞿沙祢三十四婆舍婆舍输地三十五曼哆逻三十六曼哆逻叉夜多三十七

dharmaparīkṣite saṃghanirghoṣaṇi bhayābhayaviśodhani mantre mantrākṣayate

而察于法，合众无音，所说鲜明，而怀止足。

（6）郵楼哆三十八郵楼哆憍舍略来加反三十九恶叉逻四十恶叉冶多冶四十一阿婆卢四十二阿摩若荏蔗反那多夜四十三

rute rutakauśalyeakṣaye akṣayavanatāye avaloḍa amanyanatāye svāhā

尽除节限，宣畅音响，晓了众声，而了文字，无有穷尽，永无力势，无所思念。

药王菩萨是《法华经》中与佛对话的主要形象，其神咒也反映该经的主要思想，也就是会三归一、诸法平等思想，所以神咒中强调尽除节限，晓了众声，则知合众无音。因为究竟清净之地，无有坑坎，亦无高下，无有回旋。假如有周旋之处，其目的也是清净无瑕，等无所等，超越差别，故观察诸法，平等无邪，安和普平，无所思念。于是开首便赞叹所思之奇异，意念而无意！

妙勇（勇施）菩萨陀罗尼咒曰：

痤誓螺反隶一摩诃痤隶二郁枳三目枳四阿隶五阿罗婆第六涅隶第七涅隶多婆第八伊致猪履反柅女氏反九

jvale mahājvale ukke mukke aḍe aḍāvati nṛtye nṛtyāvati iṭṭini

晃耀大明，炎光演晖，顺来富章，悦喜欣然，住止

韦致柅十旨致柅十一涅隶墀柅十二涅犁墀婆底十三

viṭṭini ciṭṭini nṛtyani nṛtyāvati svāhā

立制永住，无合无集。

妙勇菩萨，后来译作勇施菩萨，其总持句表现菩萨正行众象（色身）三昧的状态，最后两句说明经中众会得无合会、譬喻并无合集。

毗沙门天王陀罗尼咒：

阿梨一那梨二㝹那梨三阿那卢四那履五拘那履六

aṭṭe naṭṭe vanaṭṭe anaḍe nāḍi kunaḍi svāhā

富有，调戏无戏，无量无富，何富！

毗沙门天王的总持句，也表现其作为鬼神之王和财富之神的特性。

持国（顺怨）天王陀罗尼神咒：

阿伽祢一伽祢二瞿利三乾陀利四旃陀利五摩蹬耆六常求利七浮楼莎柅八颏底九

agaṇegaṇe gauri gandhāri caṇḍali mātaṅgi saṃkule vrūsali sisi svāhā.

无数有数，曜黑持香，凶祝大体，千器顺述，暴言至有。

持国天王总持句中所说，即持国天名号及其眷属乾达婆（持香）、象

族母（凶祝）以及毗舍阇等鬼王名号。

十罗刹女等咒：

伊提履一伊提泯二伊提履三阿提履四伊提履五泥履六泥履七泥履八泥履九泥履十楼醯十一楼醯十二

iti me　iti me　iti me　iti me　iti me　nime　nime nime nime　nime ruhe ruhe

于是于斯，于尔于民，极甚无我，无吾无身，无所俱同，已兴已生。

楼醯十三楼醯十四多醯十五多醯十六多醯十七兜醯十八㝹醯十九

ruhe　ruhe　stuhe　stuhe　stuhe　stuhe　stuhe　svāhā.

已成而住，而立亦住，嗟叹，亦非消头（大疾无得加害）。

十罗刹女的陀罗尼咒属于典型的咒语形式，其内容显然是警告其眷属以及其他鬼魅，自知其身份，收敛其行为，不得加害持经法师。

章句型陀罗尼咒也有偈颂体，总结长行的文字内容，具有概括、提炼全文的作用。如被称为大神咒、大明咒、无等等咒、无上咒的般若咒，按《般若波罗蜜多心经》所说：

揭谛　揭谛　般罗揭谛　般罗僧揭谛　菩提　莎诃

gate　gate　pāragate　pārasaṃgate　bodhi　svāhā

度！度！度至彼岸。至彼岸，究竟觉悟，速疾！

根据圆测《般若波罗蜜多心经赞》的解释，此般若波罗蜜多咒是一首偈颂，举颂总结、赞叹前文长行。此颂句分为三个部分，初揭谛、揭谛，此云度、度。颂前文长行中“般若”二字，此显示般若有大功能，自度、度他，故云度、度。次波罗等句，即颂长行中行波罗蜜多。此云彼岸到，是即涅槃名彼岸也。揭谛言度，度到何处？谓即彼岸，是度之处，故云波罗揭谛。言波罗者，翻名如上。僧揭谛者，此云到竟。言菩提者，是彼岸体。后莎婆呵，此云速疾，谓由妙慧有胜功用即能速疾到菩提岸。①

此类虽音译陀罗尼文字，但也注明其义，并作注释者，还如尊胜陀罗尼咒。根据法崇《尊胜陀罗尼疏并释真言义》对不空译本的解释，尊胜陀罗尼咒由十部分组成。

第一归敬尊德门：

① （唐）圆测撰《般若波罗蜜多心经赞》，《大正藏》第33卷，第551页下—552页上。

曩谟引　婆诫嚩帝引　怛懒二合，引路枳也二合　钵啰二合底　尾始瑟咤二合，引野　勃驮野　婆诫嚩帝。

namo bhagsvate trailokya prati viśiṣṭaya budhaya bhagavate

归命世尊！归命三界最殊胜之大觉世尊！

第二彰表法身门：

怛你也二合他　唵

tadyatha oṃ

所谓三身佛！

第三净除恶趣门：

尾戍引驮野　尾戍引驮野　娑上么三去满跢去引　嚩婆娑　娑颇二合罗转舌呼拏鼻诫底诫贺曩　娑嚩二合婆去引嚩　尾秣第

viśoddhaya viśoddhaya sama samanta vabhasa sphara ṇagatigahāna svabhāva viśuddhe

清净！清净！普遍照耀，舒遍六趣稠林，自然清净！

第四善明灌顶门：

阿鼻诜左睹铃引　素诫哆　缚罗缚左曩　阿密嚟二合多去　鼻晒蹰摩诃曼怛罗二合跛乃　阿去引贺啰　阿去引贺啰　阿欲散　驮啰抳

abhiṣiṃcatumāṃ sugata varavacana amṛtā bhiṣaikaimahāmantrapadai āhara āhara āyuḥsan dhāraṇi

佛顶尊胜极清净，灌顶我！一切如来善逝殊胜言教，甘露灌顶！授与真言句，唯愿摄受！摄守！坚住持寿命！

第五神力加持门：

戍引驮野　戍引驮野　诫诫曩尾秣第　邬瑟抳二合洒　尾惹野　尾秫第　娑贺娑啰二合啰湿茗二合　散祖你帝　萨缚怛多诫多去引　缚路去伽韈娑上吒二合　罗弭哆去引　跛哩布罗抳　萨缚怛他去引　诫多　仡哩二合娜野引地瑟姹二合，引曩地　瑟耻二合哆　摩诃母捺哩　嚩日啰二合迦引野　僧贺哆上曩　尾秫第　萨缚去缚罗拏　哩二合蘗底跛哩　尾秫第

śoddhaya śoddhaya gaganaviśuddhe uṣṇīsa vijaya viśuddhe sahasraraśmi sa-ṃcodite sarvatathagata valokaniṣaddhā ramitā pariprarаṇi sarvatathagata hṛda-yādhiṣṭa nadhiṣṭita　mahamudra vajrakāya saṃhātana viśuddhe sarva varaṇi payadra rgatipari viśuddhe

清净、清净！一切所作清净！如广大虚空清净！佛顶尊胜种族极清

净！法界极清净！千光明，警觉（宝珠、大宝珠！清净宝珠）！一切如来观照，六度圆满，十地安住，一切如来智，一切如来心，神力加持，大印加持，金刚钩锁身最极清净，一切业障、恶道怖畏最极清净！

第六寿命增长门：

钵罗$_{\text{二合}}$底顸袜啰多$_{\text{二合}}$野　阿$_{\text{去, 引}}$欲秫第　三么野$_{\text{引}}$　地瑟耻$_{\text{二合}}$帝　么抳么抳　摩贺么尼

pratinivarttaya āyuḥśuddhe samaya dhiṣṭate maṇi maṇi mahāmaṇi

寿命增长皆得清净，一切如来誓愿加持！神力加持！法宝、法宝！大法宝！

第七定慧相应门：

怛闼哆$_{\text{去, 引}}$部多　句致跛哩秫第　尾娑普$_{\text{二合}}$吒　没地　秫第　惹野惹野　尾惹野尾惹野　娑么$_{\text{二合}}$啰　娑么$_{\text{二合}}$啰

tathātābhūta koṭitipariśuddhe visphaṭa buddhiśuddhe jaya jaya vijaya vijaya smara smara

真如实际遍满清净，开现智慧清净，最胜、最胜！遍满、遍满！持念定慧相应！

第八金刚供养门：

萨嚩　没驮$_{\text{引}}$　地瑟耻$_{\text{二合}}$多　秫第　嚩日哩$_{\text{二合}}$　嚩日啰$_{\text{二合, 引}}$　蘖鞞　缚日览$_{\text{二合, 引}}$婆$_{\text{去, 引}}$浮嚩睹　么么

sarva-buddhā dhiṣṭita śuddhe vajre vajragarbhe vajrāṃbhavatu mama

一切诸佛加持清净！菩提心坚固如金刚，证金刚藏，愿成金刚！

第九普证清净门：

设哩览　萨怛缚$_{\text{二合}}$　难$_{\text{上, 引}}$左迦野　尾秫第　萨嚩蘖底破哩秫第　萨嚩怛他蘖多　三么湿嚩娑他　瑟耻$_{\text{二合}}$帝　没地野$_{\text{二合}}$没地野$_{\text{二合}}$　冒驮野冒驮野　尾冒驮野　尾冒驮野　三满多　跛哩秫第　萨嚩怛他$_{\text{去, 引}}$蘖多　纥哩$_{\text{二合}}$娜野$_{\text{引}}$　地瑟姹$_{\text{二合, 引}}$　地瑟耻$_{\text{二合}}$多　么贺$_{\text{引}}$母捺哩$_{\text{二合}}$

śariraṃ satva naṃcakaya viśuddhe sarvagatipari-śuddhe sarvatathāgatā samā śvasā dhiṣṭhate buddhya buddhya bodhaya bodhaya vibodhaya vibodhaya samanta pariśuddhe sarvatathāgata hṛdayā dhiṣṭana-dhiṣṭata mahāmudri

一切有情身皆得清净，一切趣皆得清净，一切如来调伏慰喻，令得加持，所觉、能觉，普遍清净，一切如来神力加持，大印！

第十成就涅槃门：

娑嚩$_{二合，引}$贺$_{引}$

svāhā

吉祥！

第三节　陀罗尼咒的信仰

一　陀罗尼咒力信仰

陀罗尼咒力信仰，主要通过陀罗尼咒的功能来体现，陀罗尼咒的功能经过了一个从原始功能到具有多功能、再到功能无限的三段过程，反映了陀罗尼神力信仰的历史演变轨迹。陀罗尼的原始功能不过是用来记忆的，佛教中最初也以闻持经典来定义，听闻而能记持不忘是其基本功能。不但记持佛陀言教而且能领会其教义，故意译为总持，总持诸法是其基本含义。后来陀罗尼的功能不断扩展，至大乘时期形成多种功能，一般概括为法陀罗尼、义陀罗尼、咒陀罗尼、忍陀罗尼四种。尤其赋予持善遮恶的伦理功能，使陀罗尼的性质发生了根本性变化，超出记忆的范畴，具有了一种宗教神秘力量。而当陀罗尼法门走向独立发展道路，形成陀罗尼密教之时，咒陀罗尼成为核心内容，并与神咒、明咒以及禁咒相结合，使陀罗尼的性质再一次发生根本性变化，陀罗尼咒被认为具有无所不能的功能，成为人们信仰的对象。

陀罗尼作为一种记忆方法，闻法持义，得无生法忍，本身就具有一种念慧力。而其总持章句，等持自在，咒力加被，悉皆神验，使陀罗尼更具有一种神秘的力量。陀罗尼的咒力，最初也源自其自身的记忆力和念慧力，早期大乘经《陀罗尼品》中，不仅其陀罗尼咒文往往为本经章句，而且其功能也围绕本经的诵读、受持、书写、思维、修习、流传而展开，具有拥护经典尤其持经法师的功能，还便于修行。如《般若经》中听法者具念慧力，才能乐听、乐问、书写、受持、读诵、修习甚深般若波罗蜜多。般若咒能与一切善法，能除一切不善。《华严经》中以陀罗尼念慧力持法不忘，随众生根而为宣说。《本生经》中以陀罗尼开示解脱法门，得不退转地。《法华经》中受经法师诵持总持句，菩萨以义宿卫，长使无患，也为众生愍念拥护，多所安隐。但另一类大乘经《宝积经》类以及后来的《大集经》类引入大量神咒、明咒乃至民间禁咒，出现了诸佛、菩萨所说神咒，尤其直接引进天王鬼神所说神咒，促成了陀罗尼的咒术化，也促使陀罗尼密教趋向神咒信仰，形成陀罗尼万能思想。神咒 mantra 的来源主要是吠陀—婆罗门教以来的天神信仰，偈颂、赞歌、祷词是其主要形式。明咒 vidya 的来源主要是婆罗门教的咒术，具有一定格式的咒语。另外民间流行的禁咒，源于原始宗教中的巫术，分为黑白两种咒语，具有善恶两种功能，其思想背景则是万物有灵论。陀罗尼与神咒、明咒以及禁咒的结合，使陀罗尼咒的功能包罗万象，无所不能，因而陀罗尼咒自身获得了神秘力量，成为人们信仰的对象。

陀罗尼的信仰主要是通过宣扬陀罗尼咒的神秘力量建立起来的，而寻求神秘力量是人们一种普遍的宗教心理，也是人们想改变世界和自身环境的一种思想表达。陀罗尼一般为诸佛菩萨以及天龙八部乃至鬼王所说，但其神咒的源头却是来自过去世诸佛，几乎所有的陀罗尼神咒都被认为是过去世诸佛所说，诸佛数量之多，多则七十七、九十九亿佛，少则也有十亿、四十亿佛，笼统说来则有恒河沙佛，这样就使陀罗尼神咒被赋予过去久远劫数以来诸佛公认共说的权威性。陀罗尼经典认为陀罗尼神咒具有强大的神秘力量，其神变自在，不可限量，既可以改变外在的世界面貌，也可以改变内在的命运轨迹和现实生活。此以《陀罗尼杂集》汇集的陀罗尼咒为例，其中七佛八菩萨以及梵天诸王所说陀罗尼最具神力，不仅能令三千大千世界六种震动，而且还能使四大海水沸腾，须弥山王碎如微尘，万物改变色相。如说惟越佛所说的决定陀罗尼，悉能摧伏一切，移山断流，干竭大海，摧碎诸山犹如微尘。式佛所说除一切欝蒸热恼陀罗尼，能使三千大千世界六种震动，山河石壁破碳踊没。迦叶佛所说大陀罗尼力能令百佛世界六种震动，所有山河石壁皆悉摧碎，犹如微尘，通为一佛世界。其中所有一切万物皆作金色，浩浩涀瀼，更无余色。观世音菩萨所说大证济陀罗尼力，能令三千大千世界山河石壁、四大海水涌沸，能令须弥山及铁围山碎如微尘。拔陀和菩萨说大陀罗尼咒能令地作水相，水作地相，风作火相，火作风相，三千世界作微尘相，色作空相，空作色相。下至金刚际，上至净居天，变为非色相。大梵天王陀罗尼神力，尽一日月所照之处四天下中，能使四海涌沸，须弥山碎如微尘，及七宝山、四大海水、江河淮济入一毛孔，悉能为之。兜率陀天王所说大陀罗尼神咒力，能令此阎浮提所有地种碎如微尘，海水枯涸，须弥山崩令如微尘，复能还复，如本无异。阿难比丘所说神咒也能使三千世界、须弥山王皆悉动摇，帝释天王惊怖出宫，诸龙王宫惊走逃窜，诸神仙人心悉脑转，四海鱼鳖藏窜孔穴云云。

陀罗尼咒的神力更多地体现在消除烦恼障碍，摧灭往世罪业，改变众生的业力方向和现实命运。如说式佛所说陀罗尼能除七十七亿劫生死重罪，书写读诵此陀罗尼一句者，百千万亿恒河沙世重恶罪业摧灭无余。随叶佛所说金鼓神咒，悉能摧众生所有业障、报障、垢重烦恼。其有书写读诵者，恒河沙等劫所有重恶殷重报障、业障及以五逆、一阐提罪悉灭无余。拘留秦佛所说金刚幢大陀罗尼能疗治三界五滓众生诸恶烦恼、疮疣重病，一切业障及以报障、诸垢烦恼悉能消除。拔众生苦，令出欲淤泥，闻者脱三垢贪欲、瞋恚、我慢。释迦牟尼佛所说金光照曜大陀罗尼能除过去亿百千劫障道，犯五逆、四重禁戒者，可现世除灭，令无遗余。文殊师利菩萨所说解众生缚陀罗尼，能悉消除现在病苦，能却障道，拔三毒箭，九十八使渐渐消灭，度三有流，现身得道。修行此陀罗尼法者，亿千姟劫所有重罪一时都尽，分部破戒亦悉都尽。五逆殃恶及一阐提殷重悔过，悉得灭除。还得见千佛，手摩其头，即与授记，宿世殃恶，永灭无余。虚空藏菩萨说阿那耆昼宁大陀罗尼力，能令三千大千世界其中众生处在幽隐及三涂，普闻此陀罗尼一径耳处，得宿命智，乃至十四生悉得解脱。救脱菩萨所说阿那耆知罗大陀罗尼，声震三千大千世界，一切众生所有罪垢殃恶重病散入一切众生毛孔，六情诸根、现在病苦、欝蒸毒气及过去业诸结恼热，一切消尽，令无遗余。

陀罗尼咒神力还能消灭现世疾病以及各种灾难，如说惟越佛所说决定陀罗尼可治一万八千病，疫病刧起，悉能攘之。大势至菩萨所说阿那耆置卢大陀罗尼力能令三千大千世界地皆振裂，其中众生自然踊出，时即以大智力一时接取，安置一处，即以禅定清凉法水洗泽尘垢，摩拉拂拭，安慰其心。有诸行人书写读诵此陀罗尼者，现在身中四百四病、破戒五逆及障道罪、宿世微殃，悉皆消灭，无有遗余。得大势菩萨所说乌苏波置楼大陀罗尼力，能令十佛世界一切众生以此陀罗尼法音光明入其毛孔，将其尘劳垢集一切消除。有诸行人四大不调，病苦殃身，有能读诵者，得大势菩萨当与八部鬼神、四大天王实时授予阿伽陀药、如意宝珠，令无所乏。文殊师利菩萨说大神咒消诸精魅鬼并及妖邪蛊道，能令行人心得清净，离诸疾病，心得解脱，慧得解脱，消众毒药，无众恼患，众邪妖魅悉皆消灭。普贤菩萨所说大神咒能灭三病，却障道罪，摧他方怨贼。若行旷野，恶狩毒虫闻此陀罗尼句，口噤不开。定自在王菩萨所说求稚兜大神咒势分所及遍阎浮提，若诸行人为天魔众邪蛊魅之所恼者，外恶侵娆，内恶复起，求名利养、谄曲妬嫉、憍慢贡高来集其心时，能以慈悲水荡涤心垢，照明其身，内外清彻，亿百姟劫重恶之业障道黑暗、众邪蛊魅、天魔罪垢，悉皆消灭，无有遗余。古人认为疾病、灾害与鬼魅有关，降魔驱鬼成为陀罗尼的一大功能，因而有种种祛鬼治病的专用陀罗尼咒。鬼神大将阿咤婆拘用上佛世尊极严恶咒，以降伏一切极恶诸鬼神等及一切恶人、恶毒等。若有读诵是咒之者，其人威德乃至力能降伏梵天，何况余恶。佛不须此极严恶咒，傥能伤害诸众生等。阿咤婆拘以为后恶世之中恶鬼增盛，恶人众多，恶毒虫兽侵害众生，或值诸难，所谓王、贼、水、火、刀、兵，恐畏怨憎、恶鬼等难。若佛弟子出家在家，若住寂静乞食道人，冢间树下四部等众，若行旷野山林道中，若在城邑村里巷陌，当为救护，不令遇恶。

毗婆尸佛所说大威德陀罗尼神咒，若受持、读诵、推觅、乐闻者，是人不为一切刀仗所害，不为一切水溺，不为一切苦患所持，不受一切横死。若复有人与持此咒人毒药者，其药变成美食，不著于人。若复有人若饮若食，先咒作七遍，然后而食，食已，是诸蛊道、恶口、众邪皆悉自灭，不能为害。若受持是咒者，令人寿命延长。

尸弃佛所说神咒，为众生除一切病，除一切诸恶鬼障难，除一切恶梦，除一切横病死。若昼夜各诵三遍，或复心念，一切蛊毒、厌祷、咒诅、恶口、赤舌，众邪魍魉皆不得近。

拘那含牟尼佛所说陀罗尼咒，受持人抄写流通者，则远一切怨家不得其便，火不能烧，水不能溺，不为雷电霹雳所近。近则若有人以毒药与持咒人，食之如飡羹饍，自然消化，无诸毒气，不为一切横死等畏。一切所食入腹，自然消化，得色得力，寿命延长，恒常富贵，财宝自然，一切诸佛忆念拥护。若人过去有三障重业，能日诵此咒三遍，即得除灭。

陀罗尼咒不仅消灭灾难，解除疾病，还能救济贫穷，与人快乐，满足人们的愿望。如说坚勇菩萨所说阿那耆置楼大陀罗尼，拔济众生出生死苦，拯济三界贫穷众生，如宝掌菩萨，亦如国王解髻中明珠施与贫人，犹如慈父视子宝藏。有诸国土境水旱不调，谷米不登，如诵此陀罗尼七十七遍，三称坚勇菩萨，时当敕阿耨大龙、娑伽罗龙使诸小龙给足其水，令国丰实。若其国内疫病流行，有诸众生病苦殃身，时当往诣是人所，随其偏发，疗治救济。有诸众生乏于财物，当给施，令无所乏。陀罗尼咒还有护国退敌的功能，如说惟越佛所说决定陀罗尼，悉能攘却邻国侵境，能驱遣疫鬼入国。拘那含牟尼佛说大陀罗尼神力，能令大梵天王、帝释四天大王于虚空中悉雨刀剑，四面大黑风起，令其兵众皆悉不得见日月之光，诸夜叉众吸其精气，应死者死，自然退散。救脱菩萨所说阿那耆知罗大陀罗尼，当诸邻敌欲来侵陵国土时，能令八部鬼神雨沙砾石，放大黑风，雷震霹雳，犹如天崩，震动天地，尔时怨贼自然退散。释迦牟尼佛所说陀罗尼咒，能令众生长夜安隐，获得善利、色力、名誉。

陀罗尼咒的功能不仅抵御外来入侵，而且还能安定国内，拥护国家，惩戒国王，消弭内乱，使政治清明，国泰民安。如说惟越佛决定陀罗尼，说当刀兵劫起时悉能摧灭之。释摩男咒力能拥护诸众生，如国土虚弱、事刀兵及寇贼、疫病，悉皆消灭。如阎浮提中诸王统理民物，不以节度，故使邻国兵刀竞起，天龙恚怒，水旱不调时，国王当责己修德，慈慧天下，宽纵民物，征善舍恶，宽饶众生，忏悔惭愧，与民更始，则以咒力使万恶都息，众善普集，天龙欢喜，雨泽以时，五谷熟成，疫气消灭。

忉利天王所说胡苏兜那大神咒力，尽日月所照之处悉能为之。因帝王暴虐、兵刀寇贼兴起、饥饿疾疫流行、大臣宰相佞谄不忠，致使国家衰忌，星宿失度，雨泽不时，晚雨早霜时，以此陀罗尼神力，消弭内乱，调节风雨，灾害并息。若其国王放逸享乐，纵诸群臣贪浊自恣，多取民物，枉杀无辜，民怨天怒，故使国界兵刀竞起，有诤夺之心，行此恶行者。若其国王心生惭愧，悔过自责，虚负万民，空顽不及，谦下自卑，惠下利民，退恶任善，尊圣敬德，拯济贫穷，改往修来，遵修此德，可得延年益寿，社稷长久。复能读诵此陀罗尼，修行信顺，上来所说诸恶灾怪，悉得消灭，无有遗余。

北辰菩萨有大神咒名胡荧波，意为拥护国土，消灾却敌。说菩萨因得闻此大神咒，七百劫以来住阎浮提为大国师，领四天下，为众星中王，得最自在，一切国事悉当之。若诸人王不以正法任用臣下，心无惭愧，暴虐浊乱，纵诸群臣酷虐百姓，菩萨即能征召贤能，代其王位。若国王有惭愧心，改恶修善，任用贤能，退诸恶人；其心弘广，普慈一切；容受拯济，犹如桥船；苞含民物，犹如父母。敬贤尊圣，如视父母。王自躬身，临朝断事。不枉民物，犹如明镜。若其国王能修是德，改往修来，忏悔先所作事，惭愧自责，鄙悼愆咎，自悔责己，当恭敬三宝，怜愍贫穷，抚恤孤老，怨亲平等，称理怨枉，不枉民物。则菩萨率诸大天王、诸天帝释、伺命都尉、天曹都尉，除死定生，灭罪增福，益算延寿。令诸天曹差诸善神一千七百逻卫国界，守护国土，除其灾患，灭其奸恶，风雨顺时，谷米丰熟，疫气消除，无诸强敌。人民安乐，称王之德。是王若能兼行读诵此陀罗尼，譬如转轮圣王得如意宝珍，是珠神气消伏灾祸。还有太白仙人所说神咒，说太白仙人本修菩萨行，五星中最胜，统领四天下及诸人天事，国土灾害，变寿命，延缩短，阴阳及运变、图书谶记等、奸伪质直事，攘灾消奸恶，其所盈缩者，悉是其所知。以愍诸众生，今说神咒，并护其国土。

陀罗尼咒还有获得神通的功能，如说妙眼菩萨神咒令人天眼通、宿命通、他心通，未来一切事国土之名号及以弟子众寿命劫多少及诸神通事，耳根通彻，听百佛世界事。身能通飞行，石山无罣碍。兜率陀天王所说大陀罗尼神咒力，令诸行人诸结重病尘劳垢习为渴爱河之所漂流，没溺生死无能觉者，牢接救拔，令出三界，以大乘河灭结使火，禅定膏油润渍令湿，种殖无上菩提根牙，令诸众生收诸果实。若诸众生现身欲修此陀罗尼，得宿命智，济四百生未来世事，亦四百生悉能知之，现在世事知他人心、所缘识境界、天文地理、图书谶记。知诸众生死此生彼，四百生悉能知之。

陀罗尼咒还有另一大功能，就是用于修行佛法，成就菩提。如说迦叶佛所说拯济群生出生死苦大陀罗尼，若众生修行读诵者，未发无上菩提之心者，皆使发心，至不退转。先已发心者，修行此陀罗尼者，超过七住乃至十住。此陀罗尼金刚三昧大空解脱门，菩萨从初发心修行此三昧，直至道场菩提树下入金刚定，莫不由是。其有读诵书拘留秦佛说大陀罗尼金刚幢者，现身当得金刚幢三昧，所有结使摧灭无余，济拔众生苦。

拘那含牟尼佛说大陀罗尼有众生修行读诵，七日七夜减省睡眠，其人现身得师子王定三昧，百千诸佛现前授记。有诸行人受持读诵书写释迦牟尼佛所说金光照曜大陀罗尼者，得金光明王定三昧，未发心者咸使发心，到坚固地。先发心者入法流水中，八住齐阶，疾至佛地。以此陀罗尼力故一踊超过菩提树下，乃至佛地坐于道场。还能觉悟群生，踊出三界，拔众厄难，超众群圣，疾成佛道。若有众生欲修行此陀罗尼者，欲得现身四沙门果。

虚空藏菩萨说阿那耆昼宁大陀罗尼，诸声闻人未证果者令得果，令缘觉人度十二因缘大河、拯济群萌，令诸菩萨从初发心乃至十地愿果成。

观世音菩萨所说大证济陀罗尼，为诸行人修行六度者、未发心者、若诸声闻人未证果者、若三千大千世界内诸神仙人未发无上菩提心者，皆使发心。有诸凡夫未得信心，以种子令生法芽。以此陀罗尼威神力故，及菩萨方便威神力故，令其所修悉得成办。又诸菩萨未皆初住者令得初住，次第令得乃至十住。已得皆初十住地者，已得此陀罗尼势力故，于一念顷直至佛地，三十二相八十种好自然成就。若声闻人闻此陀罗尼一径耳者，读诵书写修行此陀罗尼，以质直心如法而住，四沙门果不求而得。

大势至菩萨所说阿那耆置卢大陀罗尼，以其神力故，令行人所修转胜，悉得成办，有诸行人在所生处得宿命智，百千生、万亿生通达无碍，如视掌中阿摩勒果。欲得闻持、旋持、总持，欲得四辩，说法无碍，欲得佛十力、四无所畏，欲得修佛三十二相八十种好，速得成办。欲得金刚三昧，超过十地，入佛正位，应当书写读诵修行此陀罗尼，令其所修日日增广。

阿难比丘所说支富敷咒，能令众生心得解脱，毕竟一乘，不堕小乘。毕竟清净，圆满具足。有诸众生迷于大乘，以咒力故还得决定，犹如浊水，置诸神珠，以珠力故，水则湛然。

陀罗尼咒力还能使人往生净土，如说随叶佛所说金鼓神咒，其有书写读诵之者，所至到处如国邑、聚落、山林、丘冢，其中众生得闻说此陀罗尼名，一经耳者，命终已后悉得往生阿閦佛国，乃至成佛，不堕三涂。

释迦牟尼佛所说金光照曜大陀罗尼，三界众生一经于耳，悉得往生忉利天上。文殊师利菩萨所说解众生缚陀罗尼，若诸行人有能书写读诵者，现世当为千佛所护，命终当生兜率天上，面睹弥勒。

拔陀和菩萨所说阿那耆置卢大陀罗尼，欲求见十方诸佛，当即面对共语，得受记莂。欲见跋陀和菩萨，即能授予四沙门果。欲得命终生兜率天上，即能面见弥勒。欲生他方净佛国土，亦能面对他方如来授记。

得大势菩萨所说乌苏波置楼大陀罗尼力威神力故，此诸众生命终已后，悉得往生兜率天上，面睹弥勒。若诸行人欲求解脱，而为业障之所滞碍，懈怠懒堕，三业不懃，时即以智慧火、禅定水，烧燃洗泽业垢障道，令其惺悟，皆使令发菩提之心。

二　陀罗尼神祇信仰

1. 佛教神灵观的原理

佛教的神灵观起源于对佛陀的敬仰和崇拜，佛陀生前主张无我说，反对有神论。佛陀寂灭后，他的弟子以及后世弟子们继承其说，对他的崇敬也仅限于他高尚的人格和伟大的学说。但到部派佛教晚期，佛陀逐渐被神化，由佛舍利崇拜进而至于佛身崇拜，佛陀的生平事迹也被笼罩在浓厚的神话之中。大乘佛教兴起后，佛陀崇拜发生了质的变化，佛有法、报、化三身，诸佛遍及十方三世，佛陀完全由人变成神，具有了神性。大乘佛教还将觉悟有情的菩萨从追随者的地位推到被崇拜的对象，也将其他天神以及贤圣纳入其神祇体系，建立了佛教的万神殿。密教继承大乘佛教的有神论体系，将大乘佛教的神祇体系进一步完善和系统化，构建了一套完整的神灵崇拜模式，由此佛教也成为一个具有崇拜体制的宗教体系。

佛教的神灵观，同其他有神论宗教一样，建立在善恶两分法的基础上，表现为佛魔对立，极善为佛，极恶为魔，于其之间向善者为圣众，向恶者为魔众。这种善恶相向、佛魔对立的观念，起源于佛陀降魔成道故事。传说佛陀在菩提树下修道时，魔王波旬及其魔众前来扰乱，但佛陀意志坚定，不为所动，终成菩提。佛陀降魔成道的故事晚出，魔说来自婆罗门教，魔亦称天魔，属于天类，魔王波旬为欲界第六天他化自在天之主，其眷属即魔众、魔民、魔军。

魔，魔罗的略译，梵文 Māra，作为形容词，意为谋杀、破坏；作为名词，意为死亡，恶性传染病、瘟疫（尤指鼠疫），杀害，障碍，爱、爱神、诱惑者，恶魔等。原译“磨”，梁武帝特造“魔”字，专门用来指称魔罗，对译魔王、魔怨、恶魔、邪魔等。魔王名波旬，亦译波旬逾，异译波卑、波鞞、波椽、波卑面、魔卑夜，梵文 Pāpīyas，形容词，比较级，意为更坏的、非常坏的，更差的，更悲惨的，更贫穷的；作阳性名词时，译恶，恶人。慧琳《一切经音义》解释魔说：“魔，梵言也，具云魔罗，此云障碍善，或云破坏善也。”① 又解释魔罗说：“魔罗，此云破坏义。又言魔卑夜，此云恶者。云波旬，讹也。成恶法，怀恶意也。恶魔波旬，号名并述。”② 又解释天魔说：“梵言魔罗，此译云障，能为修道作障碍也。亦名煞者，《论》中释断慧命故名为魔，常行放逸而自害身故名魔。魔是位处，即第六天主也。名曰波旬，此名恶、爱，即释迦牟尼佛出世时魔王

① （唐）慧琳撰《一切经音义》卷21，《大正藏》第54卷，第435页中。

② （唐）慧琳撰《一切经音义》卷27，《大正藏》第54卷，第484页上。

名也。诸佛出世，魔各不同，如迦叶佛时魔名头师，此云恶瞋等者也。”[①]

魔罗以杀害人命、障碍善法为能事，故作为恶的化身，魔王波旬则是极恶的化身。佛教中引申为一切为害障碍者，包括一切趋向负面的心理、意识、认识、情绪以及行为和事情等，泛指一切与善法对立的恶法。《大毗婆沙论》解释说：“问：何故名魔？答：断慧命故，或常放逸而自害故。问：何故名恶？答：怀恶意，乐成就恶法及恶慧故。”[②]《大智度论》进一步解释说：“除诸法实相，余残一切法尽名为魔，如诸烦恼、结、使；欲、缚、取、缠；阴、界、入。魔王、魔民、魔人如是等，尽名为魔。”[③] 又解释说：“问曰：何以名魔？答曰：夺慧命，坏道法功德善本，是故名为魔。诸外道人辈言，是名欲主，亦名华箭，亦名五箭，破种种善事故。佛法中名为魔罗，是业，是事，名为魔事。”此说外道以魔为爱欲之主，亦名华箭、五欲（色声香味触）箭，以其破坏种种善事之故。但佛教中爱欲是一切罪恶的根源，故凡与一切善事对立的事业都是魔事。如“人展转世间受苦乐，结使因缘，亦魔王力因缘。是魔名诸佛怨雠、一切圣人贼，破一切逆流人事，不喜涅槃，是名魔。是魔有三事，戏笑语言、歌舞邪视，如是等从爱生；缚打鞭拷、刺割斫截，如是等从瞋生；炙身、自冻、拔发、自饿、入火、赴渊、投岩，如是等从愚痴生。有大过失，不净，染著世间，皆是魔事。憎恶利益，不用涅槃及涅槃道，亦是魔事。没大苦海，不自觉知，如是等无量，皆是魔事。已弃已舍，是为‘过诸魔事’。”[④] 由此魔分四种，“一者烦恼魔，二者阴魔，三者死魔，四者他化自在天子魔。是诸菩萨得菩萨道故，破烦恼魔；得法身故，破阴魔；得道、得法性身故，破死魔；常一心故，一切处心不著故，入不动三昧故，破他化自在天子魔。以是故，说‘过诸魔事’。”[⑤] 又进一步解释说：“魔有四种，烦恼魔、五众魔、死魔、天子魔。烦恼魔者，所谓百八烦恼等，分别八万四千诸烦恼。五众魔者，是烦恼业和合因缘得是身，四大及四大造色，眼根等色是名色众；百八烦恼等诸受和合，名为受众；小大、无量、无所有想分别和合，名为想众；因好丑心，发能起贪欲、瞋恚等，心

① （唐）慧琳撰《一切经音义》卷50，《大正藏》第54卷，第640页上。
② （唐）玄奘译《阿毗达磨大毗婆沙论》卷52，《中华藏》第45册，第461页下。
③ （后秦）鸠摩罗什译《大智度论》卷5，《中华藏》第25册，第199页下。
④ （后秦）鸠摩罗什译《大智度论》卷5，《中华藏》第25册，第200页中。
⑤ （后秦）鸠摩罗什译《大智度论》卷5，《中华藏》第25册，第199页下。

相应、不相应法，名为行众；六情、六尘和合故生六识，是六识分别，和合无量无边心，是名识众。死魔者，无常因缘故，破相续五众寿命，尽离三法——识、断、寿故，名为死魔。天子魔者，欲界主，深著世间乐，用有所得故，生邪见，憎嫉一切贤圣涅槃道法，是名天子魔。魔，秦言能夺命者，虽死魔实能夺命，余者亦能作夺命因缘，亦夺智慧命，是故名杀者。"[①] 可见，魔最初源于欲界天魔，后来指夺取生命的死魔，最后引申为夺慧命的烦恼魔及其原因五阴魔。

后来由四魔扩展为八魔、十魔等，故佛教所谓魔王、魔众者，是指佛陀修定过程中扰动其注意力的意念、情绪、心理，以及影响其思维走向并建构教义体系的错误认识、观念和思想。所以魔在佛教中往往象征内在的烦恼，而圣则象征趋向菩提真理的智慧。精神层面烦恼为魔，蕴魔指构成有漏身体的五蕴，烦恼魔指一百二十八根本烦恼以及随烦恼，死魔指人生有生死的无常相，亦即小我，天魔指第六他化自在天子魔波旬为大我观念。佛陀降魔即是破坏四魔，如观身不净坏蕴魔，观受是苦坏烦恼魔，观身无常坏死魔，观法无我坏天魔。或按大乘般若学，观空破蕴魔，观无相破烦恼魔，观无愿坏死魔，俱三回向菩提坏天魔。而就佛陀降魔过程来说，菩提树下破一切烦恼魔，金刚座上破一切天魔，留三月命破一切死魔，入涅槃破一切蕴魔。[②] 修行入定，意止意断，则无魔可言。譬如两木相揩则自生火，还烧其木，但火不从水、风、地出。四魔亦皆由心生，不从外来。心意坚固，便无所起，则无四魔。[③]

但佛教的善恶二分法终归于一元，按二谛论，就胜义谛，善恶两极并无分别，平等无二；就世俗谛，善恶截然有别，圣魔对立。而佛教的宗旨在于化恶为善，降魔成道，其归趣点在于正等正觉，正觉之所以为正等者，即在于消弭善恶差别，使其等无有异。因此佛教神灵观的重心也在于圣众，是为圣众而设魔众。密教的神灵观根据这个原理，用更为形象的方式加以演绎，用形象化和象征化方式表现善恶关系，处理圣魔关系，将修道中的善恶互动关系扩展到人生和社会生活中的一切领域，凡促成一切事业成就者即是圣，凡一切导致障难者即是魔，修道的目的就在于用密法修

① （后秦）鸠摩罗什译《大智度论》卷68，《中华藏》第26册，第234页上—234页中。
② （唐）法崇撰《佛顶尊胜陀罗尼经教迹义记》卷上，《大正藏》第39卷，第1018页下。
③ （西晋）聂承远译《佛说超日明三昧经》卷上，《大正藏》第15卷，第536页下。

持排除障难，获得世间的和出世间的成就。

根据善恶对立观念，佛教分神灵为圣众与魔众两大类，圣众由佛及其眷属组成，魔众由魔王及其眷属组成。但佛教并非如其他宗教建立在有神论基础上，佛教最初是无神论者，从无神到有神，有一个逐渐演变的过程，先有圣“人”，后有圣“神”，或者说先有至圣的佛陀，后有至神的如来。至人至圣，虽圣而人。至神如来则“如来如去”，已为不可思议的法身，具有神性。圣为世间最尊最上者，神则出世间最尊最上者。[①] 佛教最初所谓圣众，无非佛与僧两种。佛为觉者，是觉悟真理的至圣。僧为趋向至圣的修道者，以其修行戒、定、慧以及解脱知见的成就高低，分为住须陀洹、斯陀含、阿那含、阿罗汉四个阶位，以其住道及道果，分别为四向、四果，总称四双八辈。[②] 但圣僧的最高果位阿罗汉并非至圣，达到至圣者唯有佛。后来大乘以追求无上菩提为目标，认为佛有法、报、化三身，修道的菩萨进修十地，可以达到佛的果位，所以有很多菩萨修行成佛。佛有很多，不仅有过去佛和现在佛，还有未来佛。三千大千世界充满佛，一佛一世界，其数无量。但菩萨修道成佛的主要目的在于普度众生，只有度尽众生，最后才能自度成佛。所以大乘的圣众由佛以及菩萨组成，菩萨是趋向菩提的临界者，虽未完满，却具有佛的不同特性。

2. 陀罗尼密教的佛菩萨信仰

陀罗尼密教继承和发展了大乘佛教的神祇信仰，凡诸大乘神祇都被改造为拥有陀罗尼神咒的神祇，不仅诸佛、菩萨以及天龙八部都被纳入其神灵系统，而且大量引入印度以及西域其他有关宗教的神祇以及民间鬼神，大大扩展了佛教神祇的范围和数量，也改变了外道神祇在佛教万神殿中的地位和影响。

陀罗尼密教的神祇信仰中，佛是最高的神祇，所有的陀罗尼神咒，无论是诸佛所说还是菩萨、天神所说，都源自过去世诸佛。陀罗尼神咒最早为过去诸佛所说，过去诸佛以七佛为首，换言之，七佛就是陀罗尼神咒的原创者和最早实践者，有的经就明确说其陀罗尼咒为过去七佛宣说。如

---

① “神”在汉语中是个超世间的概念，但在佛教中一般所谓的神地位较低，往往“鬼神”连称。此称“神”者，按宗教学理论范畴而言，是个与“人”相对的概念，在人神层面讨论问题。

② （梁）僧伽提婆译《解脱道论》卷6，优婆底沙造，《大正藏》第32卷，第428页下—429页上。

《大方等陀罗尼经》就说，救摄犯四种禁戒陀罗尼是过去七佛之所宣说，而七佛之数也不可数、不可计，过去世有不可数、不可计之七佛说此陀罗尼救摄众生，现在十方亦有不可计、不可数七佛宣说此陀罗尼救摄众生，未来亦有不可计、不可数七佛亦宣说此陀罗尼救摄众生。[①] 所以七佛所说陀罗尼最有权威性，神力最大，故流行也很广。其专文就有晋译《七佛八菩萨所说大陀罗尼神咒经》，有梁译《虚空藏菩萨问七佛陀罗尼咒经》，还有晋译《佛说摩尼罗亶经》，魏译《大吉义神咒经》，这些咒经又编入《陀罗尼杂集》《大灌顶经》《孔雀王咒经》等。七佛中或以前六佛为过去佛，释迦牟尼佛为现在佛。陀罗尼密典中释迦牟尼佛的地位最为尊高，《摩登伽经》说其拥护阿难的咒力之大，尽可断灭所有咒术。不仅解除了旃陀罗咒，而且誓“以斯咒安隐一切怖畏众生，亦欲利安诸苦恼者。”旃陀罗咒师也不得不承认“沙门瞿昙其德渊广，非是吾力所可为比。假令一切世间众生所有咒术，彼若发念，皆悉断灭，永无遗余。其有所作，无能障碍。以是因缘，当知彼力为无有上。”[②] 所谓瞿昙咒力无有上者，就是说释迦牟尼佛所说的陀罗尼咒神力最大。释迦牟尼佛还说六字神咒，说六句咒其力殊胜，悉能拥护一切众生。能灭邪道，断诸灾患。宜可受持读诵用自利益，亦安乐人。并说此咒皆为过去六佛所共宣说，今释迦牟尼佛亦说是咒，大梵天王、释提桓因、四天王等皆悉恭敬受持读诵。这样六句神咒的适用范围就被普遍化，其功用也超出了解除他咒的局限，悉能拥护一切众生，能灭邪道，断诸灾患，可以自安，亦可饶益众生。还说该咒也在现实生活中有实际作用，临应刑戮，以咒力故，轻被鞭挞而得免脱。若当鞭挞，以此咒因缘，呵责得免。若应呵责，由此神咒威德力故，永无呵毁，坦然安乐。因此之故，《摩登伽经》的这一品另编为咒经，题诸六字神咒的经名，广为流行。也因此之故，有关阿难的神咒也风靡一时，也成为六字神咒的主角，其咒力之大，堪与菩萨、天王咒力相上下，这也是作为比丘身份拥有陀罗尼神力之绝无仅有者。此类咒经有历代异译的《六字神咒王经》《六字神咒经》《六字大明陀罗尼咒经》《圣六字大光明王陀罗尼经》《六字增寿大明陀罗尼经》等，由此“六字”为名的陀罗尼咒流行开来，有文殊菩萨六字咒，也有观世音菩萨六字咒。与阿难有关的咒

① （北凉）法众译《大方等陀罗尼经》卷 4，《中华藏》第 22 册，第 382 页中—382 页下。

② （吴）竺律炎译《摩登伽经》卷 1，《中华藏》第 22 册，第 338 页。

经还有《佛说救阿难伏魔陀罗尼经》《阿难比丘所说神咒》以及《观世音菩萨消伏毒害陀罗尼咒经》《最胜灯王如来所遣陀罗尼句经》等。当然，阿难与陀罗尼密教有不懈之缘，最早掌握陀罗尼记忆法，在佛陀弟子中被称誉闻持第一，因而后世也有所谓闻持陀罗尼、多闻陀罗尼。按宗教传承谱系观念来说，阿难可谓陀罗尼密教的创始人。

诸佛中西方阿弥陀佛及其胁侍菩萨观世音和大势至也很突出，阿弥陀佛有鼓音声王大陀罗尼，与念诵阿弥陀佛名号有异曲同工之妙，持诵陀罗尼咒并香华供养阿弥陀如来，专心系念，发愿求生西方安乐世界，则必得往生其国。七佛与阿弥陀佛共为八数，似乎构成陀罗尼神祇一组。也有以七佛与未来佛共为八佛者，意为过去六佛、现在释迦佛、未来弥勒佛。无论七佛与阿弥陀佛或七佛与弥勒佛合成八数，都无八佛之称，但陀罗尼经典中另有《八佛名号经》很流行，这就是名号型陀罗尼经《八吉祥神咒经》。该经自三国支谦翻译以来异译不断，西晋竺法护译为《八阳神咒经》，另有失译《八阳经》，元魏瞿昙般若流支译《八部佛名经》，梁僧伽婆罗译《八吉祥经》，隋阇那崛多译《八佛名号经》。所谓八吉祥、八阳是对东方八佛名号及其国土的尊称，经中说现今说法之应供正遍知八佛，东方去此分别为一至八恒沙数，其一满所愿聚世界之佛安隐嘱累满具足王如来，其二慈哀光明世界佛绀琉璃具足王如来，其三欢喜快乐世界佛劝助众善具足王如来，其四一切乐入世界佛无忧德具足王如来，其五满一切珍宝法世界佛药师具足王如来，其六满香名闻世界佛莲华具足王如来，其七一切解说音声远闻世界佛算择合会具足王如来，其八一切解脱世界佛解散一切缚具足王如来。说其国土清净，无五浊、无爱欲、无意垢。若人闻此八佛及国土名，受持奉行讽诵，广为他人解说其义者，终不愚痴，口之所言，无有失误，相好具足，无所缺减，无央数年不为乏少。是人终不堕地狱、饿鬼、畜生中，是人终不望取罗汉、辟支佛道而般泥洹，必当逮得无上平等之道，还常遇陀罗尼，常行菩萨道，得功德无量。常有四天王拥护，不为县官所拘录，不为盗贼所中伤，不为天龙、鬼神所触娆，阅叉鬼神、蛊道鬼神、若人、若非人，皆不能害杀。若有疾病、水火、鸟鸣、恶梦、诸魔所娆，恐怖衣毛竖时，常当读是八吉祥神咒经咒之，即得除愈。

该经还附有八菩萨名号，分别为飚陀和菩萨、罗怜那竭菩萨、桥日兜菩萨、那罗达菩萨、须深弥菩萨、摩诃须和萨和菩萨、因祗达菩萨、和轮调菩萨，说是八人求道已来无央数劫仍未取佛，发愿为使十方天下人民皆得佛道，若有急疾，皆当呼八人名字，即得解脱。寿命欲终时，八人便当飞往迎逆之。但此八菩萨来自《般舟三昧经》，支楼迦谶最早译作飕陀和、罗邻那竭、那罗达、摩诃须萨、和轮调、因坻、须深、惰曰兜。其《拥护品》说是八菩萨为五百人中之师，常持正法，随顺教化，心净无欲。还说奉持方等经，于世俗无所著，释一切缚，解空慧，恒行慈哀度众生，施以安隐灭诸尘。寿终之后生法家，不复归于三恶道，世世相随常和协，然后逮得尊佛道，云云。[①] 但陀罗尼密教中的八菩萨有多种组合，《七佛八菩萨陀罗尼咒经》中的八菩萨为文殊师利菩萨、虚空藏菩萨、观世音菩萨、救脱菩萨、拔陀和菩萨、大势至菩萨、得大势菩萨、坚勇菩萨，《普贤菩萨所说大神咒经》说诸菩萨、神仙神咒，以普贤菩萨、文殊师利菩萨、定自在王菩萨、妙眼菩萨咒、功德相严菩萨、善名称菩萨咒、宝月光明菩萨、北辰菩萨为八菩萨，《灌顶拔除过罪生死得度经》说东方琉璃世界药师如来名号，其中八菩萨为文殊师利菩萨、观世音菩萨、得大势菩萨、无尽意菩萨、宝坛华菩萨、药王菩萨、药上菩萨、弥勒菩萨。说是八菩萨皆当飞往迎其精神，不经八难，生莲华中，自然音乐而相娱乐。[②] 其中观世音菩萨、文殊菩萨、虚空藏菩萨以及救脱菩萨、普贤菩萨等影响较大，其神咒流行较广，而影响最大、流行最广的则是观世音菩萨，《陀罗尼杂集》中仅以其名为题的陀罗尼咒就有 38 首之多。另有地藏菩萨有一切三昧游戏神通，说幢杖大陀罗尼门，称此一经耳者，所有耳病悉得除愈，亦除一切贪瞋痴等烦恼诸病，设不全灭，能令轻薄。以此咒咒于海皮，安禅百千遍，用涂王鼓，有闻声者所有贪瞋痴等一切烦恼悉皆微薄，于佛法中得清净信，恭敬爱乐希有之心，亦得勇猛随顺法行，深信后世资生丰足，众人爱乐莫不喜见。而陀罗尼密教最早的八菩萨为支谦译的《无量门微密持经》，说有八菩萨在欲行天，其名无爱天、悦可天、智光天、怀金天、积习天、愿满天、星王天、行审天。后来功德直另译作众光菩萨、智光菩萨、日光菩萨、问难菩萨、一切愿满菩萨、大力菩萨、星王菩萨、妙意菩萨，并说是八菩萨及八鬼神令此行者一心专修，得陀罗尼法利势力，使诸众生皆爱念之，一切所须随意不乏，百由旬内无诸衰患。

① （后汉）支娄迦谶译《般舟三昧经》卷 2，《中华藏》第 11 册，第 441 页中。

② （东晋）失译《佛说灌顶经》卷 12，《大正藏》第 21 卷，第 553 页下。

3. 天王与龙王信仰

天王与龙王是天龙八部中唯有取得正面信仰的两类神灵，其中天王本是婆罗门教的神祇，但很早就引入佛教作陪衬，密教将其作为护卫神，也赋予陀罗尼威神力。常见的天王有大梵天王、帝释天王、释提桓因、大自在天王、化乐天王、兜率陀天王、炎摩天王、忉利天王、摩醯首罗天王、四大天王等，其中最流行的是四大天王。

诸天王的陀罗尼咒都被认为是过去诸佛所说，也具有佛教拔苦与乐、慈悲救济精神，反映民众的现实苦难和能够解救的良好愿望。如《七佛所说神咒经》所说，大梵天王的陀罗尼称呼卢钵都，意为治众生病，覆育三界，济诸贫穷。大自在天王的陀罗尼名呵利楼，意为拔众生苦，济众厄难。化乐天王的大陀罗尼名阿那耆富卢，意为法忍，柔顺法忍，堪任荷负三界众生，譬如大海其量难知，表明天王心亦复如是，悉能救接漂流众生度三界海。兜率陀天王的大陀罗尼名耆蜜屠苏兜，意为救诸病苦，赈给贫穷，令诸行人速得二乘圣果，如天降雨，令诸农夫多收果实。忉利天王大神咒名胡苏兜那，意为去除垢秽，慈悲拯济，拔众生苦。摩醯首罗天王称四道面天王，住净居天阿那含处，其神咒名拘多咤，意为慈悲忍辱，以愍念诸众生，为除苦本，除其我慢心，令修忍辱行，名摩醯首罗。炎摩天王的大神咒名求低苏多，意为美妙音声，亦名异法性海美妙音声。说此大神咒能令法音光明从毛孔入，欝蒸之热自然清凉。小千世界众生闻此陀罗尼美妙音声，和雅柔软，有得音响忍者，有得柔顺忍者，有得大无生法忍者，有能堪任久住度众生者，有得毕法性海四辩无碍者，有得大总持神通自在，常游诸国，以美好音声而为众生演说法要，可见其美妙音声威力之大，感染之强。八臂那罗延天王的神咒名阿波卢耆兜帝梨置，意为护助佛法，消诸奸恶，摧灭邪见，建立法幢。其大神咒具有奇特威猛德力，神通无碍，三界奇挺，人无等双。能够移山住流，手转日月。能接须弥掷置他方，还置本处，令四天王、帝释诸天都不觉知。令此须弥入芥子中，四天王宫、忉利诸天悉皆不知己之所入。令四天下洲合为一洲，各还本处，如本无异，其中众生不知往来。神通自在，游腾十方，历事诸佛，守护正法，当知皆是大陀罗尼力。

四天王中东方持国天王是彦达嚩主，以无量百千彦达嚩而为眷属，守护东方，彼有子孙、兄弟、军将、大臣、杂使。南方增长天王是矩畔拏主，以无量百千矩畔拏而为眷属，守护南方。西方广目天王是大龙主，以无量百千诸龙而为眷属，守护西方。北方多闻天王是药叉主，以无量百千药叉而为眷属，守护北方。彼诸有子孙、兄弟、军将、大臣、杂使。此四大天王护世有名称，四方常拥护，大军具威德，外怨悉降伏，他敌不能侵。神力有光明，常无诸恐怖。天与阿苏罗或时共斗战，此等亦相助，令天胜安隐。如是等大众亦以此明王拥护，无病寿百岁。

天王中也有女天王，比较流行的有功德天女、大吉祥天女、大辩天女、大坚固天女、作光大天女、可喜天女、安隐天女、多摩罗坚固天女、明星主天女、奢摩天女、颇梨天女等为上首天女。其中大功德天王在密教中以制服未来世恶暴众生闻名，又为地神，主地味精气以及众生资生。《陀罗尼杂集》其有神咒名兜楼呼帝卢，意为护助正法，愍苦众生。说功德天身端正殊妙，光明照曜，诸天中胜。其神智通达，靡所不知，得他心智，来今往古如在目前，因称清净智。得宿命通，具足三明八解脱事，亦悉备足功德，备举如初住菩萨等无有异。为度众生，现作天女，见诸众生回波六趣，没溺苦海，无能觉者，以此神咒欲拥护之。若诸行人欲求所愿，病者求差，贫者求富，贱者求贵，若诸国王恶贼侵境、雨泽不时、所种不收、疫病流行，应当勤心读诵修行此陀罗尼，并供养行法，所愿皆满。《大集经·须弥藏分》之《灭非时风雨品》和《陀罗尼品》，佛菩萨为其说陀罗尼，因称《如来共功德天本愿要誓经》，亦名《须弥藏菩萨所愿》《陀罗尼篋》《增长地味》《三昧方便教化众生》等。其中《灭非时风雨品》说三首陀罗尼，因陀罗幢相王佛授其世水宅心陀罗尼，令无量众生丰足资生，果报无乏，又能度于烦恼暴流。释迦佛又其为说陀罗尼轮，名水风摩尼宫集一切咒术章句，以建立一切三世诸佛三宝之性。说以此陀罗尼力故，十方无佛国土五浊世中所有非时风热寒温旱潦悉皆除灭，令彼毒恶无慈愍众生得信乐心，柔和软善，乐求正法，护持正法，绍三宝种。地藏菩萨为其说磨刀大陀罗尼，以此陀罗尼力，令一切众果报所须及以地味悉无减损，无能毁夺地之精气，亦无能放毒气者，亦复无能坏其美味等，能为一切众生如大妙药，能灭一切众生苦恼，能施一切众生乐具，成就大悲。《陀罗尼品》中诸佛菩萨为其说船华功德陀罗尼、幢盖愿陀罗尼、能求尸利子利奴陀罗尼以及四天王所说陀罗尼并四龙心陀罗尼等，观世音菩萨称赞功德天勇猛，为贪欲众生发起菩提心。功德天以一斛器盛诸种子奉上观世音菩萨，为欲增益一切种子，愿满足其意，能于四天下充足众生资生之具，于恶暴虐断善众生拔其苦恼，令得安住菩提之种。观世音菩萨即以手执彼种子器，遍示十方，祝愿一切十方诸佛菩萨及以诸龙今现在者，愿悉念我，令使一切诸四天下所有种子、芽茎、枝叶、华果、五谷及诸药味，地味精气、众生精气、善法精气增长无损。又复令此四天下中三宝种性相续不断，使功德天一切所愿皆悉满足，常使功德天能令一切众生资财丰足，亦能教化一切众生，远离一切恶令发菩提心，又令诸众生得离三恶道生于天中。

龙王是龙神八部之首，也有八数，称八龙王。《大吉义神咒经》说有八龙王住于大海有大威德，阿那婆达多龙王，拔留那龙王，毗留勒龙王，修钵啰龙王，致希都龙王，难陀龙王，优波难陀龙王，娑伽罗龙王等，有大神变。按《陀罗尼杂集》所说，其中难陀龙王说陀罗尼名耆那腻置，意为护诸众生拔其四毒箭。说此大神咒乃是过去十恒河沙诸佛所说，已得大神咒力故，常游诸国十方佛前，神通自在，无有罣碍，诸佛所说悉能总持，为众生说如闻而行，拔其毒足，补智慧膏，以萨婆若水洗除垢秽，拂拭摩搓，令心调净。还说难陀龙王常游诸国，观察众生有病苦者，随其偏发疗治救济，令得脱难，乃至于王后宫变为女身，为诸女人演说法要。女人姿态多诸过恶，皆使令发菩提之心厌恶女身，皆因此大神咒力，得阶十地，六道和光，现龙王身。虽示龙身，不同其尘。

婆难陀龙王陀罗尼名陀摩罗提，意为守护国土满众生愿。此陀罗尼有大神力，神通自在，常游诸国，度脱众生，在所国土若诸国王欲以正法治国土者，以天位治世，不枉人物。欲得国家无诸灾祸，欲得邻敌不生恶念，国王尔时应当深心敬重三宝，恩慧贫穷，谦敬仁义，恩德普覆，尊圣敬德，退恶任善，谦敬理信，其如国王行此德者，十方诸佛常随护念，释梵四天王等龙王当随护助，为消灾害，满其所愿。

娑伽罗龙王神咒名阿那耆置卢，意为普雨法雨，于四天下中无不蒙润，除诸众生欝蒸热恼，诸渴乏者令得丰足。娑伽罗龙王于七百阿僧祇劫已来常修行此陀罗尼，以是之故，于诸龙王最上最胜，端正殊妙，神通自在，能以神力声振三千，极佛境界无不蒙益，三千大千世界无不蒙润，慈悲普覆，等雨法雨，能令众生增长鞠育菩提根牙。若诸众生处在三恶三垢覆蔽，为开慧眼，令睹光明。若诸国王渴乏须雨，能给足令其丰实，四天下中普皆令等。而其国王欲得丰实，无他怨贼欲来侵境，于其国内炽然正法，恩惠普覆，断理怨枉，赈诸贫穷，有孤老者生怜悯心。若其国王能行是德，十方诸佛诸大菩萨，释梵四天王天龙鬼神常随护助，求愿与愿，无不获果。

和修吉龙王神咒名支富提梨那，意为愍苦众生令出三界。于过去从诸佛所得此陀罗尼句，不与诸龙同其事业，常游诸国，修菩萨行，面睹诸佛，咨受教诲。愍念众生，佐佛化愚，常以正法摄持守护，于生死海拔济令出，身为大船，口为法桥，心为大海，出慈悲水，溉灌众生枯槁福田，悉令生长菩提根牙。我所饶益其喻如是，若诸国王欲求所愿，欲令其国丰实安乐，欲令无有他方怨贼，欲使国土无诸疫病，怨家雠对自然殄灭。众官承法，不复恼人。其王尔时于其国内炽然正法，率诸群臣，以正法教。温良恭俭，孝养父母，慈悲怜悯孤穷众生，躬自回驾供养三宝，于三宝所不生疑悔。生父母师长想，朋友知识想，于身命财生不坚想，我及国土如幻如化，愍伤众生如视赤子。

德叉伽龙王有咒名苏富罗，意为度脱众生。是咒能令诸失心者还得正念，度五逆津，获诸神通，具足三明，超出三界，独步无畏。曾于往古从诸佛所得闻读诵此大神咒，虽现龙身而无龙业，游诸佛国，修菩萨行，游腾十方，度脱众生出生死海，回波六趣悉能救接，扶持携将到涅槃岸。又过去于阎浮提作国王女，以此神咒力普雨法雨，无不蒙益，枯木石山皆能生华，强者能伏，弱者能佐。

阿那婆达多龙王神咒名婆差卢，意为美音，赞叹三宝，长众生信，拥护正法，震大法雷。生长众生菩提根牙，鞠育成就令得成办，悉皆令得无上佛果。是咒能令诸失心者还得正念，无智慧者令得智慧，无辩才者令得辩才，无陀罗尼者令得陀罗尼，狂者得正，瘂者咒其舌根还得能语，盲瞎者咒其眼根随日还生得眼，等等。

摩那斯龙王咒名陀摩叉帝，意为护法，拯济群萌，拔生死苦令得脱难。于往昔在阎浮提作大国王得此陀罗尼，精勤修习，漏尽意解，即获五通。请比丘以为国师，共与治化正法，不贪为本，慈悲为性，赏善罚恶，尊敬道德，慈愍人民。十方诸佛诸大菩萨、释梵四天王、二十八部诸大鬼神、诸大龙王拥护国土，集其国界，雨泽时节，谷米丰熟，人民安乐，诸小国土皆悉归属，当知皆是大神咒力威神乃尔。

沤波罗龙王神咒名伊提姤摩，意为称众生心，不违其意，譬如大海七珍具足，取者皆得，其不取者非龙王咎。从诸佛得此陀罗尼，从是已来百阿僧祇劫有大神力，神通自在，游腾十方，历事诸佛，常以爱语软语利益同事，调伏众生，于诸众生犹如慈父，心意宽弘犹如大海。含受众生无所不苞，堪任荷负无量重担，愍苦众生施其安隐，若诸众生来求索者，随其所愿不逆其意，求官职者令得职爵，求大富者施其宝藏，疾病者施其安隐，若诸国王欲求所愿。我悉与之不违其意，求长寿与长寿，欲令国土无灾害，雨泽时节，不旱不涝，正得其中，无诸灾霜，谷米丰熟，人民安乐，疫毒不行，满其所愿，终不违意。以甘露水洒其国界，令其疾病、疾毒、恶气悉得消灭，是名大神咒力满愿不虚。

《孔雀王咒经》说四十六龙王，或有龙王行地上，或有龙王常居空，或有恒依妙高山，或在水中作依止，有一首龙王，有二头龙王，乃至有多头龙王。有无足龙王类，有二足、四足等龙王，或复多足诸龙王。此等龙王具威德，色力丰美有名闻，天与修罗共战时，有大神通皆勇猛。常令一切诸众生，各起慈心相护念。复愿一切含生类及以灵祇诸大神，常见一切善征祥，勿睹违情罪恶事。我常发大慈悲念，令彼灭除诸恶毒，饶益摄受离灾厄，随在时方常拥护。又有一百六十七大龙王而为上首，及种类眷属于此大地或时震响，或放光明，或降甘雨，成熟苗稼，已曾见如来受三归依，并受学处，夺金翅鸟怖，离火沙怖，免王役怖，常持大地，住大宝宫，寿命长远，有大势力，富贵自在，无量眷属，具足神通，能摧怨敌，有大光明，形色圆满，名称周遍，天与修罗共战之时，助威神力，令天得胜。彼诸龙王所有子孙、兄弟军将、大臣杂使，皆亦以此佛母大孔雀明王真言，守护于我（某甲），并诸眷属，令离忧苦，寿命百年。

4. 陀罗尼密教的鬼神

（1）药叉神

《微密持经》作为陀罗尼密教的开创之作，也奠定了密教神祇信仰的体系，提出了八数的神祇组合模式，引入鬼神作为拥护佛教的神祇，这就是雪山八大神。经中说菩萨行总持时，有八大神在雪山中共视护之，其名曰勇决神、果强神、饶裕神、雄猛神、体行神、清洁神、难胜神、多安神。若澡浴净服，正色经行，慈念众生，思是法要者，斯神必来，神面不远，必安定诵。[①] 雪山八大神，亦称八大夜叉、八鬼神，夜叉即是鬼神，鬼神即是鬼中之神，故称鬼王、大夜叉、大神、大将。夜叉为天龙八部中的第三类，仅次于天神、龙神，但在密教神祇中属于最具特点的一类神祇，《微密持经》首创八数之护法夜叉，《密迹金刚力士经》从中塑造出

---

① （吴）支谦译《佛说无量门微密持经》，《中华藏》第20册，第335页中—335页下。

密迹金刚力士形象，《孔雀明王咒经》发展了多组夜叉王、夜叉将、夜叉女，《大灌顶经》则集夜叉神王之大全。夜叉鬼神本为凶恶之类，魔王眷属，常恼乱修道，灾害世人。大乘佛教中佛菩萨与魔王及其眷属较量，并最终战胜降伏魔众。密教则更进一步采用以恶制恶的方式，化恶为善，不仅使其拥护佛法，而且将其纳入佛教神祇系统，给予菩萨一样的地位。其中一些夜叉取得佛教的信仰，非常流行。如密迹金刚，《大威德陀罗尼经》中说佛陀降生时就已出现，说佛母梦见大白象，龙入普处念，帝释天王及四大天王、二十八部大夜叉主，有一夜叉种姓名曰密主金刚，执手夜叉所生。彼知菩萨在母右胁，恒常随顺，亲近守护。及四天王常逐菩萨，随顺守护。复有四守菩提道场妇女神天，所谓一名郁丘梨，二名目丘梨，三名陀婆阇，四名颇罗颇婆帝，是等四女神知彼菩萨在母胎内常来守护，云云。[①]

《孔雀王咒经》中大药叉王及诸药叉将住在大海边，或住妙高山及余诸山，或居旷野，或住诸河川、泽陂、池、尸林、坎窟、村巷四衢、园苑林树，或居余处。有十方二十八大夜叉将，分别在东西南北四方、四维、上下十方，各有4夜叉大将，说只要称念此等药叉大将名号，能于十方世界覆护一切众生，为除衰患厄难之事。又有北方多闻天王属下夜叉部众，列举180个夜叉大将名号及其住地，说此等福德诸神大药叉将遍布赡部州各地，护持佛法，咸起慈心，亦以大孔雀王陀罗尼咒常拥护众生，摄受饶益，令得安隐，所有厄难，皆悉消除。或为刀杖损伤，或被毒中、王贼、水火之所逼恼，或为天龙药叉所持，及诸鬼等乃至毕隶二合索迦行恶病者，悉皆远离于持咒者并诸眷属。结地界，结方隅界，读诵此经，除诸忧恼，寿命百岁，愿见百秋，云云。[②] 又有多闻天王兄弟军将34名，称念此诸名号，也能拥护一切有情，为除灾祸、厄难、忧苦，游行世间，作大利益。并说此等药叉是大军主，统领诸神，有大威力，皆具光明，形色圆满，名称周遍，是多闻天王法兄弟。多闻天王常敕此等药叉兄弟，若诸鬼神侵扰彼人者，为作拥护，勿使恼乱，令得安乐。该经中又有十二大鬼神女、八大女鬼、七大女鬼、十二鬼母（天母），于大菩萨初入胎时、初诞生时及生以后，此等鬼神常为守护。并说此等鬼女有大神力，具大光明，

---

① （隋）阇那崛多译《大威德陀罗尼经》卷20，《大正藏》第21卷，第836页中。

② （唐）不空译《佛母大孔雀明王经》卷2，《中华藏》第65册，第554页中。

形色圆满，名称周遍，天与阿苏罗共战之时，现大威力。彼亦以此大孔雀咒守护于人并诸眷属，寿命百年。护法神中引入女神，也是陀罗尼密教的一个特点。《孔雀王咒经》中另有八大罗刹女、十大罗刹女、十二大罗刹女、七十三大罗刹女。

《大吉义神咒经》又有二十夜叉鬼母，说有诸夜叉、罗刹鬼等作种种形，诸如师子、象、虎、鹿、马、牛、驴驼、羊等形，或作大头，其身瘦小。或作青形，或时腹赤，一头两面，或有三面，或时四面，粗毛竖发，如师子毛，或复二头，或复剪头。或时一目，锯齿长出，粗唇下垂。或复嵾鼻，或复耽耳，或复耸项，以此异形为世作畏。或持矛戟，并三奇叉。或时捉剑，或捉铁椎，或捉刀杖。扬声大叫，甚可怖惧，力能动地，旷野鬼神如是之等百千种形。阿罗迦、夜叉在彼国住，为彼国王，是故名为旷野之主。于彼旷野国中有善化处，凡有二十夜叉鬼母，其名跋达那、跋达啰婆帝、那多、阿喽那、婆喽那、难陀婆头摩、婆头摩婆帝、蛇赊呵帝、耶赊、婆娑婆、但那达多、婆达啰、达多婆私多、婆私目企、那多婆那多、郁那多、啰娑、那迟啰、那轴、富佉罗。彼诸夜叉鬼母有子夜叉等，身形殊大，甚有大力，能令见者生大惊惧，普皆怖畏。又复能使见者错乱，迷醉失守，猖狂放逸，饮人精气，为诸人民作此患者，今当说彼鬼母名号，诸子夜叉咸皆惊怖，失声大叫，四散而去。①

《大吉义神咒经》还说有毗浮沙罗刹王有九十那由他罗刹眷属，此诸罗刹面如大云，五色斑驳，头发强硬，犹如师子尾。粗唇促鼻，牙齿参差。如是丑恶，极大可畏。其眼正黄，如似猨猴。耳长如驴，复有耽耳。发大音声，哮吼可畏。齐声唱叫，能动大地。各各皆能于须臾顷残害百人，但食人髓，嗡其精气。巨海边际有大住处，名曰善化，多有金银、真珠、马瑙、水精、琉璃，并有颇梨及毗琉璃，彼处有六十罗刹，长发黑发，极恶大音，无畏人天，不惊于外。是等罗刹一一各有一亿夜叉以为眷属，皆有自然饮食，天、人、阿修罗不及彼鬼所有之女。彼等皈依于佛，当禁制恶众，勇猛进止，与其谪罚，使不害人。即说咒，说是咒已，一切罗刹皆大惊怖，发大音声，咸作是言：我等于今为此神咒禁制，所持都不得动，不得自在，无有住处，我罗刹王今者遣诸罗刹之众，皆使速去，诸

① （北魏）瞿昙般若流支译《大吉义神咒经》卷3，《大正藏》第21卷，第575页中。

方鬼神皆悉不得侵恼世人。[①]《大吉义神咒经》有八阿修罗王，毗摩质多啰阿修罗王、修质多罗阿修罗王、逻花阿修罗王、苫波唎阿修罗王、钵罗度阿修罗王、茂至连达啰那阿修罗王、缠豆嚧那曜阿修罗王等。

《陀罗尼杂集》中说，过去诸佛曾说八兄弟陀罗尼，八兄弟名阿比毚、拘毗毚、阿钵梨、无仇目兜波罗目兜、阿满毚、久磨毚、思休毗多、尉多逻尉多逻提浮多。此八兄弟名字，若有人知及闻此陀罗尼者，受持读诵，思念在心，当知是人毒不能害，兵刃不伤，火不能烧，水不能漂。一切恶鬼方道、鬼魅、夜叉、罗刹，一切诸恶鬼能为人伤害恐怖人者，并及怨咎、斗诤、言讼皆悉消灭。[②]

（2）《大灌顶经》的鬼神谱

《大灌顶经》是一部鬼神名号经，俨如鬼神谱系，有着庞大的鬼神族群。初卷即题名《说灌顶七万二千神王护比丘咒经》，先说灌顶 172 神王名，以 72000 鬼神以为眷属，各以已之威力共护比丘等，使诸小魔不得其便，在所至到，无所罣碍，辟除蛇、蚖、蝮等恶毒以及象、龙、熊、罴等诸兽，自然消灭，无敢当者。若有鬼神往来不去者，四天诸王当遣使者，持金刚杵，破头作七分。并说大章句至真至妙，三世诸佛尽说是大章句，释迦牟尼佛亦复开此宝函，出是章句。若有比丘带持之者，所到游行，善神佑助，辟除万恶，魔不敢当。设有恶意，自然灭亡。此大神典带持之者，如王佩剑，谋贼不敢当。此大神典亦复如是，若带持者，外诸恶魔及身中五阴之魔莫不为伏。其中 172 大鬼神王分为数组，各有功能，如十八神王护诸比丘及未来世诸比丘等及护僧伽蓝，佛见鞞提山中诸比丘辈怱怱不安，昼则为盗贼恶人所恼，夜则为鬼神所困，及诸龙象熊罴虎狼之所惊怖，又为蛊毒所中，佛于是广为诸比丘辈说是无上灌顶章句诸大鬼神名号，令诸比丘常获安隐吉祥之福，无诸祸害。十二神王名号护诸比丘浮陀鬼神、若人非人不敢娆近，毒药不中，不为水火焚漂，县官盗贼不令得便，怨家债主不能剥夺，神王眷属七百徒党常为作护辟除凶恶，万事吉祥。十神王护今现在及未来世诸比丘辈不令五温疫毒之所侵害，若为虐鬼所持，呼十神王名号之时，虐鬼退散，自护汝身，亦当为他说，使获吉祥

---

① （北魏）瞿昙般若流支译《大吉义神咒经》卷 3，《大正藏》第 T2 卷，第 576 页下—577 页中。

② （梁）失译《陀罗尼杂集》卷 10，《中华藏》第 53 册，第 469 页上。

之福。十六神王与其眷属万五千鬼神拥护今现在及未来世诸比丘等，若有危厄恐怖之日，呼此神名即获吉祥，诸神佑助，辟除凶恶。并说昔伊洹比丘为81亿魔所娆，诵此十六神王名字，诸魔眷属颠倒堕落，匍匐离散，形体变化，莫知藏匿。该经还专为比丘尼设计了护持神王，其卷二题《十二万神王护比丘尼咒经》，说须弥顶上三十六神王名字，有七万鬼神以为眷属，当作拥护，令修陀利比丘尼及未来末世中诸比丘尼等若为邪鬼神所恼乱者，不令得便，所到安宁，不为邪恶所中。设有娆者，心当存呼灌顶章句三十六神王，应念即至，导从左右，为诸比丘尼现威神力，攘诸魅魔，使不得便，辟除凶恶，消灭不善，令得吉祥。又说大海龙宫居止之三十七大神王之女，与其眷属五万鬼神绕海边行一日一夜，周匝84000由旬，以血肉为食。今皆得道，拥护末世比丘尼辈，现威神力，作大护助，辟除邪恶，万毒不行。

又有百神王，其卷四《灌顶百结神王护身咒经》说，有受三自归者，尽带持此百大神王名，以护人身辟除邪恶，使万毒不行，百姓安宁，若干亿神恒沙数鬼皆不得留住。带神名者，身中有鬼神不去者，四天王当遣使者持金刚杵，碎头作七分。其百神王居止须弥山顶上，以佛威神召其使来，面敕神王以护汝等不令遭横，结缕呼其名字，是诸神王常当在汝左右，为汝作护。百神九神一组和七神十三组，其功能各有所重，如九神王以威神为某作护，辟除凶恶，无诸恼患，他余鬼神不得其便，远百由旬无相娆害。带持结愿神王名字，外诸恶魔无不除却，获善利安令得吉祥。第一组七神王以己之威力共拥护某除不吉祥，鸟鸣、恶梦、野兽、变怪、因衰娆人者，不得害某。带持结愿神名字故，获福如是。第二组七神王以威神之力为某作护，若入江海、湖池、溪谷，水中杂毒蛟龙之属怀恶心者，风波起时，以某带持结愿神名，自然安隐，过度厄难，所到安宁吉利度岸。第三组七神王以威德在所作护，若入异道聚会之中，饮食有毒、蛊道所中，食其饮食自然消化，毒为不行。带持结愿神王力故，现世获福其报如是。

还有五方守护神，卷五《佛说灌顶咒宫宅神王守镇左右经》说五方辟鬼神咒，营护门户，镇守左右。东方有七千大神，其上首者有三七鬼神之王，守护东方，不令邪恶触犯万姓。若有鸟鸣、野兽、变怪、灾祸起时，种种不吉，恶梦众衰，横罗县官，枷锁著身，危厄之人，众所憎贱。当以此三七神王辟除东方如是灾厄，使诸邪横不得妄生。此诸神王守护东方，除去七十亿杂魅之鬼为人作害者。闻有读诵呼是七千鬼神上首名者，七十亿魅鬼驰走而去一万由旬，不害人也，当说其名获吉祥福。南方有九千大神，其上首者有二十八神王，能为一切辟除众恶，守持南方，除去五温疫毒之病、飞尸邪忤殃咎之注，口舌、乱斗、灾火、变怪、毒蛇蚖蝮、热气恶病悉出南方。西方有六千大神，其上首者有二七神王主持西方，怨家、逆贼、伐王国土、偷窃之人怀恶心者，呼二七神王名字之者，即便退散惶惑而去。北方九千大神，其上首者有三七神王，主持北方五万亿魅鬼及诈称之神，求人饮食者故气之魔。闻有呼三七神王名号，是诸魅鬼退散驰去，不能为害。中央神王有二十万以为眷属，其上首者有十二神王，能为一切无量众生除去四方灾恶诸变、鸟鸣噩梦、县官之厄、口舌斗乱、五蕴之病、毒气蛇蚖、怨家债主、逆贼侵陵、坏王国土，他余杂鬼、厌祷咒咀、魔邪鬼神及诸精魅，见有读诵宣说此十二神王名字之时，四方妖邪恶鬼等类无不弭伏，复能为人作镇护。又中央三万大神，上首者十二神王名字为守镇法，当以好函盛之，题四天王名字，书函四边，称吾释迦名号而封印之。彩伞覆盖，安净洁处。若有邪神恶鬼往来人宫宅中者，见此神王名字镇函之处，莫不退散驰走者。

从《大灌顶经》的鬼神谱可知，陀罗尼密教与其说是勾画了一副佛教的万神殿，不如说是直接借用了原始宗教的万物有灵论，实际上也是佛教传播地区的原始宗教与佛教结合到一起，以佛教神灵之名，行万物有灵论之实。原始宗教的万物有灵论尚以自然物为主，而密教的万物有灵观则自然与社会、人生，无所不包。其中如《摩尼罗亶经》列举各种鬼名，其中自然鬼类有山神鬼、石神鬼、土神鬼，有海边鬼、海中鬼，树木精魅鬼，有百虫精魅鬼、鸟兽精魅鬼，有溪谷鬼、沟渠鬼、山中鬼、林中鬼、草暮鬼；处所鬼类有桥梁鬼、冢间鬼、冢中鬼，有地上鬼，有水中鬼、水边鬼，有火中鬼、火边鬼，有道外鬼、道中鬼，有堂外鬼、堂中鬼，有伏尸住鬼、癞死住鬼、官舍住鬼、军营鬼、亭传鬼、门中鬼、门外鬼，有户中鬼、户外鬼，有井灶鬼，有污池鬼，有溷神鬼，有方道鬼，有蛊道鬼；空间鬼类有北斗鬼，有虚空中鬼，有荧惑鬼，有游光鬼，有市井鬼；人鬼类有死人鬼、生人鬼，有身中鬼、身外鬼，有形残鬼、跛躄鬼，有卧时鬼，有饭食鬼，有饥饿鬼，有梦寤鬼、朝起鬼，有步行鬼、飞行鬼，有问人鬼，有魂魄鬼，有悭贪鬼、勤苦鬼、病瘦鬼、痛痒鬼，有思想鬼、痛狂鬼、痴聋鬼、瘖痖鬼、呻吟鬼、啼哭鬼、闲病鬼、虚耗鬼、嫉妬鬼；有各种死鬼，如狱死鬼、囚死鬼、水死鬼、溺死鬼、火死鬼、烧死鬼、客死未葬鬼、市死鬼、道路死鬼、渴死鬼、饿死鬼、喝死鬼、冻死鬼、兵死鬼、血死鬼、腥死鬼、逋祷死鬼、斗死鬼、棒死鬼、绞死鬼、自悬死鬼、自刺死鬼、怨家死鬼、强死鬼；形色鬼类有赤色鬼、黑色鬼、白色鬼、黄色鬼、青色鬼、黑色鬼，有长鬼、短鬼，有大鬼、小鬼、中适鬼，或高大鬼、卑小鬼、广长鬼，还有国中鬼、胡夷鬼、羌虏鬼、金曼鬼、薜荔鬼、魍魉鬼、镇厌鬼、咒咀鬼、腐皮鬼、断人毛发鬼、饮人血鬼、飞行鬼、骑乘鬼、驾车鬼、步行鬼，逢忤鬼。经中说国中鬼有两种，一名深沙，二名浮丘，是二鬼健行，求人长短，若有头痛目眩，寒热伤心，即当举是二鬼名字，便当说《摩尼罗亶经》，是诸鬼神不随佛言者，无不头破作七分。一切大小诸鬼神娆害人民者，以及若人得病瘦者，当举是上诸鬼神名字，咒病瘦者即得除差。并说是经释迦文佛口中所出，诸鬼神闻是经，从今以后悉破解愈。① 其中深沙、浮丘二鬼之文亦辑入《大灌顶经》和《陀罗尼杂集》，深沙后来称深沙神王、深沙大将，流传后世。唐代编有《深沙大将仪轨》，说一真言、一印、三使者成就法，因名一印千类千转三使者成就法。又有《深沙神王记》并念诵法，日本求法僧常晓、圆珍请去，常晓还请去深沙神王像一躯，并记载说："深沙神王像一躯，右唐代玄奘三藏远涉五天感得此神，此是北方多闻天王化身也。今唐国人总重此神，救灾成益，其验现前，无有一人不依行者。寺里人家皆在此神，自见灵验，实不思议，具事如记文。"②

（3）三归五戒神

化恶为善、变魔众为护法神，是密教扩展神灵体系的一个基本手段，因而即便是魔众也有善恶之分，可驯化者为善神，不可驯化者为恶神。而将显教义理化为神灵形象，变教义概念为可现神祇，则是密教扩展神灵体系的另一个基本手段。三归五戒神即是陀罗尼密教创造的另一类神祇，以戒为神，皈依三宝，受五禁戒，便可得到三归五戒神的保护。按《陀罗尼杂集经》，三归神分别为归依佛、法、僧三宝，各有三神，其中归佛三神名陀摩斯那、陀摩婆罗那、陀摩流支，归法三神名法宝、呵啧、辩意，

① （东晋）竺昙无兰译《佛说摩尼罗亶经》，《大正藏》第 21 卷，第 911 页上。并见（梁）失译《陀罗尼杂集》卷 8，《大正藏》第 21 卷，第 627 页上。

② ［日本］常晓撰《常晓和尚请来目录》，《大正藏》第 55 卷，第 1070 页下—1071 页上。

归僧三神名僧宝、护众、安隐。五戒神各有五神，其中杀戒五神名波咤罗、摩那斯、婆睺那、呼奴咤、颇罗咤，盗戒五神名法善、佛奴、僧喜、广额、慈善，淫戒五神名贞洁、无欲、净洁、无染、荡涤，欺戒五神名美音、实语、质直、直答、和合语，酒戒五神名清素、不醉、不乱、无失、护戒。另有护僧伽蓝神有十八，各各有别，名美音、梵音、天鼓、巧妙、叹美、摩妙、震音、师子音、妙叹、梵响、人音、佛奴、叹德、广目、妙眼、彻视、遍观、照卑，又有大鬼神王律兜。[①]《大灌顶经》有专门的三归五戒咒经，题《佛说灌顶三归五戒带佩护身咒经》，经中说三归五戒神是佛敕天帝释所遣善神拥护受三自归、五戒法者，其中三归神有 36 部神王，以万亿恒河沙鬼神以为眷属，阴相番代，以护男、女人等辈受三归者。若书写神王名字佩戴身上，行来出入都无所畏惧，辟除邪恶，消灭不善。五戒神有 25 神王，每一戒各有 5 神王。说十方三世如来至真等正觉，皆由三归五戒得之。若人尽形寿不杀生、不教他杀，不盗他人财宝、不教他行盗，不邪淫，不妄言、绮语、两舌、斗乱，不饮谷酒、甘蔗酒、葡萄酒、能放逸酒等，五善神王随逐护身，不令邪神恶鬼之所得便。

三归五戒诸善神各有所主功能，以保障人身安全为主要功能，或主疾病，或主危害，或主情绪，或主饮食，或主变异，或主社会关系。如三归善神弥栗头不罗婆汉言善光，主疾病。神名弥栗头婆呵娑汉言善明，主头痛。神名弥栗头婆逻波汉言善力，主寒热。神名弥栗头栴陀罗汉言善月，主腹满。神名弥栗头陀利奢汉言善见，主痈肿。神名弥栗头阿楼呵汉言善供，主癫狂。善舍主愚痴，善寂主瞋恚，善觉主淫欲，善天主邪鬼，善住主伤亡，善福主冢墓，善术主四方，善帝主怨家，善主主偷盗，善香主债主，善施主劫贼，善意主疫毒，善吉主五温，善山主蜚尸，善调主注连，善备主注腹，善敬主相引，善净主恶党，善品主蛊毒，善结主恐怖，善寿主厄难，善游主产乳，善愿主县官，善因主口舌，善照主忧恼，善生主不安，善至主百怪，善藏主嫉妬，善音主咒咀，善妙主厌祷。

五戒善神蔡刍毗愈他尼，主护人身辟除邪恶。神名输多利输陀尼，主护人六情悉令完具，神名毗楼遮耶波主护人腹内五藏平调，神名阿陀龙摩坻主护人血脉悉令通畅，神名波罗桓尼和尼主护人爪指无所毁伤，神名坻摩阿毗婆驮主护人出入行来安宁，神名阿修轮婆罗陀主护人所噉饮食甘

① （梁）失译《陀罗尼杂集》卷 6，《中华藏》第 53 卷，第 429 页中。

香，神名婆罗摩亶雄雌主护人梦安觉欢悦，神名婆罗门地鞞哆主护人不为虫毒所中，神名那摩吁多耶舍主护人不为雾露恶毒所害，神名佛驮仙陀楼多主护人斗诤口舌不行，神名鞞阇耶薮多娑主护人不为温疟鬼所持，神名涅坻醯驮多耶主护人不为县官所得，神名阿逻多赖都耶主护人舍宅四方逐凶殃，神名波罗那佛昙主护人平定舍宅八神，神名阿提梵者珊耶主护人不为冢墓鬼所娆，神名因台罗主护人门户辟除邪恶，神名三摩毗罗尸陀主护人四大安隐无病，神名阿伽岚施婆多主护人不为外气鬼神害，神名佛昙弥摩多哆主护人不为灾火所近，神名多赖叉三密陀主护人不为偷盗所侵，神名阿摩罗斯兜嘻主护人若入山林不为虎狼所害，神名那罗门阇兜帝主护人不为伤亡所娆，神名萨鞞尼乾那波主护人除诸鸟鸣狐鸣，神名荼鞞阇毗舍罗主护人除犬鼠变怪，神名加摩毗那阇尼佉主护人不为凶注所牵。若男子女人带佩此名者，若入军阵斗诤之时，刀不伤身，箭射不入，鬼神罗刹终不娆近，若到蛊道家亦不能害，若行来出入有小魔鬼亦不得近。带佩此神王名者夜无恶梦，县官盗贼、水火灾怪、怨家暗谋、口舌斗乱，自然欢喜，两作和解，俱生慈心，恶意悉灭。魅魅魍魉、邪忤薜荔、外道符咒厌祷之者，树木精魅、百虫精魅、鸟狩精魅、溪谷精魅、门中鬼神、户中鬼神、井灶鬼神、洿池鬼神、厕溷中鬼、一切诸鬼神，皆不得留住某甲身中。若男子女人带此三归五戒善神名字者，某甲入山陵溪谷，旷路抄贼，自然不现，师子虎狼罴熊之属，悉自藏缩不害人也。受三归已，当有三十六善神王随逐护汝身。受五戒之法，有二十五戒神随身护持，归神三十六常随护汝。受三归五戒之法，多所禁制，不得复从本意所作。有犯戒者，口中便有自然鬼神持铁椎拍头，复有鬼神解脱其衣裳，复有鬼神以铁钩就其口中曳取其舌，复有淫女鬼神以刀割其阴，复有鬼神洋铜灌其口。前后左右有诸鬼神竞来分裂，取其血肉而噉食之。又有自然之火焚烧其身，求生不得，求死不得，诸鬼神辈急持不令得动。

（4）山河鬼神王

《佛母大孔雀明王经》说三十四大河王，其河实有所指，其名曰殑伽河王、信度河王、嚩刍河王、枲多河王、设腊部河王（sarabhū-nadīrājñī）、阿尔啰伐底河王（ajiravatī）、琰母娜河王（yamunā）、句贺河王（kuhā）、尾怛娑多河王（vitastā）、设多讷噜河王（śatadrū）、微播舍河王（vipāśā）。爱罗伐底河王（airavatī）、战捺啰婆诫河王（candrabhāgā）、萨啰娑底河王（sarasvatī）、羯绻比预河王（kacchapī）、杯喻史抳河王（payoṣ ṇī）、迦尾哩河王（kāverī）、担没啰钵拏河王（tāmraparṇī）、末度末底河王（madhumatī）、吠怛啰二合嚩底河王（vetravātī）、益刍伐底河王（ikṣumatī）、遇末底河王（gomatī）、捺末娜河王（narmadā）、燥蜜怛啰河王（saumitrā）、尾湿嚩蜜怛啰河王（viśvāmitrā）。阿么啰河王（amarā）、跢么啰河王（tāmarā）、半者啰河王（pāñcālā）、素婆窣堵河王（suvāstu）、钵啰婆捺哩迦河王（prabhadrikā）、答布多河王（tapodā）、尾么啰河王（vimalā）、遇娜嚩哩河王（godāvarī?）、泥连善那河王（nairañjanā）、呬囒娘伐底河王（hiraṇyavatī）。说诸大河王依此大地而住，彼诸河王处，若天龙八部众以及食精气者、食胎者、食血者、食肉者、食脂膏者、食髓者、食生者、食命者、食祭祠者、食气者、食香者、食鬘者、食花者、食果者、食苗稼者、食火祭者、食脓者、食大便者、食小便者、食涕唾者、食涎者、食洟者、食残食者、食吐者、食不净物者、食漏水者，以种种形貌、种种颜色随乐变身，诸鬼神等依彼河住。说念诸大河王名字，彼等亦以佛母大孔雀明王皆拥护，并诸眷属令离忧苦，寿命百年，常受安乐。①

又有四十六大山王，诸大山王居此大地，于彼等山，所有天龙等二十一部类及诸鬼神等及持明大仙，并诸营从眷属住彼山者，亦皆以此佛母大孔雀明王拥护，并诸眷属，寿命百年，除灭恶事，常睹吉祥，离诸忧恼。又有九曜二十八宿，执曜天巡行二十八宿之时，能令昼夜时分增减，世间所有丰俭苦乐。宿有二十八，四方各居七，执曜复有七，加日月为九，总成三十七，勇猛大威神，出没照世间，示其善恶相，令昼夜增减，有势大光明，皆以清净心，于此明随喜。还有六十八大仙人，诸大仙人皆持成就禁戒，常修苦行，皆具威德，有大光明，或住山河，或居林薮，欲作善恶，咒愿吉凶，随言成就，五通自在，游行虚空，一切所为，无有障碍。此等诸仙皆是往古大仙，造四明论，善闲咒术，众行备成，自他俱利。另有三十九大毒药及诸药神，亦以此佛母大孔雀明王守护，并诸眷属，寿命百年，离诸毒害。

（5）著小儿鬼神

陀罗尼密教中还有几种鬼神群体，见诸经典，较为流行，其中有著小儿的十五鬼神。据《护诸童子陀罗尼经》说有夜叉、罗刹常喜噉人胎，能令人无子，伤害胞胎。男女交会时，使其意迷乱，怀妊不成就，或歌罗

① （唐）不空译《佛母大孔雀明王经》卷3，《中华藏》第65册，第568页中—570页上。

安浮，无子以伤胎，及生时夺命，皆是诸恶鬼为其作娆害。此诸恶鬼神有十五，其名为弥酬迦、弥伽王、骞陀、阿波悉魔罗、牟致迦、摩致迦、阇弥迦、迦弥尼、梨婆坻、富多那、曼多难提、舍究尼、犍咤波尼尼、目佉曼荼、蓝婆。此十五鬼神常游行世间，为婴孩小儿而作于恐怖。弥酬迦者其形如牛，被著小儿眼睛回转。弥加王者形如师子，著者小儿其两肩动。骞陀者形如鸠摩罗天，被著小儿数数呕吐。阿波悉摩罗者形如野狐，著者小儿口中沫出。牟致迦者形如猕猴，著者小儿把捧不展。摩致迦者形如罗刹女，著者小儿自啮其舌。阇弥迦者其形如马，著者小儿喜啼喜笑。迦弥尼者形如妇女，著者小儿乐著女人。梨婆坻者其形如狗，著者小儿现种种杂相。富多那者其形如猪，著者小儿眠中惊怖啼哭。曼多难提者形如猫儿，著者小儿喜啼喜笑。舍究尼者其形如乌，著者小儿不肯饮乳。犍咤波尼者其形如鸡，著者小儿咽喉声塞。目佉曼荼者其形如熏狐，著者小儿时气热病下利。蓝婆者其形如蛇，著者小儿数噫数哕。①

此小儿十五鬼神亦见于《西方陀罗尼藏中金刚族阿蜜哩多军咤利法》，其中说此等十五鬼神爱食小儿者，十个是女，五个是男。此等十五鬼断一切人命，及入胎中，或吸或夺，大可畏，无慈悲，常造众罪。此等鬼是魔种类，常游于世间，大嗔怒相，劫夺胎孕，吸人脂血，吃人色力，或吸饮食，或吸泥汁，或吸精气。惊怕小儿，令失心啼哭，不肯食乳，喉干舌缩，夜中极令惊怖者。每日三时平旦、日午、黄昏，咒饮食破散与诸鬼等，其病即差。复可畏者见种种色形，令小儿惊怕，为欲得饮食故，或欲得作剧故。复有诸鬼爱乐作剧，见身为小儿，如母一种。复有诸鬼令小儿笑，复有诸鬼令小儿啼哭，或遣小儿作舞，或共小儿作舞，或共小儿作剧。如是等者，与饮食，诵此咒发遣。或以嗔怒杀小儿，或塞犍驮矩摩罗，或见柔软相，或为得饮食故即去。或欲得杀小儿，得杀小儿者，与饮食，亦不肯去。及诵咒亦不肯去者，把小儿心肝令动，或交儿痴，或令患虐，或濑或肿或翻眼，遍身触不得。若触即失声啼哭。或返拗身，或向前缩，或睡卧无所知觉，或惊怕啼哭，是等相貌通一切说。我今更说种种愿不同。醯底里鬼著小儿，状如母相，令壮热懒，吃乳之时或啼或笑。见如是相。诵咒即除差。泯如伽鬼著者作可畏形，小儿怕怖壮热不吃乳，晒啼哭不止。伽泯尼鬼著者，小儿好晖光，不吃乳，夜即作声。梨钵底鬼著

① （魏）菩提流支译《护诸童子陀罗尼经》，《中华藏》第24册，第12页中—12页下。

者，令小儿疲无颜色，乾瀨极即热，患虐不吃乳，晒作声啼哭。布单那鬼著者，令小儿臭秽无颜色，常晒啼哭，不得安稳。摩底里难那鬼著者，令小儿啼哭，返跳口中沫出，无颜色，眼睛不住转。舍俱你鬼著者，令小儿痢寒热作声，喉中干不欲得于母边去，颜色黄赤澀，犍侘跛你鬼著者，令小儿项僵头痛，两手作拳。木佉摩昵鬼著者，令小儿两眼向上看，啼哭喉干，懒上气不吃乳，两手自搔驳驳动。阿蓝么鬼著者，令小儿不动多睡，咬齿不得安稳。有如是相，咒者应知即作法，各诵本咒，然始除愈。[①] 复有大鬼神王名栴檀乾闼婆，于诸鬼神最为上首，当以五色綖诵此陀罗尼，一遍一结，作一百八结，并书其鬼神名字，使人赍此书綖语彼使言：汝今疾去，行速如风，到于四方。随彼十五鬼神所住之处，与栴檀乾闼婆大鬼神王，令以五色线缚彼鬼神，兼以种种美味饮食、香华、灯明及以乳粥供养神王。[②]

三　陀罗尼行法

（1）结缕法

陀罗尼行法，亦称行咒法，就是在诵持陀罗尼时所作的相应动作，包括规则、仪式、礼仪等行为模式，以表达对信仰对象的宗教情感。持诵陀罗尼咒时，最简单的行法是结缕法，即用不同颜色的几股缕线打结成数个结子系在身体不同部位，以护持自身，消除障碍。如咒青黄二色缕三遍，结作六结系项。咒白迭缕三遍，结作七结系项。诵咒三遍，缕红白二色结作八结系项。诵咒五遍，缕紫白二色结作十二结系项。诵咒五遍，黄色缕结作六结系项。诵咒三遍，羖历毛缕结作十四结系项。或咒七色缕结作二十一结，先系项，次系两手，后系腰、系腕。咒三色缕黄、赤、绿作二十一结，先系脚，后系腰，却系手。用黄白綖咒作七结，先系头，次系两耳、系项、系两肘，后系手。咒七遍，须五色氎缕青、黄、赤、白、紫五色结作三七二十一结，系脚，次系腰，复系手，复系项。缕线的颜色与结数不同，其功能也有所差别。若系染色缕系病人，身无不除差。若以黑缕结之，亦能自护并护他人。食前咒白缕二十一遍，作二十一结，自系左

① （唐）海云撰《西方陀罗尼藏中金刚族阿蜜哩多军咤利法》，《大正藏》第 21 卷，第 70 页上、中。

② 并见《陀罗尼杂集》卷 4，《大正藏》第 21 卷，第 600 页中、下。

臂，除灭一切毒害、毒肿，毒虫所螫皆悉消灭。若复有人斗诤。为县官口舌，以白缍结咒索一百八遍，系其右臂上。若有人眼痛者，以橘皮结咒，索系其耳上。

（2）咒物法

药物法即诵咒加持水、土、芥子等物，服、洗、洒、打患处，以消除病害。如诵灭除十恶神咒时，若头痛，咒麻油二七遍涂上。耳痛，咒桦皮节塞。齿痛，咒水二七遍唅。心腹痛，咒盐水二七遍服。妇人产运，展发咒二七遍还结。男子小便患白如粉汁者，咒其脚迹下土二七遍，涂坌身。三时诵观世音说随心所愿陀罗尼，必吉祥随心，所愿必得。若咒水，若咒土，若结缕，若咒芥子烧之，若咒草，随心所便，用治身病。要于食前咒之，众病除差。若欲远行，诵咒自结衣角，能除一切众恶。诵无灾蝗陀罗尼二十一遍，咒土以散谷上，能除一切灾蝗诸虫。若有人被毒药者，须紫橿木寸截之如筋大，作一千八段，以牛粪涂之，在于像前然火。取木一段咒之一遍，掷著火中一千八遍，然后乃止。称病人名，我为彼人除其药毒，即得除愈。

（3）咒药法

咒药法，诵咒加持药物服用，以消除著鬼引起的病痛。药物有配方，如咒匿并鬼名，用一斤艾、一斗水煮取三升，咒三遍，病人东向坐服之，日服一升，三服。咒黄病鬼名，三七枚爪子、二七枚杏仁，一斗水，煎得三升，咒七遍，日取一升，目中著一综鼻中二综，余者服之。日三服之已。咒食人脑髓及心肝鬼名，三斛热汤，一升白粉和之，咒浴一杯饮之，咒三遍，日用一斛五斗，先从头淋之吉。咒聋鬼名，须三升小豆，一斗水，煎得三升，蜜安半升，煎得二升接清取，七十遍咒，于晨朝时慈箕豆安绵揭取。若有人身生团风、白癣及以癞病，取菖蒲根捣以为末一升，以白蜜和之，在于像前咒之一千八遍。晨朝未食，日取方寸匕服之，即得除愈，及余一切宿癖亦得除愈。若有人患寒热病者，或四日一发，或三日一发，或二日一发，或一日一发，取杂华为冠，在于像前咒一千八遍，贯病人头上即得除愈。若有人为恶鬼所打，口噤不言，在于病人耳边小声咒之一百八遍，即得除愈。

（4）供养法

就是向崇拜对象供养物品，最常见的是烧香供养、散花供养、燃灯续明供养、供献饮食供养，也诵咒供养、运心供养。烧香供养用栴檀香、沈水香及熏陆香三种名香，也用安息香、伽留香、婆利伽香、龙脑香。散花用五色妙花、七色妙花等。燃灯，燃胡麻油灯，或用酥油灯，数量不等。饮食供养，用蒲桃、石蜜、安石榴浆及赤、白、紫色三种妙浆供养，其他用果品、酥油、奶酪等。此等供养法见诸《陀罗尼杂集》《大吉义神咒经》《七佛八菩萨所说大陀罗尼神咒经》等。

（5）净洁法

净洁法，行法时，先行净洁，香汤洗浴，妙香涂身，著新白净衣。

（6）禁戒法

禁戒法，于七日中不食酒肉五辛，白净素食，但酥酪听食。七日七夜受持八戒。

（7）涂坛法

涂坛法，即牛粪涂地为坛。《如来方便善巧咒经》说，若欲得见于佛身者，至清净处，若在道场或在塔前，牛粪泥地，烧沈水香，诵咒一千八遍。头东向卧，梦见诸佛，随心所愿，无不称遂。[①]《虚空藏菩萨问七佛陀罗尼咒经》说合药涂身法，若有人欲作法，当须合药涂身，须茴香，须稻米，须那罗陀尸利沙，须沈水香、尸利耶欝金香，须香附子，须因陀婆路，须菩提树木，如是等药等分和之，晨朝起净洗浴，以药涂身。

（8）设像法

设像法，若复有人自病、他病，若欲治者，净治房舍，香泥涂地，悬缯幡盖，安置高座，施设佛像。其人香汤浴身，烧沈水、熏陆等香，种种素食持以献佛，随力取办。病人在于像前，称病人名而咒之，即得除愈。一切鬼神魍魉著人，以此咒咒，香水浴身，即自消除。一切团风、白癣、癞病等，取佛上华在于像前，咒之一千八遍，捣以为末，冷水和之，涂其病处，即得除愈，和冷水饮之亦良。若复有人得头痛病者，取佛上华在于像前，咒之一千八遍，捣以为末，和冷水分为三分涂于头上，干竟更著，如是三遍，即得除愈。若妇人生产难者，取佛上华捣为末，和牛酥煎之，煎竟置于像前，咒之一千八遍，涂其产门，儿即易生，身即平复。若天多雨不晴，取佛上华在于佛前，咒之一千八遍，出于空地烧之，即得止断。若复有人为恶鬼所打，口噤不言，或为毗舍阇鬼所打，或有癖病或患湿病，取佛上华捣为末，和酒，若葡萄酒及以米酒，银椀盛之，在于像前咒

① （隋）阇那崛多译《如来方便善巧咒经》，《中华藏》第20册，第425页中。

之一千八遍，与病人服之，即得除差。

修行观世音现身施种种愿除一切病陀罗尼，以白净细氎或细布画作观世音像，身著白衣，坐莲华座上，一手捉莲华，一手捉澡瓶，使发高竖。于白月十五日著新净衣服，以净牛屎涂地，又以香涂泥坌其上，生恭敬心，盛以十二器生乳，以四瓦器盛好香汁，须极好香华十六罐，须瓦灯十六枚，烧坚黑沈水香，须大瓦瓨四枚盛净水，取种种诸花条置中，燃软木薪，又须莲华八百枚。是时应诵此陀罗尼，使音声相续，善心不绝，诵一遍，投一华火中。时观世音菩萨应从东方来现大神光，于火盛燃时，观世音菩萨于火中现如所画像。当见之时，心无众怖，当知是人即闭地狱、饿鬼、畜生道门，随其所欲求愿悉得。若求富贵，若求飞空，若欲施众生，随意自在，悉皆得之。欲求多闻，欲求论议，欲入海采求伏藏，欲服仙膏，欲求妙色，欲求生天，欲求天眼、天耳，灭一切病痛。若身体诸根不具，若有罣病、癞病、一切病苦，乃至身体诸根不具足者，悉得除愈，并除过去一切重业。若男欲求女身，女欲求男身，如愿悉得。随意求愿讫，应还遣观世音菩萨也。①

如诵六字神咒，承事供养文殊，先须画文殊师利像。其画像法，取好白毡，勿令有毛发。亦不得割断纻缕，彩色不得用胶，应以香汁和画。其文殊师利像，莲华座上结跏趺坐，右手作说法手，左手于怀中仰著。其像身作童子形，黄金色，天衣作白色，遮脐已下，余身皆露。首戴天冠，身佩璎珞，臂印钏等，众事庄严。左厢画观世音像，其身白银色，璎珞衣服庄严如常，坐莲华上结跏趺坐，右手执白拂。右厢画普贤菩萨像，其身金色，璎珞庄严如常，亦坐莲华座，右手执白拂。于文殊上空中两边各作一首陀会天，手执华鬘，在空云内唯现半身，手垂华鬘。于文殊像下右边画受持咒者，右膝著地，手执香炉。其文殊师利等所坐华下遍画作池水，其菩萨像两边各画在山峰。其画师从起首欲画之时，即日日受八戒，洒浴著净衣而画。乃至画了，若有舍利塔，即安文殊像，在塔西面，像面向西。若无大塔，应以小塔安。文殊像前以面向西，设种种华，种种饮食、果子等，三时供养。道场内然酥灯，其道场须在寂静处，唯令一人供给。若正在道场诵咒时，所须华香等弹指而索不得出言。取沈水香，截为长二指，都卢婆香油苏合香稀者是，无烟佉陀罗木炭，若无以紫橿木替。又以沈香内前

① （梁）失译《陀罗尼杂集》卷10，《中华藏》第53册，第471页中、下。

油中，于像前佉罗木炭火中烧尽一夜。至明相出已，即见文殊师利，所有求愿皆悉满足。除淫欲事，自外悉皆不违所求。又法于像前取旃檀截断，长二指还，昼夜烧供养。是时文殊师利即现身当为说法，所有身患皆悉除愈。得菩萨地自在，又法于像前以瞿摩夷涂地，散众名华，行者于涂地场内一边坐，诵咒满一百八遍，经一月得聪明，持一切经论。又法日日随心常诵莫忘，定受业报，亦令消灭。又法若日别能诵满一百八遍，临命终时得见文殊师利。随心所愿，皆得受生。文殊师利为利益众生故，于诸功能中略说少许。①

设像法也不限于佛菩萨等神灵世界，有求于现实中的国外大臣以及其他诉求时，也可用设像供养法。如《虚空藏菩萨问七佛陀罗尼咒经》说，若复有人欲见国王、大臣，须在于像前然桔木，为火用五指撮胡麻，咒之一遍，掷著火中，如此一千八遍乃止。若欲得一切怨家自然和解者，当净洗浴，著净衣，中夜时在于佛前以香华供养。当用粳米炒以为华，取桔木燃然为火，以三指撮取米华，咒之一遍，掷著火中，如此一千八遍然后乃止。若有夜见恶梦者，怨家伺求其便，一切所作不得谐偶者。于十四日朝，全不得食。至于日暮，以香汤洗浴其身，著新净衣，在于佛前诵咒。随其力分，不限多少，唯尽力至之乃止。不得出其道场，仍于像前眠睡。到十五日晨朝，即起净洗，釜著满中净水作汤。其汤中须取有名草木，种种随分著于汤中。漉其草出，然后著丁香、紫檀、白檀，磨作末，随分投著汤中。须铜瓮，受五斗者二口，取香水满瓮盛之。著于像前，咒之一千八遍竟，即用此汤洗浴其身，然后乃食。

若复有人被毒药者，须紫橿木寸截之如筋大，作一千八段，以牛粪涂之，在于像前然火。取木一段，咒之一遍，掷著火中一千八遍，然后乃止。称病人名，我为彼人除其药毒，即得除愈。此咒功能说不可尽，若心中所欲作事者，此咒法，无不成就。②

《佛说一切功德庄严王经》中说，若复有人欲入菩萨地，愿见诸如来，乐生净土，及希富贵财宝丰盈，无病延寿者。应持此微妙经典，及以法师，书写读诵，香花、伎乐、衣服、饮食、缯盖、幢幡而为供养。如是

① （北魏）菩提流支译《六字神咒经》，《中华藏》第20册，第255页上、中、下。

② （北魏）失译《虚空藏菩萨问七佛陀罗尼咒经》，《大正藏》第21卷，第562页中—563页上。

之人我当拥护，所求愿满，当起爱念，犹如一子。若复有人禀性痴钝，欲求聪明，及护国土，令与无疾疫者，当于白月八日起首，一日断食，念诵此咒。至十五日，乃至月尽。于中唯食三种白食，谓白饼、奶、酪。清净澡浴，诵此神咒满十万遍。若有力者满三十万遍，常可随力供养三宝。次令画师受八戒斋，身衣净洁，而画其像。于其铺中安释迦佛像，处师子座，作说法仪。右边安观自在菩萨，以诸严具而庄饰之，于莲花上立身，有四臂，右边上手执梵本经，下手执数珠。左边上手执白莲花，下手把君持。左边安执金刚神，右手执金刚杵。左手遥承杵头，颜貌和悦，璎珞严身，于其四边安护世四天王。此等尊像皆以缯带，盛佛舍利，刺在身中。次于像前可作一坛，随时大小，四面开门。以牛粪涂拭，种种香花散布其上。香炉五具，别然五香，谓沈檀、苏合、安息熏陆。于坛四门各安两瓶，或盛清水，或复盛乳。灯盏十六，随处安置。悬缯旛盖及众音乐，香水洒地，香花饮食而为供养。于坛四角，令人读诵此经。各各澡浴，著鲜净衣，食三白食。其所为人置花手中，令彼合掌，说所求事。起慈念心，随情发愿，以花散佛，有所愿者皆得从心。于七日中当为现殊胜相状，令见好梦，共其言语。满彼求心，除不信者。

参考文献

《中华大藏经》（汉文部分），正编，1—106 册，中华书局 1984 年 4 月—1996 年 6 月出版。

《中华大藏经总目》（汉文部分），中华书局 2004 年版。

《大正新修大藏经》，1—85 卷，《目录》1 卷，大藏出版株式会社原版，台北：世桦印刷企业有限公司印本，1998 年本。

《大藏新纂卍续藏经》，1—90 册，京都藏经书院编原版，河北金智慧文化传播有限公司制版，2006 年 5 月修订版第 1 版。

《汉译南传大藏经》，1—70 册，元亨寺汉译南传大藏经编译委员会编译，高雄：元亨寺妙林出版社，1990—1998 年出版。

《中国汉文大藏经补编》，1—100 册，文物出版社 2013 年版。

《电子佛典集成》，台北：中华电子佛典协会，2001—2016 年出品。

《影印北京版西藏大藏经》，1—45 甘珠尔，46—105 丹珠尔，西藏大藏经研究会编，东京·京都：西藏大藏经研究会，1958 年出版。

《（影印北京版）西藏大藏经总目录》，东京：铃木学术财团，1962 年出版。

《德格版西藏大藏经总目录》，东北帝国大学法文学部编，1933 年出版。

《新编大藏全咒》，1—18 册，林光明编修，台北：嘉丰出版社，2001 年出版。

《新编房山明咒集》，1—5 册，林光明编著，台北：嘉丰出版社，2007 年出版。

《密教大辞典》，1—6 册，密教大辞典再刊会，1968 年新编增订本，台北：新文丰出版公司，1979 年影印出版。

《梵汉大辞典》，荻原云来原著，林光明、林怡馨合编，台北：嘉丰出版社 2005 年版。
《佛教汉梵大辞典》，平川彰编著，东京：凸版株式会社 1997 年版。
《真言事典》，八田幸雄著，林胜仪、林光明译，台北：嘉丰出版社 2001 年版。
《（汉梵、梵汉）陀罗尼用语用句辞典》，罗伯特·海涅曼（Robert Heineman）编，台北：华宇出版社 1986 年版。
《陀罗尼字典》，圆山达音编，台北：华宇出版社 1986 年版。
《（梵藏汉和四译对校）翻译名义大集》（上）（下），榊亮三郎编著，台北：华宇出版社 1986 年版。

《汉传唐本尊胜咒研究》，林光明著，台北：嘉丰出版社 2006 年版。
《往生咒研究》，林光明编注，台北：佶茂出版社 1997 年版。
《心经集成》，林光明编著，台北：嘉丰出版社 2000 年版
《光明论文选集》，林光明著，台北：嘉丰出版社 2007 年版。
《梵文宝星陀罗尼经》，久留宫园秀校订，京都：平乐寺书店 1978 年版。
《藏译宝星陀罗尼经》，久留宫园秀校订，京都：平乐寺书店 1979 年版。
《藏汉对译〈大日经·住心品〉》，田岛信雄著，株式会社溪水社 1990 年版。
《藏汉对照〈大日经〉及其〈广释〉》上，远藤祐纯著，株式会社ノンブル社，2010 年版。
《藏汉对照〈大日经〉及其〈广释〉》下，远藤祐纯著，株式会社ノンブル社，2011 年版。
《五十奥义书》（修订本），徐梵澄译，中国社会科学出版社 1984 年版。
《梵语〈悉昙章〉在中国的传播与影响》，周广荣著，宗教文化出版社 2004 年版。

后　记

本著缘起于 2007 年获批的国家社科基金一般项目“密教思想史”，因当时正在修订《中国密教史》，该项目推迟至两年后才开始。而密教思想史先从陀罗尼密教思想着手，便发现其内容之繁多，仅仅梳理完这部分资料已到结题时，自然未能审核通过。2012 年申报国家社科基金重大项目“密教文献文物资料整理与研究”获准，于是以原陀罗尼密教思想资料为主改为其子项目之一“早期密教经典研究”。但作为一部学术专著，自以为其中持明仪轨部分的研究尚不够全面和深入，故只将陀罗尼密教经典部分作为专题出版。如此呈现给读者的这部书，其优点和缺点也显而易见。虽名曰经典研究，实则并非文献学的经典形式的研究，而是偏重于经典内容，尤其陀罗尼密教思想史的痕迹明显，可惜就此思想部分也缺乏进一步分析、阐释，有不少地方置而不论。严格来说，自以为本书称“陀罗尼密教思想研究”更合适，但其中陀罗尼咒语尚未全面、深入研究，加之事关项目选题，姑且就以现名出版。本书从规划撰写，直到成书，断断续续，历时 14 年。2019 年底作为项目成果递交之后，又作了补充、修改，直至 2021 年 3—4 月间修改完成，11—12 月间对清样作了校对、补正。2022 年 9 月初，又修订校样一遍。现即将付印之际，又作了一次校订。感谢责编孙萍女士不厌其烦地编辑校改汉梵文字、表格序列等，使本书增光添彩！

吕建福

2024 年 4 月 9 日补记于成都